现代汽车技术丛书

缸内直喷车用汽油机

赵福全 (Fuquan(Frank) Zhao)
[美] 大卫·L.哈灵顿 (David L.Harrington) 著
赖明嘉 (Ming-Chia Lai)

李理光 邓 俊 译

机 械 工 业 出 版 社

本书是对缸内直喷汽油机燃烧系统所涉及的各个方面的开发、运行和优化阐述全面、文献完整的经典著作，主要内容涵盖汽油直喷技术的混合气准备、燃烧、排放和燃油经济性，沉积物形成和后处理策略等，并对缸内直喷汽油技术所涉及的关键部位以及燃油系统的主要问题进行了深入详细的讨论。此外，还有很多与该技术应用有关的指导原则、数据说明、参数测量及其各种因素综合影响的详细介绍。

本书可作为高等院校学生学习和掌握缸内直喷汽油机专业知识的参考教材，也可作为工业界面向产品开发、指导项目工程师持续改进发动机性能的参考手册和专业培训参考教材，还可作为技术管理人员及企业领导者了解缸内直喷汽油机技术的历史和未来发展趋势的参考书。

Fuquan (Frank) Zhao, David L. Harrington, Ming-Chia Lai, Automotive Gasoline Direct-Injection Engines

ISBN 978-0768008821

北京市版权局著作权合同登记　图字：01-2015-3974 号。

图书在版编目（CIP）数据

缸内直喷车用汽油机/(美) 赵福全，(美) 大卫·L. 哈灵顿（David L. Harrington），(美) 赖明嘉著；李理光，邓俊译. —北京：机械工业出版社，2022.10（2024.4 重印）

（现代汽车技术丛书）

书名原文：Automotive Gasoline Direct-Injection Engines

ISBN 978-7-111-71590-0

Ⅰ.①缸…　Ⅱ.①赵…②大…③赖…④李…⑤邓…　Ⅲ.①汽车-汽油机-燃油喷射系统-研究　Ⅳ.①U464.136

中国版本图书馆 CIP 数据核字（2022）第 169224 号

机械工业出版社（北京市百万庄大街 22 号　邮政编码 100037）

策划编辑：冯春生　　　责任编辑：冯春生　付建蓉

责任校对：李　杉　李　婷　封面设计：张　静

责任印制：邓　博

北京盛通数码印刷有限公司印刷

2024 年 4 月第 1 版第 3 次印刷

184mm×260mm · 24.25 印张 · 599 千字

标准书号：ISBN 978-7-111-71590-0

定价：98.00 元

电话服务　　　　　　　　　网络服务

客服电话：010-88361066　　机　工　官　网：www.cmpbook.com

010-88379833　　机　工　官　博：weibo.com/cmp1952

010-68326294　　金　书　网：www.golden-book.com

封底无防伪标均为盗版　　机工教育服务网：www.cmpedu.com

序

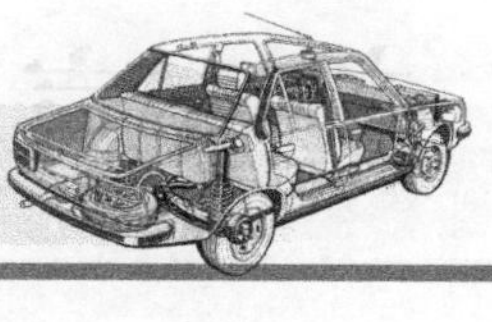

20世纪最后10年，对缸内直喷汽油机技术的研究和开发进展迅速，这主要归因于此项技术在提高燃油经济性方面的巨大潜力。在混合气准备、燃烧控制和减少排放方面，汽车制造商、零部件供应商和研究机构提出并开发了许多创新方法，并大量成功地应用到日本和欧洲市场的汽车产品中。同时，随着大量技术信息的持续产生，对缸内直喷汽油机技术系统组织、基本过程描述、关键趋势鉴别以及技术问题深度见解等的需求日益增长。本书就是为应对这一基本需求而创作的。

本书内容构成了对缸内直喷汽油机基础过程非常综合的分析，这些基础过程包括燃烧和排放生成等过程。作者针对在世界范围内已经发表的试验和分析文献，完成了卓有成效的整理工作，并且撰写了这本该领域非常有条理的专著。本书提供了很丰富的基础知识，很多重要的数据观察、趋势和指导方向被从中提炼了出来。此外，在本书中，几乎对所有本领域相关方面的历史和当前趋势都进行了分析，也对所有的缸内直喷汽油机的原型机以及产品进行了深入的讨论，并呈现了完整的参考文献。

本书将会成为一本对缸内直喷汽油机燃烧系统各个方面的开发、运行和优化阐述全面、文献完整的主要参考手册。本书对混合气准备、燃烧、排放和燃油经济性，沉积物形成的关键部位以及燃油系统的主要问题进行了深入详细的讨论，所提供的大量关于燃油喷雾和喷射系统的性能和需求特性方面的见解和关键指标的清晰判别也许是出版物中最详细的。本书对后处理策略、喷油嘴以及燃烧室沉积的关键问题进行了阐述，概括了最具当前技术水平的方向并对其进行了讨论。很多有关应用的指导原则、数据说明和参数测量等影响因素的介绍也被纳入本书之中。因此在我看来，本书对需要获得发动机性能、经济性和耐久性方面持续改进的项目工程师来说，有着不可估量的帮助。

本书是第一本提供权威的、系统的关于缸内直喷汽油机技术开发的基础问题和应用研究的书籍。毫无疑问，本书的出版对于全球相关领域是意义重大的，这些领域包括先进发动机的开发、教育、策略规划、工程训练以及学术研究。我强烈推荐工程师和研究人员在进行缸内直喷汽油机相关的研究或者论文写作时，能够首先参阅本书的相关章节。我坚信本书将会成为缸内直喷汽油机技术的主要参考手册，成为本领域工程师、学者、政府研究人员、项目管理人员和本领域技术论文作者最有价值的信息来源之一，成为本领域专业人员参考书架上的必备书籍。

三菱汽车公司乘用车研发中心常务副总经理

Hiromitsu Ando 博士

前 言

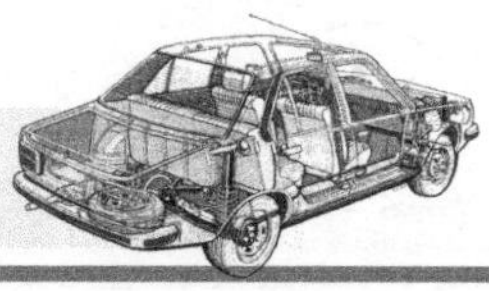

火花点燃式四冲程缸内直喷汽油机（GDI）的设计与开发是全球汽车工业界一项重要的世界性创新之举。该汽油机的热力学潜能可极大地改善燃油经济性，吸引人们进行了一系列的研究和开发来理解、发展和优化汽油缸内直喷技术。燃油喷射过程，喷雾雾化和蒸发，混合气形成、燃烧，沉积物形成和降低排放，都是系统优化的关键问题，在本书中这些问题都得到了充分的研究。新技术如高压系统、共轨系统、汽油喷射系统和实时计算机参数过程控制等的应用，使直喷、分层充量的汽油机成为可能。在过去 10 年中，已获得了大量的本领域的技术信息。

本书阐述了在直喷、点燃式发动机领域快速发展过程中的关键问题，并且评估了各个过程和子系统在整个系统效率上的贡献。本书反映了汽车界和学术界的最新研究成果，包括大量来自非英语的技术文章和研究进展中的讨论、数据和图表。其研究重点既包括混合气准备、燃烧和排放物形成的基础过程，也包括发动机系统开发过程中的实际问题，如冷起动、积炭、燃油稀释和后处理系统。伴随燃油直接喷射、喷雾形成、卷吸和混合、燃烧和排放的复杂现象，都通过清晰的、有组织的方法，置于一个反映现代技术水平的硬件和程序的框架中呈现。相关主题的所有出版物也在本书中进行了细致的分析和讨论。

本书的目标之一是如何在这个复杂的课题中实现快速学习，同时成为全球性的直喷主辅系统开发方面极有用的参考文献。另一目标是对开发新的直喷发动机系统过程中，对需要仔细斟酌的参数提供讲解和评价。同时本书也适当提供了缸内直喷汽油机与进气道喷射汽油机和柴油机系统的详细对比。本领域读者想要了解的几乎所有信息，包括术语、世界范围内的研究和进展、物理过程的解释，都可以在本书中得到。在缸内直喷汽油机系统方面提出建议、撰写文章、指导实验或者做出管理决策之前，阅读本书将会获益匪浅。

全书共分为 10 章，其中包括超过 330 张图片、75 个表格和 525 篇参考文献。在实际发动机配置下的燃油经济性和排放的数据，对发动机的研究和开发者来说是极其重要的，所以本书收集了所有可以得到的缸内直喷配置下的数据，并从细节上进行了回顾和讨论。根据系统复杂性将缸内直喷发动机分为四类，对每种类型的优缺点进行了标注和解释，并注重其重要趋势和结论一致性。这使发动机开发者、研究者和工程管理人员能够在趋势和有争议的问题方面获得信息，如对在优化条件下怎样才能够让发动机容积效率和压缩比增加，以及在特定的控制策略下怎样能够让碳氢化合物（HC）、氮氧化物（NO_x）和颗粒物的排放最少。

第 1 章介绍了后续章节将详细讨论的基础过程和分类。对进气道喷射和缸内直喷发动机固有的混合气准备过程进行了讨论，并指出了使用缸内直喷汽油机技术的优势。同时介绍了缸内直喷汽油机一般的分类和所有产品的规格、原型机和试验机。

第 2 章详细介绍了燃烧系统的构造和形成分层充量的控制策略。从系统需求、燃烧稳定性、系统灵活性、发动机性能和排放等方面，对喷雾引导型、壁面引导型和空气引导型燃烧系统的优缺点和难点进行了全面的对比。

第 3 章介绍了喷油器和整个燃油系统的设计要求，同时也介绍了所有应用缸内直喷的产品和原型机的喷油器的独特特点，提供了喷油驱动器和燃油输送动力学的详细分析，详细讨论了单循环内多次喷射的性能。

第 4 章非常详细地讨论了缸内直喷汽油机燃油喷雾的动力性和特性，这可能是本领域中最为详细的分析。该分析涵盖了喷雾雾化要求、压力室初始喷雾特性、喷雾锥角和贯穿度、后喷动力特性等诸多内容。本章概括了偏置喷雾以及分段喷雾的特性，并且对多种产品和原型机的喷油器形成喷雾的关键特性进行了描述，包括涡流喷雾（内旋和外旋）、多孔、槽式喷射和其他形式的喷油器，以及由脉冲压力、空气辅助喷油器产生的喷雾。一个很重要但是被低估的问题——环境条件对各类喷油器形成的喷雾的影响，也在本章中进行了详细的讨论。本章还对当前所有喷油器的最佳实践性能进行了列表对比，同时指出了与缸内直喷汽油机喷雾测量和特性相关的关键问题。

第 5 章详细介绍了空气、燃油混合的特殊要求，以及缸内直喷汽油机中空气流场问题和喷雾-壁面的交互作用。深入讨论了可能导致 HC 排放增加和润滑油稀释的意外的燃油碰壁过程。讨论了冷起动中的混合气准备过程，以及不同发动机运行参数对发动机冷起动性能的影响。

第 6 章详细介绍了不同运行模式下缸内直喷汽油机燃烧特性的预测，详细解释了燃烧和排放控制策略的实施方法，并讨论了其对燃烧过程的影响。

第 7 章概述了缸内直喷的沉积物问题以及它对发动机燃烧、性能和排放恶化的影响，提供了重要的最小化沉积比例和沉积影响的系统指导。

第 8 章介绍了 HC、NO_x 和颗粒物的形成机理，深入地概括了目前排放控制技术和后处理硬件系统的性能和局限性，并且全面总结和讨论了在如何满足未来排放标准的基础上取得的一致意见。分析了稀 NO_x 催化作用对晚喷、分层的缸内直喷汽油机发展的影响，并对利用稀燃、匀质充量、直喷发动机作为一种选择来降低系统复杂性进行了分析。

第 9 章分析了缸内直喷汽油机技术在提高燃油经济性方面的所有潜力，逐条记载并评估了所有可能导致预测的燃油经济性与实际最好的燃油经济性之间存在差异的因素，讨论了缩小这种差异的长期和短期的解决方案。为了挖掘缸内直喷汽油技术的潜能，填补其他技术的不足，将缸内直喷汽油技术和其他嵌入式发动机技术进行结合是一种选择。

第 10 章的导论部分，概述和讨论了与当前缸内直喷汽油机发展相关的缸内直喷分层充量（DISC）发动机上进行的主要工作。其主体部分收集了所有全球范围内的缸内直喷汽油机的产品机、原型机和试验机，对这些发动机和相应的燃烧和后处理系统在性能、排放和经济性方面的优势进行了回顾，对需要进一步开发的内容也进行了讨论。发动机图、系统控制图表和规格都编撰在本章之中，排放控制策略也配以图形进行了讨论。

本书包含了与缸内直喷汽油机相关的各方面内容，可以作为工科院校的研究生教材，或者作为内燃机本科生的参考书籍。在本书中包含的信息可用于燃油系统开发、燃油喷射技术、混合气准备、燃烧系统开发、沉积物问题和稀燃发动机后处理技术方面的工业项目基础知识培训、汽油机燃油系统的工程研讨会和讲习班。在第 2~10 章的每一个章节中，都详细描述了一个明确的主题，这些文字、图形和表格都分别为各自的主题服务。所有汽车制造商、发动机配件和后处理提供商、添加剂和燃油公司、研究机构和院校的工程师和研究人员，都能够从本书中有所收获。在这个领域的工程师和研究人员会发现本书在进行缸内直喷发动机的系统优化、理解和实验数据的解释方面的巨大作用。对本领域产品决策负责的企业管理人员能够从本书各章节一系列清晰的优缺点描述及对产品机型相关方面的讨论中获益。

Fuquan (Frank) Zhao（赵福全）

David L. Harrington（大卫 · L. 哈灵顿）

Ming-Chia Lai（赖明嘉）

致 谢

本书作者感谢以下学者提出的建设性意见和建议，他们是：福特公司的 R. W. Anderson 博士，三菱公司的 H. Ando 博士，乙基（Ethyl）公司的 A. A. Aradi 博士，戴姆勒克莱斯勒公司的 T. W. Asmus 博士，密歇根大学的 D. N. Assanis 教授，麻省理工学院（MIT）的 W. K. Cheng 教授，李斯特（AVL）公司的 G. K. Fraidl 博士，麻省理工学院（MIT）的 J. B. Heywood 教授，西门子公司的 B. Imoehl 先生，福特公司的 T. E. Kenney 博士，戴姆勒克莱斯勒公司的 R. R. Maly 教授，通用汽车公司的 P. M. Najt 先生，通用汽车公司的 R. B. Rask 先生，威斯康辛大学麦迪逊分校的 R. W. Reitz 教授，福特公司的 R. J. Tabaczynski 博士，日产公司的 Y. Takagi 博士（现在在武藏技术研究所）。

感谢爱思唯尔科技有限公司（Elsevier Science Ltd）的作者们同意使用他们早期出版的文章的一部分内容，这篇文章是《火花点燃直接喷射式汽油机》，1999 年在国际刊物《能源与燃烧科学进程》（1999（25）：437-562）上刊登。

感谢 SAE 的编辑顾问 A. S. Horton 先生，感谢他富有创造性的工作。感谢 SAE 的产品经理 L. I. Moses 女士，感谢她一直以来对本书的支持。

最后，作者衷心地感谢他们的家人，特别是他们的夫人 Dannie、Glenna 和 Wen-Haw，感谢她们在本书编写过程中的鼓励、理解和支持。

缩写表

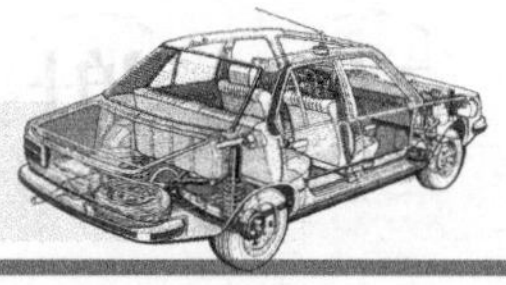

A/F	air/fuel ratio	空燃比
AT	automatic transmission	自动变速器
ATDC	after top dead center	上止点后
BDC	bottom dead center	下止点
BMEP	brake mean effective pressure	平均有效压力
BSFC	brake specific fuel consumption	有效比油耗
BSHC	brake specific HC	有效比碳氢排放
$BSNO_x$	brake specific NO_x	有效比氮氧化物排放
BSU	Bosch smoke unit	博世碳烟排放单位
BTDC	before top dead center	上止点前
CA	crank angle	曲轴转角
CAD	crank angle degree	曲轴转角度
CC	close-coupled	紧密耦合
CCD	combustion chamber deposit	燃烧室沉积物
CFD	computational fluid dynamics	计算流体力学
CIDI	compression-ignition direct-injection	直喷压缩点火
CMC	charge-motion-control	充量运动控制
COV	coefficient of variation	变化系数
CR	compression ratio	压缩比
CVCC	compound vortex combustion chamber	复合涡流燃烧室
CVT	continuously variable transmission	无级变速器
D32	Sauter mean diameter of a fuel spray	燃油喷雾索特平均直径
DI	direct-injection	直喷
DISC	direct-injection stratified-charge	分层充量缸内直喷
DMI	direct-mixture-injection	混合物直喷
DOHC	double overhead cam	双顶置凸轮轴
DV10	spray droplet diameter for which 10% of the fuel volume is in smaller droplets	包含10%燃油体积的最小液滴的喷雾液滴直径
DV50	spray droplet diameter for which 50% of the fuel volume is in smaller droplets	包含50%燃油体积的最小液滴的喷雾液滴直径
DV80	spray droplet diameter for which 80% of the fuel volume is in smaller droplets	包含80%燃油体积的最小液滴的喷雾液滴直径

DV90	spray droplet diameter for which 90% of the fuel volume is in smaller droplets	包含90%燃油体积的最小液滴的喷雾液滴直径
EDM	electric discharge machining	放电机构
EFI	electronic fuel injection	电控燃油喷射
EGT	exhaust gas temperature	排气温度
EGR	exhaust gas recirculation	废气再循环
ELP	end of the logic pulse	逻辑脉冲结束
EMS	engine management system	发动机管理系统
EOA	end of air injection	喷气结束
EOB	end of burn	燃烧结束
EOI	end of injection	喷射结束
EPMA	electron probe microanalysis	电子探针显微分析
ETC	electronic throttle control	电子节气门控制
EURO Ⅲ	European stage Ⅲ emission standard	欧Ⅲ排放标准
EURO Ⅳ	European stage Ⅳ emission standard	欧Ⅳ排放标准
EVC	exhaust valve closing	排气门关闭
EVO	exhaust valve opening	排气门开启
FID	flame ionization detector	火焰离子检测器
FPW	fuel pulse width	喷油脉宽
FTIR	Fourier transform infrared	傅里叶变换红外分光仪
FTP	federal test procedure	联邦测试程序
GDI	gasoline direct-injection	汽油缸内直喷
GMEP	gross mean effective pressure	总平均有效压力
HC	hydrocarbon	碳氢化合物
HCCI	homogeneous charge compression ignition	均质压燃
HCEI	hydrocarbon emission index	碳氢排放指数
HEV	hybrid electric vehicle	混合动力车辆
HSDI	high speed direct injection	高速直喷
ICP	inductively coupled plasma	电感耦合等离子体
IDI	indirect injection	非缸内直喷
IMEP	indicated mean effective pressure	指示平均有效压力
IPTV	incidents per thousand vehicles	每千辆汽车的事故
ISCO	indicated specific CO	指示比一氧化碳排放
ISHC	indicated specific HC	指示比碳氢排放
$ISNO_x$	indicated specific NO_x	指示比氮氧化物排放
IVC	intake valve closing	进气门关闭
IVD	intake valve deposit	进气门沉积物
IVO	intake valve opening	进气门开启
LDV	laser Doppler velocimetry	激光多普勒测速仪
LEV	low-emission-vehicle emission standard	低排放车辆排放标准
LIF	laser-induced fluorescence	激光诱导荧光
MAP	manifold absolute pressure	歧管绝对压力
MBT	minimum spark advance for best torque	最大转矩输出时的最小点火提前角（最佳点火提前角）
MFB	mass fraction burned	已燃气体质量分数

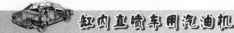

MMR	main-spray, maximum-penetration rate	主喷雾，最大贯穿速率
MPI	multi-point port injection	进气道多点喷射
MT	manual transmission	手动变速器
MVEG	motor vehicle emission group	机动车排放组
NCP	new combustion process	新型燃烧过程
NEDC	new European driving cycle	新欧洲行驶循环
NMEP	net mean effective pressure	净平均有效压力
NSCO	net specific CO	净比一氧化碳排放
NSHC	net specific HC	净比碳氢排放
$NSNO_x$	net specific NO_x	净比氮氧化物排放
OBD	on-board diagnostics	车载诊断系统
OEM	original equipment manufacturer	原设备制造商（整车厂）
Oh	Ohnesorge number	奥内佐格数
p_{amb}	ambient back pressure	环境背压
PCV	positive crankcase ventilation	曲轴箱主动通风
p_{cyl}	cylinder pressure	缸压
PDA	phase-Doppler anemometry	相位多普勒测速表
PDI	phase-Doppler interferometry	相位多普勒干涉仪
PFI	port fuel injection	燃油进气道喷射
PI	port injection	燃油气道喷射
p_{inj}	injection pressure	喷油压力
PIV	particle imaging velocimetry	粒子成像测速
PLIF	planar laser-induced fluorescence	平面激光诱导荧光
PM	particulate matter	颗粒物
PPAA	pulse-pressurized, air-assisted	空气辅助脉冲压力
PROCO	programmed combustion control system	福特燃烧程序化控制系统
RB	rapid burning	快速燃烧
R. H. R.	rate of heat release	放热率
RON	research octane number	研究法辛烷值
RVP	Reid vapor pressure	雷德蒸汽压力
SC	stratified charge	分层充量
SCR	selective-catalysis-reduction	选择性催化还原技术
SCRC	stratified-charge rotary combustion	分层充量旋转燃烧
SCV	swirl control valve	涡流控制阀
SD	standard deviation	标准偏差
SEM	scanning electron microscopy	扫描电子显微镜
SFC	specific fuel consumption	比油耗
SFT50	sac-spray flight time to a location 50mm from the injector tip	初始喷雾到达距喷油器头部 50mm 处的时间
SI	spark ignition	点燃式
SLP	start of logic pulse	逻辑脉冲开始
SMD	Sauter mean diameter of a fuel spray	燃油喷雾索特平均直径
SMR	sac-spray maximum penetration rate	初始喷雾最大贯穿速率
SOA	start of air injection	燃烧开始

SOB	start of burn	喷气开始
SOHC	single overhead cam	单顶置凸轮轴
SOI	start of injection	喷油开始
SPI	spark plug injector	火花塞喷油器
SULEV	super ULEV	更超低排放车辆排放标准
TBI	throttle body injection	节气门体喷射
TCCS	Texaco controlled combustion system	德士古燃烧控制系统
TDC	top dead center	上止点
THC	total hydrocarbon	碳氢总量
TTL	transistor-to-transistor logic	晶体管-晶体管逻辑
TWC	three-way catalyst	三效催化器
UBHC	unburned hydrocarbon	未燃碳氢
ULEV	ultra-low-emission-vehicle emission standard	超低排放车辆排放标准
VCO	valve covered orifice	挡孔阀
VGT	variable geometry turbine	可变几何涡轮
VO	valve opening	阀门开启
VOF	volume of fluid	流体体积
VVT	variable valve timing	可变气门正时
We	Weber number	韦伯数
WFR	working flow range	工作流量范围
WOT	wide open throttle	节气门全开

文献中用到的 GDI 技术的不同名称

D-4	Toyota DI engine	丰田直喷发动机
DGI	direct gasoline injection	汽油缸内直喷
DIG	direct gasoline injection	汽油缸内直喷
DI-G	direct gasoline injection	汽油缸内直喷
DISI	direct-injection spark-ignited	直喷点燃式
ECOTEC DIRECT	Adam Opel DI engine	Adam 欧宝直喷发动机
FSI	Volkswagen DI engine	大众直喷发动机
GDI	Mitsubishi DI engine	三菱直喷发动机
GDI	gasoline direct injection	汽油缸内直喷
HPi	PSA DI engine	标致直喷发动机
IDE	Renault DI engine	雷诺直喷发动机
NEODi	Nissan DI engine	日产直喷发动机
SCC	Saab DI engine	萨博直喷发动机
SIDI	spark-ignited direct injection	点燃式直接喷射

目录

第1章

绪论

1.1 概述

随着对汽车燃油经济性持续改善要求的日益重视，汽车工程师正在竭尽所能地开发出既能够有效降低燃油消耗，又能够满足未来严格的排放要求的发动机。通过对现在汽车上使用的火花塞点燃式汽油机和压燃式柴油机的对比，很明显比油耗低、整车燃油经济性好的直喷压燃式柴油机比进气道喷射、火花塞点燃式的汽油机更具优势。这主要是因为柴油机使用了更高的压缩比，同时没有节气门的影响。然而与汽油机相比，柴油机通常表现出稍高的噪声水平、偏窄的速度范围、略差的起动性和更多的颗粒和 NO_x 排放。

在过去的30年中，一个研究目标就是希望研究出一种结合了汽油机和柴油机各自优点的汽车用发动机[164,169,421,428]，同时拥有汽油机的高比功率和柴油机在部分负荷下的高效率[224,253,411]。这种发动机的有效比油耗（BSFC）会接近柴油机，同时可维持汽油机的运行特性和比功率输出。这段时期大量的研究工作已经证明，这个目标是可以在缸内直喷、四冲程、火花塞点燃的发动机上实现的，该发动机不需要通过节气门节流混合气来控制负荷。在这种发动机中，燃油喷雾直接喷入气缸内生成空气-燃油的混合气，并在火花塞点火时在其间隙处形成可燃的混合气。该类型的发动机被设计成为一种缸内直接喷射、分层充量的发动机，并且已经证实这类发动机基本具有对较低辛烷值及较低驾驶性能指数燃料的耐受能力。事实上，在缸内直喷分层充量原型机的早期研究工作中，很重要的一部分是集中在使用多种燃油的能力。

缸内直喷分层充量发动机功率输出的控制在某种程度上与柴油机相似，是通过改变喷射到气缸内的燃油量来实现的。吸入的空气将不再被大量节流，这样相关循环中的泵气循环负功将会显著减少。使用火花源来点燃燃油-空气混合气，发动机采用直接点燃方式，避免了柴油机中对燃油的许多严格的着火质量指标要求。此外，通过火花塞和喷油器相互的位置布置，可实现超稀薄燃烧运转，从而大大减少了有效比油耗[41,87,99,179,485]。

从历史的角度来看，缸内直喷分层充量发动机早期的开发工作确实引起了一系列重大的技术进步，几个详细的燃烧策略被提出来并进行了研究，包括 Texaco 控制燃烧系统（texaco controlled combustion system，TCCS）[8]、Auguburg-Nurnberg 的 MAN-FM 方法[161,307,453]，以及福特的程序燃烧控制系统（programmed combustion control system，PROCO）[401,410]。这些早期系统中大部分都是基于每缸两气门和碗形燃烧室进行设计的。晚喷是通过柴油机上应用的机械式泵管嘴燃油喷射系统实现的。在这些代表早期开发成果的系统中，无节气门工况已经实现了大部分负荷范围内的功率调节，并且有效比油耗也与当时的非直喷柴油机相当。一个最大的缺陷是由于使用了机械（非电子）式的燃油喷射系统，在全负荷运行时仍然是晚喷。这导致燃烧的空燃比浓于冒烟界限约 20∶1。因此必须使用柴油机喷射设备，同时辅以所需的涡轮增压器以提供适当的功率输出，最终使这种发动机展现出与柴油机类似的性能特征，但同时也出现了较差的部分负荷性能和未燃 HC 排放。即使使用了中置的喷油器在压缩行程早期形成一个中空锥形喷雾的 PROCO 燃烧系统，在低负荷下对 HC 排放的控制也是极其困难的。相对低的空气利用率以及被速度范围所限制的机械式燃油喷射设备的使用，意味着发动机的比功率输出是相当低的。在本书 10.1 节中，将会对这些早期的缸内直喷分层充量系统的几何构造进行简短的讨论。

由于电子和计算机控制技术取得的进展，很多早期的汽油缸内直喷分层充量发动机遇到的基本障碍，现在都能够规避。20 多年前，对直喷喷油器和油泵控制的巨大限制是尤为突出的。新技术和计算机控制策略目前已经被许多汽车企业用来重新检验可量产的缸内直喷汽油机所能够达到的潜在优势程度[2,13-17,53,55,56,65,84,104,117,134,156,208,209,211,219,259,387,398,402,414-420,438-442]。这类发动机的混合气制备和燃烧控制策略、排放特性、燃油经济性潜力、沉积物形成机理和其他关键的相关问题都将在本书中进行详细讨论。

1.2 直接喷射与进气道喷射的对比

图 1.2-1 所示为典型的缸内直喷汽油机（gasoline direct injection，GDI）系统的示意图[261]。进气道喷射（port fuel injected，PFI）汽油机与缸内直喷汽油机（GDI）的主要区别在于混合气制备策略上，图 1.2-2 中对此进行了扼要的展示[521]。进气道喷射的汽油机中，汽油被喷射到每个气缸的进气道中，而且在喷射时刻与燃油、空气输送到气缸内的时刻之间有一个时间延迟。目前全球范围内大多数汽车上使用的 PFI 汽油机都是在进气门关闭时，定时喷射燃油到进气门背之上。进气道喷射喷油器可以安放在气缸盖里进气门的上游（占产品应用的 20%），或者在进气歧管接近气缸盖的位置（占产品应用的 80%）。在拖动和冷起动时，会有一个瞬态的液体燃油油膜或者油洼在进气口上的进气门区域形成。这些稳定的、振动的油膜中的一部分在进气过程被吸入到气缸内[348]。这些在进气道喷射汽油机进气口的燃油油膜其作用为一个集成容器，因此汽油机是由不精确计量的油膜中的燃油维持运转，而不是由喷油器精确计量的当前喷油量维持[516]。这就会导致燃油输送的延迟，以及其伴随而来的由部分蒸发引起的计量错误。因为冷燃油油膜的蒸发相对困难，以至于在冷起动时需要提供大量的甚至已经极大地超过理想空燃比的燃油，而此时的催化器温度也还没有达到起燃温度。这种油膜和供油时间延迟会导致汽油机在冷起动的第 4~10 个循环中产生不稳定的燃烧，并伴随有显著增加的未燃 HC 排放[66]。

与进气道喷射相反，将燃油直接喷射到汽油机气缸中，避免了进气道湿壁所带来的问题，同时也提高了单次燃烧的燃油计量控制能力，并且减少了燃油的输送时间。在给定的循

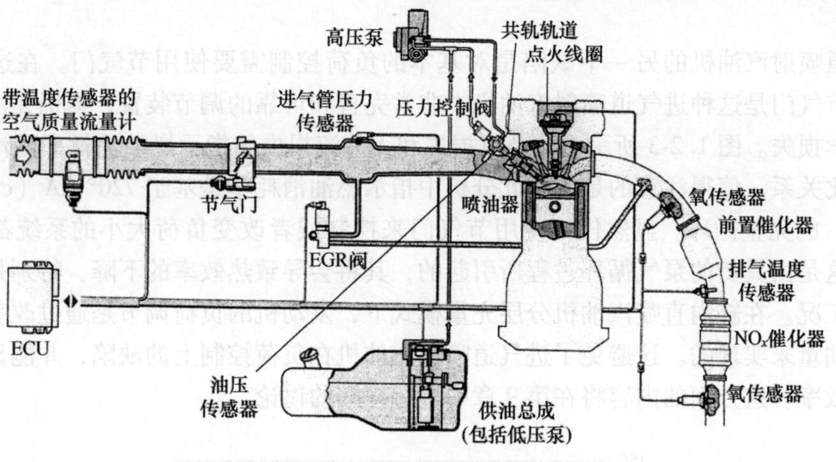

图 1.2-1 典型 GDI 系统示意图

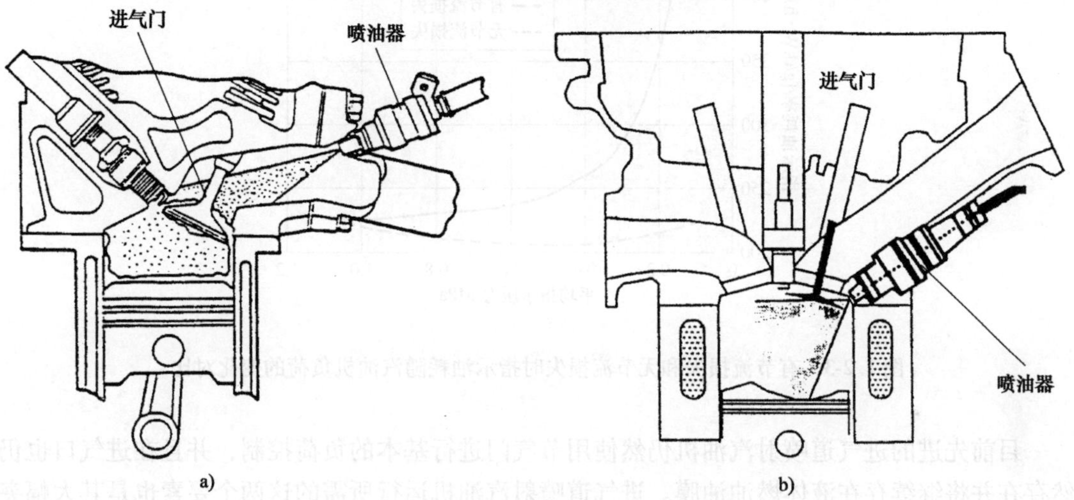

图 1.2-2 GDI 和 PFI 混合气制备系统的对比
a）进气道喷射（PFI） b）缸内直喷（GDI）

环内，在对实际进入气缸的燃油量的精确控制上，缸内直喷比进气道喷射要精确很多，从而可提供更稀薄混合气燃烧的潜力、较少的各缸间和各循环间的空燃比差异并减少有效比油耗（BSFC）。目前使用缸内汽油直喷已经能够实现使用很少甚至不用过浓混合气的情况下，在曲轴拖动的第一个循环中实现着火[9]，而且在负荷瞬态变化时，能够显著减少 HC 排放的峰值。因此，缸内直喷汽油机能够使用更少的燃油来起动发动机，当环境温度降低时，这种最小燃油需求的差异将会更大[341]。然而，汽油直接喷射到气缸中将会大大减少燃油蒸发和混合的时间，因此对燃油的雾化需要一个更严格的数量级。在缸内直喷系统中，已经在使用更高的燃油运行压力，这样进入到气缸内的燃油能够比在进气道喷射系统中得到更好的雾化，实际上喷雾雾化质量改善优于一个数量级，可以提供所需的更高的燃油蒸发率。然而很重要的一点是，燃油直接喷射到气缸中并不会保证油膜问题不再出现。活塞顶或燃烧室其他表面的湿壁现象，无论是有意还是无意出现的，都会引起缸内壁面油膜形成和蒸发的重要瞬态变化。

进气道喷射汽油机的另一个缺陷是对基本的负荷控制需要使用节气门。在这种汽油机中，即使节气门是这种进气道喷射汽油机中非常完善和可靠的调节装置，但仍无法避免其带来的热力学损失。图 1. 2-3 所示为有节流损失和无节流损失的指示燃油消耗率随汽油机负荷变化的对比关系。值得注意的是，在此分析中指示燃油消耗率是基于 720° CA（crank angle，曲轴转角）的完整循环。显然任何使用节气门来控制或者改变负荷大小的系统都会有热力学损失，这是由其负的泵气循环过程所引起的，其将会导致热效率的下降，特别是在汽油机的低负荷工况。在缸内直喷汽油机分层充量模式下，发动机的负荷调节是通过改变喷射到气缸内的燃油量来实现的。这避免了进气道喷射汽油机在负荷控制上的缺陷，并能显著提高汽油机的热效率。这方面的内容将在第 9 章中进行详细的讨论。

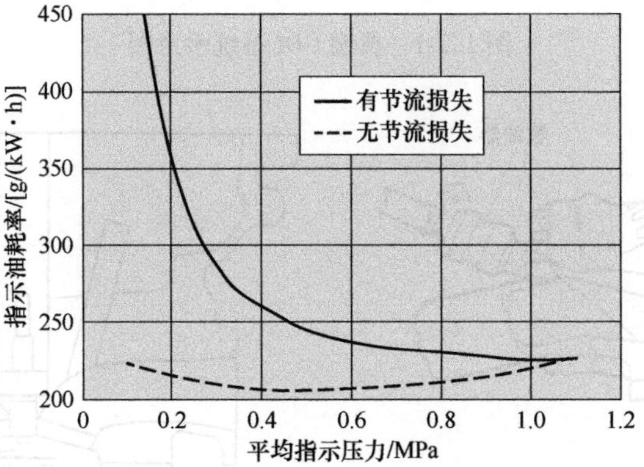

图 1. 2-3　有节流损失和无节流损失时指示油耗随汽油机负荷的变化对比

目前先进的进气道喷射汽油机仍然使用节气门进行基本的负荷控制，并且在进气口也仍然存在并将继续存在液体燃油油膜。进气道喷射汽油机运行所需的这两个要素也是其大幅突破经济性和排放性瓶颈的主要障碍。旧式的进气道喷射技术一直在进步，但似乎无法同时获得在经济性和排放性方面的实质性改进。而缸内直喷汽油机在理论上没有这两个限制，也没有与之相关的性能界限。

此外，通过调整燃油供给量来控制负荷可避免在进气口的油膜问题，并减少由节气门导致的热力学损失，缸内直喷概念相对于进气道喷射汽油机还能提供许多先进的理念，见表 1. 2-1。大多共轨缸内直喷汽油机喷射系统所采用显著的更高的喷射压力，同时提高了燃油雾化度和蒸发率。这就允许在不提供多余燃油的情况下，从第 1 和第 2 个喷射循环就能够稳定地燃烧。因此，缸内直喷汽油机具有获得冷起动的 HC 排放水平可与稳定运行时 HC 排放水平相同的潜力[438]。缸内直喷汽油机的另一个潜在优势是能够借助减速断油。如果其成功应用，断油可提高汽油机的燃油经济性并改善 HC 的排放，在第 8 章和第 9 章对有关内容将分别进行讨论。对进气道喷射的汽油机来说，其运行在进气口已存在燃料油膜的状态，因此减速断油不是可行的选择，因为断油会引起进气口油膜的减少甚至消失。在进气口重建稳定的油膜是一个需要几个汽油机循环的瞬态过程，这个过程可能使燃烧室中产生非常稀薄的混合气，其可能引起汽油机失火或者回火。缸内直喷的另一个重要的潜在优势就是能够冷却进气。经过细小雾化的燃料蒸发能够有效地冷却吸入缸内的空气，特别是在蒸发潜热主要来自于空气而不是金属壁面的情况。这种冷却效应在早喷和晚喷中都会存在，但如果燃油喷射是发生在进气过程时，容积效率也会被增强。关于抑制自燃和峰值功率的益处，以及利用这一过程的参考方法将会在第5章介绍。

表1.2-1 GDI汽油机相对PFI汽油机的理论优势

燃油经济性	• 改进了燃油经济性（基于测试循环，高达25%的潜在改善） ◇ 有效降低泵气损失（无节气门，分层充量模式） ◇ 热损失减少（无节气门，分层充量模式） ◇ 可用更高的压缩比（由于进气时喷射的充量冷却） ◇ 可用更低辛烷值的燃油（由于进气时喷射的充量冷却） ◇ 增加容积效率（由于进气时喷射的充量冷却） ◇ 可用车辆减速断油技术 ◇ 更少的加速时燃油加浓
操控性	• 瞬态响应增强 • 冷起动性增强
空燃比可控性	• 更精确的空燃比控制 ◇ 更迅速的起动和更好的燃烧稳定性 ◇ 冷起动时更少的冷起动加浓 ◇ 更少的加速加浓
燃烧稳定性	• 更宽的EGR（废气再循环系统）工作范围（减少对节气门的使用和降低NO_x排放）
排放性	• 选择性排放优势 ◇ 降低了冷起动HC排放 ◇ 减少了发动机瞬态HC排放的峰值 ◇ 降低了CO_2排放
系统优化性	• 提高了系统优化的潜力

注：以上改进是相对于已优化且可对比的PFI汽油机。

尽管上面提到了汽油缸内直喷技术有诸多重要潜在优势，但是PFI汽油机也有一些有限的优势，因为进气系统就如同一个预蒸发室，但还是有一些有限的优势。当燃油被直接喷射到气缸中时，混合气制备的时间被显著减少。其结果是燃油喷雾的雾化就必须足够细小，以实现燃油能在喷射到着火的有限时间内蒸发。没有蒸发的燃油雾滴很可能会参与扩散燃烧，并可能以未燃HC形式排放出汽油机。将燃油直接喷射到汽油机气缸内也可能引起计划外的燃油在活塞顶及/或气缸壁的撞壁。这些因素，如果出现在特定的发动机设计中，将会引起HC排放和颗粒物排放的增加，对气缸壁的磨损也很容易超过经过优化的PFI发动机。PFI汽油机的其他优势，如低压供油系统，可以使用三效催化器和更高的排气温度以提高催化效率，这些优势对GDI汽油机的发展提出了挑战。

汽车公司以GDI发动机取代PFI汽油机作为主要产品，已经或者仍然会受到表1.2-2所述挑战的制约。在特定的全球市场中，如果GDI汽油机要取代目前使用的PFI汽油机，那么这些关注的问题需要在任何具体的设计中得到解决或缓解。如果PFI汽油机能够在不增加复杂的新硬件的情况下满足未来的排放法规，GDI汽油机的市场渗透率将会下降，因为GDI汽油机要求更精细的燃油喷射系统，要求高压油泵和更复杂的汽油机控制系统。GDI汽油机设计中很重要的一个局限就是相对高的HC和NO_x排放，且三效催化器无法有效利用。GDI

汽油机运行在全部稀混合气时确实减少了 NO_x 排放，但通常无法达到使用三效催化器时最少能够降低 90%的水平。全球范围内开展了许多工作来开发稀燃 NO_x 催化器，但是目前获得的转换效率在很宽的汽油机工况和燃料范围下，仍然比使用三效催化器低很多。低负荷下的超量 HC 排放也仍然是一个待解决的重要研究和开发工作。尽管有上述这些问题和困难，GDI 汽油机还是提供了远超出目前完善的 PFI 汽油机所能提供的应用前景。

表 1.2-2 阻碍 GDI 发展和应用的主要问题

排放方面	• 部分负荷时分层充量运行模式下更高的局部 NO_x 排放，其结果导致三效催化器无法有效工作 • 相对高的大负荷 HC 排放 • 相对高的大负荷 NO_x 排放 • 颗粒物排放增加
燃烧稳定性和控制方面	• 在需要的全运行范围内很难控制分层充量燃烧 • 达到平顺负荷变化所需的控制和喷油技术的复杂性 • 减少 NO_x 排放所需的更高的 EGR（废气再循环系统）限度 • 相对高的喷油器沉积率和/或点火器结垢率
燃油经济性方面	• 高的燃油系统压力和燃油泵附加损失 • 可由催化器快速起燃和催化器再生技术增加燃油消耗 • 喷油器和驱动器需要更高的电功率和电压
性能和耐久性方面	• 相对高的喷油器沉积率和点火器结垢率 • 由于高喷射压力和低的燃油润滑共同作用导致的燃油系统部件的磨损增加 • 增加了气缸内孔的磨损 • 诸如进气门和燃烧室的其他沉积
系统复杂性方面	• 需要更复杂的排放控制系统和控制策略 • 需要精密的燃油系统和燃烧系统设计以满足从冷起动到全负荷的折中需求 • 系统优化时极大地增加了标定变量的数量

最后，值得注意的是，必须对出版信息中的 GDI 汽油机相对于 PFI 汽油机的优点进行评价和关注的设计工程师、管理人员和研究人员应该明白，单方面的数据比较和报道是不可尽信的。在很多报道和文献中，GDI 汽油机与 PFI 汽油机对比的基准并没有被很好地定义，这样就让读者很难从工程角度将 GDI 和 PFI 的性能进行直接对比。一个极端的例子，就是 GDI 和 PFI 的燃油经济性的对比数据是在两台具有不同的惯性质量的汽车上获得的。另一个差异更细微的例子，是评估有效比油耗降低是源于 GDI 汽油机完全取消了节气门，而没有考虑和减掉因制动或其他功能所必需的真空泵的附加损失。更多的出版文献的对比都介于这两个极端之间。读者应该谨慎地审阅所有宣称对比缸内直喷和进气道喷射的数据，如每一个精准的测试条件，以及在不同条件和限制下，在何种程度上对相关的系统进行了测试。

1.3 缸内直喷发动机分类

在过去十年间，提出和研发了许多新的车用四冲程 GDI 发动机的燃烧系统，在第

10 章将对这些原型机和产品系统以及控制策略进行详细的阐述。每一种燃烧系统都有其独特性，都反映了其独特的混合气准备、燃烧控制和减少排放策略。所有研发目标的共同点都是为了在获得发动机燃油经济性根本性改善的同时，实现大量减少机外和排气管中的排放物。

基于相关的燃烧系统和控制策略，缸内直喷汽油机可划分为八个逻辑大类。表 1. 3-1 中总结了使用的分类原则和相应的 GDI 发动机类型。表中前五个分类是基于燃烧系统的布置，而后面的三个分类是基于所采用的控制策略。表 1. 3-2 收集了所有在出版物中报道过的 GDI 发动机产品、原型机和试验机的关键特征。

表 1. 3-1 GDI 发动机分类主图表

类别	分类	描述
喷油器顶端到火花塞间隙的距离	窄间距	火花塞被安装在离喷油器顶很近的地方，用于直接点燃喷雾的外围，也被称为喷雾引导燃烧系统
	宽间距	喷油器到火花塞之间存在一个相对大的距离，分层由空气流动或喷雾与壁面冲击形成，也分别被称作气流引导和壁面引导系统
创建分层充量的方法	喷雾引导	分层由燃油喷雾的贯穿和混合引起。火花塞被安装在接近喷油器顶部的地方，用来点燃喷雾外围。这是窄间距的概念
	壁面引导	燃油喷雾直接喷射到活塞顶上呈一定形状的腔体内。通过喷雾和壁面的交互作用形成了分层。这是宽间距的概念，并且是目前产品中普遍应用的一种方法
	气流引导	通过燃油喷雾和缸内充量运动的交互作用产生分层。这通常是一个宽间距的概念
充量运动	基于滚流	滚流被用于生成和辅助充量分层
	基于涡流	涡流被用于生成和辅助充量分层
喷油器位置	居中	喷油器被安装在燃烧室中心。火花塞通常靠近喷油器顶
	侧置	喷油器位于燃烧室的外围，在进气侧。火花塞通常位于燃烧室中心
喷油器类型	单流体	使用了单流体燃油，通常在高压下。这是目前应用最广的喷油器
	脉冲-高压，空气辅助	在燃油喷射到气缸时，喷入了空气和燃油的混合气。在适度的燃油和空气压力下使用
燃油分配	均质	在气缸内形成均质的混合气
	分层	在气缸内形成分层的混合气
喷射正时	早喷	在进气行程喷入燃油形成均匀混合气，但仍然会产生一定程度的分层
	晚喷	在压缩行程喷入燃油以形成分层充量
空燃比	浓混合气	发动机工作在全部空燃比较理论空燃比浓的情况下。基于燃油喷射的时刻，充量能够形成均质混合气或分层混合气
	理论空燃比	发动机工作在理论空燃比情况下。基于燃油喷射的时刻，充量能够形成均质混合气或分层混合气
	稀混合气	发动机工作在空燃比较理论空燃比稀的情况下。基于燃油喷射的时刻，充量能够形成稀均质混合气或分层混合气（局部浓于总空燃比）

表 1.3-2　GDI 发动机产品、原型机和试验机的关键特征

制造商和研究机构	排量/cm^3	$\frac{缸径}{mm}\times\frac{行程}{mm}$	气缸配置	每缸阀门数	压缩比	分层策略	活塞形状	充量运动	喷油器位置	火花塞位置	燃油压力/MPa	备注
ADAM OPEL	2200	86×94.6	I-4	4	11.5	壁面引导	碗形	涡流	进气口旁	中置	8	原型机
AUDI	1196		I-3	5		壁面引导	碗形	滚流	进气口旁	中置	10	原型机
AVL	2000		I-4	4		壁面引导	碗形	涡流	进气口旁	中置		原型机
FEV				4		气流引导	碗形	滚流	进气口旁	中置		原型机
FIAT	1995		I-4	4	12.0			涡流，滚流	中置	中置		原型机；均匀充量
FORD	575	90.2×90.0	1	4	11.5		平顶	滚流	中置	中置	5	均匀充量
FORD	1125	79×76.5	I-3	4	11.5	壁面引导	碗形	涡流	进气口旁	中置	12	原型机
HONDA	1000		I-3	4		喷雾引导	碗形	涡流	中置	中置		混合动力原型机
ISUZU	528	93.4×77.0	1	4	10.7		平顶	涡流，滚流	进气口旁，中置	中置	5	均匀充量
ISUZU	3168	93.4×77.0	V-6	4	10.7		平顶	涡流，滚流	进气口旁，中置	中置	5	原型机
MAZDA	1992	83×92	I-4	4	11.0	壁面引导	碗形	涡流，滚流	进气口旁	中置	7	原型机；均匀充量
MERCEDES	538.5	89×86.6	1	4	10.5	喷雾引导	碗形		中置	中置		
MITSUBISHI	1864	81×89	I-4	4	12.0	壁面引导	碗形	逆滚流	进气口旁	中置	5	日本产品
MITSUBISHI	1468	75.5×82	I-4	4	11.0	壁面引导	碗形	逆滚流	进气口旁	中置	5	日本产品
MITSUBISHI	3496	93×85.8	V-6	4	10.4	壁面引导	碗形	逆滚流	进气口旁	中置	5	日本产品
MITSUBISHI	1864	81×89	I-4	4	12.5	壁面引导	碗形	逆滚流	进气口旁	中置	5	欧洲产品
MITSUBISHI	4500		V-8	4		壁面引导	碗形	逆滚流	进气口旁	中置		日本产品
MITSUBISHI	1094	66×80	I-4	4		壁面引导	碗形	逆滚流	进气口旁	中置		日本产品；有怠速停机系统

NISSAN	1838	82.5×86	I-4	4	10.5	壁面引导	碗形	涡流	进气口旁	中置	10	原型机
NISSAN	1769	80×88	I-4	4	10.5	壁面引导	碗形	涡流	进气口旁	中置	7	日本产品；配有CVT
NISSAN	2987	93×73.3	V-6	4	11.0	壁面引导	碗形	涡流	进气口旁	中置	可变：7~9	日本产品
NISSAN	2500		V-6	4		壁面引导	碗形	涡流	进气口旁	中置		混合动力原型机
ORBITAL	1796	80.6×88	I-4	4	10.4	喷雾引导	碗形			中置	燃油：0.72 空气：0.65	原型机；空气辅助
PSA	1998		I-4	4	11.4	壁面引导	碗形	逆滚流	进气口旁	中置	3~10	欧洲产品
RICARDO	325	74×75.5	1	4	12.7	壁面引导	碗形	逆滚流	进气口旁	中置		
RENAULT	2000		I-4	4	11.5	喷雾引导	碗形	滚流	中置	中置	4~10	欧洲产品；均匀充量
SAAB				4			碗形		中置	中置		原型机：空气辅助喷油器；火花塞-喷油器集成；均匀充量
SUBARU	554	97×75	1	4	9.7	喷雾引导	碗形	滚流	中置	进气口旁	7	
TOYOTA	1998	86×86	I-4	4	10.0	壁面引导	碗形	涡流	进气口旁	中置	8~13	日本产品（第一代直列四缸）
TOYOTA	1998	86×86	I-4	4	9.8	壁面引导	碗形	滚流	进气口旁	中置		欧洲产品：扇形喷雾燃烧系统；均匀充量（第二代直列四缸）
TOYOTA	2997	86×86	I-6	4	11.3	壁面引导	碗形	滚流	进气口旁	中置	~13	日本产品：扇形喷雾燃烧系统；均匀充量（第二代直列四缸）
VOLKSWAGEN	1390		I-4	4	12.1	壁面引导	碗形	滚流	进气口旁	中置		欧洲产品：下游 NO_x 传感器

1.4 总结

汽油缸内直喷概念具有使其超越所有前者的潜在巨大优势。这种概念为获得显著的燃油经济性改善和减少排放提供了很多机会。目前高技术的 PFI 发动机虽然在大量应用，但是已经接近此类基于节气门和进气道油膜工作的动力系统的极限；然而在伴随竞争和取代的技术挑战中，像 PFI 发动机这种被证明且不断优化的市场产品是不会被低估的。从 20 世纪 70 年代末期以来，当很大一部分直喷分层（direct-injection stratified-charge，DISC）发动机概念被提出来时，作为不断改进基准的火花点燃式发动机也在持续改进。供油系统也持续完善，由化油器发展成为节气门喷射，然后到同步-点火进气道喷射，到最近的相位顺序-点火进气道喷射。增强型系统如可变气门正时和可变排量也将被使用。结果是火花塞点燃 PFI 发动机今天仍然是汽车动力装置的标准装置。为了能够取代它，未来的 GDI 发动机需要满足表 1. 4-1 中提出来的开发目标，这些数据是在现实中最好的 PFI 发动机上获得的。此外，针对汽油缸内直喷技术可靠和高效的硬件系统和控制策略，将必须在现场条件下进行开发和验证。与进气道喷射逐渐取代化油器和节气门喷射同样的原因，在本书概述中展示的某个带气体扩散燃烧结构的缸内直喷燃烧系统，将作为未来占主导地位的发动机系统显露出来，并且将会逐渐取代顺序-点火进气道喷射的应用。

表 1. 4-1 未来 GDI 发动机的实际发展目标

燃油经济性	在完整循环中 BSFC 降低 15%
排放性	满足未来严格的排放法规
比功率输出	等同 PFI 发动机
操控性	在冷起动、暖机和负荷变换时等同或是超过 PFI 发动机
耐久性	等同 PFI 发动机

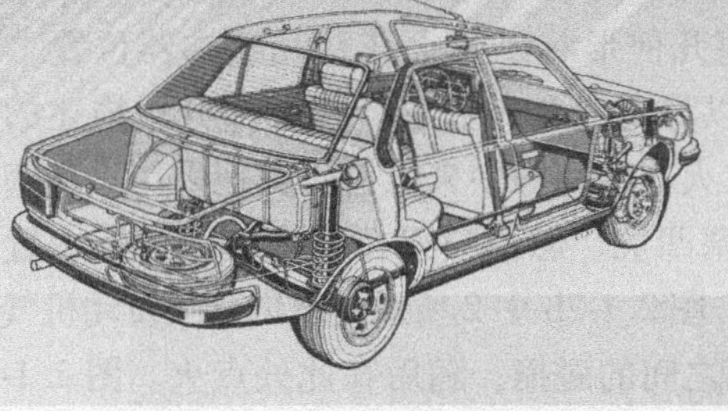

第 2 章

燃烧系统的结构

2.1 引言

设计完善、功能齐全的缸内直喷燃烧系统可工作在两种燃烧模式下，即均质燃烧和分层燃烧，并允许在两种模式之间平顺切换。这不仅需要优化的燃烧系统结构，还需要与之相匹配的控制系统。在分层燃烧模式下实现最佳性能比在均质燃烧模式下实现最佳性能需要更多的开发工作，这主要是因为在发动机运转的很宽范围内，确保在火花塞间隙之间提供并维持可燃混合气比较困难。如图 2.1-1 所示，在分层燃烧模式下，不同循环间的可燃混合气位置和浓度可能有很大变化。

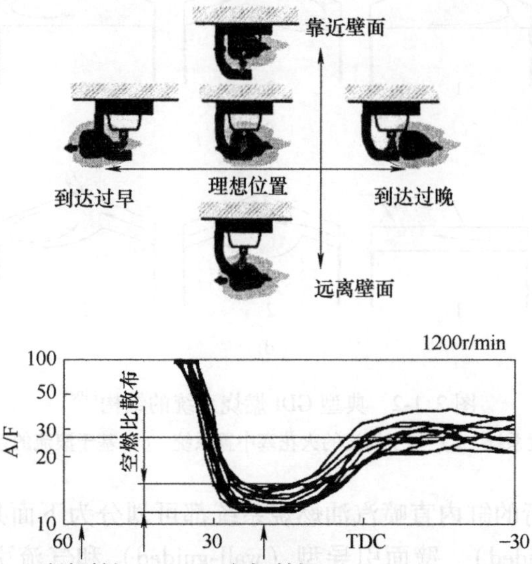

图 2.1-1　分层模式下火花塞间隙附近区域的混合气特性[155]

注：A/F 为空燃比；TDC 为上止点。

图 2. 1-2 所示为近些年提出和开发的缸内直喷燃烧系统的归纳，这些系统结合了缸内气流运动（涡流、滚流、挤流）、燃烧室形状、活塞几何形状以及火花塞和喷油器位置[108]。图 2. 1-2a 所示的系统利用了基于涡流的缸内流场以稳定混合气分层。在大部分所描述的系统中，点火稳定性主要通过将燃油喷雾外围定位在火花塞间隙中来维持。其他采用火花塞中置及喷油器侧置的设计如图 2. 1-2b 所示。偏置活塞凹坑、燃油喷射在凹坑表面以及中置火花塞和喷嘴偏置的燃烧系统如图 2. 1-2b 中 1 所示。图 2. 1-2b 中 2 所示是缸内直喷发动机气流碰撞概念的另一个代表，采用的是燃烧室中央气流之间的碰撞，随后在此处点火。图 2. 1-2b 中 3 描述了在接近上止点产生两个准开式的燃烧室。从概念上讲，准开式燃烧室限制和控制着与晚喷燃油混合的空气量。另外，图 2. 1-2c 所示为三个采用缸内滚流运动的直喷燃烧系统的例子，图 2. 1-2d 所示为采用挤流运动的直喷燃烧系统的例子。

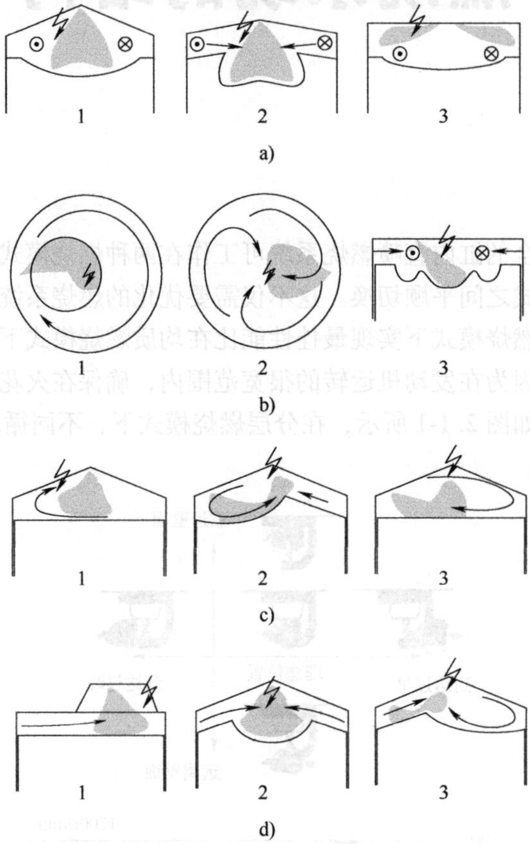

图 2. 1-2　典型 GDI 燃烧系统的结构[108]

a）基于涡流的喷油器中置系统　b）基于涡流的火花塞中置系统　c）基于滚流的系统　d）基于挤流的系统

对每个充量分层运行的缸内直喷汽油燃烧系统都可划分为下面几种主要类型中的一种，即喷雾引导型（spray-guided）、壁面引导型（wall-guided）和气流引导型（air-guided），其分类以部分负荷下实现充量分层运行所采用的方法为依据。特别的分类将与是否动态喷雾、喷雾是否撞击活塞顶面以及混合气流场是否主要用于获得分层有关。本章将大量介绍这类燃烧系统的实例，也将比较这些系统的优点和局限性，并将提出未来燃烧系统的发展方向。

2.2 喷油器和火花塞的相对位置

在 GDI 燃烧系统的设计和优化过程中，喷油器相对于点火源的位置和方向是关键的几何参数。必须确保在点火时，火花塞间隙处于可燃的混合气区，该区域受缸内涡流、滚流、喷雾锥角、平均油滴大小、喷油时刻以及点火定时的影响[14,108]。在发动机大负荷运转工况下，所用喷油器的喷雾轴方向和喷雾锥角必须可促进燃油和空气快速地、完全地混合，使空气利用率最大。就晚喷而言，火花塞和喷油器的位置要保证在点火时刻可在火花间隙处恰好提供可燃混合气，从而在合理的发动机转速下产生最大的循环功。一般而言，没有哪一组位置对所有运转工况都是最佳的，因此，喷油器和火花塞的位置总是取一个折中方案。另外硬件安装限制也是一个需要考虑的重要因素。

若将已经验证的 PFI 燃烧室设计准则拓展到 GDI 燃烧室的设计，还需要满足一些额外的条件。为了减小火焰传播距离和提高给定辛烷值的爆燃限制功率，单火花塞一般设置在近气缸中央处。对于 PFI 发动机来说，这样的火花塞位置通常在燃烧过程中热损失最低。如果要达到低辛烷值条件，火花塞间隙位置偏心率应该低于缸径的 12%[202]。对于大部分设计而言，火花塞位置一般都在接近气缸头上的中心处[425]。火花塞采用中心布置的优点是可获得对称的火焰传播、增大火焰传播速度和比功率、减小热损失和自燃趋势。双火花塞应用虽然比较复杂，但是能够增加有效点火概率。双点火源可以提高燃烧过程的稳定性，但是增加了安装的难度。需要注意的是，双火花塞应用需要把喷射的燃油分成两束，且需将燃油直接喷到各自的点火源处，这样就明显降低了系统的稀薄燃烧能力。

一旦确定火花塞为近中央布置，就必须考虑安置和定位喷油器及其他因素。喷油器位置的选择可以采用激光诊断技术、包含喷雾和燃烧模型的计算流体力学（computational fluid dynamics，CFD）技术[101,152,153,210,289,310,403]辅助完成。但是激光诊断技术的应用，通常需要对发动机燃烧室进行改造，这部分内容将会在第 4 章和第 5 章的燃油喷雾和喷雾壁面相互作用中进行介绍。直喷式发动机的喷雾模型和壁面油膜子模型正处于发展阶段，且每年都有许多新的进展。这就意味着，虽然 CFD 能够用来判定喷油器一些可能安装的位置，但最终喷油器喷雾轴位置的确定仍需以原型样机的硬件评估和基于发动机测功机试验的结果确定[466,467]。这些基本的考虑因素包括：喷油器位置应该能够在小负荷时提供稳定分层混合气，在大负荷时提供均质混合气，并且避免没有必要的燃油壁面撞击、避免将燃油喷射到活塞顶凹坑之外。其他重要的因素包括：喷油器头部（injector tip）工作温度、火花塞和喷油器积炭趋势、进气门尺寸和喷油器位置折中以及喷油器安装和维修的设计限制。因为大部分已经提出的喷油器安装位置对发动机气门的可利用面积有负面影响，即会减小气门流通面积，所以需要特别注意发动机气门的有效流通面积。影响火花塞和喷油器最终安装位置的主要参数见表 2.2-1。

表 2.2-1 火花塞和喷油器位置选择需考虑的重要参数

设计问题	• 缸头、气道和气门安装限制 • 活塞顶、凹坑结构，包括形状、体积、深度、出口唇缘角度 • 火花塞设计和允许深入燃烧室的电极长度 • 燃烧室结构 • 喷油器安装和维修

（续）

喷油器相关问题	• 喷雾特性，包括锥角、贯穿度、工艺室容积和平均油滴大小 • 喷油器体和头部温度限制 • 喷油器安装和维修
气流运动	• 缸内气流流场结构和强度 • 喷油器头部的气流历程（喷油器冷却）

正如表 1. 3-1 中所概括的，GDI 燃烧系统可以根据不同的分类方法进行不同的划分。一般来说，所有的 GDI 燃烧系统都可以根据喷油器和火花塞之间的相对位置，分为窄间距（norrow-spacing）燃烧系统和宽间距（wide-spacing）燃烧系统，如图 2. 2-1 所示。由于火花塞通常安装在燃烧室中央，窄间距燃烧系统的喷油器相对于燃烧室轴线通常存在适度的偏心率（<12%）。又因为火花塞和喷油器毗邻布置可以促进燃油混合气分层，因此窄间距燃烧系统分层度明显优于宽间距燃烧系统。相比较而言，宽间距燃烧系统通常将喷油器布置在燃烧室壁面周围。对于宽间距燃烧系统，燃油喷雾从喷油器头部到火花塞间隙，需要跨越更大距离和经历更长时间。这种喷雾运输主要依靠喷雾动量、缸内气流运动、活塞顶几何形状来实现。通常，GDI 喷油器不安装在燃烧室排气侧，主要是因为喷油器头部温度超过 175℃会导致喷油器寿命减短，而且会促进积炭的形成，详细介绍见第 7 章。表 2. 2-2 中对比总结了喷油器各种安装位置和方向的优缺点。

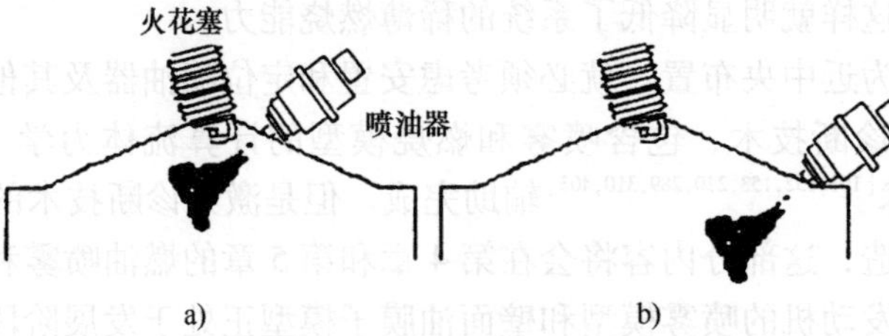

图 2. 2-1　窄间距燃烧系统和宽间距燃烧系统[196]

a）窄间距　b）宽间距

表 2. 2-2　喷油器各种安装位置和方向的优缺点

中央安置	• 具有发动机全工况的高点火稳定性 • 具有高混合气分层度，但时间窗口较窄 • 燃烧室内燃油均匀分布良好 • 易于均质混合气燃烧 • 混合气的形成基本不依赖活塞顶形状 • 安装和拆卸困难 • 气门尺寸减小 • 火花塞可能积炭 • 喷油器头部温度高和易积炭 • 对燃料喷雾特性的变化敏感 • 喷雾撞击活塞冠部的概率增加 • 可能需要特殊长探入电极的火花塞

（续）

进气侧安置	• 允许较大气门尺寸 • 会增加混合气准备时间 • 便于喷油器的安装和拆卸 • 受燃油喷雾特性变化的影响较小 • 方便进气冷却喷油器头部 • 可降低喷油器头部温度和积炭趋势 • 燃油较少撞击火花塞电极 • 可用标准火花塞 • 对油轨安装有更多限制 • 会降低分层度和增加波动率 • 会增加喷雾撞击气缸壁概率 • 会增加机油稀释概率
排气侧安置	• 应避免

图 2.2-2 描述了四气门发动机喷油器气缸头安置的最大气门尺寸[108]，在图中两个大空心圆表示两个进气门位置，两个小的空心圆表示两个排气门。图中左侧两种结构表示喷油器与火花塞间隙紧密相邻的窄间距系统可能的布局。右侧结构表示火花塞间隙与喷油器宽距离分开的宽间距系统可能的布局[330]。窄间距燃烧系统受气门尺寸限制明显，通常需要借助辅助方法改善容积效率，如通过优化进气道设计来获得高的流量系数。

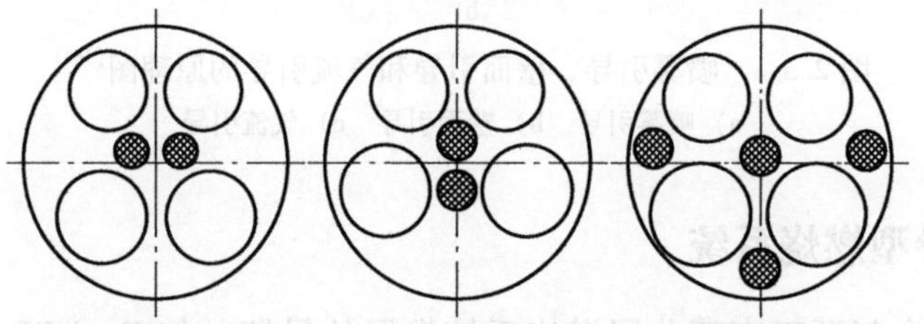

图 2.2-2　气门大小对喷油器和火花塞布置的限制[108]

在大负荷均质混合气燃烧情况下，通过比较直喷发动机喷油器侧置与喷油器中置的性能表明，通常喷油器中置直喷发动机的充量均质性更为优越，因此可以降低 CO 和碳烟排放，也可以提供更高的发动机转矩。在中等转速下，与 PFI 发动机相比，喷油器侧置的直喷发动机的平均有效压力提高 4.5%，而喷油器中置的直喷发动机平均有效压力则提高 6%。因为喷油器侧置燃烧系统有较大的进气门尺寸，所以这种结构的容积效率较大。喷油器中置的燃烧系统在部分负荷时，其结果表明 HC 排放略有下降。两种系统总体比较表明，两种系统的性能差别是渐进的，喷油器中置系统具有非常小的优势。因此产品结构的选择更多地由加工可行性决定，而不是由性能提升幅度决定[20]。需要注意的是，在大多数的研究中，燃烧室结构并未得到最大程度的优化。

最后，值得注意的是，火花塞电极相对燃烧室壁面必须适当地凸出进燃烧室中，同时其所处的位置要最大限度地保护其间隙不受大气流影响。火花塞间隙凸出量的重要性不容小觑。根据燃烧系统设计的细节可知，为实现稳定的分层燃烧，须限定最小的凸出量（适当的保护）[31]。三菱 GDI 点火系统应用了带有 7mm 凸出量的铂金电极。其他有潜力的改进包括：采用很小的电极直径、每缸使用一个单体点火线圈、采用较大的放电电流和较长的放电时间[221]。

2.3 实现分层混合气的方法

要在部分负荷时实现分层燃烧的策略，直喷式燃烧系统采用喷雾引导、壁面引导和气流引导中的一种来实现分层燃烧，如图 2. 3-1 所示。对于具体的系统属于哪种类型，则取决于分层形成的主要原因是喷雾运动、喷雾撞击活塞表面还是混合气流场。值得强调的是，不论哪一种分类，燃烧系统混合气分层一般由三种机理共同决定。根据第 2. 2 节讨论的火花塞间隙和喷油器头部之间的距离可知，喷雾引导属于窄间距燃烧系统，而壁面引导和气流引导属于宽间距燃烧系统。

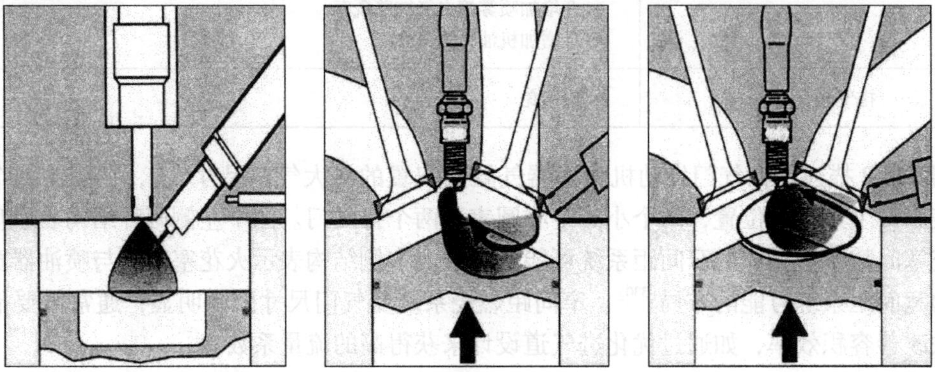

图 2. 3-1 喷雾引导、壁面引导和气流引导的原理图[369]

a）喷雾引导 b）壁面引导 c）气流引导

2.3.1 喷雾引导型燃烧系统

喷雾引导的概念起源于直喷分层燃烧系统发展的早期，如 Ford PROCO 采用喷雾引导实现稀薄燃烧，分层依赖于喷雾外围和火花塞间隙的近距离布置。这种近距离布置结构分层潜力明显比宽间距的结构强，过量空气系数可以超过 8. 0[166]。更重要的是，分层不依赖于气流运动和活塞冠凹坑的设计。在这种结构中，缸内气流运动和相应的湍流脉动对混合气输运影响很小。与其他两种结构相比，喷雾引导型燃烧系统在基于 PFI 燃烧系统改造时，需要的变动较少[275]。如果要基于 PFI 燃烧系统改造 GDI 燃烧系统，这是一个重要的考虑因素。

但是，也有许多缺点限制了喷雾引导型燃烧系统的应用。喷嘴和火花塞间隙接近、燃油喷射和火花放电之间时间间隔较小会引起一系列问题，如火花塞结焦、生成碳烟，而这些都是由火花塞间隙附近出现大量油滴引起的[128,197,250]。这种系统的分层燃烧受喷雾特性影响较大，如由产品不一致性引起的喷雾对称、偏轴和锥角的变化会导致平均指示有效压力的系数变化较大，与设计的喷雾形状的偏差将导致失火和部分燃烧。GDI 燃油喷雾特性受许多变量影响，是否能适应发动机各种运转条件，是设计喷雾引导型燃烧系统的一个重大挑战。喷雾引导型燃烧系统的性能对喷油和点火时刻都比较敏感，并受活塞结构的影响[227]。在某些设计中，喷油器和火花塞间的窄间距要求导致进气门尺寸进一步减小，这进一步增加了系统对喷雾特性的敏感性。喷油器和火花塞间隙接近也会引起喷雾液滴撞击火花塞电极，导致电极结焦。虽然运用高点火能量能够降低积炭程度，但同时也会缩短火花塞的寿命。喷油器积炭一直是一个问题，而将喷油器头部接近点火源安置更会加剧积炭趋势。

由于可用的燃油蒸发时间有限，喷雾雾化质量成为喷雾引导型燃烧系统设计的关键因素，这也是空气辅助燃油喷射系统应用于喷雾引导型燃烧系统时潜力较大的原因。除了改善混合气质量之外，空气辅助燃油喷射系统运用气动雾化使混合气达到可燃性能，而不依赖大的气流运动。事实上，降低气流速度是改善分层过程的有效方法，也可以改善部分负荷时的燃油经济性[63]。为了充分利用空气辅助燃油喷射在喷雾和燃油供给质量方面的优势，应选择在气缸轴线上布置喷油器，火花塞也应安装在接近燃烧室中央的位置。这种布局具有减少湿壁、降低对缸内流场敏感性、能获得较好喷雾和活塞凹坑匹配性的优点。为了便于在现代的四气门燃烧室上安装空气辅助燃油喷射系统，已开发了集火花塞和喷油器为一体的火花塞喷油器模块[353]。相比而言，为了达到相似的燃烧和排放性能，火花塞中置而喷油器侧置结构要求具有非常精致的活塞凹坑和燃烧室结构[426]。值得注意的是，对缸内气流条件的不敏感性，使空气辅助燃油喷射系统相对适合各种不同气门结构的发动机，且不需要采用主动或者被动气流控制系统，如涡流控制阀。

这种喷油器近似中置、火花塞安置在锥形喷雾外围的喷雾引导型燃烧系统已经得到了广泛的研究[9,10,95,290,407,408,477,494]，图2.3-2所示为这种燃烧系统的典型结构。这种结构在众多燃烧室设计中是比较好的一种，它有效保证了在点火时刻火花塞间隙附近有较浓的混合气。此外，垂直安装、中置喷油器具有缸内燃油雾化对称分布的特点，可以提高空气利用率。然而对于晚喷而言，与最佳的倾斜布置相比，垂直安装、中置喷油器将燃油直接喷至活塞上，会产生较高的HC和碳烟排放。采用较深凹坑或蓬型燃烧室可增加喷油器头部与活塞表面之间的距离，从而可最小化非设计的喷雾撞击活塞冠部的概率[128]。在一些研究中应用了中央布置喷油器和火花塞的结构，推荐使用喷油器安装在燃烧室排气侧，而火花塞安装在进气侧这种布局，如图2.3-3所示，这种布置允许压缩行程在合适的方向由滚流携带燃油到达火花塞[275,473]。这种结构的优点是利用进气流动可以避免浸湿火花塞，但是在排气侧，喷油器较高的热负荷将导致喷油器沉积物生成的增加，因此，在没有经过详细评估前应尽量避免使用这种结构。

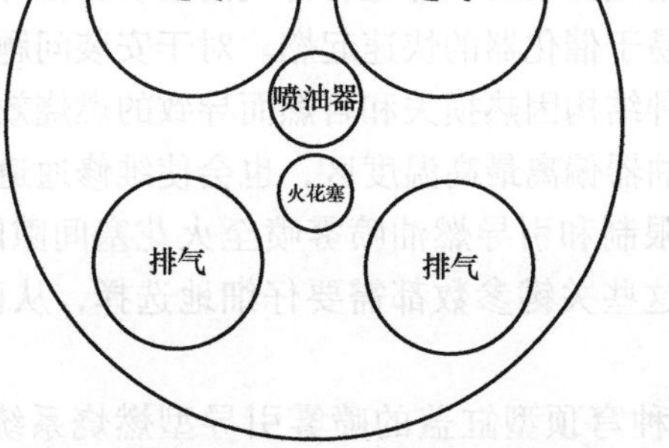

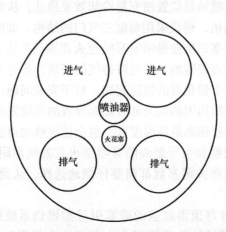

图2.3-2　采用喷油器与火花塞中置的喷雾引导型燃烧系统[10]

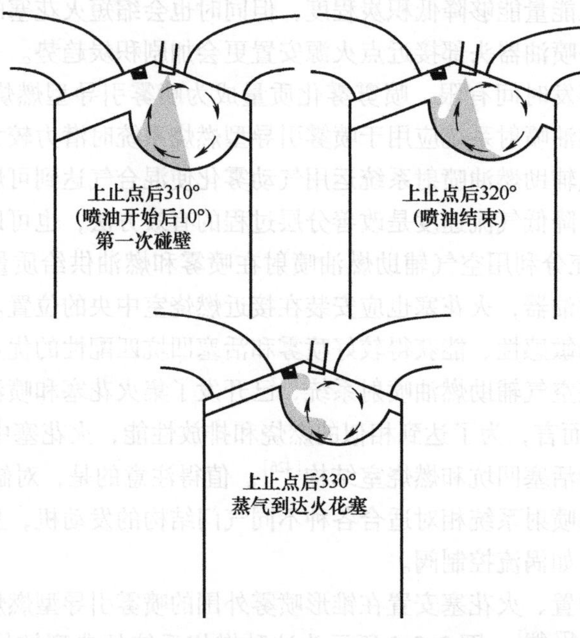

图 2.3-3　喷油器在排气侧的喷雾引导型燃烧系统[275]

一般来说，将喷油器安装在多气门小缸径发动机上有非常大的挑战性，使得将 GDI 技术运用到小缸径发动机上特别困难[64]。就侧置喷油器式小缸径 GDI 发动机而言，很难避免燃油撞击对面气缸壁面，但是如果不避免这种撞击就会导致 HC 排放增加和润滑油稀释。对于小缸径发动机而言，由于增加了燃油撞击燃烧室壁面的概率，使得容积效率增加和因燃油蒸发引起的冷却效果均有所减弱。此外，小缸径发动机比大缸径发动机更适宜于在较高转速下工作。实现在中等负荷、分层燃烧模式下运行而不产生较高碳烟排放，是一项极具挑战性的开发工作。

窄间距、喷雾引导概念被看作是 GDI 发动机的一种可行的设计方案，特别是当发动机缸径较小的时候这种方案更佳。这种类型的发动机，气门直径必须足够大，以确保进排气过程的顺畅，而且必须最优化喷油器位置使充量冷却效果最佳，从而使容积效率最大化。对于缸径小于 75mm 的 GDI 发动机，建议采用每缸三气门的结构，如图 2.3-4 所示，并且使火花塞接近喷油器，同时采用活塞凹坑使燃油喷雾喷至火花塞间隙附近[279]。为了使进气门直径较大，将进气门杆设计成垂直安装的，并且将排气门安装在屋脊型燃烧室上方。这种单排气门结构比双排气门结构更易于催化器的快速起燃。对于安装问题，可采用火花塞偏置的安装方式。由于缸径较小，这种结构因热损失和自燃而导致的燃烧效率下降不会很大。采用上述安装方式可使火花塞和喷油器偏离最高温度区，也会使维修通道更合理。通过优化活塞冠凹坑，如凹坑轴线倾斜，可限制和引导燃油喷雾喷至火花塞间隙附近。喷油器倾角、喷雾特性，如喷雾锥角和贯穿距这些关键参数都需要仔细地选择，从而减少燃油撞击缸壁和活塞冠部。

图 2.3-5 给出了另一种穹顶型缸盖的喷雾引导型燃烧系统结构，它能限制燃油接近火花塞[128,370]。这种燃烧系统结构采用了中央布置的火花塞和垂直布置的、能提供较窄范围喷雾的涡流式喷油器的布局。对于这种喷雾引导概念，最佳的点火条件在喷雾尾

部。这种燃烧系统的最佳点火时刻依赖于喷雾的动力学特性。为了在燃烧室中央布置喷油器和火花塞，必须将燃烧室中央设计成凹形，因此在多气门、小缸径发动机中较难应用这种结构。

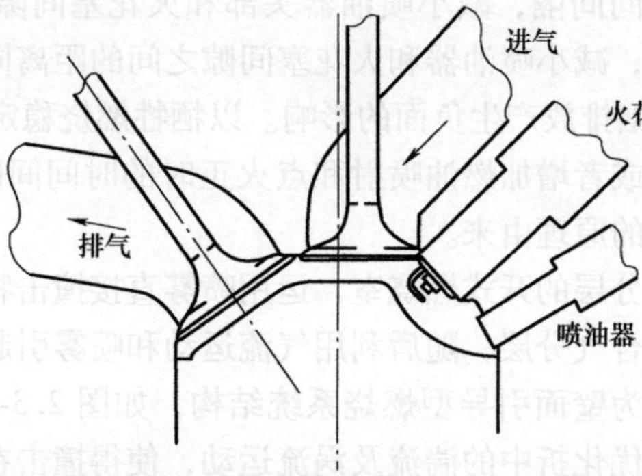

图 2.3-4 针对小缸径发动机的窄布置、三气门的 GDI 燃烧室[279]

雷诺公司是最早在产品中运用喷雾引导型直喷式燃烧系统的汽车制造商之一。图 2.3-6 是雷诺直喷燃烧系统的剖面图。需要强调的是，这款发动机只能在均质燃烧模式下工作，这是为了充分利用三效催化器的优势。活塞冠上的深坑主要是为了减少燃油向气缸壁面的扩散[138]。

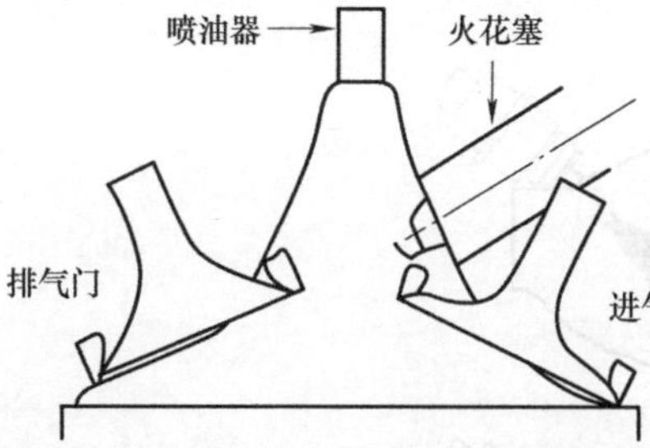

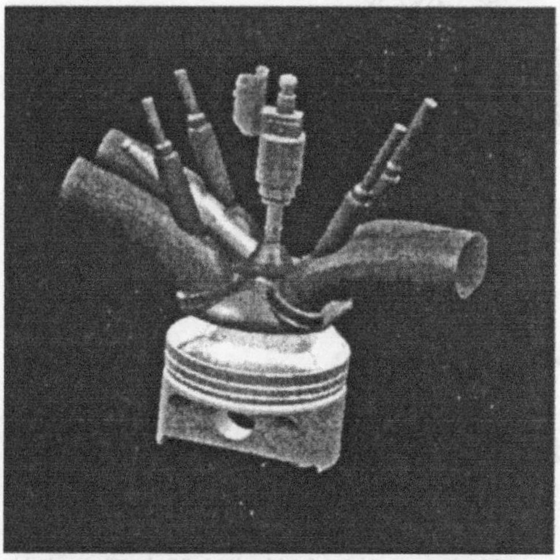

图 2.3-5 喷雾引导型燃烧室结合穹顶型缸盖[128,370]

图 2.3-6 雷诺喷雾引导型燃烧室的剖面图[138]

2.3.2 壁面引导型燃烧系统

(1) 系统布置 从概念上讲，获得稳定的分层混合气的两种重要方法是：逐渐减小喷油定时和点火定时之间的时间间隔，减小喷油器头部和火花塞间隙之间的距离[446]。但是，类似于喷雾引导型燃烧系统，减小喷油器和火花塞间隙之间的距离同时也会缩短混合气的制备时间，因此会对HC和碳烟排放产生负面的影响。以牺牲燃烧稳定性为代价，通过增加喷油器和火花塞之间的距离，或者增加燃油喷射和点火正时的时间间隔可以改善混合气形成，这也是宽间距燃烧系统应用的原理由来。

对于采用气流运动形成分层的开式燃烧室，运用喷雾直接撞击特殊轮廓形状的活塞冠或者活塞凹坑来获得稳定的混合气分层，随后利用气流运动和喷雾引起的气流场引导燃油蒸气到达火花塞附近的系统结构为壁面引导型燃烧系统结构，如图2.3-7所示[196]。因为利用了特殊的轮廓形状的活塞冠和优化折中的湍流及涡流运动，使得撞击在活塞顶上的燃油能够得到很好的控制，因此可以获得分层燃烧。正如5.4.1节中内容所述，GDI燃油喷雾中仅有很少部分液滴燃油撞击壁面并且形成了油膜，而其他大部分燃油液滴和燃油质量沿着壁面轮廓流动，并被卷吸入由喷射过程引起的强瞬态气流场中。这些大部分的燃油液滴并不会撞击活塞凹坑，也不会形成油膜。因此，总的效果是利用壁面轮廓来引导充量运动，但是实际情况却比壁面引导系统中所描述的机理更加复杂。

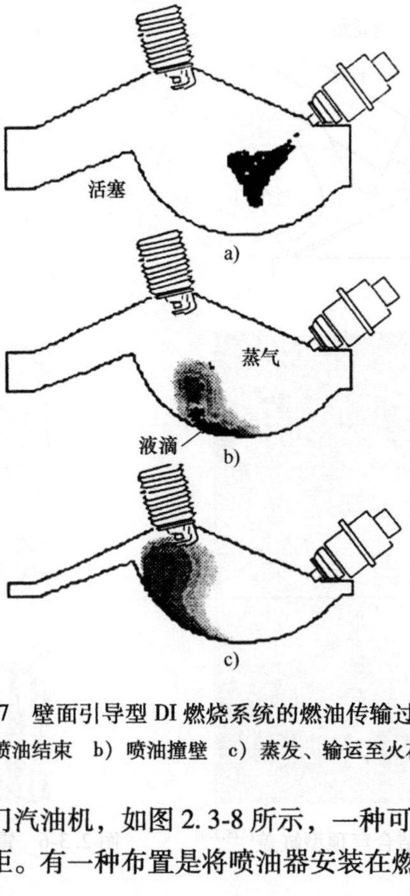

图2.3-7 壁面引导型DI燃烧系统的燃油传输过程[196]

a）喷油结束 b）喷油撞壁 c）蒸发、输运至火花塞

对于火花塞中置的四气门汽油机，如图2.3-8所示，一种可行的喷油器布置方式就是增加火花塞和喷油器之间的间距。有一种布置是将喷油器安装在燃烧室进气门侧，另一种布置

是将喷油器安装在进、排气门之间的气缸外围。分析研究后一种布置的混合气形成过程表明，在使用平顶活塞情况下，当喷雾向下与水平面成70°夹角的方向直接喷向燃烧室中心时，这样的喷油器位置和方向在火花塞间隙附近会导致不良的混合气分布[310]。这种情况可以通过修改活塞顶形状得到有效改善[274]。一旦选择了后一种喷油器安装位置，就必须考虑喷油器头部的热负荷。目前，几乎所有的壁面引导型燃烧系统的产品或样机，都将喷油器安装在进气门之间、进气道的下面。前述这种喷油器安装位置和将火花塞安装在气缸中央的结构都得到了广泛的研究[182,183,259,273,387,438-440]。这种结构被看作是多缸 GDI 发动机，特别是结构紧凑的小缸径发动机设计的关键要素[201]。对于早喷来说，这种结构不仅增强了喷雾和空气的卷吸能力，也增强了喷油器头部的冷却能力。图 2.3-9、图 2.3-10、图 2.3-11 和图 2.3-12为四种壁面引导型直喷燃烧系统，详细内容将在第10章介绍。

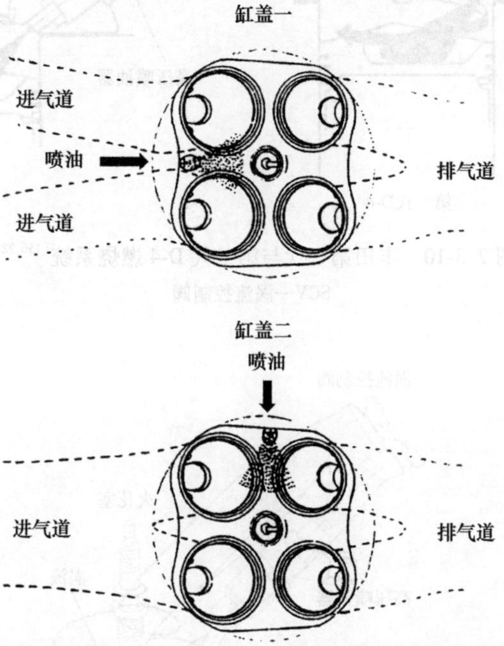

图 2.3-8　可增加喷油器头部（tip）与中置火花塞之间距离的喷油器安装位置[273]

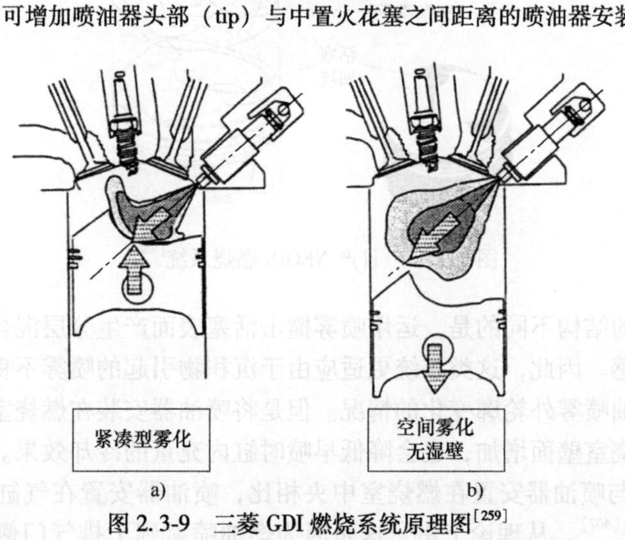

图 2.3-9　三菱 GDI 燃烧系统原理图[259]

a）晚喷　b）早喷

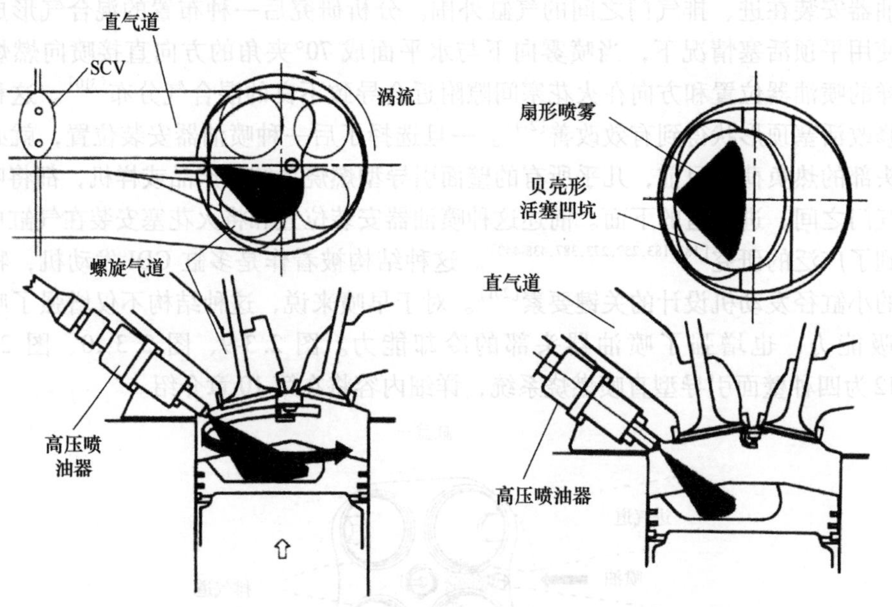

图 2.3-10　丰田第一代与第二代 D-4 燃烧系统[156,223]

SCV—涡流控制阀

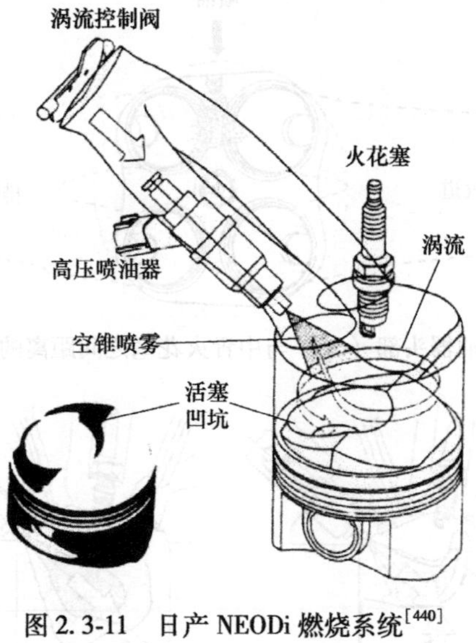

图 2.3-11　日产 NEODi 燃烧系统[440]

与喷油器中置的结构不同的是，运用喷雾撞击活塞表面产生分层混合气的系统一般对喷雾特性的变化不敏感。因此，这类系统更适应由于沉积物引起的喷雾不良及喷射间和部件间产品变化导致的燃油喷雾外轮廓变化的情况。但是将喷油器安装在燃烧室外围，可能导致非预期的燃油撞击燃烧室壁面增加，也会降低早喷时缸内充量的冷却效果。如在一个五十铃单缸 GDI 发动机中，与喷油器安置在燃烧室中央相比，喷油器安置在气缸外围会导致较高的 HC 排放和燃油消耗[407]。从理论上讲，这是因为燃油喷射到了排气门侧的气缸壁上，增强

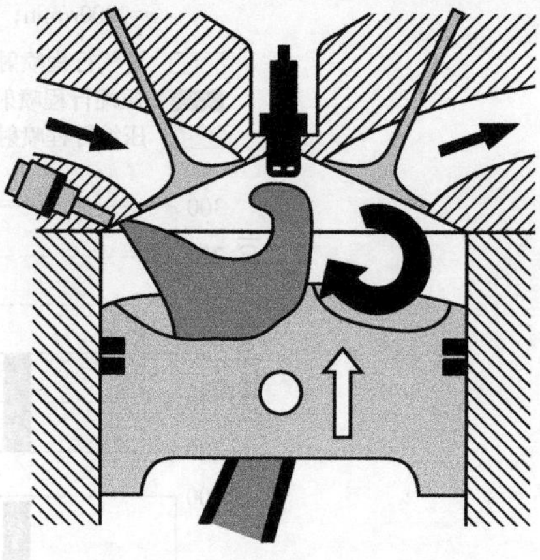

图 2.3-12　大众 FSI 燃烧系统[49]

了润滑油膜吸附液体燃油和解吸附燃油蒸气的作用[521]。直接撞击在气缸壁或者活塞顶的燃油会形成液体油膜，这在一定程度上会形成油池燃烧，会增加 HC、碳烟的排放[281,423]。因此，考虑到会使润滑油稀释、会增加燃烧室沉积物形成，喷油器侧置的方式须经过仔细评估，特别是在高负荷工况下。

（2）活塞凹坑设计　在壁面引导型 GDI 燃烧系统中，活塞凹坑的特定形状影响巨大，因此凹坑优化、喷雾/凹坑匹配是燃烧系统开发过程中的两个关键步骤。图 2.3-13、图 2.3-14 和图 2.3-15展示了三款 GDI 发动机中所用的活塞凹坑形状。很明显，根据具体应用的不同，活塞凹坑也改变明显，其中凹坑深度是一个关键参数。通常，当活塞凹坑尺寸较小时，在中小负荷下，点火时刻的混合气偏浓。较深的凹坑能有效地拓宽分层燃烧工作范围，但是会使全负荷时的燃烧过程恶化[503]。正如图 2.3-16 所示，采用开式活塞凹坑结构时（图中的凹坑形状 2）指示比油耗和 HC 会降低，但是 NO_x 排放会增加[227]。缩口型凹坑明显地恶化了喷雾扩散和油气混合程度，导致碳烟排放增加。

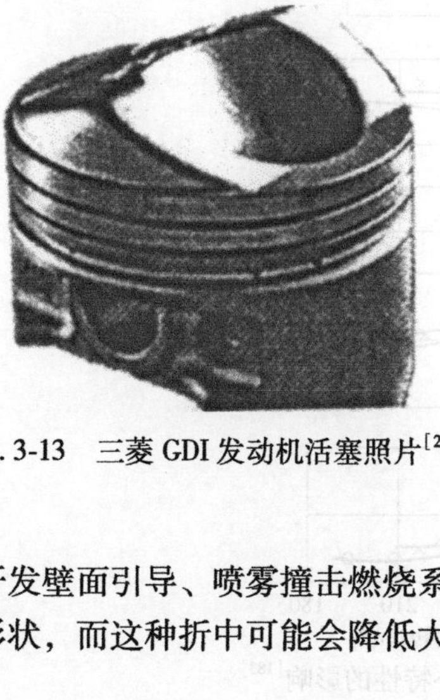

图 2.3-13　三菱 GDI 发动机活塞照片[259]

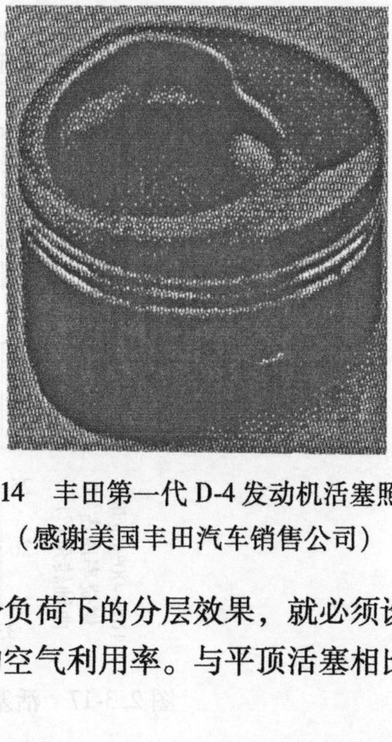

图 2.3-14　丰田第一代 D-4 发动机活塞照片[492]

（感谢美国丰田汽车销售公司）

开发壁面引导、喷雾撞击燃烧系统时，为了获得部分负荷下的分层效果，就必须设计活塞冠形状，而这种折中可能会降低大负荷、均质模式下的空气利用率。与平顶活塞相比，特

图 2. 3-15　日产 NEODi 发动机活塞图片[351]

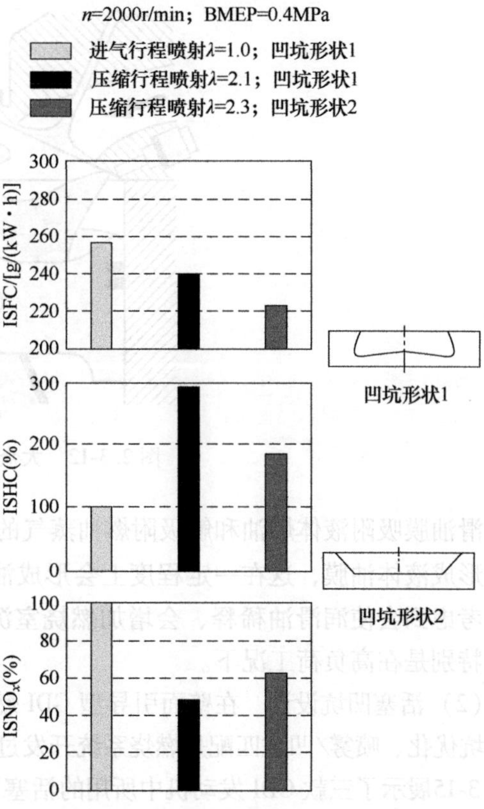

图 2. 3-16　活塞头部形状对指示比油耗、指示比碳氢和指示比氮氧化物的影响[227]

殊轮廓的活塞冠会使燃烧气体的热损失和活塞冠的加工复杂程度增加。而活塞冠轮廓和凹坑结构对发动机全负荷时性能的影响也须评估。当存在活塞凹坑用来形成分层燃烧时，发动机在全负荷运转工况下的功率输出一般都显著降低。如图 2. 3-17 所示，在早喷、均质模式下，

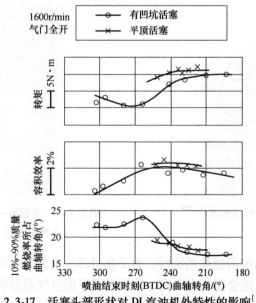

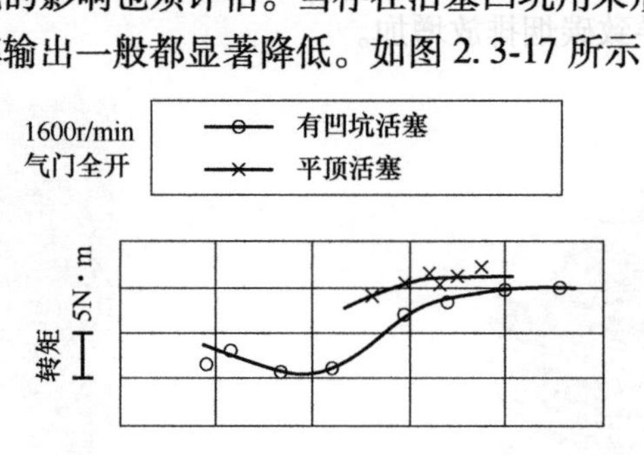

图 2. 3-17　活塞头部形状对 DI 汽油机外特性的影响[183]

与平顶活塞相比，为了形成分层燃烧而设计的活塞凹坑对混合气的形成过程有非常显著的负面影响。因为平顶活塞在均质模式下能使混合气更加均匀，所以能拓宽转矩范围[183,339]。随着凹坑深度，特别是凹坑体积的增加，发动机峰值转矩会减小，因此，这种非常重要的折中设计须经过仔细的评估。

（3）缸内气体流动　对于壁面引导型GDI燃烧系统，缸内流场在将燃油输送至火花塞间隙处的过程中起着重要作用。缸内气体流动导致了气流与喷雾的卷吸，也导致了蒸气团会沿着适当的途径传输到火花塞间隙附近。有效地清扫气流对加强活塞凹坑表面燃油油膜蒸发是十分必要的，这将在5.4节的内容中详细讨论。大部分已开发和报道的GDI燃烧系统及早期的DISC发动机系统，都把涡流作为主要的缸内气流运动。由涡流主导的缸内流场一般匹配简单的开式燃烧室或者匹配活塞顶凹坑的燃烧室，作为壁面引导型燃烧系统的主要结构。图2.3-10和图2.3-11所示分别为丰田第一代D-4发动机和日产NEODi发动机，这些是典型的基于涡流的壁面引导型燃烧系统。

关于滚流主导缸内流场的应用，三菱（Mitsubishi）和里卡多（Ricardo）公司的工程师首先提出了逆滚流结合特殊形状活塞凹坑的理念，这种结构便于在火花塞间隙附近产生分层混合气。如图2.3-9所示，活塞凹坑的设计可以控制喷雾撞壁和随后的火焰传播过程，这是因为在整个压缩行程中，逆滚流强度得到了加强，且从排气门至进气门的挤流增强了活塞凹坑内的滚流运动，加快了火焰速度。对火花塞中置和喷油器在进气道下方布置的设计而言，逆滚流主导的缸内气流运动是非常有效的，它能有效地将燃油蒸气和在撞击活塞凹坑表面过程中改变方向的燃油液滴输运至火花塞间隙。三菱公司的逆滚流GDI发动机采用了垂直进气道，这样的设计能够在缸盖上增加额外的空间来适应喷油器。如图2.3-12所示，大众公司的工程师在喷油器侧置的壁面引导型GDI燃烧系统采用的是正常的滚流场，图2.1-2d所示的直喷燃烧系统采用的是挤流。

安装限制对特殊GDI燃烧系统中气流运动的选择是十分重要的，在选择过程中很关键的一步是确定燃烧室的基本形状，因为它会受气门安装角的影响。屋脊形燃烧室能产生和维持分层燃烧所需要的大尺度逆滚流运动。这样的GDI燃烧系统所需要的燃烧室高度，在一定程度上可以通过屋脊获得，而活塞的压缩高度却几乎没有增加。这种系统能够工作在气门夹角大于45°的正常滚流或者逆滚流流场下，但是如果考虑采用较小的气门夹角，由于降低了动量耗散和向其他方向的运动，使得进气产生的涡流得到了有效的维持，此时，燃烧室高度可以降低，所以减小了活塞顶高度和活塞质量。因此，对于中小气门夹角，在现有的PFI发动机上进行较小改动即可实现基于涡流运动的系统设计，这也是目前开发的GDI燃烧系统大部分是基于涡流运动的部分原因[482]。图2.3-18显示了气门夹角对燃烧室、活塞设计和流场要求的影响[481]。当四气门发动机的气门夹角超过40°时，推荐采用滚流；而当四气门或三气门发动机的气门夹角小于30°时，推荐采用涡流；当气门夹角在30°~40°之间时，两种气流运动均可被有效应用。

（4）喷油器安装和定位　为了实现侧置喷油器安装，需要在设计上对喷油器与进气道并列的结构进行折中。运用与PFI相同的进气道会与水平面形成较小的喷油器倾角[109]，这种结构可使进气道产生较好的气流特性，但是早喷时喷雾可能撞击气门，引起沉积物形成，并且喷雾也会横跨气缸而引起湿壁和活塞顶间隙内的燃油沉积，如图2.3-19所示。以上这种情况，可以通过采用偏置喷雾或者较大的喷油器倾角来避免。如第4章所述，与无偏移量

相比，偏置喷雾的雾化质量较差。此外，在偏置喷雾的结构中，一些喷油器喷嘴型式无法采

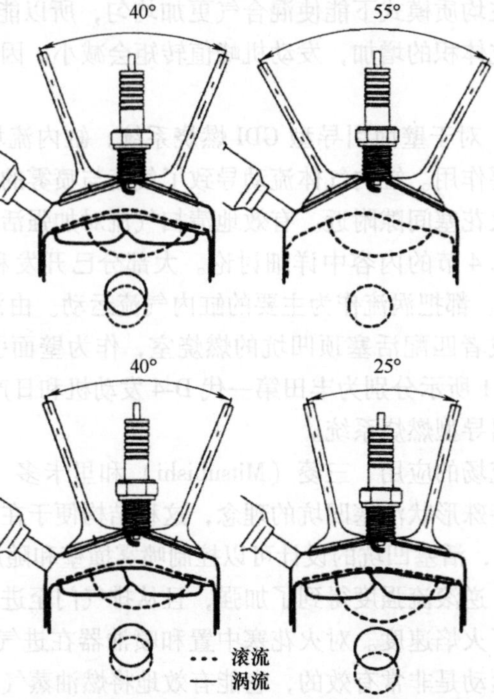

图 2.3-18　气门夹角对燃烧室、活塞设计和流场要求的影响[481]

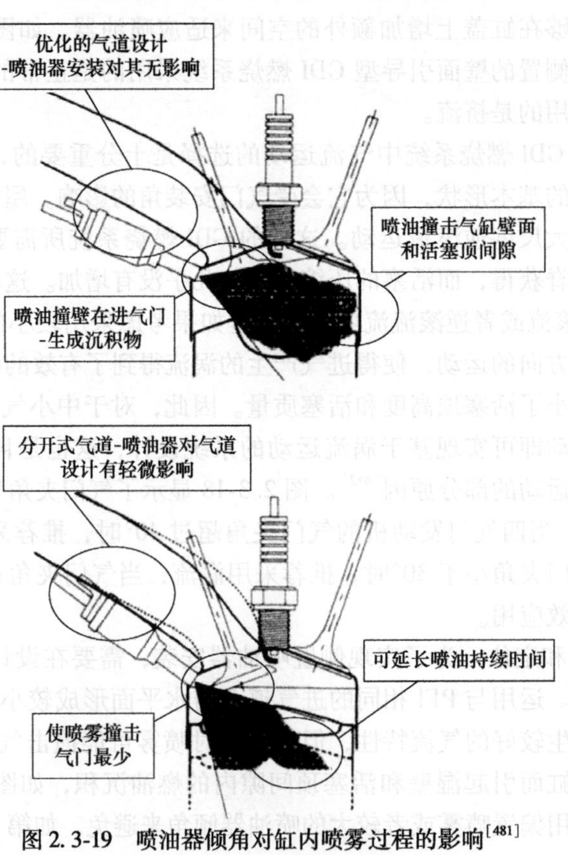

图 2.3-19　喷油器倾角对缸内喷雾过程的影响[481]

用。因此，增加喷油器倾斜角这一方法就是更容易实现的方法。对于大的喷油器倾斜角，喷雾和活塞凹坑的相互作用很少受到发动机曲轴转角的影响，因此这也就拓宽了分层燃烧的转速范围。基于此，为使三菱公司的GDI发动机适应欧洲市场，三菱公司的工程师采用更加垂直的喷油器安装角度。如图2.3-20所示，这种方法的确拓宽了分层燃烧至更高的转速，也提高了在大的废气再循环量下的燃烧稳定性，从而相应地降低了NO_x排放。

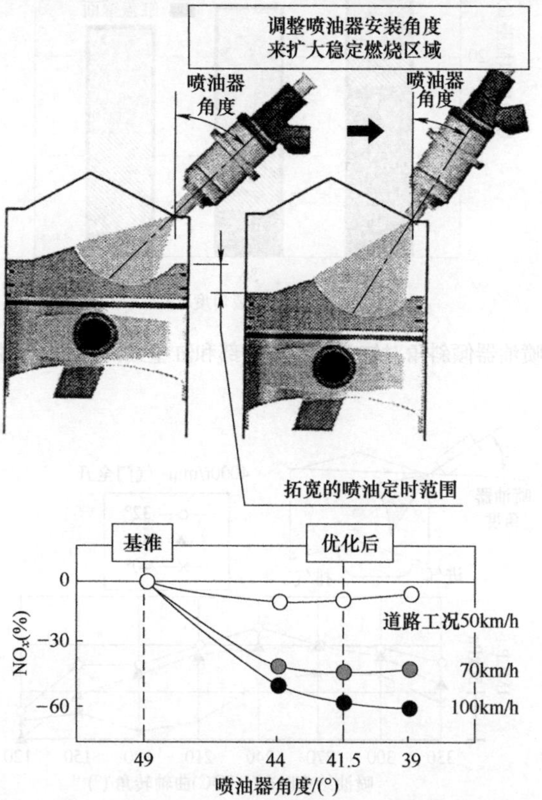

图2.3-20　三菱GDI发动机不同喷油器倾角对喷雾方向的影响[342]

喷油器倾斜角对燃油壁湿、发动机性能和废气排放的总影响需要综合考虑[31,182,183,339]。图2.3-21所示为利用CFD计算的日产公司的DI燃烧系统表面，在三种喷油器倾斜角下的预测燃油量，三种情况下喷油定时都在压缩行程上止点前270°。利用增加喷油器倾斜角的方法，也就是更加垂直地安装喷油器，预计撞击缸壁的燃油量会稍微减少，浸湿缸盖表面的燃油量也会有明显减少，但是撞击活塞冠的燃油量会明显增加。更加垂直地安装喷油器，在早喷模式下浸湿整个内部表面的燃油量会减少，这也就是说喷油器安装越垂直，对减少湿壁越有利。然而，如图2.3-22所示，喷雾轴线越垂直，发动机在外特性工况下性能下降越多，这主要是因为混合气的均匀度降低而导致的。同时，加大喷油器倾斜角也导致碳烟排放降低和发动机BSFC增加。在开发和优化GDI发动机燃烧系统时，所有文献都认为喷油器倾斜角的确是一个十分重要的参数。

需要注意的是，除了喷油器的安装定位，喷油器伸入燃烧室的长度也必须尽量避免或减小使喷雾撞击进气门。如图2.3-23所示，喷油器头部平齐安装可以显著降低气门湿壁，从而有效避免沉积物形成。

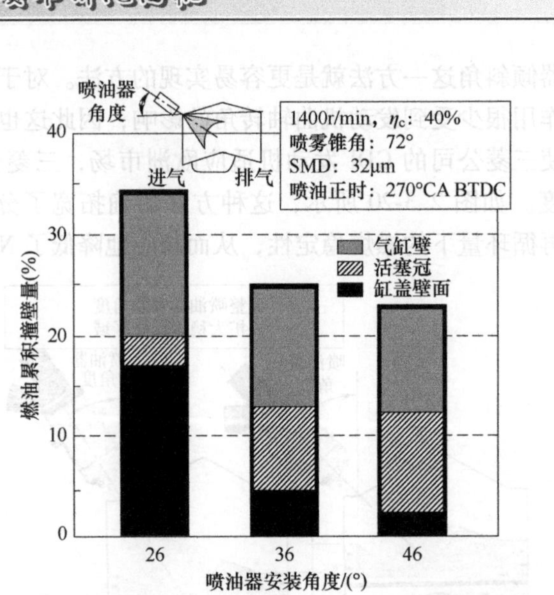

图 2.3-21　喷油器倾斜角对缸头、活塞头部和缸壁处的燃油撞壁量的影响[440]

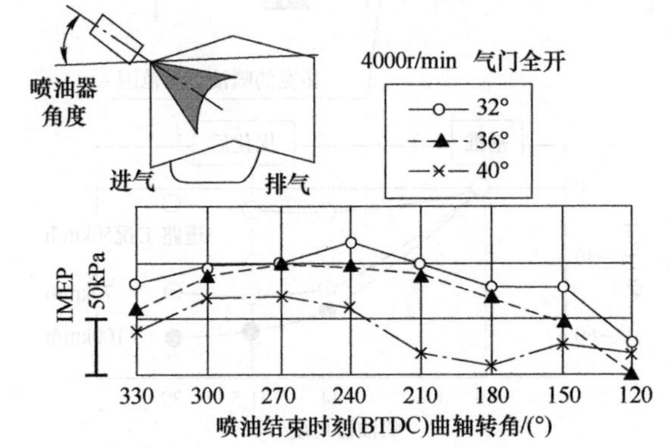

图 2.3-22　喷油器倾斜角对外特性的影响，发动机转速为 4000r/min[339]

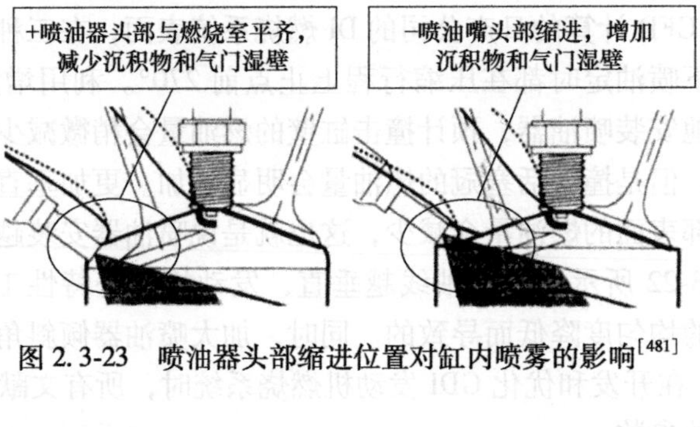

图 2.3-23　喷油器头部缩进位置对缸内喷雾的影响[481]

2.3.3　气流引导型燃烧系统

对于气流引导型燃烧系统，混合气分层主要依靠燃油喷雾和缸内气流运动的相互作用。图 2.3-24 所示为基于滚流的气流引导型直喷燃烧系统，其中强滚流主要由流体控制阀产生。

这类型的系统通常喷油器头部和火花塞间隙有较大的距离，因此体现了宽间距燃烧系统的优点。由于充量分层在理论上不需要喷雾与壁面碰撞，所以壁面引导型燃烧系统具有的缺点，如与壁面油膜相关的 HC 排放等都可以避免。但是任何引起缸内气流波动的因素都将导致燃烧不稳定。在较低转速下，由于气流运动的总强度降低，气流引导型燃烧系统的燃烧稳定性有所下降。为此，在整个转速范围对气流运动、喷雾特性、燃烧室形状和火花塞间隙位置进行优化匹配是十分必要的。

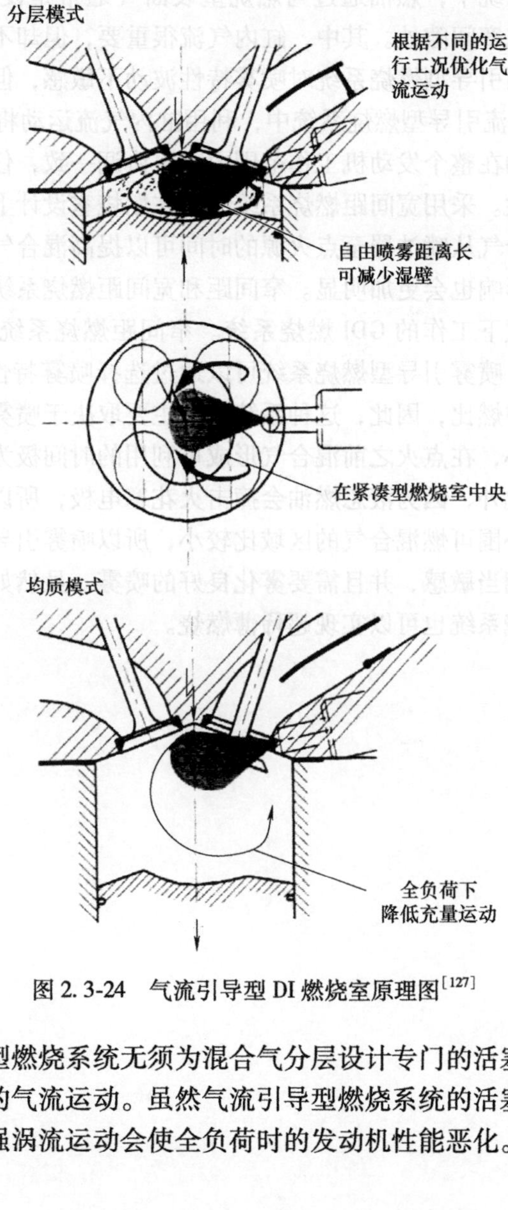

图 2.3-24　气流引导型 DI 燃烧室原理图[127]

理论上，气流引导型燃烧系统无须为混合气分层设计专门的活塞冠，但是特殊的活塞冠结构可以辅助产生期望的气流运动。虽然气流引导型燃烧系统的活塞形状更适合在均质模式下工作，但是所产生的强涡流运动会使全负荷时的发动机性能恶化。

2.4　总结

本章提出了部分负荷下形成可控的分层混合气的多种方法。虽然三种基本燃烧系统（喷雾引导、壁面引导和气流引导）的混合气分层机理截然不同，但是在发动机运行时，混合气分层通常是三种机理的共同作用结果。为了在各系统中获得最佳的发动机燃烧特性，火花塞应该安装在燃烧室顶的中部。对于混合气的制备，在喷雾引导型直喷燃烧系统中主要由燃油喷雾的运动来控制，在壁面引导型直喷燃烧系统中主要由喷雾与活塞凹坑表面的相互作用来决定，而在气流引导型直喷燃烧系统中则非常依赖气流运动。喷雾引导型燃烧系统的点火位置通常在混合气浓度梯度较大的区域，因此对喷雾形状非常敏感。喷雾直接撞击火花塞电极会引起电极浸湿，这就会导致冷起动能力不足，也会导致火花塞寿命缩短。

在壁面引导型燃烧系统中，燃油通过与燃烧室表面（通常是设计良好的活塞凹坑）的相互作用而被输运至火花塞间隙处。其中，缸内气流很重要，但却不是最主要的。与喷雾引导型燃烧系统相比，壁面引导型燃烧系统对喷雾特性波动不敏感，但是这种波动会降低分层度并增加 HC 排放。在气流引导型燃烧系统中，利用缸内气流运动将燃油直接输送到火花塞间隙处，喷雾与气流运动在整个发动机工作范围内需要协调一致，任何导致缸内流场变化的因素都将降低燃烧稳定性。采用宽间距燃烧系统结构在燃烧室设计上很少有几何结构和热负荷方面的限制。增加混合气从喷油器至点火源的时间可以提高混合气制备质量，但是湍流和其他相关的循环波动的影响也会更加明显。窄间距和宽间距燃烧系统都可以通过滚流和涡流运动得到能够在分层模式下工作的 GDI 燃烧系统。窄间距燃烧系统的不足之处是限制了多气门发动机的气门尺寸。喷雾引导型燃烧系统可以通过选择喷雾特性（喷雾锥角和贯穿度）得到不同负荷下合适的空燃比，因此，这种系统性能主要取决于喷雾特性。因为喷油器和火花塞间隙之间的间距较小，在点火之前混合气形成可利用的时间极为有限，所以这类燃烧系统需要采用晚喷策略。此外，因为液态燃油会撞击火花塞电极，所以会增加火花塞污染，会导致失火。因为在喷雾外围可燃混合气的区域比较小，所以喷雾引导型燃烧系统对喷雾形状变化和喷油器安装公差相当敏感，并且需要雾化良好的喷雾。虽然如此，但是如果上述障碍能够被克服，窄间距燃烧系统也可以实现超稀薄燃烧。

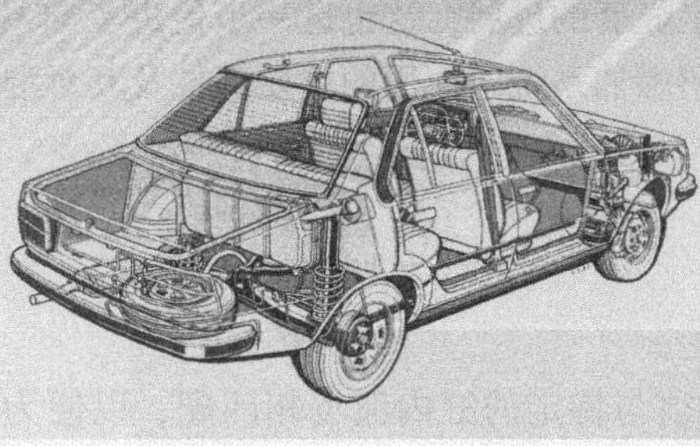

第 3 章

燃油喷射系统

3.1 引言

通过燃油量控制负荷的无节气门工作方式是内燃机一个非常有效的工作模式，这是因为增加了容积效率、降低了与泵气相关的损失。这种控制模式在柴油机上运用得非常成功，这是因为在燃烧室内各处的混合气充分混合并达到自燃条件时，着火就会自然发生。而固定点火源位置的、无节气门模式的火花点火发动机很难在除高负荷以外的工况下运行。这种发动机必须附加一种设备来影响混合气的形成过程，即必须对由燃油蒸发和混合形成的混合气云团的时间和空间进行控制来获得稳定的燃烧。这意味着必须通过采用稀混合气、混合气分层或者同时采用两者的方法来实现减少和控制负荷。在发动机的整个运行工况下，在燃烧室内制备并分布所需要的混合气是极其困难的，因为燃油和空气的混合过程受多种时间变量的影响。是否能够成功开发无节气门火花点火发动机，取决于燃油喷射系统的优化、系统部件的合理匹配、缸内流场的控制和燃烧速率的历程。

早期的 DISC 发动机的喷油器源于基本的柴油机供油系统。如德士古公司的可控燃烧系统（TCCS）发动机[8]所使用的一种柴油式喷油器，它形成的喷雾和燃油混合气质量都比较差，且与现代的压力-旋涡式喷油器的喷雾相比其喷雾贯穿率高。福特公司的程序控制燃烧系统（PROCO）发动机[401]使用振动辅助加强燃油雾化的外开式针阀喷油器，然而，针阀开启压力比较低，为 2.0MPa（表压）。早期的汽油喷射研究使用的是单孔或从柴油机喷射系统改制成的多孔小角度喷雾喷油器，这样会导致贯穿速率高、HC 排放量大。为了避免这个问题，开发了采用直接撞壁和油膜形式的替代燃烧系统，如 MAN-FM[453]。这些系统对所获得的雾化等级相对不敏感，还可以通过优化获得可控的液膜蒸发。在早期使用的多孔喷油器的 DISC 发动机试验中，同柴油燃烧系统多点同时自燃相比，这种发动机着火源单一是其主要限制。这种基于柴油的 DISC 喷射系统的另一个限制是喷油特性在部分负荷和全负荷之间缺少变化。DISC 发动机在全功率运行时，因为在进气行程早期就喷射了最大燃油量，且燃油喷雾具有很高的贯穿率，所以往往会导致严重的燃油撞壁。

最近几年，开发先进的电控燃油喷射系统取得了显著的进展，这也进一步促进了与 GDI 发动机相关的研究和开发工作。在本章中将详细介绍燃油系统中使用的主要部件及其对混合气制备和燃烧过程的贡献。

3.2 燃油系统的设计要求

在 GDI 系统中，喷油器是一个主要部件，它必须与特定的缸内流场相匹配，以便为发动机整个运行范围提供适宜的混合气云团。包括撞壁系统在内的 GDI 燃烧系统通常要求在所有运行工况下都能产生雾化良好的燃油喷雾，这里的雾化良好通常是指喷雾索特平均直径（SMD）小于 20μm。对于燃油系统来说，要求其必须能够提供至少两种（可能三种或更多）不同发动机运行模式[259]。全特征 GDI 发动机所用的喷油器必须能够在部分负荷时后喷来适应分层充量燃烧，在全负荷时在进气行程喷油来适应均质充量燃烧。在全负荷时，需要通过雾化良好且分散的燃油喷雾来保证即使在最大燃油量下也能实现均质，这一般是通过在较低缸内压力时早喷来实现的，其原理与 PFI 发动机的开阀式燃料喷射相似。在无节气门、部分负荷运行工况下，需要一种雾化良好且紧凑的喷雾来实现混合气的迅速形成和可控分层。这个喷油系统要求能在压缩行程稍后，环境压力高达 0. 9MPa 的情况下快速喷油，也就是要求相对提高燃油喷射压力。总之，见表 3. 2-1，GDI 燃油系统的要求比 PFI 喷油系统更全面，而含有电磁驱动喷油器的共轨喷射系统被证实也可以满足这些要求[55,144,292,305,361,366,378,432]。从原理和基本功能来看，与当前的 PFI 和先进的柴油发动机上所使用的燃油系统相比，GDI 发动机的燃油压力水平介于两者之间。

由于合理使用雾化良好的燃油喷雾，强化能力的 GDI 燃烧系统确实有一些优势。或许 GDI 燃油系统的要求会被认为不是优势，而是一个劣势。这种逻辑定位是基于 GDI 燃烧系统要求燃油喷雾的平均直径低于 20μm，而 PFI 燃烧系统使用 SMD 在 120~200μm 之间，甚至在 20~200μm 之间的燃油喷雾也能运行得非常好。为了达到如此严格的雾化要求，GDI 燃油系统的燃油压力水平必须比 PFI 燃油系统高 15~40 倍，甚至连空气辅助式 GDI 喷油器所使用的燃油压力也将近是 PFI 的两倍，尽管一些压电的喷油器和多段喷油器并不需要这么高的初始泵压。然而，其他的 GDI 喷油器则需要更复杂和更坚固的油泵、油轨、喷油器、调压阀和控制系统。因此，值得注意的是，将 GDI 燃油喷雾的雾化水平和蒸发率与 PFI 的燃油喷雾做比较并非绝对公平。因为 PFI 发动机能工作在两种燃油系统下，而 GDI 发动机则不能。这方面，GDI 的优劣是不辩自明。对于燃油雾化水平，GDI 发动机的优势在于：GDI 燃烧系统比 PFI 燃烧系统更能将燃油雾化的提高转变为 BSFC、IMEP 变化系数（COV）并改善排放，这不仅是真实的，也是从技术上来说更为准确。简而言之，GDI 燃烧系统能更充分地利用复杂的燃油系统所带来的优势。见表 3. 2-1，PFI 燃烧系统能适应较宽的燃油喷雾雾化水平，由此带来的不利之处是当平均液滴直径从 120μm 降到 20μm 时，PFI 的运行效率和排放并没有得到明显的改善。PFI 模式仍在不断改进，如采用快速起动的开阀燃油喷射方式。但是，有一个非常重要且明显的事实是：如果一个燃油系统能够给 PFI 发动机提供液滴直径低于 20μm 的喷雾，那么将同样的燃油系统用于缸内直喷模式会获得更大的好处。这是 GDI 相对于 PFI 真实的优势，而不是通过比较喷油系统是需要 12MPa 还是 0. 3MPa 的压力获得的结果。

表 3.2-1　PFI 和 GDI 燃油系统的比较

燃油系统	PFI	GDI
优点	• 相对简单 • 对喷雾参数变化（如平均液滴尺寸）的适应性强 • <0.5MPa 的低压力运行 • 喷油器运行温度更低	• 燃油雾化质量和液滴蒸发率提高 • 更快的喷油速率 • 喷油器开启和关闭更快
缺点	• 喷雾到达阀门的时间为 6~10ms • 平均液滴直径为 85~250μm • 大部分喷射燃油在到达积油区时未蒸发 • 喷油器开启和关闭较慢	• 系统复杂度增加 • 对油泵、油轨、调压阀和喷油器的要求更高 • 喷雾要求更严格（喷雾参数变化时燃烧稳定性更差） • 要求平均液滴直径为 20μm 或更小 • 喷油器运行温度更高 • 较高的油泵载荷

3.3　喷油器的设计要求及对策

喷油器是 GDI 燃烧系统里的主要部件，事实上也是对系统影响最大的部件，因为，它是燃油时间、空间分布的主要决定因素。首要因素是因为喷射相位、雾锥边界和喷油速率会极大地影响缸内燃油分布的发展。次要因素是因为喷雾不对称、初始喷雾、后喷或者上述六个参数的喷射间波动也会改变燃油分布的历程，从而改变点火时刻和放热初期缸内混合气当量比的分布。

喷油器须具有的一般属性见表 3.3-1，由表可知许多 GDI 喷油器所要求的特征与 PFI 喷油器是相同的，但是在一些特定的情况下，对 GDI 喷油器设计参数的误差要求要比进气道喷油器严格得多，而且还多了一些 PFI 运用上所没有的要求。

表 3.3-1　GDI 喷油器的要求

汽油喷油器的一般要求（PFI 和 GDI）	GDI 喷油器的特殊要求
• 精确的燃油测量（流量范围一般为±2%） • 与应用对应的燃油质量分布模式 • 初始喷雾和主喷雾的倾斜度最小 • 运行范围内喷雾轴对称性好 • 无滴漏和燃油泄漏，特别是低温工况 • 针阀加工室体积小 • 动态流量和喷油脉宽的低端线性度好 • 燃油量和喷雾特性的喷射间波动小 • 不同喷油器之间的上述参数变动最小	• 雾化水平明显提高；喷雾平均液滴尺寸减小；SMD 与应用场合有关，但一般低于 20μm • 能够在不同环境背压下产生需要的喷雾形状和贯穿度 • 拓宽的动态范围 • 燃烧状态下的密封能力 • 避免针阀反弹导致非正常的二次喷射 • 较小的静态流量和较小的流量线性规范的带宽波动 • 更强调对喷雾贯穿的控制 • 更强调对初始喷雾的控制 • 加强对沉积物形成的抵抗性 • 较大温度梯度下的流量变动更小 • 更高喷油器体和头部温度下的运行能力 • 喷油和环境背压提高时的抗泄漏能力 • 在-40℃和 10~20MPa 油压下泄漏最小且密封性能增强 • 更强调加强安装方式的选择 • 在不同倾斜轴线上可灵活产生偏置喷雾，以适应不同燃烧系统要求 • 发动机单循环内提供多次喷射的能力

汽油直接快速喷入燃烧室需要通过与高压共轨燃油系统相连的喷油器来实现。喷油时间是以毫秒级计的，喷油量也只是以毫克计的。典型的喷油持续时间为0.9~6.0ms，喷油总量为5~60mg，喷油持续时间和喷油总量都取决于发动机类型、负荷和特定喷油器的静态流量。这个流量是喷油器生产厂商以额定油轨压力下喷油器持续开启时的燃油体积流量为单位标定的。几乎所有供汽车使用的产品和原型GDI喷油器的静流量都在9~24cm^3/s之间。进入发动机的燃油量是按照进气道喷射或共轨柴油喷射的同一方式计量的，这种计量方式就是精确控制脉冲方波的持续时间，即喷油脉宽（FPW）。所需要的喷油脉宽由每次喷油时的标定算法基于发动机转速传感器、负载需求和后处理硬件操作的输出来计算。这种被计算机控制的脉冲将发送至喷油器驱动模块，并在驱动模块被转变成一个整形电流脉冲，用来激活开启电磁阀。每个喷油器的设计都有一个线性工作范围，在这个范围内的燃油质量和体积增加完全与喷油脉宽的增加成比例关系。这个最小、最大流量和喷油脉宽的范围决定了喷油器的工作流量范围和动态范围。

GDI喷油器要能够利用其可重复喷雾的几何形状喷射出精确计量的燃油量，同时还必须提供SMD小于25μm且DV90不超过45μm的高度雾化的燃油喷雾[82,83]。贯穿度足够且SMD比上述值更小的喷雾，有利于更充分地利用空气。SMD在喷雾方面有时在形式上以D32表示，DV90统计是一个定量统计测量，表征所有液滴尺寸整体分布中最大液滴的尺度，这些内容将在4.2和4.16.4部分详细介绍。单流体喷油器要求的油压不低于4.0MPa，但如果采用晚喷、分层充量模式，则更理想的压力是5.0~7.0MPa。虽然油压低于4.0MPa时也能得到理想的雾化水平，但是缸内压力的计量压差（$p_{inj}-p_{cyl}$）变动会导致较大的计量误差，如果有缸压监测，则这些误差可以通过发动机控制系统来修正。喷油器头部针阀加工室内基本充满了前次喷射的燃油，但其油压并非是油轨压力。这些燃油包括密封面下游的残余燃油，对于涡流式喷油器，这些残留也包括没有完全经历离开喷油器前角动量增加过程的部分，一般以残留在涡流通道下端的燃油体积来估算。这些残留的燃油会降低喷出燃油的加速度，会导致燃油雾化和燃烧的恶化。针阀加工室喷雾（以下简称“初始喷雾”或“初喷”）会影响空气的卷吸过程和涡流式喷油器的喷雾锥角，特别是周围环境密度较高的时候。总之，针阀加工室容积越小，则当喷油器开启时形成的外部大液滴越少。喷油器关闭时一般要避免针阀反弹，这是因为二次喷射往往会包含低速大液滴的不受控制的雾化或者没有雾化的油带，这样就会使HC和颗粒的排放小幅增加。另外，喷油器关闭时的针阀反弹也会降低燃油测量的精度。虽然喷油器开启时的针阀反弹与关闭时的反弹相比并不重要，但也是需要控制的；因为它会轻微地改变喷射速率和喷雾锥角。

具有高喷油速率，即在较短燃油脉宽内输送所需的燃油，尤其是在小负荷分层充量运行时，对GDI发动机来说比PFI发动机要重要得多。所以，GDI喷油器的低脉宽区域是非常重要的，因其会有效增加喷油器动态范围要求的重要性。GDI喷油器性能标准的测量包括：动态（线性）工作范围、线性流量曲线上最短脉宽和最短的稳定喷油脉宽。如果喷油脉宽小于线性范围限制，且该工作点的燃油质量输送是稳定的，就可以在标定时选择性地通过查脉宽表的形式使用。可以有效防止沉积物形成（积焦）的优化设计也是GDI喷油器的一个重要的设计要求，相关内容将在第7章中详细介绍。GDI喷油器必须满足在最大共轨压力和在-40~140℃的运行温度范围内无泄漏的要求。不同于泄漏，滴漏是因为喷油器关闭不严或者喷油器头部周围燃油雾滴的再流动产生，且在喷油器头部逐渐聚集形成的液体燃油。因为每循环有燃烧发生，而燃油并不会像在PFI喷油器中的那样聚集直至滴落。液体燃油在喷油器头部聚集确实是喷油器沉积物形成的一个重要原因。有时候，往往忽略喷油器电磁阀和驱动器的电压和功率要求，因为很多GDI喷油器样件的功率要求在产品化时是不可接受的。需要注意的是，最小化喷油器和共轨系统是非常有利的，可以为优化喷油器位置，决定发动机进气道和气门的大小及位置提供更多的灵活性。

一些应用中有特殊的安装限制，就要求GDI喷油器的喷雾偏离喷油器轴线[156,351]。这个要求使GDI喷油器的设计变得更为复杂，因为一些能产生对称和雾化良好的喷雾的技术与喷雾偏置技术不一定能兼容。如缸内涡流技术能有效提高对称喷雾的雾化效果，但该技术却对喷雾偏置的喷油器设计没有什么效果，其结果就是必须采用更高的喷射压力才能达到与轴线喷雾设计相同的雾化效果。另外，从根本上来说，基本上不可能通过如外开式针阀喷油器等设计来获得偏置喷雾。

3.4 油压要求

喷油器内部的燃油压力对喷雾有效雾化和获得所需的喷雾贯穿度非常重要，该压力与油轨内的设定压力相当接近。高喷油压力能有效地减小喷雾的平均直径，其值近似等于压力差（$p_{喷}-p_{缸}$）的平方根倒数。而较低的压力有利于减少燃油泵的固有负载、缩短系统起动时间、降低喷嘴噪声，还会延长燃油泵系统的使用寿命。但是，即使是在现在的油压水平，GDI喷油器和燃油泵发出的噪声也受到广泛的关注，消除噪声的研究也一直在持续。使用高油轨压力，如20MPa会提高燃油的雾化程度，但是也会产生过度贯穿的喷雾，导致燃烧系统边界的燃油着壁，特别是存在针阀加工室的时候燃油着壁更严重。因为存在反作用，所以高油压并不一定会产生过度贯穿。这是因为油压较高时会产生更小的液滴，并使其很快达到最终速度，因此会在某些液滴尺寸分布下产生较低的贯穿度。现在的GDI原型机和产品机型选用的燃油压力范围在4~13MPa之间，这与柴油喷射系统的燃油压力范围50~160MPa相比是相当低的，但与PFI的典型喷油压力范围0.25~0.45MPa相比还是比较高的。

典型的直喷汽油系统的油轨压力设计在4~13MPa之间，但是近年来提高燃油压力水平是原型机和产品机型燃油系统的发展趋势。受燃油泵负载、寿命和起动时间等原因影响，虽然人们一直在研究如何使用低至1~2MPa的压力来获得雾化良好的GDI喷雾，但是实际发展方向却与之相反。在20世纪90年代中期常用的燃油压力为5.0~7.5MPa，但是仅仅7年之后，10~13MPa的压力成了主流。这种压力水平与典型道路负荷下1.5ms的喷油脉宽相匹配，使喷油过程成了一个耦合喷射液滴和周围空气的大量动量交换的高瞬态过程。动量交换过程十分迅速，如果是1.5ms的喷油脉宽，则一般90%的动量交换在6ms内完成。如果采用特定形状的喷雾，卷吸空气的流场可以很快建立起来。当然，对于喷油器头部产生初期空锥喷雾的涡流式喷油器，相应的压力场会产生卷吸周围空气的高瞬态的流动，也会与贯穿的液滴相互作用而改变喷雾锥角形成的动态特性。这就是为什么涡流式喷油器的喷雾锥角会“坍塌”为比初始喷射角更小的锥角的原因，也是喷雾锥角的转变受周围空气密度影响的原因。

汽车的运行模式由多种发动机和燃油系统的运行模式组成，包括拖动和起动、热浸后的再起动、极冷起动和暖机以及不同油轨压力下的运行和在部分装置运行存在问题时选择的

“跛行回家”功能。拖动和起动这个普通的运行模式，如果没有辅助的并联燃油系统，则必须依赖足够的燃油压力来获得稳定燃烧且保证没有过多的排放。机械高压 GDI 燃油泵需要特定的时间间隔或者是发动机转速来获得适当的压力。在现在汽车发动机所希望的快速起动阶段，标准的高压 GDI 燃油泵无法达到与设计压力相当的水平。在快速起动泵发展起来并被验证能够满足耐久性之前，高压 GDI 燃油系统必须在较低的燃油压力时完成拖动和起动过程，或者是采用附加的蓄压器或并联的燃油系统完成上述过程。所有现代 GDI 发动机产品在高压泵获得一定的设计压力前，都是以油箱内置的低压燃油泵来起动的。如果 GDI 喷油器的设计使用压力是 7~10MPa，但被用于低于 0.5MPa 的工况下时，需根据该工况对喷雾进行特征化标定。一些 GDI 喷油器在这些非设计工况下能表现得比其他喷油器更好，其中低压空气辅助喷油器的性能是降低最少的。然而，空气辅助喷油器需要有一个压缩空气供给装置，该装置也需要达到一定的压力才可以满足拖动起动要求，因此，空气辅助喷油器的雾化水平可能会有所降低。很明显，高压喷油器必须针对极低的燃油压力和所需的延长喷油脉宽工况进行精确标定。即使是达到了 100μm 的 SMD，燃油雾化水平也可能很差，因而，必须确定最佳的喷油时刻。转变至高压运行时必须由发动机管理系统（EMS）采用调节器提供的压力信号来控制，这也同样适用于使用附加燃油输送系统，如节气门体喷射（TBI）组件的情况。

在 0.3MPa 拖动燃油压力下的喷雾可视化实验表明：涡流式喷油器产生的是空锥喷雾，然而雾化水平显著降低[405]。在这种低油压情况下，获得化学当量比混合气所需的喷油持续时间是采用高压主燃油泵的四倍左右，这是因为所需的喷油持续期大致与喷油压力的平方根成比例关系。如果油压太低，或低温冷起动和瞬态加速情况下所需的燃油总量太大，则 GDI 喷油器可能无法在允许的时间窗口内输送足够的燃油。如第一代丰田 D-4 发动机为满足增强冷起动能力的供油需求，采用了在辅助节气门体内的低压喷油器。如果 GDI 技术的潜力能在冷起动中实现，那么在冷起动时能够快速形成较高油轨压力对 GDI 发动机是极其重要的。GDI 技术的潜力包括更快的冷起动、更低的起动 HC 排放和更少的燃油过浓。

为了解决起动时间的问题，三菱 GDI 发动机使用了一个与 PFI 发动机中相似的油箱内置油泵。使用一个旁通阀使发动机在拖动起动时允许燃油绕过高压调节器，因此，电动供油泵可直接向油管输送燃油。当发动机转速和油轨压力增加后，旁通阀关闭，高压调节器开始调节油压至 5.0MPa 的设计压力。通过这种策略，发动机不管是冷起动还是热起动都能够在 1.5s 内完成[196,197]。

当前大多数 GDI 发动机采用的共轨结构使用的是恒定油轨压力，然而，使用不同喷油压力的策略确实提供了一种可选的获得所需燃油流量的方法，同时也降低了喷油器线性动态范围的要求[364]。这也是在一定发动机负荷范围下满足不同燃油喷雾需求的一种选择[302]。这是任意一款 GDI 应用所必须评估的重要因素。

喷油器的工作流量范围（WFR）应该能够通过使用可变油轨压力而得到有效拓展。使用恒定燃油压力的喷油器的动态范围由线性流量曲线的最小和最大流量限制决定，该流量与流量和喷油脉宽仍维持线性流动关系的最小和最大燃油脉宽直接相关。但是，如果有第二个低油轨压力可被采用，那么就有第二条完全流量曲线可供调节压力。发动机控制系统可以根据这两条流量曲线来进行优选，进而可将可用喷油脉宽拓展至低于原始限制的值。如怠速运行所需的燃油需在油轨压力为 10MPa 的情况下使用 0.88ms 的喷油脉宽，或替换为在 7MPa

的情况下使用1.38ms的喷油脉宽。较长的喷油脉宽可能在低压流量曲线的线性范围内，而较短的脉宽可能就不在高压流量曲线的线性流动范围内。事实上，如果在发动机工作脉谱的部分区域选择使用较低的油轨压力，则喷油器的动态范围会被显著拓展。上述概念的两个实际限制是：当油轨压力被显著减小时，燃油雾化和喷射率将会恶化；当使用双油压或者完全可变的油轨压力策略时，系统明显更复杂。

理论上，喷射所需的燃油量很容易根据已存储信号、油轨压力信号和特定流量标定来查表计算得出。因此，理论上所需的燃油量，可由无限的油轨压力值提供。然而，所获得的喷油速率及雾化水平大致会随着压力比的平方根关系而恶化。在10MPa的系统上选择使用5MPa的油压，可减少大约40%的喷油率、增加40%的喷雾SMD，其值约从16μm增加到22μm。当为拓展20%的喷油器动态范围而大幅降低油压时，喷雾质量则成为许多喷油器设计的限制条件。在任何一个喷油器被用作可变油压或者双油压策略的一部分之前，必须被评估该设计，确定其能够在期望的低压限制下提供可行的雾化水平。

最后，需要注意的是，实际上不同的汽油具有不同的乙醇含量、不同的硫含量和不同的驾驶性指数，因此非常有必要开发一种对汽油质量范围适应性强的GDI产品的发动机燃油系统。为了避免发动机机油被稀释，大多数GDI燃油泵采用汽油来润滑[432]。但是，与柴油相比，汽油的润滑性更低、黏度更低、挥发性更高，因此与柴油泵相比会导致更高的摩擦、更大的磨损和更大的泄漏可能性。然而，值得一提的是，可以使用高燃油压力下的流体动力学润滑来补偿低黏度导致的润滑问题。

3.5　喷油器分类

当前GDI喷油器设计领域的特点是变化迅速。该领域的发展可以划分为：包含基本喷油器类型的领域、包括喷油器封装的领域和包括现有喷油器产品性能持续改进的领域（这是正在出现最大变化的领域）。当前，许多生产商可以为汽车产品或燃烧系统开发提供GDI喷油器。这些喷油器先是粗略地以驱动类型分类，再进一步以雾化机理、喷嘴结构和喷雾几何形状分类，见表3.5-1。理论上，这些分类的任何组合都可以用于不同类型的喷油器设计。如压电驱动的空气辅助涡流式喷油器理论上是可以被设计出来的。GDI喷油器可以提供多种类型的喷雾结构，包括空心锥式、实心锥式、扇式、多油束式、偏置式或者客户定型的设计。所有这些结构都与喷雾油束内的燃油量的几何分布相关，这是一个匹配燃油喷雾和燃烧室几何形状时要重点考虑的方面。这些分类中也包括30°~90°之间的可用喷雾锥角范围，以及喷油器静态流动速率或者流量的范围。

表3.5-1　GDI喷油器分类表

驱动机构	• 单电磁阀 • 双电磁阀 • 压电 • 液压 • 凸轮
流体状态	• 单流体 • 空气辅助（两相）

（续）

主要雾化方法	• 片状（涡流盘） • 压力式（孔式） • 压力式（槽式） • 湍流式（组合板） • 气动式（空气辅助） • 空穴式 • 撞壁式
喷嘴结构	• 涡流式 • 槽式 • 多孔式 • 空穴式
针阀开启方向	• 内开 • 外开
喷雾结构	• 空心锥 • 实心锥 • 扇式 • 偏置 • 多油束 • 定型

虽然在 GDI 喷雾方面普遍使用“压电喷油器”这个说法，但是，以“压电驱动器”命名或许更准确。如“压电”和“多孔”并不一定相互排斥，正如带压电驱动器的多孔喷油器也是可以构建的。虽然“压电喷油器”也许可以被看作是一个特例，但是事实是 GDI 的喷雾主要取决于特殊的喷嘴头部设计，而较少依赖于驱动的方式和速度。因此，使用表 3.5-1 对喷油器和燃油喷雾进行分类是最有意义的。

表 3.5-2 概括了已开发的用于 GDI 产品和样品的喷油器。最常用的 GDI 喷油器类型是内开针阀式的高压、单流体、涡旋通道式喷油器。另外，更多类型的内开式高压、单流体喷油器也正在开发中，这些喷油器包括多孔式和槽式喷油器。多孔式喷油器可以通过改变喷孔类型、喷孔数、单孔直径和喷孔倾角来灵活调整喷油截面以及截面内的燃油空间分布。这与在 PFI 喷油器导向板上布置油孔基本相似。脉冲压力空气辅助式（PPAA）喷油器也可以使用大幅降压至 1.0MPa 以下的燃油压力。PPAA 喷油器设计包括两个独立的电磁阀，并需提供压缩空气源。PPAA 喷油器设计通常采用了一个外开式阀，尽管并不需要该阀。不论是空气辅助式、还是单流体式喷油器，因为这种外开式设计在理论上没有初始喷雾，所以使整体平均液滴大小得到了改善。然而，通常情况下，将这种外开式设计用于开发偏置型、有角度的喷雾是极为困难的。因此，偏置型喷雾的开发和优化是喷油系统安装位置设计的一个主要因素。GDI 设计中的部件安装确实是一个需要重点考虑的方面，加强安装位置选择的需要也驱使着喷油器安装直径从 12mm 到 10mm 再到 8mm 进行持续改进。具有产生喷雾偏离喷油器安装轴线 10°、20°或 30°能力的喷油器，可使 GDI 燃烧室的最初设计结构有更大的灵活性。

表3.5-2 应用于GDI的主要喷油器

喷油器	特点
针阀内开、单流体、高压、涡流式喷油器	• 空锥喷雾 • 实锥喷雾 • 对称喷雾：喷雾沿喷雾轴线对称分布。喷雾轴线可能与喷油器轴线成一定倾角或者偏离喷油器轴线（也被称为“偏转喷雾”） • 非对称（定形）喷雾：以喷雾轴线分布的燃油质量是非对称的。喷雾轴线可能在、也可能不在喷油器轴线上
针阀外开、单流体、高压、涡流式喷油器	• 一般情况下产生没有初始喷雾的空锥喷雾。这种喷油器很难产生偏置喷雾
脉冲压力空气辅助式喷油器	• 这种喷油器使用的油压可显著降低，但是需要两个独立的电磁阀和一个压缩空气源用于改善喷雾雾化和分布
孔式喷嘴	• 单孔 • 多孔：喷雾结构随喷孔数量和布置而明显变化
槽式喷嘴	• 喷嘴的几何形状是槽形，其燃油喷雾呈扇形

3.5.1 针阀内开、单流体涡流式喷油器

现在，使用最广泛的GDI喷油器是采用针阀内开、单出油孔和油压为7～10MPa的单流体涡流式喷油器，这种喷油器的结构如图3.5-1所示。涡流式喷油器的设计使喷油器喷嘴内的燃油产生很强的旋转动量，并叠加到轴向动量上。在大量的喷嘴设计中，流体都是通过切向的孔和槽进入涡流室的。流体以环形片状从单出油孔内挤出，迅速扩散而形成最初的空锥喷雾。根据具体的应用需求，初期喷雾的锥角范围可以从最小设计值25°到接近150°，其喷

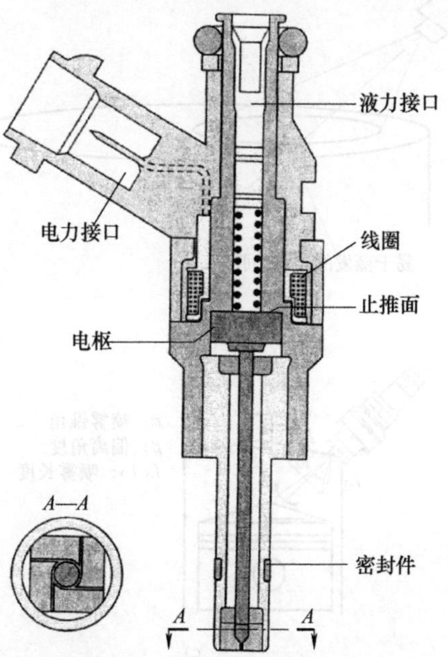

图3.5-1 内开、单孔、涡流式DI喷油器[261]

雾的 SMD 在 14~23μm 的范围内。在涡流式喷油器中，压力能量被有效转化为旋转动量来改善雾化[365,487,488]。一般情况下，涡流式喷油器产生的喷雾的液滴尺寸分布（DV90~DV10）比标准的孔式喷油器喷雾更窄，其最佳雾化发生在高油压和大喷雾锥角下。然而，增加涡流式喷油器孔壁表面的粗糙度，会加剧喷嘴外片状燃油的分流和叉支的形成，也会形成局部过浓的油气混合区域。为了减少这种混合气的不均匀性，需要精确控制涡流通道表面的加工和喷嘴头部的质量。

3.5.2 定形喷雾式喷油器

当喷油器轴线与活塞表面成一定角度安装时，使用如普通锥形喷雾所产生的轴对称燃油分布，将在壁面引导型系统中的活塞表面趋向于形成不均匀的湿壁。因为安装限制，这种情况在 GDI 应用中是很普遍的。因此，靠近喷油器的活塞区域将会有大部分的燃油撞壁，如图 3.5-2a 所示。大量的燃油撞壁会导致在靠近喷油器的活塞区域形成大量较厚的油膜，使

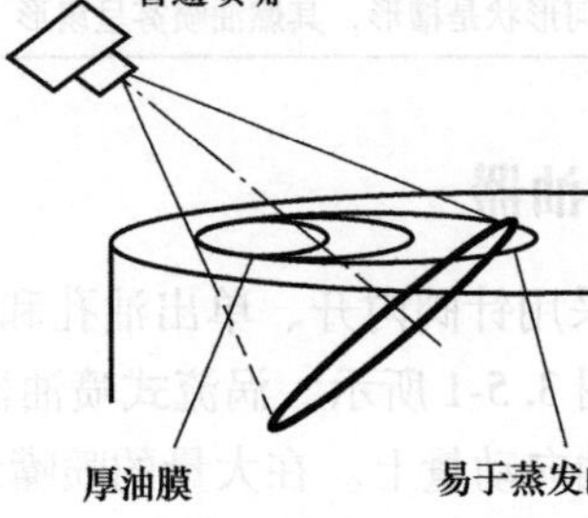

a)

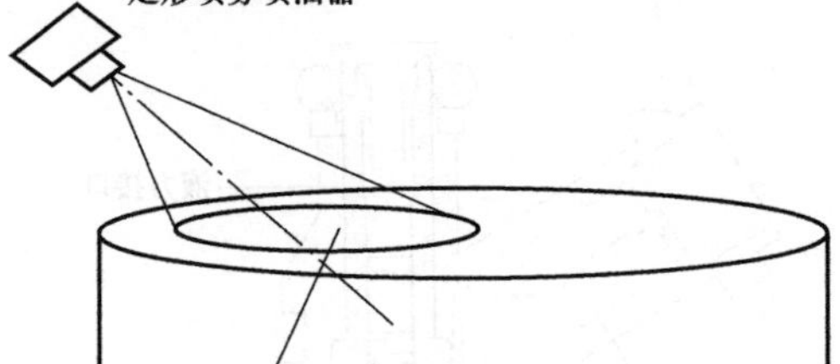

b)

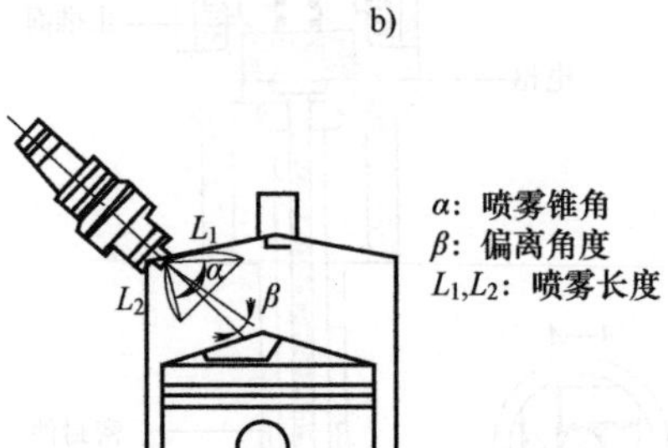

c)

图 3.5-2 传统喷油器与特定喷雾形状喷油器的喷雾撞壁特性

a）传统 GDI 喷油器 b）特定喷雾形状喷油器 c）影响喷雾特性的关键参数[351]

HC和微粒排放增加。为克服这一问题，定形喷雾式喷油器被开发了出来，该喷油器也被称为“撒网式”喷油器，可以提供有角度的喷雾，使活塞冠部燃油均匀分布，如图3.5-2b所示[351,445]。如图3.5-2c所示，喷雾轴线与喷油器轴线之间的偏离角度β被称为“偏离角”，喷雾的短边长度L_2和长边长度L_1是必须要优化的关键参数。如图3.5-3所示，比值L_1/L_2和偏离角度β对发动机燃烧稳定性、转矩和烟度排放有显著影响。如图3.5-4所示，定形喷雾式喷油器比传统喷油器的喷油时间窗口大约宽45° CA。喷油时刻提前，可以通过减小喷油器喷雾速度的垂直分量来减少活塞冠部油膜的形成。喷油时刻延后，提高水平速度分量能获得改善的混合气均匀度。在这两种情况下，烟度均减小。

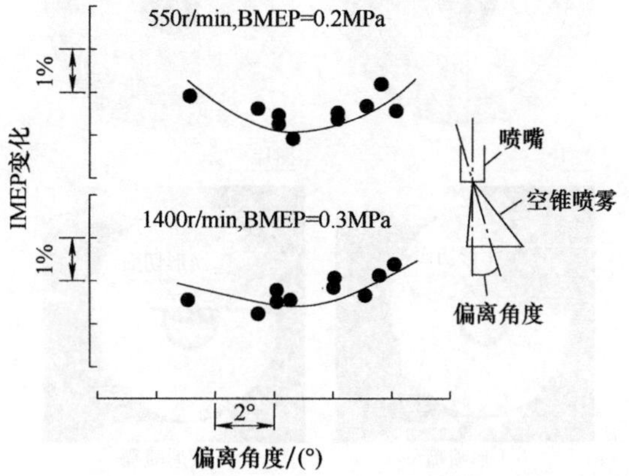

图3.5-3 喷雾偏角对平均有效压力和发动机燃烧稳定性的影响[445]

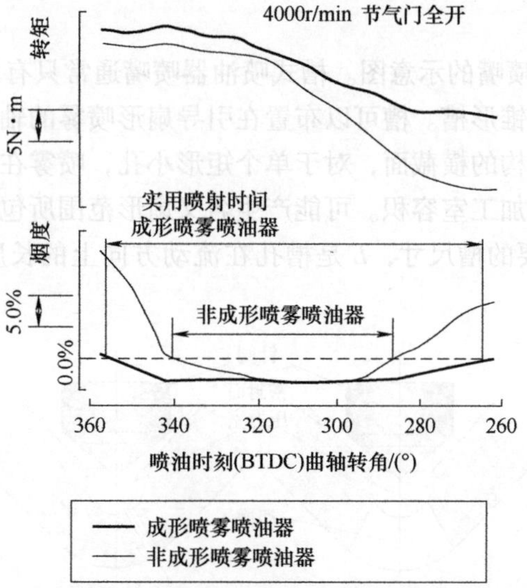

图3.5-4 传统喷油器与特定喷雾形状喷油器对发动机转矩和烟度的影响[445]

图3.5-5给出的是用于定形喷雾式喷油器的两种喷嘴设计（L形切面和楔形切面）[312]。定形喷雾式喷油器的喷雾模式可以通过改变出油孔顶端的对称形状而调整形成倾斜的中空喷雾[238,312]。这种喷油器类型的优势在于可以通过修改喷嘴头部来定制喷油器，而其他部件与

传统涡流式 GDI 喷油器基本相似。

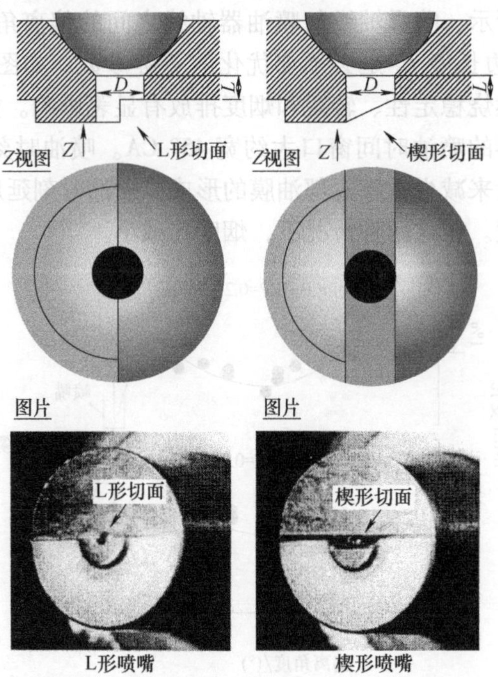

图 3.5-5　L 形切割和楔形切割的特定喷雾形状喷嘴[312]

3.5.3　槽式喷嘴

图 3.5-6 所示为槽式喷嘴的示意图。槽式喷油器喷嘴通常只有单独的矩形小孔，但是原则上可以是多个槽或者是锥形槽。槽可以布置在引导扇形喷雾的轴线上或偏离轴线。槽式喷嘴喷雾具有能够反应槽结构的横截面，对于单个矩形小孔，喷雾在下游膨胀而成扇形。一般在阀座下游会有一个针阀加工室容积。可能产生名义扇形范围所包含的角度取决于槽的有效的 L/W_M，其中 W_M 是主要的槽尺寸，L 是槽孔在流动方向上的长度。槽式喷嘴可以使用高分辨放电工艺生产。

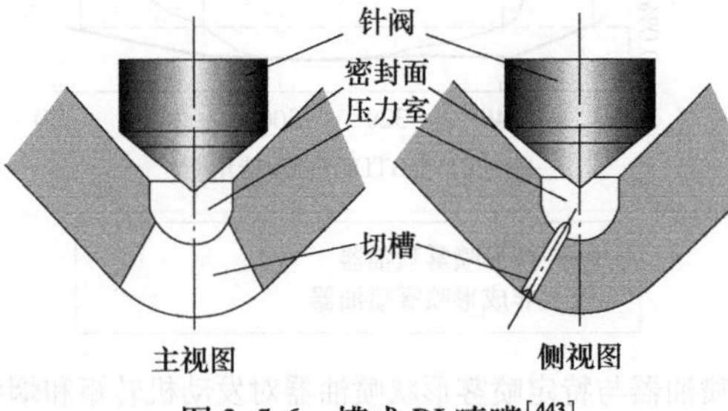

图 3.5-6　槽式 DI 喷嘴[443]

3.5.4　多孔喷嘴

许多喷油器制造商已经设计和开发了多种用于 GDI 燃烧系统的多孔喷油器，这些喷油器使用了与柴油阀座孔式头部（VCO）不尽相同的喷嘴，一般有4~10个燃油输出孔。但是，柴油喷嘴头部喷出的燃油喷雾锥角很大（130°~170°），而一般汽油多孔喷油器的喷雾锥角更为紧凑，为30°~90°。多孔喷油器的规格参数包括孔数、喷雾构成的内包角或者喷束锥角、喷雾质心轴线与喷油器轴线之间的偏移量以及形状本身。事实上，喷孔不一定必须是圆形的，原则上可以是任意形状的。

多孔喷油器的湿壁印迹可以是圆形、椭圆形、线形、月牙形、半圆形或者三角形。如同PFI喷油器拥有一个多孔导向板一样，这种类型的喷油器在可制造性和燃烧系统优化方面具有大量明显的优点。原则上，喷油器制造商规划的喷油孔分布和尺寸可实现无数种喷雾形状，这样就可以利用关联喷雾形状（单、双、宽和窄）与喷孔形状、尺寸及方向的复杂算法，创造出基于4~10孔喷油器的多种潜在应用。

GDI燃烧系统优化的优势在于：原则上，几乎任何燃油量的空间分布均可以通过多孔喷嘴获得。拥有8~10个喷孔且各孔具有不同的位置、不同的直径和不同的与喷油器轴线的方向，为将燃油置于任何需要的地方提供了巨大的灵活性。不幸的是，尽管CFD模型提供了巨大的帮助，但是在燃烧系统的开发过程中，并不能知道以何种方式向哪个目标精确提供燃油，也许只有发动机知道。因此，不可避免地要采用逐步逼近的实验方法，对于能提供多种可用喷雾形状的喷油器设计也是一样的。但这并不意味着所有多孔喷嘴头部的组合在当前都是适用的，事实上这也不可能。当前的电驱动多孔GDI喷油器是新近开发的，但也只有一部分喷嘴头部样式是适用的，上述一些方案现在也是不适用的，如在8孔的头部使用四种甚至是两种不同的喷孔直径仍然是无法实现的。该讨论论证了设计概念的灵活性，即如果有必要可以对各孔进行单独制作。如果后续证明这是燃烧系统优化的一个显著优点的话，它将被整合进来。

多孔喷嘴的另一个优势是喷雾可以偏离喷油器主轴线，而对雾化的影响很小甚至是根本没有影响。与偏离相同角度的涡流式喷油器的喷雾雾化劣化程度相比，偏离20°的多孔喷油器产生的喷雾雾化效果与涡流式喷油器的效果一样甚至更好些。然而，需要注意的是，如果采用基本的非增强型压力雾化来获得燃油雾化，则需要采用相对较高的轨压（9.5~12.0MPa）。当轨压降低时，雾化质量，特别是DV90的值将急剧变差。

3.5.5 针阀外开、单流体涡流式喷油器

即使现在大部分的GDI喷油器都是内开式的，针阀外开式设计也有一些值得注意的优势[75,460,461,487]。如大部分因内开式GDI喷油器针阀加工室容积产生的初始喷雾（Sac spray），在针阀外开式喷油器中是可以避免的。另外，在外开式喷油器中初始液层厚度是直接受针阀行程控制的，而不像内开式喷嘴那样受燃油涡流的角速度控制。因此，外开式喷油器设计灵活性较高，其喷雾角度、贯穿度和液滴尺寸更少受耦合因素控制。针阀外开式设计也可以采用涡流来减少燃油贯穿度并增加喷雾锥角。另外，针阀外开式喷油器产生的液层厚度比针阀内开式喷油器在阀门开启、关闭时产生的厚度要小，这主要是因为涡流室的压降减小了。另外，外开式喷油器在阀门开启和关闭期间的雾化水平比在主喷雾部分的雾化更好，这和内开式喷油器的雾化情况正好相反。因为没有喷嘴喷孔直接暴露在燃烧室环境中，所以外开式设计可能更能抵抗燃烧产物的沉积，但是这个问题需要更多的开发和评估经验。内开式喷油器相对于外开式喷油器的优势在于针阀内开式具有更好的、可重复的喷雾锥体几何形状，特别是当针阀头部有导流套时。然而，外开式喷嘴具有增强的抗泄漏能力[364,388]，这是因为燃烧

气体压力有益于辅助密封喷油器。

设计和运行时都需要关注针阀内侧是否有精确的流动表面。众所周知，如果要获得极好的喷雾形状对称性和雾化效果，流动表面必须经过超精加工。如果没有精加工，相应的喷雾在圆锥面部分将会呈现条纹状甚至出现空洞，也会在每个涡旋通道对应形成一个喷雾叉支。对超精加工表面的需求，导致了对喷油器工作时沉积物敏感性的关注。在针阀外开式喷油器上形成的沉积物与在内开式上形成的沉积物不再相同。然而，外开式设计一般对少量表面沉积更敏感，这是因为沉积物会改变原件的表面精度。因此，当发动机工作一段时间以后，当原件表面精度因为沉积物而下降时，就可能形成喷雾叉支。此外，通常来讲开发一种外开式喷嘴并用来形成偏离轴线的倾斜喷雾是非常困难的。

3.5.6 压电驱动式喷油器

压电驱动器利用的是当加载一定电压时，特定晶体的晶格尺寸会发生特别迅速的增量变化。如果正确的串联布置这种晶体，形成压电堆，那么总的尺寸变化就是各个晶体变化的总和。压电堆的总尺寸变化可用来移动柴油机喷油器的针阀，或驱动 GDI 喷油器的针阀，其所提供的喷油器开启时间比典型的电磁阀式系统快一个数量级以上。快速开启使小针阀升程阶段和通过针阀座面大压力阶段损失的时间更少，进一步提高了喷油器开启时的雾化水平；这也使最小脉宽得到了明显拓展。具备采用更短喷射脉宽下可重复的动态驱动特性和燃油传输的能力，使喷油器非常重要的性能参数——动态范围，有了实质性改善。压电堆在不同驱动开启过程间的变化特性良好，拓宽了这类喷油器的工作流量范围。因此，将压电堆驱动执行器用于可控多次喷射是非常理想的，因为相较于典型的 GDI 部件而言，压电喷油器针阀的提升、开启时间和燃油输送都是非常精确且控制良好的。压电驱动器的优势在于减少了喷油器的功率消耗，但是增加了对系统部件精度的需求。压电驱动与内开式电磁阀驱动相比起来的另一个优势是，在燃油压力水平更高情况下（15~25MPa）的开启能力更强，而电磁阀驱动则还需要非常大的线圈和非常大的电流。压电堆系统并不比电磁阀驱动系统更复杂，但是压电驱动器各部件的精度水平会要求更高。需要指出的是：术语“压电”从技术上应归类为一种驱动方式，而不是喷油器头部的设计。事实上，这种驱动方式可以在表 3.5-1 中列出的任何喷嘴头部设计中使用。

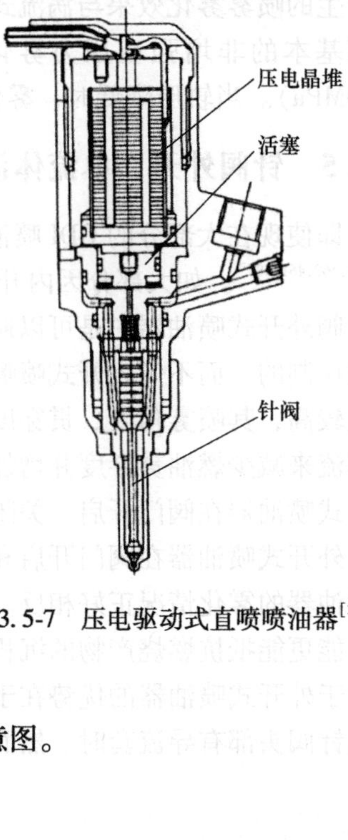

图 3.5-7 压电驱动式直喷喷油器[387]

这种固有的、更宽的喷油器动态范围和工作流量范围对多次喷油非常重要。对于典型的压电驱动式喷油器，根据控制策略需要，可以在 GDI 或者柴油机燃烧系统的每个循环实现三次、四次甚至是五次喷油。需要注意的是（相关内容将在 4.8 节讨论），即使是驱动器没有限制，从特定喷嘴头部出来的喷雾也可能会限制每个循环的喷射次数。如果喷嘴存在针阀加工室，那么与多次喷油相关的极短脉宽所产生的喷雾在雾化水平上只比初始喷雾略好。图 3.5-7 给出了一个压电驱动式直喷喷油器的示意图。

3.5.7　脉冲压力空气辅助式（PPAA）喷油器

大部分空气辅助式喷油器使用的都是外开式针阀，而大部分单流体涡流式喷油器则是针阀内开式的。需要注意的是，尽管有一些单流体涡流式喷油器也会使用两个电磁阀来提高开启、关闭性能，而脉冲压力空气辅助式喷油器一般每个喷油器都会使用两个电磁阀。另外，依赖于针阀开启压力的喷油器设计增加了开启时因振荡所造成的喷油速率变动，也增加了关闭时的针阀反弹，因此每个喷油器设计都要进行这方面趋势的评估。空气辅助式喷油系统提供了一种可用于未来低排放概念的、有意义的选择，而这种选择也正逐渐受到四冲程 GDI 开发人员的关注[162,426]。

图 3.5-8 是一个脉冲压力空气辅助式喷油器的示意图，燃油和空气的喷射顺序如图 3.5-9 所示。燃油喷射系统中使用的空气喷射器是一种电磁阀驱动的外开针阀式设计，将精确计量的燃油和空气量以雾化的燃油空气雾团形式直接喷入气缸。液体燃油通过一个单独的 PFI 喷油器计量并输送至空气喷射器顶端，这种 PFI 喷油器的标定喷射压差为 0.07MPa，比典型 PFI 的 0.35MPa 压差低。燃油通常会在过渡室内停留至空气电磁阀开启，然后允许压缩空气流过并喷出燃油。如果空气管内压力为 0.65MPa 而喷油器的喷射压差为 0.07~0.35MPa，那么所需的燃油泵压力就要在 0.72~1.0MPa 范围内。空气辅助式喷油系统使用与传统 PFI 发动机上一样的油箱内置油泵模块，同时串联安装一个二级油泵来获得发动机所需的油轨压力。如果需要，也可以使用一种能够获得所需油轨压力的内置两级油泵。还有一种方式是通过凸轮轴或者传动带驱动压缩机产生所需的空气轨压，这种方式使用一个固定式机械压力调节器来对压力进行调节。油轨压力参考空气轨压来维持燃料计量喷油器的压差恒定[255,426]。空气辅助式喷射系统的

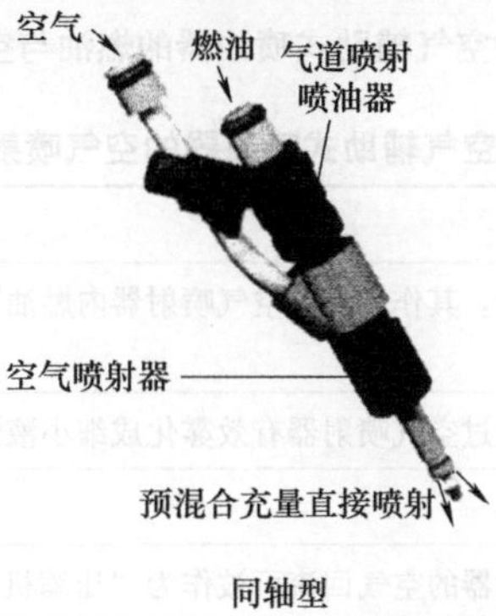

同轴型

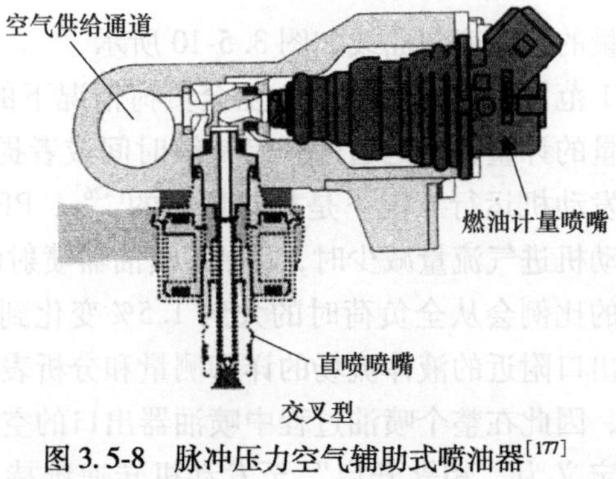

交叉型

图 3.5-8　脉冲压力空气辅助式喷油器[177]

空气压缩机产生的真空也可以供再生炭罐使用。利用压缩机吹扫的优势在于燃油蒸气被输送给直喷喷油器，这能维持高度的充量分层，从而发动机能够在过滤罐再生时依然保持同样的燃烧模式。表 3.5-3 概括了 PPAA 喷油器空气喷射部分的主要功能。

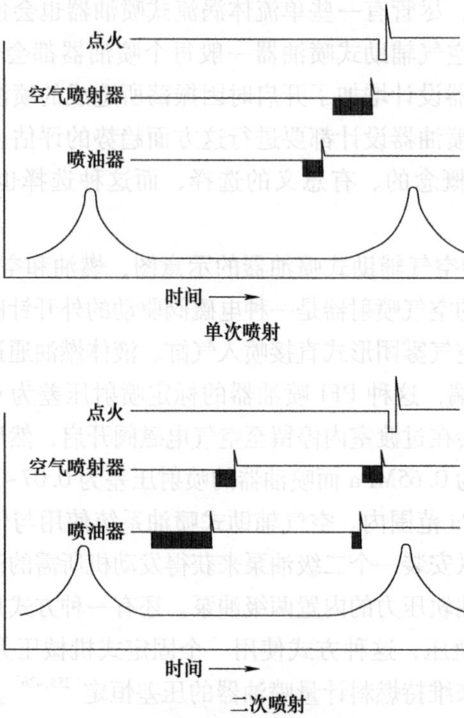

图 3.5-9 脉冲压力空气辅助式喷油器的燃油与空气喷射顺序[177]

表 3.5-3 脉冲压力空气辅助式喷油器的空气喷射部分的主要功能

• 控制每次喷射的时刻
• 在喷油期间使燃油系统与燃烧室隔离开。其作用是使空气喷射器内燃油计量不受沉积物影响，且用于燃油计量的时间也不依赖于空气的喷射
• 喷油期间，使用气动雾化可以使燃油通过空气喷射器有效雾化成细小液滴
• 喷雾结构由空气喷嘴设计直接控制
• 在发动机起动时，从发动机至空气喷射器的空气回流可被作为“压缩机”来快速提高空气轨压至正常运行水平

喷射的空气量和燃油量的比值变化曲线如图 3.5-10 所示[177]。低负荷喷射的空气量和燃油量的比值在 1∶1 至 2∶1 范围内，并逐渐减少至全负荷情况下的 0.2∶1。喷射空气量的进一步优化不依赖于燃油量的计量，而是通过开启持续时间或者提供的空气压力来调节的。喷射的绝对空气量在整个发动机运行工况下是相对恒定的[426]。PPAA 系统喷射的空气总量并不是没有根据的，当发动机进气流量减少时，PPAA 喷油器喷射的空气量在空气总量中所占的比例则会增加。典型的比例会从全负荷时的大约 1.5%变化到怠速工况时的大约 15%。通过对 PPAA 喷油器喷嘴出口附近的液体流场的详细测量和分析表明，通过针阀座面的燃油质量流量并不是一个常数，因此在整个喷油过程中喷油器出口的空燃比是变化的[475]。

拖动至运转的时间被定义为“钥匙开启”至发动机转速维持在 700r/min 的时间间隔，

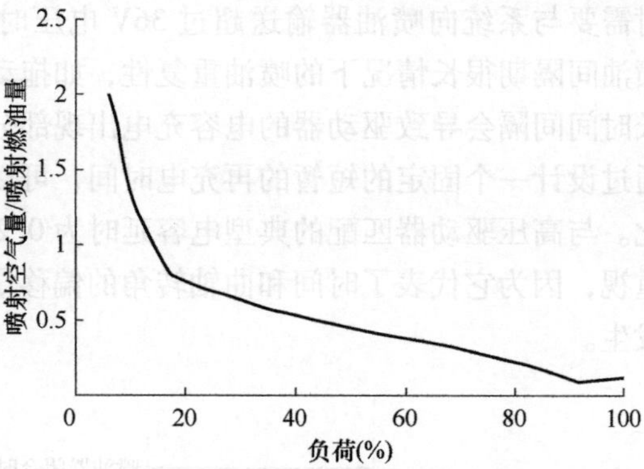

图 3.5-10 脉冲压力式空气辅助喷油器的空燃比随发动机负荷的变化曲线[177]

对于四缸四冲程直喷发动机，这个时间小于 0.75s，与同等的 PFI 发动机相当。第一缸燃烧时的总空气轨压只有 0.2MPa（表压），而稳定运行下的压力为 0.65MPa。在拖动模式至运转模式下依然能够获得如此低空气轨压下的可靠燃烧的原因，是因为空气燃油混合气很早就被喷射进缸内了，而且在这个运行阶段的燃烧过程是均质的。在拖动至运转过程中，空气轨压也可以通过空气和燃油喷射器的顺序优化，可以直接从发动机气缸或压缩机获取压缩空气并迅速建立。

相比于燃油计量和喷雾结构均受沉积物影响较大的单流体、高压、涡流式喷油器，PPAA 喷油器中仅喷雾特性受沉积物影响，这是因为燃油是由另一只低压喷油器单独计量的。然而，因为空气辅助式喷油器经常被用于喷雾引导型燃烧系统，所以即使是由沉积物引起的喷雾结构的微小变化，也会显著影响燃烧特性。因此，有些 PPAA 喷油器内置了一个清洁程序，在此程序下，通过调整直喷的时刻使喷油器喷嘴的表面温度短暂升高来氧化喷嘴内的积炭。清洁程序在正常运行过程中会被周期性地激活，这样就可以防止在喷油器输送喷嘴上形成过量的积炭。在清洁程序过程中，空气喷射器在活塞通过压缩上止点时保持开启。因为压差的存在，热的燃烧气体会被压入空气喷射器的喷嘴内。每个喷油器轮流、循环执行此清洁程序。根据存储的标定表来维持输出转矩，这样驾驶员就不会感知到清洁程序的执行。需要特别注意的是要防止在喷油器和空气管内发生燃烧。

3.6 GDI 喷油器的驱动和动态特性

喷雾的瞬态发展过程知识必须通过电子逻辑脉冲、针阀、电枢升程和燃油输送率之间的内在关系来加以了解，如图 3.6-1 所示。这些内在联系是极其复杂的，因为包含了大量特定的喷油器和驱动器的运行参数和特性。系统的初始输入随燃油逻辑脉冲的起动而发生，燃油逻辑脉冲一般是标准的晶体管-晶体管逻辑（TTL）方波脉冲。一些系统使用低电平有效脉冲，即脉冲持续期的信号地，而有些则被设计为使用高电平有效脉冲，而目前在这个领域还没有工业标准。所需的脉冲持续期由发动机控制系统（EMS）计算并提供给喷油器驱动器，驱动器通过时间、电压和电流决定脉冲的形状。同样的，控制的时间、电压和电流也没有工业标准，因为对于饱和开关 PFI 驱动器而言，提供给喷油器上的电磁阀的输送时间延时、峰值电压和电流波形的范围都很宽。驱动器输送的峰值电压在 12V 至超过 100V 的区间变化，可选的内置时间延时有时需要与系统向喷油器输送超过 36V 电压时的电容充电相匹配。内置时间延长改善了两次喷油间隔期很长情况下的喷油重复性，如拖动和起动过程。特别是高压系统，脉冲之间的较长时间间隔会导致驱动器的电容充电出现部分衰减，这可能使后续的喷射过程恶化。因此，通过设计一个固定的短暂的再充电时间，可以减小输送给喷油器电磁阀的峰值电压的系数变化。与高压驱动器匹配的典型电容延时为 0.25ms、0.50ms 和 1.0ms。对该时间延时必须充分重视，因为它代表了时间和曲轴转角的偏移量，在这段时间内任何与喷油相关的事情都不会发生。

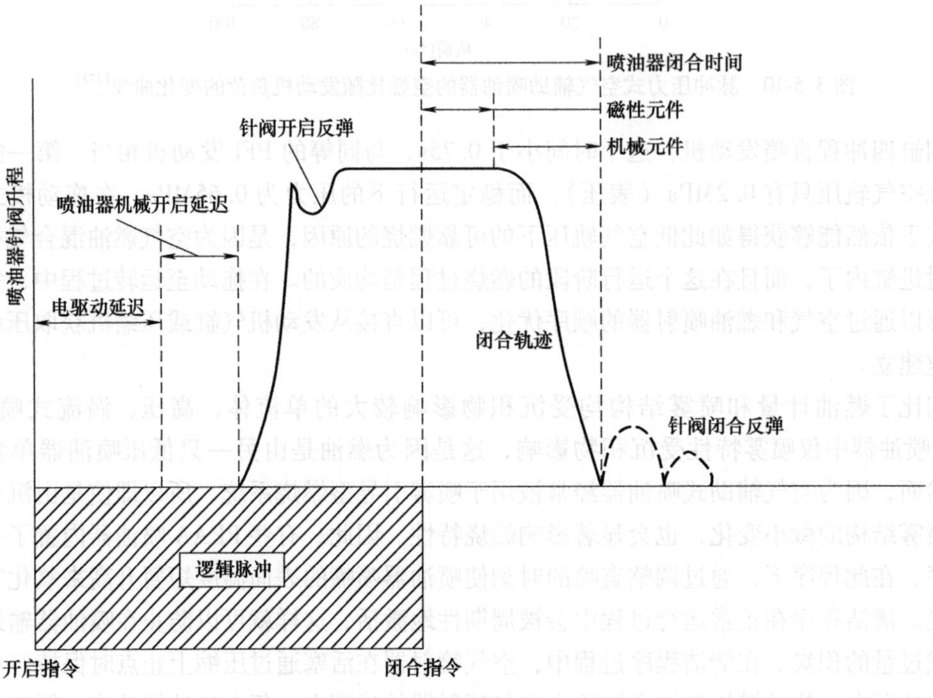

图 3.6-1　GDI 喷油器驱动和动力学

继驱动器的电子（电容）延时之后，电压波形被传输到喷油器电磁阀的电子终端。由驱动器和喷油器厂家确定的电压波形和电磁阀的电阻及线圈绕组的电感相匹配，产生一个电流波形“提升”电枢并随后使之维持在全开位置。如图 3.6-1 所示，即使没有电子延时，每个 GDI 喷油器还是会有机械开启延时。事实上，所有电磁阀驱动的 GDI 喷油器都会有 160~450μs 的机械开启延时，这与任何的驱动器电容延时都无关，而只是简单的叠加到电容延时上，从而获得燃油首次出现的时间。对于一个电容延时为 0.50ms、机械开启延时为 0.20ms 的喷油器来说，只有在喷油器接到初始开启命令至少 0.70ms 之后才能观察到有燃油从喷油器头部喷出。在评估喷雾与移动的活塞凹坑之间的相互作用时，必须考虑这个累加的相位延时。

在喷油器和驱动系统延时之后，电磁阀、阀座和针阀组件从全闭状态变为全开状态。这个开启过程一般为几十微秒，同时伴随着离开喷油器的燃油的质量流量的迅速增加。针阀开启前的一瞬间，喷油器内和密封表面附近的燃油的速度和动量均为零。同样的，密封面下游的头部空腔内是否会有非常少量的燃油残余取决于喷油器的设计。前次喷射的剩余燃油经常被称为“滞留燃油”，其不仅会造成计量错误，还会导致后续喷油恶化。对于涡流式喷油器，经常会有一些燃油残留在涡流通道出口的平面内或平面附近，这些燃油没有经历过针阀开始时的角动量增加过程，而是被简单地沿着喷油器轴线喷出。先期离开喷油器孔的0.2~1.2mg的燃油，其雾化水平一般都很差。这可能是因为针阀加工室燃油可能不受燃油全部压力或者完整的角动量传输时间的影响，也可能是因为没有足够的时间获得与后续的燃油部分相当的速度和角动量水平。

快速开启的电枢速度非常快，当电枢撞击限制开启升程的内表面时，一般会产生反弹，但是这个反弹对燃油的输送流量和喷雾发展的影响非常小。此时，电枢和阀座组件处于全开位置，输送燃油的瞬态质量流量达到喷油器的额定静态流量。这个稳定流量，只有在喷油器工作在设计燃油压力并锁定在开启位置的情况下才能得到。

以上所有关于流动和喷雾发展的讨论都与燃油逻辑脉冲命令无关，因为喷油器在早期延时和开启阶段无法精确知道何时关闭命令（逻辑脉冲的结束）会出现。这就是为什么除了小于1ms的非常短的脉宽之外，初始喷雾的发展和雾化特性都与使用的燃油脉宽无关。当输送的燃油率维持在接近燃油逻辑脉冲持续期内的静态流量值的范围内时，只有除了油轨压力时变特性导致的流动影响，如图3.6-2所示。这些压力波动一般由油管内的动态波产生，而动态波是由定容油轨内多个喷油器的瞬态流量引起的。几乎所有的汽油直喷燃油共轨都具有内部稳压器，用来优化并减少压力波动的幅值，但是压力波动在特定工况下仍然可能出现。

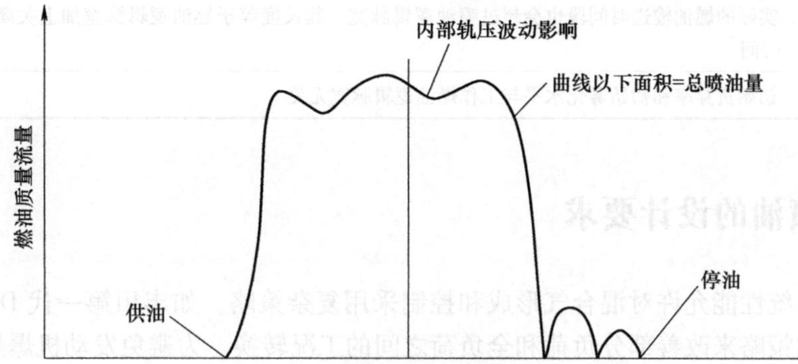

图3.6-2　典型GDI喷油器燃油质量流量

值得注意的是，几乎任何类型的喷油器上离开喷嘴头部的最初燃油，其雾化均不理想。通常，除了针阀加工室内的残余燃油必须给予动量让其离开油道以外，多种类型的喷油器的开启过程本身也会产生不理想雾化。对于涡流式和多孔喷油器，针阀最初几个微米的升程造成了大部分通过阀座区域的压力损失。因此有效的燃油压力比工作轨压低。虽然这部分低于轨压喷射出的燃油并不被看作是针阀加工室燃油的一部分，因为这些燃油的平均液滴直径比针阀完全开启、并且所有初始残余燃油都被完全喷出的几百微秒后喷出的燃油平均液滴直径更大。

最后，需要重点指出的是，即使在发动机管理系统（EMS）发出让驱动器关闭喷油器的命令之后，在一个特定的时间段内燃油仍然会因持续喷射而离开喷油器孔，对电磁阀驱动喷油器而言这个特定的时间段一般为0.32~0.65ms。从发出关闭命令（燃油逻辑脉冲结束）

到针阀完全关闭并且燃油流量降到零的整个时间段被称为喷油器关闭（延时）时间；存在一个电磁场消失即关闭的电气部件及一个反映弹簧回程力与电磁力增加之间差值的机械附件。当弹簧回程力超过电磁力时，电枢-座组件开始朝关闭位置加速，从而减少输送的燃油瞬态质量流量，导致喷雾雾化进一步恶化，这是由燃油速度和/或角动量减少导致的。在机械关闭延时之后，电枢持续加速且撞击在密封座上。在大部分喷油器设计中组件的动量和弹力足以产生一次或多次反弹，这略微增加了燃油的流动面积，会导致一次或多次的燃油后喷，如图 3.6-2 所示。因为大部分的燃油压力在通过小阀座时会有损耗，所以一般会导致这部分喷射燃油的雾化水平比主脉冲期间喷射的燃油差。关闭时间一般明显大于开启时间，如相应关闭、开启时间分别为 0.36ms 和 0.20ms。因为关闭是由弹簧力驱动，而开启则是由与通过电磁阀线圈的高峰值电流相关的磁力驱动。一些相对复杂的直喷驱动器通过采用一个短的、精确定时的、开启时刻稍稍先于电枢关闭撞击的电脉冲来控制电枢撞击速度，可以消除或减少后喷概率。这也降低了电枢关闭的速度，使得液体燃油从密封区域溢出产生的液体减震效果足以抑制一次反弹。通过 GDI 系统燃油喷雾发展和延时的同步激光片光成像的研究和解析，表 3.6-1 总结了 GDI 喷油器驱动和动态燃油喷射过程的主要特征。

表 3.6-1　GDI 喷油器驱动和动态燃油喷射过程的主要特征

• 实际的燃油输送一般滞后于喷油逻辑脉宽一定的时间和曲轴转角
• 许多使用电容充电的汽油直喷驱动器存在延时，这进一步延迟了喷油逻辑脉宽开启后的燃油输送时间
• 即使没有后喷，实际的燃油输送时间段也会超过喷油逻辑脉宽，其长度等于燃油逻辑脉宽加上关闭（延时）时间减去开启（延时）时间
• 初始喷雾历程、初始贯穿率和初始雾化水平与工作燃油逻辑脉宽无关

3.7　多次喷油的设计要求

现代控制系统性能允许对混合气形成和控制采用复杂策略。如丰田第一代 D-4 系统[302]使用两阶段喷油策略来改善部分负荷和全负荷之间的工况转换。为避免发动机爆燃并增大发动机转矩，建议采用类似的两阶段或者分阶段喷油策略，即在进气行程喷入一部分燃油，在压缩行程再喷入一部分[15,506]。此外，三菱 GDI 系统采用膨胀行程的后喷策略来增加排气温度，从而达到加快冷起动阶段催化器起燃的目的[16,266]。对于分阶段喷油策略，其比例非常重要。分阶段喷油策略在混合气制备、燃烧和排放控制上的潜在应用将在 6.3 节中作详细介绍。

现代 GDI 喷油器的电子技术和响应时间已经完全能够提供多喷油脉冲，甚至可以在单个行程如压缩行程内完成；当然也可以在两个行程内完成，如进气行程内进行一次喷油，在压缩行程内进行另一次喷油。压电驱动堆是多喷油脉冲的最佳选择，然而，采用这种策略需要考虑的主要方面不是电子技术，而是低脉宽下喷射过程的质量和稳定性。这不是一个直接的多脉冲特性，对小燃油输送而言，它可能与需要避免的单脉冲工作范围有关。每循环采用两次或多次喷油脉冲，会促使使用更小的喷油脉宽，从而使喷油特性向非线性区移动，最终导致燃油输送稳定性和喷雾质量下降。如第 4 章中将详细介绍的内容一样，对于非压电式的 GDI 喷油器，当喷油脉宽减小时，遇到的首个限制条件就是线性燃油输送的下限。对于小于该值的喷射脉宽，即定义为动态范围的较低限值，每个脉冲输送的燃油并不与通常可接受的、带宽范围为3%的喷油脉宽（FPW）线性相关。第二个限制条件是喷雾重复性的容许程度，也是最主要的限制。当喷油脉宽减少至线性限值以下时，几乎所有的喷油器都会存在喷雾参数的喷射变动，输送质量、贯穿度、锥角、喷雾倾角、SMD和DV90等所有这些参数的绝对值和变化系数（COV）都会变差。当喷油脉宽减小至非常低的值时，初始喷雾会变得越来越主要，而最终主喷雾将完全消失。在达到主喷雾完全消失的这点之前，不同喷射的输送质量变化通常会变得很大并且无法使用。在分阶段喷油策略中使用的最短喷油脉宽虽然取决于每个喷油器模型和运行工况，但是可以由单次喷射工况确定。

3.8 总结

喷油系统是GDI燃烧系统开发过程中的一个关键部分。GDI喷油系统必须至少能够适应两个，也可能是三个或者更多的不同运行模式。在冷起动时能够快速建立高油轨压力的燃油系统对GDI发动机来讲是至关重要的，它可以在冷机拖动和起动过程中实现GDI技术的潜力。有不少喷油器制造商的改进项目，这些项目不仅要持续改善喷油器和喷雾性能，还要减少喷油器个体差异导致的喷雾特性变化。喷油器的非喷雾性能参数包括：开启时间、关闭时间、针阀反弹、耐久性、动态范围、工作流量范围、噪声等级、功耗、泄漏以及工作压力范围。喷雾性能参数包括主喷雾和初始喷雾的平均直径，与液滴尺寸分布的相关统计参数，如DV10、D32、DV50、DV80和DV90。其他的主要喷雾参数包括喷雾锥角（初始角度和最终坍塌角度），主喷雾和初始喷雾的偏差角度，喷雾前端的贯穿率和最大速度，滴漏、后喷或者喷油器关闭时的油带形成以及喷雾内的燃油质量分布。另外，喷雾和非喷雾的关键性能测量与喷射间和喷油器间的上述所有参数的可变性相关。下一代GDI燃油系统的一些主要要求见表3.8-1。

近几年，GDI发动机喷油系统的硬件发展迅速。在过去的12年里，GDI燃烧系统硬件已经发展到全部采用电控共轨燃油系统。这类燃油喷射系统允许对喷油时间和喷油脉宽进行完全监视和计算机控制，同时具有增加每循环燃油补充脉冲或者多次喷油的能力。在过去的6年中，油轨工作压力的中值提高了一倍，即从5MPa提高到了10MPa，被广泛使用的油轨工作压力的中值是11MPa甚至是12MPa。目前还没有足够的数据来评估压力增加对磨损参数和油泵平均寿命的影响，但这方面的数据补充最终将减缓燃油喷射压力增加的趋势。

随着越来越多的燃烧系统实现了产品运用，作为燃油系统一个独立组件的GDI喷油器也在迅速完善。在过去6年中，喷油器的性能、功能、耐久性和物理尺寸等方面也得到了大幅提高，且这种趋势还在持续。毋庸置疑，随着GDI产品的全球化推广，喷油器抗沉积能力、喷油器噪声和功耗方面的提高也将得到发展并保持与时俱进。虽然依然采用电子脉宽调制方法计量燃油，但是也拓宽了燃油雾化和喷雾形状的控制方法。采用弹簧控制开启压力的简单针阀喷嘴现在已经演化为系列电磁阀和压电式GDI喷油器，这些喷油器设计形式有涡流式、脉冲加压空气辅助式、多孔式、槽式和增压式设计。在所有喷油器生产企业的各种产品中，涡流式喷油器显而易见地成了现在最普遍采用的一种GDI喷油器类型。这种单电磁阀喷油器采用一个靠近喷嘴出口的涡流盘，通过大量的切向（或特殊设计）涡流通道来增加燃油的角动量，使得燃料在输油孔的微光滑表面形成一层薄膜。该燃油层从以出油孔决定锥角的喷嘴向下游运动的过程中，会变得越来越薄。这层薄薄的燃油随后会变得不稳定并迅速破裂成非常小的液滴。

随着更多可用方式的逐年扩展，槽式和多孔式喷油器变得越来越普遍。多孔喷油器一般有4~8个孔，可以被布置成圆形、椭圆形、半圆形或直线等几何形状。槽式、多孔式和涡流式喷油器都能使喷雾偏离喷油器主轴线角度达20°。脉冲加压空气辅助式GDI喷油器在十年前就已经使用了，该种喷油器能在较低的油轨压力条件下提供与涡流式和多孔喷油器相当的燃油雾化水平。但是这种喷油器需要两个独立的电磁阀来提供独立驱动和脉宽，并需要有额外的压缩气体——通常是供给的空气。这类喷油器使用一个电磁阀计量进入混合室的燃油，使用另一个电磁阀引入以时间为基准的定量压缩空气来雾化燃油，最后混合室内的油气混合气经喷嘴出口排出。

表3.8-1　下一代GDI燃油系统的主要要求

项目	要求
燃油喷射特征	• 稳定喷射的最小脉宽<0.7ms • 开启时间<0.22ms • 关闭时间<0.35ms • 线性范围适用于高增压发动机
燃油设计压力	• 高达20MPa
喷雾质量	• 主喷雾的SMD<15μm • 初始喷雾的SMD<20μm • 主喷雾的DV90<28μm • 初始喷雾的DV90<32μm • 针阀加工室体积<怠速工况燃油输出的5% • 对喷油器沉积物的敏感性较低 • 喷雾对称性：在燃烧不恶化的情况下，尽量允许喷油器的旋转和油轨的安装偏差 • 洁净喷油器关闭：无50μm以上的液滴；无油带 • 喷雾印痕：在高空气密度环境下的喷雾更窄（锥形衰减更多） • 在15%设计压力下的冷起动有合理的喷雾质量（SMD<40μm）
其他	• 对沉积物形成的高抵抗性 • 每循环两次或多次喷射的能力 • 无后喷 • 减少油泵起动时间 • 降低功耗 • 降低噪声 • 在-40~140℃范围且全油轨压力下零泄漏

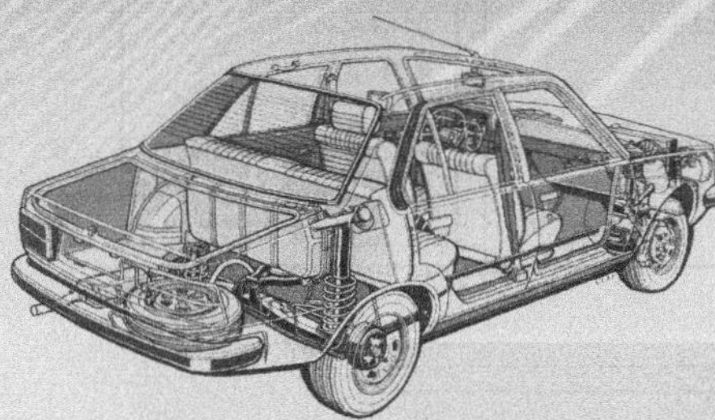

第 4 章

燃油喷雾特性

4.1 引言

直接喷入燃烧室内的汽油喷雾的详细特性对燃烧效率和发动机尾气排放极为重要。如图 4.1-1所示，喷雾特性，如喷雾锥角、液滴平均尺寸、喷雾贯穿率和供油速率，对雾化过程、混合过程、充量分层和燃烧稳定性的影响是非常关键的，喷雾特性也受到许多设计和运行参数的影响。这些参数与缸内流场、燃烧室几何尺寸和火花塞位置的优化匹配通常构成了GDI 燃烧系统开发项目的要素。相对而言，进气道喷射的燃油雾化特性总体上对后续燃烧过程的影响较弱，主要是由于进气阀背面燃油滞留时间以及后续空气流经阀门开启处而发生的液体油膜二次雾化的集合效果。然而，对 GDI 汽油机和柴油机直接喷射而言，混合气制备时间相比进气道喷射时明显缩短，因此，优化燃料空间分布在很大程度上取决于初始的喷雾特性。事实表明，进气道喷射汽油机在喷雾 SMD 为 200μm 时能较好地运行，而缸内直喷汽油机和柴油机的喷雾质量需要提高一个数量级才能得到更好的雾化。大多数 GDI 运行需要的喷雾 SMD 小于 25μm。如果运行在晚喷、分层模式下，SMD 甚至要低至 15μm，以此来确保 HC 排放和指示平均有效压力（IMEP）的变化系数（COV）在可接受的范围内。因为柴油机可用的混合气制备时间更短，并且柴油的挥发性比汽油低，所以其喷雾 SMD 需低于 8μm；这可以在使用超过 100MPa 油压的现代共轨柴油机上实现。

直喷喷油器的瞬态喷雾特性是成功开发 GDI 燃烧系统所必须重视的首要因素。这种开发不管是完全基于试验还是综合基于 CFD 分析与发动机台架测试，都有一定程度的复杂性。在燃烧系统设计的各个阶段定量了解燃油喷雾参数都是十分必要的，这些参数包括试验喷油器初始范围的选择、提供调试 CFD 模型的输入数据、发动机燃烧数据的解析和 GDI 燃油系统详细备选参数的最终确定。在不同的阶段，采用不同的喷雾特性数据不仅是非常有益的，也是十分必需的，随着系统开发的进展，这种优越性也会逐渐增加。在 GDI 燃烧系统的初始设计中，有些参数如喷雾锥角、喷雾贯穿距和单点或穿过喷雾的某直线上的雾滴平均直径是很少用到的，但是喷雾这些方面的数据十分有助于解析燃烧数据和改进设计。严格来讲，这些数据并不仅是最终的喷雾参数，还可能包括一些喷油器的性能参数，如喷油器的开启和

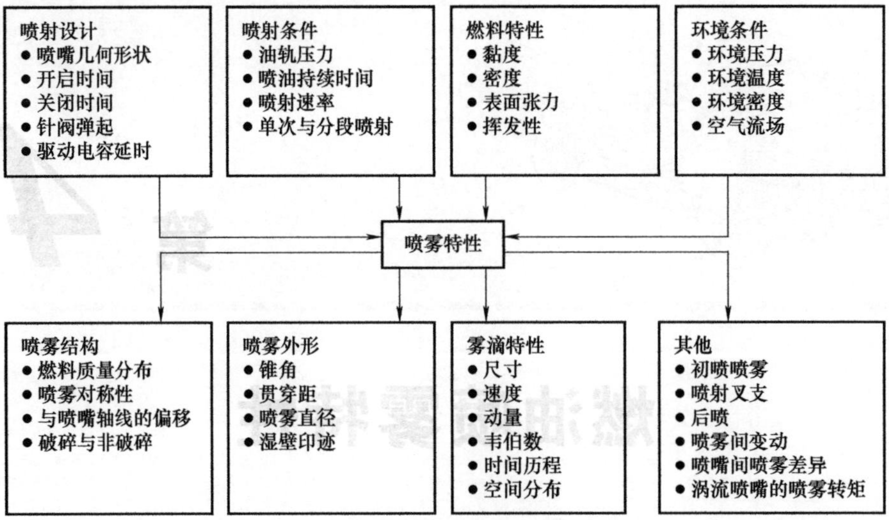

图 4.1-1　GDI 燃油喷雾的重要特性

关闭时间、喷油器有效开启的最大运行压力、针阀的反弹特性（后喷）和喷油器工作温度对喷雾的影响等。在初始化和调试复杂的 CFD 喷雾模型时，特别是在使用喷雾-壁面子模型时，必须考虑详尽的喷雾结构参数。这些参数可能包括距喷油器头部若干倍距离远的液滴尺寸数据、从喷雾的一边到另一边的液滴尺寸数据和喷雾中多个位置液滴到达的时间关系（液滴直径和速度随时间的变化）。对喷雾-壁面的相互作用来说，有必要对碰撞点上游和下游进行详细的喷雾数据测量。在喷射时刻的燃烧室内，即环境压力和温度升高且燃油和喷油器体温度升高的工况下，这些数据可能是必需的。这些数据可从光学发动机或使用真实燃油及加热喷油器和油轨的光学喷雾室中获得。

尽管已经建立了一套相对完整的柴油喷雾的相关数据库[170]，遗憾的是，这些相关性数据库却不能够用来预测汽油的缸内直喷喷雾特性。不能应用柴油喷雾相关数据库是由汽油和柴油的燃油特性、喷射压力水平、油滴速度和尺寸范围、环境压力和温度水平以及油滴阻力特性的显著差异造成的。由此可见，GDI 喷油器燃油喷雾的相关特性及其预测代表了一个全新的、重要的研究领域。在没有一个完整的、被证实的相关数据库可用之前，就必须测量单独喷油器设计的喷雾参数，为 CFD 模型初始化和设计对比提供数据。

4.2　喷雾雾化要求

衡量 GDI 发动机设计好坏的一个重要的运行指标就是点火前燃油的雾化及蒸发是否良好，雾化、蒸发不良会使燃烧显著恶化。雾化要求是和油滴蒸发的需求速率直接相关的。液体的表面积和体积之比是控制液体燃油喷射油滴蒸发所需时间的主要因素。如要保持 GDI 发动机运行在小负荷工况下，每循环各气缸大约需要喷入 10mg 的汽油。如图 4.2-1 所示，根据当时的雾化程度，这些燃油的表面积在理论上接近无穷大。在极限情况下，单滴未被雾化的直径为 2.98mm（2980μm）的油滴有可能被喷入气缸，其表面积为 $28mm^2$。如果等量的液体燃油雾化到现代进气道喷射喷油器所能达到的水平，即 SMD 约为 100μm，此时拥有的油滴数大约有 26000 颗，其总的表面积是单滴油滴的 30 倍。已知，如果进入气缸的燃油的 SMD 为 35μm 或者更大时，GDI 发动机的晚喷策略将受到极大限制。此时，10mg 燃油将被雾化成 600000 个小油滴，其总的表面积是单滴时的 85 倍。但是，在可利用的小于 8ms 的极短时间间隔内并不足以使燃油完全蒸发。图 4.2-1 所示的 GDI 线代表的 SMD 为 15μm，它是保证 GDI 有效燃烧的必要条件，该 GDI 燃烧喷雾水平能够使 10mg 汽油雾化至接近 800 万个小油滴，其总的表面积是单滴燃油的 200 倍。由试验可知，这么大的表面积能够使燃油在 5~8ms 的喷射和点火时刻间隔时间内充分地蒸发。虽然对发动机的燃烧有很大的好处，但是这么大数量级的燃油颗粒数也导致了一些颗粒尺寸测量上的问题，无论是使用激光衍射方法还是相位多普勒系统均有尺寸测量问题存在。存在尺寸测量问题是因为燃油颗粒数量密度大、燃油蒸气出现引起模糊和散射以及激光偏转的原因。从图 4.2-1 可以很清楚地看到，要将 GDI 喷雾的雾化水平提升一个档次，使 SMD 达到 10μm 或更小，是一件很困难的事。明显地，如必须将 10mg 燃油雾化至 26000000 而不是 8000000 个颗粒，就需要使传统共轨系统的燃油压力升高到 20MPa。

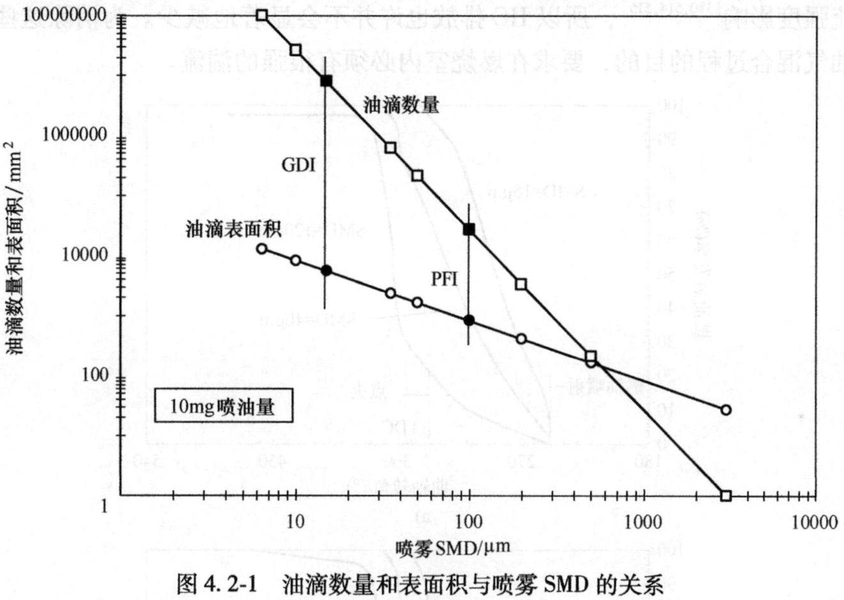

图 4.2-1 油滴数量和表面积与喷雾 SMD 的关系

因为极小油滴的快速蒸发特性能保证汽油缸内直喷的可行性[9,10]，所以，有许多提高 GDI 喷油器喷射雾化水平的技术被提了出来。在过去十年里，GDI 燃烧系统中最常用的技术就是使用涡流式喷嘴并提高喷油压力[259,285,302,356,392,488]。为使燃油雾化在可接受的范围，即 SMD 为 15~25μm，所需的油轨压力至少为 5MPa，在某些情况下甚至要 13MPa[156]。GDI 发动机上也常用脉冲压力空气辅助式喷油器[176,177,255,315,426]，它能提供 SMD 小于 18μm 的喷雾。然而，由于脉冲压力空气辅助式喷油器的混合腔内的残余燃油（滞留燃油）、需要中压式辅助空气压缩机、需使用双电磁阀以及各缸存在正时问题，在很大程度上限制了其在 GDI 燃烧系统的广泛应用[108]。

随着 GDI 发动机运行工况的改变，所需的喷雾特性及喷雾参数也显著地改变。燃油喷射发生在吸气行程中（早喷）时，为了达到均匀混合时有较好的空气利用率，通常采用大范围分散的燃油喷雾。但是，必须消除燃油喷雾和气缸壁面的碰撞。对于压缩行程内的喷射（晚喷），为了达到分层混合气分布的目的，更常用的是一种贯穿速度有限的、更紧凑的燃油喷雾。同时，为使喷雾更好地雾化，燃油必须在极短的时间内蒸发[259]。更好的雾化所带来的油滴阻力增加会导致喷雾的贯穿速率和最大贯穿度减小，会进一步降低空气利用率，这是需要重点考虑的一点。虽然燃油在碰撞和浸湿热的活塞凹坑表面后能够相对快速地蒸发，但是油膜的蒸发速度却没有构成油膜的独立的小油滴的蒸发速度快。据此可以推测，适当控制发动机运行脉谱的喷雾锥角和贯穿距是非常有用的，但是，却很难用合适的硬件来实现。

利用喷雾模型对缸内油滴蒸发过程进行分析，其结果表明，在 GDI 燃烧系统中所使用的油滴的平均尺寸为 15μm 甚至更小[82,83]，如图 4.2-2、图 4.2-3 和图 4.2-4 所示。基于这个结论，在压力涡流式雾化器上要达到此雾化程度，至少需要 4.9MPa 的喷射压差。计算表明，由于早喷而增加的可有效利用的时间并不能显著提前油滴完全蒸发时刻所处的曲轴转角位置。这是因为压缩行程后期产生的很高的压缩温度对油滴的蒸发有很大的影响。在壁面引导型系统内，4.9MPa 燃油压力还不足以抵消由燃油碰撞壁面及油膜蒸发速度下降而导致的 HC 排放的增加。即使使用雾化良好的喷雾，因为在一些小块区域内存在极稀混合气，且受缸内的湍流强度影响[180,514,515]，所以 HC 排放也许并不会显著地减少。为消除这些小块区域达到增强油气混合过程的目的，要求在燃烧室内必须有很强的湍流。

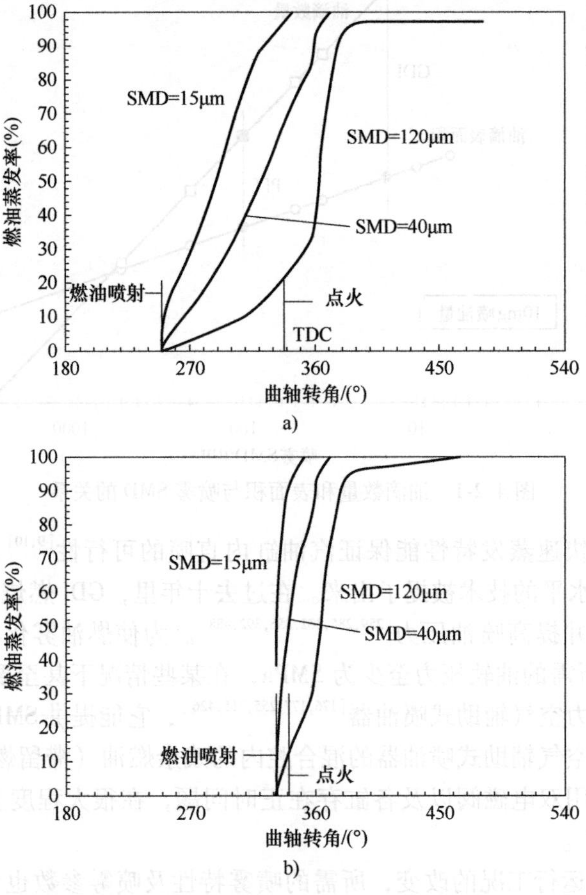

图 4.2-2 低温冷起动时的燃油蒸发率预测

a）缸内早喷 b）缸内晚喷

注：起动转速为 120r/min；环境温度为−29℃；3 种雾化状态[83]。

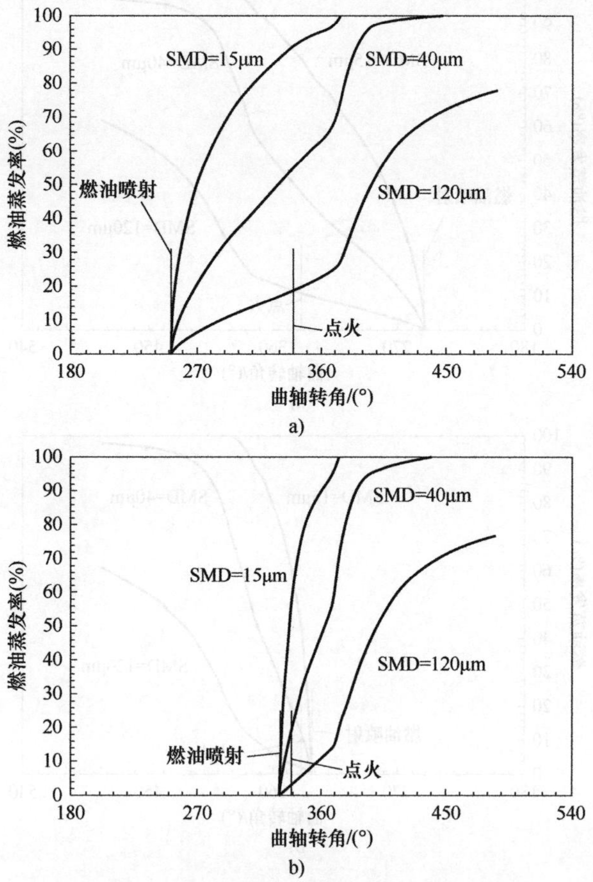

图 4. 2-3　热机状态时的燃油蒸发率预测

a）缸内早喷　b）缸内晚喷

注：转速为 2000r/min；中等负荷；进气歧管绝对压力为 45kPa；3 种雾化状态[83]。

事实上被广泛用来描述喷雾质量水平的度量单位索特平均直径（sauter mean diameter, SMD），也许并不是描述 GDI 发动机喷雾质量的唯一的最好的指标。这是因为很小比例的大尺寸油滴就可以导致 HC 排放的急剧恶化，而此时油滴的 SMD 可能非常小。在 SMD 为 25μm 的燃油喷雾分布中，直径为 50μm 的燃油油滴不仅意味着其质量是平均尺寸油滴的 8 倍，还意味着它们在 25μm 的油滴已经蒸发后仍将在很长时间内保持液态。实际上，有信息表明当所有 25μm 油滴被蒸发后，原来直径为 50μm 的油滴其直径约为 47μm。一个可以提供良好雾化喷射，但其油滴尺寸分布范围很宽的喷油器，要满足 GDI 发动机燃烧系统运行的条件，需要提供比上述更小的 SMD 喷雾。这个范围可以用参数 DV90 ~ DV10 或 DV80 ~ DV10 来定量分析，相关内容将在 4. 16. 4 节进行详细讨论。占所有油滴的总燃油体积 90% 的油滴被认为是小油滴，这部分油滴的平均直径即为 DV90。相反的陈述可以传达更多的信息，也就是说，喷雾中占液态燃料体积（和质量）10% 的油滴直径比 DV90 大。越来越多的人喜欢用 DV90 或者另外的可以描述喷雾内大油滴数量的度量单位，因为这些参数在反映 GDI 燃烧系统的不同燃油喷雾对 HC 排放的影响方面比 SMD 更好。图 4. 2-5 所示为涡流式喷油器和孔式喷

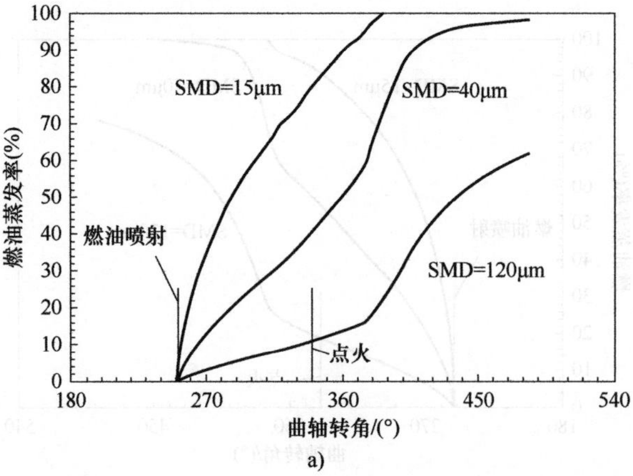

a)

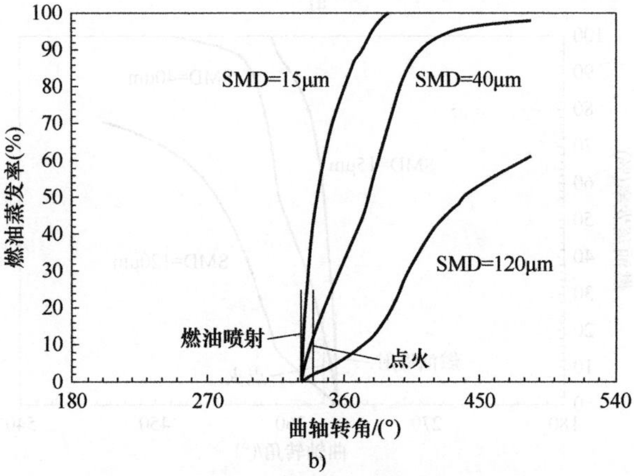

b)

图 4.2-4　热机状态时的燃油蒸发率预测

a）缸内早喷　b）缸内晚喷

注：转速为6000r/min；全负荷；进气歧管绝对压力为100kPa；3 种雾化状态[83]。

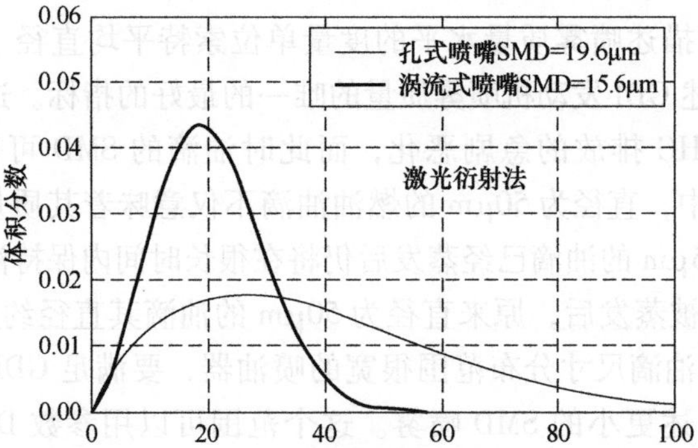

图 4.2-5　涡流式喷油器和孔式喷油器喷雾油滴尺寸分布对比[446]

油器喷雾的油滴尺寸分布对比[446]，从图中可以看出，尽管两种喷油器喷雾的平均油滴尺寸（SMD）相差只有 4μm，但孔式喷油器产生的喷雾具有更广的油滴尺寸分布范围，且其中有许多粒径较大的油滴。发动机 HC 排放明显增加在理论上主要由这些大直径油滴导致。

尽管当前广泛使用 5MPa 油压，并且这个压力也能产生满足 GDI 要求的喷雾，但是更高的油压将带来许多益处，列举如下[487]。对一个外开式 GDI 喷油器而言，研究发现当燃油压力从 5.0MPa 提高到 10MPa 时，喷雾的 SMD 从 15.4μm 减小到 13.6μm。这么小的喷雾 SMD 减小量不需要提高很大的油轨压力就可以实现，而被喷入气缸的 14mg 燃油的总表面积却增加了 13%，这将直接导致燃油油滴蒸发速度明显提高。更重要的是，为减小喷雾的最大油滴尺寸这一关键统计量，即 DV90 参数，需要提高喷射压力。在外开式喷油器上测试的结果显示，当油轨压力从 5.0MPa 提高到 10MPa 时，喷嘴下游 30mm 处喷雾的 DV90 参数值从 40μm 降低到 28μm。另外，提高油轨压力也给喷雾特性带来了可喜的效果，在喷射速率增加的同时也减小了喷射过程中喷射速度对脉动变化的敏感度。

4.3　燃油的喷雾类型

图 4.3-1 所示为车用喷油器的三种主要喷雾类型，即车用柴油喷雾、PFI 喷雾和 GDI 喷雾。尽管有许多喷雾的结构可以适用，为了方便说明，给出了一种典型的用于四气门点燃式发动机的双束 PFI 喷雾。示意图中的柴油喷雾应用于当代所设计的配备高压共轨系统的车用柴油机中。在过去，常用的柴油机共轨压力水平是 50~80MPa，但目前柴油机所用的共轨压力高达 120~160MPa，这么高的压力产生的喷雾油滴的 SMD 能达到 8μm 甚至更小。柴油机的喷雾由 5~8 个单孔喷射产生，喷雾间夹角很大（内夹角为 125°~170°）。PFI 喷油器是目前应用最广的车用喷油器，每年被安装在近 1 亿台新车上。PFI 喷油器的起喷压力也由共轨系统产生，但油轨压力很低，在 0.27~0.45MPa 之间，其具有典型的 SMD 在 85~200μm 之间的雾化水平，每个 PFI 喷雾的锥角在 9°~28°之间。第三种主要类型的喷雾由 GDI 喷油器提供，从示意图中可以看出，这种喷雾由共轨系统和涡流式喷油器提供，其油压在 5~13MPa 之间，雾化水平在 SMD 为 14~24μm 之间。

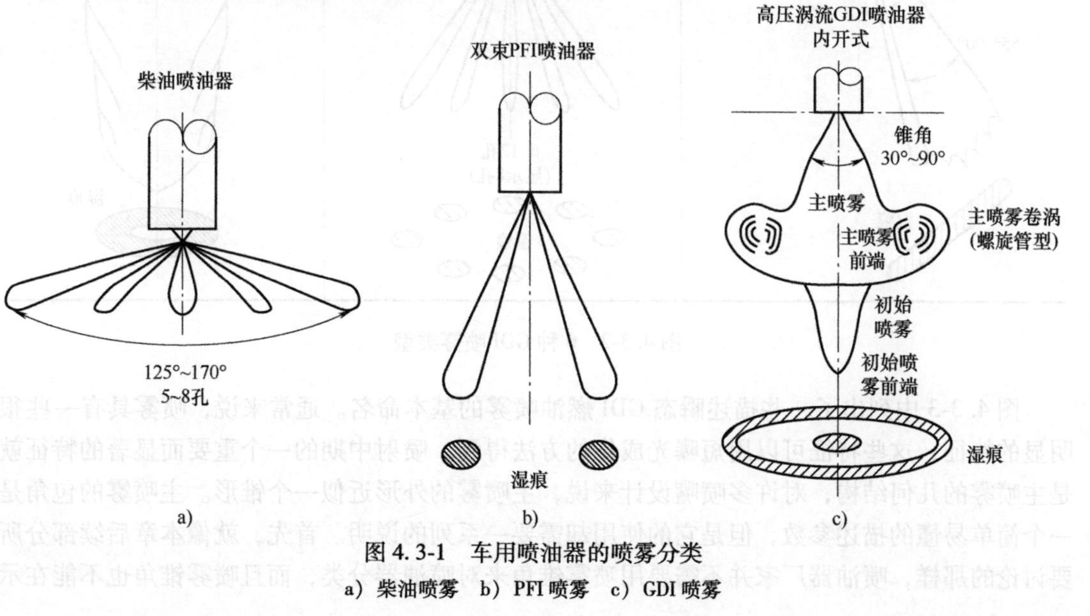

图 4.3-1　车用喷油器的喷雾分类

a）柴油喷雾　b）PFI 喷雾　c）GDI 喷雾

GDI 燃油喷雾的主要形式可在许多方面进行进一步细分，但是本章主要讨论的是基于雾化机理及喷孔结构的分类。图 4. 3-2 所列举的 6 种分类，上排使用的是涡流盘，下排则没有涡流结构。涡流喷雾包括针阀内开式、针阀外开式和成形喷雾（撒网）式涡流设计。无涡流的喷雾类型主要包括有槽式、多孔式和空气辅助式三种。图中画出了以上 6 类燃油喷雾的外形，每种喷雾所对应的湿痕也相应给出。所有的喷雾类型将在后续章节详细分析。

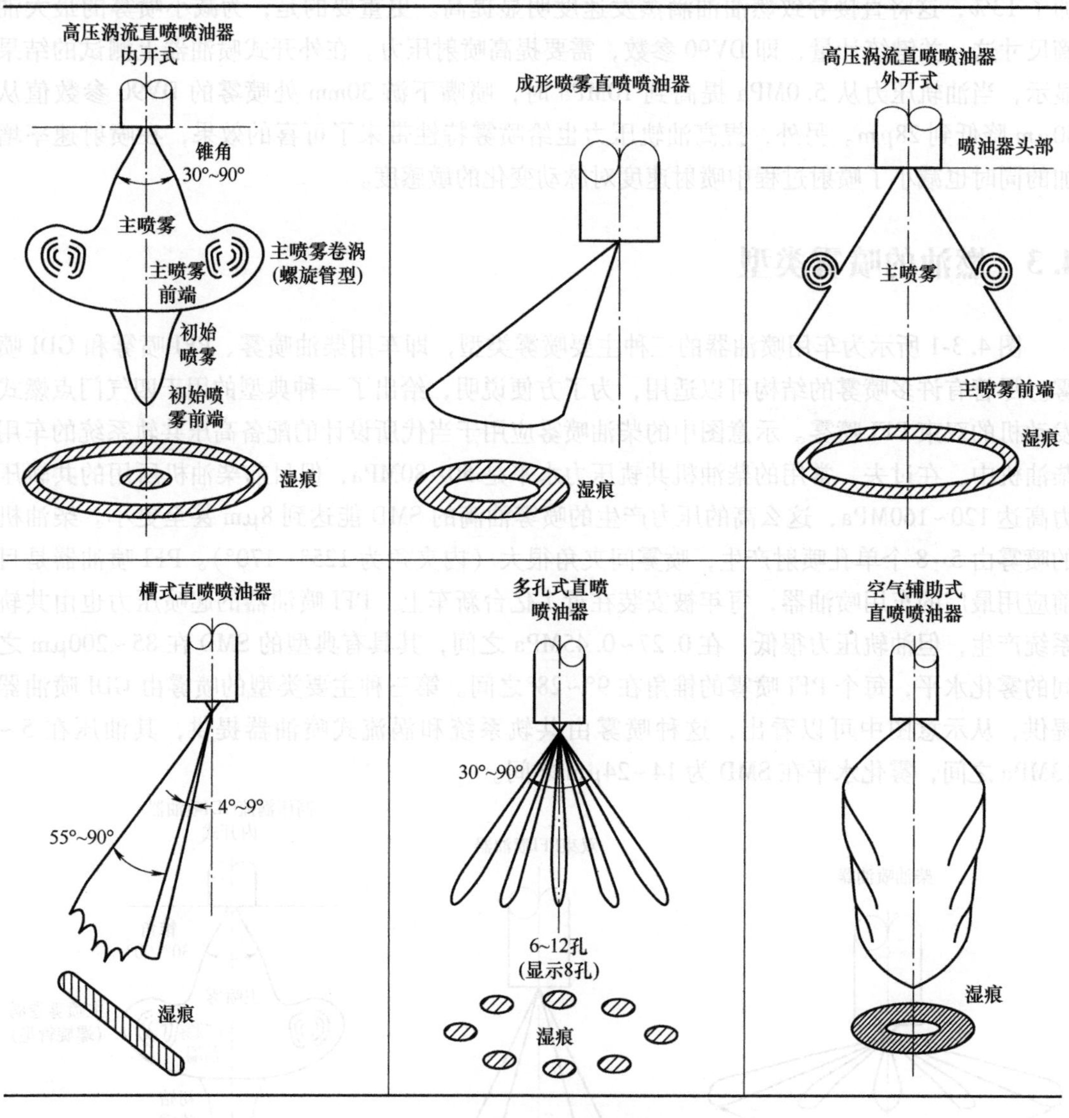

图 4. 3-2　6 种 GDI 喷雾类型

图 4. 3-3 中列出了一些描述瞬态 GDI 燃油喷雾的基本命名。通常来说，喷雾具有一些很明显的特征，这些特征可以用短曝光成像的方法得到。喷射中期的一个重要而显著的特征就是主喷雾的几何结构，对许多喷嘴设计来说，主喷雾的外形近似一个锥形。主喷雾的包角是一个简单易懂的描述参数，但是它的使用却需要一系列的说明。首先，就像本章后续部分所要讨论的那样，喷油器厂家并不需要用喷雾锥角来对喷油器分类，而且喷雾锥角也不能在示

意图中很好地被描述出来，这是因为对这个参数来说，还没有一个单一的或通用的标准或定义。为了定义喷雾宽窄的离散度，每家公司都有一套内部的喷雾锥角定义。

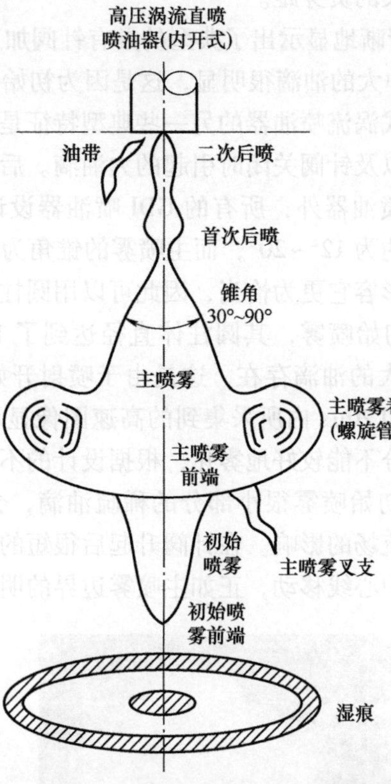

图 4. 3-3　典型 GDI 燃油喷雾特征示意图

GDI 燃油喷雾具有导向前缘，叫“主喷雾前端”，喷雾远离喷嘴头部，发展和贯穿过程是时间的函数，一般穿透 50mm 的时间小于 2ms。同样远离喷油器头部的环形涡流，可能也会附着在某些主喷雾的周边，特别是那些涡流式喷油器所形成的喷雾。许多喷油器设计的喷雾导向前缘可能包含一个分离的初始喷雾，它由最先离开喷孔的残余燃油组成，是喷雾中贯穿速率最快的部分。如果在喷雾的轨迹上 75mm 处插入一个平面，喷射过程中会在平面上形成湿痕。如果有初始喷雾存在，湿痕将分成两个显著的部分，如图 4. 3-3 所示，一个是主喷雾，一个是初始喷雾。如第 5 章相关内容所述，并非整个喷雾的横截面都会被印湿；因此，湿痕通常显示的是一个不同于用脉冲激光片所记录的喷雾横截面的几何形状。

图 4. 3-3 还给出了两次后喷的过程，即喷雾发展图像中近喷嘴头部出现的小面积油滴区域。如果关闭过程中针阀反弹，在关闭命令后的适当时间对喷雾进行成像，则这种油滴云团将会很明显。后喷是否出现与设计有关，要捕捉到后喷过程，除非成像定时被精确地逐步提高。后喷通常出现在开始关闭后的 80~180μs 的极短时间间隔内，因此，即使后喷发生了，也很难被捕捉到。出现后喷会使雾化水平降低，并可能形成一个或多个油带（对涡流式喷油器而言是两个螺旋状油带）。这些油带实际上是未被雾化的薄层燃油带，来自于最后从喷孔喷射出来的燃油。因此，它们的出现也是后喷的最终阶段，通常在喷嘴附近 5mm 以内可以观察到。喷雾叉支是从主喷雾上凸出来的像油带一样的部分，但它们并不是一回事。相对

于油带而言，喷雾叉支得到了较好的雾化（SMD 接近 19~25μm），但是没有主喷雾其他部分的雾化充分。出现喷雾叉支表明有喷油器沉积物形成，而且这是一个主喷雾中尺寸较大且速度较高的区域，因此具有更大的贯穿距。

图 4.3-4 的激光片光成像清晰地显示出了典型的具有针阀加工室容积的涡流式喷油器的 GDI 喷雾发展特征。初始喷雾中大的油滴很明显，这是因为初始喷雾的贯穿速率和最大贯穿距均明显比主喷雾的大。内开式涡流喷油器的另一些典型特征是在主喷导向前缘上位于环形涡流前方明显出现的大油滴，以及针阀关闭时引起的大油滴。后者并不是涡流式喷油器的特征，除了双电磁阀空气辅助型喷油器外，所有的 GDI 喷油器设计都存在这个现象。可以明显看出初始喷雾的锥角很窄，约为 12°~20°，而主喷雾的锥角为 70°~90°。实际上初始喷雾根本不像一个锥角，用圆柱来形容它更为恰当，因此可以用圆柱的直径而不是锥角来定量描述它。图 4.3-4 所示的很大的初始喷雾，其圆柱体直径达到了 16mm。主喷雾的导向边界，接近喷雾外缘的地方，常有些大的油滴存在，这是由于喷射开始阶段的瞬时流动过程导致的。针阀从针阀座上升起的最初 20μs 内所采集到的高速图像显示，从每个涡流通道出来的燃油其锥角逐渐增大，有一部分不能较好地雾化，根据设计的不同，燃油可迅速到达涡流出口区或针阀出口区域。占总的初始喷雾很小部分的稀疏油滴，会沿着锥角最大值的轨迹运动，且几乎不受所建立的卷吸流场的影响。在针阀升起后很短的时间内，喷雾的角动量和流速均会增加，油滴也会向喷雾中心线移动，正如主喷雾边界的明显卷曲现象所示。

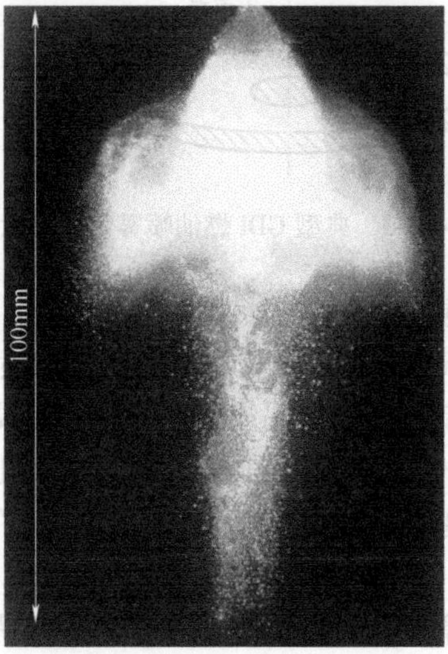

图 4.3-4　典型、完整的涡流式喷油器 GDI 喷雾发展特征

从图 4.3-4 还可以看出，即使在不使用相位多普勒或激光散射测量的情况下，针阀开启和关闭之间主喷雾的雾化水平也是较好。喷射过程的中间部分一般来说雾化最好，且伴随着运动环形涡流，在这种涡流中油滴做离心运动，其粒径均小于 20μm。喷嘴头部附近的喷雾锥角相对而言变化不大，只在某个很小的角度范围内振荡。但是从图中可以发现，针阀开始落座时喷雾锥角增大但雾化水平下降。燃油的角动量和质量喷射速率开始急剧下降，油滴的轨迹再次接近针阀出口角。

图 4.3-5a 详细描述了针阀关闭时的情况，此时喷雾锥角波动的角度小于 5°，但是在某

些情况下波动量也能达到20°，这种现象可很容易通过成像发现。这种波动是由燃油的内部压力波、电枢的弹簧/质量常数以及流经出口的燃油速率下降引起。从图4.3-5a也可发现，当燃油流速降为0时，雾化水平急剧下降。良好的关闭过程不会产生任何后喷，且SMD增加量在5μm以内；而不好的关闭过程却会产生许多直径为45~65μm甚至更大的油滴，并且可能会有多次后喷。图4.3-5激光片光图中详细给出了喷嘴附近10mm以内、针阀落座时刻及一定时间后的喷雾。图4.3-5a精确地给出了涡流式喷油器洁净的关闭过程下针阀落座时刻的燃油空间分布，此时基本没有油带以及针阀反弹现象发生。在针阀向完全关闭的位置运动且超过320μs的时间间隔内，喷雾锥角的变化清晰可见。最后，从喷孔出来的直径较大的油滴形成的喷雾，其内包角较大。针阀关闭后100μs时的喷雾现象如图4.3-5b所示，这两张图比较的是针阀关闭期间流经出口的油滴的径向速率。在针阀关闭时刻，油滴径向速率是其轴向速率的3倍。在针阀关闭后，流出喷嘴的油滴速率很小，油滴能在喷嘴附近停留数毫秒。从图4.3-5中喷雾测量的整个窗口时间来看，整个针阀关闭期间油滴的SMD为18μm，而较早时刻主喷雾的SMD为15μm。上述针阀落座可被视为最佳的实用GDI喷油器的关闭。

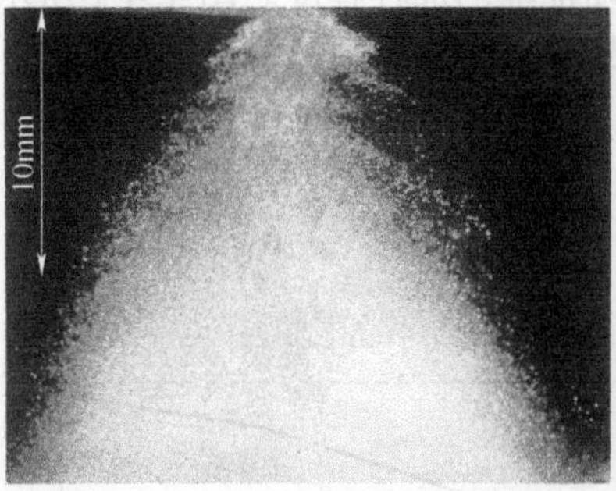

a)

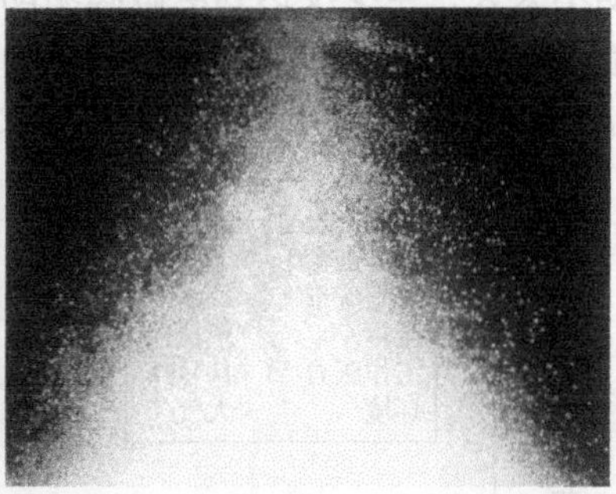

b)

图4.3-5　喷油器针阀关闭时的喷雾情况

a）针阀关闭时　b）针阀关闭后100μs

4.4　初始喷雾的相关要素

在大多数情况下，内开式GDI喷油器的起始喷雾由少量定量的燃油主导，这时可辨别出两种完全不同的喷雾。这些喷雾通常特指初始喷雾和主喷雾，它们之间有许多完全不同的特点，包括锥角、SMD、DV90以及贯穿速率等。初期喷雾，又称初始喷雾，通常具有较高的贯穿速率，但雾化较差，在不同喷射时变化明显，但喷雾锥角相对狭窄。上节中图4.3-4显示的就是一张显著的、高贯穿速率的初始喷雾图。许多涡流式喷油器在低于设计油压的50%时产生的初始喷雾不是沿轴向运动的，而是在出口角上形成一系列喷雾叉支。对于一个有12个涡流通道的喷油器来说，可以在其喷雾锥面上产生12个不同的初始喷雾。初始喷雾相对于主喷雾来说应该有一些不同的特征，然而，由于测量的复杂性以及对粒径和速度数据的实时性要求，导致在实际中很难测量。测量时需要对喷雾图片进行预测试，为粒径和速度测量确定准确的时间窗口和空间位置。很重要的一点是，如果不能区分初始喷雾（通常情况下不能），则两种喷雾的测量数据将会被整合，从而产生一系列平均属性。因为初始喷雾的体积（和质量）只占整个喷油的一小部分或更少，所以主喷的属性将在平均属性中占主导地位。因此，含主喷和初始喷雾的燃油喷雾特性同只有主喷的喷雾特性区别很小，只是其平均速度稍高几个百分点且平均直径大一点。然而，初始喷雾会在很大程度上影响联合喷雾中DV90的数值，因为DV90主要受大粒径控制，而大粒径主要存在于初始喷雾中。

包含初始喷雾数据的喷雾特性是否有效取决于数据的最终应用场合。对于发动机燃烧解释来说，应该包含它们；但是对于喷雾模拟来说，应该将两种喷雾区分开来。需要指出的是，初始喷雾的燃油容积是一个固定的几何参数，该参数由特定喷嘴头、输油管和针阀设计决定。受其直接影响，随着供油量的减少，初始喷雾特性对整个主喷/初始喷雾测量数据的影响将增加。因此，在发动机全负荷运转时，初始喷雾只占供油量的1%，而在怠速时占10%。对于分段喷射或短的补油脉宽来说，初始喷雾将接近供油量的1/3。随着喷油脉宽的减少，主喷分量减少，在某一个喷油脉宽下将没有主喷而只有初始喷雾。借助于相位多普勒方法或激光散射测量技术，可用减小喷油脉宽的方法来获取独立的初始喷雾数据。需要说明的是，在实际中很少用到这种小喷油脉宽，因为对于所有的电磁阀驱动GDI喷油器来说，一旦主喷受到限制，不同喷射之间供油量和喷雾体积的变化将很大。对于压电驱动喷油器来说，这种变动不太大，至少没达到电磁阀驱动喷油器的那种程度。图4.4-1所示为利用涡流式直喷汽油喷油器显示其初始喷雾和主喷雾的轴向贯穿距随喷射持续期的变化。当喷油持续期小于0.5ms时，以初始喷雾为主，而主喷雾几乎检测不到。

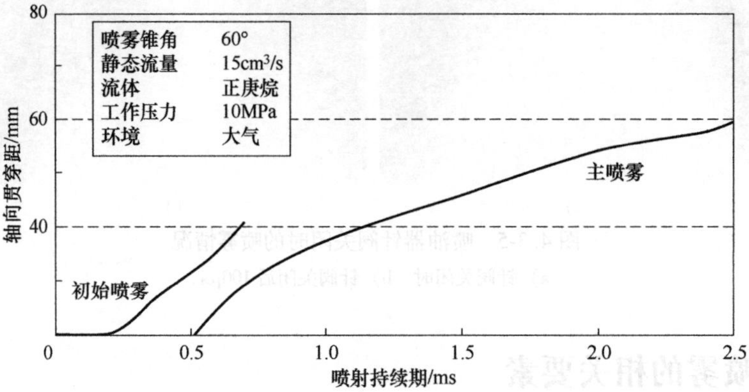

图4.4-1 涡流式直喷汽油喷油器在燃油喷射过程中的初始喷雾和主喷雾的轴向贯穿距[369]

在GDI领域可能会碰到很多有关工艺室喷雾（本文多称为初始喷雾）的术语。有一些是比其他的正确，但是也都是不精确的，包括“初喷”。通常对GDI喷油器初期喷雾的描述术语包括：子弹形喷雾、预喷雾、初期喷雾、核心喷雾、导引质量、中心尖刺和初始喷雾。在很多情况下，它们是同义的，都表示喷射过程的初始阶段发生的独特的喷雾。术语“工艺室喷雾”和“核心喷雾”都经常被采用，但是常和柴油喷雾特征的术语相混淆。术语“核心喷雾”也许至少是最不准确的，因为“核心”这个术语一般用来形容喷雾的破碎长度，而术语“工艺室喷雾”，如果其使用是准确的话，只用来说明针阀密封面下游的燃油容积，而不用来说明在喷射开始时的油轨压力。对于某些类型的GDI喷油器来说，包括涡流式喷油器，针阀开启后首先观察到的低质量喷雾来源于涡流通道中的且没有经历角动量完全增加过程的燃油。这类喷油器针阀下游的针阀加工室真实容积也会增加初始喷雾的恶化程度，但是很难单独区分这两种情况对初始喷雾的影响。本书中术语“针阀加工室”被用来描述这种单独的、初始的喷雾，而不考虑它的来源。当然，预喷雾和鼻子弹形雾可能是更好的描述术语，因为它们描述的只是观察到的喷雾，而不管该喷雾是如何发生的。

图 4.4-2a 所示为含有初始喷雾的涡流喷油器喷雾 SMD 的时间历程[357]。很明显，初始喷雾中的向导油滴首先进入位于喷雾轴线上、距喷嘴头 38.75mm 的测量点时，SMD 较大。在初始喷雾平均粒径快速下降至主喷前，记录到一个 SMD 的峰值。在前面内容提到过，初始喷雾主要由残留在针阀加工室容积中的燃油和针阀离开密封面后位于涡流油道下部的燃油组成。对于这种特殊的涡流喷油器，其油压范围为 3.45~6.21MPa，而喷嘴头附近初始喷雾初始轴向速度范围为 45~68m/s，大于喷雾主体的速度范围（45~58m/s）。该喷雾的喷雾容积随时间变化的分布规律如图 4.4-2b 所示，图中显示格栅关闭时间为 1.5ms 时采集到了喷雾中初始喷雾部分的质量。格栅关闭时间为 2.0ms 时开始采集到主喷雾的外围部分，关闭时间为 4.0ms 时轴线外的比轴线上采集到的质量流量更大。对火花点火式发动机上高压涡流式喷油器中因为中央存在针阀加工室而引起的初始燃油块或初始喷雾进行可视化研究，发现这种典型的初始喷雾中含有相对较大且速度较高的油滴。这些油滴比后来形成的主喷锥形喷雾早离开喷嘴头部几十毫米，在早喷时会直接喷到活塞冠上。如果在进气行程中上止点后 80°的喷射时刻开始喷油，在活塞冠上只检测到少部分因针阀加工室容积引起的初始喷雾，而并没有其他燃油喷雾[382]。

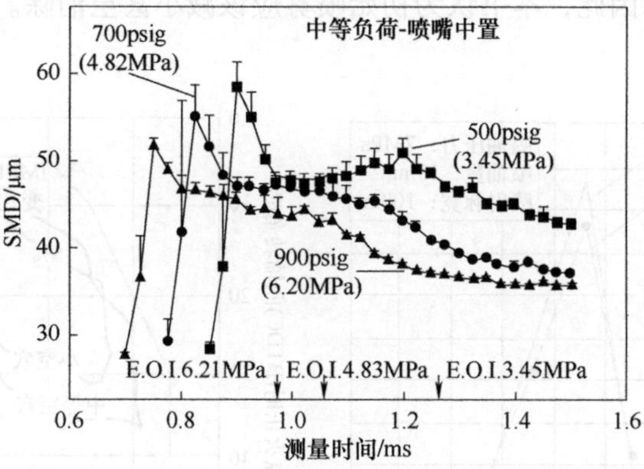

a)

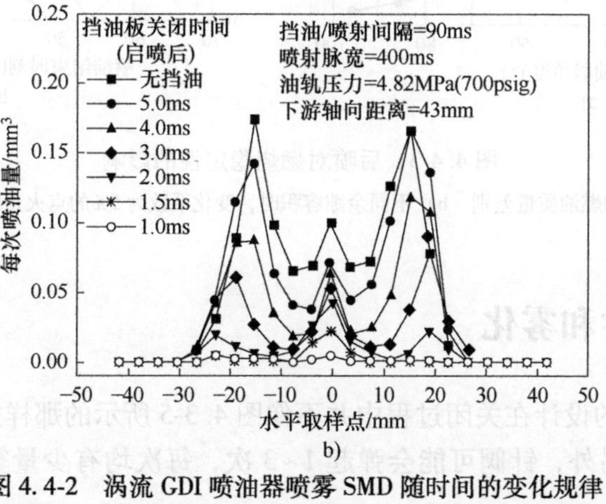

b)

图 4.4-2　涡流 GDI 喷油器喷雾 SMD 随时间的变化规律

a）3 种喷油压力下的 SMD 随时间的变化情况　b）喷雾的燃油质量分布[357]

初始喷雾对混合气的形成过程通常来说是不利的，在许多工况下会导致碳烟和 HC 排放增加。然而，也有一部分观点认为初始喷雾是有利的，因为相对大的针阀加工室容积其动量也大，因此有利于分层燃烧的稳定性[182,183,440]。总之，在不同的 GDI 运行工况下，为优化其性能所需的喷雾特性也不同。对于平稳运行工况，虽然较小的喷雾锥角能更有效的在火花间隙处产生强分层充量，中等偏大的喷雾锥角却有利于充分利用空气。在优化空气利用率时，需要考虑贯穿距和锥角之间的折中。有一种观点认为，正确地选择初始喷雾可以解决以上对喷雾锥角需求的冲突，同时不会使混合气制备和 HC 排放显著恶化[182,183,340,440]。众所周知，当采用晚喷时，因为周围空气密度加大，内开式涡流喷油器的有效喷雾锥角会减小。更明显的是，随着初始喷雾中燃油质量的增加，有效喷雾锥角进一步减小。图 4. 4-3a 所示为两个不同针阀空穴容积对应的喷雾收集质量的差异，此研究中的初始喷雾指的是用 37 个环形格栅所收集的偏离喷雾轴线 20°内的喷雾总质量。图 4. 4-3b 所示为变化系数为 5%以内的点火正时和喷油结束时刻的脉谱图。很明显，对于某些燃烧系统设计，加大初始喷雾中的燃油量，可增强燃烧的稳定性，从而扩大稳定燃烧的范围。为解决均质和分层充量燃烧的冲突，专门开发了一套锥角偏大（70°）且初始中央喷雾质量相当的喷油器。但是在这之前，应首先考虑因为针阀加工室容积增大而引起的总体平均粒径增大进而导致碳烟和 HC 排放增加的问题。目前在这个问题上还没有完全地、明显地达成一致，本书采用的观点是大针阀加工室容积引起的湿壁、HC 和碳烟排放以及喷射不稳定性问题淹没了其带来的主喷雾锥角控制及空气利用方面的好处。因此，本书认为初始喷雾应该减小甚至消除。

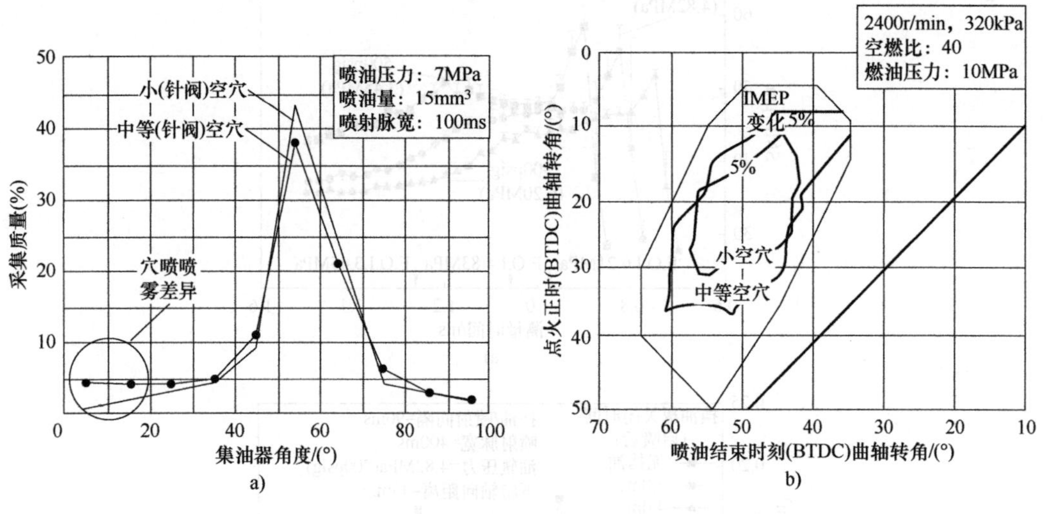

图 4. 4-3　后喷对燃烧稳定性的影响

a）不同余隙容积喷雾时收集的燃油质量差别　b）不同余隙容积时，变化系数为 5%的点火正时和喷油结束时刻的脉谱图[440]

4. 5　后喷动力学和雾化

许多 GDI 喷油器的设计在关闭过程中并不像图 4. 3-5 所示的那样好，而是经常在关闭过程中发生油带现象。另外，针阀可能会弹起 1~3 次，每次均有少量雾化效果很差甚至是没有雾化的燃油（<500μg）进入燃烧室。这些燃油虽然对 HC 排放没有太大的负面影响，但却对碳烟的排放极其不利。因此，在 GDI 喷油器设计中应避免后喷现象。图 4. 5-1 所示为 65°的 GDI 涡流式喷油器在关闭过程中的三次后喷过程。图 4. 5-1a 显示的是针阀首次反弹升程最大时的后喷现象，通常发生在初始关闭后的 100μs 内。图 4. 5-1b 和图 4. 5-1c 分别给出了第二次和第三次后喷现象。针阀反弹频率取决于系统的弹簧/质量常数，可以通过改变针阀的弹力和阀座处的液力阻尼来进行细微调节。

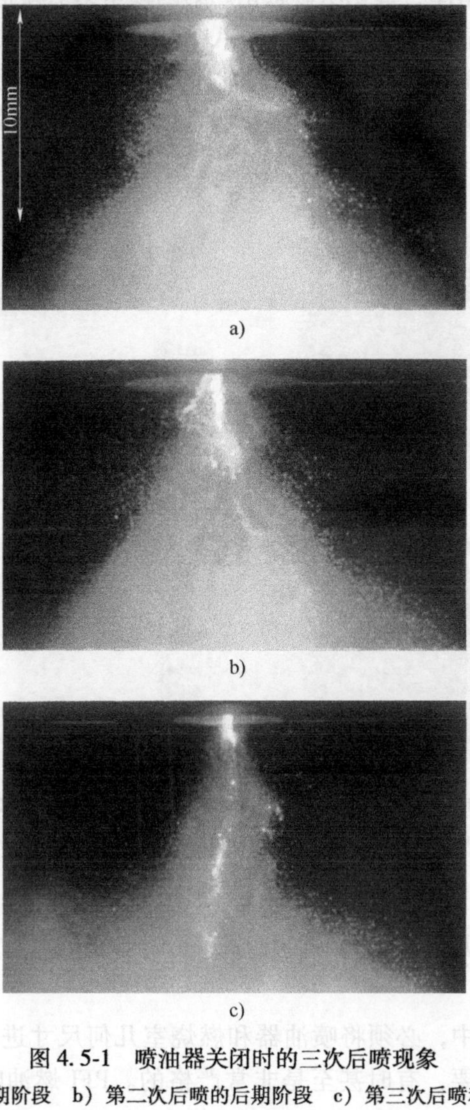

a)

b)

c)

图 4. 5-1　喷油器关闭时的三次后喷现象

a）首次后喷的早期阶段　b）第二次后喷的后期阶段　c）第三次后喷和二次后喷的扩散

实际上，在 GDI 喷油器中经常发生一次中/小型的后喷。喷油器设计时需要确保针阀不反弹，但快速冲击关闭引起的反弹是弹簧/质量系统的正常反应。在一些喷油器设计中可能且确实存在多次后喷现象，最多的可达三次。每次针阀的反弹高度逐渐减小，燃油量也减少，雾化水平也急剧恶化。如图 4. 5-1b 所示，二次后喷引起的不良雾化很明显，伴随有一些大的油滴和油带进入燃烧室。第三次后喷的燃油量极少，因此虽然看起来不像二次后喷那样雾化不良，但雾化也确实不好。另外，二次后喷时的油带在三次后喷发生时仍可见。如果关闭性能好，最后喷入的油滴速度很低，而后喷的大油滴及油带的速度较大。喷油噪声与后喷的质量和数量之间存在一个关系式，且在空气辅助式喷油器上尤其明显。

GDI 喷油器的多次后喷的详细喷雾过程可以用位移显微镜和高速摄影记录下来。图 4. 5-2 用一系列图像帧给出了一个涡流式喷油器的两次连续的后喷过程中喷嘴头部附近小区域（3mm×6mm）的变化。本例中因为关闭过程中针阀的反弹引起了后喷。从上排前三帧图像可以清楚地看到随着针阀落座，雾化明显恶化。第四帧至第七帧是首次后喷的形成及发展过程，雾化程度一般没有明显的油带。然而，第八帧开始出现的第二次后喷雾化不良，且伴有一些油带并出现了大的油滴。在台架上将喷油器的工作温度提高到 90℃，后喷的次数也并不改变。虽然每次后喷的雾化水平有所加强，但是针阀的反弹次数却不受影响。

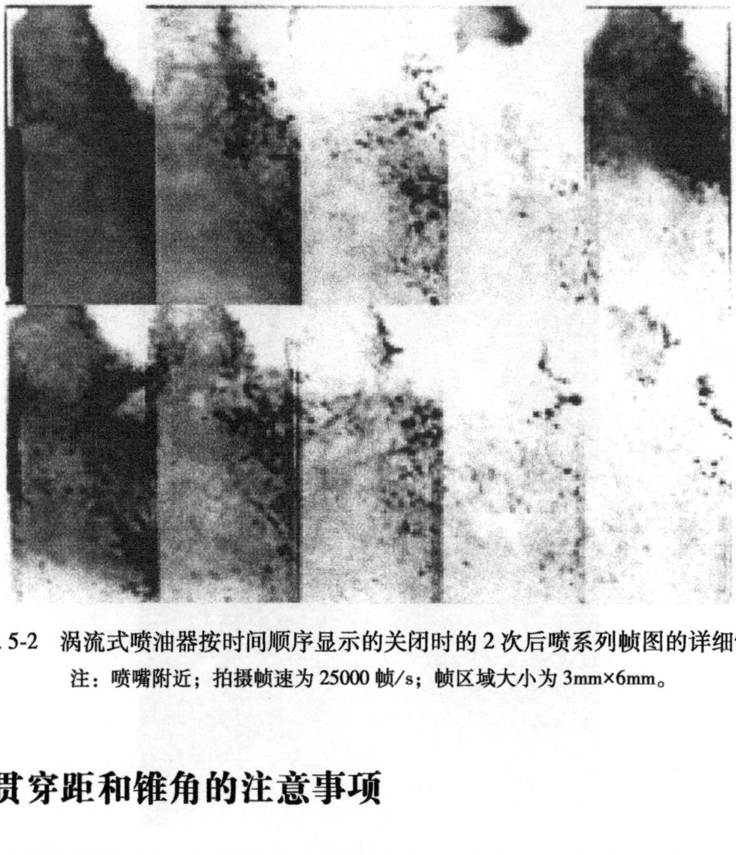

图 4. 5-2　涡流式喷油器按时间顺序显示的关闭时的 2 次后喷系列帧图的详细情况

注：喷嘴附近；拍摄帧速为 25000 帧/s；帧区域大小为 3mm×6mm。

4. 6　喷雾贯穿距和锥角的注意事项

所有的 GDI 燃烧系统中，必须将喷油器和燃烧室几何尺寸进行匹配，因此，喷雾前锋面的贯穿特性不仅非常重要，有时甚至是非常严格的。PFI 燃油喷雾中的重点在于喷雾着壁，而不在于其到达进气门背的时间。但是对于 GDI 喷雾过程来说，喷雾到达火花间隙以及向活塞冠或活塞凹坑的运动是必须要考虑的。也就是说，在任何 GDI 燃烧系统开发过程中，必须清楚每个喷油器的喷雾贯穿特性。喷雾贯穿特性对喷射正时窗口、碳烟排放、IMEP 的波动以及整个燃烧系统的适应性的影响都是不可低估的。无论燃烧系统采用壁面引导、喷雾引导还是气流引导，燃油必须到达火花间隙附近且有足够的时间形成可燃混合气。对于一个有初始喷雾也就是有预喷雾的喷油器来说，初始喷雾和主喷雾前端的贯穿特性都应该予以测量并考察其相关性。这些联系可以在室内台架或是光学喷雾室，甚至是光学发动机上，通过喷雾随时间的发展过程的图像获得。

虽然测量喷雾前端位置随时间或曲轴转角的变化相对来说很容易，但其实它是相当复杂的。因为所有的GDI喷雾的贯穿特性都受到运行参数的影响，这些参数主要有：喷雾下游的环境空气密度/压力、燃油压力、喷嘴头部温度以及在热机工况下的燃油的挥发性。对于某一特定的GDI喷油器的喷雾来说，在发动机运行脉谱上的每一点，因为喷雾下游的环境空气密度均会改变，所以喷雾贯穿曲线也不同。热机工况下，喷油器和燃油腔的温度通常在75~90℃，随着环境背压的改变，汽油泵产生的喷雾锥角和贯穿速率也随之改变。另外，有许多文献指出，涡流式喷油器的喷雾锥面随环境密度的增加会突然坍塌，热机工况下许多喷油器喷嘴的喷雾也被观察到随背压的减小也会坍塌。后一种现象通常在文献中被称为闪急沸腾。这种现象在一些室温下密度增加时不会发生喷雾坍塌的喷油器上也会出现。因此，对于汽油机的暖机工况，喷雾下游的环境密度和环境压力都会对喷雾锥角、贯穿距和喷雾湿痕产生严重影响。

通常当环境背压小于0.15~0.20MPa时，多孔式、空气辅助式或涡流式喷油器在热机工况下的喷雾锥角和湿痕会急剧减小。锥角减小的同时贯穿距会增加，因此喷雾会显得细长。因为槽式喷油器的喷雾贯穿距变化没有其他类型的喷油器那么显著，所以这种喷油器设计在整个发动机运行脉谱范围内的喷雾贯穿距关系最简化。对于其他的喷油器/喷嘴类型来说，所涉及的情况更为复杂，因为各点位置上所出现的温度突降和随压力突降相互作用，且依赖于所使用特定燃油的挥发性并可能对应于发动机运行脉谱的常见点。因此，通过使用室温条件下台架测试所得的简单喷雾曲线可能会产生误导。表4.6-1列出了一些喷雾贯穿数据的重要应用领域。但在20℃及常压下所获得的贯穿距曲线应用于这四个方面时都会带来问题。

表4.6-1 喷雾贯穿特性的重要应用

- 喷油器的选择
- 燃烧数据的解释
- CFD模型的初始调整
- 喷油器规格的最后确定

贯穿特性由一些定量描述燃油进入燃烧室过程的参数组成。这一术语及对应的物理参数很好理解，但是因为有时候文献中会出现一些不同的参数都用通用的“贯穿距”这个术语来描述，就会导致误解。图4.6-1给出了一些表征GDI喷雾在任何下游环境条件下的瞬态喷雾特性的术语。这些术语所展示的基本上是有关主喷雾和初始喷雾的。喷雾贯穿曲线表征的是喷雾的特定部分随时间变化的位置信息。喷雾最有意义的部分是主喷雾前端，有时也会加上初始喷雾前端、主喷雾尾部或后喷雾前端。图中时间可能是指图中SLPT所定义的距喷嘴打开指令的时间，也可能是指实际测量的喷雾发展时间。如果对主喷雾尾部或后喷雾贯穿距感兴趣，那么就可以采用首次出现那些特定喷雾部分贯穿发展的时间。该时间与所测得的从喷油器开启信号开始后由驱动器电容充电延迟和喷油器机械开启时间的总和不同。通常，为了获得实际的贯穿时间，应从该贯穿时间中减去总的延迟时间，否则将喷雾位置与曲轴转角对应起来会发生错误。通常情况下，发动机的起喷时刻对应的是逻辑脉冲的起始时间，在喷雾出现在喷嘴头部之前，许多曲轴转角已转过。在这种情况下，如果减去开启延迟时间，曲轴转角和喷雾前端位置的对应关系就可能会不正确。总之，虽然很容易精确确定在喷嘴头部首次出现喷雾的时间，但是却很难在有初始喷雾存在时精准确定主喷雾的开始时间。通常情况下，如果存在初始喷雾且喷雾已贯穿一定距离（6~12mm），主喷雾是很容易区分的。然而，当两个喷雾的开始时间间隔极小（50μs 甚至更小）时，就很难量化，所以常会被忽略。通常测量的是首次出现喷雾后的贯穿时间，而不论是主喷雾还是初始喷雾（如果存在的话）。

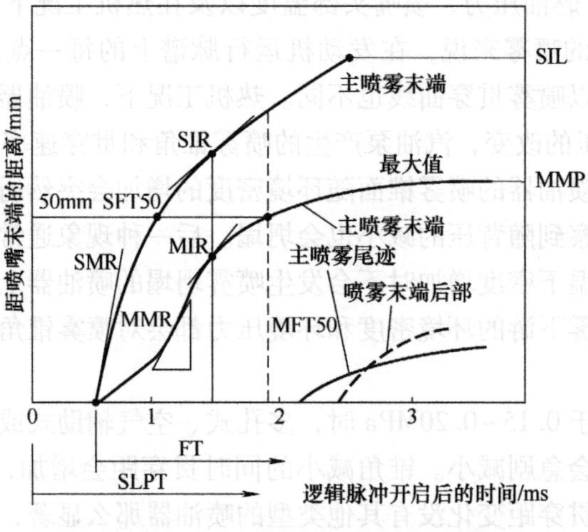

图 4.6-1　GDI 喷雾贯穿特性的术语

注：MMR 为主喷雾最大贯穿速率；SMR 为初始喷雾最大贯穿速率。

尽管主喷雾或初始喷雾的喷雾前端位置相对容易记录或跟踪，需要注意的是这部分区域内所含的油滴数却不固定，也就是说，强调一个油滴与所测的喷雾前端的贯穿距随时间的变化曲线相同是没有必要的。油雾前端实际上是由一系列变化组合的油滴构成，这些油滴或是被其他油滴越过，或是蒸发或是从喷雾前端返回。其他一些复杂的因素包括喷射间的贯穿距变动和喷雾前端的几何尺寸，这些复杂因素特别是对于初始喷雾来说是普遍存在的情况。计算贯穿距波动的唯一方法就是为每一个运行工况测量一组喷雾位置，获得一组有效的统计样本，从而得到期望置信区间内的贯穿距平均值和均方差。也可以采用一个快速的方法，即在每个工况下取五组图像，得到平均值、最大和最小值，但是该方法不够精确。而且对于宽锥角喷油器的主喷雾来说，如果要确定喷雾前锋面的话存在一定困难。喷雾具有不规则性并经常出现喷雾叉支，且各次喷射间变化很大；在这种情况下，总会存在对喷雾一定程度的主观性解释。

贯穿距通常是指沿喷油器轴线的距离，对偏置喷雾而言则是其轴线分量。通常情况下并不测量油滴的实际运行长度，因为喷雾中有一些油滴的贯穿锥角很大且贯穿距离范围广。如椭圆形八孔喷油器有八个独立的喷雾，它们会与喷油器轴线形成四组不同的偏移量。在燃烧室凹坑之类的撞击面上会形成四组不同的碰壁距离，如果喷嘴相对于凹坑底面倾斜安装的话则可能会形成八组不同的碰壁距离。最精确也是最费时的测量多喷雾前锋面贯穿距的方法就是为每个独立的喷雾测量其前锋面沿自身轴线走过的距离。如前所述的八孔喷嘴，就意味着要在四组喷油器轴线成角度的方向上测量八个贯穿距曲线。一个省时、省力的方法就是只测量一个有代表性的喷雾，即最大的轴线贯穿距。然而，使用这些曲线来反求燃油碰撞倾斜壁面时可能会出错。

如果记录喷雾前端随时间的变化历程，则可以得到如图4.6-1所示的喷雾特性。图中每条曲线均单调增加，且有一个最大的斜率值。这个最大的斜率或称为贯穿速率，在主喷雾中用MMR表示，而在初始喷雾中用SMR表示，均代表贯穿过程中喷雾的最大贯穿速率。它们对应主喷雾或初始喷雾中喷雾前端的最大速度。对于初始喷雾，该速度通常发生在喷嘴口附近，因此初始喷雾的曲线斜率逐渐减小。在初始喷雾贯穿曲线的任意一点，均有一个相应的瞬时速率，代表当时对应位置的喷雾前端速度。对于主喷雾也是如此，所不同的是其最大贯穿速率常发生在喷嘴头部下游5~12mm处。另外，在贯穿曲线上的一个很重要的点为主喷雾贯穿曲线到一定距离可以获得粒径测量的位置，或是主喷雾曲线上一个能代表喷油器采购规范所定义的点。以上两种情况下，该距离通常规定为50mm。

在许多喷油器设计中，绝对针阀加工室容积很小，会导致初始喷雾在贯穿60~90mm后逐渐扩散以至于难以拍摄。GDI的初始喷雾通常在实际中很难达到其最大贯穿距，但其行为特征如图4.6-1所示：喷雾继续前行，最终会达到一个初始喷雾极限位置。然而，许多GDI喷油器的主喷雾确实能够到达贯穿极限位置，特别是在提高环境密度的条件下。这里给出了一个很重要的原因：最大贯穿速率和最大贯穿距是喷雾的两个几乎独立的参数，有可能观察到两个喷雾的最大贯穿速率相同，但是最大贯穿距却不同，反之亦然。在技术文献里，“贯穿”很难清楚地说明一切，所以经常会发生误解。因此建议改成“最大”和“最大速率”来描述喷雾贯穿特性。两者的区别是，最大贯穿速率的单位是速度单位，而最大贯穿距用的是距离单位。对于一个特性数据库来说，在每个运行工况下，均应提供主喷雾的贯穿曲线和上述两个数值。如果有初始喷雾存在，则应提供两条曲线及三个数值，因为初始喷雾没有最大贯穿距离。对于与喷油器轴线形成不同夹角的多孔喷雾的前锋面，则有两个选择：每次均给出各个喷雾前锋面的轴线贯穿距，这相当于在距喷嘴头一定距离处放置一块与喷油器轴线垂直的虚拟板；第二个选择需要进行更多的工作，且如上文第二个选择（偏置喷雾）的测量方法和描述与第一类相同。两种选择下均应明确给出所测的贯穿距是基于喷油器轴线还是各个喷雾自身的运行轨迹。

图4.6-2所示为一些有代表性的喷雾前端轴线贯穿距曲线。这些曲线来自三个能提供不同喷雾名义锥角的涡流式喷嘴。70°、80°、90°这些数值是由喷油器制造商给定的，表示的是中间喷雾时间帧对应的喷嘴头附近喷雾的名义包角。在喷嘴热工况条件下，该角度因为燃油的挥发性而发生很大的改变。即使非上述情况，喷雾下游的实际角度将更窄，从而导致贯穿距增加。图4.6-2给出的贯穿距是在GDI分层燃烧下的一个很有意义的工况点，即采用燃油晚喷、发动机小负荷和热稳态的工况。这些测试中的燃油挥发性和供油量都具有典型性。可以看出，在涡流式喷油器上，初始喷雾和主喷雾的贯穿距的确随喷雾名义锥角的变化而变化，名义锥角减小时最大贯穿速率通常增加。初始喷雾的贯穿速度更高，且比主喷雾轴线贯穿距离更大。初始喷雾的最大贯穿速率为92mm/ms，且与锥角无关。但随名义锥角从70°增加到90°时，主喷雾的最大贯穿速率从63mm/ms下降到40mm/ms。主喷雾的最大贯穿距离通常是在喷射开始的2.5ms以后发生，但三种喷雾条件下均小于80mm。初始喷雾的贯穿距大部分时间与本例相同，在任何时间段内均达不到最大贯穿距离。初始喷雾在下游80~150mm内逐渐散开以至于难以拍摄。图中所显示及讨论的趋势是在相同的室温运行工况下进行的，但是数据经过了一定的修正。

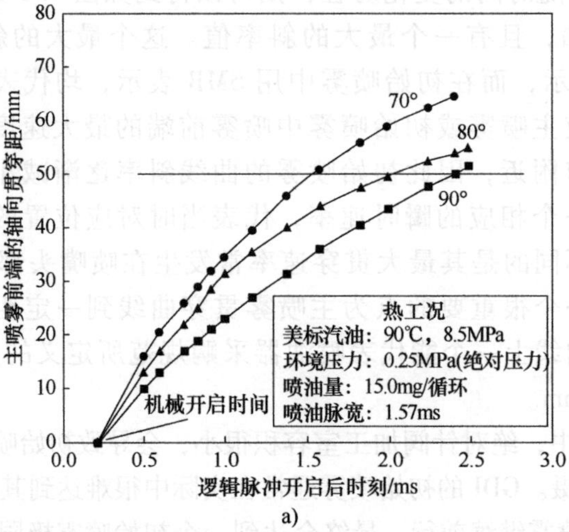

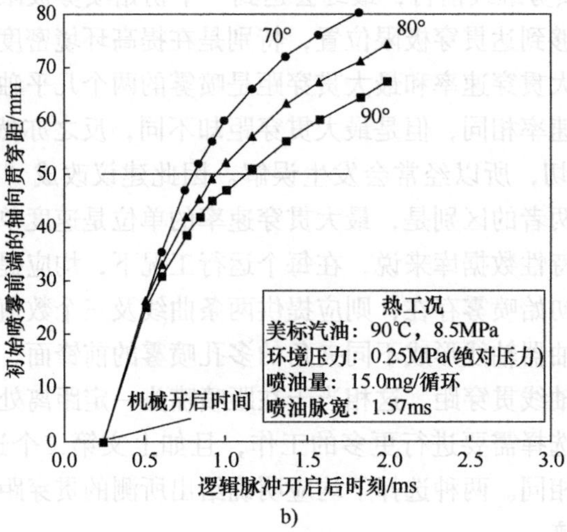

图 4.6-2　涡流式喷嘴不同喷雾锥角喷雾头部贯穿距曲线

a）主喷雾头部贯穿距曲线　b）初始喷雾头部贯穿距曲线

图 4.6-3 所示为热态和冷态运行工况下多孔喷油器喷雾轴线贯穿距的变化。轴线贯穿距指的是沿喷油器轴线的距离。应该指出的是，多孔喷油器每个倾斜喷雾沿其喷雾轴线的实际贯穿距离和贯穿速率均大于其喷油器轴线分量值。这条曲线也可以通过对喷雾与喷油器轴线的夹角进行余弦函数修正的方法近似得到。如果喷雾中各个子喷雾不能同时到达轴向的虚拟平面，则每个子喷雾均应有一个独立的贯穿曲线。对于其他类型的 GDI 喷油器，喷雾前端的贯穿特性随油轨压力、环境条件、燃油挥发性和喷油器工作温度的改变而改变。环境密度和环境背压对贯穿特性的影响是相互独立的，密度影响阻力而背压则影响闪急沸腾的程度。测试条件对喷雾产生综合性的影响，所形成的喷雾前端贯穿曲线变化很大，难以用一个简单的喷油器模型来与各影响因素进行关联。如果是多孔喷油器，汽油的喷雾前端贯穿特性受工作温度和环境背压的影响较大。背压为 0. 25MPa 时，最大贯穿距在热工作条件与室温条件下相比下降不多，但是背压为 0. 1MPa 时则变化很大。上述案例给出了一个重要的事实：喷

雾贯穿距曲线的趋势可能会很简单，如图 4. 6-2 所示；也可能在喷雾几何尺寸上有很大改变，如图 4. 6-3 所示。

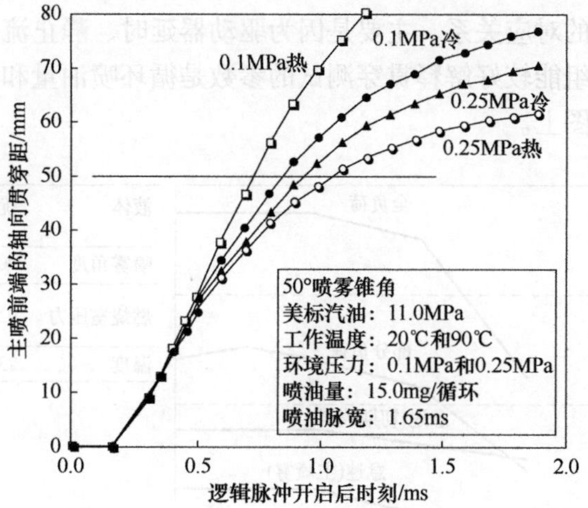

图 4. 6-3 多孔喷油器热机（90℃）和室温（20℃）操作状态下的喷雾贯穿距变化

同简单的室温下实验台试验相比，要研究环境密度、背压、油压、工作温度以及燃油挥发性的影响从而得到一组有代表性的贯穿曲线不仅很费时还相当困难。在严格的开发过程中，可能并不需要完整的贯穿工作脉谱图，而只需要某些方面的详细信息，如 90℃时雷德蒸气压（RVP）下的贯穿曲线。对于光学喷雾室或光学发动机，需要进行拍摄记录，且都必须能够使用汽油，还可以加热喷油器头部、喷油器体和进油口以便于同发动机的稳定运行工况相对应。测量喷雾特别是初始喷雾贯穿的循环变动是很费时的。这些变化最好通过在同一工况下测量 5~12 次获得的图片来计算平均值和上、下偏差。在大多数开发过程中，只提供喷雾贯穿特性的平均值就可以满足要求。但是提供脉冲变化的标准偏差可以更好地解释 IMEP 变化系数较大的原因。最能预测环境和操作条件对喷雾几何尺寸和贯穿的影响的工具是计算机模型。其难点在于需要喷油器和喷雾发展的优化模型，虽然这些模型已经存在，但是仍需要根据试验数据进行调整。这个模型还必须精确计算喷嘴空腔内燃油多种成分的闪急沸腾现象。

一些运行参数的影响可能并没有所预测的那么大，因此可以在喷雾贯穿数据矩阵中忽略。第一个对喷雾贯穿影响较小的参数是喷油器的循环速率，它指的是两次喷射的间隔时间。术语“循环率”当然不可能使用时间单位，但是这种情况目前却被喷油器工厂广泛接受。试验发现无论试验台测试中循环率为 100ms、50ms 还是 33ms（对应 10Hz、20Hz、30Hz），喷雾贯穿曲线的变化都很小。与静止环境下的单喷射相比，随喷射频率增加，多次喷射引起的空气流场振荡，减小了对喷雾前锋内油滴的阻滞作用，从而导致喷雾贯穿的两个指标——最大贯穿速率和最大贯穿距略有增加。第二个影响较小的参数是喷油脉宽，它可能对最大贯穿距有影响，但对最大贯穿速率（最大喷雾前端速度）影响很小。如图 4. 6-4 所示，最大贯穿距随喷油脉宽增加而增大，特别是当环境密度和背压增大时更是如此。然而，最大贯穿速率只在窄喷油持续期（通常小于 1ms）的情况下有所改变。这是因为无论是主喷雾还是初始喷雾，最大贯穿速率发生在喷嘴头附近，而且发生在喷射的早期。延长喷油脉宽可保持前期喷射速率，但是不能使其最大值增加。如果对喷雾贯穿特性的最大贯穿距离感兴趣，则喷油脉宽是一个有影响的参数，不能忽略。应该指出，不同喷油器和驱动器的喷油脉宽与供油并不存在唯一的对应关系，主要是因为驱动器延时、静止流和机械开启时间存在一个设计范围。因此，一组能较好解释贯穿测试的参数是循环喷油量和喷油脉宽，该信息应标注于每个喷雾贯穿曲线图上。

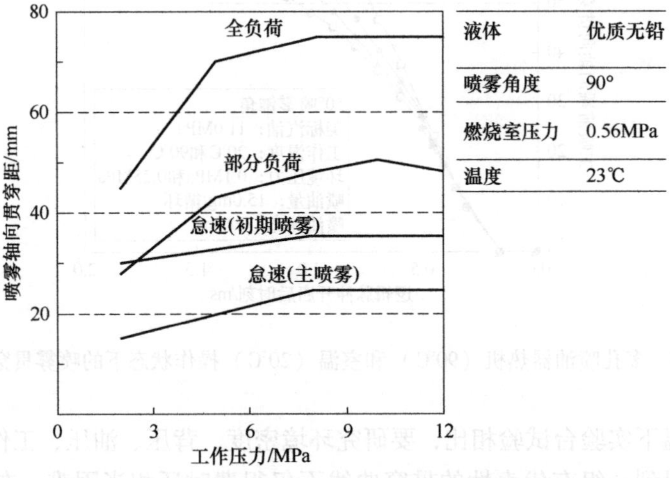

图 4. 6-4　发动机不同负荷时涡流喷油器喷雾轴向贯穿距随不同喷油压力的变化

因为喷雾锥角随环境压力增加而改变，所以在一定的背压范围内定义和找出喷雾锥角之间的关系相当困难，特别是对喷油器厂商所定义的喷雾锥角来说更是如此。尽管每个厂商对 GDI 锥角都有一个独特的内部定义，但都存在一定的相似之处，都是指喷嘴头附近喷雾的内包角，并且大都通过室温条件下由喷雾在背光下的成像来获得。图 4. 6-5 所示为喷油器厂商用来描述喷雾锥角的度量方式。用一定时间 t 内喷雾在背光下的成像用来测量喷嘴头附近喷雾的内包角。每个厂商和最终用户都有一套内部的成像时间 t 和计算喷雾内包角的定义方法。成像时间通常是喷射中期时间的函数。在距喷嘴头 5mm、10mm 或 15mm 处设一条虚线用来定义喷雾左侧和右侧边界与这些线的交界。一些公司使用两点间的切线来定义内包角，而其他厂商则利用通过喷油器头部轴线上的点来定义。如果不知道成像时间 t 的内部公式或是这些点的空间位置，要通过试验台测试来获得所描述的喷雾锥角几乎不可能，因为详细信息不全以至于很难开展测试和数据简化。无论锥角是从喷嘴头 5mm、10mm 还是 15mm 处的照片获得的，还是从两个位置联合获取的，锥角并不能用来表征喷雾在环境密度较高的喷雾发展过程中的坍塌。这一点将在 4. 12 节进一步讨论。

有一种情况很容易混淆，就是根据 GDI 喷油器的设计、分类和测量，锥角并不随环境密度的改变而产生很大变化，也不会坍塌。实际上，目前厂商定义的锥角通常是取喷雾窄段的反向延长方向，当喷雾下游变窄后，喷嘴出口处的喷雾出口角略有增加。一个可行的短期解决方法是使用沿喷雾贯穿方向的喷雾腰部直径，在环境压力较高时取代喷雾锥角对喷雾进行描述[195]。在坍塌喷雾中该直径会减小，因此这是一个可行的方法。图 4. 6-6 给出了这种锥角的示意图。虽然要定义许多喷雾的全图和腰部的图像，但是概念是很清楚的。喷雾腰部

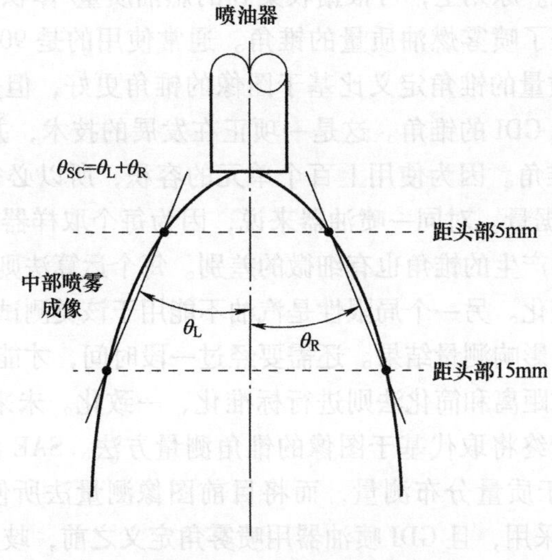

图 4. 6-5　喷雾背光成像的喷雾锥角度量示意图

的边界距喷嘴头的距离可用来计算喷雾锥角。这样的话，当喷雾发生坍塌时，该角度会明显变小，而厂商定义的锥角在这种情况下只有2°的变化。

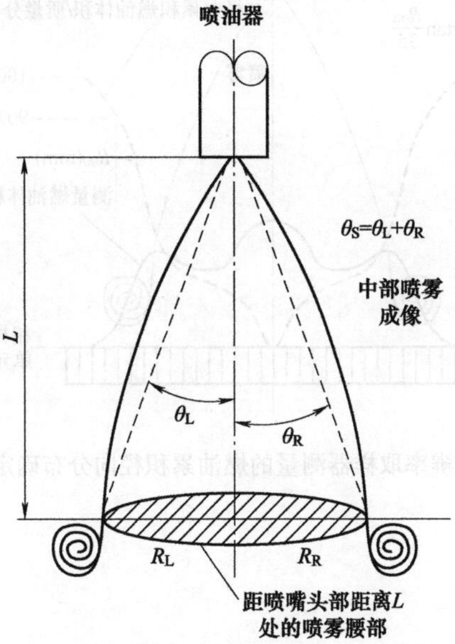

图 4. 6-6　使用沿贯穿距的喷雾腰部直径确定喷雾锥角的示意图

使用“雾锥”这个术语时会带来许多问题。当高分辨率的基于燃油径向累积分布的取样（1985年用于PFI喷雾测量）可被用于常规的GDI锥角测量时，这又与厂商定义的“锥角”构成了冲突。如图4. 6-7所示，喷雾锥角的最终定义是基于燃油随时间的质量分布而不是基于图像法的。在这种基于质量的技术中，GDI喷油器喷出的油滴用高分辨率的取样器收集，它通常有250~260个单独的收集单元。对多次连续喷射过程的燃油进行收集，直到某个单元内燃油占最大空间的90%。为了减小蒸发带来的损失，燃油常使用一些溶剂或正癸烷，曾经也采用过正庚烷。原则上，可根据收集到的燃油质量/体积来得到径向累积分布曲线，曲线上的某个点代表了喷雾燃油质量的锥角。通常使用的是90%的累积油量点，也采用过80%的。尽管基于质量的锥角定义比基于图像的锥角更好，但是该技术还没有被大部分的喷油器厂商用来测量GDI的锥角。这是一项正在发展的技术，并有望在未来6~8年内取代图像法来获得GDI锥角。因为使用上百个单元的容积，所以必须定义运算法则（单元分配计算），用来减小数据量。对同一喷油器来说，因为每个取样器特别是单元尺寸不同或单元中心位置不同，最终产生的锥角也有细微的差别。每个运算法则会产生一定的喷雾不对称度，会导致锥角略有变化。另一个局限性是汽油不能用于该类测试，因为1/3的喷射燃油将因蒸发而损失，会明显影响测量结果。还需要经过一段时间，才能将取样器网格分布、测试用的燃油、喷油器测试距离和简化法则进行标准化、一致化。未来这些都是可能发生的，基于质量分布的锥角测量终将取代基于图像的锥角测量方法。SAE汽油喷射标准委员会建议将术语“锥角”只用于质量分布测量，而将目前图像测量法所使用的术语改为“喷雾角”。在上述建议被广泛采用，且GDI喷油器用喷雾角定义之前，歧义仍会存在。

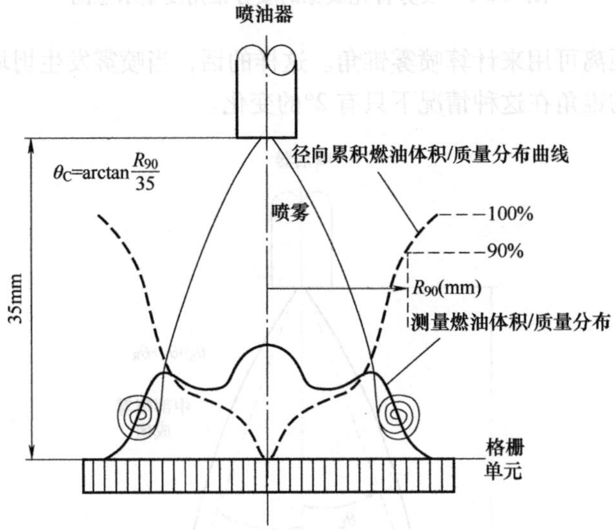

图4.6-7　基于高分辨率取样器测量的燃油累积径向分布确定喷雾锥角的示意图

4.7　偏置喷雾特性

偏置喷雾或倾角喷雾在许多GDI喷油器设计中很常见，一个根本的原因是它可以提供更多的选择方便喷油器和油轨在发动机体上的安装。对于燃烧室的设计，最优的喷雾轴线位置是有限的；但是如果喷雾轴线同喷油器轴线存在25°偏置的话，喷油器就有许多可选择的安装位置了。因此，喷雾偏置的补充使喷嘴轴线脱离了与喷雾轴线必须排成直线的要求。这样的话，喷油器和油轨能够轻易地整合到发动机其他硬件上，如进气道、阀门和进气歧管等。这样也有助于确保系统的结构，可以使设计中的冲突最小且喷油器的维护更合理。除了单流体或空气辅助式的外开型设计之外，所有的GDI喷油器均可采用偏置喷雾方式。一个例子如下，图4.7-1所示为丰田第一代D-4发动机涡流式喷油器的喷雾，图4.7-2所示为丰田第二代D-4发动机所采用的槽式喷油器的喷雾形状。这两个喷油器的喷雾均与喷油器轴线成20°偏置。

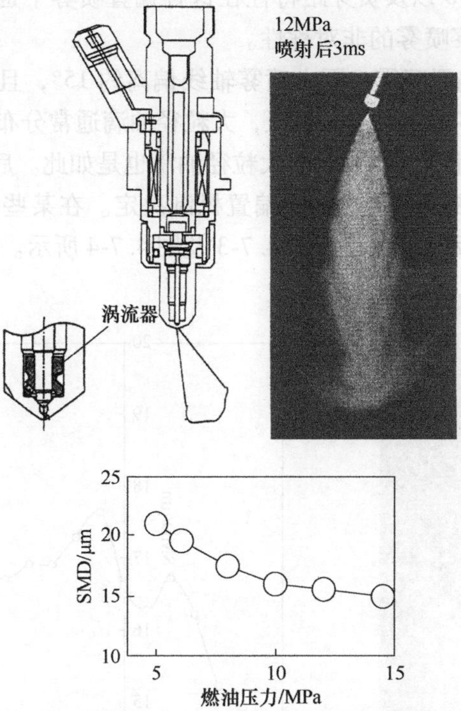

图4.7-1　丰田第一代D-4发动机涡流式喷油器喷雾[156]

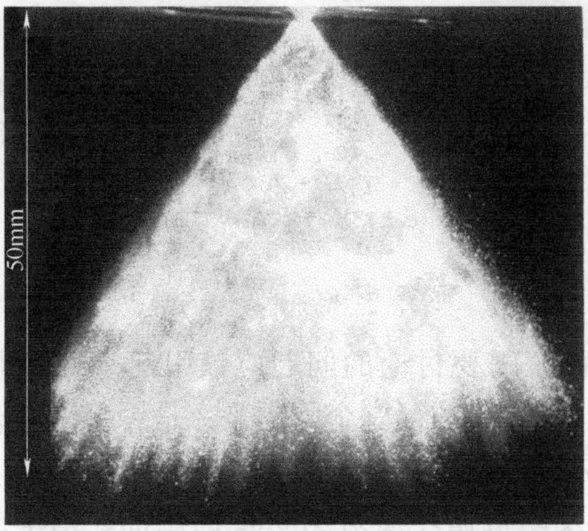

图4.7-2　丰田第二代D-4发动机槽式喷油器的喷雾形状（平面图）

偏置喷雾的喷雾轴线与喷油器体的轴线存在一个角度。这种偏置角通常适用等增量方式，如10°、15°、20°、25°。在涡流式或定形喷雾（撒网）喷油器中，偏转在外部完成，喷雾质量与无偏置喷雾相比只有少量恶化。对于多孔或槽式喷油器来说，对偏置角的影响很少甚至是没有影响，因为该偏置是通过调整内部的输油孔或槽的方向来完成的。对于外部偏转设计，喷雾中燃油的质量分布与无偏置情况不同。无偏置中喷雾的对称特性在这种设计也不存在，换来的是燃油质量多集中于喷油器轴线的一侧，而这是由外部偏置设计的特殊性决定的。因此，对于涡流式喷油器，其偏置喷雾的边界并不能等同于将其旋转至无偏置情况下的喷雾。湿痕、SMD、DV90 以及贯穿距特性在这种偏置喷雾中也会有所改变，同时，应该通过单独的喷雾特性来考察喷雾的非对称性。

图 4.7-3 所示为典型偏置喷雾，图中喷雾轴线偏离约 15°，且喷雾与偏置轴呈非对称分布。图 4.7-4 所示的相位多普勒数据所验证，大粒径油滴通常分布在远离喷油器轴线的喷雾外围。另外，还有一些由针阀关闭引起的大粒径油滴也是如此。后面这种情况与喷雾的偏置无关，而前面那种情况的形成主要受这种偏置机制决定。在某些设计中，喷雾内侧的 SMD 比外侧的大，然而也有相反的情况，如图 4.7-3 及图 4.7-4 所示。

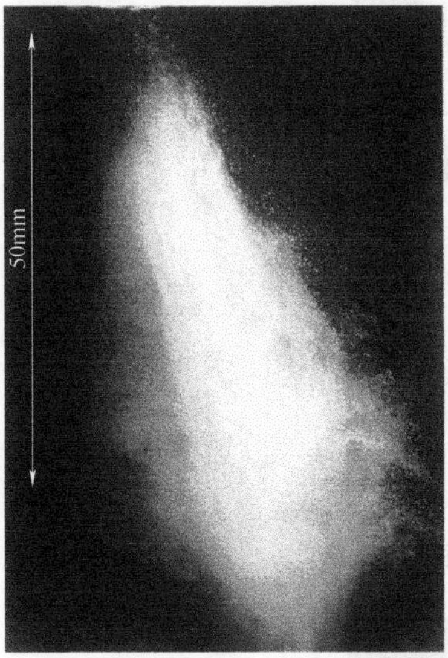

图 4.7-3　喷雾轴线偏转 15°的涡流喷雾结构

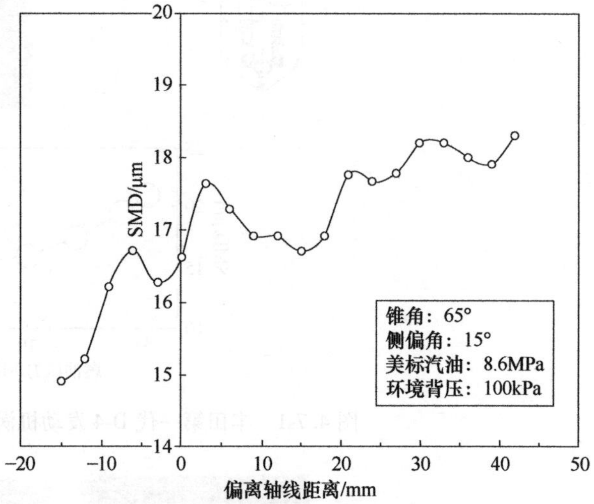

图 4.7-4　涡流偏置喷雾的平均油粒直径图（距离喷油器头部为 50mm 处）

4.8　分阶段喷射相关要素

分阶段喷射策略中有两个需要讨论的问题应该引起重视。由于每个循环有两个喷射过程（不是三个或四个），所提出的第一个问题是：是否会因为第一次喷射脉冲提前几毫秒出现而导致第二次脉冲在喷雾质量或供油方面恶化、受影响？第二个问题与所用的脉宽有关。如果希望在一个发动机循环喷射 9.0mg 的燃油，则单次喷射时脉宽为 1.30ms；然而，如果采用的是等量分阶段喷射的方式，则每次喷射的供油量为 4.5mg，对应的喷射脉宽为 0.82ms，这样就可能低于喷油器的低线性区域。实际上，该喷射脉宽下的供油量与喷雾质量同单次喷射相比，稳定性要降低许多；与典型的 GDI 控制单元相比，压电式驱动器能更好、更精确地控制多脉冲的针阀抬升、开启时间和供油时间。然而，在各种喷嘴头部或某些有针阀加工室的喷嘴中都可以加入压电晶体执行部件，因此，并非所有的双脉冲小油量喷油器遇到的问题在压电激励式喷油器中都会碰到。随着小供油量所需要的脉宽减小，初始喷雾（如果有的话）的贡献增大，因此，喷雾的质量严重恶化。即使供油量或喷雾的循环变动很小，由于喷油逻辑脉冲小，主喷雾的 SMD 和 DV90 与初始喷雾的 SMD 和 DV90 相当。实际上，对于小负荷的双脉冲，两束 SMD 为 27μm 的喷雾可能由一束 17μm 的喷雾所替代。

上述有关 GDI 喷油器及喷雾的现象如图 4. 8-1 所示，其中图 4. 8-1a 表示供油量为 9. 0mg 的喷雾；图 4. 8-1b 为两个 4. 5mg 的喷雾，分属同一喷油器双脉冲喷雾之一。可以看出，在这种情况下，单脉冲喷雾的雾化比双脉冲喷雾的效果好。这与双脉冲的 15ms 间隔无关，仅与输送总油量一半所对应的脉宽有关。实际上，虽然与长脉宽喷雾相比有所恶化，但是两个喷雾看起来非常相似。大负荷下单脉冲与双脉冲喷雾主喷雾完全发展后，二者雾化水平相当。很明显，喷油脉宽越窄的喷雾越像初始喷雾，而不会发展成完全的主喷雾形状。如喷 9. 0mg 油所用的脉宽下有一个明显的主喷雾，且与卷吸空气形成卷涡。4. 5mg 的喷油脉宽根本不能形成全发展的主喷雾，但是其形状类似初始喷雾与主喷雾初始阶段的过渡喷雾，同时存在大粒径油滴和油带。如果使用双脉冲喷射策略，应该建立喷雾恶化的最低喷油脉宽阈值，同时尽量避免使用小于该阈值的脉宽进行喷油。对于多数喷油器来说，则相当于设定了一个使用双脉冲策略的最小发动机负荷。在不久的将来，该最小脉宽尺度将成为衡量喷油器性能的一个重要参数。

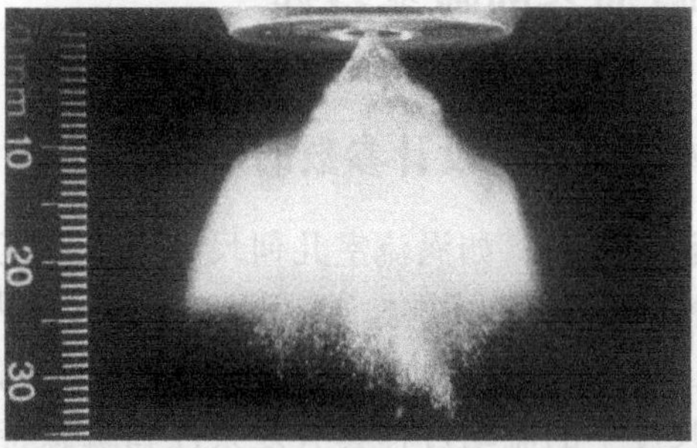

a)

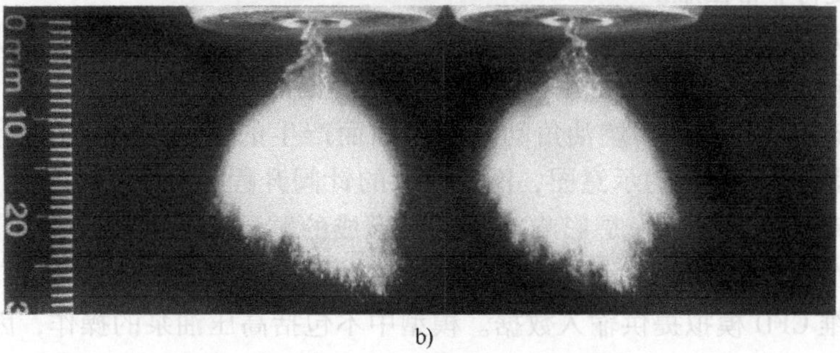

b)

图 4. 8-1 小油量单脉冲和双脉冲喷雾对比

a）单脉冲，喷油 9. 0mg b）双脉冲，每次喷油 4. 5mg

考虑到在多脉冲喷油中存在的第一个问题，多数目前用于燃烧系统开发中的 GDI 设计即使在提高喷油器的工作温度的条件下，也能提供本质上相互独立但空间位置非常接近的喷雾过程。令人惊奇的是，即使在间隔为 3. 5ms、喷油脉宽为 0. 75ms 的条件下产生的喷雾也基本上是独立的，其第二段喷雾受第一段喷雾的影响很小或基本没有。当然，经过这么短的时间间隔后，第一段喷雾所残留的液滴云仍可能存在，并且第二段喷雾也进入该液滴云，就像柴油预喷雾和主喷雾。如图 4. 8-2 所示，第二次喷雾在首次喷雾后 5. 0ms 进行，其喷雾外形与第一次的喷雾相似，只是出现了一些首段喷射油滴形成的扩散油雾。

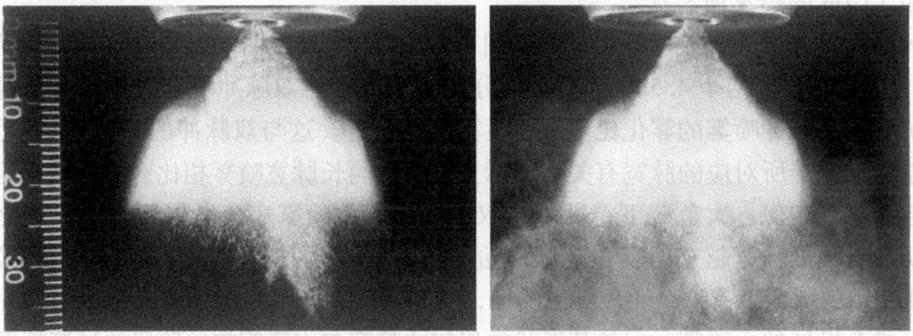

a)　　b)

图 4. 8-2　单脉冲和多脉冲喷雾的喷雾云图
a）单脉冲　b）第二次喷雾在首次喷雾后 5. 0ms

4. 9　单流体涡流式喷油器的喷雾特性

4. 9. 1　涡流式喷嘴流体动力学及设计参数的影响

涡流式 GDI 喷油器的设计参数，如涡流室几何尺寸、进口至出油孔的锥度和出油孔处的倒角曲率半径对其喷雾特性有很大的影响。压力涡流式雾化器内的流动过程包括每个涡流通道给燃油施加旋转动量，然后在喷嘴出油孔内形成一层油膜，最终在出口形成一个锥形薄层[26,27,67,72,257,278]。因为小尺度下的流动过程具有复杂性和瞬态特性，使得试验研究这种喷嘴内的动力学变得非常困难。

CFD 分析方法被用来研究涡流式喷嘴内的燃油流动过程[26,27]。通过使用 VOF（流体体积）方法，两相流 CFD 模型可用来计算液气分界面的位置，也可以用来计算出油孔边界处油膜的瞬态形成过程。因燃油角动量的增加而产生的离心力导致了油膜的出现。图 4. 9-1 所示为涡流式喷油器的示意图，图中最大的针阀升程为锥形槽宽度的一半。虽然出油孔的出口曲率半径常被认为是影响初期喷雾形成的重要参数之一，但是出油孔的进口曲率半径也对油膜的发展有很大影响[26]。通过一维模型计算得到的共轨喷油系统内的压力波动，为二维 CFD 模拟提供输入数据。模型中不包括高压油泵的操作，因此，直接为模型输入油压数据。图 4. 9-2a 给出了油轨压力为 5MPa 的两个不同的输入信号，图 4. 9-2b 所示为计算所得的切向旋流槽上游喷嘴通道内的喷射压力。如图所示，随着针阀的升起，喷嘴通道内的压力急剧下降。实际上，压力损失可达正常轨压的一半。虽然在所有的 GDI 油轨内装有压力波动阻尼器，但是连接至四缸发动机油轨的四个喷油器运转产生的压力波动仍可能会影响涡流喷嘴内油膜的形成，从而影响后续的喷雾特性。假设流量系数是针阀升程的函数，计算所得的喷油速率如图 4. 9-2c 所示。从图中可以明显看出，喷射过程中的瞬态喷射速率变化剧烈，会对瞬态喷雾的发展及后续的燃油混合和蒸发过程产生严重影响。

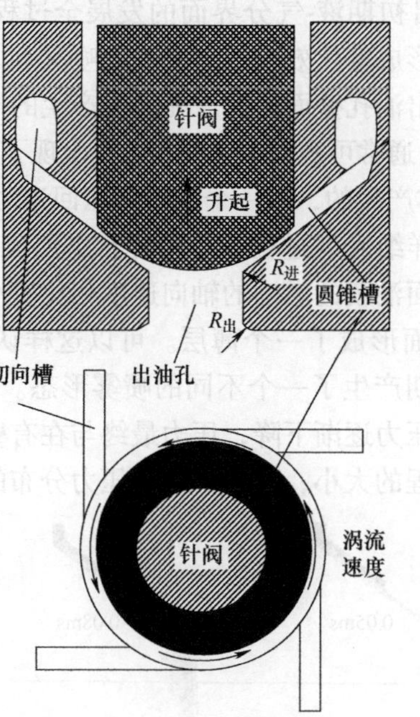

图 4.9-1　涡流式喷油器示意图[26]

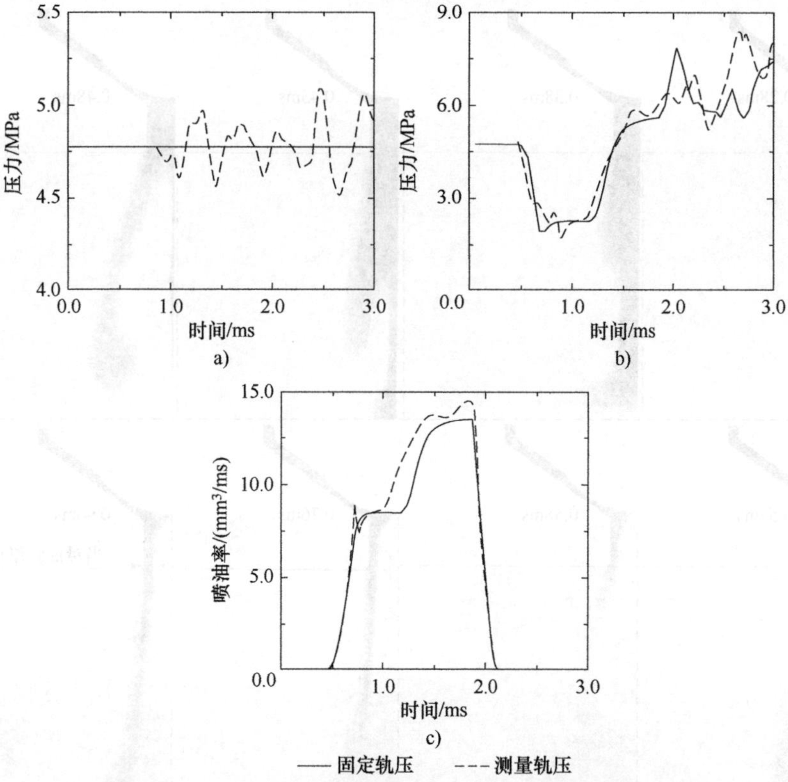

图 4.9-2　全负荷 GDI 共轨喷油系统一维燃油流量模拟

a）输入轨压　b）喷嘴通道内的预测喷射压力　c）预测的喷油速率[26]

图 4. 9-3 所示为针阀开启初期液-气分界面的发展全过程。开始时，无涡流速度的燃油进入出油孔，在喷孔的中央形成雾化效果很差的初期喷雾。此后，随着锥形槽内涡流速度逐渐增加，促使燃油旋转并朝出油孔壁面运动。在涡流产生的同时，喷孔中央逐渐发展形成一个低压回流区。有意思的是，通常可观察到在喷孔中央出现了两个主油束。其中一个是由经针阀座面向油孔出口移动的流体产生的，另一个是由低压回流区的燃油产生的[27]。图 4. 9-4a 给出了计算所得的涡流分布的详细发展过程。从中可看出回流区内流体的旋转速度几乎为 0，而轴向速度与形成出油孔壁面油膜的燃油的轴向速度相比更小。当燃油沿平行于喷嘴轴线向出油孔下游运动时，其前锋面形成了一个薄层。可以这样认为，与形成壁面油膜的燃油相比，这部分燃油在喷射的早期产生了一个不同的喷雾形态。图 4. 9-4b 给出了计算的压力分布图，它表明沿圆锥槽方向压力逐渐下降，压力最终与在有壁面油膜的出油孔壁面处的背压相同。然而，取决于针阀升程的大小，计算所得的压力分布的最小值可能会位于针阀座面内

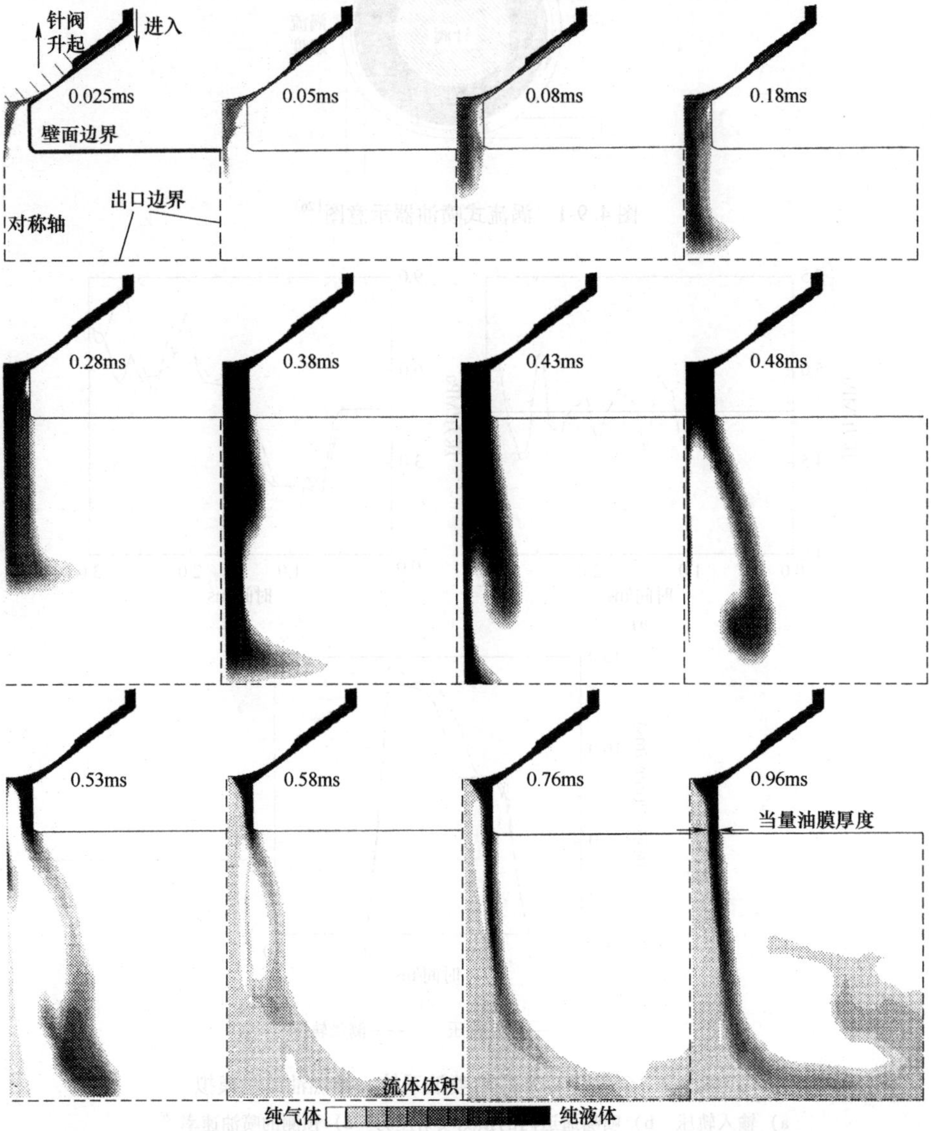

图 4. 9-3　二维 CFD 模型中预测的随着不同时间步长变化的在喷孔内及喷孔边界的燃油体积分布[27]

某处，而该处的压力低于流体的蒸发压力，这表明在该点可能出现了空穴。针阀升程减小时产生的压力损失加大，导致针阀座面处压差增大。流场预测表明，由于喷嘴出口处的燃油替换了该区域的空气，从而在该处产生了一个涡旋。出口处形成的空气涡流与喷射的燃油相互作用，导致了油膜的破裂。

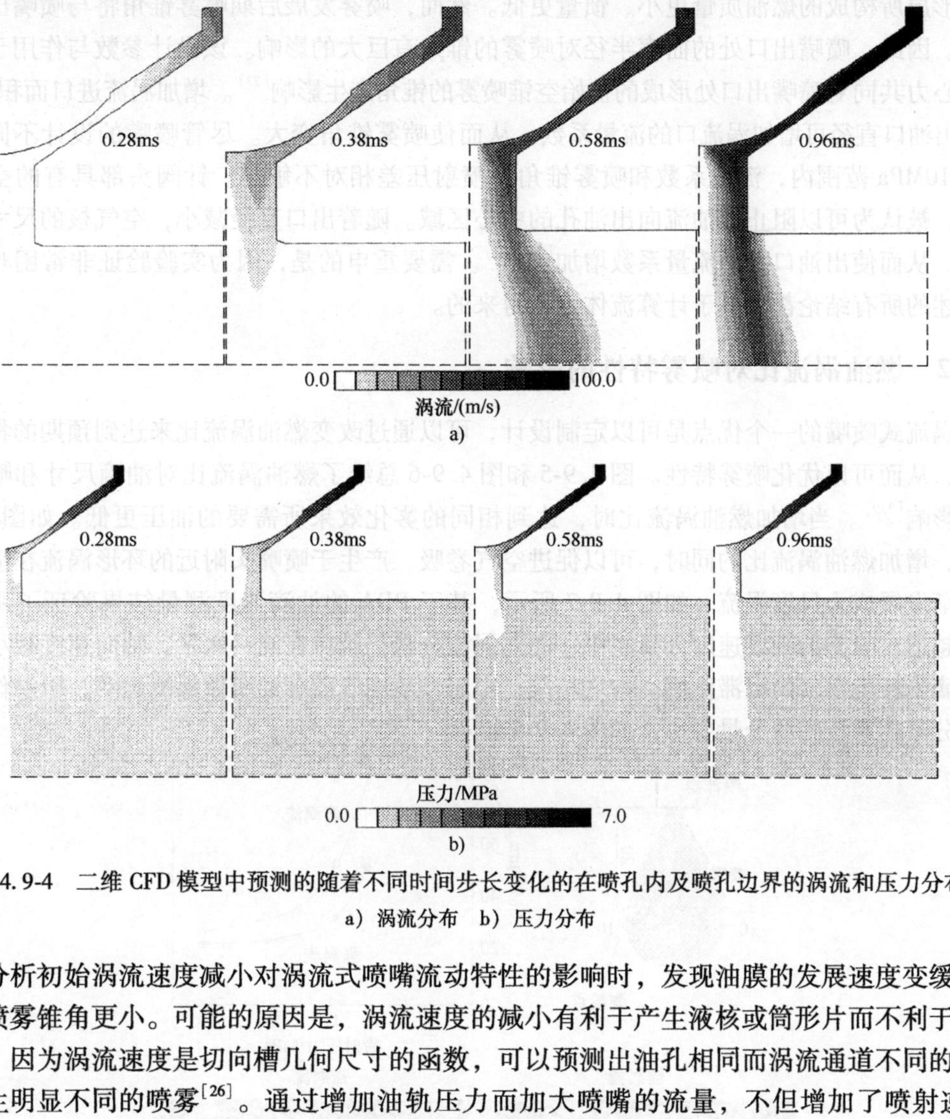

图 4.9-4　二维 CFD 模型中预测的随着不同时间步长变化的在喷孔内及喷孔边界的涡流和压力分布

a）涡流分布　b）压力分布

分析初始涡流速度减小对涡流式喷嘴流动特性的影响时，发现油膜的发展速度变缓，相应的喷雾锥角更小。可能的原因是，涡流速度的减小有利于产生液核或筒形片而不利于产生油膜。因为涡流速度是切向槽几何尺寸的函数，可以预测出油孔相同而涡流通道不同的喷嘴将产生明显不同的喷雾[26]。通过增加油轨压力而加大喷嘴的流量，不但增加了喷射速度，还导致了油膜厚度增加。另外，建立稳定油膜所需的时间减小，初始喷雾锥角变小。因此，喷射过程中流量的改变将对喷雾形态产生影响。当燃油流量和涡流速度相同时，增加环境密度会增加作用于流体的剪切力，从而可以减小喷雾锥角。

涡流式喷油器针阀升程通常小于圆锥槽的宽度，会导致在出油孔上游针阀座区域出现急剧收缩。研究表明针阀最大升程减小，针阀座面处的液体速度会急剧增加，为了维持流量不变，喷射压力也应相应增加。减小针阀升程将促进喷嘴中心处液核的形成，而不利于出油孔壁面油膜的发展。应该指出的是，每个喷射过程都是完全瞬态的过程，因此，涡流喷嘴的喷雾不但受瞬时流量和涡流速度的影响，也受瞬时针阀位置的影响。

另一个与喷嘴内壁面油膜形成有关的重要设计参数是出油孔进口处的曲率半径。已经确认，伴随着出油孔内流体再定向的更尖锐进口角的流动损失会更高，这也会导致出油孔中心回流区内聚集的燃油质量增加。对于一个设计有更尖锐进口角的喷嘴，形成准稳定流动所需的时间将增加。有趣的是，研究发现尖锐的进口角会加大喷雾初期的锥角，因为喷嘴出口处的锥形层所构成的燃油质量更小、惯量更低。然而，喷雾发展后期喷雾锥角将与喷嘴出口角相同。因此，喷嘴出口处的曲率半径对喷雾的锥角有巨大的影响。该设计参数与作用于油束的离心力共同对喷嘴出口处形成的初始空锥喷雾的锥角产生影响[27]。增加涡流进口面积和/或减小出油口直径可增加涡流口的流量系数，从而使喷雾锥角变大。尽管喷嘴的设计不同，在3.5~10MPa范围内，流量系数和喷雾锥角对喷射压差相对不敏感。针阀头部具有的空气核部分，被认为可以阻止燃油流向出油孔的中心区域。随着出口直径减小，空气核的尺寸急剧减小，从而使出油口处的流量系数增加[371-373]。需要重申的是，因为实验验证非常困难，所以上述的所有结论都是基于计算流体力学得来的。

4.9.2 燃油涡流比对喷雾特性的影响

涡流式喷嘴的一个优点是可以定制设计，可以通过改变燃油涡流比来达到预期的贯穿距曲线，从而可以优化喷雾特性。图4.9-5和图4.9-6总结了燃油涡流比对油滴尺寸和喷雾结构的影响[259]。当增加燃油涡流比时，达到相同的雾化效果所需要的油压更低。如图4.9-5所示，增加燃油涡流比的同时，可以促进空气卷吸，产生于喷嘴头附近的环形涡流在喷射后期逐渐发展成大尺度涡流。如图4.9-7所示，基于PDA的油滴速度测量结果验证了距喷嘴头部越远，喷雾的轴线速度分量越小，而其涡流分量仍维持在同一水平。轴向速度减小是因为油滴受环境空气的阻滞作用。与之相反，由于环境空气随着油滴做涡流运动，阻滞作用的旋转分量相对于轴线分量要小，如图4.9-5所示。

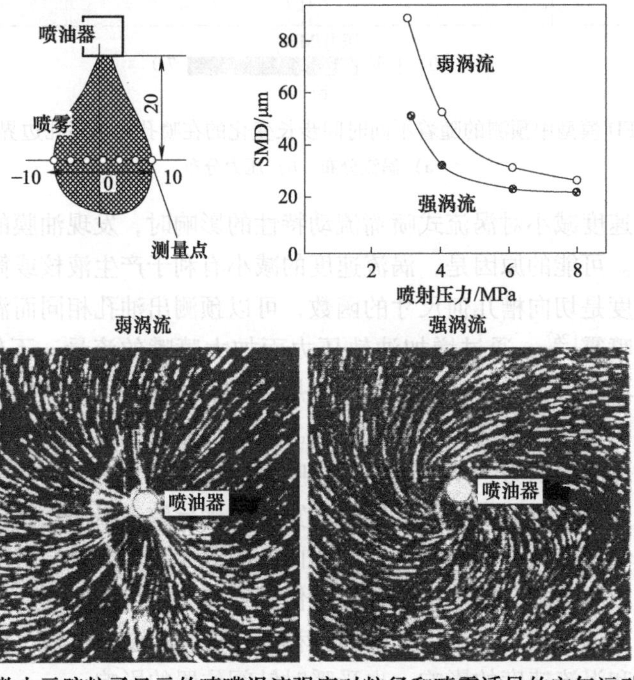

图4.9-5 用微小示踪粒子显示的喷嘴涡流强度对粒径和喷雾诱导的空气运动的影响[259]

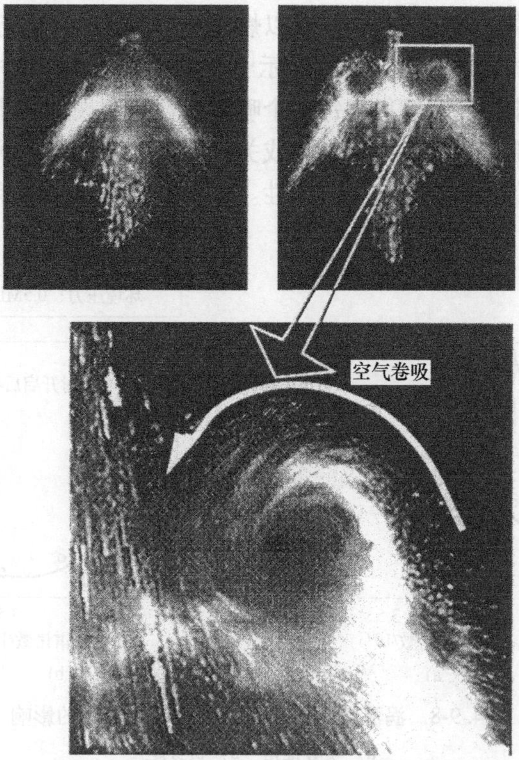

图4.9-6　喷嘴涡流强度对喷雾结构的影响[259]

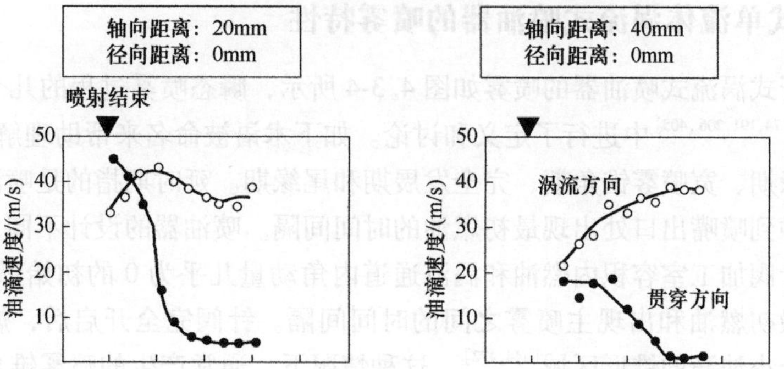

图4.9-7　在两个测量点处的径向和涡流方向上的油滴速度随时间变化的关系[196]

a）径向　b）涡流方向

无论是喷射初期还是主喷雾阶段，增加离开喷嘴出口的燃油涡流可以产生更小的平均粒径；然而，涡流区域内的平均粒径所受影响却不大。理论分析认为，卷吸进涡流区域内的油滴尺寸主要由环境空气属性决定。如果环境空气密度增加，因为环境空气的卷吸特性改变，涡流云区域内的油滴尺寸也会增加。如果环境空气属性不变，则油压对涡流区域内油滴的平均尺寸影响很小，甚至没有影响[100]。

尽管可以通过改变涡流式喷嘴的设计来调整喷射燃油的角动量的增加量，但是如果涡流雷诺数保持一定，不同的设计改变也会对喷雾特性产生相似的影响[196,285]。涡流雷诺数的定义是：涡流通道的速度乘以涡流的半径，除以燃油的黏度[196]。涡流雷诺数对切向涡流式喷油器喷雾锥角和贯穿距的影响如图 4.9-8 所示[196]。喷雾之间强的相互作用，如平均粒径、喷雾锥角和贯穿距及涡流强度，使得为每一个喷雾参数定制设计涡流式喷嘴变得很复杂。值得注意的是，即使涡流雷诺数可以用来量化或关联涡流式喷油器的涡流强度，却不能用来关联喷射循环之间喷雾的变化和喷雾的不对称性。这些关联都是利用单次喷射过程所测得的涡流力矩进行修正的[195]。

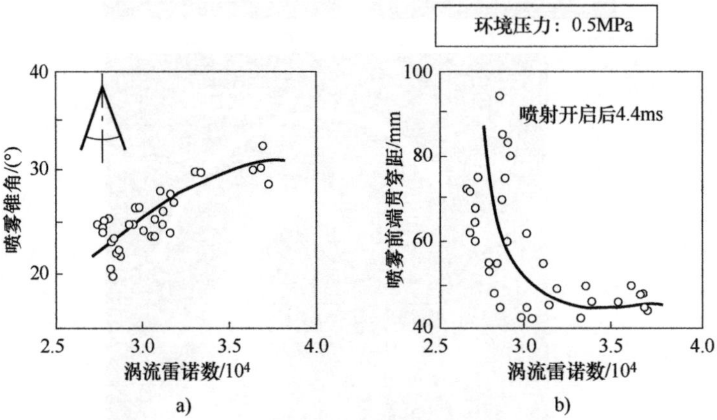

图 4.9-8　涡流雷诺数对喷雾锥角和贯穿距的影响

a）喷雾锥角　b）贯穿距

4.9.3　内开式单流体涡流式喷油器的喷雾特性

典型的内开式涡流式喷油器的喷雾如图 4.3-4 所示，瞬态喷雾过程的几个不同区域也在相关文献[100,167,174,191,206,405]中进行了定义和讨论。如下术语被命名来帮助理解喷雾发展过程，如延时期、前缘期、宽喷雾锥角期、完全发展期和尾缘期。延时期指的是喷油器驱动电路发出喷油逻辑脉冲到喷嘴出口处出现最初燃油的时间间隔。喷油器的设计不同，其延时相差很大。前缘期是针阀加工室容积内燃油和涡流通道内角动量几乎为 0 的初始燃油作用的结果，它指的是出现最初燃油和出现主喷雾之间的时间间隔。针阀完全开启后，燃油达到稳定流速，会形成一个小油滴的锥形区域[444,472]。这种情况下，通常产生的喷雾锥角最宽，因此被定义为宽喷雾锥角期。通过空气卷吸喷雾周围的小油滴，会产生一个涡流云团。随着喷油脉冲结束，涡流云团继续向下游发展。持续的空气卷吸运动引起喷雾锥角收缩，在喷雾完全发展时锥角更小，该时期被定义为完全发展期。尾缘期是指针阀的关闭时间周期，包括针阀反弹的时间间隔[100,405]。

内开式涡流式喷油器燃油薄层的初始雾化发生在喷嘴口附近。雾化程度是喷嘴设计参数如涡流盘和出口几何尺寸、针阀开启特性及油压的函数。喷雾的二次雾化发生在喷雾的贯穿过程中，是由于油滴与其周边的空气流场相互作用而发生的[293,326,332,433]。初始空锥形喷雾的运动产生了瞬态的螺旋管型涡流，该涡流形成、发展并以某一低于喷嘴口处的轴向速度向喷嘴下游运动。涡流利用大油滴的离心力作用来分离油滴，并裹携小油滴向下游运动。相位多普勒测量结果显示，即使主喷雾的油滴直径达到 40μm，螺旋管形涡流内的典型粒径却均低于 10μm。

喷雾锥角名义上是一个受喷油器设计影响的重要参数，实际上，涡流式喷油器的喷雾锥角随缸内空气密度不同而不同，甚至在一定程度上与燃油喷射压力有关[510,511,523,524]。对于压力涡流式喷油器，喷雾锥角随环境密度的增加而减小，并最终达到最小锥角。环境密度对高压涡流式喷油器的最小雾化水平也有重要影响，环境密度增加使油滴聚合，从而导致雾化质量变差。反之，无涡流式喷油器随环境密度的增加，产生的喷雾锥角会略变大。这是由于随着作用于油滴上的气动阻滞增加，会在轴向产生一个比径向更大的减速度[108]。在提高缸内空气密度的条件下，同时相应的在部分负荷时采用晚喷，则高度分层所需要的油滴云团会更紧凑。因此，对某些燃烧系统来说，高压涡流式喷油器喷雾锥角的坍塌现象对GDI晚喷应用来说是有利的。

图4.9-9所示为喷雾锥角为70°的高压涡流式喷油器的中空锥形喷雾的特性[504]。这些预测结果为涡流角为40°、初始油滴速度为60m/s，在7.0MPa喷射压力下燃油喷入大气中的模拟结果。油滴更小时，油滴与气流的相互作用更强烈。有意思的是，对于一个粒径为

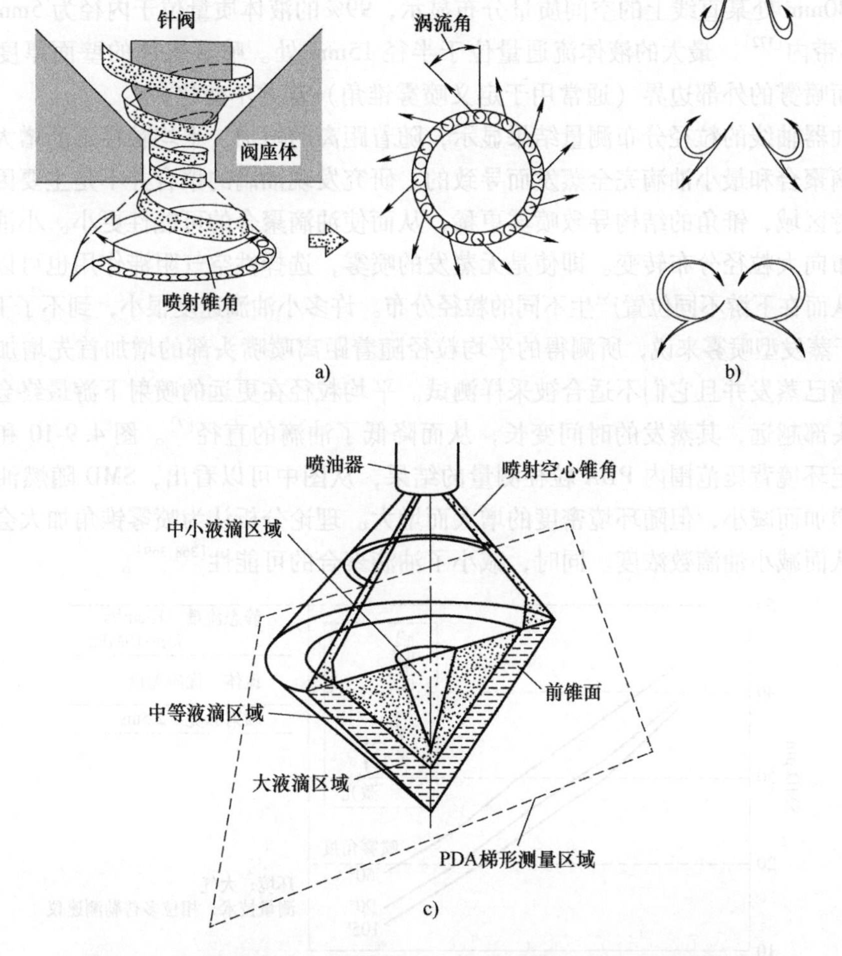

图4.9-9 喷雾锥角为70°的高压涡流式喷油器的中空锥形喷雾预测

a）喷嘴几何形状 b）中空锥形喷雾的3个发展阶段图示 c）喷油后0.9ms时的中空锥形喷雾粒径分布[504]

40μm 的单分散性喷雾情况，分析表明油滴并不形成环形涡流。如果喷油流量相同而喷雾粒径分布不同，预测的喷雾结构也会相差很大。燃油涡流分量会影响喷雾的发展，在有、无燃油涡流的情况下，从锥角发展向形成环形涡流的过渡过程中喷雾的形状也有很大差别。有燃油涡流情况下的喷雾锥角比无燃油涡流情况下大很多。如图 4. 9-9c 所示，在大粒径区域存在中等尺寸的油滴，而粒径小于 10μm 的油滴并不形成空心锥体，而是向喷油器轴线聚集。在喷射开始后 0. 4ms，喷嘴头附近的所有油滴都聚集在喷油器轴线上的小区域内，验证了喷射初期喷雾锥角小的结论。喷射开始后 0. 6ms，喷嘴头附近的油滴会聚集成一个角环，意味着喷雾锥角增加。瞬态喷雾锥角与针阀升程成比例地从 0 开始增加至某稳定值。喷射结束时测得的油滴数量浓度显示，只有处于 10~25μm 范围内的油滴才会形成明显涡流。而且，该粒径范围内的总的油滴数超过其他范围的油滴数。形成环形涡流的绝对最大粒径约 20μm，而沿空锥运动的粒径可达 50μm[504,505]。

另一些 CFD 研究表明，对于 70°内开式涡流式喷油器，距喷嘴 50mm 截面处的 SMD 比喷雾过程中整个喷雾的平均 SMD 要大，说明许多小粒径油滴贯穿距要小于 50mm。通过测量距喷嘴头 30mm 处某直线上的空间质量分布显示，99%的液体质量位于内径为 5mm、外径为 20mm 的环带内[172]。最大的液体流通量位于半径 15mm 处。喷雾锥体的壁面厚度随时间而增加，然而喷雾的外部边界（通常用于定义喷雾锥角）却并不变化。

沿喷油器轴线的粒径分布测量结果显示，随着距离的增加，平均粒径逐渐增大。这可能是由于油滴聚合和最小油滴完全蒸发而导致的。研究发现油滴的聚合并不是主要因素，因为在喷射下游区域，锥角的结构导致喷雾更稀，从而使油滴聚合的可能性更小。小油滴的蒸发会导致分布向大粒径分布转变。即使是无蒸发的喷雾，选择性空气阻滞作用也可以将油滴区分开来，从而在下游不同位置产生不同的粒径分布。许多小油滴速度很小，到不了下游的测量区域。对于蒸发型喷雾来说，所测得的平均粒径随着距离喷嘴头部的增加首先增加，这是因为最小油滴已蒸发并且它们不适合被采样测试。平均粒径在更远的喷射下游最终会降低。油滴距喷嘴头部越远，其蒸发的时间变长，从而降低了油滴的直径[7]。图 4. 9-10 和图 4. 9-11 给出了一定环境背压范围内 PDA 粒径测量的结果，从图中可以看出，SMD 随燃油压力和喷雾锥角的增加而减小，但随环境密度的增大而增大。理论分析认为喷雾锥角加大会导致喷雾更分散，从而减小油滴数浓度。同时，减小了油滴聚合的可能性[368,369]。

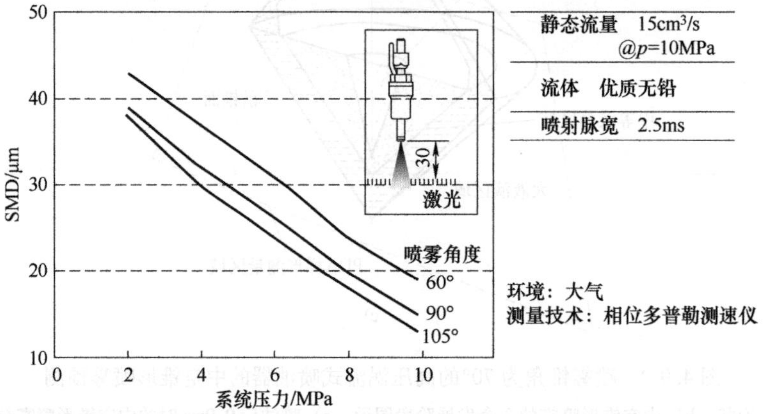

图 4. 9-10　不同喷油压力和喷油锥角下的平均油滴直径测量结果[369]

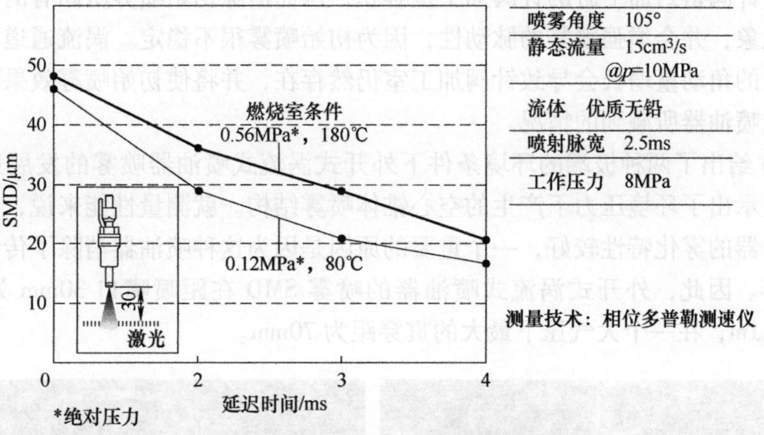

图 4.9-11 不同环境条件下的平均油滴大小[369]

众所周知，空气卷吸与喷雾油滴会相互作用，会直接影响所有类型 GDI 燃油喷雾的锥角发展，而并不局限于涡流式喷雾。通过将微气泡聚合体作为示踪粒子，研究了瞬态喷雾与环境空气的相互作用[196]。通过示踪粒子的轨迹得到的流场结果如图 4.9-12 所示。由于燃油喷雾中数百万颗油滴的运动及随后的油滴动量向环境空气的转移，从而清晰地产生了一个强的、瞬态的湍流空气流场。

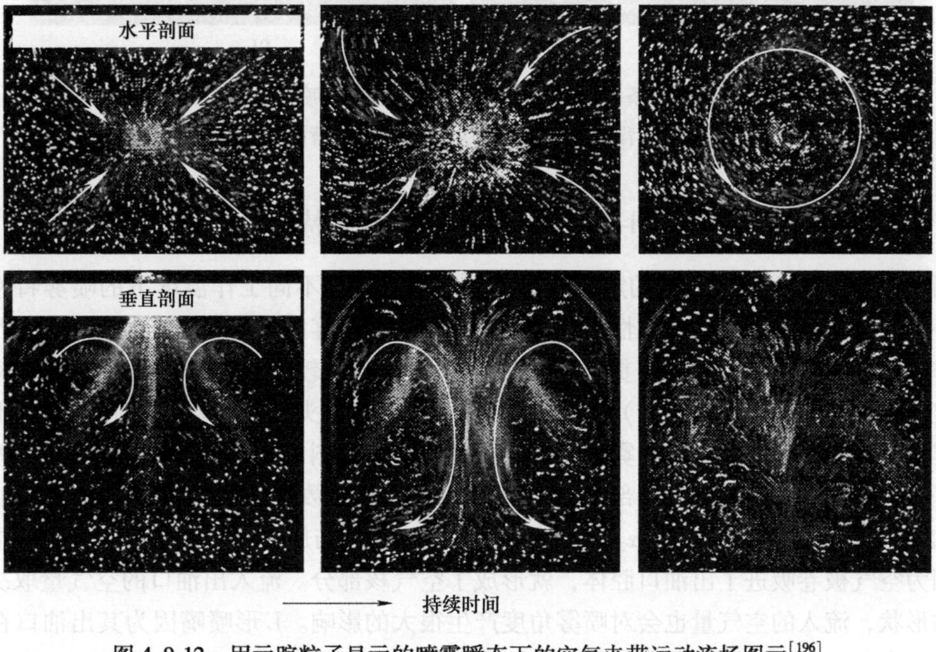

图 4.9-12 用示踪粒子显示的喷雾瞬态下的空气夹带运动流场图示[196]

4.9.4 外开式单流体涡流式喷油器的喷雾特性

使用针阀外开式的涡流式喷油器设计有许多独特的优点，但也需要仔细监控一些设计和操作，包括对针阀的高质量精加工和针阀表面沉积物敏感性方面的需求。外开式设计的直接好处是去掉了针阀密封面下游的针阀加工室容积，从而消除初始喷雾所固有的喷雾初期雾化效果很差的现象，并会增强喷雾的脉动性，因为初始喷雾很不稳定。涡流通道下方的燃油因为达不到完全的角动量增长会导致针阀加工室仍然存在，并将使初始喷雾效果降低，但是仍然优于内开式喷油器所碰到的情况。

图 4.9-13 给出了两种极端的环境条件下外开式涡流式喷油器喷雾的发展过程。左侧喷雾图清楚地显示出了环境压力下产生的空心锥体喷雾结构。就测量性能来说，粒径测量结果显示出新喷油器的雾化特性较好，一个重要的原因是因为这种喷油器消除了传统的针阀加工室和初始喷雾。因此，外开式涡流式喷油器的喷雾 SMD 在距喷嘴口 30mm 处小于 15μm，DV90 小于 40μm，在一个大气压下最大的贯穿距为 70mm。

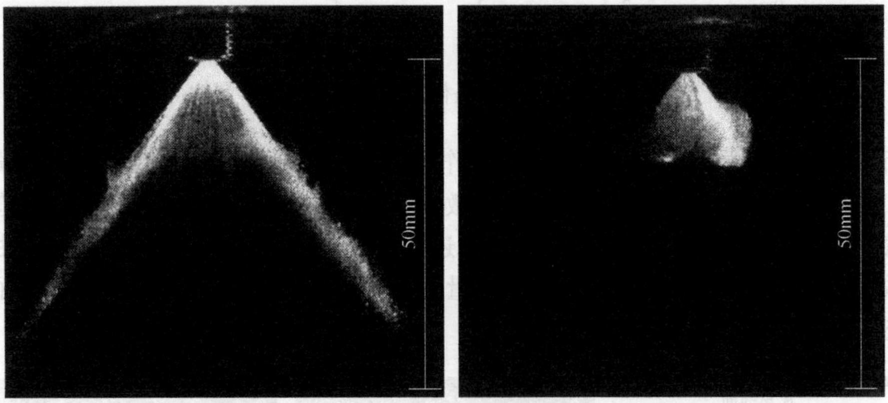

a)　　b)

图 4.9-13　不同环境条件下，单油品、外开式涡流式喷油器喷雾的发展过程

a）喷油后 1ms，背压为 0.1MPa　b）喷油后 1ms，背压为 1.5MPa[487]

4.9.5　定形喷雾式（Shaped-Spray）喷油器的喷雾特性

图 4.9-14 给出了一个典型的定形喷雾式喷油器在两个不同工作温度下的喷雾特性。从喷雾外形看，形成了一个非对称性的燃油分布，右边的喷雾占主要部分。随着燃油以及喷油器工作温度的增加，最大的喷雾贯穿距增加。图 4.9-15 比较了传统的涡流式喷嘴和两种不同的定形喷嘴设计（L 形和楔形）[312]。通过改变位于喷嘴头出口的对称型腔体的外形，定形喷雾式喷油器可以专门定制喷雾的模式，从而能产生倾斜的空锥喷雾[238,312]。这种喷嘴的好处是喷雾可以通过改变喷嘴头部而进行定制，而其他参数与传统的涡流式 GDI 喷油器相同。如图所示，喷雾锥角 α_1 和 α_2 由出油口轴向速度分量与旋转分量之比决定。应该指出的是，因为空气被卷吸进了出油口腔体，就形成了空气核部分。流入出油口的空气量取决于出油口的形状，流入的空气量也会对喷雾角度产生很大的影响。L 形喷嘴因为其出油口在外形上具有很大程度的非对称性，所以能有效地产生强倾斜型喷雾。

L/D 均为 0.35 的 L 形和楔形喷嘴的典型喷雾如图 4.9-16 所示。很明显，L 形喷嘴的喷雾空间分布比楔形喷嘴的更倾斜，如图中垂直剖面示意图所示。距喷嘴 40mm 的水平剖面处的喷雾图形显示 L 形喷嘴的喷雾是 V 形的，而楔形喷嘴的喷雾截面呈近似的圆形。环境压力对图 4.9-16 中定义的喷雾锥角和贯穿距的影响如图 4.9-17 所示。L 形喷嘴的喷雾锥角和

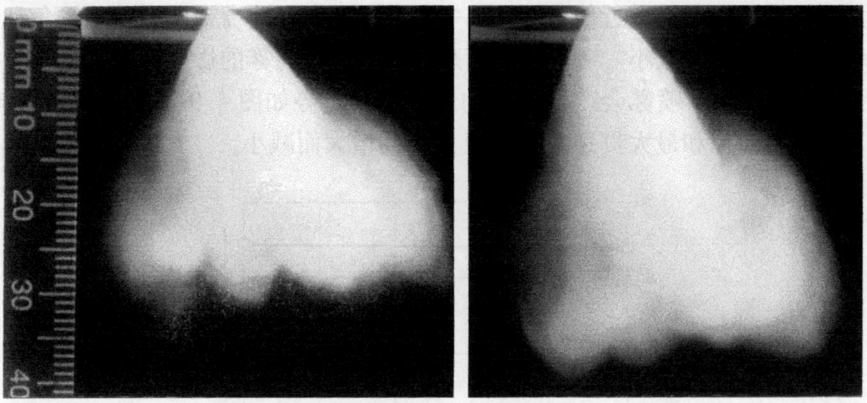

图 4.9-14　定形喷雾式喷油器的喷雾特性

a）油温 20℃、背压 0.25MPa 时的喷雾　b）油温 90℃、背压 0.25MPa 时的喷雾

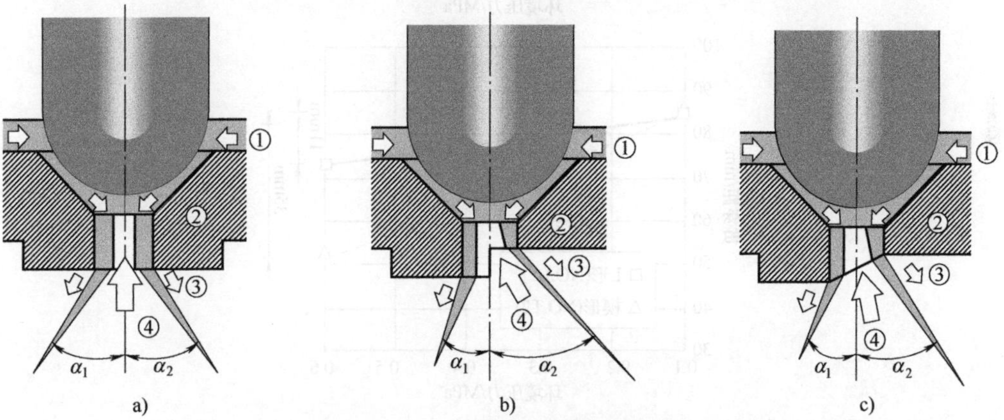

图 4.9-15　定形喷嘴喷雾形成机理

a）传统喷嘴　b）L 形喷嘴　c）楔形喷嘴[312]

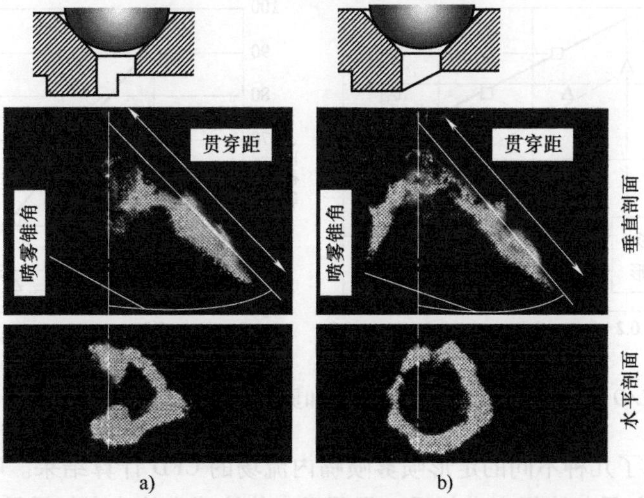

图 4.9-16　L 形喷嘴和楔形喷嘴喷雾特性的比较[312]

a）L 形（L1）　b）楔形（T2）

贯穿距在大范围的环境压力下近似不变。另一方面，对楔形喷嘴来说，喷雾锥角和最大贯穿速率随环境背压的提高而减小。对两种喷嘴来说，油压对喷雾的影响很小。图 3. 5-5 所定义的喷嘴设计参数 *L/D*，对喷雾会产生巨大的影响，其趋势如图 4. 9-18 所示。该趋势与传统喷嘴相似，即喷雾锥角和最大贯穿速率均随 *L/D* 的增大而减小。

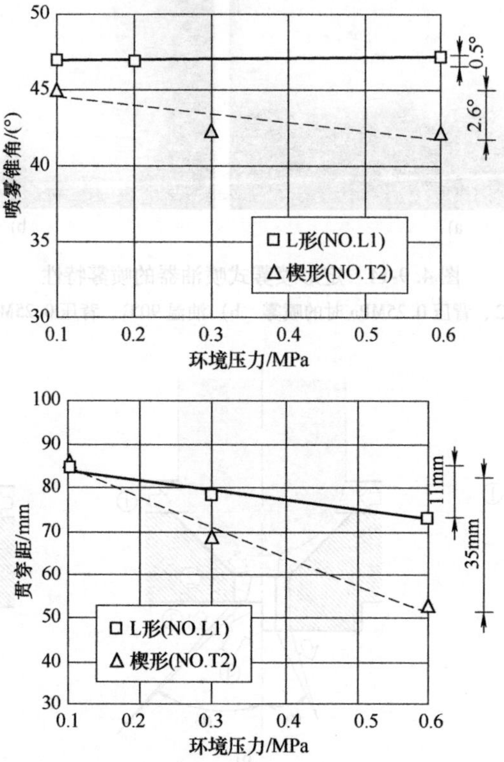

图 4. 9-17　背压对定形式喷油器的喷雾锥角和贯穿距（在图 4. 9-16 中定义）的影响[312]

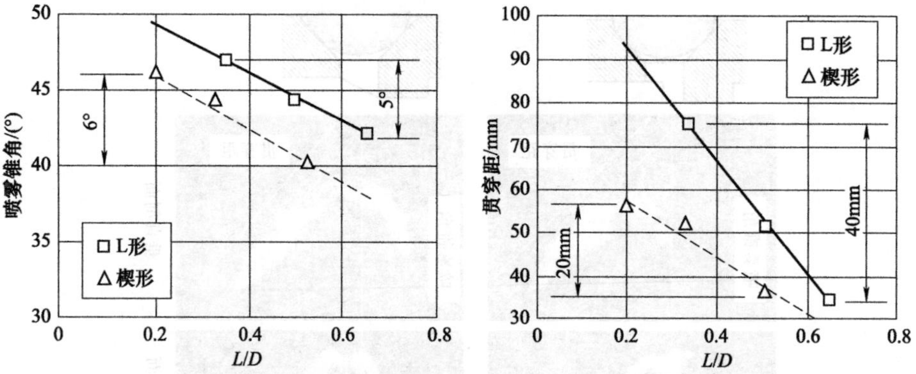

图 4. 9-18　*L/D* 对定形式喷油器的喷雾锥角和贯穿距（在图 4. 9-16 中定义）的影响[312]

图 4. 9-19 给出了几种不同的定形喷雾喷嘴内流场的 CFD 计算结果。喷嘴内白色区域表示空气核，其速度矢量与流场方向相反。很明显，传统喷嘴的速度矢量是对称分布的，而气流（实心箭头表示）在出油孔的轴线方向。相反的，L 形和楔形喷嘴的燃油流场和空气流场

方向均显著倾斜，L形喷嘴的倾斜程度更大。燃烧系统测试表明与传统高压涡流式喷油器相比，通过改变喷嘴类型和优化活塞凹坑设计对燃烧系统进行改进，活塞冠表面湿壁燃油的总量下降了30%。

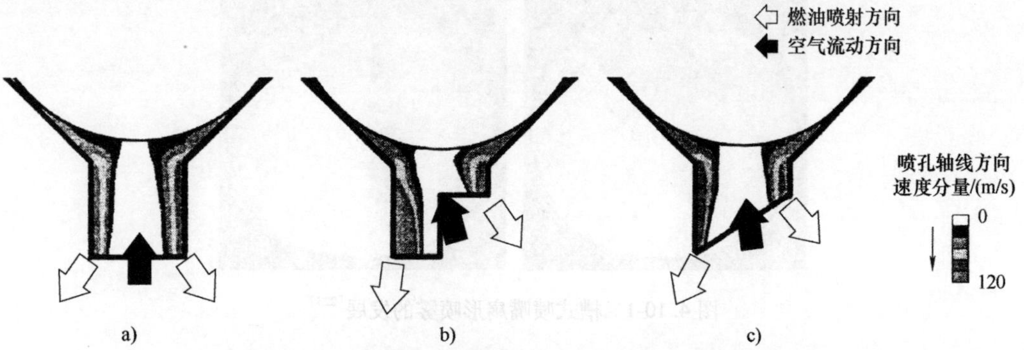

图4.9-19 预测的不同种类的定形喷嘴内部的速度矢量图
a）传统喷嘴（$L/D=1.0$） b）L形喷嘴（$L/D=0.5$） c）楔形喷嘴（$L/D=0.5$）
注：背压0.6MPa；燃油喷射压力7MPa[312]。

4.10 单流体无涡流喷油器的喷雾特性

4.10.1 槽式喷嘴的喷雾特性

尽管从原理上讲槽式喷油器可采用多孔喷嘴或楔形喷嘴，不过通常情况下槽式喷油器的喷嘴都是矩形喷口。槽式喷嘴的喷雾截面可以反映喷口的几何形状，对单一的矩形喷口，油束下游扩展形成扇形喷雾。在同样的油轨压力下，槽式喷嘴所达到的雾化水平是各种喷嘴形式中最差的；因此油轨压力不能低于9MPa，这样才能使喷雾前端的SMD值不超过22μm。提高油轨压力更重要的作用在于可以避免DV90的值超过45μm。在各种类型的喷嘴中，槽式喷嘴喷雾的贯穿速率最大，甚至略高于同样油轨压力下多孔喷嘴喷雾的贯穿速率。因为对贯穿特性的要求因燃烧系统的具体形式而异，所以对于这些贯穿特性不能仅仅用好或坏来评价。很明显，槽式喷嘴扇形喷雾的贯穿特性在丰田的第二代D-4直喷发动机上得到了充分利用。

图4.10-1所示为一个扇形喷雾形成的实例[223]。正视图中有一个圆形扇面，在侧视图中可见一条5~6mm宽的喷雾。这种喷嘴完全没有或只有很小的初始喷雾，因此喷射过程中，几乎所有燃油都从喷口喷出。CFD分析表明，尤其当环境压力较高时，在喷雾扇形的下游，燃油与空气的混合相对比较均匀。因此，采用槽式喷嘴可以改善均质运行模式，并减少分层模式下的混合不良。当环境密度变化时，侧视图中的喷雾角将增大，而正视图中扇形喷雾角并不发生明显的改变。近来的一些研究还表明，如图4.10-2所示，在喷雾发展的早期，离开喷油器的燃油分成两个不同的薄层，这可能意味着扇形喷雾是沿着槽形喷口的两个内表面形成的[409]。为证实这种喷雾初始期的双薄层现象，需要进行更深入的研究。与将在4.13.2中讨论的情况一样，当喷油器的工作温度从20℃提高到90℃时，喷雾的扇形夹角将变小。由图4.10-3可知，即使在大环境密度条件下，槽式喷嘴扇形喷雾的贯穿距离要比涡流式喷

嘴圆锥形喷雾的贯穿距离大。

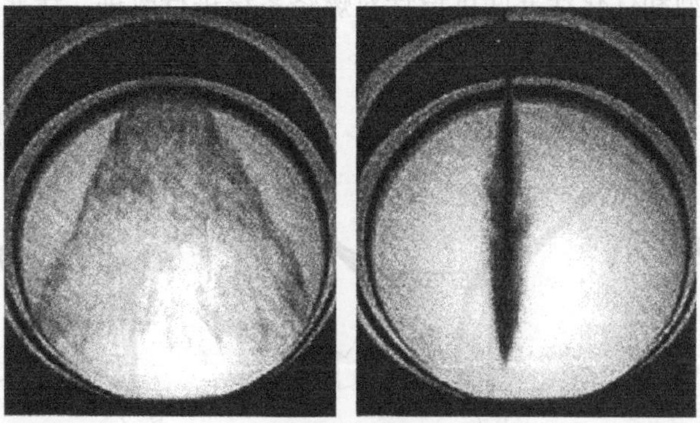

图 4.10-1 槽式喷嘴扇形喷雾的发展[223]

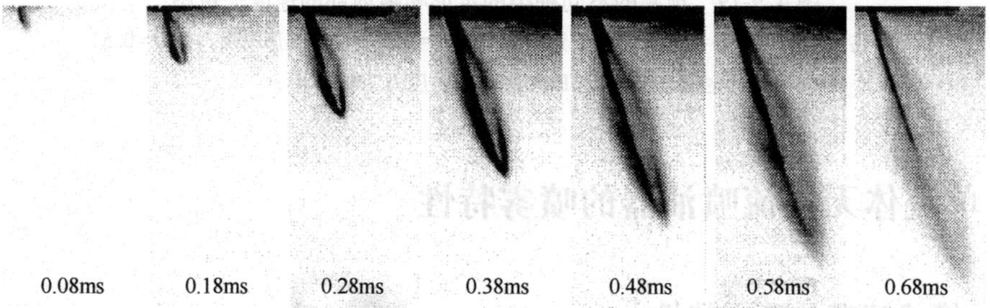

图 4.10-2 从平均 Mie 散射图像得出的扇形喷雾的侧视图（激光从右侧产生）[409]

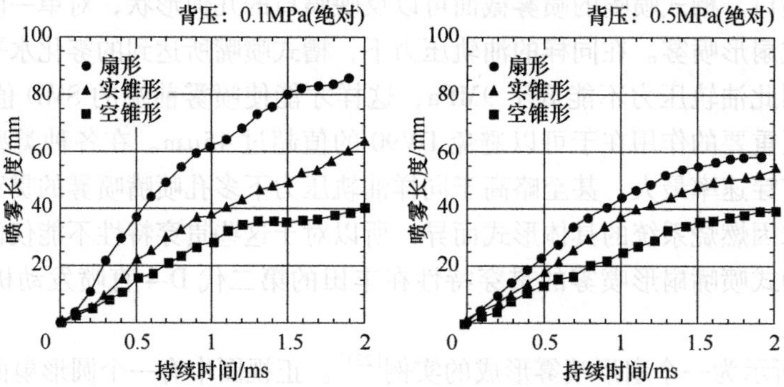

图 4.10-3 槽式喷嘴的扇形喷雾和涡流式喷嘴的锥形喷雾的贯穿距对比[443]

如图 4.10-4 所示，影响扇形喷雾特性的重要设计参数有：θ_f——主视图中喷口两侧的夹角；B——主视图中针阀加工室中心与喷孔两边延长线交点间的距离；α——喷口轴线与喷油器轴线的夹角。对喷口内流场的 CFD 分析显示：若 B 减小，喷雾中心的流速将增加，而喷雾两侧的流速没有明显地提高，从而形成中间凸起的喷雾，如图 4.10-4b 所示；相反，若 B 增加，将形成中间凹陷的喷雾，如图 4.10-4d 所示；若保持 B 不变，喷嘴处的速度场几乎不随 θ_f 的变化而改变，因此可以改变 θ_f 以满足不同缸径的需要，而不改变喷嘴处燃油的速度分布。CFD 分析还表明：喷嘴出口处燃油的速度矢量不随 α 而变化。这一点使喷油器安装空间的限制可以通过调整 α 来满足，而不改变喷雾特性[443]。

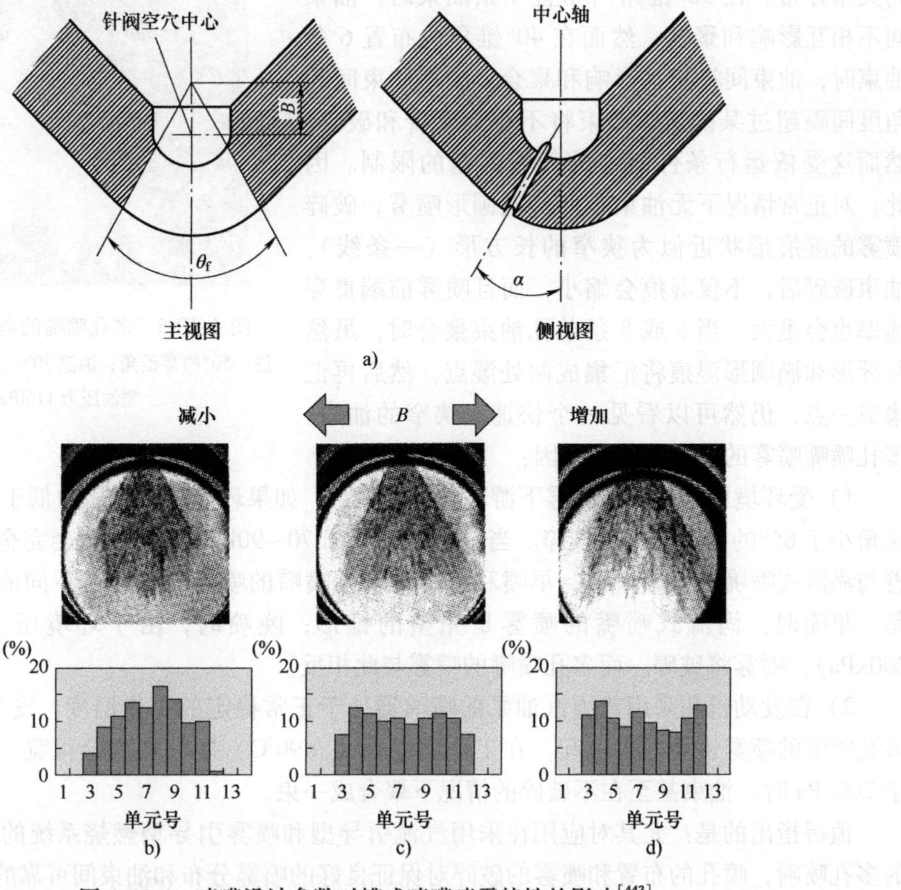

图 4.10-4 喷嘴设计参数对槽式喷嘴喷雾特性的影响[443]

4.10.2 多孔喷嘴的喷雾特性

如第3章所讨论那样，多孔 GDI 喷油器非常突出的优点是能够实现可变的喷雾形状，但它也不是没有缺点的。这类喷油器应用的是压力雾化方式，因此必须采用较高的油轨压力(9.5~12.0MPa)。与槽式喷嘴的喷雾一样，当油轨压力低于9MPa时，多孔喷嘴的雾化水平急剧降低。当油轨压力降低时，油滴平均尺寸增大，而且DV90的值升高得更快。与涡流式喷嘴相比，由于多孔喷嘴油束和槽式喷嘴油束中油滴的动量较大，并且阻力较小，所以喷雾的最大贯穿速率、最大贯穿距离和碰壁比例都比涡流式或空气辅助式喷嘴的喷雾略高。

图4.10-5所示为多孔喷嘴喷雾的一个典型例子。多孔喷嘴喷出的多条油束比预想的复杂。每一单孔的喷雾的确如可预见的GDI喷雾一样比较简单，事实上它就是有关雾化的教科书上所举的一般例子。但是，它的复杂之处在于：油束之间以空气卷吸和相互混合的形式互相作用，这种作用受油束轴线布置、下游介质密度和油嘴中燃油温度等因素的影响。实际上，尽管和涡流式喷嘴喷雾破碎的条件不完全相同，很多情况下多孔喷嘴的油束还是会破碎。油束间的相互作用使不同的油束相互聚合，所以实际上油束的数量将减少。因为初始的喷雾形状不同，所以所有的油束并不总是全部聚合成一条。影响油束聚合的关键参数是油束

的位置分布，从几何的角度讲，也就是各喷孔轴线的夹角分布。在30°锥角内布置4条油束时，油束间不相互影响和聚合，然而在40°锥角内布置6条油束时，油束间将相互影响和聚合。如果油束间的角度间隔超过某阈值，油束将不相互聚合和破碎，然而这受依运行条件而定的喷雾锥角的限制。因此，对正常情况下无油束破碎的椭圆形喷雾，破碎喷雾的湿痕形状近似为狭窄的长方形（一条线）。油束破碎后，不仅湿痕会缩小，而且喷雾前端贯穿速率也会更大。当6或8条单孔油束聚合时，虽然月牙形和椭圆形湿痕将汇集成两处湿点，然后再汇集成一点，仍然可以看见一个快速、狭窄的油束。多孔喷嘴喷雾的破碎有两种原因：

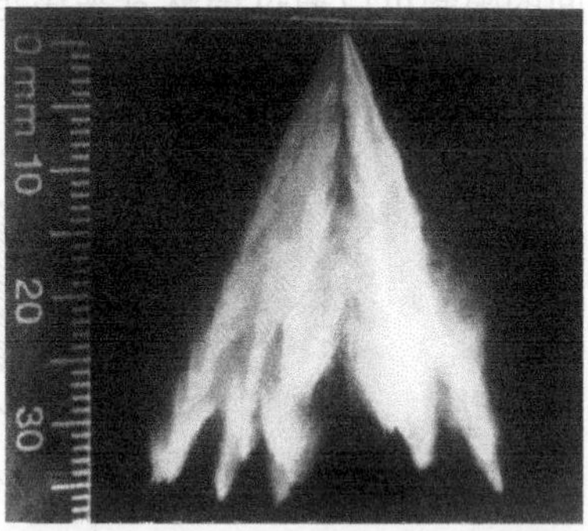

图4.10-5　多孔喷嘴的典型喷雾结构

注：50°喷雾锥角；油温20℃；背压0.25MPa；喷油压力11MPa。

1）受环境压力影响的喷雾下游环境密度减小。如果环境的绝对压力低于200kPa，喷雾锥角小于65°的油束会开始破碎。当绝对压力低于70~90kPa时，油束会完全破碎。这意味着与涡流式喷嘴的喷雾一样，早喷和晚喷时多孔喷嘴的喷雾形状将是不同的。需要指出的是，早喷时，涡流式喷嘴的喷雾是完整的锥形；晚喷时，由于环境压力升高（大于200kPa），喷雾将破碎。而多孔喷嘴的喷雾与此相反。

2）在发动机和采用普通汽油泵的喷油器处于正常稳定的工作温度，发生闪急沸腾时，多孔喷嘴的喷雾也聚合在一起。在工作温度很高（90℃）时，油束会很宽，若环境压力低于200kPa时，油束甚至在不破碎的情况下聚合成一束。

值得指出的是：尤其对应用在采用气流引导型和喷雾引导型燃烧系统的GDI发动机上的多孔喷嘴，喷孔的布置和喷雾的破碎对保证良好的喷雾分布和油束间可靠的火焰传播非常关键。未优化的喷孔分布和不理想的喷雾破碎水平将导致很差的喷雾分布，会导致单个固定火花塞点火时火焰中心不稳定。喷雾为多条油束时，浓混合区离稀混合区很近，易导致火焰传播不均匀。喷孔形状是影响喷雾均匀水平的一个重要参数[118]。

在壁面引导型、气流引导型和喷雾引导型燃烧系统上分别装设涡流式喷油器（A）和多孔喷油器（B）后，对燃烧和排放特性进行研究的结果如图4.10-6所示[354]。由图4.10-6a可知：对壁面引导型燃烧系统来说，采用多孔喷油器后，由于空气卷吸特性改善，碳烟排放的降低量超过50%。然而，气流引导型燃烧系统中由于碰壁的燃油量减少，两种喷油器的碳烟排放都很低。因为燃油压力对多孔喷油器雾化质量的影响非常大，所以由图4.10-6b可知，当燃油压力为3.5MPa时的碳烟排放量非常高。已经证实环境密度超过某阈值后，涡流式喷嘴的锥形喷雾将破碎，这意味着基于涡流式喷嘴的喷雾引导型燃烧系统会对涡流式喷油器的特性非常敏感。图4.10-6c所示为不同负荷下涡流式和多孔喷油器的燃烧和排放特性比较。多孔喷油器在部分负荷（IMEP不大于0.7MPa）时的燃油消耗率和排放明显减少。由于怠速时喷油量很小，对喷雾引导型燃烧系统来说，燃油消耗率和排放的改善程度较小。已经证明在喷雾引导型燃烧系统上采用多孔喷油器有一些优点，这主要是因为环境密度升高后喷雾特性比较稳定。

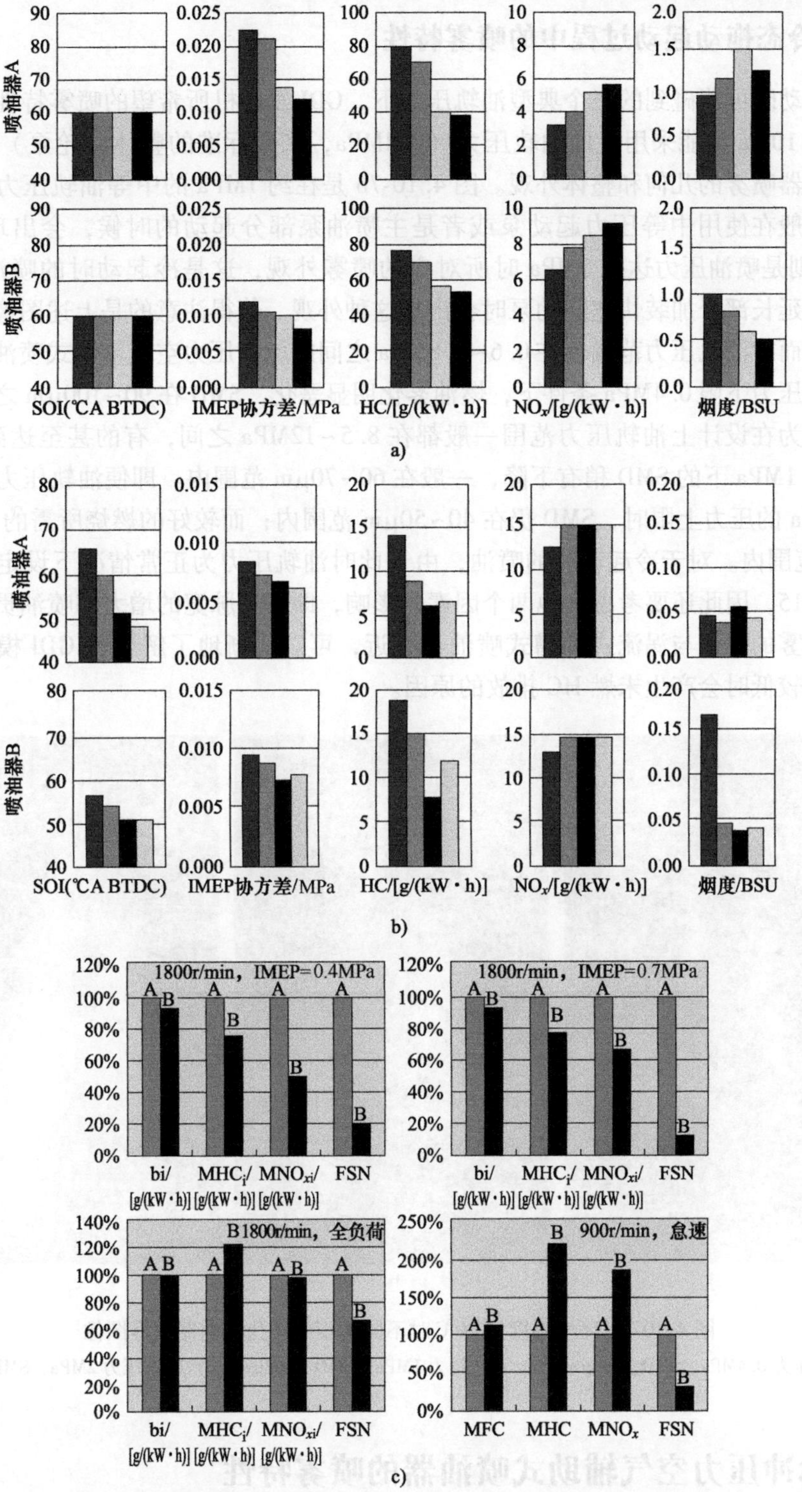

图4.10-6　涡流喷油器（A）和多孔喷油器（B）的燃烧和排放特性对比

a）壁面引导型燃烧系统（从左到右各条形柱对应的喷油压力分别为6.5MPa、8MPa、9.5MPa和11MPa）

b）气流引导型燃烧系统（从左到右各条形柱对应的喷油压力分别为3.5MPa、5MPa、8MPa和10MPa）

c）喷雾引导型燃烧系统（bi：ISFC；FSN：烟度排放）[354]

4.10.3 冷态拖动起动过程中的喷雾特性

在冷起动时可能碰到的三个典型油轨压力下，GDI 发动机所希望的喷雾特性如图 4.10-7 所示。图 4.10-7a 为能采用最低油轨压力（0.4MPa，采用标准的整体叶轮泵）的典型单流体四孔喷油器喷雾的几何和整体外观。图 4.10-7b 是在约 1MPa 的中等油轨压力条件下的喷雾外观，一般在使用中等压力起动泵或者是主喷油泵部分起动的时候，会出现这种外观。图 4.10-7c 则是喷油压力达到 2MPa 时所对应的喷雾外观，这是冷起动时的喷油压力上限，一般在曲轴延长部分加装快速起动泵时会出现这种外观。值得注意的是上述图像仅针对单流体喷油器，而对油轨压力范围仅在 0.6~0.8MPa 之间的脉冲压力空气辅助式喷油器则并不适用。在油轨压力下限 0.4MPa 条件下，燃油雾化明显恶化，SMD 在 90~100μm 之间。这是很显然的，因为在设计上油轨压力范围一般都在 8.5~12MPa 之间，有的甚至达到了 30MPa。在油轨压力 1MPa 下的 SMD 稍有下降，一般在 60~70μm 范围内。即便油轨压力达到冷起动状态下 2MPa 的压力上限时，SMD 仍在 40~50μm 范围内；而较好的燃烧所需的 SMD 应该在 18~22μm 范围内。对于冷起动时的喷油，由于此时油轨压力为正常情况下设定的油轨压力的 1/30~1/15，因此还要考虑其他两个因素的影响，即喷油脉宽的增大和喷油贯穿速率的下降。这种喷雾的恶化与涡流式和槽式喷油器相近，可以清晰地了解到在 GDI 模式下，冷起动油轨压力较低时会产生未燃 HC 排放的原因。

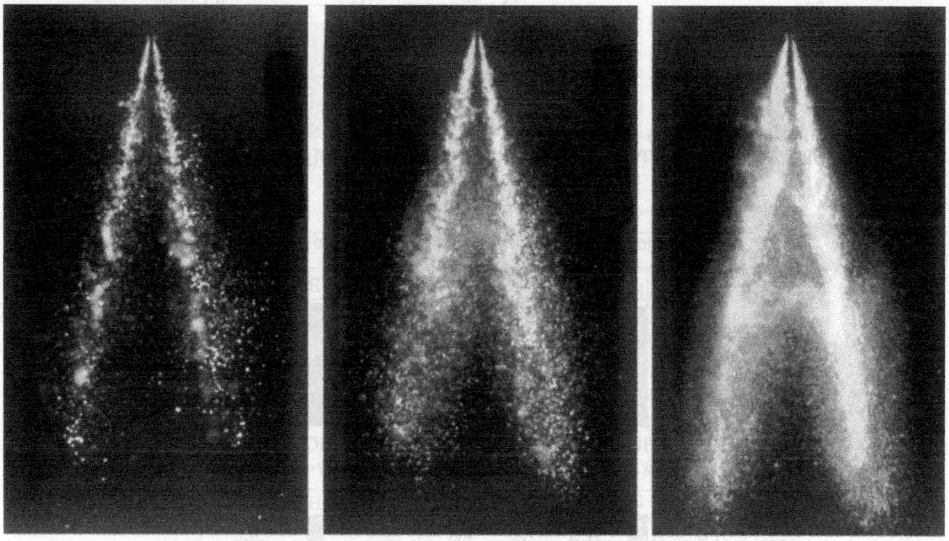

a) b) c)

图 4.10-7 环境温度为 20℃时不同背压的 4 孔喷油器喷雾图像

a）油轨压力 0.4MPa，SMD 为 96μm b）油轨压力 1MPa，SMD 为 62μm c）油轨压力 2MPa，SMD 为 47μm

4.11 脉冲压力空气辅助式喷油器的喷雾特性

在过去的 12 年中，对车用空气辅助直喷式喷油系统的发展和完善已经做过了大量的工作。许多早期的工作都是关于二冲程汽油机直接喷射的，在这方面有大量参考文献[61,74,81,88,89,90,98,129,184-186,205,236,241,271,280,297,317,390,464,465]。许多空气辅助方法都是为了促进喷入燃油的气流雾化，而实际发展起来的成熟的喷油系统是脉冲压力空气辅助式喷油系统。在脉冲喷油系统中采用了两个独立的电磁阀，首先计量燃油并送入一个存储腔内，然后通过外部气源提供的压缩空气将腔体内的燃油通过喷油器出口压入气缸当中。压缩空气的气压一般不超过1MPa，这样的压力水平即使在燃油较晚喷射的情况下也足以使燃油以声速流入气缸。这种方法可以将存留于保持腔内的液态燃油和雾化燃油完全扫入气缸，并且明显改善了燃油喷射过程中的雾化、蒸发和混合气的形成。

对于PPAA系统，很重要的一点是它对燃油采用气流雾化的方法，而不是靠压力雾化或者涡流破碎等方法。或者说，在PPAA喷油系统中油轨压力并不是决定燃油雾化程度的一个重要因素，实际上油轨压力只需将液态燃油及时的压入保持腔就已经足够了。因此，PPAA喷油系统的油轨压力一般不高于0.7MPa。从概念上讲，压入保持腔内的燃油体积可以认为是针阀加工室容积，该区域内燃油压力较低，且需要空气吹扫。这部分燃油实际上从保持腔吹出，其时域粒径测量结果明显呈现出初始喷雾的一些典型特征。在这种喷雾方式下，燃油扫入气缸过程中早期形成的油滴尺寸不如晚期形成的理想，这一点与带有适当针阀加工室体积的涡流喷油器相类似。PPAA喷油系统的另一个特点是在保持腔扫出燃油过程中，燃油从保持腔扫出也需要一部分时间，这就是说，很难将保持腔内燃油在较短时间内全部扫出。因此，如果针阀开启持续时间较短就会导致燃油的“滞留”，也就是燃油无法在预定循环内全部扫入气缸。为了减少挂滞燃油的比例，因此针阀开启时间要比在单油束、高压喷油系统内针阀的开启持续时间更长，这会导致延长的开启周期内喷射的燃油量下降。这样一来就使得燃油喷射不那么迅速，总体燃油喷射平均速率也不像单流体系统那么高，最终损失了一部分的小负荷、分层模式运行范围。在上述较小空气压力下PPAA喷油系统的燃油气流雾化较好，此时的SMD与油压为10MPa的单流体涡流式喷油器相当。PPAA喷油系统的另一个重要特征是燃油空气混合气的喷射速度和动量都很大，喷雾的贯穿速度和贯穿直径也很大。

从设计角度看，PPAA喷油系统可以采用针阀外开和针阀内开两种形式，然而，已适合商业化的产品是针阀外开式系统。在发动机上应用PPAA喷油器时，燃油的导入（计量）和雾化空气的导入通常是一个连续交替的过程，并伴有一个供油驻留期，或者说是以“嵌套”来禁止供油和空气流动过程重叠。对这种特殊策略的应用往往取决于是否能够最低限度地消耗压缩空气，或者能否使排放达到最佳。从理论上讲，可以采用不同的燃油压力、空气压力和喷射时刻来得到最佳的喷雾性能。遗憾的是，虽然在介绍PPAA喷油系统的许多文献中有相当部分的内容对直喷汽油机的燃油喷射系统是很有借鉴意义的，但是直接论述PPAA喷油系统在四冲程直喷汽油机上应用的文献却非常少[162,176,177,308,309]。图4.11-1所示为PPAA喷油器所对应的分层模式（晚喷）和均质（早喷）模式下的喷雾[60]。图4.11-2所示为典型的PPAA喷油器和单流体、涡流式喷油器的喷雾特性的比较。PPAA喷油器喷油过程可以形成大量的小尺寸油滴，其喷雾的最大贯穿距比涡流喷雾的低，并且环境压力越大，差异越明显[177]。

对PPAA喷油器而言，空气喷射过程的开始时刻和脉宽是决定燃油何时进入气缸内的决定性参数。这些参数控制着喷入缸内的空气量。只要压缩空气的气源压力高于喷雾最迟喷油时刻获得声速气流所需的压力临界值，并且足以将保持腔内的燃油完全清除，则气源压力大小一般来讲对整个喷雾过程的影响并不是很重要的。不过，气源与气缸的压力差决定了通过

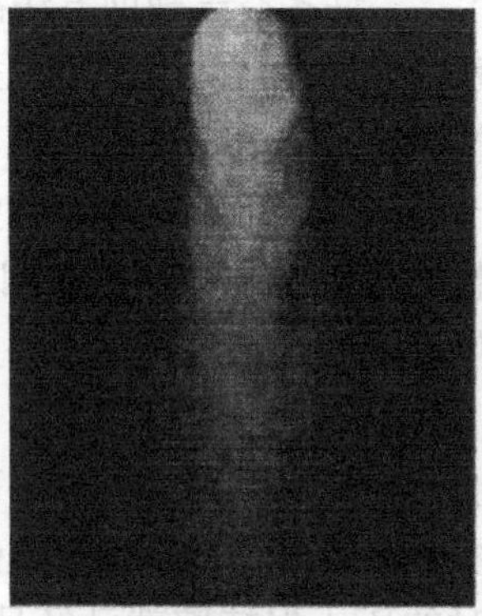

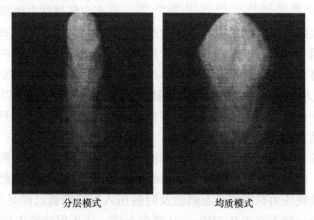

图 4.11-1　分层充气和均质充气模式下空气辅助脉冲喷油器的喷雾特性[60]

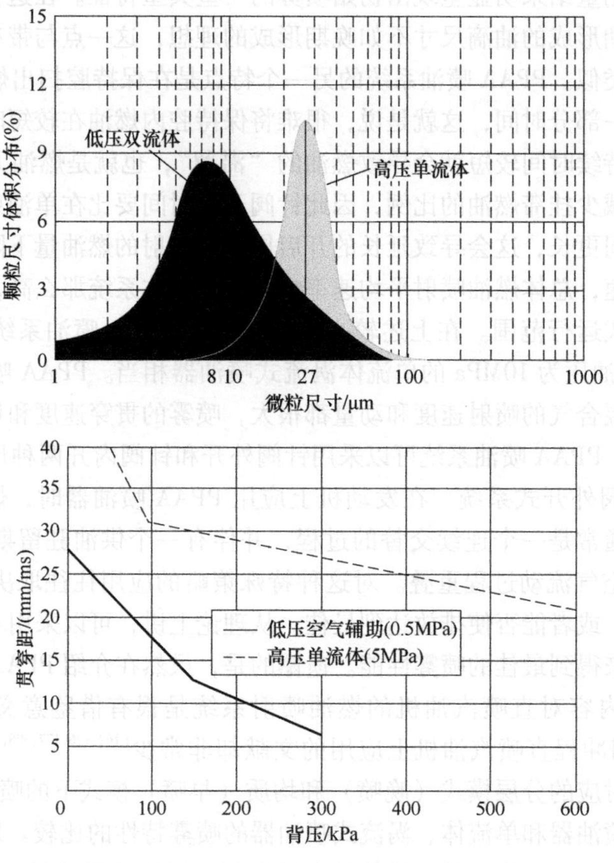

图 4.11-2　空气辅助式脉冲喷油器和单流体、涡流式喷油器的喷雾特性对比[177]

喷油器的空气流速，也决定了燃油的雾化程度。因此，如果气源压力过低，那么在燃油晚喷时，就会由于背压过高而导致燃油雾化程度明显下降。也正是这个因素限制着实际可实现的最迟喷油时刻。如 PPAA 喷油器喷油太迟以至于缸内的背压达到了 0.5MPa 以上，那么若使用0.65MPa的气压源仅仅能形成0.15MPa的压差。在这种情况下，由于背压升高引起的起始喷雾速度和喷雾贯穿距降低，导致喷雾范围急剧减小。此外，相位多普勒测量仪对PPAA喷油器喷雾粒径分布的测量结果也表明了缸压增加后平均喷雾粒径有所增加，而油滴数量减少[7]。与气源压力水平不同的是，燃油喷入保持腔的时刻、油轨压力、燃油喷入保持腔与空气喷入时刻之间的延迟期一般不会对发动机的燃烧造成关键性的影响[508]。

图4.11-3所示为在一个PPAA喷油器原型上得到的喷雾结构测量分析结果[315]。为了便于分析和解释，PPAA喷油器的喷雾被分成了三个不同的阶段，即不稳定阶段、稳定阶段和停滞阶段。在不稳定阶段内，气流由一个处于起始期的向下游移动的涡流主导。在稳定阶段内，在针阀下游会形成一个稳定的涡流，空气从喷雾锥形边界的外围被卷吸进入锥体内。在停滞阶段内，小油滴会以实心锥体形式分布，同时其移动轨迹会明显受到气流的影响。而大的油滴因为其自身质量、惯性较大，受外力的影响较小，因此趋向于维持其原来的移动轨迹，因此大油滴的分布形式仍以空心锥体为主。这样，分布于喷雾前端和接近喷雾锥体的外表面处的油滴平均粒径一般较大，而分布于锥体内部的油滴平均粒径则较小。PPAA喷油器的名义喷雾锥角减小一般会使喷雾的雾化水平略有提高，这与单流体涡流喷雾的观察结果相反。

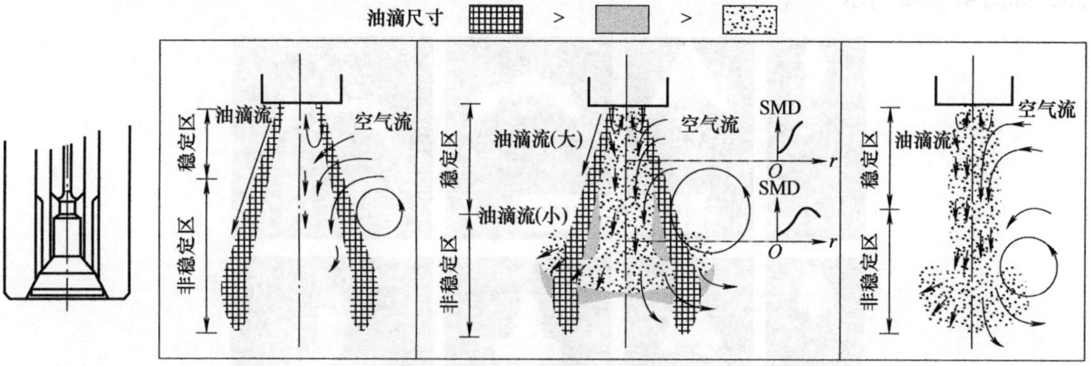

图4.11-3　空气辅助喷油器喷雾结构[315]

4.12　环境密度对喷雾过程的影响

在低供油压力和低环境密度的条件下，如让喷油器在其标称喷油压力一半的条件下，向大气环境中喷油，涡流喷油器的喷雾是一个空心锥状体。各油束经涡流通道从喷油器喷出后会沿锥体的外表面以直线轨迹移动，并且除了在初始喷雾的初期以外，喷雾锥体的内部几乎没有流动。当供油压力或者环境背压/浓度增加时，喷雾边界则呈曲面状，喷雾形状也从空心锥体过渡为半空心铃状体。在供油压力继续增加且环境密度适度时，会在喷雾外边界处出现螺旋状涡流，并与主喷雾区相接合。这种涡流，伴随着初始喷雾，使得喷雾形状呈铃状体。许多中、小粒径的油滴都由喷雾外围边界卷吸进入喷雾区域内部，其他一些极小的油滴则被卷吸进入螺旋状涡流内部。当供油压力接近其标称供油压力，而环境压力提高2.5倍时，这种卷吸气流会达到一个临界值，喷雾的横截面和湿痕都会变小。就像上文简要介绍的那样，这种现象一般被定义为涡流喷雾的“坍塌（破碎）”。正如下一节中将详细讨论的那样，当喷油器温度（指喷油器体、喷油器头部和头部的燃油温度）升高到某一临界值时，这种涡流的“破碎”也会发生，这个温度临界值与所用燃油的黏度有关。对于实际的涡流喷油器，与非破碎喷雾相比，喷雾的破碎与供油压力、环境压力/密度、喷油器/燃油温度以及燃油的挥发性等工作参数之间的对应关系是一个非常复杂的脉谱图。喷雾破碎为一个狭窄的喷雾包层通常伴随着主喷雾区的贯穿速率增加，以及更紧凑的湿痕和较少的明显螺旋状涡流。在压力导致的破碎情形下，破碎喷雾的SMD与非破碎喷雾的SMD相比变化不大。但在温度导致的喷雾破碎情形下其SMD与非喷雾破碎的SMD相比略有减小。后者一般都是在喷油器工作温度较高条件下（75~110℃）发生的，这是因为喷油器头部空穴及出油孔内的燃油闪急沸腾造成的。在温度导致的喷雾破碎情况下一般都会形成非常狭窄的、贯穿能力很强的主喷雾区，此时没有明显的初始喷雾区域，也没有明显较小的SMD（10~12μm）。

喷雾环境密度的增加会造成喷雾羽流区油滴粒径增大。如图4.12-1所示，在早喷时喷雾背压较小的情况下，一个典型的涡流喷油器的喷雾形状是一个锥角较大的空心锥体。随着环境密度的增加，如增加背压的情况下，阻力增加同时气流的卷吸效应增强，导致喷雾的几何形状变为狭窄的实心锥体结构[196]。由喷雾引发的空气卷吸效应随环境密度的增加而大幅提高，这就会明显促使油滴从喷雾结构的外围向内部迁移，使涡流式喷油器的喷雾锥体破碎，如图4.12-2所示[369]。

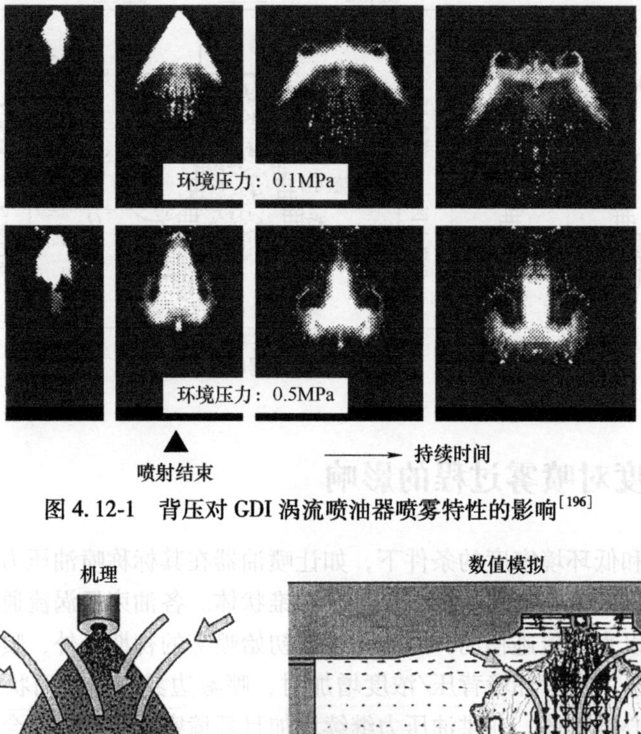

图4.12-1 背压对GDI涡流喷油器喷雾特性的影响[196]

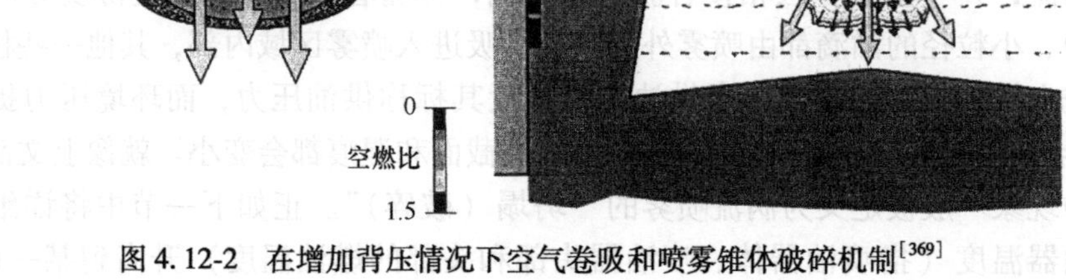

图4.12-2 在增加背压情况下空气卷吸和喷雾锥体破碎机制[369]

大多数GDI喷油器的喷雾形状都会在整个发动机运行工况范围内，随缸内密度和供油压力的改变而变化。图4.12-3给出了一个系列的激光片光源下涡流喷油器的喷雾图像。在较低供油压力和背压下，涡流喷油器的喷雾呈空心锥状。在较高的供油压力下，喷雾的主要改变是油滴自外而内的卷吸进入锥体内部从而形成的实心锥体的喷雾形状。而背压的增加则使得喷油器的喷雾横截面收缩，形成一条狭窄的喷雾，而此时喷油器供应商经常使用的、以喷嘴头部的喷雾夹角来定义的喷雾锥角变化不大。当供油压力和环境背压同时提高时，涡流喷雾形状的收缩非常明显，喷油器轴线上的喷油油束具有最高流速。当喷雾的环境密度提高时，经充分发展的涡流喷雾的形状将由空心锥体转变为铃状体，最终变为球状。因此，在大气环境下的台架试验中所获得的喷雾锥角与环境密度提高条件下所形成的喷雾形状几乎没有可比性。因此很难用大气环境条件下所获得的喷雾锥角去解释实际的燃烧现象，就像之前在4.6节中所阐述的那样。

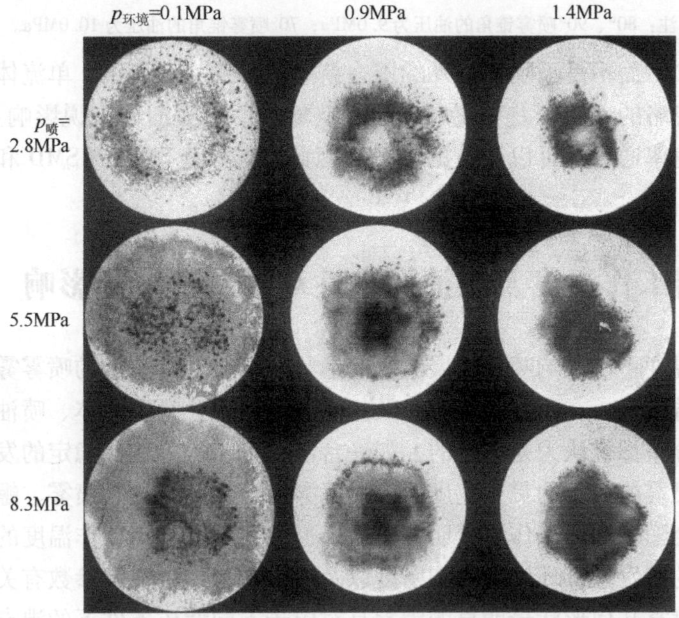

图4.12-3　环境背压和油轨压力对涡流喷油器GDI喷雾的影响

注：图片为距离喷油器头部40mm的地方，喷油后4ms。

正如在图4.12-4中的PDA数据所展示的那样，涡流式喷油器有三种不同的喷雾锥角，并且雾化程度会随下游的背压增加稍有下降。对于图中给出的六种情况，这些随背压增加而出现的规律被清晰地表现了出来。当背压由0.1MPa升至0.5MPa时涡流喷雾的SMD单向地由16μm增加至22μm。

对涡流式喷油器来说，一致的结论是：以环境压力0.1MPa为基准，每提高0.1MPa，室温下GDI喷雾的SMD增加约8%，热的燃油和喷油器条件下则增加6%。对所有喷油器而并非局限于涡流式喷油器来说，环境密度增加时，SMD和DV90均增加，其他类型喷油器的趋势将在后续章节讨论。如图4.12-4所示，涡流喷雾的DV90统计值随环境密度增加而增加。但应该指出的是，增长趋势并不是唯一的，实际上对应于不同的喷油器、不同的工作温度和不同的燃料类型，其增长率均不同。在较高环境密度下SMD和DV90增长的原因是油

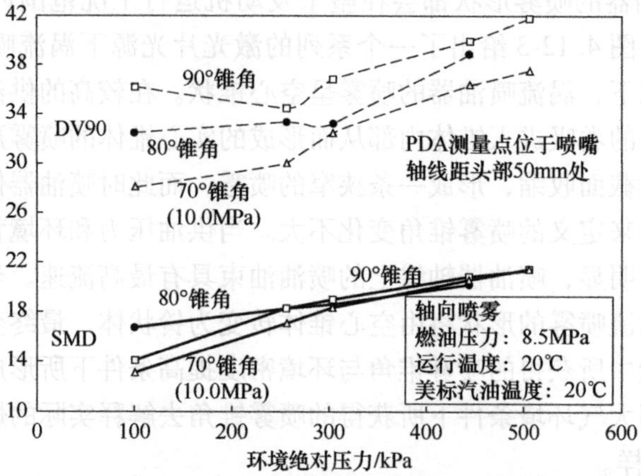

图 4.12-4　环境背压对 3 个涡流喷油器 SMD 和 DV90 的影响

注：80°、90°喷雾锥角的油压为 9.0MPa；70°喷雾锥角的油压为 10.0MPa。

滴聚合的速率增加，而不是喷嘴口内外的压力差减小所致。对高压、单流体喷油器来说，压差的变化是可以忽略的，但压差变化对低压、空气辅助式喷油器来说影响显著。在 CFD 喷雾模型中，聚合速率通常是可以调节的参数，因此可与试验测量的 SMD 和 DV90 变化规律相匹配。

4.13　喷油器工作温度及燃油挥发性对喷雾发展的影响

喷油器工作温度不仅影响喷雾发展的几何形状，同时对可获得的喷雾雾化程度和蒸发水平也有极大的有益影响。在这部分的论述及相关试验当中，喷油器体、喷油器头部以及喷油器内燃油的温度分布都被认为是均匀的，如一台经充分暖机、运转稳定的发动机所具有的工况。喷雾锥角、喷雾前锋面的贯穿速度、最大喷雾贯穿距离、初始喷雾、螺旋形涡流以及湿痕等几何参数都会随喷油器工作温度明显变化。这些几何参数随工作温度的变化都是非线性的，并且与燃油的挥发性、环境背压和密度以及喷油器工作温度等参数有关。对于纯碳氢化合物而言，影响喷雾几何形状最明显的因素是对应于不同背压条件下的沸点。不过对于大多数的多组分燃油而言，雷德蒸气压（RVP）值、驾驶性指数或蒸馏曲线上的 T10、T20 温度点这些参数，都与喷油器工作温度一起共同对 GDI 喷雾几何特性产生影响。在目前的文献当中，尚有一些关于燃油闪急沸腾对喷雾过程影响程度的争议。不管这些争议的最终结论如何，毫无疑问，在所有的 GDI 模式下都有着对喷雾过程造成影响的临界工作温度点存在，并且这些临界温度值的大小与燃油自身的挥发性有关。

4.13.1　涡流式喷油器工作温度对喷油过程的影响

当燃油温度/挥发性提升到临界阈值时，所有喷油器的喷雾特性均有所改变，但对某些喷油器如涡流式喷油器，其变化较其他喷油器特别是槽式喷油器的变化尤为明显。对挥发性较差的液态燃油来说，如正十二烷或其他测试溶剂，当喷油器工作温度由 10℃ 升至 100℃ 时，基本不会对燃油喷雾过程和特性产生影响。也就是说，在实验室条件下，影响喷雾几何形状的喷油器工作临界温度一般都高于发动机上的喷油器实际工作温度。而对于正庚烷或异辛烷这样具有中等挥发性的燃油来说，在一个大气压的背压下，影响喷雾几何形状的临界工作温度区域一般在70℃附近，这一临界温度值会随背压升高略有升高。而对挥发性碳氢化合物如异戊烷和正己烷，或者是T10温度较低的多组分燃油而言，喷油器临界工作温度下限则可低至45~50℃。

因此，当试验温度高于喷油器临界工作温度时，喷油器的喷雾特性就会明显地改变。喷油器临界工作温度的上限和下限值是与燃油蒸发性和喷油时刻发动机缸压相关的函数。如果喷油器体和所喷入的燃油（一般市售汽油）温度都保持在85~100℃以内，那么此时燃烧室内的喷雾情况与实验室室温条件下的喷雾情况明显不同。当喷油器温度超过其临界工作温度下限时，喷油器头部的喷雾角（目前工业上一般称之为喷雾锥角）会略有增大，但喷雾的腰部以下则会变窄。对涡流式喷油器而言，初始喷雾和螺旋管型涡流变得不明显，而喷油器温度进一步增至其临界工作温度值上限时这两个区域基本上同时消失。此时的喷雾贯穿能力更强，并呈现为一个狭窄的气态射流，喷雾的横截面和湿痕都有所减小。当喷油器工作温度接近其临界工作温度值上限时，湿痕基本消失。

从图4.13-1中喷雾过程的体积照射（非片光）喷雾图像可以发现，随喷油器工作温度增加，涡流喷雾过程的变化非常明显。这些图像均是采用异辛烷为燃料在75°锥角的涡流式喷油器上得到的。图4.13-1a是喷油器工作温度为20℃时的喷雾图像，可以看到此时的喷雾具有典型的螺旋管型涡流和强贯穿性的初始喷雾。图中横穿整个视图的一些线条是PDA激光束在拍摄时留下的像，这些激光束被放置在距离喷油器头部50mm的地方来测量喷雾粒径。当喷油器工作温度接近于70℃的临界温度下限时喷油锥角变窄，同时初始喷雾的雾化程度进一步增强。图4.13-1b为喷油器工作温度为75℃时的喷雾图像，从此图可以看到喷雾起始阶段的喷雾情况随喷油器工作温度的转变相当明显。而当喷油器工作温度介于75~100℃之间时喷雾过程则完全不同了。当喷油器和燃油的温度达到其临界温度上限120℃的时，喷雾形状变得最为狭窄且贯穿能力最强。

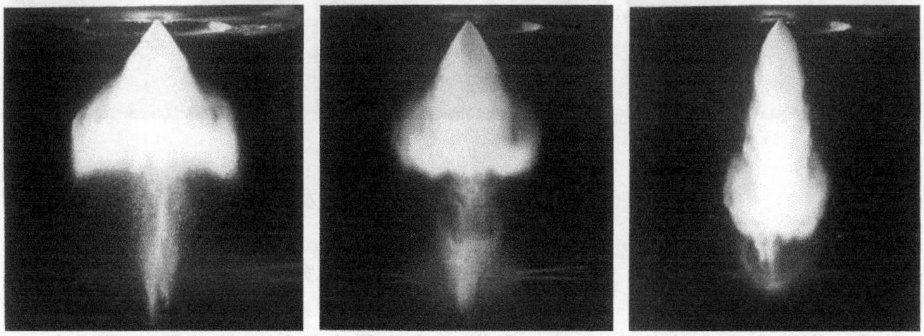

a) b) c)

图4.13-1 涡流喷油器工作温度对喷雾发展的影响

a）20℃ b）75℃ c）100℃

注：图片摄于喷油后1.5ms；燃油为异辛烷；喷油脉宽为1.5ms；背压为0.1MPa。

值得强调的是，图4.13-1c所示喷雾的一系列喷雾特性与图4.13-1a中喷雾的特性相比已经完全不同了。同时也可以看到，如果采用同样的方法对正十二烷这种挥发性很差的燃油进行试验，那么喷油器工作温度为20℃时的各喷雾特性与100℃时所得到的几乎完全相同。如果再将燃油换作美标汽油（一种用多种碳氢化合物混合而成的用来模拟汽油的混合物，但它含有异辛烷所不具有的轻馏分)，结果如图 4.13-2 所示，相应的临界温度降低。由于挥发性更好，美标汽油的临界温度下限为 60℃。因此，当喷油器工作温度达到 75℃时喷雾过程随温度的变化已经相当明显了。实际上在 75℃条件下，美标汽油的喷雾特性与 100℃下的异辛烷燃油几乎完全相同。在 100℃下，美标汽油的喷雾特性已经转变得比较完全，这就是说此时的温度已经达到美标汽油的临界温度上限。如果进一步增加喷油器工作温度，喷雾特性不再有明显变化。并且当温度达到临界温度上限时已经没有明显的初始喷雾和螺旋管型涡流，并且主喷雾区变得非常的狭窄和尖锐。喷雾的横截面和锥角都大幅度减小，而喷油器头部的喷雾锥角则非常大，接近 130°。

图 4.13-2 中美标汽油在三个不同工作温度下喷雾所对应的雾化特性曲线如图 4.13-3 所示。这些数据是由放置在喷油器下方 50mm 处的二维实时相位多普勒粒径分析仪测得的，从喷雾一侧的边缘位置沿水平方向每隔 2mm 设置一个检测点，直至另一侧边缘。图 4.13-3 上的雾化性能曲线直接证实了当喷油器工作温度由 20℃上升至 100℃时，喷雾的平均粒径减小，而喷雾几何形状则随之变窄。在喷油器轴线即喷雾轴线上，当喷油器工作温度由 20℃上升至 100℃时，SMD 由 16.6μm 减小至 13.9μm，而喷雾外围区域 SMD 的下降最为明显，所在位置的喷雾 SMD 可由最大值 18μm 骤减至最小值 9μm。这个下降是因为与喷雾轴线处相比，喷雾周围部分在整个喷雾中所占的燃料质量流通量比例较小。

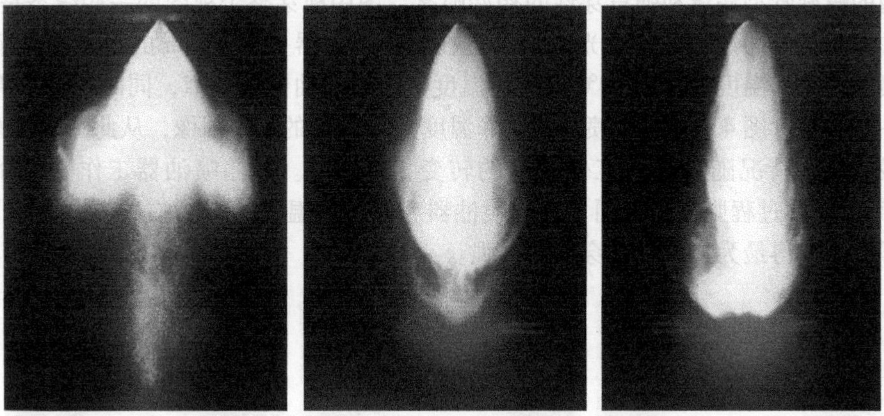

a) b) c)

图 4.13-2 涡流喷油器工作温度对喷雾发展的影响

a) 20℃ b) 75℃ c) 100℃

注：图片摄于喷油后 1.5ms；燃油为吲哚（indolene）；喷油脉宽为 1.5ms；背压为 0.1MPa。

当喷油器工作温度高于临界温度时，在靠近喷油器头部位置的喷雾边界线有一个明显的弯曲，这使得所测量的由头部到不同位置的喷雾锥角变化非常大。这一特点非常好地说明了目前采用的这种特殊方法，即用近喷油器头部的喷雾内包角来定义 GDI 喷雾锥角的缺点。如在图 4.13-2c 中所示的喷雾锥角是非常狭窄的（在距离喷油器头部 50mm 处测量，测得锥角为 20°），但是在距离喷油器头部 5mm 处测得的喷雾锥角为 95°。而在距离喷油器顶端 10mm 处（这个长度被一些喷油器制造商专门用来定义喷雾锥角的大小），喷雾锥角则变为 55°，很明显，喷雾羽流实际要比该角度窄许多。

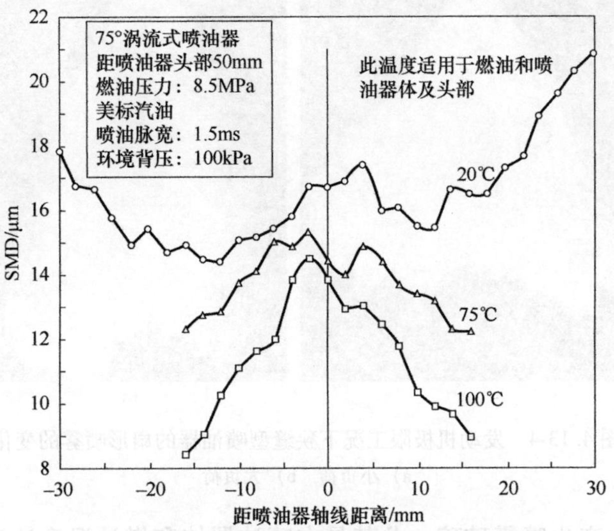

图 4.13-3 3种喷油器工作温度的喷雾 SMD 图

4.13.2 非涡流式喷油器工作温度及背压对喷雾过程的综合影响

涡流式喷油器上喷雾的破碎特性已被熟知，但是研究记录其他形式的 GDI 喷油器喷嘴的喷雾特性的却很少。槽式 GDI 喷油器的喷雾几何形状为扇形，也称扇形喷雾。这种喷雾形状对喷油过程中各参数的变化不太敏感，如燃油压力、缸内背压、喷油器体和喷油器头部的燃油温度等，都不会对其造成明显影响。一般所有类型喷孔的喷雾外形都会随着下游环境密度的增加而改变，而喷雾的贯穿速率和最大贯穿距离则会随之减小，这样一来，在喷油开始后的任何固定时刻的喷雾发展过程都会减缓。然而，喷雾破碎这种情况并非是可指定的。图 4.13-4 中已经明确指明，即使喷油器工作在发动机的稳态、大负荷的极限工况下（图 4.13-4b），扇形喷雾的扇面夹角也仅减小了 15%，喷雾宽度也仅增加了 4~8mm。对这些工况来说，即喷油器/燃油的工作温度为 95℃，环境背压为 0.1MPa 时，所产生的喷雾形状也仍为扇形，其湿痕仍为矩形，只是它们的面积大小稍有变化。作为对比，图 4.13-4a 给出了小负荷、晚喷工况所对应条件下的喷雾几何形状，其喷油器/燃油的工作温度为 75℃，环境背压为 0.3MPa。此时的喷雾扇面夹角从 79° 降至 67°，约减小了 15%；喷射开始后 1.4ms 时刻的喷雾贯穿距由 45mm 增加到了 58mm。

与扇形喷雾一样，PPAA 喷油器的喷雾几乎不会受到工作条件和周围环境参数的影响。在临界和超临界压力条件下，从喷油口喷出的气体以音速流动，这有助于使其完全独立于喷雾下游的环境，此时气流当中的液态或气态燃油基本不会对最终的燃油喷雾形状产生影响。因此 PPAA 喷油器的喷雾对这些环境参数的改变并不敏感也是非常合理的。但是多孔喷油器却并非如此。与涡流式喷油器一样，多孔喷雾的几何形状会随着喷油器的外部工作条件变化明显改变，但能够使喷雾形状改变（破碎）的边界条件的范围一般较宽。因此，多孔喷雾比涡流喷雾的适应性更强。从图 4.13-5 可以清晰地看到，多孔喷嘴的喷雾会受到环境条件的影响，在特定的环境密度/压力以及喷油器体/燃油温度条件下，其各喷嘴所喷出的油束会合并为一条单一油束。涡流式喷嘴一般在背压上升的时候会产生喷雾破碎，而大多数的多孔

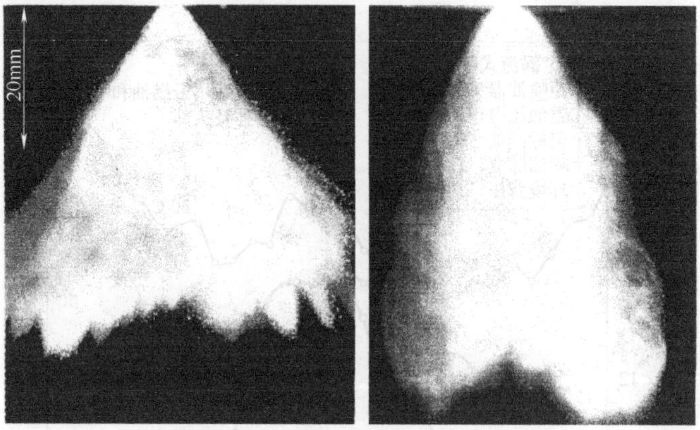

a) b)

图 4. 13-4 发动机极限工况下狭缝型喷油器的扇形喷雾的变化

a）小负荷 b）大负荷

喷嘴在背压降低时会产生喷雾破碎，尤其是在喷油器体和燃油温度达到 75℃以上的时候。多孔喷嘴喷雾的确会随背压的升高而发生破碎，不过这种情况仅在背压超过 0.45MPa 的条件下才会出现。应该指出的是，多孔喷雾的转变区间非常大，因此，多孔喷雾比涡流式喷雾稳定得多。如在一台光学发动机获取的涡流喷雾图像中经常可以观察到，喷雾几何形状会在喷雾破碎和非破碎之间随机变化，其原因就在于涡流喷雾的转化区间非常小，而这变种喷雾形状的随机变化在多孔喷雾方式下一般不会发生。

在正常的实验室工作条件下多孔喷嘴喷雾由一系列狭窄、独立的油束构成，每个喷孔有一条油束且该油束形成的斑点状湿痕与之对应。当喷油器体和燃油温度升高到发动机正常工作温度时（75~90℃），各油束开始变宽，同时油束之间的边界开始变得模糊。当环境背压下降到相当于晚喷条件下的背压值时，也就是 0. 25~0. 45MPa 之间时，这些独立的油束渐渐变宽、合并，最终当背压降至 0. 15MPa 时就形成了一条单一油束。多孔喷雾的这一特点与带有小螺旋管型涡流的涡流式喷雾十分相近。在此条件下，总的喷雾横截面和湿痕面积均有所减小，但与多油束的横截面和湿痕面积总和相比仅减小了 15%。当背压进一步减小至 0. 1MPa 时，正如相同条件下的涡流喷雾一样（图 4. 13-2c），多孔喷雾完全破碎且具有极大的贯穿能力。贯穿速率提高，一方面是因为背压降低导致油滴阻力减小；另一方面则是因为单一油束比多油束本身的阻力就小，或者说是横截面积的影响。在喷雾形状方面，多孔式喷油器比涡流式喷油器更为稳定。虽然多孔喷雾仍会受喷油器工作温度和环境背压的影响，但其影响程度较涡流式喷油器要小。

在某种程度上，所有 GDI 喷油器的喷雾特性都会受到喷油器工作温度、燃油挥发性、背压、环境密度以及这四种因素的综合影响。一般而言，工作温度或者背压各自对喷雾改变的影响并非线性相加，如图 4. 13-1~图 4. 13-5 所示，因此必须通过温度和背压的运行脉谱对它们进行评价。这样一来情况就变得十分复杂了，因为每一种燃油都必须有其单独的脉谱。然而，值得期待的是，通过进一步的试验和模拟工作，最终可以用一个无量纲的脉谱对各种因素的内在联系进行关联；这些因素包括环境背压与燃油蒸气压的比值，也包括环境密度。表 4. 13-1 给出了不同形式喷嘴上的喷雾几何形状和印痕对环境参数和工作参数敏感程度的大致情况。

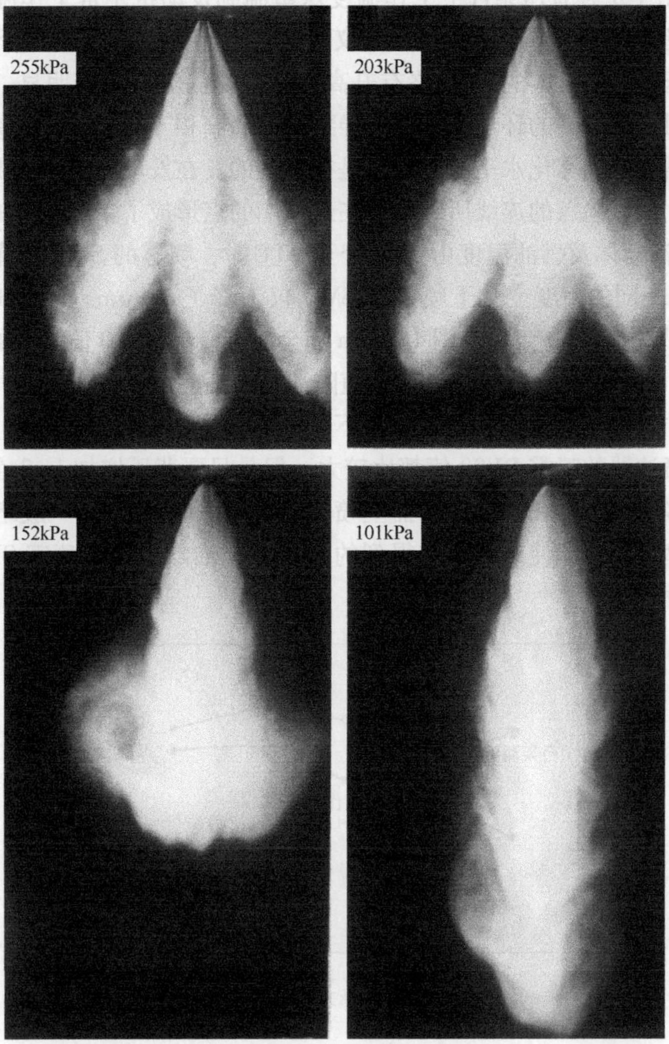

图 4. 13-5　在高温工作下的多孔喷油器在 4 种背压时的喷雾

注：6 孔喷油器；50°喷雾锥角；燃油为吲哚；油温为 90℃；燃油喷射压力为 11MPa；喷油量宽为每次喷射 10mg 时。

表 4. 13-1　喷雾几何形状和印痕对环境参数和工作参数的敏感程度

喷油器类型	敏感度	意见和建议
槽式	非常不敏感	• 影响非常小 • 高温时扇形角略小
空气辅助式	不敏感	• 影响很小 • 高温时锥角略小
多孔式	敏感	• 高温、（极）低背压时破碎 • 显示闪急沸腾效果
涡流式	非常敏感	• 背压增加时破碎 • 显示闪急沸腾效果

图 4.13-6 给出了 7 种背压条件下工作温度从室温到发动机正常工作温度时对喷雾雾化特性的影响。这里采用相位多普勒粒径分析仪对喷雾夹角为 50°的六孔喷油器进行了分析。结果表明，当背压升高时喷雾的 SMD 略有升高，但不如涡流喷油器明显。孔式喷油器的这一喷雾特点也是因为在较高的环境密度下会导致喷雾油滴相互聚合。同时除了背压较高的情况下，随温度的增加燃油雾化水平的提高也是很明显的。在发动机运转工况下，六条独立油束开始相互混合，如试验点的连线所示，并在最左端的点形成了单一集中的喷雾湿痕。当背压为 0.1MPa，喷油器体及燃油温度由 20℃升至 90℃时，喷雾的 SMD 下降了一半，而当背压为 0.6MPa 时，相同的温度变化下喷雾的 SMD 仅下降了 1.9μm。图 4.13-6b 所示为喷雾 DV90 值的统计结果，其试验条件与图 4.13-6a 完全相同。在 DV90 值测量的可重复性限定条件范围内（见 4.16.4 部分），喷雾的 DV90 值随温度升高的改善相当明显，大粒径油滴的数量也大幅下降，并且在试验中各个背压条件下，喷雾油滴的粒径都减小了 18~28μm。在背压较低时多孔式喷油器的喷雾 DV90 值都比较大，但是只要背压增加 1~2 个大气压喷雾情况就会明显改善。多孔喷油器和槽式喷油器上喷雾的 SMD 和 DV90 值一般略高于涡流式喷油器和空气辅助式喷油器，即使单独测量得到的涡流式喷油器的初始喷雾 SMD 和 DV90 值也很大，情况仍未改变。

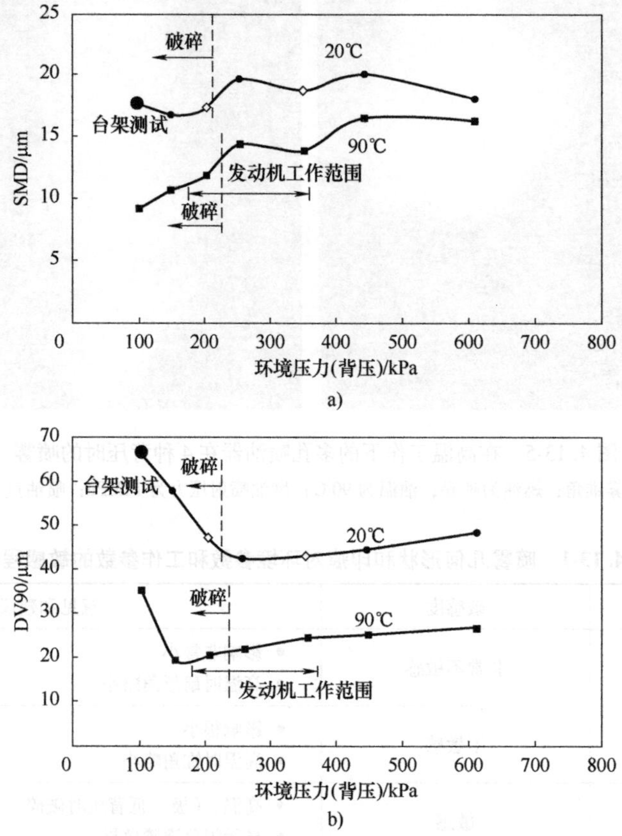

图 4.13-6　多孔喷雾情况下工作温度和背压对燃油雾化的影响

a）SMD 的趋势　b）DV90 的趋势

注：50°喷雾锥角；6 孔喷油器。

当工作温度达到临界温度下限时，多孔喷雾的各独立油束开始变宽，并开始与相邻油束相混合，因此产生了相邻油束轴线夹角这一关键参数。夹角如果较宽，各油束混合的临界温度值上升。对喷油孔环形分布的多孔喷油器而言，将喷雾轴线夹角为50°的喷油器与喷雾轴线夹角为70°的相比，在较低的工作温度下更容易实现油束的混合，而喷雾轴线夹角更大的喷油器可能根本不会产生油束的混合。从湿痕的方面来讲，当喷油器工作温度接近临界温度上限时湿痕形状会由原来的椭圆形变为一条直线；而对于空气辅助式喷油器或者槽式喷油器，当工作温度提高时湿痕只是略有改变。因此说，这两种喷油器的喷雾在喷雾形状上是最稳定、对外界环境条件变化最不敏感的。这时对空气辅助喷雾来说其喷雾外形略微变窄，而对槽式喷油器而言，其主视图上的喷雾外形变窄，而侧视图上的喷雾外形则略有加宽。

许多研究表明喷油器的工作温度会对喷雾特征产生明显影响，因为喷油器内的燃油温度与喷油器内壁温度几乎相同，尤其是在燃油流速较低或者喷射频率较低的情况下。这一特点特别适合应用在分层模式的运转工况[454-458]。通过燃油挥发性影响的试验研究发现，当气缸盖的温度由30℃增加到90℃时喷雾形状会由空心锥体变为实心锥体[171]。实际上气缸盖温度上升使得喷油器头部温度同时上升，这也使喷雾形成过程的后期喷雾前端的贯穿能力得到了提高。同时，在喷油器工作温度提高后喷雾锥角有所减小，这会使喷雾的减速过程推迟[24]。在喷油器工作温度上升和背压较低的情况下，异辛烷掺混丙酮的混合燃料会经历一个闪急沸腾阶段，这将导致喷雾的形状由温度较低时的空心锥体变为实心锥体。这种外形结构的改变一般发生在70℃附近。不过在同样温度下，当环境压力提高时，喷雾形状向实心锥体的转变就不那么明显了。如在0.06MPa的背压条件下喷雾外形会立即出现明显变化，但是当混合物中无低沸点成分时或背压较高使闪急沸腾不易发生时，喷雾外形则无明显变化。以美标汽油作为燃油进行试验研究，所得试验结果与异辛烷掺混丙酮时非常接近，这表明吲哚中较轻的成分在高温度低压力条件下也发生了闪急沸腾。此时喷雾形状之所以为实心锥体，一般认为是因为挥发性物质的快速蒸发和闪急沸腾，并伴随着较小的喷雾油滴卷吸至喷雾中心区域而引起的。总之气缸盖和喷油器的工作温度对喷雾特性的影响是非常值得关注的。

一般喷油器及喷油器内燃油的正常工作温度至少不低于冷却液温度，或者高出冷却液温度20℃，因此燃油的物质成分构成会直接影响喷雾的发展过程。这也会影响后续的混合物浓度分布，尤其是在分层模式下。对于由多种成分构成的普通汽油，低沸点成分更容易使喷雾特性发生改变。这说明局部当量比不仅与燃油蒸气浓度有关，也与该区域内的混合气成分有关[1,295]。在室温及晚喷条件下，仿真分析了燃油组分对高压涡流式喷油器喷雾结构的影响。KIVA-Ⅱ的计算结果表明，多组分燃油喷雾的起始蒸发速率略高于单组分燃油，同时喷雾的蒸发速率在接近蒸发过程结束的时候下降非常迅速[295]。这是因为蒸发性强的燃油轻组分在蒸发过程初期已经较快地蒸发，而在蒸发阶段的后期，燃油的重组分所需要的蒸发时间更长。分析同时表明，单一组分燃油的喷雾形状呈典型的空心锥体，且接近喷雾中心线附近的液态油滴非常少；多组分燃油的情况则不同，其喷雾中心线附近分布着大量的较小油滴。对多组分燃油而言，在喷雾过程的起始阶段通常会出现较多的浓混合气区域，与单组分燃油情况相比，多组分燃油最大当量比的区域减少。

值得注意的是，喷油器工作温度除了会对喷雾过程产生影响之外，有两个非喷雾影响也值得关注。众所周知，提高气缸盖的温度会提高喷油器内沉积物的形成速度。此外，提高喷油器体温度也会使通过喷油器喷入缸内的燃油量发生轻微的变化，一般而言，如果试验台架上的流量曲线未经校正，就会使空气-燃油计量产生误差。因此，需要考虑制定一套 GDI 喷油器热流变化的标准试验规范。

4.14 喷雾雾化范围的设计和运转工况变量

不同类型的 GDI 喷油器因为其喷油器头部不同的内部油路设计会对燃油的雾化程度造成影响。这些设计结构包括燃油涡流通道、单输油孔、多孔、槽孔、轴线偏置以特定角度向缸内喷油以及空气辅助喷射。不同类型的 GDI 喷油器的雾化性能见表 4.14-1。该表给出了各种喷油器在设计油轨压力下的平均雾化性能。一般情况下，涡流式、空气辅助式、压电驱动式喷油器的喷雾雾化程度要比多孔式和槽式的喷油器好，尽管实际上多孔式和槽式喷油器所设计的油轨压力要比涡流式喷油器高 1~2MPa。从技术角度上讲，不应该将压电式喷油器单独归为一类放在表 4.14-1 中，因为它仅仅是一种驱动方式，而不是喷油器头部的设计方式。实际上这种驱动方式也可以用在表中采用其他喷嘴设计方式的喷油器上。压电驱动式为各类型喷油器所提供的是明显更加快速和统一的开启触发，同时也会提高喷油器的动态特性，扩大工作范围。它的另外一个优势在于与电磁针阀式喷油器相比，它可以在更高的油轨压力（15~20MPa）下开启针阀。快速的开启过程意味着小针阀升程和针阀座面处大压力损失期间所占用的时间短，进而改善了此时喷油器开启过程中的雾化性能。同时，喷雾偏离喷油器轴线也是导致雾化性能下降的一个主要原因，喷雾偏角越大，SMD 也越大。不过这一点仅适用于涡流式和槽式喷油器，对偏置喷雾的多孔喷油器而言并未出现与此相关的雾化恶劣现象。

表 4.14-1 设计油压下不同类型喷油器的雾化水平

喷油器类型	SMD
涡流式（轴线）	14~17μm
涡流式（偏置）	16~19μm
空气辅助式	15~16μm
压电驱动式	13~18μm（与喷嘴头部设计有关）
多孔式（轴线）	16~19μm
多孔式（偏置）	16~19μm
槽式（轴线）	17~20μm
槽式（偏置）	18~21μm

注：以上测量为美标汽油在室内台架上，距喷油器头部 50mm 的平面喷雾最大燃油流量位置。

4.15 目前 GDI 喷油器的最佳实用性能

随着 GDI 喷油器设计和性能上的快速发展，各关键性能参数的最优值以及最佳性能都在不断更新，随着喷油器设计、制造、测试的不断更新和完善，喷油器的工作性能极限也不断被打破。表 4.15-1 为目前一些最佳实用喷油器关键性能参数的列表。喷油器的设计油轨压力具有一定的范围，如表中第一行的四列数值分别为四种油轨压力，其中前三个对应于单流体喷油器，后一个较窄的油压范围对应空气辅助式喷油器。每一列数据都表示该油轨压力下各性能参数所能达到的最优值。表内各粒径的统计值是采用双组分、相位多普勒实时粒径分析仪对大量喷油器进行测试的结果。所有喷油器均在20℃条件下以吲哚为燃料采用标准测试方案进行测试。非常重要的一点是，见表4.15-2，对于某种特定类型的喷油器，燃油雾化水平会明显受到各工作参数的影响，其影响程度为多种涡流式喷油器和多孔式喷油器（包括非偏置型和偏置型）在表中所列的运行参数范围下所测得的结果的平均值。

表4.15-1　当前关键喷油器和喷雾参数的最佳台架测试性能①

（单流体喷油器喷雾锥角55~80°；循环喷油量15mg；燃油温度20℃；环境背压0.1MPa）

喷油器和喷雾参数	单流体			空气辅助
油轨压力/MPa	5.0	8.5	11.0	0.5~1.0
主喷雾SMD/μm②	16.7	15.0	13.9	16.4
主喷雾DV90/μm②	32.5	28.7	25.0	29.6
主喷雾DV80/μm②	31.6	27.7	24.1	28.5
初始喷雾SMD/μm③	21.9	19.4	18.3	18.8
初始喷雾DV90/μm③	35.1	30.3	29.0	32.5
初始喷雾DV80/μm③	33.6	28.8	27.6	30.8
关闭时喷雾SMD/μm④	19.0	17.3	16.4	17.2
关闭时喷雾DV90/μm④	33.7	29.1	27.6	31.7
关闭时喷雾DV80/μm④	32.2	27.5	26.1	30.0
后喷次数	无	无	无	1次、小
主喷雾倾角/(°)	0.0	<1.0	<1.2	<1.0
初始喷雾倾角/(°)	<1.0	<2.0	<2.3	<1.0
开启时间/ms，12V电压	0.26	0.27	0.29	0.26
开启时间/ms，24~70V电压	0.16	0.17	0.18	—
关闭时间/ms	0.36	0.34	0.32	0.41

① 包括涡流式、多孔式、槽式和脉冲压力空气辅助式喷油器。

② 距头部50mm平面内，燃油体积加权PDA测试。

③ 距头部50mm、初始喷雾中心线上、初始喷雾到达后PDA测试。

④ 距头部20mm、喷油器轴线上、实际关闭3ms后PDA测试。

表4.15-2　GDI燃油系统运行参数对喷雾雾化水平的影响

运行参数变化	SMD增加或减少量
汽油变化	±0.9μm
正构碳氢燃料/乙醇：正癸烷对比正戊烷	−1.7μm
E85对比异辛烷	+2.2μm
降低油轨压力（11MPa→6MPa）	+3.8μm
增加燃油及喷油器温度（15℃→90℃，环境压力0.1MPa）	−3.2μm

（续）

运行参数变化	SMD增加或减少量
增加环境背压（0.1MPa→0.5MPa，20℃）	+5.1μm
降低环境压力（0.2MPa→0.08MPa，90℃）	−6.0μm
6ms内的双脉冲（第二脉冲相对于第一脉冲）	<0.5μm

4.16 与GDI燃油喷雾特性相关的问题

4.16.1 GDI燃油喷雾测量的关注点

依据油滴到达时间，采用精密相位多普勒分析仪对GDI燃油喷雾进行的测量结果发现，在自由空间下的GDI燃油喷雾具有一些相似的特性。无论是涡流式、槽式、空气辅助式还是多孔式喷油器产生的喷雾，均有一些共同的特点。这其中包括因为喷雾从喷油器位置到达被测区域需要一定的时间，因此测量初期会有一个无数据记录的空白区。在涡流式喷油器上距离喷油器35mm处对实际的GDI喷雾测得的数据如图4.16-1所示。一般来讲，最先到达待测点的油滴速度最快，直径也最大。利用高质量相位多普勒测量法测得的7200个油滴的测量值几乎完全一致，这表明穿过待测点的每一个油滴反射光的多普勒效应都同时满足粒径和速度测量的有效性标准。

从这个真实的例子里可以看到，产生于初始喷雾的首批油滴，会在喷射脉冲方波开始后的1.05ms到达被测区域。在这1.05ms的延迟期内没有记录到任何油滴数据，而这个延迟是由内部驱动延迟0.25ms（取决于生产厂商）、喷油器开启的机械延迟时间0.22ms、从喷油器到达待测点的移动延迟0.58ms这三部分构成。在距离喷油器35mm处油滴的最快速度为50m/s，虽然它们在喷出喷油器时的速度高达近80m/s。这是通过50μs/帧的速率拍摄的喷油开始后喷油器头部附近的贯穿距图像测得的，而不是在距离喷油器35mm处的PDA测量结果。初始喷雾所产生的油滴粒径最大，且在整个喷油脉冲的早期测得其粒径在15~58μm之间。初始喷雾穿过待测点位置仅需0.5ms，这个结论很容易从待测点上得到的粒径-时间变化图上看出。此后，主喷雾经过相位多普勒测量区域，其速度随主喷雾脉冲波形的上升和下降而经历最大和最小平均速度过程。怠速时，喷射的典型逻辑脉宽为1.1ms，则待测区域内主喷雾脉冲内喷雾所能达到最大速度的时刻约在3.3ms后。到5.5ms时脉冲明显衰减，此时距喷油器35mm处的所有油滴的速度不到6m/s，因此，5.5ms可以认为是主喷雾尾部的开始。在自由空间内试验时，包含几乎所有小粒径、低速度油滴的主喷雾尾部通过待测区域时还需要30~40ms。

图4.16-1中记录的油滴粒径的变化趋势就是许多GDI喷油器的典型的喷雾情况。首先最大的喷雾油滴总是在喷雾起始阶段产生的，并且在初始喷雾穿过待测区域后平均粒径会明显改善。接下来在主喷雾期和喷雾尾期通过待测区域时油滴的平均粒径会继续下降，不过与初始喷雾相比，主喷雾和喷雾尾部通过时粒径的下降速度相对减小。早期油滴之所以通常为最大和最快的油滴，其原因可能是因为这些喷雾油滴源于“加工室（Sac）”喷雾，或者由于在小或无针阀“加工室”容积时，针阀开启初期的小针阀升程导致其雾化水平不好。这

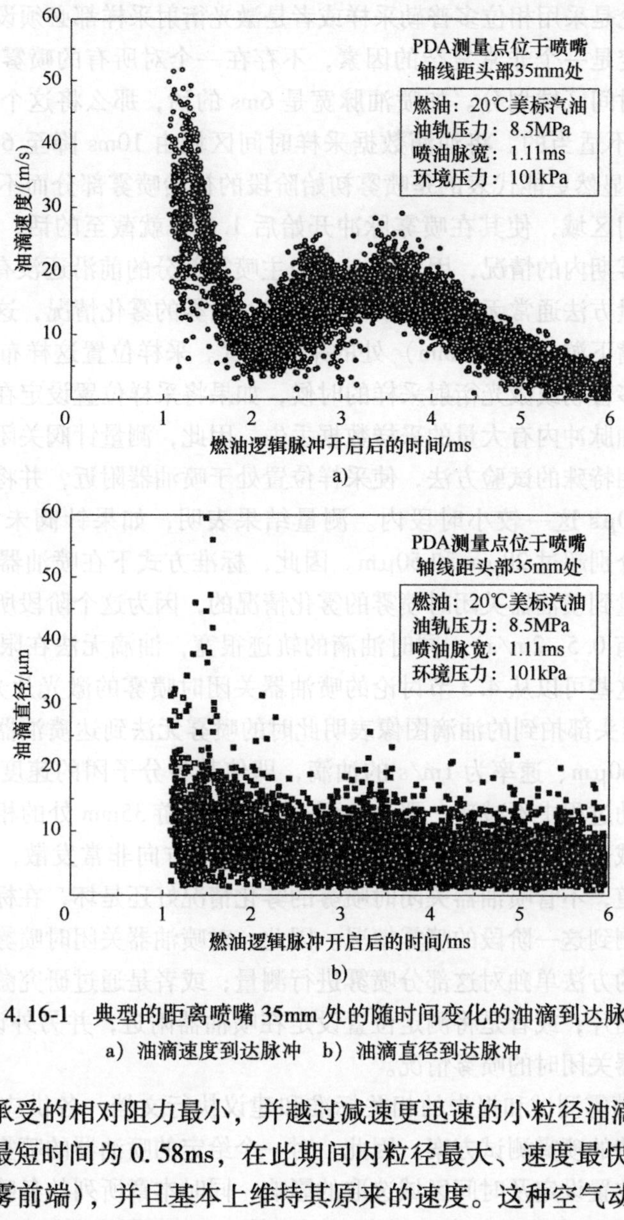

图 4.16-1 典型的距离喷嘴 35mm 处的随时间变化的油滴到达脉冲

a）油滴速度到达脉冲 b）油滴直径到达脉冲

些最大的油滴粒所承受的相对阻力最小，并越过减速更迅速的小粒径油滴。油滴从喷油器到达待测位置所需的最短时间为 0.58ms，在此期间内粒径最大、速度最快的油滴逐渐移动到了喷雾的前部（喷雾前端），并且基本上维持其原来的速度。这种空气动力的分离现象可以很明显从油滴到达的脉冲数据上看到。从图 4.16-1 还可以很明显地看到在定义和判断喷雾平均粒径和油滴平均速度方面所固有的困难。喷雾脉冲是高瞬态的，并且在每一个空间点上记录的油滴到达历程是不一样的。因此，在采用相位多普勒测量或者是激光衍射测量时，如果不事先划定一个以供油脉冲起点为基点的、用来限制何时对被测喷雾采样的时间区域，那么就会使测得的喷雾大部分都来自于喷雾尾部。这样就会使测得的 SMD 和 DV90Z 值与实际情况不符，相应地，也会使得测得的喷雾油滴平均速度值偏小；尽管也有人认为喷雾尾部的油滴也是喷雾的一部分，在计算喷雾油滴平均速度时也应当把这一部分计入在内。但是，这些测量的粒径和速度不具有代表性，尤其是喷雾开始后几十毫秒以后的喷雾。从另一方面讲，如果喷雾区域内存在着循环流动的涡流，那么再对喷雾尾期内如此长时间内的油滴进行测量，还会不可避免地发生一些油滴重复测量的情况。如果上述对喷雾测量偏差的认识是可以接受的，那么无论是采用相位多普勒采样或者是激光衍射采样都必须设定一个测量时间区域。时间区域的划定是一个非常复杂的因素，不存在一个对所有的喷雾和喷油脉宽都适用的、单独而固定的时间区域划分。如喷油脉宽是6ms的话，那么将这个采样控制时间区域设定为5ms显然是不适当的。将油滴数据采样时间区域由10ms降至6ms，进而继续降至2ms，那么采样结果显然更能代表的是喷雾初始阶段的初始喷雾部分而不是主喷雾部分。如果进一步减小该时间区域，使其在喷雾脉冲开始后1.6ms就截至的话，那么采样的结果则完全代表了初始喷雾期内的情况，因为1.6ms内主喷雾部分的前沿还没有到达待测区域。

普通的粒径测量方法通常无法记录喷油器关闭时喷雾的雾化情况，这主要是因为喷雾测定一般都布置在喷嘴下游（35~50mm）处的采样位置。采样位置这样布置是有许多实际原因的。在采用相位多普勒或激光衍射采样的时候，如果将采样位置设定在喷嘴下游5~10mm处，会导致一个喷油脉冲内有大量的采样数据丢失。因此，测量针阀关闭最后阶段的喷雾雾化情况，就必须采用特殊的试验方法，使采样位置处于喷油器附近，并将采样时间区域定在针阀即将关闭的100μs这一较小时段内。测量结果表明，如果针阀未完全关闭，此时的SMD和DV90值将分别超过28μm和50μm。因此，标准方式下在喷油器下游处对粒径的测量，一般是无法测量到喷油器关闭时喷雾的雾化情况的，因为这个阶段所产生的喷雾油滴速度非常低（一般只有0.5~2m/s），同时油滴的轨迹很宽，油滴无法在限定的时间区域内到达测量区域。以上这些可以从4.3节讨论的喷油器关闭时喷雾的激光片光成像中得到证明。图4.3-5中在喷油器头部拍到的油滴图像表明此时的喷雾无法到达喷油器下游35mm处的测量区域。一个粒径60μm、速率为1m/s的油滴，即使其各分子团的速度矢量都是沿轴线在同一方向上并且运动过程中不减速，那么它到达喷油器下游35mm处的相位多普勒测量或者是激光衍射测量区域也需要35ms。而实际上各油滴运动方向非常发散，且明显减速。这样就可以很明确地知道，不管喷油器关闭时喷雾的雾化情况好还是坏，在标准的喷雾雾化特性测量方法中都无法测到这一阶段的喷雾情况。因此，对喷油器关闭时喷雾的雾化情况进行评价时，必须用其他的方法单独对这部分喷雾进行测量；或者是通过研究激光喷雾成像在这一时期内拍摄的喷雾图片；或者是将测定位置设定在喷油器附近，并另外设定一个时间区域，专门用来检测喷油器关闭时的喷雾情况。

由于缺乏GDI喷雾测试和报告的相关标准和建议执行文档，各供应商和终端用户所采用的都是其各自独特的喷雾测试方案。因此，对一个给定的喷油器的喷雾，其测量结果会受到特定方法下测量位置设定及时间区域选取的影响，同时本章所列的各喷油器工作参数也会相应地影响喷雾的测量结果。在建立一套有意义的GDI喷雾测试方案时，需要注意的是，测量位置一般都取在喷油器下游50mm处，但是下游35mm和40mm处的测量位置也是经常被采用的。在选取喷雾数据采集的时间区域时，通常是把喷雾油滴速度降至该喷雾脉冲内油滴最高速度的15%的时刻定为时间区域的截至时刻。如在图4.16-1中，油滴速度需要由1.25ms时的喷雾最高速度52m/s降至7.8m/s，此时整个时间区域的长度就是6ms左右。关于时间区域，值得注意的一点是，最近出现了一些允许实际时间区域在整个试验结束后才截止的相位多普勒测量或者是激光衍射测量仪器，这对于试验中时间的设定是非常有利的。不管针对的是何种喷油器和何种喷雾形式，这些最新的测量仪器都可以将时间区域设定在10~12ms这样一个十分宽广的范围内，而上文介绍的、由喷雾油滴速度降至该喷雾脉冲内油滴最高速度的15%的这一较短时间区域，则可以通过后处理的方法在这个较宽的区域内得到。

这种测量方式唯一的缺陷就是因为时间区域太宽，使得许多对油滴的测量数据根本用不上，同时还增加了测试时间。

4.16.2　喷雾特性的问题

对GDI喷雾过程发展及性能方面的一些关键问题加以描述的必要性已经在本章前面的部分进行了详细的讨论，同时也针对燃烧系统开发项目所需的这类信息的一些关键问题进行了论述。然而，因为对喷雾特定特征的限制可能并非显而易见的，所以就非常有必要阐述有关特殊试验及特性描述方法的适用性问题。关于GDI喷雾过程的描述和理解，有两个非常重要的方面需要详细的讨论：

- 对GDI喷雾而言，在发动机运行工况下所展示的喷雾特性与在室内条件下的台架试验上所展示的完全不同。
- 目前对GDI喷雾测量还没有一个业界统一的标准，因此对不同喷油器的喷雾测量结果和喷雾参数还很难检验或再现。

喷油器制造商确实提供了一些喷油器及其喷雾的数据，但是这些数据大多数都是关于流动特性方面的。虽然这些数据也是很重要的，但对一个完整的燃烧系统开发项目要求而言还是不够的。因此，下文将对GDI开发项目所需的详细试验进行论述。喷油器制造商也许可以提供一些特定的喷雾和喷油器试验数据，但是他们一般无法提供实际燃油或热态条件（喷油器、燃油和环境）下的试验数据。一般而言，所提供的GDI喷油器和设计的喷油器原型的试验数据都是在室内环境下的台架上得到的，也就是说，喷油器、燃油和环境温度都是20℃，环境背压为0.1MPa，并且试验所采用的液体并非销售汽油、吲哚或者异辛烷。通常这种液体是一种溶剂，也可能是正庚烷。这样的试验标准并不是一无是处的，实际上它可以提供一些有用的数据，其中首要一条就是通过这些试验可以将喷油器按喷雾锥角、喷雾偏置角和流动性能进行归类。因此这些试验所得的数据是非常重要的，但是有时是不够充分的。

在分析燃烧数据、优化燃烧室设计或者建立喷雾CFD模型的时候，室内台架上所测得的大部分数据都是无法直接应用的。正如4.12节和4.13节内的图片所展示的，对许多类型的GDI喷油器来说，如果喷雾时的环境密度和工作温度与标准室内台架测试条件不一致时，喷雾特性也会随之明显改变。如果升高或者降低环境密度（环境密度升高一定程度上代表晚喷），此时的喷雾各参数也将会相应地改变，甚至明显变化。当喷雾测试的试验条件与发动机晚喷时缸内条件相一致时，喷雾锥角、平均粒径、DV90和贯穿速率都会发生实质上的变化。如果将喷油器体、喷油器针阀加工室和喷油器内的燃油温度同时提高到75~90℃，也就是相当于发动机稳定运行状态下喷油器的工作温度时，喷雾过程的变化将会更为明显。如果用真实的汽油来代替试验中所用的混合物溶剂，喷雾也会完全不同。

在台架试验条件下喷雾过程对试验使用的燃油类型并不十分敏感，使用混合物溶剂与使用实际汽油或纯的碳氢化合物所得到的喷雾试验结果并没有太大差异。但是，在实际GDI发动机工作条件下则并非如此，几乎大部分的GDI喷油器的喷雾情况都与室内台架条件下、采用低挥发性燃油进行试验所得的喷雾情况完全不同。如果用台架试验所得的数据来解释发动机上的燃烧现象、初始化喷雾模型或者进行喷雾贯穿预测的话，就容易得出错误的结论。在实际 GDI 发动机工作条件下喷雾的湿痕、喷雾破碎后的锥角、SMD 和 DV90 值以及喷雾前锋面的贯穿速率等也会发生巨大的改变，同时喷雾油滴的粒径分布和喷雾的瞬态过程也会明显变化。所以，最基本的一个结论就是台架试验条件下与实际发动机工作条件下的喷雾表现与喷雾特性完全不同。并且这种不同是根本无法调和的，除非能够完全认识到将台架试验条件下所得到的结论应用于其他条件下可能出现的各种误差。将背压 0.1MPa、喷油器温度 20℃、采用测试溶剂作为燃油的台架试验条件与背压 0.3MPa、喷油器和燃油工作温度 90℃、以汽油为燃油的实际发动机工作条件相比，反差巨大。在这两种试验条件下，涡流式喷油器上的喷雾差异最为明显，多孔式喷油器次之，而槽式喷油器和空气辅助式喷油器上的喷雾差异最小。如果实验室的试验设备能够提供更加接近于真实发动机的工作条件，相应地就可以得到改进的喷雾特性数据，从而加以收集和利用。不过在标准台架条件下的喷雾试验可以用来模拟冷起动状态，也可以用来模拟采用当量比或稀混合气时早喷模式下喷油器的喷雾特性。不过，即使是对冷起动状态下喷油器的喷雾进行评估的时候，仍然需要获得一些较低油轨压力（代表发动机上高压油泵未完全工作时）下的喷雾数据。

虽然对 PFI 喷油器及喷雾特性的测试和记录已经有了世界范围的统一标准，但目前针对 GDI 喷油器尚无此类标准。国际汽车工程师协会（SAE International）有许多关于在 PFI 喷油器上进行试验和记录的推荐方案，其中包括 J1832、J1862、J1537 和 J1541，这些协议都是在 2000 年后修正更新的，但是目前只有 PFI 喷雾锥角这个参数具有标准的试验步骤和记录方案。在 SAE J1832 协议中喷雾锥角是采用低分辨率格栅采集的方法测量的，并从 1985 年起已经成了一个测试标准。该锥角定义为在标准收集装置的径向距离内可涵盖 PFI 燃油喷雾的 90%总质量的角度。不过，目前所有的喷油器制造商对喷雾锥角的测量手段已经远远超过了 J1832 中采用低分辨率采集的方法，制造商们目前普遍采用的是基于高分辨率格栅采集的特殊的内部测试协议来测量喷雾锥角。如图 4.6-7 所示，高分辨率采集法采用了 250~260 个格栅单元来收集液态燃油和定义质量分布。不过无论是低分辨率法还是高分辨率法都无法直接应用于 GDI 喷油器的（基于质量分布的）喷雾锥角测量。在 SAE J1832 中的标准低分辨率喷雾锥角测量协议和相关测试设备无法用于 GDI 喷雾锥角的测量，其原因在于它所设定的测量距离太大（90~143mm），这样就会有大量的燃油在此期间内已经挥发，同时也使许多油滴在采集前还没有到达测量区域内。一些试验研究已经开始使用高分辨率成像的方法来测量 GDI 喷雾的燃油分布情况，但是目前还没有制造商宣布采用这种方法对 GDI 喷雾锥角进行测量。因此，这种测量已经成为当前研究发展的前沿领域。与基于图像的喷雾锥角相比，真实的质量分布剖面和基于质量分布的喷雾锥角测量方法具有很多优势，尤其是在测量不对称喷雾的情况下。

令人惊讶的是，关于燃油雾化的测量，目前还没有一种国内或国际统一的喷雾粒径测量标准，即使是对已经相当完善的 PFI 喷雾测量来说也是如此。ASTM E 799-92 和 ISO/WD 9276-2（档案编号 ISO/TC 24/SC4 N115E）公布了一套用以缩减粒径测量数据量的标准试验方案，但是没有解决汽油机供油系统喷雾测量需要专门测试协议的问题。其中部分原因是因为 PFI 发动机的运行方式造成的，即在进气门附件上和围绕其的油洼造成了对喷雾雾化程度非常不敏感。喷雾锥角和喷雾方向是相互联系的，这两个参数对 PFI 系统的影响是最大的。不过，PFI 喷雾的平均粒径作为一种衡量蒸发率的尺度，会对冷起动时的碳氢排放造成影响，同时也会影响冷起动时所需的混合气加浓程度。

随着日益严格的排放法规的出台和GDI发动机越来越受到人们的重视，越来越多的人意识到目前迫切需要能满足PFI系统和GDI系统喷雾的测量和记录的试验标准协议。不过在这套标准颁布之前，各喷油器供应商和终端用户对喷雾的测量和记录一般都是通过在特定标准的基础上各自建立的内部喷雾测量协议来完成的。这就是说如果有两个喷油器供销商，他们宣布各自喷油器的喷雾油滴SMD都是16μm，但是其中一个可能是在喷油器油嘴下游40mm处采用光感式激光衍射方法测得的，所用的燃油为干洗溶剂油；而另一个则可能是采用相位多普勒测量方法在喷油器油嘴下游50mm处测得，所采用的燃油是正庚烷。同时这两者在测量时可能设定了时间窗口，也可能没有设定时间窗口。通过这个例子，可以看出在不同制造商所制造的喷油器之间进行喷雾性能的比较；或者是重复技术文献中的喷雾试验并对其记录数据加以验证，都是极其困难的事情。由于缺乏国际统一的喷雾测试标准，要想比较两个不同喷油器的性能，只能按照一个共同遵守的第三方试验协议来进行试验和比较。而这个第三方的试验协议要不同于这两个喷油器的制造商原有的测试协议，包括粒径测量设备、试验流程和试验用燃油等方面，都要与原来的两者有所区别。

4.16.3 GDI喷雾测量技术及设备

GDI喷雾特性一般可以通过某公司专门的测量标准协议来测取，或者在某种程度上，也可以按照本节所述的现有试验方案来测取。试验用喷油器一般安装在一个热容较大的可视喷雾室的固定装置，或光学发动机上。固定装置一般还要有对喷油器及其内部的燃油进行加热的能力，并且要将喷油器和燃油的温度自动控制在设定温度上。这样，就可以使喷油器工作温度，包括喷油器体、头部、燃油和进油管的温度处于稳定状态。通过电动机驱动油泵、油轨或通过高压蓄能器的方法，可以实现目前的GDI系统上要求的5.0~13.0MPa的油压水平。雾化特性试验可以采用任何流体模拟实际燃油，包括代替实际燃油的混合物溶剂。不过，一个标准的、可以横向比较不同GDI喷油器性能的试验所需的理想试验用流体必须具有与汽油相近的物理性质，包括密度、黏度、表面张力以及挥发性。关于这一点，在以正庚烷、吲哚、吲哚清洁剂、异辛烷、Howell EEE和加州二号标准燃油等作为试验用流体的在文献当中都有记录。在热态工作条件下的喷雾试验中，正庚烷和异辛烷这样的沸点范围较窄的试验流体的喷雾随温度的变化情况与实际汽油不一样，此时采用上面所列流体当中的多组分流体对汽油进行模拟更为有利。

上文所述的可视喷雾室最少应该具有三个石英窗，具有理想的紫外线穿透水平，具有最小85mm的清晰可视直径。在采用相位多普勒测量法对GDI喷雾的粒径进行测量时，三个石英窗中的一个一般与（油滴散射光的）散射角成30°角，而采用光感式激光衍射法测量粒径时，通常石英窗也要相应地布置成直线以便于获得光感。在采用Mie散射光测量或者平面激光诱导荧光法测量时，应注意可视喷雾室的构造应便于测量粒径和便于脉冲激光片光的引入。在喷雾室内应该具有相应的残余油滴清理装置，这种装置采用低稀释浓度的氮气（如果使用的测试流体为混合物溶剂时可以采用空气）自喷雾室顶部进入，经喷雾室底部排出，来扫清上一喷雾过程残余的油滴。对于在1~4Hz的喷雾频率较低的喷油器而言，所需的稀释和扫清气体是非常少的，这是因为在下一次喷雾到来前还有250~1000ms的喷雾时间间隔，这样长的时间对于消除前一次喷雾的残余油滴已经足够了。值得注意的是，GDI 的喷雾驱动控制单元自身并不存在固有的电容充电延迟间隔，所以喷油器的喷油频率在 1Hz、2Hz 或 3Hz 时，喷雾质量较差的主要原因在于电容器的电压衰减。如果第一次喷油发生在喷嘴逻辑脉冲开始后的 0. 16~0. 35ms 内，则可以认为控制单元自身不存在电容充电延迟。一般喷油器都不会采用太低的喷油频率，除非事先可以证明这么低的频率不会使喷雾质量降低。喷油器驱动控制系统通常用来触发喷油器、激光脉冲、频闪仪以及成像系统。一般喷油器的驱动控制系统应该是针对被测喷油器而特制的，同时也需要正确的脉冲触发模式（高电平触发，或低电平触发）。为了便于比较不同类型的喷油器，最好是让各喷油器的喷油量保持相同，可以通过调整各喷油器的喷油脉宽来保证。实际上，各类型喷油器或喷油驱动系统间的脉宽相差是很大的，尤其是当驱动系统本身存在电容性延迟的时候。因此，可以根据喷雾测量试验的类型来选取相应的喷雾测量试验中的供油量标准，如怠速时可以选用 5~6mg 的供油量，小负荷时可以选用 10~15mg 的供油量，大负荷时则可以选用 30~35mg 的供油量。

通过确定几个喷雾的关键参数就可以对喷雾的瞬态过程加以描述，包括 SMD、DV90（或 DV80）、喷雾锥角、油滴到达历程、湿痕、初始喷雾和主喷雾贯穿曲线、对喷雾过程的米氏（Mie）散射成像以及激光诱导荧光成像等。燃油喷雾的特性描述实际上可以看作是各独立特性参数的矩阵，如理想的喷雾试验通常在温度为 20℃ 以及加热条件下，在背压为 0. 1MPa 及至少一个相对高背压环境下进行。所谓高背压，一般是指已采用的数值区间为 0. 25~0. 45MPa。在可视喷雾室内充入如氮气这样常温的环境气体时，应计算其压力，用来提供对应模拟的实际发动机压缩行程某时刻的环境密度。需要注意的是对于闪急沸腾效果，环境背压是一个关键因素，而环境密度并不是。如果需要进一步研究油轨压力和喷油脉宽，那么测试矩阵就还要相应增加。

喷雾的瞬态过程可以通过以脉冲激光片光为测试光源的米氏散射光测量法进行测量，也可以利用频闪仪或闪光周期不超过 2μs 的闪光灯进行测量。脉冲激光片光的厚度一般在 0. 25~0. 75mm 之间，且片光层必须与喷油器轴线重合。喷油器的电气接口必须置于成像镜头右侧直角的位置上，并正对测得图像的右边界。这个做法是为了确保试验的标准性和可重复性。而对于偏置喷雾或者非对称喷雾，电气接口通常要和喷油器制造商所设计的偏置喷雾轴线平行，将接口固定在这个方向上才可以获得有价值的喷雾图像。对于非对称或特殊偏置喷雾喷油器，如用于丰田第二代 D-4 发动机上的偏置型槽式喷油器，则需要安装一个特殊的喷油器倾斜支架，或者使激光片光层的轴线与喷雾轴线平行，从而使片光层通过喷雾的主要区域，这样才能获得有价值的图像。如一个偏置式喷油器标定的偏置角度为 20°，而实际上其喷雾轴线与喷油器轴线间夹角仅为 18. 6°。对于这种特殊的喷油器，片光层的偏角也必须为 18. 6°才能使得片光层穿过喷嘴的中心。对于非标准的喷雾激光诱导成像，当拍摄液态燃油和燃油蒸气时，应有意识地选取紫外等级的激光频率来形成片光层。光学喷雾室需要使用紫外光等级的视窗。

喷雾的湿痕可以通过一种特殊的燃油感应纸（如日本折纸 Origami）进行测量。将一片这种感应纸放在上文所述的粒径测量位置平面上，就可以对喷雾进行测量。当极少量的燃油油滴撞击到纸上的时候，感应纸就会变为亮红色；喷雾后 1s 内感应纸就会显示出喷雾的湿痕来。不过这个喷雾的湿痕会在 10s 后自然蒸发消失，感应纸上不会留下任何痕迹。这一特点对于可视喷雾室来说是非常方便的，因为这样就不需要在下一次试验时拆卸喷雾室的可视窗来重新安装感应纸。在测量各种粒径之前，应利用感应纸获取喷雾湿痕，从而优化粒径测量的位置。此外，对于所成的像还需通过图像校正后处理程序来校正成像过程中的透视失真和视角倾斜等问题。

通过米氏（Mie）散射成像法所得到的间隔为100μs的一系列图片，可以获得喷雾前锋的贯穿数据。不同喷雾试验对应的背压和温度条件不同，因此需要在图像中增加一个参考标尺。对于大多数的GDI喷雾而言，因为相邻两次喷油之间的喷雾贯穿距变化相当普遍且变化较大，所以在对喷雾前锋贯穿数据进行分析的时候一般都是取多次重复成像后的平均值来生成喷雾前锋的速度数据（一般是5~12次成像），此时的数据曲线在综合多次成像数据后变得更为光滑和具有代表性，因此可以得出光滑和具有单调性的规律较强的数值曲线。利用高强度的闪光灯或背光辅助成像可以获得GDI喷雾锥角的有关数据。测量喷雾过程中的喷雾锥角时，先测量距离喷油器5mm和15mm位置上的喷雾圆锥的宽度，这两个宽度分别对应各自位置上的喷雾锥面的边缘两点，这样，将同侧锥面上的两个点相连得到两条直线，两条直线形成的夹角即为喷雾角。需要注意的是这里所定义的是喷雾角而不是喷雾锥角。后者在文献中是特殊命名的。进一步来说，“喷雾锥角”特指基于格栅采集技术对喷雾过程中的燃油分布的测量结果，喷雾锥角内应涵盖一次喷油内90%的燃油。这一标准是SAE针对测量PFI喷雾锥角而推荐的，但是因为基于该技术对GDI喷雾过程燃油分布的测量方法出现的较晚，所以至今还没有形成标准。

在不同试验条件下的各个试验点上，可以选用一个外部时钟系统来记录喷雾过程中该位置上通过的油滴。在这种特殊的试验方法当中，驱动脉冲发生器可以产生一个复位脉冲使油滴测量系统中的时钟复位或开始。在这种测量方式下，油滴到达测量位置时相对于喷雾开始时刻的时间间隔、喷雾油滴的粒径和速度都被记录到了数据库当中。因为在一个测量点上一次喷油期间通过的油滴数量一般在50~180这个数量范围内，所以这种测量方法允许对多次连续喷雾进行数据采集来获得详细的瞬态油滴通过记录。数据采集的时间窗口可以选择0~6ms、0~7ms或者0~8ms。如上文所述，时间区域以喷雾油滴速度下降到最大速度值的15%时的这一时段为佳。这意味着如果在6ms、7ms或者8ms内，如果某一油滴不能到达测量位置，则它的数据就不会被记录到数据库当中。用这种方法记录下来的油滴到达历程数据库中的基础数据，可采用一些有效的办法进行分析。如将所得的数据按1~2ms、2~3ms等时间长度依次分为多个数据段。对每一个数据段内的数据都要进行一系列的数据分析统计，这样就很容易看到任意某部分粒径分布随时间的变化。也能有选择地显示在粒径、速度或二者的综合物理量（如动量、韦伯数、雷诺数）的临界值以上或以下的油滴数据。这些数据对喷雾模型或子模型的建立和完善都是非常有用的。

GDI喷雾相位多普勒测量法或激光衍射测量法下的测量位置通常都是在距离喷嘴35mm、40mm或45mm的垂直于喷雾轴线的平面内。这个距离范围的选取是基于实际GDI喷雾各方面实际情况而做出的一种折中。在相位多普勒测量法或激光衍射测量法下，测量位置距离喷嘴太近通常会导致喷雾脉冲波形变化时测量数据丢失严重，但是激光衍射法对这一距离不是很敏感。这种数据丢失是因为较高的油滴数量浓度和喷雾早期激光束比较模糊这两方面的原因造成的。在油滴数量非常密集的区域或者大燃油流量的区域内，存在着可能出现上述问题的区域（一般为距油嘴5~25mm的区域内），因此，在这些情况下的数据接收率是非常低的。不过，在实际研究中这些情况下的喷雾往往是非常重要的，如在主喷雾期后的第一个500μs时段内的喷雾情况。

4.16.4 DV80与DV90测量精度的比较

在油滴累积体积分布曲线上，类似DV80与DV90这样的统计量的相对位置一般取决于曲线的特定形状，并最终取决于所测的整个粒径范围内的油滴数量分布情况。从数理上讲，油滴累积体积曲线是通过将不同粒径尺寸区域内的油滴全部累积起来的总体积得到的；从小粒径区到大粒径分区依次编号，按粒径区域的编号递增将每一个粒径分区内的油滴体积逐次累加。粒径测量的光学设备通常会将粒径的测量范围自动分为35~60个独立粒径分区。通过光学设备对粒径的自动分区，每个粒径分区内的可测油滴数量构成了原始分布数据，从而可以得到喷雾的统计分布。

从图4.16-2中可以看到一般测量时可能遇到的较宽的粒径范围，当然，也可能会遇到一些极端的情况，如在后喷情况下的双峰或三峰粒径分布等。从图4.16-2a中可以看到7200个油滴粒径测量下的油滴数量分布曲线。GDI喷雾油滴的粒径一般在1~50μm范围内，而粒径在30~50μm之间的油滴相对较少。油滴粒径分布最集中的粒径范围是5~10μm之间，7200个油滴粒径测量中超过一半数量的油滴粒径都在这一范围内。图4.16-2a中粒径在6μm左右的油滴数量最多。虽然由于激光衍射测量和相位多普勒测量设备原因存在着一定的测量偏差，对近乎无限大的实际喷雾油滴数量（一般数量不少于8×10^6）而言，样本容量为7000~20000的油滴采样是可以代表整个喷雾的油滴情况的。虽然相位多普勒测量不一定是在唯一一个测量位置上进行的，但如果测量到的油滴粒径分布可以代表整个喷雾的实际情况，那么也可以从中获得喷雾的体积分布情况。图4.16-2b描述的是测得油滴的累积体积分布曲线，这里分布的统计分两种方式：对数正态分布和平均分布。对数正态分布一般常用于代表喷雾的分布情况。尽管测得的大粒径油滴非常少，体积与直径的立方关系也会使得粒径超过30μm的燃油油滴体积所占比例非常大。几千个粒径小于10μm的油滴在整个累积体积中所占的比例不超过20%。这样，5%粒径最大的（或360个）油滴的累积体积所占比例则超过了60%。而采用对数正态分布往往可以使小粒径部分所占比例增加，在采用对数正态分布来描述实际GDI喷雾的时候，粒径最小的那部分油滴一般需要被忽略掉，否则就会测量到数千个极小的喷雾油滴。在图4.16-2b中也给出了DV90与DV80的统计值，它们分别代表了整个喷雾体积的90%和80%。对于油滴最大直径为50μm的喷雾，DV90统计的粒径期望值为43μm左右，DV80的粒径期望值比DV90期望值要小5μm。如果粒径分布中油滴最大直径为40μm的话，DV90和DV80的粒径期望值分别为34μm和29μm。

虽然DV90值在喷雾测量当中是一个很重要的参考量，但是对GDI喷雾中大油滴的数量而言它却不是一个理想的指示参数。这并不是说DV90这个对应喷雾油滴累积体积（和质量）90%的粒径值是毫无意义的，而是说在高度雾化的喷雾过程中往往无法通过试验方法测得精确的、可重复性很强的DV90值。如图4.16-3所示，对于油滴粒径大部分集中在8μm附近的喷雾，其所占体积比重最大的却是少量粒径在50~60μm之间的这部分油滴。因为大粒径油滴的直径是小粒径油滴的7倍左右，相应地其体积就是小油滴的343倍，也就是说9个大粒径油滴所占的体积相当于3000余个小油滴的体积。

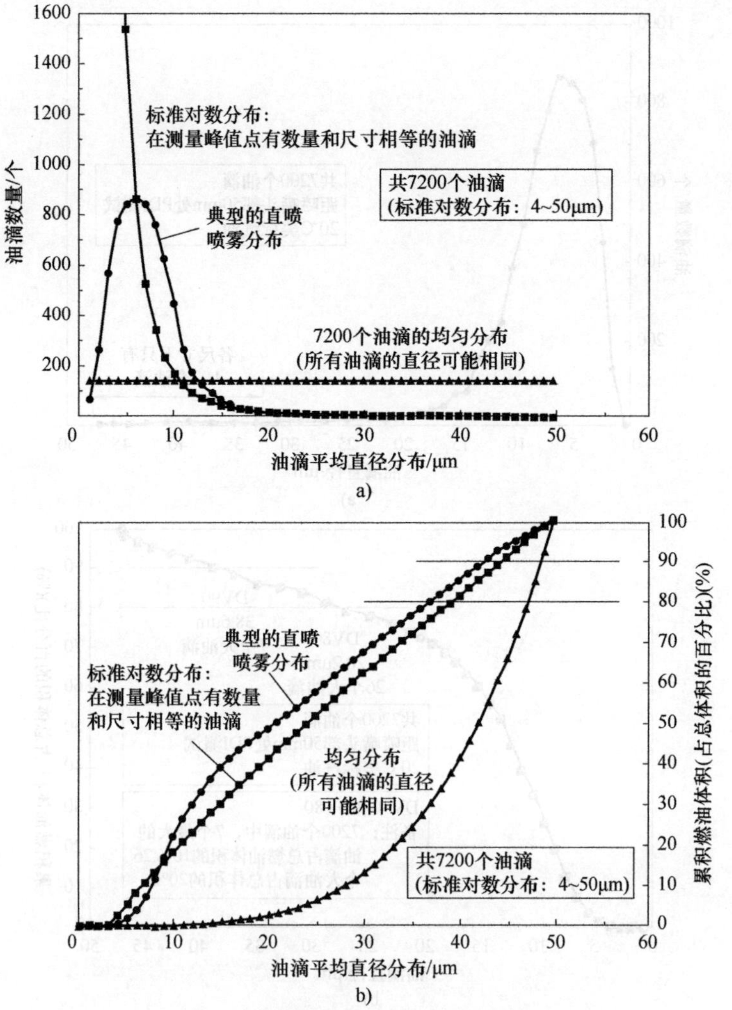

图 4.16-2 所有粒径分布范围内燃油液滴数和液滴累积体积变动
a）燃油液滴数 b）燃油累积体积

在对 GDI 喷雾粒径分布进行实际测量时，无论是采用激光衍射测量还是采用相位多普勒测量法，所采集油滴的样本容量都要在 12000~20000 个左右，其中有数千的油滴粒径在 8~10μm 之间，而粒径在 50~70μm 之间的油滴仅占很小的一部分。然后，将统计算法应用于这些测量的分布数据，并计算得到关键参数 D32（SMD）和 DV90。这种统计方法虽然在数理上是正确的，但是在实际测量中，如果对 SMD 进行重复测量，其结果与最初的结论基本是相同的，而 DV90 的值却与最初测量值相差达 30%之多。经仔细研究发现，问题出现在样本采集过程中对大粒径油滴的采样上。如一个喷雾试验，油滴测量样本容量为 15000，初次测量测得粒径在 50~60μm 之间的油滴为 8 个，而第二次采样这个粒径范围内的油滴数量可能为 7 个左右，这在实际采样过程中是很正常的，不过，这却能导致实际喷雾统计出来的 DV90 值产生巨大的差异。因此，为了使得到的 DV90 值趋于稳定，油滴的样本容量就不能小于 120000。然而测量这么多的油滴数量显然是不切实际的，因此只有采取另外两种途径：

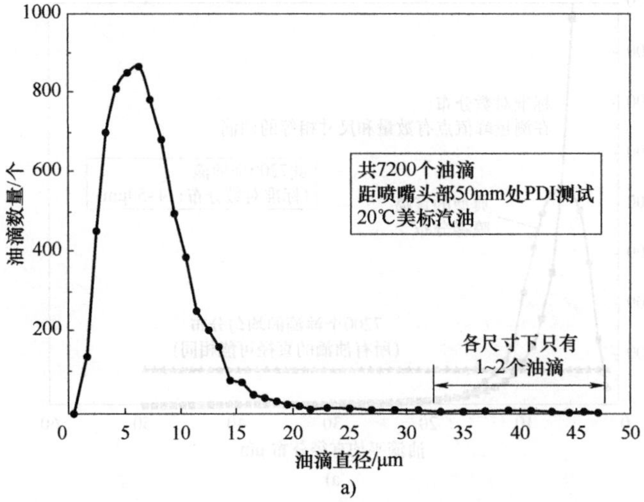

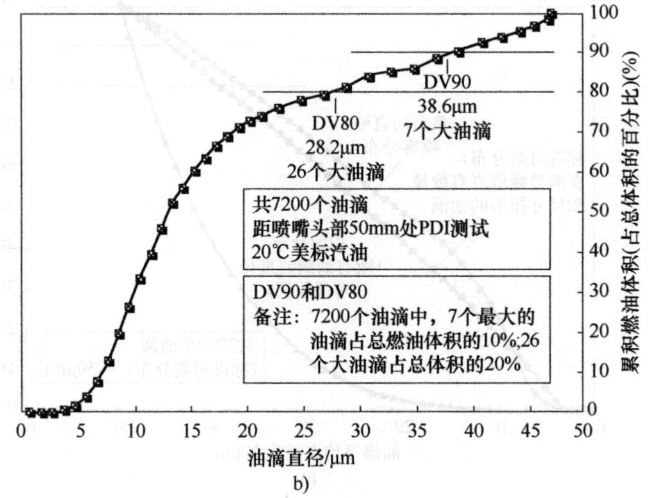

图 4.16-3　典型 GDI 喷雾的燃油液滴数和液滴累积体积分布

a）燃油液滴直径　b）燃油累积体积

一是仍然采用原来的 DV90 测量方案，不过在计算后要标出多次试验的误差范围；或者是作为改进方案，将 DV90 值的测量和统计原理继续应用于油滴粒径测量中，只是将其原来占整个油滴体积 90%的这个体积比参数改为更易获得稳定的统计结果的比例值就可以了。实践证明，DV80 就是这样一个非常适合 GDI 喷雾测量的折中方案，DV80 统计在油滴样本容量为 15000 个油滴的情况下就可以获得非常理想且重复性好的统计结果。实际上，DV80 值代表着占总体积 80%的油滴，其粒径属于小粒径，而只有 20%的体积是由大粒径油滴构成。假定燃油在液态时的密度是恒定的，这样的假设是允许的，那么在形成喷雾后油滴的累积总体积也是恒定的。对 GDI 喷雾来说，其 DV80 值仅在 28μm 左右，因此在多次采样过程中对极大粒径油滴数量的敏感程度要远弱于 DV90 统计方法。综上所述，DV80 是一种非常具有实用价值的喷雾测量统计量。

4.17 总结

在直喷式汽油机喷嘴上所得的主喷雾和初始喷雾特性对解释实际发动机的燃烧和排放数据，建立CFD模型和子模型都是非常重要的。喷雾锥角、平均粒径、DV90（或DV80）、喷雾贯穿速率、喷雾最大贯穿距离以及湿痕都会受到喷油器的结构设计、工作温度、环境条件以及测试燃油的挥发性的影响。喷嘴的形式可以是涡流盘的、槽式的、多孔式的、带有单一成形腔的，或者是空气辅助式的；而喷油执行机构可以是电磁驱动的，也可以是压电驱动的。燃油压力一般都是在5~10MPa的范围内；不过，也有的喷油器允许其工作在10~15MPa的压力范围内。对喷雾方向而言，有与喷油器轴线同向的（轴向喷雾），也有偏离喷油器轴线某一角度的（偏置喷雾）。GDI喷雾过程是个高度瞬态过程，在小负荷条件下持续时间一般不超过6ms，喷雾开始和结束时的喷雾质量均有所恶化。当喷雾开始时出现实心初始喷雾或者喷嘴关闭时出现后喷现象时更是如此。针阀开启的方式有两种：内开式或者外开式。后者在实际应用中较少，不过它具有减小甚至消除针阀加工室容积的优点。测量GDI发动机喷雾过程的相关特性需要特殊的光学设备及相应的测量方法，不过目前还没有国际通用的有关GDI喷雾测试术语、技术和测量方案上的标准和规范。因此在比较不同喷油器的喷雾特性时必须保持谨慎，因为很可能测量这些喷油器的喷雾特性的试验当中采用的测试燃油、环境条件、测量位置以及光学测量技术都是完全不同的。

作为一类GDI喷油器，涡流式喷油器表现相当出色，在燃油压力为8.5~10MPa范围内所获得的SMD一般在15~16μm之间，代表着喷雾油滴中90%为小粒径油滴的DV90值则在28~35μm之间。槽式喷油器和多孔式喷油器的喷雾性能与涡流式喷油器相当，相同油压下其SMD仅增大1~3μm，DV90值增大4~12μm左右。不过这种差距仅通过略微提高油压就可以得到补偿，一般将油压提高至10~12MPa即可。涡流式喷油器喷雾油滴的速度和贯穿速率与多孔式、槽式和空气辅助式喷油器相比要稍低一些。槽式喷油器的喷雾沿槽口方向是非常均匀的，其SMD一般在18~19μm，喷雾质量仅在槽口两侧略有下降。在室内台架测试条件下，多孔喷油器每一孔喷出的喷雾油束都是非常独立的，与阀座孔式柴油喷嘴非常相似；但是在工作温度升高、背压较低的情况下各油束则相互影响。对于PPAA喷油系统，当其油轨压力小于1MPa时，SMD一般在16μm左右，并且该型喷油器的油滴速度和喷雾贯穿速率要比槽式和多孔式喷油器的略高，这是因为PPAA喷油系统内的油滴是被气流卷吸进一个音速流动的气态射流中的。

近期关于喷油器和喷雾的研究和发展方面的焦点问题集中在拓展油轨压力限值、喷雾形状及其优化、多次喷射和压电式执行机构等方面。目前实际可达到的油轨压力范围大致在5~12MPa范围内，扩展这个压力范围是目前研究的目标之一。当然研究油轨压力为2.5MPa的单流体GDI喷雾也是很有意义的，因为这种喷油压力可以减小油泵的负荷和起动时间，降低油泵的磨损。不过在这样的油轨压力下，还需要采用新型的雾化技术使这种单流体喷雾的粒径下降到20μm以内。与此相反，还有一些专门研究工作在15~20MPa范围内的喷油器结构、油轨、油泵以及调压器方面的改进的。正如柴油机供油系统，多年以来一直延续的一个研究方向就是如何进一步提高燃油供给系统内的油轨压力，这主要是因为提高油轨压力非常有利于燃烧和排放方面的改善。烟度、HC排放和喷射速率等方面的优点大大超过了油泵高负荷及喷油开启时间延长所带来的缺点。即使油轨压力在 10~12MPa 范围时，这种“此消彼长”的关系仍未达到其限值。

对定形喷雾的研究越来越引起人们的关注，关注点主要集中在多孔式和槽式喷油器上，而研究的主要目的是通过更好地控制喷油器喷雾的空间分布，达到改进燃烧系统设计的目的。随着对喷嘴或者槽口设计研究的进步，喷雾空间分布方式上的可选方案将会越来越多。喷孔的形状，如环形、椭圆形、线性、半圆形、L 形、月牙形以及矩形设计都将被纳入燃烧系统开发者的信息库中，从而进一步对燃烧系统进行优化。

关于多阶段喷雾的发展和完善仍然是近期需要给予极大关注的领域。随着 GDI 喷雾系统的广泛应用，多阶段喷油器的性能极限会逐渐扩展，关于多阶段喷雾效果方面的知识也会逐渐增多。不过这方面的研究进展没有与压电式驱动机构的研究很好地结合，而压电式驱动机构是多阶段喷射的保证。喷油器动态响应能力高和喷油脉宽极短的优点，使压电式驱动机构成为将多阶段喷雾技术运用于发动机控制系统当中的近乎完美的技术手段。不过在多阶段喷射系统中，由于已观测到，无论何种执行机构，非常短的脉冲下的喷雾质量下降，从而可能限制每循环两次以上的喷射，导致压电研究的进展暂缓。如果在相关的试验研究中发现多阶段喷射这种复杂的燃油供给策略，在某些工况和环境条件下确实可以提高燃烧或是排放方面的性能，那么压电式驱动机构无疑会极大地促进这种燃油供给策略的实现。在一个循环内进行二次、三次甚至四次独立的燃油喷射，喷油脉冲的精确控制、催化器预热、NO_x 催化器再生以及颗粒物控制脉冲等均可以包含在控制策略中。近期的研究活动将会带来更加先进、完善的硬件及控制策略，并为未来十年内 GDI 发动机的不断完善提供帮助。

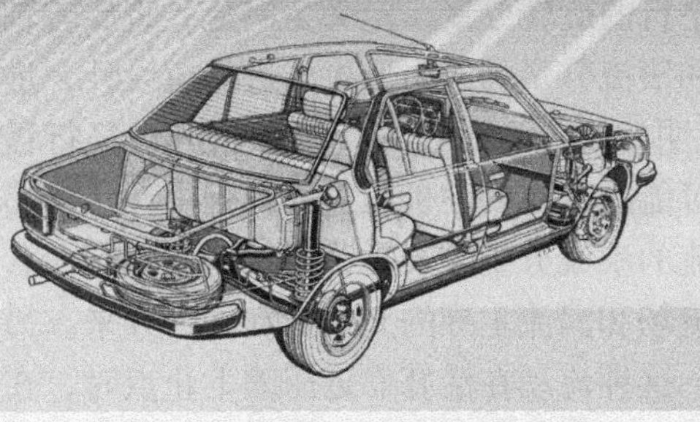

第 5 章

混合气形成过程和方法

5.1 引言

GDI 发动机进气和压缩行程形成的缸内瞬态流场是决定系统运行可行性的关键因素之一。运动的平均分量的大小及其在整个循环中的变化，都是非常重要的，其重要性几乎与燃料喷射系统相近。从微观尺度来说，高强度的湍流是加强油气混合过程的关键因素；但是为了获得稳定的分层混合气，需要将所需要的平均或总的流动控制在一定范围内。对 GDI 发动机来说，其最佳流场取决于所使用的燃烧系统类型和喷油策略，因此对使用多段喷射完整特性的 GDI 发动机来讲，优化流场是很困难的。对 SI 发动机来说，在压缩过程接近上止点时刻的湍流流速波动几乎与其平均流速在同一级别上，即湍流扩散输运和对流输运对初始燃烧过程的影响是相同的[103,479]。同样，燃烧室内的混合气浓度波动尺度与速度波动尺度相当[514]，会造成在固定位置处产生很大的浓度波动，如火花塞电极间隙处，从而导致难以形成稳定的火焰内核。

严格来说，油气混合气的制备过程是保证 GDI 燃烧系统成功的最重要过程之一。为优化混合气形成过程从而最大限度地利用 GDI 的最大潜力，必须充分考虑喷雾-空气-壁面的相互作用和喷雾引导的空气运动。发动机缸内的环境，如气体成分、温度、压力和流场等，对喷雾的雾化与扩散、对空气在喷雾羽流中的卷吸以及对后续的油气混合过程均有强烈的影响。复杂且与时间相关的喷雾/空气-流场-相互作用过程，决定了油气混合的速率以及充量冷却和混合气分层的程度。此外，非预期的燃油撞击燃烧室表面，如缸壁、缸头和/或活塞冠部，都将导致 HC 排放、燃烧室沉积物产生和发动机润滑油稀释。本章将详细介绍混合气形成过程和相应的控制策略。

5.2 缸内流动特性与 GDI 燃烧之间的关系

5.2.1 SI 发动机的典型缸内流动特性

通常，在气缸和燃烧室内存在一个偏轴的、旋转的流场结构，该结构的瞬态倾角介于气缸轴线与旋转轴线之间。将旋转轴线与气缸轴线平行的旋转分量，定义为涡流；将旋转轴线与气缸轴线垂直的旋转分量，定义为滚流。涡流和滚流分量的大小取决于进气道设计、进气门几何结构、缸径/行程比和燃烧室形状。需要说明的是，试图在当代内燃机的进气行程中生成一个真正的、轴线旋转的涡流流动几乎是不可能的。在发动机的进气行程中，任何涡流都发现含有一定程度的滚流。实际上，当一个涡流的滚流分量较高时，有些时候将它命名为斜轴涡流，结合了涡流和滚流，这样可以将这种流场和涡流主导的充量运动区分开来。另一种在燃烧系统开发中必须考虑的空气运动是挤流。这种流动在活塞靠近压缩上止点时，在活塞-缸盖间隙处沿径向产生。

比较滚流和涡流对燃烧过程的影响时发现，压缩上止点时的湍流强度与滚流的相关性好于其与涡流的相关性。研究湍流生成的关键是判断何时和何种程度时整体流动衰退为湍流。许多流动研究表明，滚流因为提供了一定程度的角动量，所以与涡流相比，其对湍流形成的影响更大。实际上，通常认为在两进气门发动机中，开发基于滚流的燃烧系统比开发基于涡流的燃烧系统更容易。对于涡流，其旋转运动在压缩行程更易于保持，从而延缓了因涡流破碎而导致的湍流形成过程。这是因为由缸壁形成的环形边界有益于维持涡流流动。滚流对燃烧的影响可能局限于燃烧过程的早期，而在压缩上止点过后，涡流更利于储存动能。当增加滚流比时，压缩过程中平均滚流运动破碎成湍流的时刻提前。相比较而言，涡流旋转中心的位置对火花塞处的湍流特性有显著的影响。在压缩行程中从斜轴涡流向水平涡流转变时，随着滚流比的增加转变逐渐推迟。研究发现，相较于湍流，滚流更能增加燃烧速率，这是因为剪切流增加从而扩大了火焰面积。

除湍流以外，人们很早就认识到超过一定水平的平均速度对焰核的成长和对流具有直接的作用。当存在很大的平均流速时，焰核就会经常向该方向运动，从而会降低最大尺度湍流的随机运动效果的敏感性。因此可以降低循环燃烧变动，可获得稳定的早期火焰形成和整个燃烧过程。但是，平均流速的循环波动将降低燃烧稳定性，甚至它和湍流一样也是缸内空气运动的随机波动。与滚流相比，涡流运动对平均速度的循环变动影响更小。

5.2.2 GDI 流场特性及其相关要素

缸内流场有四个主要特征：平均流动分量，平均流动的稳定性，在压缩行程中湍流随时间的发展，点火时刻火花塞电极间的气流平均速度。对于 SI 发动机的均质燃烧，在火花塞电极间需要的是高湍流强度和低平均流速相结合的流动，这对 PFI 发动机和早喷模式运行的 GDI 发动机来说，是可以做到的。因此，对于均质燃烧的情况，期望的流动结构是在压缩行程的后期能够将平均流动能量转换成湍动能。但是对使用晚喷的 GDI 发动机来说，最好的运行条件是流场的平均速度增加而湍流强度减小，这样有利于获得更加稳定的分层混合气。这表明流场的优化依赖于所使用的喷油策略，这正是 GDI 发动机在两种模式下运行的优化问题。对于 GDI 燃烧系统，通过整体流动来控制混合速率比产生湍流更加重要。这不是说湍流对燃烧过程不重要；实际上，湍流对 EGR 卷吸进入燃烧区域而言是一个重要的影响因素[262]。

GDI 发动机中分层充量的燃烧可采用涡流主导[302]和滚流主导[259]的流体结构。对滚流情况来说，燃料喷雾从活塞凹坑处发生偏转，燃油蒸气和液体燃料都被传送到火花塞处。对涡流主导的流场来说，混合气云团通常在活塞凹坑的外围比较集中。在燃烧系统开展过程中，必须仔细评价挤流的效果。表5.2-1中总结了涡流、滚流、挤流的特点及其对GDI燃烧系统的相关影响。

表5.2-1 缸内充量运动模式的主要特征

涡流	• 产生的黏性耗散较少，压缩行程中保持时间长 • 有利于维持分层 • 与挤流结合时可增强 取决于发动机转速，对于足够的油气混合产生的运行区域窄 • 循环变动降低
滚流	• 在上止点附近，可由滚流变形和相应的速度梯度转变成湍流 • 仅当采用浅平式燃烧室时可完全转变为湍流 • 非完全转变成湍流时将增强平均流动 • 能有效产生大的近壁流场速度，从而提升壁面油膜的蒸发效果 • 产生的湍流可有效增强混合过程 • 与涡流相比，产生较大的燃烧循环变动 • 倾向于产生大尺度二次流动结构，使分层更困难
斜轴滚流	滚流与涡流的结合 • 滚流与涡流流场特点的结合
挤流	• 当活塞接近上止点时产生 • 仅改变大尺度流动，增强涡流或滚流 • 应评估逆挤流的效果

由于有利的几何结构，缸内运动的涡流分量比滚流分量的黏性耗散更低，因此其在压缩行程中保持时间更长，从而更有利于维持混合气的分层。活塞接近压缩行程上止点时，涡流通常与挤流相结合，后者增加了径向的空气运动。活塞上的成形凹坑有利于在压缩行程后期产生所需的湍流。在燃烧过程的早期，涡流结合挤流通常可使涡流增强的同时湍流强度也增大。必须指出的是使用涡流来促进油气混合的方法是有一定工况限制的。这是因为尽管燃油喷雾引起的动量增加与发动机转速无关，但空气涡流的动量却随发动机转速成比例地增加。因此，实现一定的油气混合所需的发动机转速范围将受到限制[3,196]。

伴随滚流变形产生大的速度梯度，缸内流场的滚流分量会在上止点附近转变为湍流，但只有在燃烧室几何机构十分扁平的情况下才会发生完全的转变。否则，将发生非完全转变，从而导致在火花塞电极间隙处平均流速提升。另外，与涡流主导相比，在GDI发动机中滚流主导的流场中通常会产生较大平均流动的循环变动[38]。这种变动会影响点火后最初火焰运动的质心和形状，但是一般不会令燃烧持续期和火焰速度产生显著的变化[438]。此外，由于弯曲的缸壁的作用效果，气流运动的滚流分量倾向于衰退为大尺度的二次流动结构，这使得维持混合气分层更加困难。关于湍流的生成，在压缩行程结束时出现的显著滚流运动将有效增强湍流强度，从而可以补偿由于稀薄、分层充量混合气带来的燃烧速度减小的问题。在压缩行程早期出现的滚流运动，会迅速衰退为与湍流长度尺度相同等级的多个旋涡。通常，很难在涡流主导的流场中观察到这种动能快速转变为湍流的过程。从压缩行程开始到结束的整个时期，涡流通常持续围绕中心点旋转并沿垂直的气缸轴线周围形成复杂旋进路线。但是应当指出的是，高涡流比的流动会将较大的油滴甩向缸壁，从而导致燃油湿壁增加。

滚流运动的另一个特性是因为压缩行程而导致其旋转运动加速。不断地使近壁流体速度提升，甚至在压缩行程晚期仍然持续增加。这可以促进因燃油喷雾撞壁而形成的缸壁油膜蒸发。因此，这种流体结构可使燃油蒸气向点火位置的输运增强。在三菱的GDI燃烧系统中，采用逆滚流主导的流场结合特殊的活塞凹坑设计，使分层充量在火花塞电极间隙附近产生。活塞凹坑设计增强了整个压缩行程的逆滚流，在从排气侧至进气侧的挤流的辅助作用下，可有效控制喷雾撞壁和火焰传播。对火花塞电极中置而喷嘴布置在进气门下边的设计方案，逆滚流主导的缸内空气运动是十分有效的。通过这样的设计，逆滚流可以有效地使经活塞凹坑壁面碰撞后的蒸气和液体燃油向火花塞电极间隙方向移动。

值得注意的是，为了制备分层充量混合气，几乎所有的GDI燃烧系统对充量运动的要求都比进气道喷射发动机更严格[105,106]。因为涡流式GDI喷嘴产生的锥状喷雾的贯穿速率相对较低，充量运动将燃料向火花塞电极输运的作用变得非常重要。但是，为充量分层模式而特殊设计的、固定的进气道几何结构，在节气门全开的工况下可能导致很大的流动损失。结果，理论上GDI发动机为提高全负荷性能而实现的容积效率改进并不能完全达到，而是需要在部分和全负荷工况之间采取折中。使用可变充量运动控制（CMC）设计，可以获得相当于PFI发动机理论空燃比的进气道流动特性，且系统的分层模式和均质稀燃模式均得到优化。可变充量运动可以应用于滚流和涡流系统，也终止了进气道这种最简单和最直接的应用。因此，即使考虑到最优的喷嘴安装位置，也可以获得极好的进气道流动特性[482]。应当指出充量运动增加的一个主要缺点是增加了缸壁的热损失，引起了燃料经济性下降。所有这些缺点在发动机转速增加时变得更加突出[250]。幸运的是，大充量运动导致的热损失，在分层充量操作时更少，这是因为火焰和缸壁表面之间接触更少。

对于采用了涡流控制阀（SCV）的燃烧系统，在进气行程的后期可以生成一个高涡流比的流动。因此，气缸顶部通常比活塞冠部附近的涡流比数值更大。这样的涡流比差异会导致沿气缸轴线的压力差异，从而产生与混合气沿气缸轴线的扩散方向相反的，从活塞冠部到火花塞电极间隙的最终流动。这种压力差异可辅助维持火花塞电极之间混合气高度分层[318-320,323,325]。与前述现象产生的垂直方向流动类似，在日产的NEODi的燃烧系统中观察到沿着气缸轴线方向的垂直气流运动[333,334]。这种特殊的空气运动被称为上升涡流，并且通过CFD分析和激光诱导荧光法（LIF）试验测量结果均得到了验证。这种上升涡流的机理可以用以下原因来解释：在碗型燃烧室中可以发现两个涡流比，一个在主燃烧室中，另一个在活塞凹坑中。在关闭其中一个进气门来产生涡流的时候，这两个涡流比显著不同。涡流中心的压力相对外围较低，因此存在一个从凹坑边缘到火花塞间隙处的压力梯度，从而产生一个从凹坑边缘至燃烧室中心的向上运动的气流。CFD分析显示，在压缩行程中出现的水平涡流会在活塞凹坑内产生一个强烈的垂直流动，从而增加了混合气从凹坑到火花塞电极间隙的输运。

大量的GDI发动机研究致力于评估充量运动对混合气形成、燃烧和排放的影响。比较使用涡流和逆滚流概念的GDI发动机运行性能发现，两种流场在较大空燃比如35∶1~40∶1下的小负荷运行特性非常接近。但是对于空燃比在20∶1~30∶1的高负荷区域内，涡流主导的发动机会遇到燃烧稳定性和烟度排放的问题。同时，这种类型的发动机要求相对复杂的控制系统来满足发动机瞬态负荷变化[181]。有人提出了一种使用斜轴涡流的GDI概念：其涡流和滚流分量相同，因此显然结合了两种流动结构的最好特性[489]。一个45°的斜轴涡流显著增加了湍流强度，同时降低了指示平均有效压力的变化系数[123]，虽然降低的程度在很大程度上依赖于所使用的特殊燃烧室的几何结构。

在马自达的原型GDI发动机上，在分层充量模式下，对比研究缸内空气流动模式（滚流和涡流）的影响发现，涡流主导显示出了对小负荷ISFC的改进，而滚流主导因为需要更多节流从而导致了显著的燃烧不稳定[503]。在火花塞电极间隙附近使用快速FID测量缸内HC结果表明，对涡流主导的情况来说，在点火时刻火花塞电极间形成一个稳定的可燃混合气，HC波动较小。相反对于滚流，当空燃比在24：1时，缸内HC排放波动比较大。发现增加涡流比有利于改善活塞凹坑表面的油膜蒸发和燃油输运，减少燃油扩散，从而进一步降低ISFC。应当指出的是，在该研究中使用的燃烧系统最初是为涡流主导而开发的，并经过了部分优化设计。

许多研究显示，GDI燃烧系统要求的分层充量模式可以通过涡流或者滚流空气运动获得[109,110,481]。通常使用涡流和滚流系统的运行差异，要小于使用喷雾引导和壁面引导来产生分层充量所观测到的差异。使用扁平燃烧室，进气生成充量运动可以有效地通过涡流进气道引入涡流进气流来获得。但是使用屋脊型燃烧室，滚流会更有效果。在部分和全负荷下，建议采用可变的充量运动来获得好的运行效果。与形成滚流相比，更容易通过部分或完全节流来生成涡流。结果，可变涡流在现有的GDI发动机产品中使用较多[259,440,492]。但是，人们对可变滚流的兴趣在逐渐增加，而且多种可变滚流概念的GDI燃烧系统也在设计和开发中[49,127]。图5.2-1对比了基于不同充量运动概念的GDI发动机的流动特性[42]。从该图中可明显看出，可变充量运动系统具有在需要时可产生强空气运动的灵活性，而当不需要强充量运动时不损失充气效率。

对四气门GDI系统来说，在屋脊型几何结构中，为了获得较好的全负荷特性，留下的气门横截面设计的灵活度较小。通常基于滚流的燃烧系统需要相对较深的活塞凹坑且要求气门角度适当或较小。但是使用较深的活塞凹坑肯定会显著恶化均质燃烧。相对而言，因为涡流可以通过转变为小尺度流来减少动量耗散，所以能有效保持其涡流流动。因此即使使用相对浅的活塞凹坑，涡流也可以提供较好的效果。此时，可以降低燃烧室高度来适应小气门角度的设计。

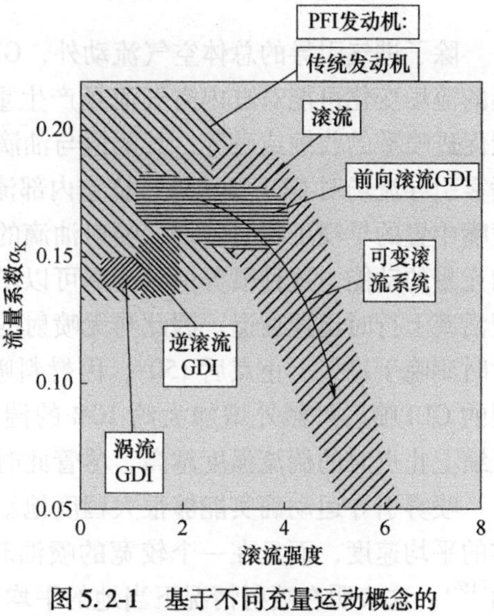

图5.2-1 基于不同充量运动概念的GDI发动机的流动特性[42]

图2.1-2d显示了一些挤流主导充量分层的燃烧系统[108]，其原理是使用挤流生成湍流并促进混合气制备[108]。这类系统的挤流区域必须计算准确才能减少燃料进入挤流区。图5.2-2所示为两个不同间隙高度的燃烧室的零维挤流速度的时间历程计算结果[201]，为了让计算简化，认为压缩过程只有体积变化。在压缩上止点前后10°左右观察到最大的挤流流速。值得注意的是，必须仔细研究内向或外向的挤流对GDI燃烧过程的作用效果。通过一个仅增加缸盖和缸体相对于曲轴箱的高度的简单试验，对比不同间隙高度时燃烧室的燃烧特性和发动机性能发现，

其结果会导致压缩比从12.7:1降为10.4:1。可以推断出，挤流对混合气制备和燃烧的影响是非常有限的，也可以看出 NO_x 的排放是相似的，这表明在火花塞电极间隙附近的空燃比几乎没有改变。在燃烧阶段HC排放的相似性进一步表明混合气传输时间并没有太大变化。由于缸内压力减小导致发动机摩擦减少，使压缩比减小带来的油耗上升并没有预期的严重。

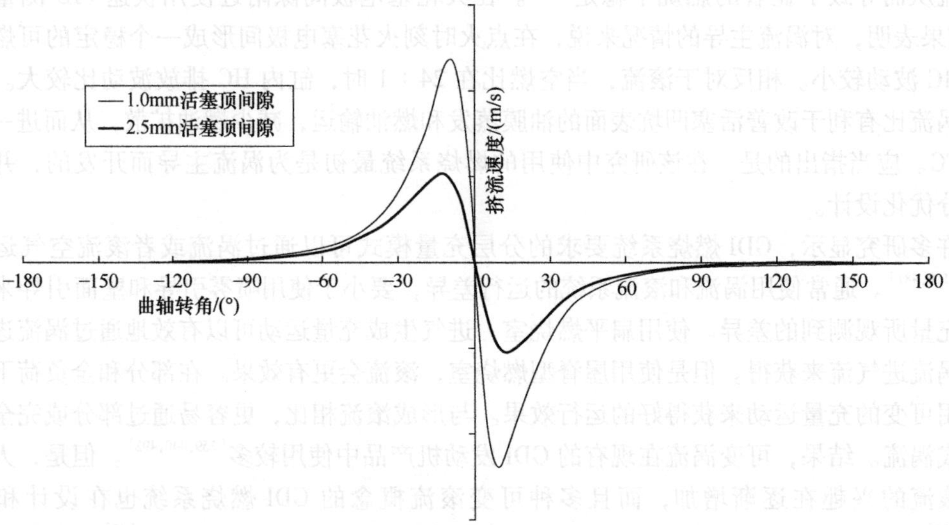

图5.2-2　两种不同间隙高度的燃烧室零维挤流速度的时间历程[201]

5.2.3　燃料喷射对缸内流场的影响

除了进气引导的总体空气流动外，GDI燃烧系统设计中另一个重要考虑的项目是喷雾引起的流场变化可能对缸内空气流场产生重要影响[69]。由瞬态喷射自身引起的二次流动，可能促进喷雾的收缩或破碎，其阈值与油滴尺寸和缸内环境条件有关[432]。分析研究能够预测喷雾引导流场对GDI发动机燃烧室内部流场结构的影响。如图5.2-3所示，使用KIVA分析喷嘴中置的早喷工况时发现，喷射油滴的动量会部分传递给周围介质，从而在燃油喷射后增加充量的动能。这种喷雾引导流场可以增强缸内空气燃料的混合，但是增加的动能在压缩行程活塞上行时迅速衰退。因此与无喷射的情况相比，上止点附近的动能增加不明显。如果喷射时刻晚于进气上止点后150°，因燃料喷射而增强的湍流强度明显比无喷射情况要高，典型的GDI喷射可额外增加大约10%的湍流强度。对早喷、均质模式来说，喷射过程越迟，压缩上止点时的湍流强度越高，尽管此时混合气的均质程度可能会变差。

喷雾引导运动确实能够很大程度地影响缸内流体结构。特别是它能够增加喷雾区域内气体的平均速度，而且在一个较宽的喷油时刻范围内明显地抑制了进气过程中生成的总体流动[150]。这表明在喷射情况下当地的平均流速可能增加也可能减少，取决于燃烧室内部区域的测量位置。这就是有些对早喷模式中喷雾/空气和喷雾/活塞相互作用的试验研究表明喷射会导致滚流强度略微减小的原因[4,148,422]。图5.2-4比较了喷射和无喷射工况下，距气缸轴线15mm、距气缸盖38mm处的两个不同位置的滚流结构[422]。在喷射开始后的进气行程中，两种工况的速度非常相似。下止点后，喷射和无喷射工况下的滚流运动发展和速度轨迹开始分离。这两个位置处的垂直速度差异表明，喷射情况下的滚流速度在180°~250°ATDC之间

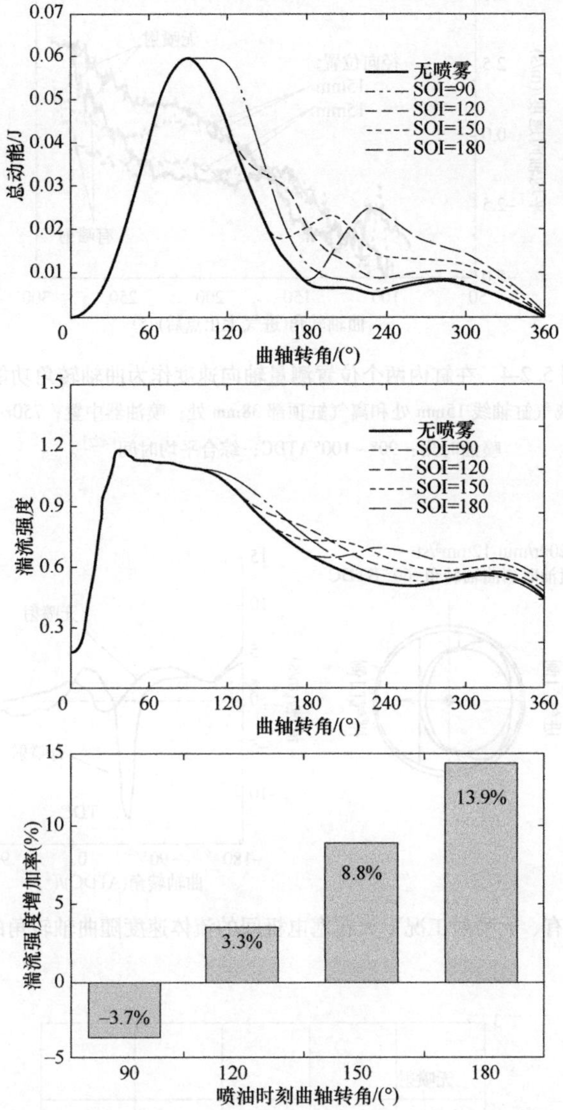

图 5.2-3 在正常活塞平均速度下，燃油喷射对汽油平均动能和湍流强度的影响[150]

较小；而两种工况下的滚流分量在进气行程 270°时大部分已耗散。这可能是因为滚流中心上行的缘故。无喷射工况的速度变为正值发生在循环的更早期，这表明喷射所增加的下行动量在循环的相当大范围内影响缸内的速度。

第二代 Toyota D-4 发动机的试验显示，在压缩行程中的缸内喷射能显著增加活塞凹坑内缸内流场的平均流速和湍流强度[223]。图 5.2-5 所示是喷射和无喷射工况下，火花塞电极间的流体速度随曲轴转角的变化。在该燃烧系统中利用槽式喷嘴的扇形喷雾配合贝壳形活塞凹坑[223]（图 2.3-10）来获得分层充量。燃料喷射进入活塞凹坑的过程引起总体运动强烈的增加。图 5.2-6 所示的比较表明，燃料喷射产生的湍流强度及在 30°BTDC 至 TDC 期间的湍流强度平均值，要大于具有螺旋进气道稀燃发动机的涡流控制阀（SCV）所产生的湍流强度。这表明调整燃料喷射与缸内总体空气运动方向一致，将明显增加缸内湍流强度。

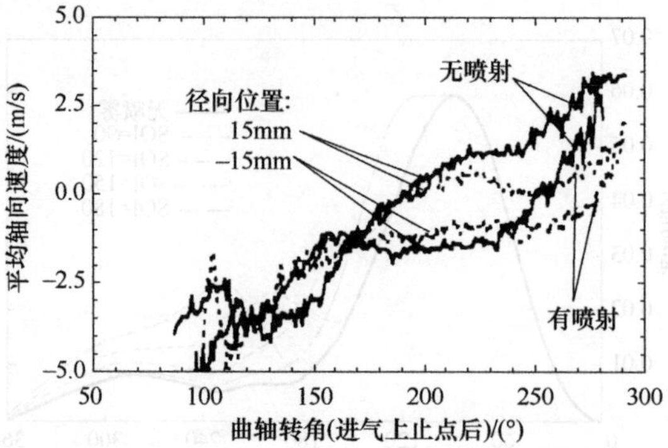

图 5.2-4　在缸内两个位置测量轴向速度作为曲轴转角功能

注：离气缸轴线 15mm 处和离气缸顶部 38mm 处；喷油器中置；750r/min；喷油时刻：90°~100° ATDC；综合平均时间[422]。

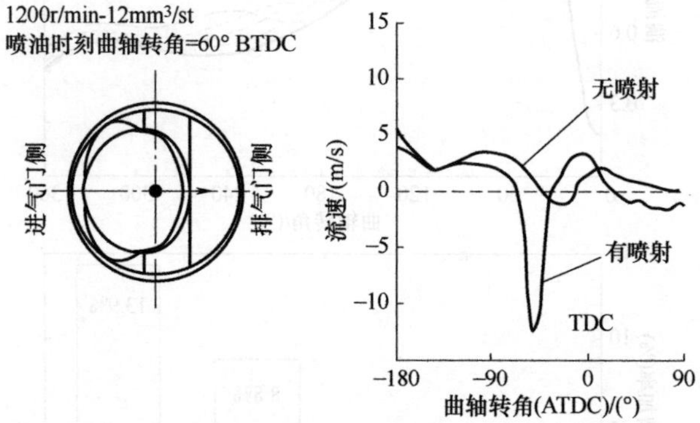

图 5.2-5　有、无喷射工况下火花塞电极间的流体速度随曲轴转角的变化[223]

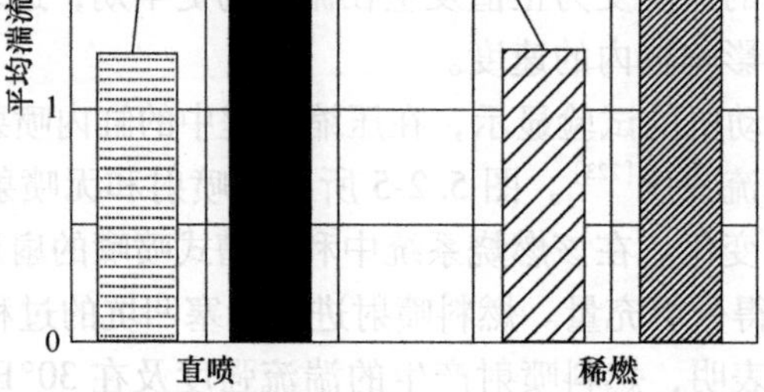

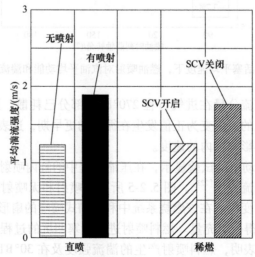

图 5.2-6　在丰田二代 D-4 发动机有无喷油器和稀燃 PFI 发动机有无 SCV 情况下对比湍流强度[223]

5.3 燃油-空气混合过程

5.3.1 缸内充量的冷却

在理想的GDI发动机中，雾化良好的汽油直接喷入缸内，并只从缸内空气中吸热来完全雾化。这是非常重要的冷却缸内空气充量的机理。如图5.3-1所示，空气传给液体燃料的蒸发潜热使充量的温度降低。事实上，如果在吸气过程中喷射，可以增加进入缸内的空气质量，从而增加发动机的容积效率。压缩初期充量温度的降低也能直接降低压缩温度，从而增加抗爆性。相反的，在典型的进气道喷射发动机中，SMD为100~200μm的油滴被喷入进气道中，在进气门背部和进气道底部形成油膜。液体燃料在浓度梯度和真空度的影响下蒸发，并从进气门和壁面吸收热量。这种吸热使得进气道喷射发动机更难实现有效的充量冷却。缸内充量冷却的热力学效果是，相对于PFI发动机，理想的GDI发动机拥有更高的峰值转矩和更高的爆燃限制压缩比。表5.3-1为进气行程喷射导致的缸内充量冷却所带来的四个主要优点。

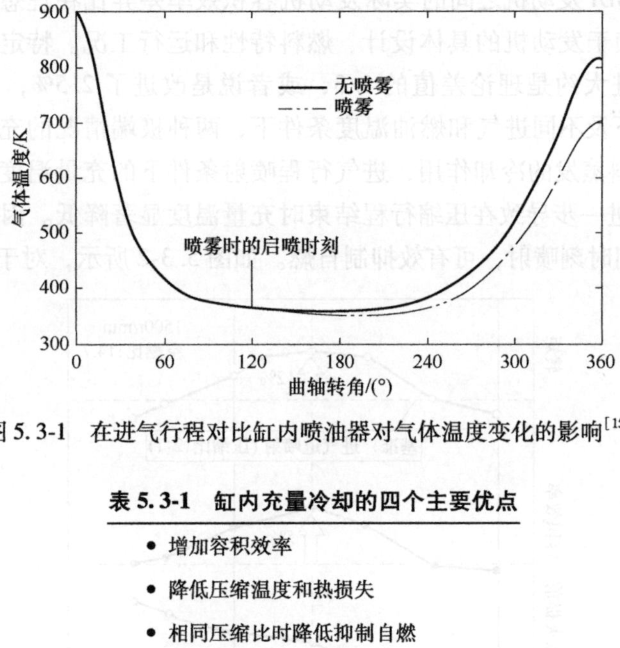

图5.3-1 在进气行程对比缸内喷油器对气体温度变化的影响[150]

表5.3-1 缸内充量冷却的四个主要优点

• 增加容积效率
• 降低压缩温度和热损失
• 相同压缩比时降低抑制自燃
• 爆燃限制的压缩比较高

伴随着进气行程燃料喷射引起的充量温度降低，使缸内气体充量增加。但是正如预期的一样，当喷射推迟到进气行程结束时，则没有容积效率增加的效果[150]。应该指出的是，即使在进气门关闭后喷射，缸内燃料雾化对充量冷却和爆燃抑制的作用仍然存在。另一个极端的情况是，如果喷射时刻提前到进气行程的初始阶段，则可能发生燃料碰撞活塞凹坑的情况。虽然燃油湿壁增加可以有效冷却活塞，但是会降低充量冷却效率，会导致充量温度下降和充量质量增加的程度降低。因此，如果出现严重的燃油湿壁，充量冷却的效果将消失。进

气过程中要求空气中的油滴必须很快蒸发，因为雾化水平的确会影响最终的容积效率。为使全部燃油在进气过程的这段时间内完全蒸发，油滴尺寸就必须足够小。当燃料持续蒸发，冷却效果也继续保持；但是，所获得的容积效率增加与进气结束前燃料蒸发的比例直接相关。进气充量的冷却同样可以改变和提高发动机的传热过程，特别是对大负荷工况下的早喷情况。在压缩行程，充量密度是单调递增的，充量的温度提高且高于壁面温度，并向壁面传递热量。当喷射时刻推迟到进气行程结束时，热传递方面的优势迅速消失[150]。

可以从两种极端的情况来比较充量冷却对于容积效率的效果。一种情况类似于进气道喷射发动机，其燃料仅依赖进气道和进气门表面的热传递来蒸发。另一种情况是理想的 GDI 发动机，其燃料仅通过吸收空气的热能来蒸发。假定初始进气温度为 100℃，燃料温度是 50℃，发现直接喷射的混合气蒸发的体积在标准条件下比进气空气的体积小 5%左右[9]。而在同样的进气条件下，如果燃料只通过壁面的热传递来蒸发、加热至进气温度，混合气体积因为燃料蒸气的存在而增加 2%。因此，两种极端情况下混合气体积的差异可以达到 7%。标准体积可以直接转换为不同的进气质量。但是应当指出的是，这些极端情况不能完全描述真实的 GDI 和 PFI 过程，因为在 PFI 发动机中有一些燃料在空气中蒸发，而在实际 GDI 发动机中也有些壁面油膜的蒸发。此外对于冷起动情况，燃油、空气和发动机气缸壁有相同的温度。结果 PFI 和 GDI 发动机之间的实际发动机容积效率差异比在理想极限情况下计算的要小，而且强烈依赖于发动机的具体设计、燃料特性和运行工况。特定燃烧系统的试验表明，容积效率的改进大约是理论差值的 1/3，或者说是改进了 2.5%，而且取决于喷射时刻[9]。在固定压力下及不同进气和燃油温度条件下，两种极端情况的充量温度计算差值可高达 30℃。由于燃料蒸发的冷却作用，进气行程喷射条件下的充量温度在进气过程结束时降低了 15℃[9]，并进一步导致在压缩行程结束时充量温度显著降低。因此 GDI 发动机使燃料在进气过程的中间时刻喷射，可有效抑制自燃。如图 5.3-2 所示，对于这种运行模式，爆

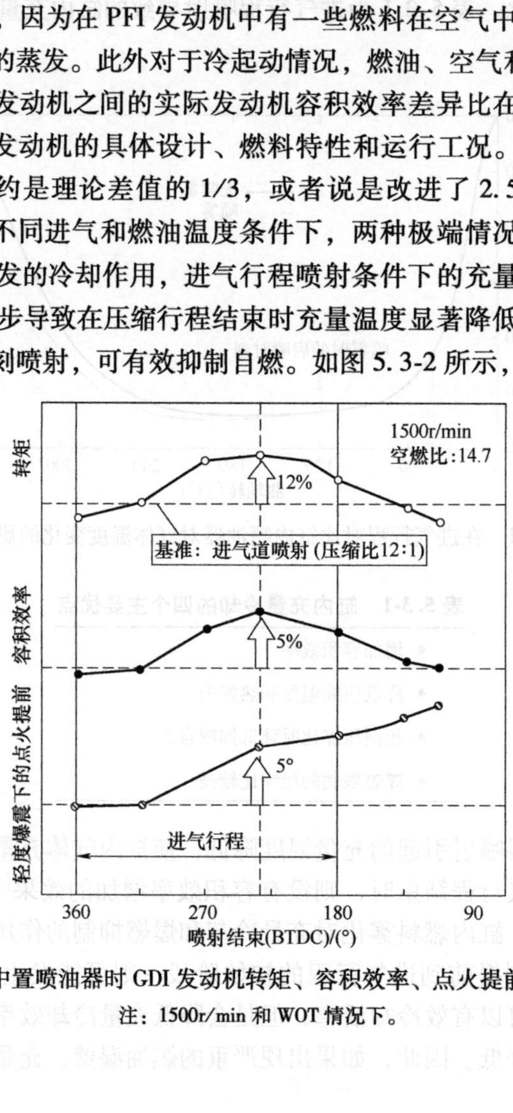

图 5.3-2　在中置喷油器时 GDI 发动机转矩、容积效率、点火提前改善情况[196]

注：1500r/min 和 WOT 情况下。

燃点火时刻界限可以大大提前。对于研究法辛烷值为 91 的燃料，爆燃极限压缩比也可增加 1.5 倍，从而显著增加发动机的热效率。燃料早喷带来的充量冷却的好处如图 5.3-3 所示，辛烷值可增加 4~6，压缩比可增加 1.5[201,274]。最大限度地提高压缩比，可以直接提高 GDI 发动机的功率和转矩特性，可以有效提高发动机的 BSFC。

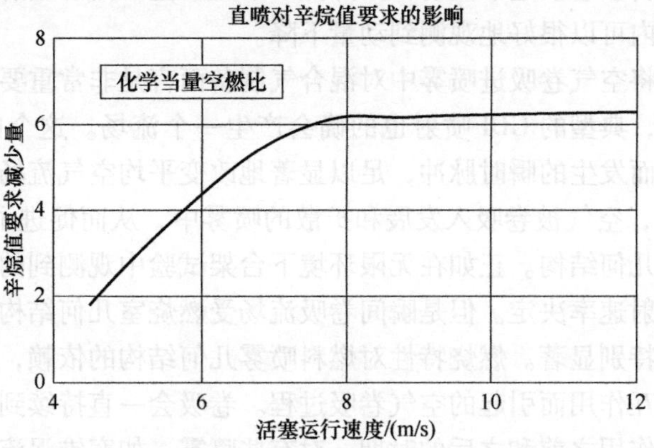

图 5.3-3 在理论空燃比时，GDI 发动机辛烷值需要提高量[274]

利用日产原型直喷发动机进行研究的结果表明，在理论当量比条件下，充量冷却可使进气温度降低约20℃。因此，即使在发动机低速全负荷工况下，GDI 发动机比传统 PFI 发动机的输出功率大6%，这主要得益于减少了爆燃趋势并使点火时刻提前[438]。消除进气道的燃油蒸气（其在 PFI 发动机中占据了进气的体积），是容积效率提高的另一要素[203]。值得注意的是，因为获得均匀充量的时间有限，对应最大的容积效率或最大的转矩输出的 SOI 时刻并不一致[19]。对于菲亚特直喷燃烧系统，最大转矩所需的喷射角度大约比最大容积效率所需的喷射角度提前约 20~30°曲轴转角[20]。

5.3.2 缸内油气混合特性

以温度、压力和空气流场表示的发动机缸内流体力学状态，对喷雾雾化与扩散、喷雾中的空气卷吸以及后续的油气混合过程都具有实质性的作用。复杂的、与时间相关的喷雾/空气流场和喷雾-壁面相互作用过程，决定了油气混合速率和混合气分层的程度[39,68,77,80,96,97,218,270,349,397,404,463,507]。由于混合气制备在很大程度上取决于燃烧系统结构、喷雾形状、缸内流体结构以及燃油喷射策略，虽然很难对缸内的油气混合过程进行概括，但是整个过程可以描述为 3 个基本阶段[301,505]。对使用轴对称喷雾碰撞活塞凹坑的壁面引导型燃烧系统来说，第一阶段是自由喷雾阶段，此时油滴形成一个中空锥形然后产生一个螺旋形旋涡。缸内流场对喷雾的轨迹和燃油蒸气的分布均有直接的影响[358]。第二阶段从喷雾与活塞表面相互作用开始。在此阶段喷雾锥角和活塞凹坑形状控制着油气混合气的空间分布边界。喷雾与壁面相互作用过程将在本章的后续部分详细讨论。喷雾完全碰撞到活塞凹坑之后，混合气形成过程进入最后阶段，也就是油气混合气扩散和传播过程。此阶段由于接近压缩行程尾声，环境气体温度急剧上升增强了燃料蒸发，使得油滴数量显著减少。浓混合气区域迅速消失，混合气内油气分布变得更加一致。在混合气形成的整个过程中，喷雾和缸内流场的相互作用主要由缸内流场、自由和撞壁喷雾的相对动量决定[367,375]。此外，撞壁喷雾的轨迹主要受相对活塞表面的碰撞角度的影响。在点火时刻燃料蒸气浓度的最终分布主要受喷雾和活塞凹坑的相互作用影响。

试验研究表明中置的涡流式喷油器，即使喷雾表面看起来是中空锥形，但其最大的油滴密度却在喷雾轴线方向出现，这主要是因为总体卷吸流场和环形涡流引起小油滴回流。对滚流系统来说，由于燃料被卷吸进了流场从而降低了滚流动量，同时喷射会引发向下的气流流动分量。在压缩行程内可以很好地观测到动量下降。

值得注意的是，将空气卷吸进喷雾中对混合气制备而言是非常重要的因素。即使对最小的缸内空气流场而言，典型的 GDI 喷射也的确会产生一个流场。这个由无数的油滴和缸内气体之间的动量交换而发生的瞬时脉冲，足以显著地改变平均空气流场和湍流特性。在这个 4~6ms 的交换过程中，空气被卷吸入发展和扩散的喷雾中，从而促进了燃料和空气的混合，并且可以改变喷雾的几何结构。正如在无限环境下台架试验中观测到的，空气卷吸特性主要由喷雾几何结构和喷射速率决定。但是瞬间卷吸流场受燃烧室几何结构的限制和影响，对壁面引导型系统该影响特别显著。燃烧特性对燃料喷雾几何结构的依赖，可以追溯到喷雾几何结构和空气流场的相互作用而引起的空气卷吸过程。卷吸会一直持续到全部喷雾动量完全耗散，包括与壁面相互作用之前和之后的时期。对有些喷雾，如宽锥涡流式喷油器喷雾，卷吸大部分发生在与壁面相互作用之前，对槽式喷嘴的扇形喷雾，卷吸主要发生在与壁面相互作用之后。

利用 KIVA-3 CFD 研究涡流和滚流的平均流场成分对 GDI 发动机缸内油气混合过程的影响，结果表明喷射的空锥喷雾可能严重偏离进气流方向，而只有较小的油滴会沿气流方向运动。模拟中置喷嘴的燃烧系统发现，燃料在进气行程沿气缸轴线方向喷射进入气缸，在滚流主导的流场中要比在涡流主导的流场或静止的流场中，喷雾前锋面的穿透力更强。喷雾/壁面碰撞在进气下止点时刻发生，之后，一部分液体燃油在壁面形成油膜，另一部分则被卷吸入空气流场中。在压缩行程中，在相对静止、无滚流的活塞表面附近仍存在燃油蒸气密集区。对滚流和涡流流场情况而言，蒸气密集区域随主要缸内流场运动、扩散，而一些小块的浓混合气则留在活塞表面附近[149]。

对中置喷嘴情况来说，不同充量运动对 GDI 混合气制备的影响的试验研究证明，滚流流场倾向于使喷雾甩向缸壁[347]。涡流流场有利于将喷雾集中在气缸中心，从而可以有效减少湿壁。当喷雾前锋流速减小、喷雾锥角变窄时，可以明显地拓宽稀燃界限。采用一个喷雾锥角为 45°的实锥喷雾，GDI 试验发动机可在总体空燃比为 40：1 的工况下运行。

在低压、静态环境下的油泵试验台上产生的空锥喷雾结构，同样可以在进气行程喷射的中置喷嘴发动机上获得[150,151]。但是，进气生成的流场确实会影响喷雾轨迹，使得喷雾偏离并略微增加了喷雾前锋的轴向贯穿能力。因为结合了偏离和增加贯穿距的效果，即使喷雾是沿轴线方向喷射，当燃料在进气行程 90°~120° ATDC 之间喷射时，喷雾也碰撞在缸壁上。图 5.3-4 显示的是主喷雾轴向贯穿距和速度的计算值随喷射开始后持续时间的变化关系。在进气行程 90°ATDC 以前喷射，进气流动对喷雾的影响最大。喷雾与壁面碰撞的细节不仅依赖于改变喷雾与活塞速度的喷射时刻，也依赖于瞬时流场。图 5.3-5 显示了不同燃烧室表面液体燃料分数随曲轴转角的变化。在最坏的情况下，碰撞在缸壁表面的液体燃料的数量高达所有喷入燃料的 18%，导致在压缩行程后期活塞表面附近形成相对富集的蒸气区域。当喷射时刻为 120°ATDC 时，喷入燃料的蒸发比例如图 5.3-6 所示。图中表明在进气行程 330°

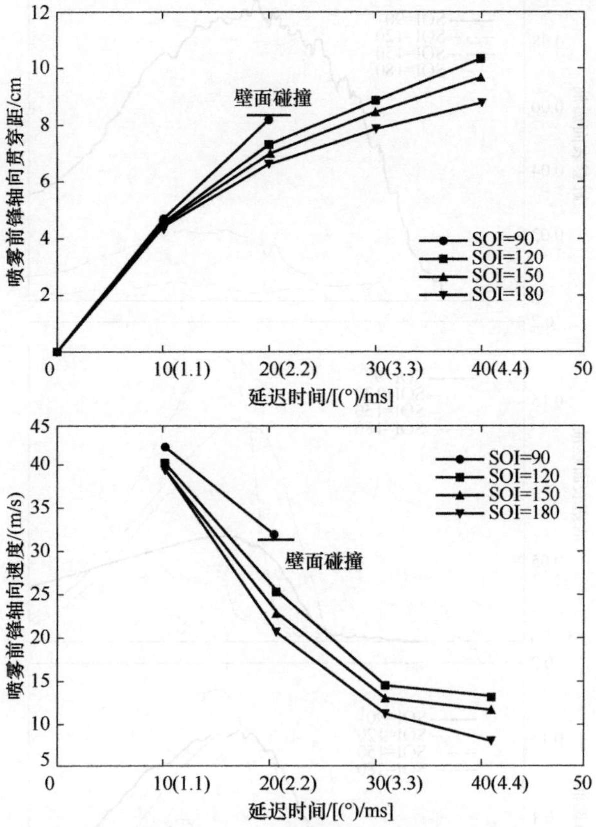

图 5.3-4 计算得到的喷雾轴向贯穿距和速度[150]

注：1500r/min；0.1MPa MAP；异辛烷。

ATDC 时，90%的燃料都已经蒸发了。当喷射时刻晚于进气行程 90°ATDC 时，混合气在三个不同当量比范围内的分布（$\varphi>1.5$，$1.5>\varphi>0.5$，$\varphi<0.5$）没有显著的区别。这是因为在这些情况下液体燃料残留而导致的，大约有全部喷入燃料的 3%残留在活塞表面附近，此区域内的浓混合气很少受缸内流场的影响。尽管不同喷射时刻会导致不同程度的充量分层，但其总体趋势是浓区和稀区没有显著的改变。充量分布的总体特征主要由喷射和流场方向决定。对早喷情况来说，通常在主燃烧室区域混合气较稀而在挤流区域混合气较浓，空燃比从 8∶1 变化到 24∶1。

对侧置喷油器的油气混合过程的模拟研究表明，对早喷来说，其喷雾发展初期由于较高的喷雾动量而几乎不受气流运动的影响。对在进气行程 170°ATDC 喷油的早喷工况来说，喷雾在 185°ATDC 时与缸壁发生碰撞，导致大部分压缩行程中活塞顶部附近都留有浓混合气。在压缩行程 25°BTDC 时，总体滚流运动开始快速衰减，并产生相对均质的理论空燃比混合气。压缩行程 20°BTDC 时，超过 90%的燃料已经蒸发。

对侧置喷油器、逆滚流主导的 GDI 燃烧系统油气混合过程进行 CFD 分析表明，对早喷工况来说，混合气的均质度因为平均当量比增加而降低[86]。对总体上为稀燃的运行工况来说，混合气接近均质，然而对总体上为理论空燃比的运行工况来说，在活塞顶部中央存在浓

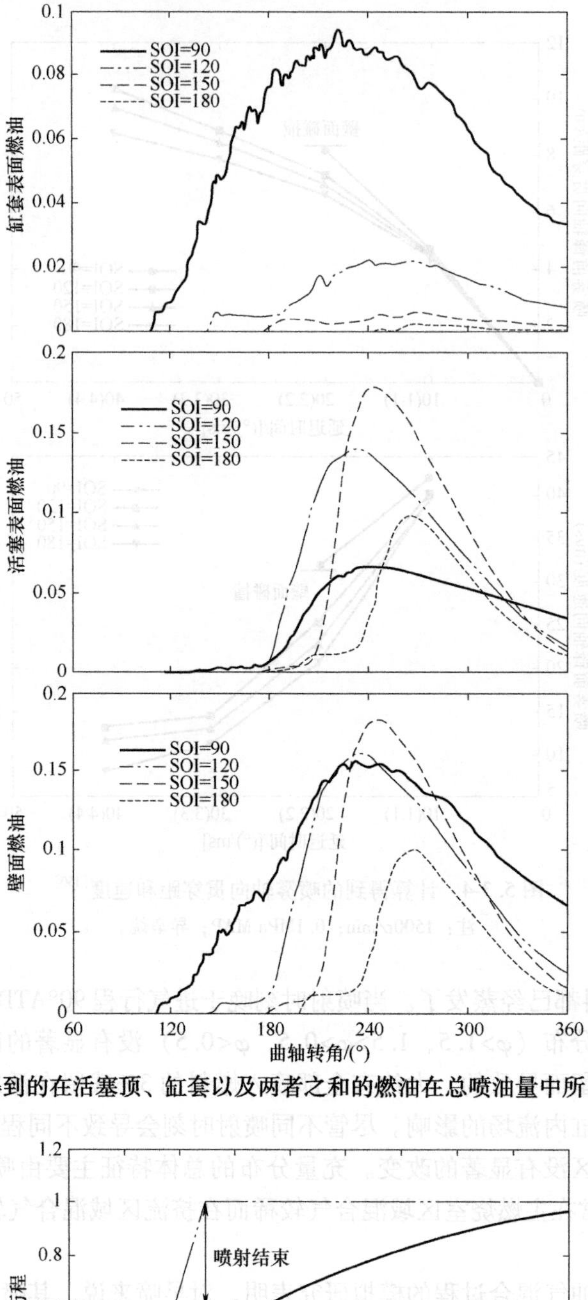

图 5.3-5　计算得到的在活塞顶、缸套以及两者之和的燃油在总喷油量中所占比例的变化[150]

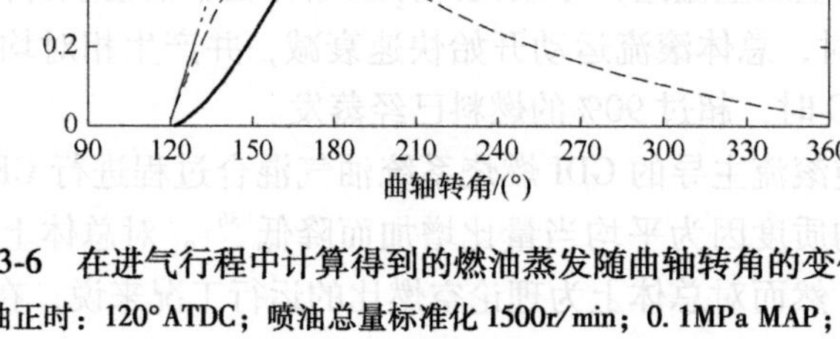

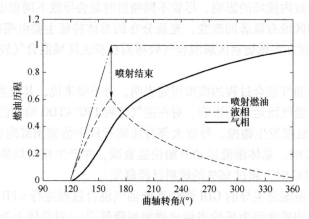

图 5.3-6　在进气行程中计算得到的燃油蒸发随曲轴转角的变化[151]

注：喷油正时：120° ATDC；喷油总量标准化 1500r/min；0.1MPa MAP；异辛烷。

混合气区域。对分层模式的类似分析表明，最初被火花塞点燃的燃油来自于喷嘴的直接喷射，而非受活塞凹坑引导的燃油。凹坑几何结构的主要功能是在火焰传播的过程中限定燃油的边界。即使是早喷情况下，热壁面和喷雾之间相互作用（壁面-油膜子模型）仍需要进一步描述，因为缸内的燃油分布直接影响火焰的传播。油滴和活塞凹坑之间的相互作用对分层模式也非常重要。前述逆滚流主导的 GDI 燃烧系统的混合气制备试验研究表明，当以分层模式运行时，火花塞电极间隙附近的空燃比的循环变动很大，这些循环变动与燃烧开始时刻的波动和 IMEP 有关。对分层模式运行的喷射来说，特别是喷雾锥角大于 60°的喷嘴，部分燃料离开喷嘴后直接到达火花塞间隙，而不经过任何方向改变或者与活塞表面的碰撞，通常指的是壁面引导型喷雾的短路。喷雾中与活塞表面和凹坑相互作用的其余部分，可能会也可能不会形成湿壁。如果确实有油膜生成，那么沉积在活塞表面的液体燃油可能直接形成碳烟排放[62]。

对喷雾与缸内气流流场的相互作用的研究发现，当喷雾方向与气流速度矢量相同时，则会发生显著的凹坑内湿壁现象[252]。空气流动会驱散燃料云团，并在喷嘴下方形成了一个稀混合气区域。当燃料喷射与气流方向相反时，喷雾前锋迅速减速。当喷雾燃料与气流方向垂直时，气流不会显著影响喷雾的发展和贯穿特性。以上说明了缸内流场和燃料喷雾轴线方向之间有着非常重要的关系。

缸内涡流比和喷嘴类型对 GDI 燃油喷雾贯穿距的影响结果已经有较多的研究[157]。在三种不同缸内涡流比和四种不同缸压下，使用一孔、两孔和三孔布局的六个类型的喷嘴，来研究喷雾的贯穿距。发现喷雾贯穿距和喷雾轨迹强烈受涡流比、喷嘴几何结构和喷雾轴线与空气速度矢量的方向的影响。研究缸内喷射汽油喷雾的流速随距离和时间的变化发现，仅从单个油滴的运动关系来预测喷雾贯穿距随时间的变化是不准确的，因为在喷射过程中喷雾前锋并不只是油滴的简单组合，并且单个油滴的运动轨迹都不相同[158]。喷雾贯穿距和流速的三阶段模型方法能够进行准确的预测：早期模型受控于喷油器的开启特性；中期模型由喷雾前锋面的阻力控制；晚期模型主要由缸内流场决定。

为了得到稳定的分层混合气，需要重点考虑燃烧室几何结构、空气流场并缩短喷射与点火之间的时间间隔。在丰田的原型机燃烧室上，开展了利用两个高流率的燃料喷嘴来产生分层混合气的可行性研究[446]。此研究中的喷油器为孔式和涡流式喷油器，均有压电执行机构来确保在压力超过 15MPa 的情况下仍然可以实现针阀的快速开启和关闭。考虑这种极端情况的初衷是：通过孔式喷嘴控制活塞顶上油膜的蒸发程度，通过涡流式喷嘴控制在气流场中的燃料的蒸发比例。所选喷嘴能在高压（>20MPa）下较短的持续期内完成喷射，并允许对喷油速率进行单独设置。孔式喷嘴提供了一个窄锥角和高贯穿距的喷雾，因此它比较适合用在小负荷工况下，在火花塞间隙附近形成分层混合气。因为孔式喷嘴喷雾的蒸发速率主要依赖于从活塞传导来的热量，其喷雾的油滴尺寸分布没有涡流式喷嘴的重要。通过喷雾发展过程可视化研究发现，在任何喷雾撞壁之前，涡流式喷嘴的喷雾蒸发是很好的，此喷嘴的喷雾蒸发率对来自热壁面的热量传递依赖程度不高。对孔式喷嘴来说，蒸发率在燃料喷雾与壁面相互作用的时刻突然增大；所以如果使用孔式喷嘴来形成分层混合气，活塞热能的利用效率是非常重要的。对低速小负荷工况（接近怠速）来说，两种类型的喷嘴随燃料喷射压力的不同，呈现出相反的 BSFC 变化趋势。在低于 8MPa 的喷射压力下，孔式喷嘴的 BSFC 增加，而涡流式喷嘴的 BSFC 下降。对高速中负荷工况来说，为实现较低的 BSFC，两种喷嘴都需要提高燃油共轨压力。如果要缩短喷射与点火之间的时间间隔，就必须提高喷油压力来缩短喷射的持续时间。与涡流喷嘴相比，因为孔式喷嘴的喷雾卷吸和扩散都较差，通常更容易在小负荷时形成适当的分层混合气。因为喷雾扩散比较好，所以在大负荷时使用涡流式喷嘴更容易获得理想的分层混合气。

喷雾特性对均质模式运行的排放问题也特别重要。为研究早喷模式下喷雾特性对 HC 排放的影响，图 5.3-7 和图 5.3-8 所示分别为实锥喷雾（喷油器 A）及空锥喷雾（喷油器 B）的喷雾特性测量和 HC 排放的结果。喷射时刻在进气行程的 20°ATDC 到 150°ATDC 之间变化时，使用空锥喷雾会降低 HC 排放。实锥形和空锥形喷嘴在喷射时刻为 20°ATDC 时测得的 HC 差值很小，但是推迟喷射时刻则差值明显增加。这是因为早喷通常会导致严重的湿壁，与喷雾质量相比，其对 HC 排放会产生更多的影响。对实锥喷雾来说，HC 排放随着进气行程内喷射时刻的推迟而增加。但是对空锥喷雾来说，在试验范围内 HC 排放随喷射时刻推迟而减小。

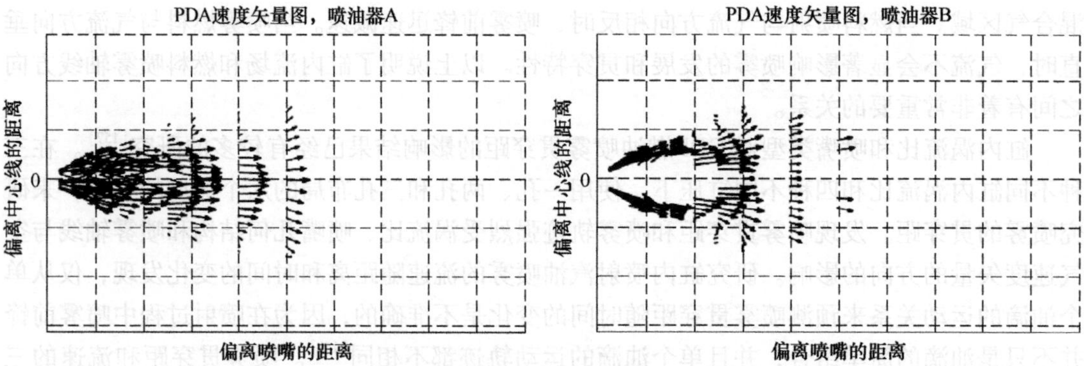

图 5.3-7　采用喷雾相位多普勒测量得到的实锥喷雾（喷油器 A）和空锥喷雾（喷油器 B）的喷雾速度场[275]

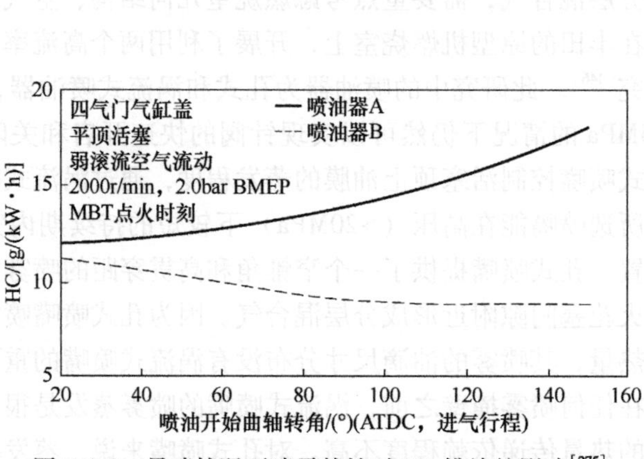

图 5.3-8　早喷情况下喷雾特性对 HC 排放的影响[275]

燃料组成影响其挥发性，因此对喷雾特性有显著影响，特别是在环境压力较低而喷嘴工作温度较高的工况下时，这些已经在第 4 章进行了讨论。除此之外，燃料特性如黏性、密度和表面张力则对喷雾的影响较小。对冷态和热态下的不同喷射时刻，研究了燃料组分对燃油在燃烧室内分布的影响[78]。该研究涉及三种不同燃料，即商用汽油、异辛烷和一种三组分研究用燃料。由于喷油器、燃料温度和燃料挥发性对闪急沸腾的共同作用，喷雾扩散和油滴大小也强烈地受其影响。研究发现闪急沸腾对点火时刻混合气均质度的影响与喷射时刻有关。一些有关燃料与喷射时刻的研究发现，空气中的油滴/蒸气云与周围充量的混合是不完全的，这表明在燃料喷射初期适当的油滴发散是GDI发动机确保形成良好均匀充量的关键所在。尽管典型空锥型涡流式喷油器产生的喷雾特性对分层模式而言非常优越，却不太适合产生中、大负荷运行所需的完全均匀充量[247,248]。表5.3-2提供了混合气制备优化策略指南。

表5.3-2 混合气制备优化策略指南

喷油器和喷雾特性需求	• 适当的喷雾锥角，确保早喷时空气利用率好，同时避免缸壁及活塞冠凹坑外的湿壁 • 适当的喷雾贯穿特性，确保早喷时空气利用率好，避免撞壁 • 最小化针阀加工室容积，无后喷 • 干净的喷油过程，无60μm以上的油滴，无油带 • 足够的喷射速率及低脉宽稳定性，小油量喷射稳定
喷雾目标	• 优化喷雾轴线角，实现火花塞间隙处混合气可燃，且避免无谓的撞壁
喷射时刻	• 早喷均质模式时喷射时刻应提前，充分利用充量冷却效果 • 喷雾前锋应“追赶”活塞，避免早喷时喷雾撞击活塞冠 • 分层模式的喷射时刻应尽可能推迟，避免燃油过度扩散 • 喷射时刻应足够早，确保可靠的着火，避免生成碳烟排放
燃烧室设计	• 优化燃烧室几何结构和活塞冠/凹坑形状，优化火花塞位置、喷油器位置、喷雾几何结构以及喷雾方向 • 在全运行工况范围内优化涡流和/或滚流

5.4 喷雾与壁面的相互作用

随着每次GDI喷射的发生，在燃烧室这个相对较小的封闭区域内，会进入无数流速和直径变化范围超过50：1的油滴。在油滴碰到燃烧室边界表面之前，由尺寸较小的、运动缓慢的油滴构成的部分喷雾达到其最终速度并实现了较好的蒸发。本节要介绍的是另一部分喷雾，这部分喷雾通常也包含最大和最快的油滴，这些油滴最终也将到达燃烧室边界的表面，这部分喷雾在壁面引导型系统中的比例非常大，而在设计良好的喷雾引导型和气流引导型系统中的比例很小。这些油滴在燃烧室壁面的作用下，一部分发生了方向偏转，其余部分则撞击在壁面上。

在壁面引导型GDI燃烧系统中，特意使用燃料喷雾碰撞活塞凹坑表面来建立分层混合气。对这类系统，以及喷雾引导型和气流引导型系统而言，无法完全避免无谓的燃料撞击燃烧室和气缸表面。加强对预期的燃油湿壁时喷雾-壁面相互作用过程的理解，对GDI的开发过程而言，无论是更有效利用壁面引导概念中的喷雾-壁面撞击，还是调整参数来避免无谓的燃油湿壁，都是极其重要的。

5.4.1 GDI喷雾与投射表面之间的相互作用

图5.4-1所示为瞬态GDI喷雾与接触面之间的相互作用示意图，当然，这种相互作用是随时间改变的，可以用随时间变化的、更好的方式来描述。在这种相互作用中，从喷雾的前部至喷嘴头部的几何结构和喷雾特性基本不受影响；也就是说，所拍摄到的没有碰撞表面出现的喷雾图像所涵盖的区域，以及油滴尺寸和流速剖面数据，都不受影响。尽管示意图表示的是90°和45°的情况，但是通常情况下倾斜的碰撞角度和沿喷嘴轴线（或偏置喷雾的喷雾轴线）方向的碰撞距离可以是任意数值。壁面的状态可以是湿的或干的、热的或冷的、粗糙的或光滑的、移动的或静止的，还可以包括有无沉淀物对液体和蒸气燃料的吸附和解附。对特定的相互作用而言，以上每个变量都可以在一个很宽的范围内取值。

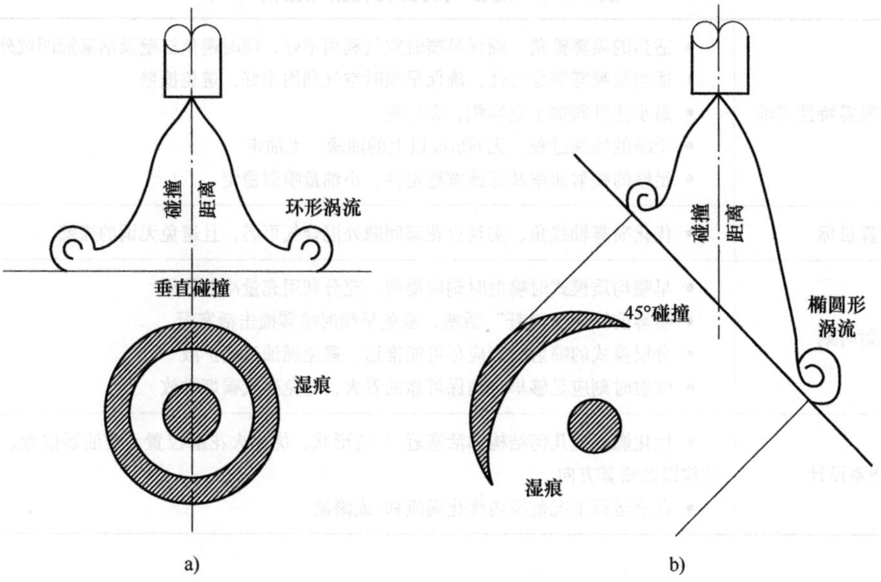

图5.4-1　GDI喷雾与接触面之间的相互作用示意图

a）垂直碰壁　b）45°斜面碰撞

注：室温，0.1MPa的环境背压。

碰撞区域或者更确切地说相互作用区域，最先表现为一个小的环形旋涡，这个旋涡从最初的撞击点迅速扩散，并转移一部分初始喷雾的动量。即使是具有一定角度的碰撞，这个旋涡相对于表面仍然维持一个近似的圆形。但是对倾斜喷雾来说，其中心点从最初碰撞点沿平面下降。如果有初始喷雾、预喷雾或多阶段喷射存在，那么初始喷雾的导向边界，主喷雾叉支或者是多孔喷雾的各喷雾分支，都会产生一个沿着表面迅速扩张的环形旋涡。这个旋涡是动量交换的结果而并不是碰撞的必然结果，正如瞬态的气体喷射产生的环形旋涡。从侧视图或俯视图中观察到的相互作用的总体表现显示，其很少受壁面条件的影响。偏转喷雾的总体运动和一定时刻的空间位置受壁面湿润程度、温度或粗糙度的影响较小。如精确的测量结果显示，壁面温度从20℃上升至130℃时，沿壁面流动的喷雾速度仅增加2%~4%。对这么小的影响进行测量是非常困难的，因为它们可能和不同喷射间喷雾的自身波动在同一个数量级。

图5.4-2所示为GDI喷雾与周围环境边界可能发生的交互作用现象的范围示意图。在这

个图中，在一个自由发展、没有限制的环境下，在瞬态 GDI 喷雾的轨迹上放置一块无限大的平板。如图 5.4-2a 所示的相互作用的侧视图表明，存在一个在前面所讨论的阻挡平面很少或几乎没有影响的区域。这一区域已被试验所发现，位于表面上方 5~8mm 的范围。阻挡平面存在与否对分界面以上的喷雾几何结构、油滴尺度和油滴速度没有影响。该图也给出了一些在阻挡平面的影响区域内可能发生的现象。侧视图以二维结构显示了上游和下游的旋涡切面图，这些旋涡随时间快速地向外运动。图中显示可能出现一个或多个液体油膜存在的湿壁区域，这里显示的是使用涡流式喷油器在试验台测试条件下的情况，而不同喷嘴情况下湿壁的湿痕明显不同。在试验条件下，8 孔喷嘴可以产生 8 个独立的环形旋涡和湿壁区域。每个湿壁区域都可能存在飞溅油滴，它们是由动能和韦伯数均很大的油滴与液体油膜碰撞产生的。一部分液体油膜将二次雾化，所产生的油滴的尺寸和速度分布与原始喷雾明显不同。喷雾中的另一些油滴可能被喷射引起的气流场带走，垂直于平板的动量完全耗散，油滴沿平行平板的方面运动至卷吸流场。仍具有部分垂直于平板的动量的油滴将和它发生碰撞，如果碰撞发生在没有液体油膜的区域，则可能有三种结果，这取决于那个时刻油滴的韦伯数。第一种可能的结果是，油滴可能贴附在表面产生新的油膜。第二种可能的结果是，油滴可能反弹且无破裂，并保持一定的原始动量。最后一种可能的结果是，油滴可能破裂并成为一系列小的反弹油滴，并在碰撞后二次雾化。

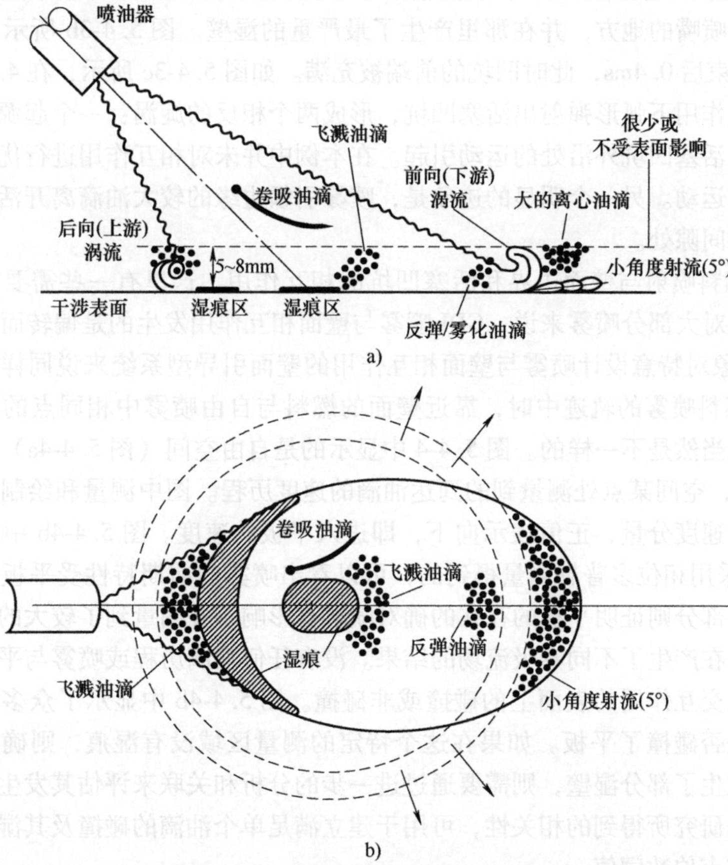

图 5.4-2　GDI 喷雾与周围环境边界交互示意图

a）交互的侧视图　b）交互的顶视图

如果这种油滴和表面交互作用产生了实际碰撞，值得注意的是这种碰撞可能有，也可能没有，因此就可能出现两种附加的基本特征。第一个特征是在试验时观察到在偏转喷雾导向边处产生了小角度（约5°）、大油滴的二次射流。这些油滴呈扇形分布并集中在碰撞方向，其中大部分在扇形中心附近，如果偏离该中心则油滴数量密度快速减小。第二个特征是在与碰撞表面成中等角度（30°~40°）的区域内存在一些大的油滴。这些特征存在于所有的GDI喷雾碰撞中，与碰撞角度、碰壁表面是否干燥、碰撞表面是冷是热、碰撞表面是粗糙还是光滑无关。但是，上述条件对这两类油滴的数量密度和尺度分布有显著影响，较大和较多的油滴通常在比较湿冷和粗糙的壁面产生。对碰撞角度不超过50°的GDI喷雾，小角度射流通常出现在下游环形旋涡的前缘。这种薄的扇形射流和较大的前缘大油滴，在最初的干壁面和有液体油膜的壁面上都存在，只是在潮湿的壁面上此现象比较明显。超过原始喷雾油滴尺寸的二次雾化油滴的存在，是飞溅和后续到达的油滴碰撞由前期油滴在最初干燥表面产生的油膜的特别证据。要从物理和阈值方面来完全解释所观察到的现象需要做更多的研究，从而构建精确的关系，为CFD子模型改进提供有价值的信息。

图5.4-3所示为一组激光片光喷雾图，图中的壁面引导型燃烧系统采用60°GDI喷嘴，且有活塞凹坑。喷嘴工作温度和试验用燃料温度为90℃，环境背压为0.25MPa，喷嘴轴线与活塞凹坑底面成45°，沿喷雾轴线碰撞距离是35mm，活塞凹坑最初是干燥的。如图5.4-3a所示，在燃料喷射逻辑脉冲开始后0.7ms，喷雾前沿刚好接触活塞凹坑。最初接触点不在喷雾轴线上，而是在靠近喷嘴的地方，并在那里产生了最严重的湿壁。图5.4-3b所示为喷射开始后2.2ms即喷射结束后0.4ms，此时凹坑的前端被充满。如图5.4-3c所示，在4.0ms时油滴在复杂的流动机理作用下弧形弹射出活塞凹坑，形成两个相反的旋涡：一个起源于喷雾的环形旋涡，另一个由活塞凹坑外沿处的运动引起。在本例中并未对相互作用进行优化，因此喷雾向凹坑外沿以外运动。另一个明显的迹象是，喷雾引领边缘的较大油滴离开活塞凹坑后，将最先到达火花塞间隙处。

对于GDI燃料喷射与壁面边界和活塞凹坑的相互作用，这里有一些需要着重考虑的因素，首要一条是对大部分喷雾来说，GDI喷雾与壁面相互作用发生的是偏转而不是真正的碰撞[272]。这种现象对特意设计喷雾与壁面相互作用的壁面引导型系统来说同样存在。当边界壁面位于GDI燃料喷雾的轨迹中时，靠近壁面的燃料与自由喷雾中相同点的流速和直径随时间变化的情况当然是不一样的。图5.4-4中显示的是自由空间（图5.4-4a）和有插入平板（图5.4-4b）时，空间某点处测量到的到达油滴的速度历程。图中测量和绘制的油滴流速是指垂直于平板的速度分量，正值表示向下，即进入平板的速度。图5.4-4b中的数据是在平板上方3mm处采用相位多普勒测量得到的，可以看出喷雾的前期特性受平板插入与否的影响很小，而后半部分则证明平板的存在的确对喷雾有影响，并测量到了较大的油滴速度。这是由于平板的存在产生了不同卷吸流场的结果。没有任何油滴历程或喷雾与平面交互作用的图像能够证明在交互作用的表面上的碰撞或非碰撞。图5.4-4b中显示了众多油滴，但却无法区分各油滴是否碰撞了平板。如果在这个特定的测量区域没有湿痕，则确实没有油滴湿壁；但是如果发生了部分湿壁，则需要通过进一步的分析和关联来评估其发生边界。依据物理相互作用过程研究所得到的相关性，可用于建立满足单个油滴的碰撞及其湿壁、反弹或二次雾化的动量和韦伯数阈值。

关于GDI喷雾与壁面相互作用的一个简单的误区是，喷雾总体碰撞在活塞凹坑表面，

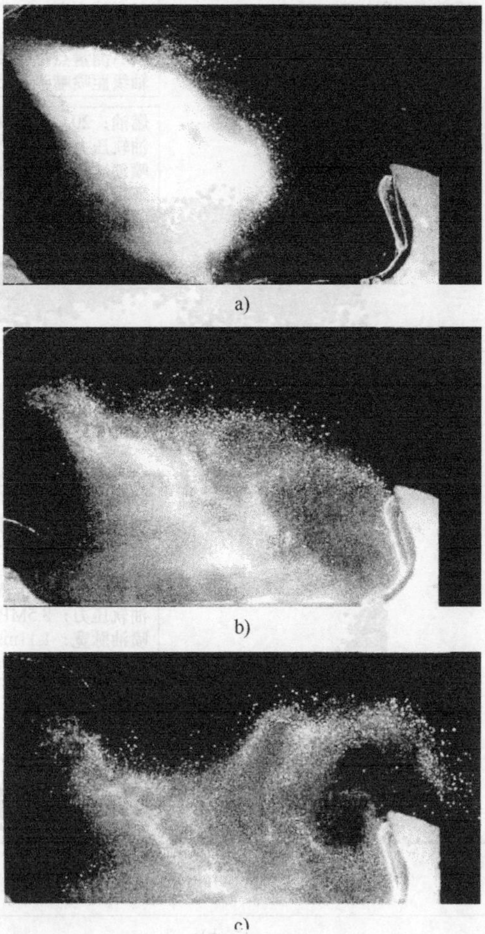

图5.4-3　喷雾按60°布置的GDI喷油器喷向壁面引导的活塞顶的喷雾变化过程

a）喷油开始后0.7ms　b）喷油开始后2.2ms　c）喷油开始后4.0ms

注：燃油温度为90℃；环境背压为0.25MPa；喷雾与活塞顶接触角为45°。

形成显著的液体油膜，在缸内空气流场影响下液体油膜沿着壁面移动。实际上从几乎所有的GDI喷嘴出来的喷雾，在平均碰撞距离为35mm时，形成的湿壁非常小。即使在室温和大气条件下的台架试验中，垂直于插入面喷射时，仅有5%~14%的喷射燃油质量在插入面上形成油膜。相对插入面倾斜的喷射引起的湿壁可能会更少。提高喷嘴和燃料温度或提高环境密度，都会减少湿壁生成。即使在室温条件下，绝大部分油滴的直径都在9μm以下，并不会真正接触插入面，而是被卷吸进喷射引起的流场中，在沿表面的瞬态气态流场中成为移动的悬浮颗粒。小油滴的阻力相对大，会迅速向周围空气传递动能。这表明在最初的1ms已产生了显著的气流场，也表明油滴极快速地达到了流场最终速度。事实上对典型的油滴流速和油滴直径分布来说，只有最大、最快和最早到达的油滴才会碰撞表面。由于只有很少数量的油滴会发生撞壁，相对于总的燃料量来说其比例较小。大部分的油滴（99.9%）在没有足够的相对于表面的垂直动量时，是不会形成湿壁的，但是在5ms的时间段内由于卷吸空气流场会发生偏转，继而完全蒸发。

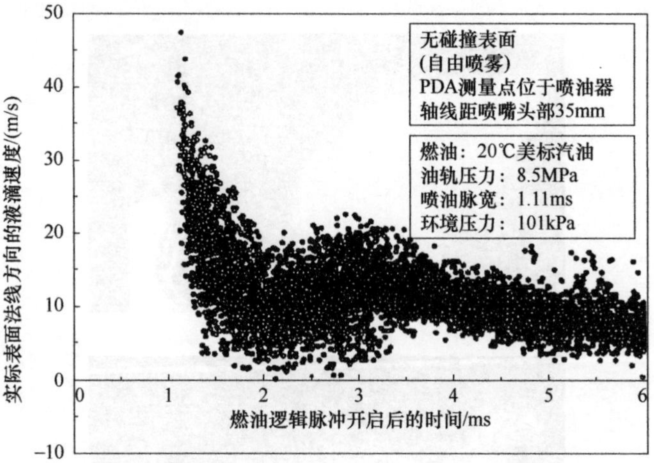

a)

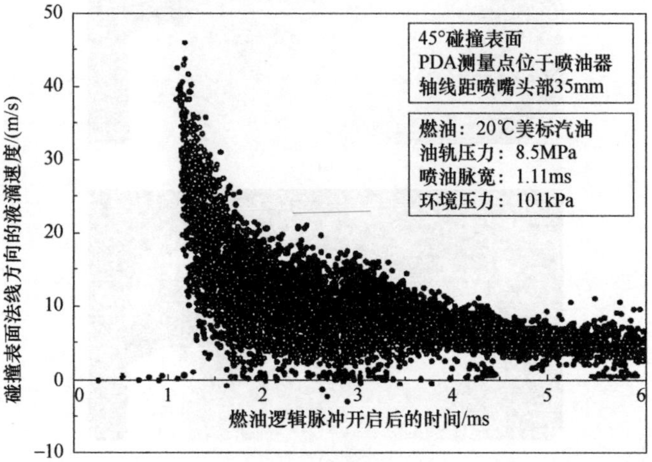

b)

图 5.4-4　微粒速度变化

a）自由喷射，无插入平板　b）相同喷雾和测量位置，喷雾与平板 45°接触

通过计算油滴阻力系数，分析研究 GDI 发动机中具有过度贯穿能力的油滴的撞壁特性[82,83]。假设对晚喷来说，其撞壁前的贯穿距离为 20mm，早喷时为 80mm。在这种假设下，对早喷模式来说，其喷雾的 SMD 值为 15μm，大部分油滴在到达活塞冠部以前速度就已经非常低了。无论如何减少撞壁前的可用贯穿距离，在晚喷模式下仍然会得到同样的模拟结果。油滴速度快速减少主要是因为晚喷时的空气密度较高，导致油滴阻力增加且雾化速率增强。可以预测，增加油滴尺寸或减少喷雾锥角，能够增加碰撞到活塞冠部的燃料量。

对于壁面引导型系统中典型的 GDI 燃料喷射，在 1.5ms 喷射脉宽内约有 800 万颗油滴与边界壁面发生相互作用，大部分油滴受壁面的影响超过 4~6ms。使用 60°涡流型喷嘴，碰撞距离为 35mm，与碰撞边界成 45°喷射时的相互作用的总体特性如图 5.4-5 所示。在 0.7ms 时喷雾主体刚刚到达干燥且没有加热的平面。在 1.3ms 时喷雾和边界表面相互作用，湿壁区域开始形成。在碰撞表面上方几个毫米内测得的喷雾油滴尺寸和速度数据证明，边界对瞬态 GDI 燃料喷雾上游的影响并不大。事实上与自由喷雾相比，可测到的变化区域只存在于表面上方 5~8mm 内。无论在有壁面还是没有壁面情况下，在表面上方 3mm 处，相同点的

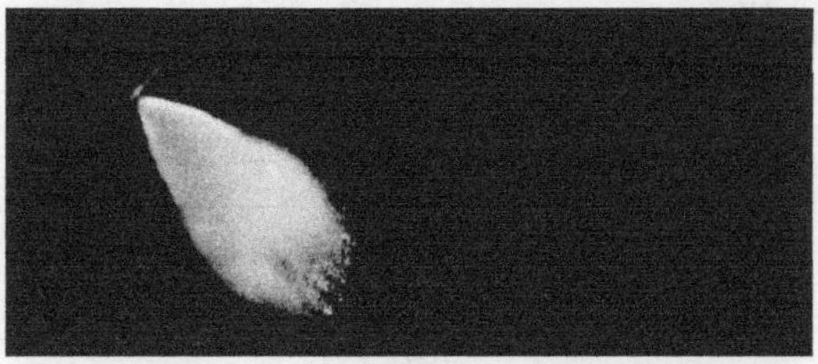

a)

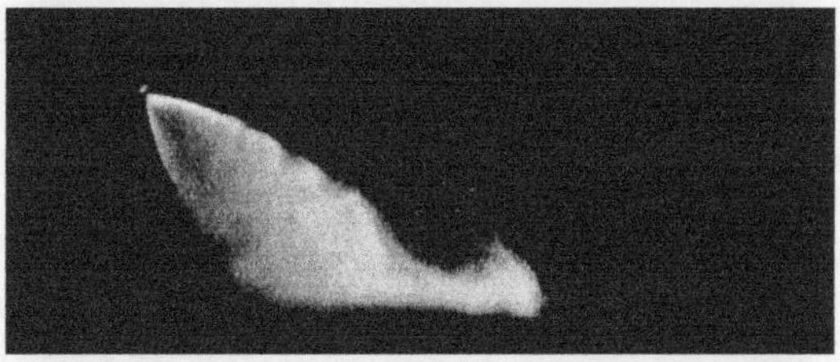

b)

c)

图 5.4-5　喷雾与壁面的接触特性

a) 0.7ms　b) 1.3ms　c) 2.2ms

注：与壁面边界夹角 45°；60°涡流式喷油器；35mm 影响距离。

测量结果在喷射开始 1.5ms 内几乎没有变化。当然随着时间推移，油滴进入反向流场中，壁面的影响逐渐增加。2.2ms 时的图像显示相互作用在喷射结束时仍然存在，且明显有垂直环形旋涡存在。在后沿处，环形旋涡并不太强，这是因为在卷吸完全形成前喷油已到达该处壁面。值得注意的是，喷嘴轴线相对平板表面的方向对碰撞点下游的油滴尺寸分布有很大影响，如图 5.4-6 所示[332]。这些相位多普勒测量显示出的油滴尺寸呈双峰分布，碰撞角度越小测得的油滴尺度越大。这里包括了最初的、飞溅的（二次雾化）和反弹的所有油滴，但是要区分油滴的来源，需要进行更多的研究。

图 5.4-7 所示为 60°锥角的喷雾前锋碰撞冷平板表面的放大照片。这些照片是用远距显微镜结合阴影法拍摄的。图中细黑色圆点为液体燃料，分层涡结构表征气相。有趣的是在靠近壁面的地方，形成了一个厚度约为 0.1mm 的壁面喷射状喷雾层，并沿着壁面以超过 50m/s 的速度传播。图像中明显出现了环形旋涡。使用相位多普勒在旋涡经过的点进行测量显示，越靠近旋转中心的油滴越小。这表明更大的油滴在这种运动的旋涡的离心作用下被分离出来了，或者是运动到外围，或者是被完全甩出了。

图 5.4-8 比较了喷雾与冷、热表面的相互作用。使用的是阴影法成像，左列的壁面温度为 23℃，右列为 160℃，两列的成像时间是相同的。结果证明了前面论述中讨论的观点：喷雾和插入表面之间的总体相互作用受表面温度的影响很小。热平板时偏转喷雾的前锋位置靠前，说明其沿热平板的传播速度更快。然而，相互作用的图像序列却是十分相似的[355]。

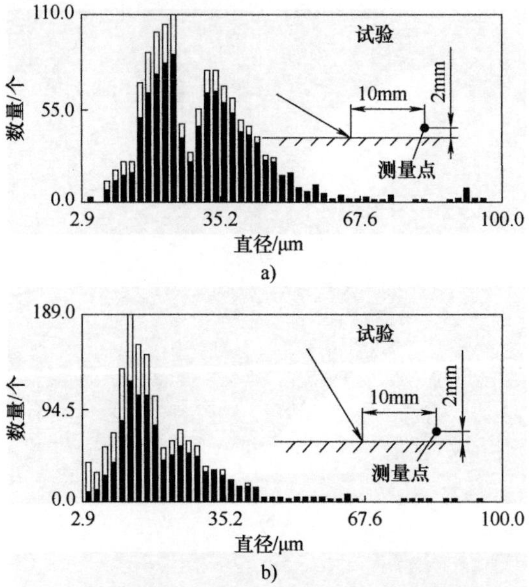

图 5.4-6　喷雾倾角对碰撞后油滴尺寸分布的影响[332]

a）碰撞角度=30°　b）碰撞角度=60°

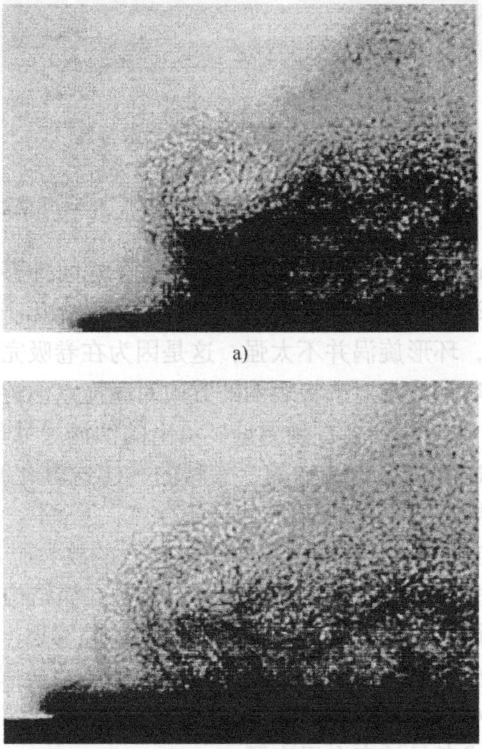

图 5.4-7　60°锥角的喷雾前锋碰撞冷平板表面后在 38mm 处的影像图

a）开始喷射后 2.2ms 图像　b）开始喷射后 2.5ms 图像

注：喷射持续期为 1ms；背压为 0.1MPa；图像尺寸为 1.2mm×1.5mm。

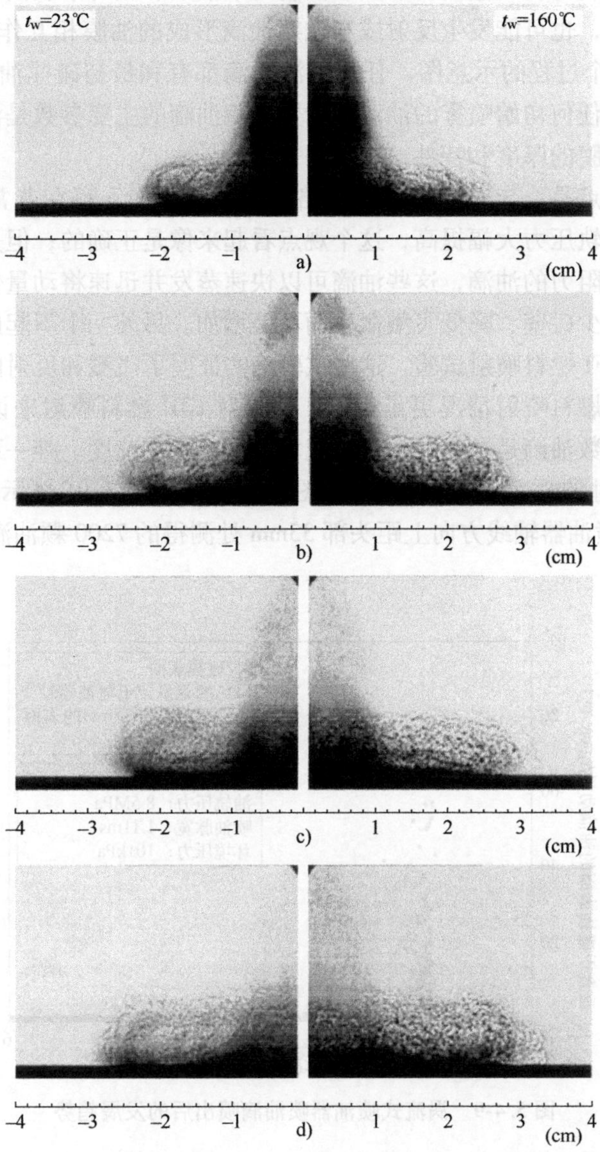

图 5.4-8 20°锥角喷雾碰撞冷、热表面后在 3.8cm 处的影像图

a）开始喷射后 1.9ms 图像 b）开始喷射后 2.1ms 图像 c）开始喷射后 2.3ms 图像 d）开始喷射后 2.5ms 图像

注：喷射持续期为 1ms；背压为 0.1MPa；左平板 t_w = 23℃；右平板 t_w = 160℃。

最早到达的油滴受到卷吸空气流场的影响最小，因为此时该流场刚刚形成。不管是否有初始喷雾存在，这些最早到达的油滴通常是喷雾中的最大油滴。初始喷雾油滴的 DV90（45μm）明显大于主喷雾（30μm），即使在无针阀加工室容积时，针阀开启过程中出来的油滴也比后续的喷雾油滴大。这些早期的油滴不但尺寸是最大的，而且速度也是最快的，正如在油滴到达的时域测量图像中所显示的那样。具有最大粒径和最快速度的油滴的初始喷雾，在壁面上横向卷吸空气流场完全建立之前就到达碰撞表面了。判断碰撞与否的主要标准，是油滴相对于在瞬态空气流场中的表面的垂直动量。这个动量是否能完全克服沿平板发展的空气流场，使油滴运动至壁面，取决于油滴的韦伯数和相对于表面的入射角度。这些油滴可能形成液体油膜，也可能发生反射或和先期油滴形成的油膜相互作用而产生飞溅油滴。图 5.4-2 显示的是这个过程的示意图。任何飞溅油滴都有和最初碰撞油滴不同的粒径分布，包含的油滴可能大于任何初始喷雾的油滴。少数碰撞油滴的主要参数是油滴韦伯数、入射角度和碰壁时刻液体油膜的厚度和特性。

另一个错误的观点是：与 GDI 燃油喷雾路径交互的表面上存在非常多的飞溅和油滴反溅。基于所应用的油轨压力大幅提高，这个观点看起来像是正确的；但是，压力增大会产生非常小的且具有很大阻力的油滴，这些油滴可以快速蒸发并迅速将动量传给周围的空气。油轨压力增加通常会减少碰壁、降低飞溅概率而不是增加。另外一个引起此误解的因素是：单一油滴碰撞试验和 PFI 燃料喷射试验，这些试验确实证明了飞溅和反射的重要性，特别是对有油洼存在时的 PFI 燃料喷射情况更是如此。但是对 GDI 燃料喷射来说，在喷射之前并没有油膜存在，绝大多数油滴是在喷射引发的流场中获得最终速度。唯一可能碰撞的油膜是在 2ms 前由同一次喷射的碰撞油滴形成的。图 5.4-9 和图 5.4-10 显示的是动量和韦伯数（*We*），来自涡流式喷油器轴线方向上距头部 35mm 处测得的 7200 颗油滴，与图 5.4-4b 中的油滴相同。

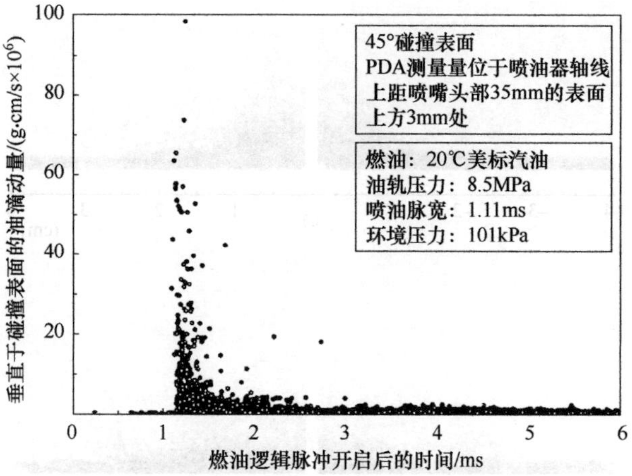

图 5.4-9　涡流式喷油器喷油滴喷出后的发展趋势

尽管图 5.4-10 中绘出了单个喷雾油滴的韦伯数，GDI 喷雾反弹、飞溅、油膜和二次雾化的韦伯数仍需通过试验得到，从而进一步得到包含 Ohnesorge（奥内佐格）数（*Oh*）的关系式。无量纲的 Ohnesorge 数代表的是液体黏性剪切力和油滴表面张力的比值，*Oh* 数越大油滴的黏度越大。韦伯数代表的是使油滴变形的空气动力学拖曳力和维持油滴为球形的表面张力的无量纲比值。结合这些无量纲数，空气动力学拖曳力（使油滴扭曲）和黏性剪切力（抵制油滴变形）的比值，可以表达为 $We^{1/2}/Oh$。试验中，油滴液体黏度对破碎的作用可采用很多公式，而 $We/Oh^{1/4}$ 可以在一个广泛的黏性范围内使用。对 GDI 喷雾中典型的燃料组成和撞壁油滴温度来说，Ohnesorge 修正量是很小的，因此韦伯数阈值就能够满足需要。为了总结 GDI 喷雾的重要湿壁区域，应该重点关注表 5.4-1 中所列出的注意事项。这些观测对理解壁面引导型系统的喷雾撞壁，气流引导型和喷雾引导型系统中非设计的壁面碰撞，以及

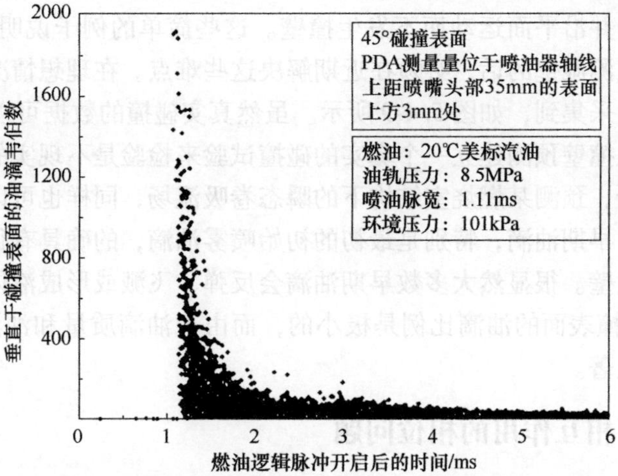

图 5.4-10 7200个测量油滴从涡流式喷油器喷嘴处到喷射轴线35mm处的韦伯数分布

获得详细的韦伯数关系式中的试验数据和喷雾-壁面子模型修正都是非常有益的。

表 5.4-1 解释及模拟 GDI 喷雾-壁面相互作用及湿壁现象的重要考虑因素

- 通常，只有最大、最快和最早的油滴会在壁面上形成湿壁
- 绝大部分油滴不会碰撞壁面
- 大部分油滴会被卷吸入由喷雾引起的气流场，其存在时间大约4~7ms
- 湿痕与撞壁区域的喷雾截面要小一些
- 典型的发动机气流场会移动明显的可视喷雾边界，但对于湿痕的位置和形状几乎无影响
- 因为喷射初期壁面无油膜存在，所以与PFI喷雾相比飞溅明显减少
- 相对壁面的油滴动量和相对瞬态流场的油滴流速可用来决定撞壁概率
- 对撞壁油滴来说，其韦伯数可用于建立反弹、飞溅、二次雾化和油膜形成的阈值
- GDI通常不需要黏度（Ohnesorge）修正
- 由单油滴撞壁试验得到的韦伯数阈值并不能直接应用，需要深入研究GDI喷雾才能对公式进行修正

通常认为接近壁面的单个油滴垂直于壁面边界的动量是碰撞与否的决定因素。如果这个油滴的动量超过一定数值，油滴并不会减速并跟随沿壁面移动的卷吸气流。进一步来说，仅对那些超过动量阈值并接触表面的油滴来说，决定其是形成液体油膜，是反弹，或是进入已经存在的液体油膜和飞溅（二次雾化）的因素是油滴的沿壁面法线方向的韦伯数和入射角度，也与边界特性包括油滴到达时液体油膜的状态等有关。在概念上，为预测撞壁油滴的发展，需要采用一系列的阈值，每一个阈值窗口可以表示一种可能的撞壁结果。这个动量阈值，结合一系列韦伯数阈值和壁面的状态，可提供给时域PDA数据作为所需的初始信息。但是在实际GDI燃料喷射中实际应用顺序筛选程序仍会遇到许多困难。首先，对包括百万颗油滴且仅持续几个毫秒的瞬态相互作用来说，建立正确的阈值是非常困难的。典型的油滴脉冲和瞬态空气卷吸流场可以显著地改变在单油滴接近和碰撞表面时所测得的阈值。当有一个逆流卷吸流场和数以万计的相近油滴按相反方向运动时，油滴反弹会更困难。由于这些和其他因素，在脉冲期间阈值会随时间改变，因此对于整个喷射事件并没有一个固定的阈值可以使用。最先到达边界的油滴仅会受到很小的或是根本不会受到喷射引发的卷吸流场的影响，因为此时瞬态卷吸流场刚刚建立。但是2ms后沿壁面的空气流场已基本建立，从而要

求油滴要有更高的垂直动量才能碰撞表面。与2ms前撞壁油滴具有相同直径和速度的油滴，现在则可能跟随流场并沿平面运动而不发生撞壁。这些简单的例子说明，如果要通过喷雾-壁面子模型来准确预测湿壁的话，必须在近期解决这些难点。在理想情况下，自由喷雾的数据可以在空间某位置采集到，如图5.4-9所示。虽然真实碰撞的数据可以用来检查模型预测结果，但是要为每次撞壁预测建立一个真实的碰撞试验来检验是不现实的。自由空间喷雾数据可用来与模型结合，预测某燃烧室结构下的瞬态卷吸流场，同样也可以预测动量和韦伯数随时间变化的阈值。早期油滴，特别是最初的初始喷雾油滴，的确具有很大的动量，其不但能够也确实会发生撞壁。很显然大多数早期油滴会反弹、飞溅或形成液体油膜；但是喷雾的800万油滴中实际碰撞表面的油滴比例是极小的，而由于油滴质量和油滴直径的立方关系，其质量分数会比较显著。

5.4.2 喷雾-壁面相互作用的相位问题

通过理解和正确评价发动机中喷雾和壁面相互作用的相位有助于解释GDI燃烧数据。这对采用特定喷油器数据优化系统性能或是解释发动机运行的各种试验的结果，都是很重要的。无论是壁面引导型、气流引导型还是喷雾引导型系统，燃烧室边界代表一个限制边界，这个边界会相对于喷雾的发展随时间发生轻微的改变。即使是在真实燃料、实际工作温度和压力下获得的基于自由空间试验的特性数据，也必须应用到受限的喷射事件中。自由喷雾贯穿曲线和喷雾锥角在缸内喷射时不是完全可用的，因为喷雾在接近边界表面时会减速。在自由空间的涡流喷雾中的对称环形旋涡，在靠近活塞冠部或凹坑时几乎没有发展，从而会改变卷吸流场和喷雾的发展过程。如果CFD喷雾模型非常好，模型可以用来匹配在自由空间的瞬态喷雾特性，就可以进一步拓展应用于预测由高度限制边界修改的喷雾性能。如果没有这样的模型，那么利用喷雾特性来解释燃烧数据时应考虑下面提到的信息。

燃料喷射事件及喷雾与燃烧室壁面的相互作用是多步骤事件。每个步骤都要求一定的时间，对应为发动机的曲轴转角间隔。如3.6节内容所描述的共识是从EMS发出喷嘴开启命令开始的相位变化。这个开始命令表示开启逻辑脉冲（SLP）点。这个方波被送到喷油器驱动器，驱动器电容充电至全电压产生了一个驱动器延时。在实际应用上，这个准确的固定延时可以是以下的任一个：0ms、0.25ms、0.50ms、0.75ms或1.00ms，具体由驱动器制造商决定。此后，各制造商定义的修正脉冲（不再是方波脉冲）被送到喷油器电驱动执行单元。通常执行单元可能是电磁线圈，也可能是压电堆。从发射出驱动脉冲并送往执行单元开始至针阀从阀座上提升为止，所需要的时间即机械开启延时。这个时间点是真正的喷射开始点，或是SOI，此时燃油第一次出现在喷嘴头部的出油口。对电磁阀式喷油器来说，这个时间可能是0.15~0.48ms，而压电堆喷油器的时间量级会大大缩短。尽管机械开启延时范围对不同喷嘴设计来说差别很大，但是对于给定的喷油器，不同喷射之间及不同工作条件下的机械开启延时变化只有几个微秒。通常对内开式喷油器来说，当油轨压力提高15%时，因为油压对开启动力的抑制，机械开启延时会增加5%。应当注意的是，在测功机上运行的发动机中采集燃烧数据的同时，SLP和ELP也会被记录，这是因为电信号是很容易获得的；而真实的SOI是未知的或没有记录的。SLP通常被认为与SOI是同义的，但是这个定义是不正确的。简单地说，ELP和EOI的代表意义并不相同。

如图5.4-11所示，对小负荷和怠速工况来说，EMS命令脉冲开始后，以时间或曲轴转角计的喷雾离开喷嘴的时刻显著地后移，在 3°~10°曲轴角度变化是非常典型的。在发动机高速运行或驱动器电容充量时间较长时，在 SLP 和 SOI 之间的相位变化可能超过 20° CA。除了没有电容驱动器延迟以外，关闭过程是相反的。逻辑脉冲结束（ELP）几乎无延时地传递到驱动执行器，由此切断电流。当电磁阀式喷油器的电磁场开始衰减至一定的磁场力阈值后，针阀在回位弹簧力的作用下向阀座运动。针阀到达阀座的时刻称为喷射结束或 EOI 点。从 ELP 到 EOI 点的时间称为机械关闭延时，对电磁阀式 GDI 喷油器这个时间在 0.30~0.80ms 之间。大多数当代喷嘴的设计都在 0.30~0.40ms 的范围。

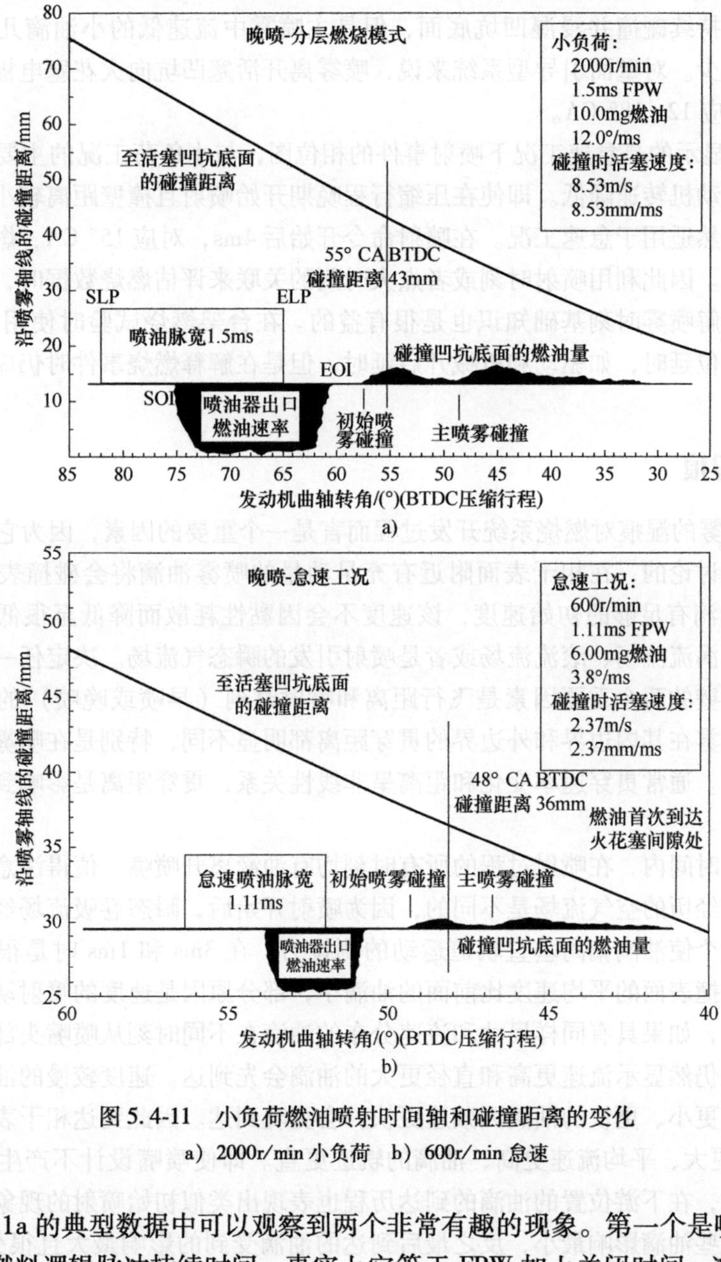

图 5.4-11　小负荷燃油喷射时间轴和碰撞距离的变化

a）2000r/min 小负荷　b）600r/min 怠速

从图 5.4-11a 的典型数据中可以观察到两个非常有趣的现象。第一个是喷嘴实际开启时间不完全等于燃料逻辑脉冲持续时间。事实上它等于 FPW 加上关闭时间，减去驱动延迟和开启时间后所得到的值。第二个是小负荷时即使燃料逻辑脉冲和整个喷射已经结束，燃料仍然会飞向活塞凹坑表面或火花塞电极间隙处。即使喷嘴头部和碰撞面的距离因为活塞以8.5mm/ms的速度而快速减小时，这个现象也会发生。喷射过程在EOI结束，但是从针阀加工室中出来的第一批油滴还要3° CA才能到达活塞凹坑。即使对壁面引导型系统来说，当小负荷和怠速运行时，在任何燃料到达燃烧室表面之前喷射事件已完全结束。在图5.4-11a中，初始喷雾与活塞凹坑相互作用约占8° CA，这些最大和最快的油滴产生了湿壁区域。在驱动命令开始后30° CA，从主喷雾中出来的第一批油滴才到达活塞凹坑表面。主喷雾中的油滴在接下来的16° CA内陆续到达活塞凹坑，同时活塞向上运动会更靠近喷嘴头部。虽然图中显示主喷雾持续碰撞并浸湿凹坑底面，但是主喷雾中流速低的小油滴几乎都发生了偏转，因此湿壁很少。对壁面引导型系统来说，喷雾离开活塞凹坑向火花塞电极间隙运动仍需1.0~1.5ms，对应12~18° CA。

图5.4-11b显示的是怠速工况下喷射事件的相位图，与小负荷工况的主要区别在于其燃油喷射量小、发动机转速降低。即使在压缩行程晚期开始喷射且撞壁距离较小时，小负荷工况的观测结果仍然适用于怠速工况。在喷射命令开始后4ms，对应15° CA，燃料才首次到达火花塞电极间隙。因此利用喷射时刻或者点火时刻的关联来评估燃烧数据时，相位关系是非常重要的，对理解喷雾时刻基础知识也是很有益的。在台架燃烧试验时使用ELP时刻可以避免计算一些相位延时，如驱动和机械开启延时，但是在解释燃烧事件时仍应考虑关闭延时和飞行时间。

5.4.3 喷雾湿痕

GDI燃料喷雾的湿痕对燃烧系统开发过程而言是一个重要的因素，因为它可以度量喷雾目标。正如前面讨论的，在相干表面附近有充足动量的喷雾油滴将会碰撞表面。这里“充足动量”是指油滴有足够的初始速度，该速度不会因黏性耗散而降低至很低的水平，从而不会被卷吸进入涡流流场、滚流流场或者是喷射引发的瞬态气流场。决定任一油滴以任一初始速度且是否撞壁的两个重要因素是飞行距离和喷射时刻（早喷或晚喷）的相位。除了最窄喷雾，所有喷雾在其内边界和外边界的贯穿距离都明显不同，特别是在喷雾轴线与相干表面倾斜的情况下。通常贯穿速率变化和距离呈非线性关系，贯穿距离是影响到达时刻的油滴动量的关键因素。

考虑在喷射时间内，在喷射过程的所有时刻均有油滴离开喷嘴。值得注意的是，早期油滴与后续油滴所经历的空气流场是不同的，因为喷射开始后，瞬态卷吸流场经历了一个快速发展的过程。这个使油滴偏离垂直轨道运动的侧拉力，在3ms和1ms时是很不相同的。后面的油滴到达碰撞表面的平均速度比前面的油滴小，部分原因是速度的喷射动力学和空气动力学；也就是说，如果具有同样尺寸和流速分布的油滴在不同时刻从喷嘴头部喷出，在下游位置的测量结果仍然显示流速更高和直径更大的油滴会先到达。速度较慢的油滴将会迟一些再到达下游，而更小、更快的油滴因减速更快，会更晚到达。因此到达相干表面下游附近的油滴，其SMD更大、平均流速更高、油滴的轨迹更直。即使喷嘴设计不产生初始喷射，由于上述作用影响，在下游位置的油滴的到达历程也表现出类似初始喷射的现象。瞬态卷吸空气流场将会对这些油滴影响最小，反之最后到达的油滴受到的影响最大且很少有机会撞壁。因此在喷射的早期比晚期更容易出现湿壁现象。

可能与理解相反，进气产生的缸内涡流或者滚流流场对湿痕的影响非常小。这个感觉可能是受缸内喷雾录像的影响，录像中显示喷雾显著地受空气交叉流的偏转影响。一个错误的观点是：小的、低速的油滴会发生偏转，但是这些油滴不会湿壁。对典型的28～44mm的GDI撞壁距离来说，湿痕的区域和形状都不会因为交叉流或者是横向流的影响而发生显著的改变。即使是市售空气辅助喷射喷嘴的GDI喷雾进入到交叉流的极端情况下，典型GDI喷雾也只是将湿痕向旁边移动2mm。当然喷雾中高度可见的小油滴在受交叉流影响时发生偏转，会出现整体喷雾向一个方向移动的现象。典型GDI喷雾的湿痕很少受影响的事实可以证明，存在一系列油滴，在交叉流或卷吸流场的作用下，在发生撞壁前仍具有足够的动量并维持直线轨迹。尖锐的收缩边缘可以证明，引入的交叉流不会显著地改变湿壁，但持续增加交叉流的速度将会导致湿痕上游边缘移动。

图5.4-12所示为喷嘴型号改变、倾斜角度改变、工作温度改变及背压改变带来的喷雾湿痕变化结果。最重要的参数是撞壁的飞行距离，第二是入射角度。喷雾湿痕可以简单地通过将碰撞平板与以喷雾轴线相交的点旋转而形成，该方法增加了一边的碰撞距离，而减少了另一边的距离。对于所有GDI喷雾，较近的一侧湿痕明显增加。举例来说，飞行距离在喷雾轴线方向为35mm，喷雾近边缘一侧为28mm，而远边缘一侧为50mm。在图5.4-12中可以看出，这个变化可以明显地改变湿壁模式，即使较高速度的空气交叉流并不能明显改变湿壁模式。在涡流喷雾的远边缘不再有任何湿壁，而在较近的一侧出现较宽的湿痕。应该注意的是，这些湿痕包含了很多重要的信息，如湿痕是否在某处发生、其为何种模式，但其不能提供关于湿痕内总体燃料质量及其分布的定量信息。在小负荷运行时，如果全部喷入燃料质量的2%～12%碰撞壁面并形成油膜，那么油膜中燃料的质量在0.25～1.3mg之间。总质量可以在分析天平上用一种非常低挥发性的燃料测量，但只能在室温下的台架条件下进行，而不能在温度和压力较高的光学喷雾试验中使用。对于一个给定的燃烧室构造，利用激光干涉测量的瞬时油膜厚度结合全部湿痕区域，可能得到撞壁的燃料质量。

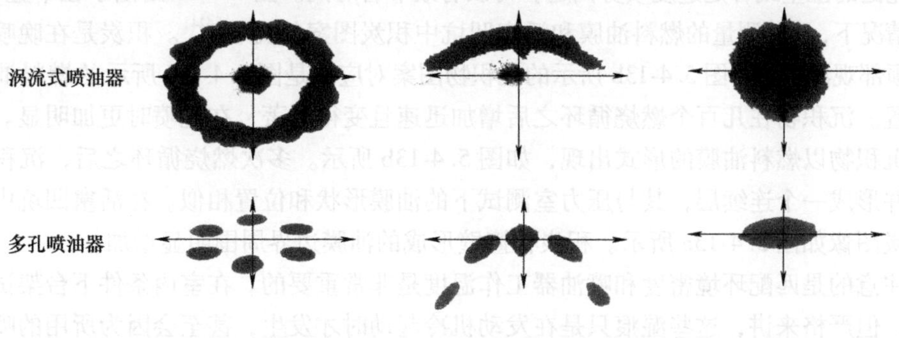

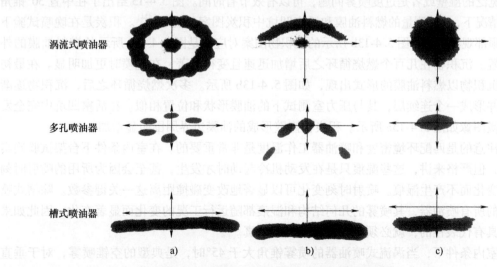

图5.4-12　涡流式、多孔、槽式喷油器的喷雾湿痕
a）正交喷射　b）45°倾角喷射　c）采用热油正交喷射

除槽式喷油器外，提高工作温度和背压对所有喷油器来说均能显著地改变其湿壁模式。工作环境对喷雾发展的影响已经在第4章详细讨论过了，但是对湿壁来说，应该说明的是，其湿痕可能因受喷雾整体瞬态特性的影响而显著变化。因此，通过6孔喷嘴的喷雾从六个单束破碎成一束的现象，发现其湿痕由六个单独斑点变成了一个更大的位于中央的斑点。虽然从喷雾现象的角度来看似乎很明显，但确实应该从理论的角度推演出湿壁的油滴小子集与破碎过程可能是独立的。当喷雾破碎为一个新的窄几何体时，其湿痕也更集中在中央的位置。还应该注意入射角度的影响，如果碰撞距离维持恒定在一任意值（如35mm），而相对于碰撞表面的入射角度是变化的，则GDI喷雾的湿壁会发生一些变化。但是通过简单的三角变换无法计算油滴沿碰撞平面法线方向的速度。如果以一定角度将一个小的局部目标放置在GDI喷雾中，则在任何倾斜角度的情况下都将发生湿壁；反之如果是一个更大的碰撞平面的一部分，虽然是在同样的区域和角度下，将不会发生湿壁。

圆锥与相干平板的交集一定是典型的圆锥剖面。由于GDI喷雾主体是相对轴对称和相对具有圆锥度的，并且由于大部分的撞击面（如活塞凹坑壁）是相对平坦的，将喷雾湿痕作为圆锥曲线进行评估，解释起来比较便利。这个简单的考虑可以帮助解释和联系一些复杂的模式，甚至不需要流动模型。大多数中低负荷和转速下喷油脉宽（FPW）是很短的（<1.8ms），在碰撞过程中活塞运动距离很小（<3mm），因此即使在运行的发动机上，锥形/平板结构也几乎是静态的。因此从在试验室压力容器中得到的湿痕数据，与在测功机上运行多个小时的发动机上得到的喷雾碰撞活塞的轮廓是一致的。如果在试验室压力容器中模拟环境密度、喷油器工作温度、喷嘴安装角度和碰撞距离，所得到的湿痕与活塞上的积炭轮廓是一致的。因此，一些关于凹坑设计、喷雾锥角选择、喷雾-凹坑过度喷射和降低烟度的GDI喷雾策略研究就可以在喷雾室中进行，这样就比在测功机上试验要快得多。湿痕的数值给出了必须经历从液体油膜转变到蒸气的那部分燃料的精确区域，而喷雾中其余的燃料不形成油膜且也不是静止的。必须在运行的发动机上进行最终的试验来验证系统的有效性，但是排除一些明显的，如过度的、宽泛的湿壁或者是过度喷雾问题，可以有效节省时间。图5.4-13给出了在中置30°锥角喷油器情况下，LIF测量的燃料油膜和活塞凹坑中积炭图案的比较[424]。积炭是在晚喷试验下的活塞顶部观测到的。图5.4-13b所示的沉积物图案对应的是图5.4-13a所示的燃料油膜的外形和位置。沉积物在几百个燃烧循环之后增加迅速且变得显著，在晚喷时更加明显。在最初阶段，沉积物以燃料油膜的形式出现，如图5.4-13b所示。多次燃烧循环之后，沉积物逐渐丰满，并形成一个连续层，其与压力室测试下的油膜形状和位置相似。在活塞凹坑中完全发展的积炭图像如图5.4-13c所示。积炭在撞壁形成的油膜边界周围明显增加。

要注意的是匹配环境密度和喷油器工作温度是非常重要的。在室内条件下台架试验确实有湿痕，但严格来讲，这些湿痕只是在发动机冷起动时才发生，甚至会因为所用的喷射时刻的显著变化而不产生湿痕。喷射时刻变化可以显著地改变碰撞距离这一关键参数。除槽式喷油器外的所有喷油器，其喷雾的几何结构和湿痕都随运行工况的变化而显著变化，因此如果湿痕是具有代表性的，就必须对这些工况进行仿真。

在室内条件下，当涡流式喷油器的喷雾锥角大于45°时，是典型的空锥喷雾，对于垂直喷射会产生牛眼形壁面湿痕，湿痕包括与涡流通道或针阀出口角度有关的外部环形和由初始喷雾形成的中央湿斑。事实上，从每个单独的涡流通道出来的燃料都是明显的，如图5.4-12a所示的涡流式喷油器的情况。如果喷油器轴线倾斜成其他角度，如图5.4-12b所

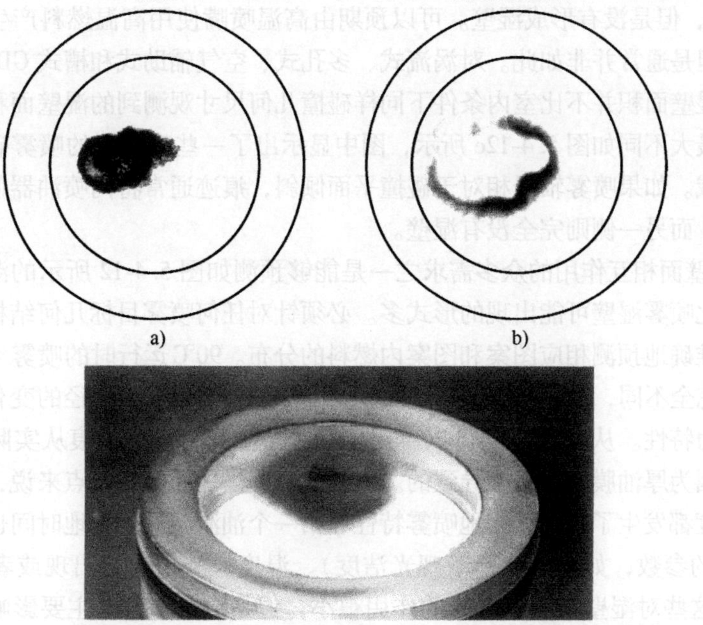

图 5.4-13　采用晚喷、中置、涡流式喷油器的燃油投影和活塞顶积炭分布对比图

a）燃油投影拍摄在压缩行程 65°CA，开始喷油后 90°CA

b）积炭拍摄在后燃工况大致 100 个着火循环

c）活塞顶在几千个后燃着火循环后拍摄的图像（SOI=-90°CA）[424]

示的 45°，湿痕就会完全改变。模式通常会从牛眼形变为新月形，其中央环形斑点变为椭圆形。这个椭圆形不在中心处，但是喷油器的轴线会在其一个焦点上。如图 5.4-14 所示，喷雾锥体边界在一个倾斜碰撞平面上变为椭圆边界。对中空的锥形喷雾来说，湿壁将会被限制在对应喷雾的内部和外部锥角的椭圆边界内。即使没有测量实际的喷雾，也可以估算出喷雾外部锥角大约为 81°，内部锥角大约为 60°，初始喷雾锥角大约为 12°。将湿壁区域作为一个喷雾与碰撞平面之间相互作用的子集是有帮助的。平面上的湿壁点表示喷雾在此点必须存在，但是有喷雾存在并不代表着湿壁。一个小的例外是，湿壁可能源自喷雾撞壁区域的液态油膜飞溅，如图 5.4-14 所示。

图 5.4-12 和图 5.4-14 中的湿痕显示出了 GDI 喷雾-壁面相互作用的复杂本质。甚至对在室内条件下非常简单的中空锥型 GDI 喷雾来说，从垂直碰撞（90°）倾斜到 45°而不改变喷雾轴线上的撞壁距离，湿痕并不会沿着椭圆空间连续扩展。即使喷雾存在于环面内任何地方，喷雾也仅在部分区域湿壁，还可能到达某个点但不发生湿壁，该处喷雾的出现可通过在碰撞平面所处的位置放置一个脉冲激光片穿过喷雾来验证。因此喷雾的大部

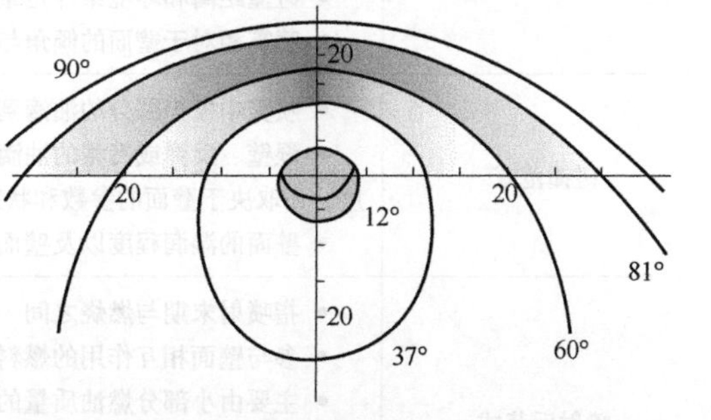

图 5.4-14　在一个倾斜 45°安装的 90°涡流式 GDI 喷油器上观测到的喷雾内部、外部、初始雾锥的图像

分区域没有和壁面相互作用，也没有湿壁现象。喷雾中的油滴在那些区域明显出现（至少非常接近壁面），但是没有形成湿壁。可以预期由高温喷嘴使用高温燃料产生的喷雾湿痕面积将大大减少，但是通常并非如此。对涡流式、多孔式、空气辅助式和槽式GDI喷油器来说，高温运行时全部湿壁面积并不比室内条件下同样碰撞几何尺寸观测到的湿壁面积小很多。由高温运行而产生的最大不同如图5.4-12c所示，图中显示出了一些喷油器的喷雾破碎，其喷雾湿痕集中在中央区域。如果喷雾轴线相对于碰撞平面倾斜，痕迹通常将向喷油器侧移动，因此椭圆的此侧将湿润，而另一侧则完全没有湿壁。

模拟喷雾-壁面相互作用的众多需求之一是能够预测如图5.4-12所示的湿壁图案，通过模拟所了解的远比喷雾湿壁可能出现的形式多。必须针对任何喷雾目标几何结构、不同燃料特性和环境条件，准确地预测相应图案和图案内燃料的分布。90℃运行时的喷雾空间分布和特性与20℃运行时的完全不同，在飞行到碰撞表面期间因蒸发导致的油滴直径的变化率也不同，这会改变喷雾的阻力特性。从图5.4-14可以看出，在最短撞壁距离下湿痕从实际喷雾边界向外扩展，这可能是因为厚油膜的飞溅所导致的。对在倾斜碰撞平面的任意点来说，当地飞行距离和壁面的入射角度都发生了改变，当地喷雾特性和第一个油滴到达的当地时间也同样变化了。

碰撞表面的参数，如粗糙度（微观光洁度）、温度、沉积物的出现或者是出现已经存在的液体油膜，这些对湿壁量或者湿痕的作用很小，但是这些参数的主要影响发生在碰撞之后或油膜形成之后。通过Mie散射或是阴影法观测发现，上述参数对与插入表面瞬态相互作用的总体喷雾的运动影响很小。除了沿高温表面（>120℃）的喷雾前锋速率高出几个百分点以外，很难检测出粗糙和光滑表面之间，或冷、热表面之间的壁面相互作用图像的差异。在某给定的时刻，喷雾的全部总体运动及其空间位置基本不受影响。但是油滴撞壁事件的微观细节却有显著的变化。无论油滴是形成油膜、进入油膜、完全反射、破碎反射，还是从油膜中飞溅，都不仅由油滴的一系列韦伯数阈值和入射角度决定，还受上述表面特性的影响。油滴是否到达碰撞表面并不强烈依赖于表面沉积物或表面温度，但是相互作用的细节和参与壁面相互作用的燃料质量对燃烧的影响与这些因素明显有关。喷雾-壁面相互作用对GDI燃烧的总体影响的三类常用规范见表5.4-2。

表5.4-2　喷雾-壁面相互作用对GDI燃烧的总体影响的三类常用范式

空气动力学范式	• 确定可能撞壁的燃油质量 • 近头部区域的油滴尺寸和速度分布非常重要 • 碰撞距离和环境条件是重要因素 • 喷雾相对于壁面的倾角与缸内流场相比其重要性次之
碰撞范式	• 喷雾中极少部分的油滴到达碰撞表面并与之发生相互作用 • 湿壁、反弹或飞溅的油滴，其实际分数不仅取决于油滴的韦伯数和撞壁时刻的入射角度，还取决于壁面的参数和状态 • 壁面的湿润程度以及壁面粗糙度，均能显著影响油滴的撞壁效果
喷射后范式	• 指喷射末期与燃烧之间 • 参与壁面相互作用的燃料中少部分受燃烧室内物理条件的影响 • 主要由小部分燃油质量的蒸发构成，包括反弹和飞溅的油滴蒸发和残留在壁面的油膜蒸发 • 着火前的全部或部分蒸发，取决于许多因素如油膜附近的缸内流场、壁面温度、燃料蒸馏曲线以及油膜区的壁面沉积物的存在及其结构

这里讨论的范式是相互联系的，也就是说，喷射后范式是依赖于碰撞范式的结果的。如果在空气动力学范式后没有油滴存在，即所有油滴都进入到喷射引发的流场而没有到达壁面，那么碰撞范式和喷射后范式是没有意义的。这三类范式中的几十个参数和阈值对整个过程均是有影响的，这就是为什么这个领域的相关性和建模是非常困难的。这些阈值对于喷雾壁面子模型是非常关键的，很多研究都在探求将单一油滴试验数据应用到瞬态 GDI 喷雾的限制。即使对于碰撞这样一个简单的条件，对于飞溅、反弹和湿壁的韦伯数阈值，以及现存的 PFI 喷雾或单一油滴的试验数据的应用范围均存在争议。很明显无论湿壁是有意的还是无意的，发动机内任意燃料湿壁区域的质量、厚度、形状和时间历程都是可以影响燃烧和排放的参数之一。同样明显的是需要针对 GDI 喷雾壁面相互作用进行更多的关键基础研究，来增进对这一复杂过程的理解，强化 CFD 喷雾-壁面相互作用子模型的预测能力。

5.5　非预期的喷雾撞壁

5.5.1　喷雾燃油碰壁对燃烧和排放的作用

对壁面引导型 GDI 燃烧系统，燃料碰撞到一个特殊设计的活塞凹坑上，借此来在小负荷时产生稳定的分层混合气。除了引导喷雾有关的有意的喷雾碰撞，应该完全消除或者最大可能地减少任何意外的燃料湿壁[294]。已经证明根据活塞凹坑几何结构匹配、优化喷雾锥角和喷雾前锋贯穿速率是减少壁面引导型 GDI 系统非预期的燃料碰撞的最重要步骤之一。在燃烧室表面有明显的非预期的燃料碰撞时，增强燃料雾化只能部分提高混合气制备效果。将会出现由壁面油膜引起的油池不充分燃烧，并伴随着热损失增加和 HC 与烟度排放升高等负面影响。其他负面影响包括过多的燃烧室沉积物形成和发动机润滑油稀释。当活塞凹坑外活塞顶部发生湿壁时，在压缩上止点的当量比将会变稀[4]。

如图 5.5-1 所示，对于30°涡流式喷油器中置的燃烧系统，燃料油膜形成是燃料喷射时间的函数[424]。图像记录的是点火时刻（-30° CA）。对于早喷和晚喷，活塞越靠近喷嘴头部，碰撞到活塞上的燃料质量也越多。图 5.5-2 所示为晚喷（SOI=-90° CA）时可见油池火焰亮度的历程[424]。在压缩上止点后 20° CA，活塞从火焰面下降时，油膜的油池燃烧首次可见。油池火焰贴附在活塞顶部的燃料油膜上，并随活塞向下运动。直到循环结束，油池火焰亮度变弱，火焰从活塞表面抬升。在压缩上止点 300° CA 时火焰消失，而由于残留液体油膜的低挥发性和低氧浓度，一些液体油膜此时仍然未燃。

已经知道撞壁的燃料质量随喷射时刻和发动机转速变化显著，因此为了避免喷雾过度贯穿和随之产生的非预期的燃烧室表面湿壁，喷射时刻必须进行优化[9,235,259,422,423]。通常认为应该调整早喷的喷射时刻来使喷雾前锋“追赶”向下运动的活塞，但是不明显与它碰撞。对此，喷射时刻非常关键，初始喷雾和主喷雾的贯穿特性应该在一定的发动机转速和曲轴转角范围内与活塞下降速度相匹配。图 5.5-3 给出了 1000r/min 及不同喷射时刻时，喷雾前锋贯穿距历程和活塞顶部位置相位的对比[259]。很明显，对于早喷模式，避免意外的碰撞，以及在晚喷模式时获得期望的喷雾活塞凹坑撞壁来实现稳定的分层混合气，喷射时刻均十分关键。由于燃料蒸发和油气混合等物理过程需要一定的时间，每个燃烧系统都有一个喷射结束时刻

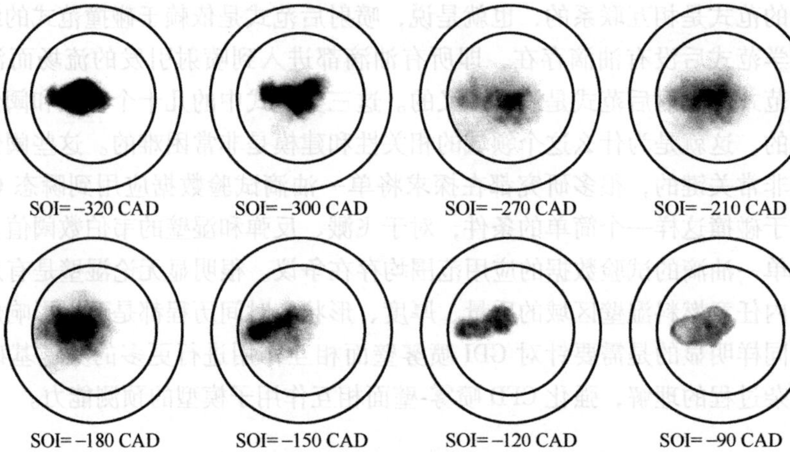

图 5.5-1　不同喷油时刻下的燃油投影

注：中置、30°涡流式喷油器；投影拍摄在压缩上止点前 30°CA[424]。

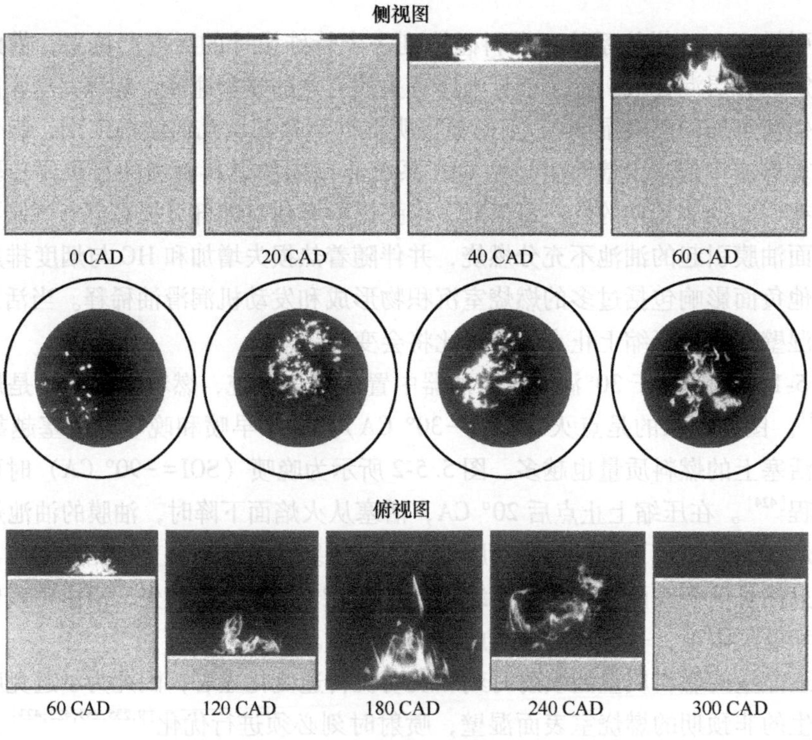

图 5.5-2　着火亮度发展历程

注：SOI = -90°CA[424]。

（EOI）和点火之间的最短时间间隔要求，从而避免火花塞附近混合气过浓。明显的，随着发动机转速上升，每毫秒内以曲轴角度计的发动机旋转速率线性增加；因此，随着发动机转速上升，以曲轴转角表示的喷射时刻必须相应提前[302]。出于避免喷雾碰撞的监测目的，

SOI 时刻是最有意义的，而对于计算混合气制备间隔，EOI 时刻是最可用的喷射时刻参数。在 GDI 发动机开发过程中这些参数都应该记录并用于发动机控制算法中。应该牢记在 5.4.2 节中给出的警示，即 SOI 和 EOI 在指示和实际相位上的差异。

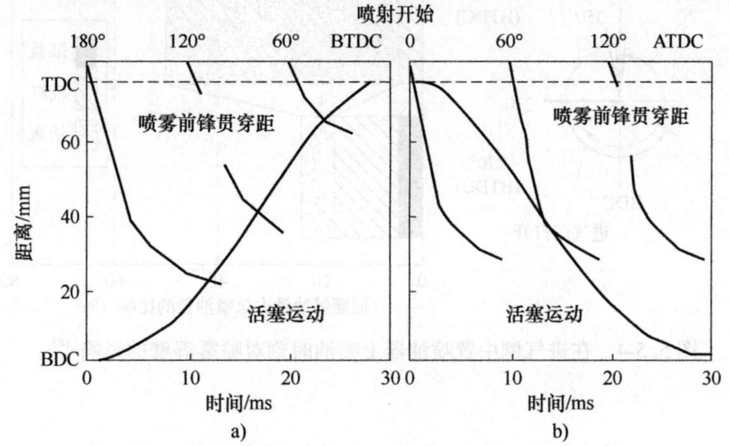

图 5.5-3　发动机转速 1000r/min 时喷雾贯穿距与活塞位置的关系

a）晚喷　b）早喷

注：晚喷在压缩上止点前；早喷在进气上止点后[259]。

在直喷燃烧系统原型机中所详细研究的喷射时刻对燃料湿壁的影响结果反映了一些关键要点[182,183]。图 5.5-4 所示的是发动机在 1400r/min 时的结果。喷射发生在进气行程早期，即压缩行程 350°BTDC，活塞冠部发生显著的燃料湿壁，而在气缸壁和缸头湿壁很少。推迟燃料喷射时刻，尽管在缸壁湿壁和活塞冠湿壁之间存在"此消彼长"，但是湿壁范围明显减少。对于 270°BTDC 燃料喷射，活塞冠湿壁显著减少，反之气缸壁湿壁相对于 350°ATDC 喷射时刻获得的湿壁几乎成倍增长。值得注意的是，HC 排放对于燃烧室内特定燃料湿壁区域是非常敏感的。图 5.5-5 所示为燃烧室内部相同湿壁油量、不同湿壁区域所获得的瞬态 HC 浓度的比较。由于不产生湿壁，使用 LPG（液化石油气）获得的 HC 是最小的。图 5.5-6 所示为在不同缸内燃料湿壁区域，发动机工作的冷却液温度对于 HC 排放的影响。与在活塞顶部和进气门湿壁相比，燃料在排气门（E-E）的湿壁产生的 HC 排放最多，此趋势在一定的冷却液温度范围内都是正确的[291]。

燃烧过程中燃烧室表面液体燃料油膜的出现，无论是预期的还是非预期的，都对烟度排放有明显影响。图 5.5-7 是燃料撞壁和油膜厚度对烟度排放的影响。烟度数据是在不同喷油时刻和喷油量条件下得到的，而相应的湿壁量及壁面油膜厚度是通过 CFD 计算得到的。很明显，烟度排放依赖于壁面油膜厚度，而与活塞表面燃料总量关系较小。厚的壁面油膜在点火时刻前较少蒸发，残余油膜的扩散火焰将产生烟度排放。这表明即使碰撞在活塞冠部的燃料总量很小，如果相应的壁面油膜较厚，也将导致相当多的烟度排放。值得注意的是，油膜处的壁面温度对于燃油蒸发也有显著的影响。冷壁面明显降低燃料蒸发速率，通常降低油气混合气的空间均匀性，反之表面温度在 90～130℃之间可促进油膜的蒸发[512]。事实上，在有些 GDI 产品发动机中将喷射时刻故意提前，来获得热活塞上的喷雾碰撞，从而在一定工况下改进燃料雾化[385]。但是冷却充量的好处在这种运行策略下大大减少。

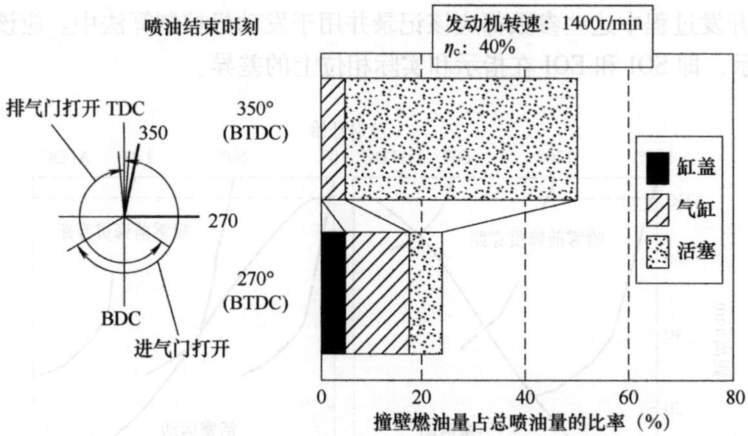

图 5.5-4　在进气侧中置喷油器上喷油时刻对喷雾湿壁的影响[183]

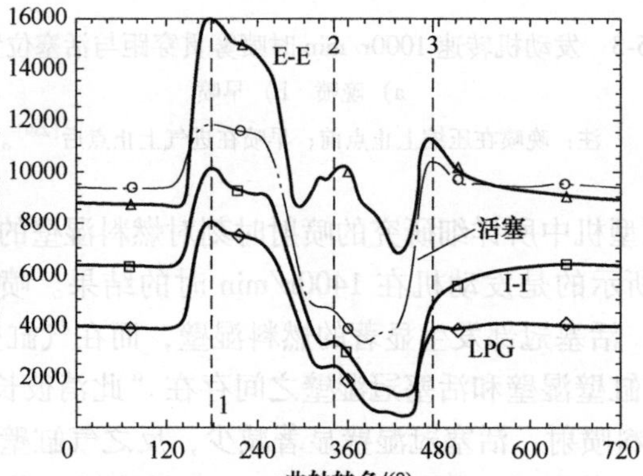

图 5.5-5　瞬态 HC 浓度随湿壁燃油投影位置的变化

注：油膜质量为常量；部分负荷（1500r/min，BMEP = 0.262MPa）；发动机冷却液温度为 90℃（LPG：液化石油气）[291]。

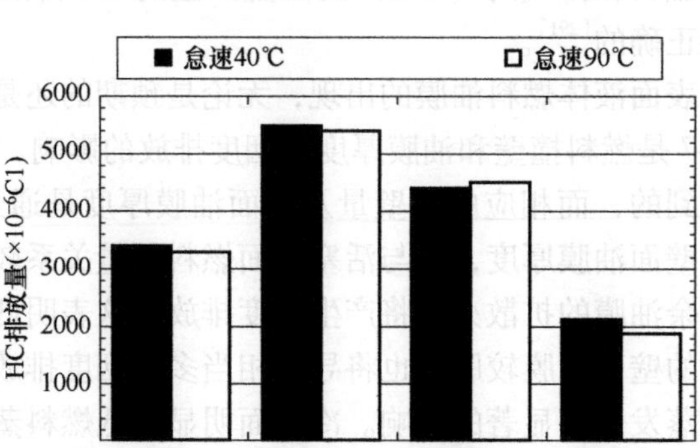

图 5.5-6　怠速工况下，冷却液温度对缸内燃油湿壁位置处 HC 排放的影响[291]

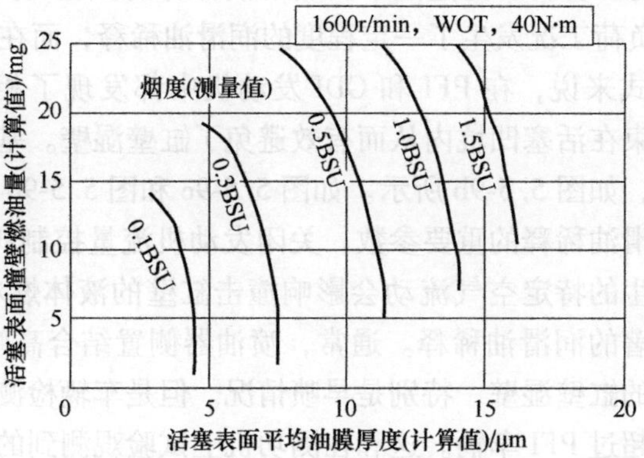

图 5.5-7 燃油撞在活塞顶上油膜厚度对烟度排放的影响[183]

在多种 GDI 喷油器类型和燃料压力下，初始喷雾前锋速度和喷雾 SMD 之间的大体关系如图 5.5-8 所示[108]。数据显示对于喷雾雾化的益处随着燃料共轨压力的增加而增加。任何初始喷雾前锋速度的增长都会导致喷雾贯穿距增加，但是不会显著增强雾化。当前大多数 GDI 产品发动机使用的燃料系统的燃料压力都在 5~10MPa 范围内，最近也有一些系统使用 10~13MPa 范围内的可变燃料压力。曲线表明对于产品化的燃烧系统来说，所选的雾化水平对应的初始喷雾前锋速度在 40~60m/s 范围内，大约是缸内流场典型峰值流速的两倍。值得注意的是一些新型号的 GDI 喷油器，如偏置多孔式和偏置槽式喷油器的初始喷雾前锋速度在 90~100m/s 范围内。取决于喷雾轴线相对于缸内流场的方向，燃料喷雾动量可以有效地增加到流场的动量中。由于 GDI 发动机的间隙高度相当小，GDI 喷嘴出来的燃料喷雾具有较高的贯穿率，如果喷雾策略没有优化，可以产生一定程度的意外撞壁。这些非预期的撞壁必须仔细监控。

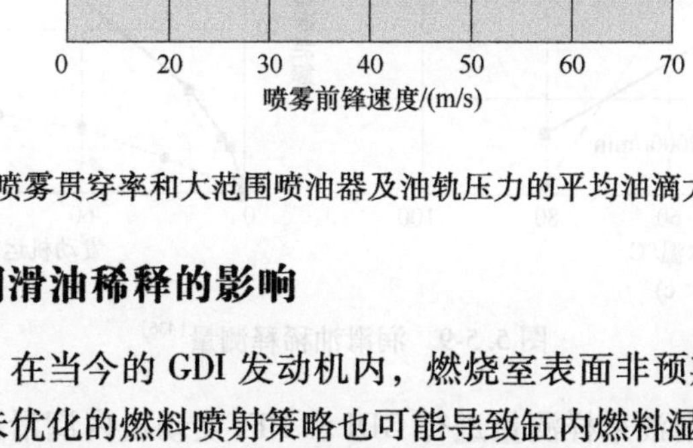

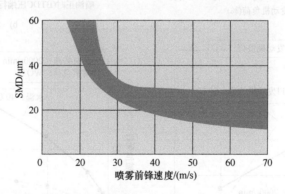

图 5.5-8 内部喷雾贯穿率和大范围喷油器及油轨压力的平均油滴大小的关系[108]

5.5.2 缸壁湿壁对润滑油稀释的影响

如前面章节的讨论，在当今的 GDI 发动机内，燃烧室表面非预期的燃料撞击缸壁或活塞顶的现象经常发生。未优化的燃料喷射策略也可能导致缸内燃料湿壁，导致汽油被上升的活塞环转移而进入曲轴箱[128,380,436]，从而严重降低润滑油质量，对气缸壁造成磨损。由于汽油在气缸壁的碰撞导致润滑油稀释，是 GDI 产品发动机开发过程中的研究内容之一。

图 5.5-9 总结了不同发动机工况范围下，润滑油稀释的试验研究结果[436]。如图 5.5-9a 所示，GDI 发动机在大负荷工况发生了一定程度的润滑油稀释，而在基础 PFI 发动机中则没有。对于晚喷的分层模式来说，在 PFI 和 GDI 发动机中都发现了相同程度的润滑油稀释。对此工况点，燃油被约束在活塞凹坑内从而有效避免了缸壁湿壁。基于同样的原因，早喷可以有效减少润滑油稀释，如图 5.5-9b 所示。如图 5.5-9c 和图 5.5-9d 所示，冷却液温度和发动机运行时间是降低润滑油稀释的重要参数。关闭发动机流量控制阀可以减少润滑油稀释，因为由流动控制系统产生的特定空气流动会影响撞击缸壁的液体燃料量。很多 GDI 发动机大负荷运行时会产生显著的润滑油稀释。通常，喷油器侧置结合高喷射压力（10～13MPa）的燃烧系统可能有更多的缸壁湿壁，特别是早喷情况。但是车辆检测结果显示，此时润滑油稀释的总体水平只是略超过 PFI 车辆。这和在测功机上试验观测到的很不相同，须在整车上进一步比较发动机润滑油和冷却液温度的历程，来明确其原因。

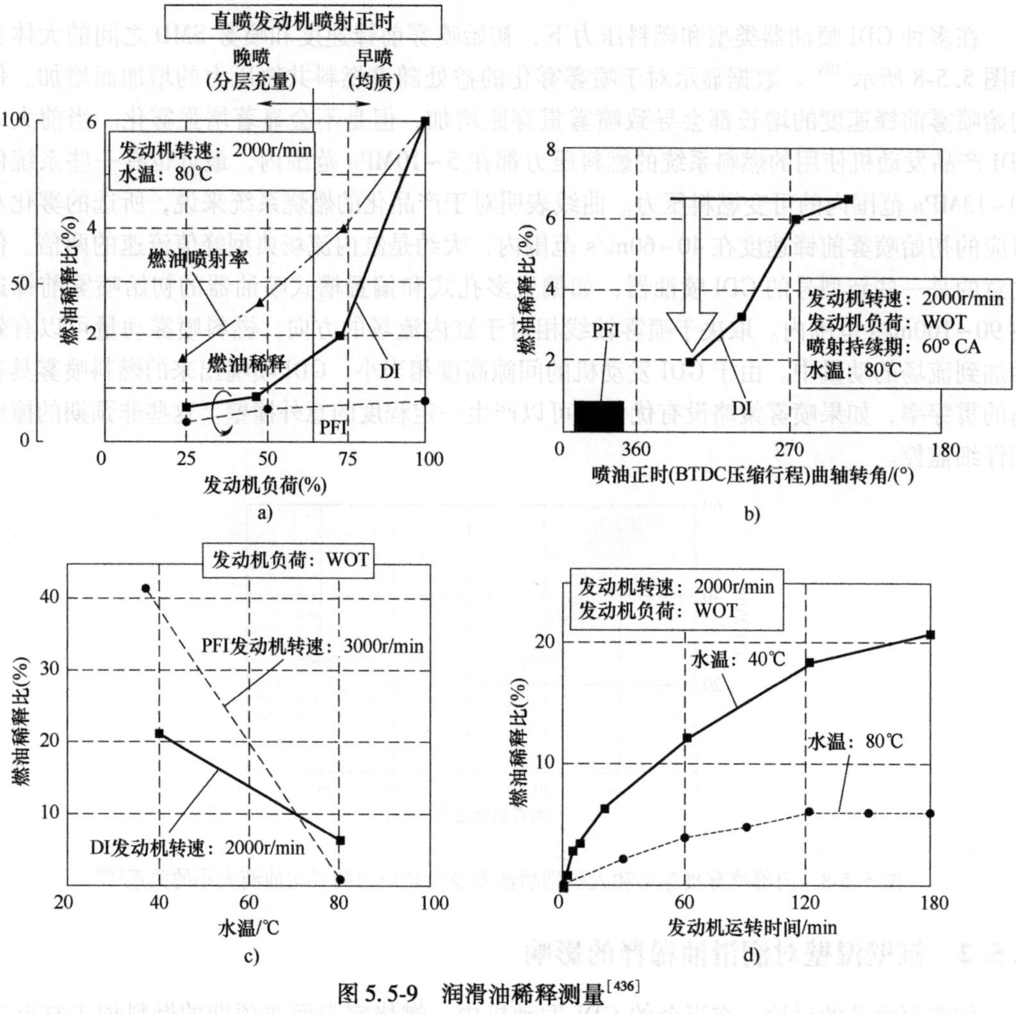

图 5.5-9　润滑油稀释测量[436]

通过气缸壁周围润滑油采样测量进行 GDI 和 PFI 发动机内润滑油稀释研究[120]，结果表明对于 PFI 发动机润滑油稀释更多的是在发动机排气门侧，而 GDI 发动机则在对面的气缸壁也存在润滑油稀释。PFI 和 GDI 发动机都显示润滑油稀释和发动机比油耗增加之间是线性关系。这表明进气侧润滑油稀释是由于湍流混合过程中油滴卷吸导致，而排气门侧润滑油稀释是由于燃料喷雾直接碰撞气缸所致，因为喷嘴安装在进气门侧。普遍认为任何运转参数，如推迟喷油时刻和增加喷雾贯穿距，只要可导致缸壁湿壁增加，就会增加润滑油稀释。已经发现在低速 WOT 和最大转矩两个工况的润滑油稀释最严重。曲轴箱润滑油采样研究表明，润滑油稀释很少依赖于热浸时间、发动机空燃比和曲轴箱内润滑油总量[380]。而在固定工况运行时，润滑油稀释随燃料的 T50、T70 和 T90 温度而单调递增。影响缸壁燃油着壁量的关键因素见表 5.5-1。

表 5.5-1 影响缸壁燃油着壁量的关键因素

喷雾特性	• 主喷雾和初始喷雾的喷雾前锋面的贯穿曲线；最大贯穿距 • 喷雾锥角，油滴平均直径，油滴最大速度 • 针阀加工室容积，DV90
燃烧室布局	• 喷油器安装位置和喷雾轴线方向 • 燃烧室几何结构（活塞凹坑，坝型或反射板型） • 喷射时的缸内流场结构
喷油策略	• 喷射时刻和喷射压力
发动机工作条件	• 缸内气体密度和温度；发动机负荷和速率

涡流式和槽式喷油器的喷雾模式对润滑油稀释影响的研究发现：槽式喷油器的喷雾产生较少的润滑油稀释[189]。对装有槽式喷油器的 3.0L DI 发动机，研究润滑油稀释对第一活塞环磨损影响的试验表明：不同活塞环切口位置润滑油稀释没有太多变化。燃料并非仅通过切口进入第二环岸，也可通过活塞环的滑行表面。润滑油稀释不仅降低了润滑油黏度，引起了润滑油膜厚度减少；也增加了黏附在缸壁表面的润滑油量，引起了供应到第一活塞环的油量增加。当这两个相反的作用不平衡时，润滑油膜变薄，导致活塞环磨损增加。因此在各种工况下研究润滑油稀释和活塞环磨损特性是很重要的，而不仅限于高功率工况。

5.6 冷起动过程燃料湿壁

在冷起动过程中获得适当的均匀空气-燃料混合气及降低发动机 HC 排放，是 GDI 发动机开发的重要挑战。正如在第 3 章中讨论的，全部现阶段 GDI 产品发动机起动时的油轨压力都明显小于其设计压力，通常产生相对较差的喷雾雾化水平，降低燃油分布水平。即使对于发动机上安装的高压油泵，其起动和压力升高时间得到改善，但在可接受的起动时间内，也很难达到设计压力的 75%。冷起动时其他不利于高效燃烧和低 HC 排放的条件是相对较低的充量运动、较低的燃油和燃烧室表面温度。这些条件以及雾化水平的降低，显著降低了整体燃油的蒸发水平。更大、更慢蒸发的油滴更易于到达燃烧室表面，导致燃料湿壁量的增加，并导致油温和壁面温度较低时的蒸发速率变慢。此外与优化冷起动燃烧相反的因素是：燃料必须在一个较宽的曲轴角度范围内喷射。低的油轨压力和起动过程极低的发动机转速，使得在某些情况下喷射时间延长至 1/3 转（120° CA）。理想的 GDI 发动机没有冷起动加浓，实际上发动机则如上面所描述的，虽然不如 PFI 发动机加浓的那么多，但冷起动过程确实需要加浓。

在 GDI 和 PFI 发动机使用两种不同 T50 的燃料时，即 102℃（燃料 A）和 82℃（燃料 B），发动机起动首循环的各部分燃油量的比较如图 5.6-1 所示。PFI 发动机几乎一半的喷射燃料仍然呈液态残留在进气道，并在后续循环进入发动机。虽然 GDI 发动机没有进气道湿壁，但其缸内湿壁却很严重，导致 HC 排放增加。值得注意的是，PFI 发动机的缸壁湿壁程度对燃料挥发性不敏感，尽管进气道燃油湿壁会表现出一定的影响。相反的，GDI 发动机的缸壁湿壁随燃料挥发性增加而减少。

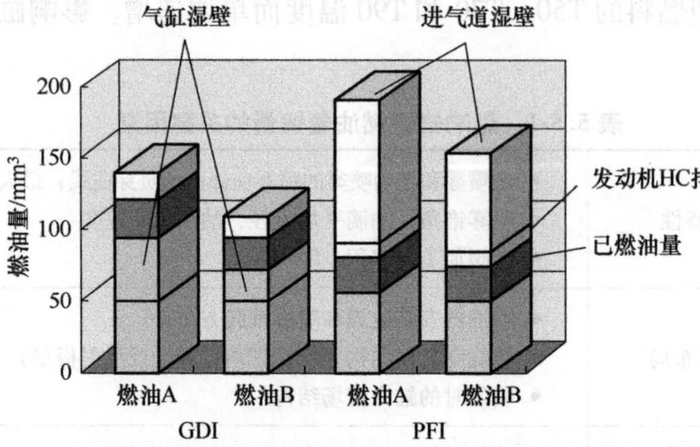

图 5.6-1　发动机起动燃油采用两种不同的 T50 时，GDI 与 PFI 第一循环燃油剩余量对比

注：A 燃油 T50 = 102℃；B 燃油 T50 = 82℃[246]。

图 5.6-2 比较了 PFI 和 GDI 发动机冷起动从第一到第九循环的燃料需求量，代表每个循

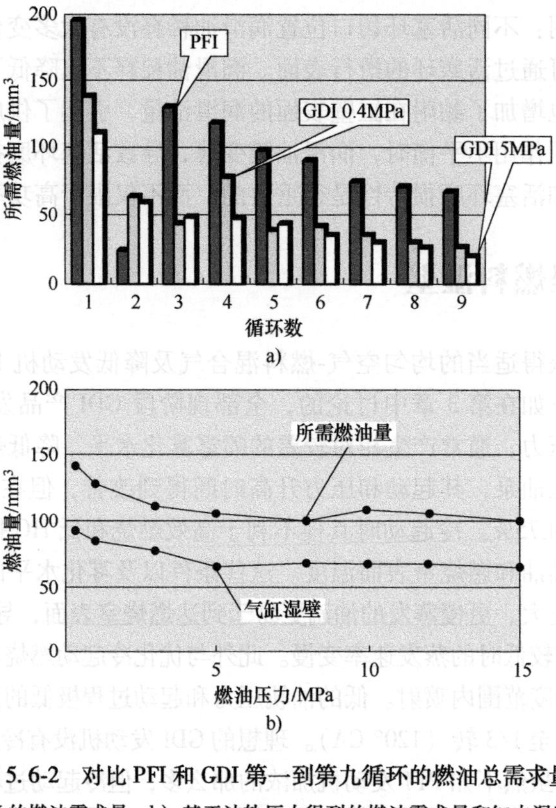

图 5.6-2　对比 PFI 和 GDI 第一到第九循环的燃油总需求量

a）PFI 和 GDI 的燃油需求量　b）基于油轨压力得到的燃油需求量和缸内湿壁燃油量[246]

环的着火极限。对于PFI发动机，燃料需求量并未持续地减少，而是第二循环燃料需求量阶跃式降低。对于初始油压为0.4MPa的GDI发动机，第一循环燃料需求量比PFI发动机小25%，而第二循环燃料需求量却是PFI发动机的两倍。即使油轨压力仍为0.4MPa，后续循环GDI发动机所需燃料显著小于PFI发动机。如果冷起动过程第一循环起油轨压力维持在5MPa，所需燃料量将持续减少。增加油压可改善燃油雾化效果，从而减少缸内湿壁量。

喷油时刻对于缸内湿壁和发动机HC排放的影响如图5.6-3所示。当喷射发生在进气上止点或下止点时，缸内燃料湿壁和冷起动循环所需燃料量较高，在270°BTDC（早喷）和60°BTDC（晚喷）时最少，这与HC排放测量结果一致。晚喷时由于要在有限的时间内提供所需的燃料量，要求有较高的喷射压力。加热喷油器是改善冷起动性能的一个方法，加热喷油器对燃料蒸发率和缸内湿壁的影响如图5.6-4所示。很明显，加热喷油器可以显著增强燃料蒸发率，并有效降低冷起动所需燃料量。

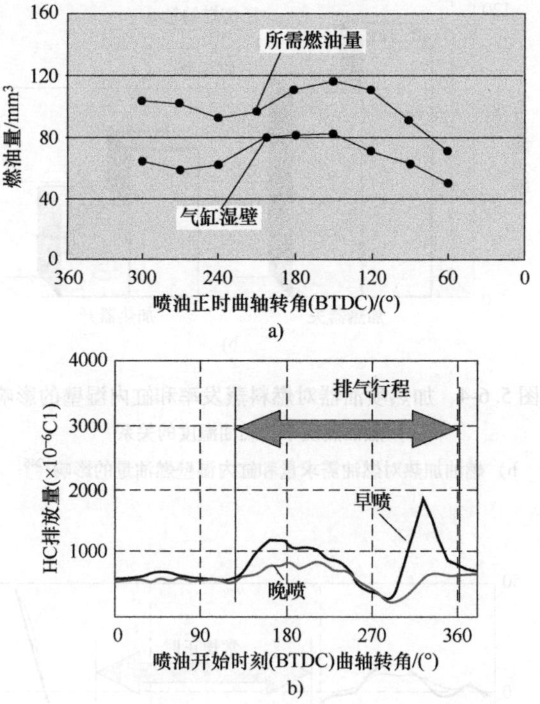

图5.6-3 喷油时刻对缸内湿壁和发动机HC排放的影响

a）基于喷油时刻得到的燃油需求量和缸内燃油湿壁量

b）基于喷油时刻的发动机HC排放[246]

在许多GDI喷油器上，将典型的汽油燃料喷入真空环境时可观测到一定程度的闪急沸腾现象，此现象可以改善燃料雾化程度。所需的缸内绝对压力（<75kPa）可以通过延迟进气门开启时刻来获得。图5.6-5a比较了正常和延迟气门正时情况下，进气行程内缸内压力随曲轴转角的变化。延迟进气门开启时刻，进气行程早期由于缸内的低压而产生较强的气流。如图5.6-5b所示，与正常气门开启时刻相比，缸内湿壁可以减少40%，并降低冷起动的加浓需求。

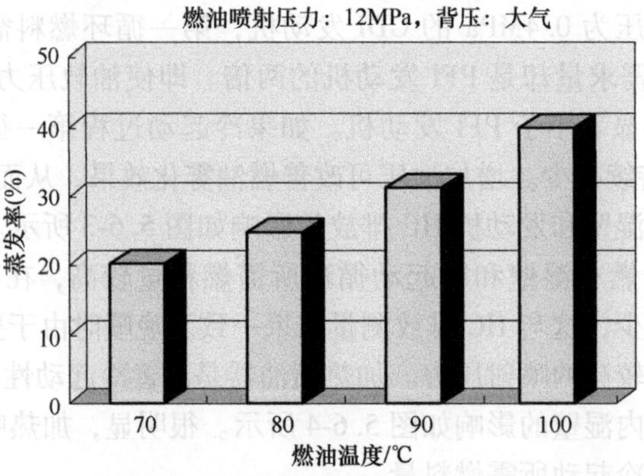

a)

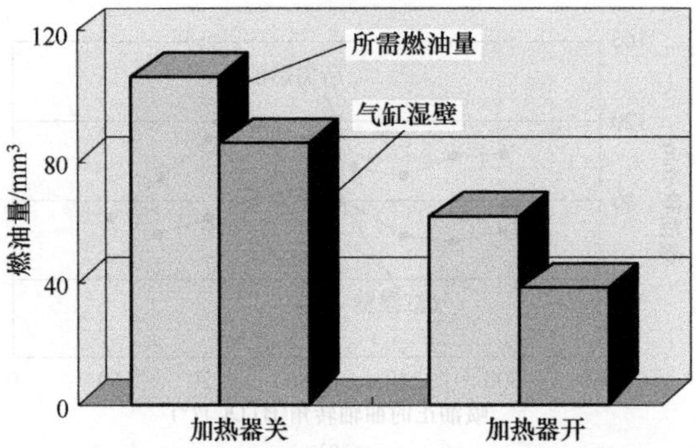

b)

图 5.6-4　加热喷油器对燃料蒸发率和缸内湿壁的影响

a）燃油蒸发率与燃油温度的关系

b）燃油加热对燃油需求量和缸内湿壁燃油量的影响[246]

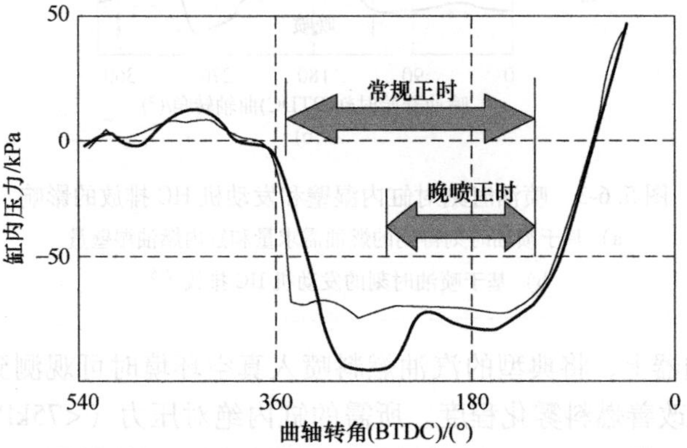

a)

图 5.6-5　在冷起动工况进气门开启、延迟对缸内燃油湿壁的影响

a）正常进气门开启与进气门延迟对缸内压力变化

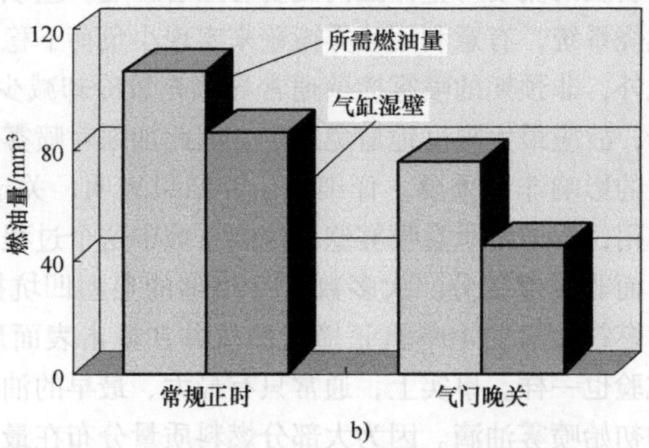

图 5.6-5　在冷起动工况进气门开启、延迟对缸内燃油湿壁的影响（续）

b）进气门开启对燃油需求量和缸内湿壁燃油量的影响[246]

图 5.6-6 总结了降低 GDI 发动机冷起动 HC 排放的策略。基础 HC 排放是 GDI 发动机在早喷模式及较低燃料喷射压力下起动 10s 内的排放值，对应于当前 GDI 产品发动机的 HC 排放水平。与当前 PFI 发动机相比，这些 GDI 发动机的 HC 排放仍相当高。可以看到每个单独的策略都具有降低 20%~35%HC 排放的潜力。因此，需要结合多种策略来使 GDI 发动机的 HC 排放降低到同代 PFI 发动机以下，这也是一个持续的目标。

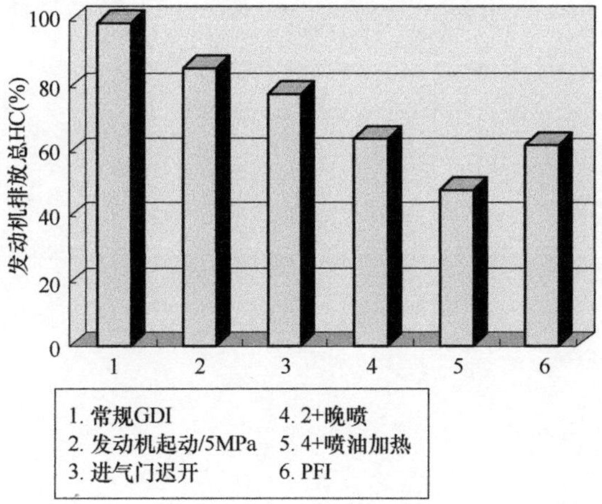

图 5.6-6　对比 GDI 发动机冷起动工况降低 HC 排放的策略[246]

5.7　总结

制备所需的油气混合气是确保 GDI 燃烧系统成功的最重要过程之一。在进气和压缩行程中发展的瞬态缸内流场是决定系统运转可行性的关键设计因素。对成功的 GDI 系统而言，整个循环中的动量平均值及其波动，与喷油系统的特性同样重要。对流场的优化取决于所用的喷油策略，是全功能型 GDI 发动机中均质模式和分层模式的折中。对于 GDI 燃烧系统，控制混合速率是通过平均流动历程而非设计湍流的生成来实现的，后者对应传统 PFI 发动机的情况。目前已知喷雾引发的流场对整体缸内流场有显著影响，应该加以评估。

对于壁面引导型燃烧系统，有意利用喷雾撞壁来实现小负荷下稳定的分层充量燃烧。除此预期的燃油撞击凹坑外，非预期的喷雾撞壁通常导致充量冷却减少、HC 排放增加、燃烧室沉积物和润滑油稀释，故应最大限度地避免发生。因此加强对喷雾壁面相互作用过程的了解，对于减少其对排放的影响非常重要。详细的研究结果表明，关于 GDI 燃料喷雾与活塞冠或活塞凹坑的相互作用，与通常示意喷雾壁面控制系统中这个过程的表现相反，GDI 喷雾占主导的是转向部分，而非碰撞部分。大多数 GDI 喷嘴的典型凹坑撞壁距离为 28~45mm，通常只有不到全部喷射燃料质量的 10%真正撞击凹坑并在撞击表面形成液体油膜，即使对于室内条件下的台架试验也一样。事实上，通常只有最大、最早的油滴碰撞，且大多数来自于有针阀加工室容积的初始喷雾油滴。因为大部分燃料质量分布在最大的油滴上，喷雾中总油滴数中只有小部分实际发生了碰撞。GDI 喷雾中的油滴大多数（>99%）都进入了喷射引发的瞬态空气流场。阻力使这些油滴快速减速，并与该点的流场速度相一致。这些油滴作为颗粒在流场中悬浮，当然是沿着碰撞表面的等高线。发动机内任何喷雾湿壁区域的质量、形状和厚度随时间的变化，无论是预期的或非预期的，对 GDI 发动机燃烧和排放都十分重要，需进一步研究来加深对这些复杂过程的理解并增强喷雾-壁面相互作用子模型的 CFD 预测能力。

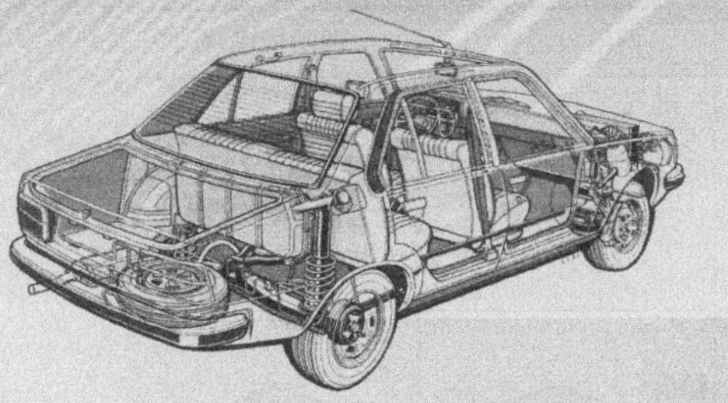

第 6 章

燃烧过程及控制策略

6.1 引言

在过去的30年里人们采用了各种手段来利用车用直喷式汽油机（GDI）的优越性，但是直到最近10年直喷式汽油机才开始应用在量产汽车上。这期间20年延迟的一个重要原因是由于当时缺少燃油喷射系统的精确控制。基于柴油喷油泵和压力驱动针阀式喷嘴的早期直喷汽油机喷油系统，在性能和控制上都有很大的局限性。虽然早期的一些汽油直喷系统也比较成功地降低了汽油机的比功率油耗（BSFC），但是由于机械泵本身在响应速度和定时控制方面的局限性，总体而言当时的直喷汽油机的比功率密度比柴油机低。

得益于电控共轨燃油喷射技术的应用，直喷式汽油机技术在过去的十年中得到了长足的发展。电控共轨燃油喷射技术过去一直被用于进气道喷射式（PFI）汽油机，目前也应用于柴油机和一些二冲程的直喷汽油机上。电控共轨燃油喷射系统可以在发动机整个转速和负荷范围内完全柔性地调整喷油正时，通过采用最优的喷油正时和喷油量控制来改进催化器的起燃和再生特性，提高发动机性能，降低整机排放。

配备电控共轨系统的GDI发动机能够完全发挥其降低比功率油耗（BSFC）的潜力，而同时其比功率输出可以达到甚至超过进气道喷射式汽油机[274]。事实上，GDI汽油机的许多潜在优势都要归功于电控共轨燃油喷射系统。正是由于目前喷油系统能够灵活控制，才实现了GDI发动机混合气形成和燃烧过程的灵活控制，如图6.1-1所示。图6.1-2给出了一个典型的GDI发动机的运行脉谱示意图。分层充量GDI发动机必须能够在早喷、均质模式下可靠地工作来实现设计的全负荷性能。此外，成功的GDI燃烧系统还应该能够实现在不同工作模式下的平稳过渡。不管是分层充量燃烧还是均匀充量燃烧，所有的GDI燃烧系统都应该能够在整个发动机运转范围实现良好的燃烧特性。本章将详细讨论主要控制策略下GDI发动机的燃烧特性。

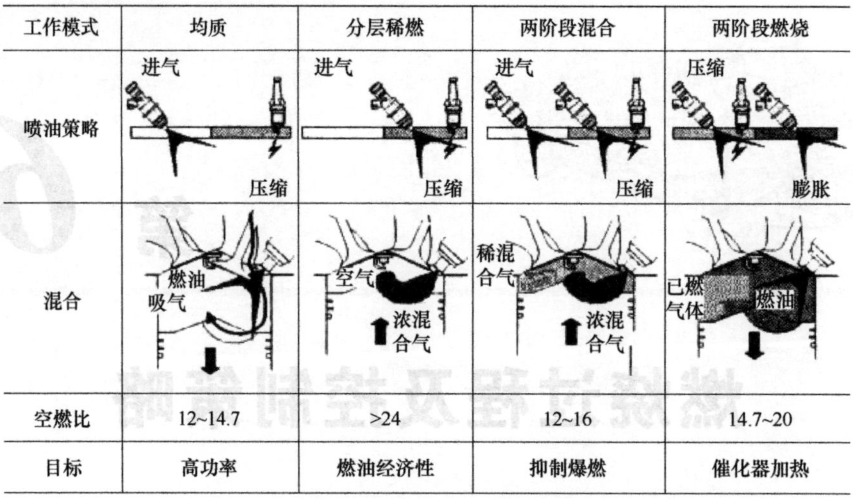
工作模式
均质
分层稀燃
两阶段混合
两阶段燃烧
喷油策略
进气
压缩
进气
压缩
进气
压缩
压缩
膨胀
混合
燃油
吸气
空气
浓混合气
稀混合气
浓混合气
已燃气体
燃油
空燃比
12~14.7
>24
12~16
14.7~20
目标
高功率
燃油经济性
抑制爆燃
催化器加热

图 6.1-1　GDI 发动机混合气的形成和燃烧过程的灵活控制[501]

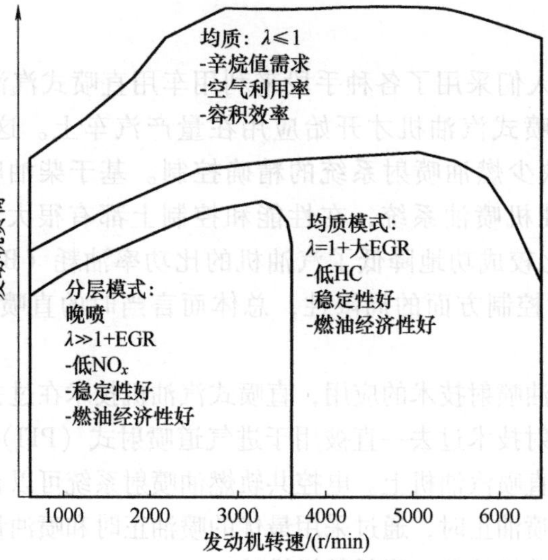

图 6.1-2　典型 GDI 发动机运行图[275]

6.2　发动机工作模式和喷油策略

能够实现分层充量燃烧的 GDI 发动机有四个基本工作模式，见表 6.2-1。在发动机全负荷工作时采用理论空燃比的均匀充量燃烧模式，由于具有最大的空气利用率从而使比功率输出较高，这种工作模式下燃烧组织的复杂程度最低。在中等负荷采用均质稀薄燃烧或带 EGR 的理论空燃比均质燃烧模式，通过燃烧参数优化实现燃油经济性和 NO_x 排放的综合优化。为了降低 NO_x 排放，该工况下最可能采用的是带 EGR 的理论空燃比均质燃烧模式。在怠速至中等负荷工况下，采用均质稀薄燃烧模式来获得最大的燃油经济性。从控制的角度讲，最困难的是在进行负荷范围转变时的控制，此时发动机的燃烧模式将从上面所述的三种模式之间转换。下面将详细讨论这几种工作模式。

表 6.2-1　GDI 发动机工作模式分类

工作模式分类	发动机负荷	喷油时刻	工作模式描述
1	怠速和极小负荷	晚喷	分层，稀薄燃烧，轻微节流
2	小负荷到中等负荷	晚喷	分层，稀薄燃烧，无节流
3	中等负荷	早喷	均质，带 EGR 的理论空燃比混合气或稀薄混合气
4	全负荷	早喷	均质，理论空燃比混合气或浓混合气
负荷切换			实现从一个工作模式到另一个工作模式的切换

6.2.1　早喷、均质工作模式

GDI 发动机的均质模式利用均匀混合气来满足发动机从中负荷到高负荷时的性能要求。根据总体空燃比的不同，混合气可以是理论空燃比均匀混合气或稀薄均匀混合气。如果合理组织缸内气流运动，这种模式在部分负荷时将获得与进气道喷射式汽油机相当且在满负荷时更优的性能[10]。采用早喷策略，由于充量冷却效果使容积效率提高，同时由于可以采用稍高的压缩比，因此燃油经济性得到了提高。采用早喷和均质燃烧也可以改善发动机的冷起动和瞬态过程的排放性能，这个问题将在 6.2.3 节详细讨论。

6.2.2　晚喷、分层混合气工作模式

晚喷策略是为了在气缸内获得分层的混合气，按照总体空燃比的浓稀可分为理论空燃比分层混合气和稀薄分层混合气。通常来讲“分层充量”是指稀薄分层，它被广泛应用于 GDI 发动机中。相反地，“理论空燃比分层”是一个比较特殊的策略，常用于减少催化器的起燃时间（将在 6.2.3 节讨论）。GDI 发动机采用分层稀薄燃烧的目的是为了在部分负荷工况实现无节流控制，其整体空燃比比传统的均质稀薄燃烧的可燃稀限更稀。分层稀薄燃烧通过产生和维持气缸内充量的分层来实现，在火花塞附近的混合气可以稳定着火并实现火焰传播，而在离火花塞较远的区域混合气很稀甚至没有燃油。混合气的分层是通过在压缩行程晚期喷油来实现的，但是早喷也有可能实现分层，已有报道利用空气辅助式喷油系统成功地实现了早喷分层充气[130,131]。采用分层稀薄燃烧也确实可以显著提高发动机的燃油经济性[50,259]，这主要是由于大大减少了因节流而引起的泵气损失，此外采用分层稀薄燃烧还减少了热损失，由于燃烧温度低也降低了燃油裂解，增大了循环的比热比，因此提高了发动机的热效率。

文献报道中有一个共同观点就是将分层燃烧的 GDI 发动机的 HC 排放控制到很低的水平是非常困难的。喷油器安装位置、喷雾特性、燃烧室形状、EGR 率、喷油时刻以及点火时刻等参数之间的相互影响非常复杂，对每个具体的燃烧系统这些参数都必须进行优化。发动机分层稀薄燃烧的工作区域应该足够宽使其包含发动机最频繁使用的工况点，否则将会频繁地进行模式切换[227]。利用晚喷实现充分的空气利用率从而达到较高的比功率输出是非常困难的，这是由于燃油和空气的不完全混合，不但会降低空气利用率，而且还会导致过多的碳烟排放。对大多数 GDI 燃烧系统而言，在部分负荷时获得高效的分层燃烧的同时还有可接受的平均有效压力波动是富有挑战的工作。

6.2.3 理论空燃比混合气工作模式

直喷式汽油机采用理论空燃比混合气燃烧具有明显的优势，即可以采用三效催化器，避免依赖稀燃 NO_x 催化器[47,138,379,399]。表 6.2-2 总结了 GDI 发动机理论空燃比均质工作模式的优势。理论空燃比均质工作模式在进气行程喷油能增大容积效率，减少发动机排放，这是由于采用了快速起动、减少了冷起动过度加浓以及优化匹配了三效催化器，从而提高了排气温度，加快了催化器的起燃。也可采用多阶段喷射，在膨胀行程时喷一些油燃烧可能会进一步减少催化器起燃时间。基于这些原因，GDI 发动机理论空燃比均质工作模式具有满足未来排放标准的潜力[279]。

表 6.2-2 GDI 发动机理论空燃比均质工作模式的优势（与成熟的 PFI 发动机技术相比）

起动工况	• 更快的起动 • 更低的冷起动过程加浓需求 • 有利于采用催化器快速起燃策略 • 冷起动 HC 排放降低
瞬态工况	• 瞬态响应改善 • 更少的加速过程加浓需求 • 更精确的空燃比控制 • 能实现减速过程快速断油
燃烧过程	• 不需要针对不同工作模式改变燃烧系统设计 • 能利用缸内充量冷却效果 • 减少压缩过程的热损失 • 改善燃烧稳定性 • 增大 EGR 率界限 • 将爆燃极限压缩比提高 2 个单位 • 减少汽车操纵性和冷起动过程对燃油挥发性的敏感度 • 不需改变燃烧系统就可以实现均质稀燃工况
燃油经济性	• 总体燃油经济性可提高 5% • 容积效率提高 5% • 能实现减速过程快速断油 • 能实现停机取代怠速 • 将爆燃极限压缩比提高 2 个单位
发动机性能	• 容积效率提高 5% • 峰值转矩和功率提高 7% • 能在保证转矩和功率输出的前提下减小发动机尺寸
系统灵活性和复杂程度	• 比分层充量燃烧的 GDI 发动机燃烧控制简单 • 可实现系统参数的灵活控制和优化
结合其他技术	• 可能更有利于辅助实现其他技术如：增压技术、怠速停机技术、连续可变变速器技术（CVT）、以及混合动力汽车技术（HEV）
排放性能	• 不需要稀燃 NO_x 后处理系统 • 可以充分利用三效催化器 • 比分层稀燃工作模式排放低 • 可以减少瞬态工况排放

当喷油时刻显著推迟时，可形成理论空燃比的分层混合气，这将有利于减少发动机的排放。采用理论空燃比或接近理论空燃比的分层充量模式后，燃烧始点稍微有延迟，而主燃烧阶段则显著延迟。取决于混合气的分层程度、燃烧室形状、EGR 率、充量运动以及燃油蒸发率，燃烧速度比均质燃烧下降得快。因此，即使在固定点火时刻条件下也能实现后燃，从而降低 HC 和 NO_x 排放，提高排气温度[110]。分层燃烧也可以作为催化器快速起燃的一种策略。图 6.2-1 给出了适度分层的理论空燃比工作模式的优点，首要一点是其能够实现超低排放的潜力。虽然采用晚喷的后燃策略提高排气温度会增加燃油消耗，但这只是在催化器起燃前所采用的策略，因而采用这种策略对整体的燃油消耗影响很小。真正需要注意的是采用这种晚喷的非均质燃烧策略有可能会增加碳烟排放。

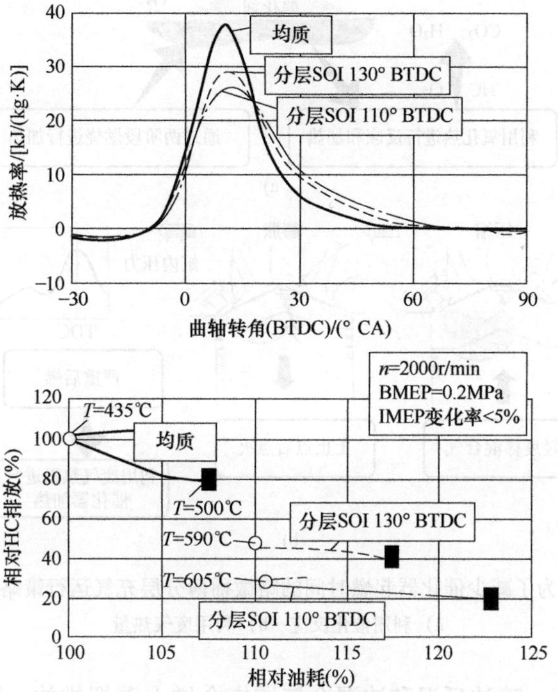

图 6.2-1　催化器起燃策略对化学当量比-分层模式的影响

注：紧耦合三效催化器[481]。

6.2.4　改善催化器起燃特性的略微稀薄分层燃烧模式

众所周知，催化器起始转化 CO 的温度比 HC 的低。CO 可以辅助加热催化器，从而减少起燃时间。基于此，提出一种略微稀薄的分层充量燃烧策略，利用在燃烧室内局部浓混合气燃烧生成 CO 来加热催化器，如图 6.2-2 所示[501]，通过推迟略微稀薄的混合气的喷油时刻来实现。生成的 CO 和剩余的 O_2 在膨胀和排气行程扩散到整个工质内，并最终在催化器表面反应放热来加热催化器。研究发现采用后喷策略（也被称为两阶段燃烧）也是一种加快催化器起燃的方法，将在 6.3.3 节详细讨论，略微稀薄的分层充量燃烧策略能够显著减少催化器的起燃时间。图 6.2-3 显示了略微稀薄的分层充量燃烧策略（同时大幅推迟点火提前角）对催化器起燃特性的影响，排气后处理系统采用了排气口紧耦合三效催化器，并在下

游安装 NO_x 催化捕集装置。在冷起动后立即采用略微稀薄的分层充量策略，配合 15°ATDC 的点火提前角，排气温度将迅速提高到 650°C，相应的紧耦合催化器起燃速度非常快。因此，CO 和 HC 的催化起燃比其他策略快很多。

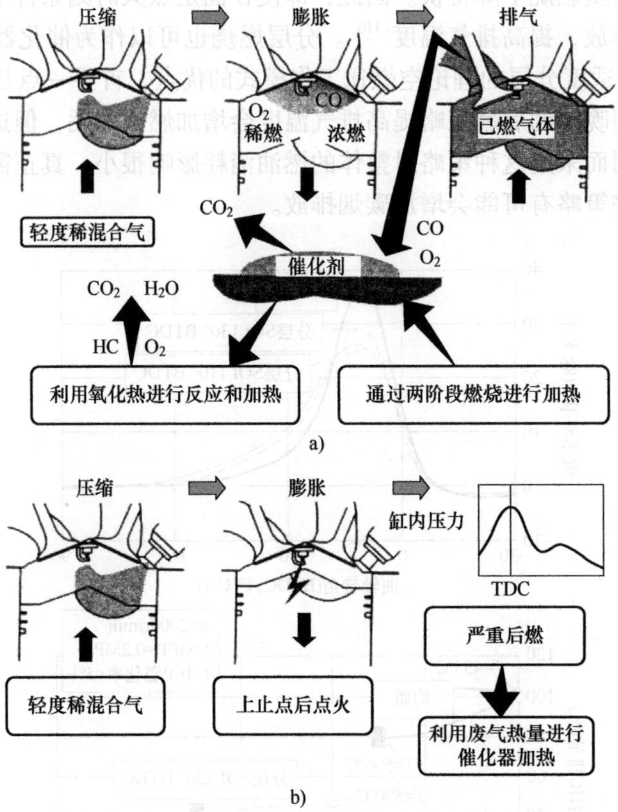

图 6.2-2 为了减少催化器起燃时间的略微稀薄分层充气运行策略的原理[501]

a）利用催化反应 b）利用废气热量

如 6.2.3 节所讨论，喷油延迟和浓混合气燃烧会增大碳烟排放。图 6.2-4 显示了喷油正时对燃烧角度、燃油经济性、烟度、HC 和 CO 排放、O_2 浓度等的影响规律[501]。当喷油结束时刻（EOI）在压缩行程 40°~70°BTDC 范围内时，由于混合气分层使 CO 和 O_2 浓度显著增高，而碳烟排放则控制在非常低的水平。然而，进一步推迟喷油后，由于在点火前没有足够的时间使燃油和空气充分混合，从而导致碳烟排放急剧增加。通过增加喷油结束时刻和点火时刻之间的时间间隔增加燃油的蒸发、扩散和混合，从而使这一问题得到了一定程度的解决。当这一时间间隔太小时，燃油蒸发混合不足会导致局部混合气过浓。相反地，当间隔太大时，又由于燃油过度扩散降低了混合气分层程度。略微稀薄的分层充量策略能够允许采用相当大的时间间隔来优化分层混合气的质量。图 6.2-5 所示为该方案下喷油和点火之间的时间间隔对 CO 和碳烟排放生成的影响。当时间间隔太小时，随着 CO 浓度增加碳烟也增加。优化此时间间隔后，碳烟控制在可接受的范围内，又能生成足够的 CO 来满足催化器表面反应的需求。

略微稀薄的分层充量燃烧策略的一个缺点是点火时刻推迟会引起燃油经济性下降。

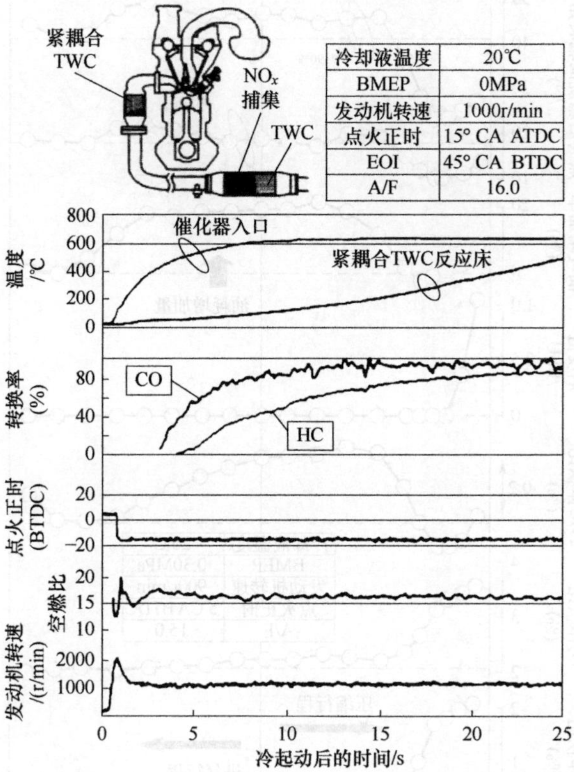

图 6.2-3　在三效催化器（其下游安装了 NO_x 捕集催化器）的起燃特征条件下，与推迟点火提前角结合的略微稀薄分层充气运行策略的影响[501]

图 6.2-6 所示为分别采用略微稀薄分层充气策略和后喷策略（两阶段燃烧）时，点火时刻延迟对燃油消耗率影响的比较。显然，当点火提前角推迟到压缩上止点后燃油消耗是增加的；然而，在略微稀薄分层充量策略中，由点火推迟而引起的燃油经济性下降明显比后喷策略低。所以当采用略微稀薄分层充量策略时，可以不采用后喷策略或减少后喷燃油量，这将会明显改善燃油经济性[501]。

6.2.5　工作模式切换

在目前的 GDI 发动机燃烧系统中，早喷、均匀混合气燃烧策略和晚喷、分层混合气燃烧策略都使用广泛。因此，就需要进行不同模式间的切换，且在切换过程中要避免发生失火、部分燃烧或能影响驾驶性的转矩输出波动[286,509]。在稀混合气条件下实现这种切换是很困难的。在实现平稳的模式切换过程中，应重点关注的是尽量减少转矩波动。采用电子节气门可以有效维持驾驶人或 ECU 的转矩需求，因而能够使控制系统实现平稳的模式切换。电子节气门技术也越来越多地应用在 GDI 发动机上。此外，采用基于转矩输出的发动机控制策略也可以有效改善整车的燃油经济性。尽量避免驾驶需求过多地影响发动机运行工况，发动机可以在瞬态工况更多地采用分层充量燃烧模式工作，而不损失车辆的驾驶性。

除了利用电子节气门技术，通过对 GDI 发动机喷油和燃烧策略的灵活控制可以有多种方法来实现平稳的模式切换。丰田第一代 D-4 量产发动机采用分段喷射策略（也叫两阶段

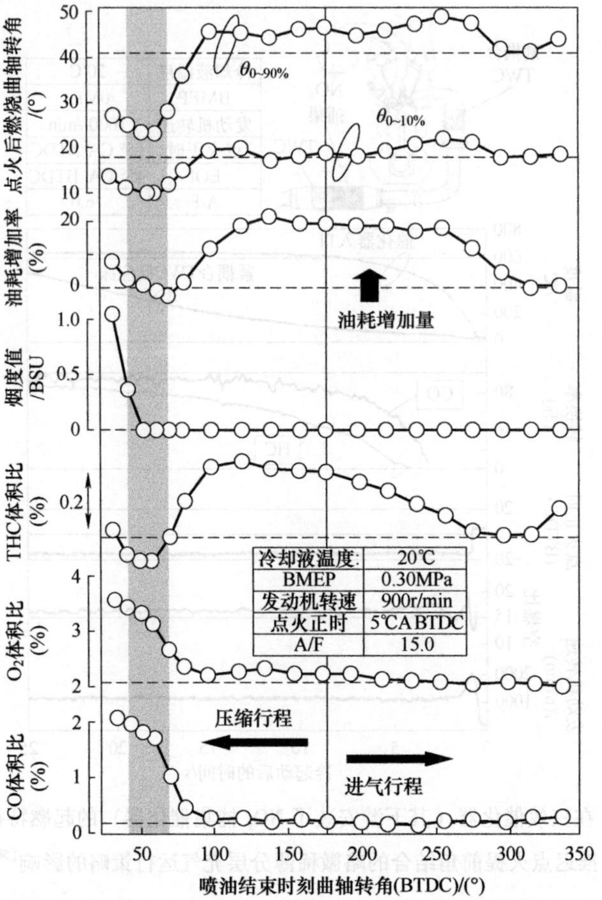

图 6.2-4　喷油正时对燃烧角度、燃油经济性、烟度、HC 和 CO 排放以及 O_2 浓度的影响[501]

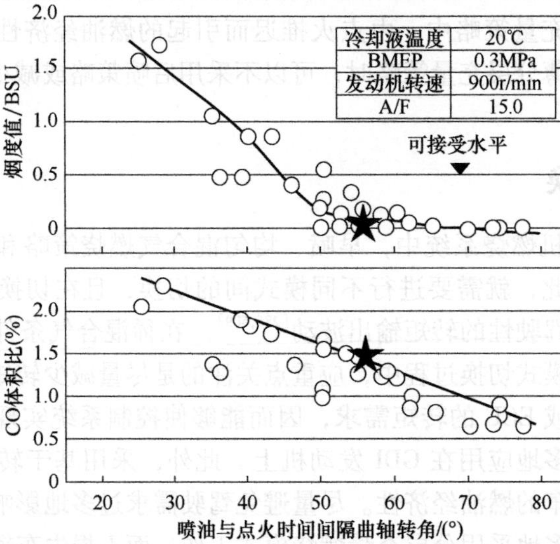

图 6.2-5　采用稀薄分层充气方法时喷油正时和点火正时之间的间隔对 CO 和碳烟形成的影响[501]

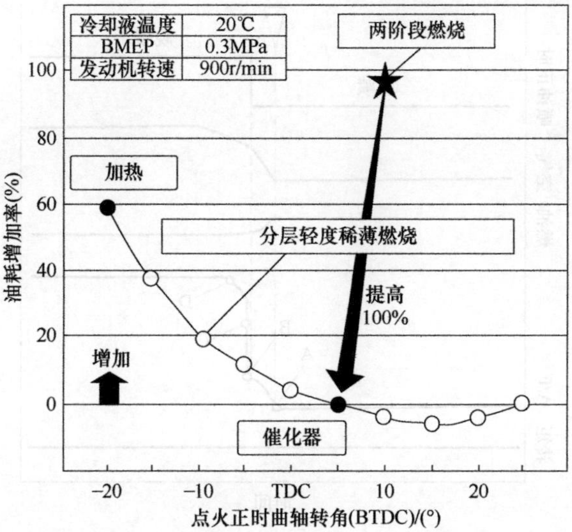

图 6.2-6　稀薄分层和后喷（两阶段燃烧）策略下点火时刻延迟对燃油消耗的影响[501]

喷射）实现模式切换。这种两阶段喷油策略在进气和压缩行程分别喷入一部分燃油[156,302]，该技术将在第 6.3.1 节详细讨论。

三菱 1996 年产的 GDI 发动机利用传统的节气门对进气流量进行精确控制实现模式切换，节气门的精确控制由加速踏板和由脉宽调制控制的旁通电磁阀共同控制[196]。图 6.2-7 说明了在由早喷、理论空燃比工作模式向晚喷、稀混合气工作模式切换过程中空气流量和空燃比的控制策略。为了尽可能减小模式切换过程中的转矩波动，理想情况下，模式切换发生在不同模式在相同进气量时输出转矩相同的时候。如图所示，早喷模式下空燃比为 18∶1，晚喷模式下空燃比为 25∶1，两者在相同的进气流量下输出相同的转矩。切换过程中，通过增加进气流量同时保持喷油量不变使空燃比从 14∶1 慢慢升高到 18∶1，燃烧模式在一个循环内就切换到了晚喷模式。在晚喷模式的第一个循环调整喷油量使空燃比变到 25∶1，在后续的循环通过同时减少喷油量和增加进气流量进一步使混合气空燃比变稀到 35∶1。最终，采用这些策略将使发动机在任何瞬态切换过程中转矩输出波动最小。

在某些 GDI 燃烧控制系统中，模式切换过程中存在两个空燃比界限[328]。一个是在分层充量策略中存在空燃比约为 24∶1 的浓限来避免生成碳烟，另一个是在均质稀燃模式时存在空燃比为 19∶1 的稀限避免燃烧不稳定。空燃比在 19∶1 到 24∶1 的范围被认为是一个限制窗口，在模式切换过程中应避免采用这个范围的空燃比。

6.2.6　不同工作模式复杂程度对比

图 6.2-8 比较了理论空燃比均质燃烧模式、均质稀混合气模式和分层燃烧模式三种工作模式下发动机油耗和 NO_x 排放的对比[109,481]。很明显分层充量燃烧策略甚至经过优化后的分层燃烧策略只在发动机低负荷时有优势。当平均有效压力（BMEP）超过 0.5MPa 时，采用均质稀混合气模式能获得更好的燃烧效率，并将获得更低的 NO_x 排放。此外，当分层充量模式扩展到高负荷时，在火花塞附近的过浓区很有可能产生碳烟排放。当负荷增加时，喷油持续时间随着负荷增加呈线形增加，缸内混合气团的尺寸及燃油浓度都增大，而混合

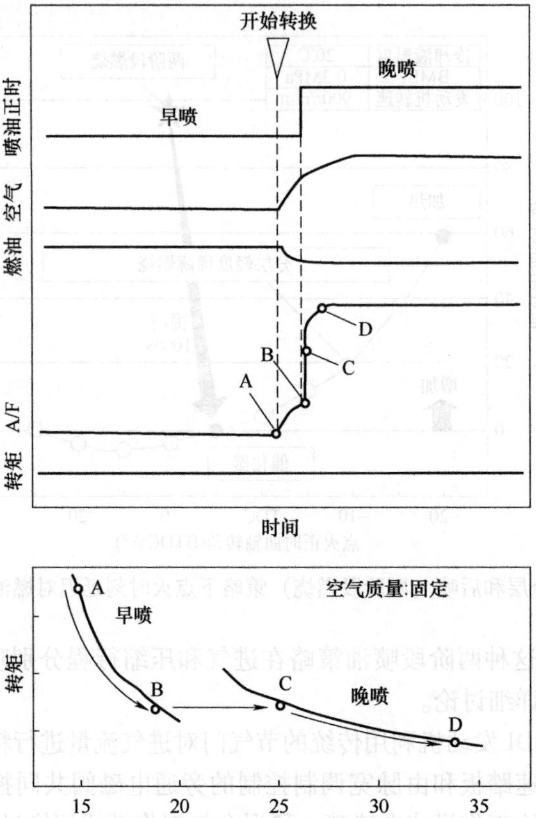

图 6.2-7 三菱 GDI 发动机模式切换操作时的空气/燃油管理[196]

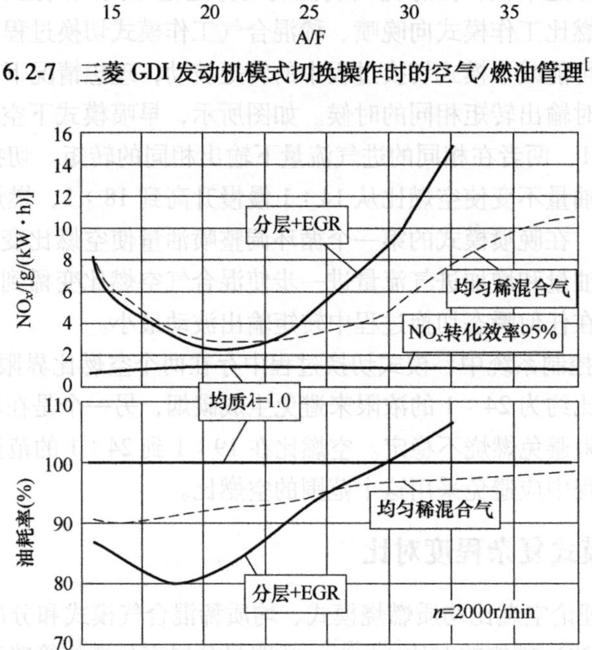

图 6.2-8 不同发动机负荷时，燃油消耗和 NO_x 排放在三种 GDI 运行模式（理论空燃比、均质稀混合气和分层燃烧）条件下的比较[481]

气团的变化同时又受到活塞和燃烧室几何尺寸的限制。燃烧室几何形状的限制使混合气团局部较浓，并且喷油后期的燃油只有很短的时间与空气混合。当喷油前期的燃油所形成的混合气已经点燃后，局部的浓混合气使燃烧速度非常快。火焰迅速向后期喷出的燃油形成的混合气中传播，从而导致碳烟和HC排放增加。喷油持续期增大会使燃油喷雾撞壁增多，从而增大碳烟排放。当增加发动机负荷并且喷油结束时刻（EOI）接近上止点的时候，碳烟极限是主要的限制[11]。这个例子中，碳烟可以通过采用早喷、均质模式而减少。优化设计从小负荷的分层充量燃烧到大负荷的均质燃烧的模式切换策略对于降低颗粒物排放是非常重要的[361]。

三菱的GDI发动机已经将晚喷的分层模式扩展到全负荷工况的50%而没有增加碳烟排放[259]。该发动机在小于50%负荷时缸内有足够多的空气使碳烟快速氧化，当负荷大于50%时碳烟颗粒则不能被完全氧化并排出发动机。喷油时刻被认为是降低碳烟排放的一个重要影响因素。对于直喷式柴油机来说，必须限制喷油量来控制碳烟排放在允许范围内，这就降低了柴油机的动力输出性能。对于GDI发动机，可以通过调整喷油时刻在整个发动机工作范围内避开这个问题，在限制碳烟排放的同时不使发动机性能下降[302]。

值得注意的是，GDI发动机的优势能够实现的程度与发动机及其控制系统能够合理利用不同工作模式的优点的程度直接相关。表6.2-3比较了三种模式下GDI相比PFI优势的可利用程度。比较“分层模式+均质稀燃模式”组合和“分层模式+高EGR率理论空燃比模式”组合的特点，后者稍微具有优势。在小负荷对NO_x转化效率的需求上，高EGR率的理论空燃比模式具有优势，只需要60%的转化效率，而均质稀燃模式需要85%的转化效率。GDI发动机在小负荷采用分层稀燃模式，在中负荷采用高EGR率的理论空燃比模式，具有显著降低排放的优势，而只降低了1%的燃油经济性[480]。

表6.2-3 GDI发动机相比PFI发动机在三种工作模式下优势的比较

GDI相对于PFI的优势	早喷、理论空燃比均质模式	早喷、均质稀燃模式	晚喷、分层稀燃模式
充量冷却效果使爆燃极限压缩比增大	完全	部分	无
充量冷却效果使辛烷值的要求降低	完全	部分	无
充量冷却效果使容积效率增大	完全	部分	无
减速断油	完全	完全	完全
降低冷起动排放	完全	完全	完全
快速冷起动	完全	—	完全
减少冷起动加浓	完全	—	部分
减少加速加浓	完全	完全	部分/完全
减少CO_2排放	完全	完全	完全
改善瞬态响应特性	完全	完全	完全
减少各缸空燃比波动	完全	完全	完全
降低怠速转速并减少怠速油耗	完全	部分	完全
减少节流损失改善经济性	无	部分	完全

6.2.7 GDI发动机工作模式分类

见表6.2-1，目前GDI燃烧系统可以分为四类。表中显示这四种工作模式的复杂程度依次降低，复杂程度最低的是早喷、理论空燃比均质工作模式。由均质模式改为分层模式确实会改善燃油经济性，但是实现分层模式必然增加控制系统的复杂程度。在某些系统中，早喷、均质模式（第3、4类）比全模式（第1、2类）优势更大，因为后者系统复杂程度高，而且研发周期长。

能满足未来严格的排放法规的先进GDI发动机的开发过程分为两个阶段。第一阶段，在成熟的稀燃NO_x后处理技术出现之前，发动机的主要设计目标是利用理论空燃比均质模式（第3、4类）来增大高负荷时的比功率输出。这阶段的GDI发动机能够实现比目前PFI发动机略低的燃油消耗。发动机的废气排放可以利用三效催化后处理系统和EGR技术来控制。降低冷起动过程中的HC排放并具有较好的瞬态响应性能，是这阶段的GDI发动机相比PFI发动机具有的最主要的优势。第二阶段，当拥有高效耐久的稀燃NO_x后处理技术后，就可以开发并优化通过分层超稀薄策略控制负荷的GDI发动机。这阶段的GDI发动机不但能保证大负荷均质模式下的比功率输出，而且能够使整车燃油经济性提高10%~15%[521]。

6.3 分段喷油策略

试验证明采用分段喷油策略能够改善GDI发动机的性能和排放。电控共轨喷油系统的灵活性可以保证实现分段喷射，能够在单个燃烧循环内控制多次喷油的时序。以预设的次数喷入各部分燃油能影响燃烧和排放性能，并使相关的其他参数得到优化。如第4章详细讨论过的，喷油系统应具有在进气和压缩行程内可靠地产生两到三次雾化良好的喷雾的能力，而这种能力取决于喷油器的特性。多次喷射的控制脉宽比单次喷射的控制脉宽小很多，因此喷油器的一个重要特性参数就是其流量特性中线性范围内最小流量所对应的控制脉宽。如果喷射脉宽小于此阈值，那么喷油器开启和关闭就占用了喷油脉宽的大部分时间，此时通常会降低喷雾雾化质量。此外，有的喷油器相同脉宽下不同喷射之间有较大的喷油量波动。这就是大多数分段喷射采用两次喷射而不采用三次或四次喷射的原因。这种策略在有的文献中也称为两阶段喷射或两次喷射。如果燃烧和排放特性较好，采用具有快速响应能力的压电式喷油器，将会将两次喷射扩展到多次喷射。

6.3.1 模式切换过程中的两阶段喷射策略

为了增加模式切换过程的平稳性，采用在进气和压缩行程分别喷入部分燃油的两阶段喷射策略，该策略的工作区域如图6.3-1所示[156,302]。利用该策略形成弱分层的混合气，并避免产生过浓或过稀的混合气，从而实现稳定的稀燃。两阶段喷射确实能实现从分层稀薄燃烧平稳切换到全负荷的均质燃烧。从图6.3-2[156]可以看出两阶段喷射对提高GDI发动机性能和改善排放的潜力。

这里将列举两个两阶段喷射的研究[163,314]，两阶段喷射策略在进气行程将主喷油量喷入气缸，保证气缸内形成预混均质稀薄混合气。在点火时刻之前将剩余的喷油量喷入气缸，在火花塞附近形成浓混合气，混合气可靠着火并快速地燃烧。这种方法将扩展混合气的可燃稀

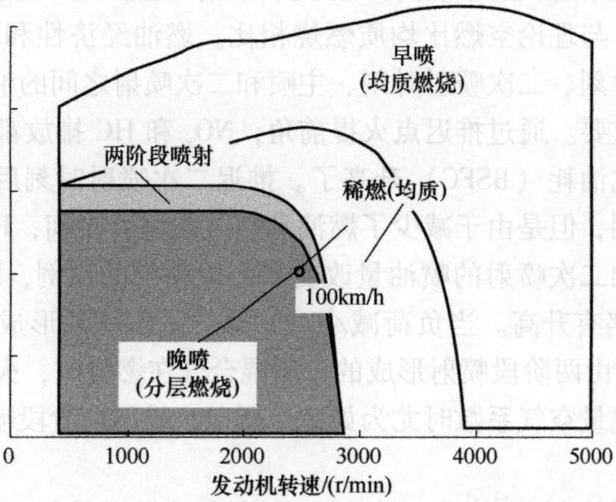

图 6.3-1　丰田公司第一代 D-4 发动机的运行图[156]

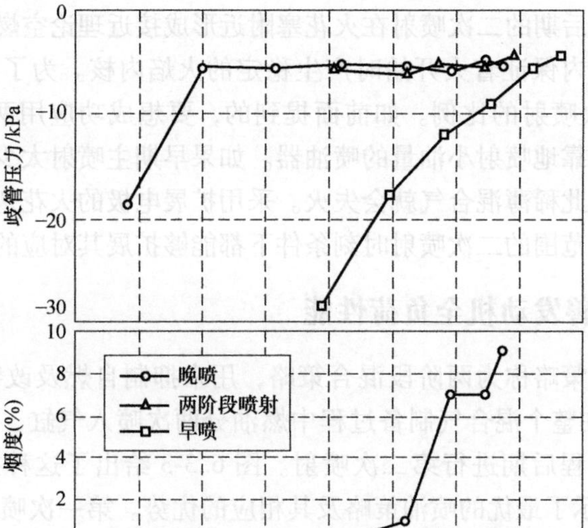

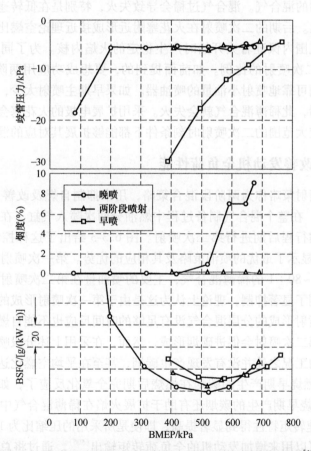

图 6.3-2　负荷过渡时两阶段喷射对发动机性能和排放的影响[156]

限，而油耗和 HC 排放仍维持在均质燃烧的水平。这种喷油策略在单缸机上进行过验证和评价[314]，该试验中的单缸机缸径为 135mm，压缩比为 9.6∶1，喷油器为多孔喷油器。此两阶段喷射发动机能够在很宽的工作区内稳定燃烧而没有爆燃。

虽然这个研究中采用的喷射系统并不能代表目前的量产 GDI 发动机系统，但是其中仍有一些有意思的结果。与理论空燃比均质燃烧相比，燃油经济性和 NO_x 排放都得到了显著改善。合理优化点火时刻、二次喷射时刻、主喷和二次喷射之间的油量分配以及喷孔的个数等对着火和燃烧非常重要。通过推迟点火提前角，NO_x 和 HC 排放都得到了降低，但是由于减少了等容燃烧度，比油耗（BSFC）升高了。推迟二次喷射时刻后 NO_x 和 BSFC 的变化规律与推迟点火时刻相同，但是由于减少了燃油和空气的混合时间，HC 排放随二次喷油时刻推迟而单调升高。增加二次喷射的喷油量改变了分段喷射的比例，HC 排放和 BSFC 都得到了改善，但 NO_x 排放略有升高。当负荷减小时，第一阶段喷油形成的混合气变得很稀，因而 HC 排放升高。这种由两阶段喷射形成的分层混合气在燃烧时，火焰传播速度快而燃烧持续期短，特别是在高过量空气系数时尤为如此。所以，采用两阶段喷射可以采用低挥发性和低辛烷值的燃料。

另一个两阶段喷射的研究[163]在一台 4 缸水冷发动机上进行，燃烧室为活塞顶方形凹坑，缸径 102mm，压缩比 12∶1。早期的主喷射燃油在压缩行程终点形成稀薄的均匀混合气，避免了生成过稀的混合气。混合气过稀会导致失火，特别是在低转速小负荷时过稀的混合气很容易导致失火。后期的二次喷射在火花塞附近形成接近理论空燃比的混合气，从而在较宽的负荷和转速范围内保证着火开始时产生稳定的火焰内核。为了同时改善稀燃极限和 BSFC，应仔细控制二次喷射的比例。如前面提到的，要想成功应用两阶段喷射控制策略，就必须具有能够精确可靠地喷射小油量的喷油器。如果早期主喷射太少，那么主要燃烧的预混均匀混合气则太稀，此稀薄混合气就会失火。采用扩展电极的火花塞会有利于两阶段喷射策略的实现，它在较大范围的二次喷射时刻条件下都能够扩展其对应的混合气稀燃极限。

6.3.2 分段喷射改善发动机全负荷性能

还有一种分段喷射策略称为两阶段混合策略，用来抑制自燃及改善 GDI 发动机的低速转矩[15]。如前所述，在整个混合气制备过程中燃油分两次喷入气缸，在进气行程早期进行第一次喷射，在压缩行程后期进行第二次喷射。图 6.3-3 给出了这种控制策略的示意[264]。图 6.3-4 和图 6.3-5 显示了最优的喷油策略及其相应的优势。第一次喷射的油量只是来形成整体空燃比在 30∶1~80∶1 的稀薄混合气，主要的喷油量在第二次喷射时喷出。在发动机低转速时，爆燃得到了显著抑制，理论上认为这是由于第一次喷射形成的预混混合气太稀而不能自燃，第二次喷射形成的分层混合气没有足够的时间反应也不能自燃。通常认为当混合气比较浓的时候，第二次喷射会促进碳烟形成，然而，在采用上述分段喷射策略时，除了在发动机转速非常低的工况之外并没有发现产生碳烟，甚至在平均空燃比达到 12∶1 时也没有碳烟[15]。这是由于燃烧早期产生的碳烟在燃烧后期完全氧化反应了，如图 6.3-6 所描述的那样[264]。此外，燃烧早期产生的碳烟还有助于扩展火焰在稀薄混合气中传播的极限，进而使 GDI 发动机的低速转矩特性得到显著提高，即使是所采用的压缩比为 12.5∶1。

同样的策略也可以用来增加发动机的全负荷转矩输出[506]。通过将总喷油量分为两次喷射，可以增大充量冷却效果并进一步抑制爆燃的产生。第二次喷射的时刻并不一定要限制在压缩行程后期，二次喷射可以在压缩行程相当宽的时间窗口内进行。需要指出的是，当 2/3 以上的喷油量在第一次喷射时喷出时，燃烧的稳定性对第二次喷射时刻就相对不敏感了。这种策略下，第二次喷射时刻在 60°BTDC 时平均指示有效压力（IMEP）最大。作为比较，假

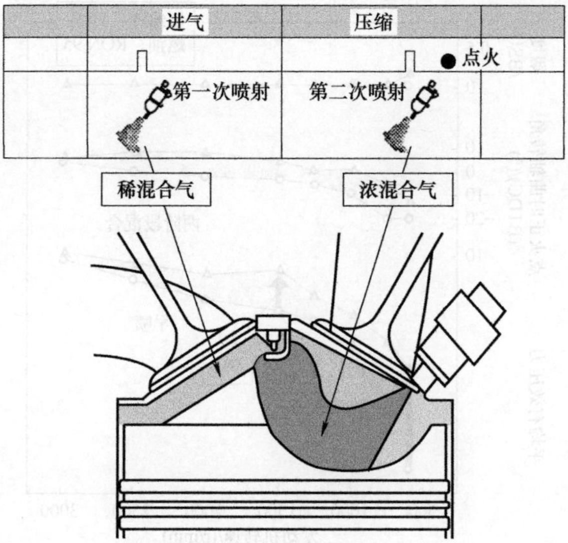

图 6.3-3　为了提高低速转矩的两阶段混合策略原理图[264]

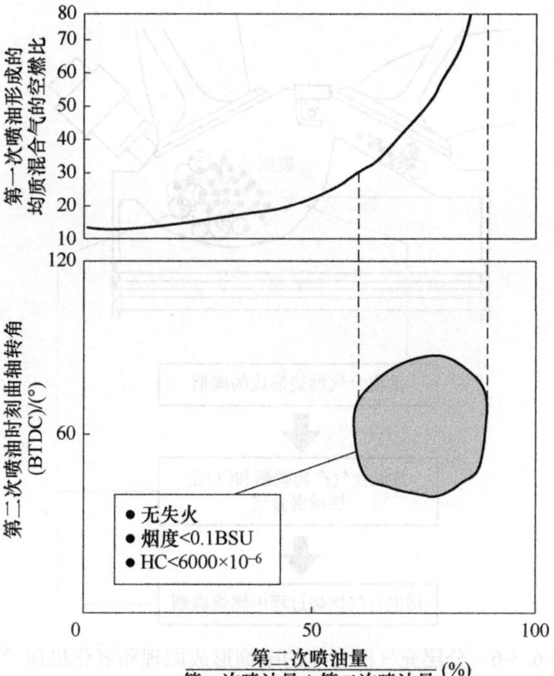

图 6.3-4　两阶段混合策略的优化喷射

注：600r/min；全节气门开度；空燃比：12∶1；第一次喷油正时：280°BTDC；点火正时：20°BTDC[264]。

如一半以上的燃油在二次喷射时喷出，为了避免不稳定燃烧，第二次喷射的时刻就不能晚于150°BTDC。为了提高燃烧稳定性，比较好的优化起始点是主喷油量和二次喷油量比值为 2∶1。这种两阶段的混合气形成策略也可以结合分层的略微稀薄燃烧策略（见 6.2.4 节）来尽量

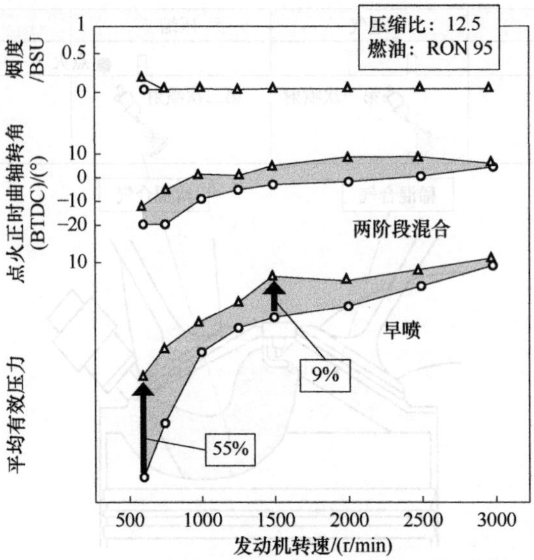

图 6.3-5　两阶段混合策略导致的燃烧和性能提升[342]

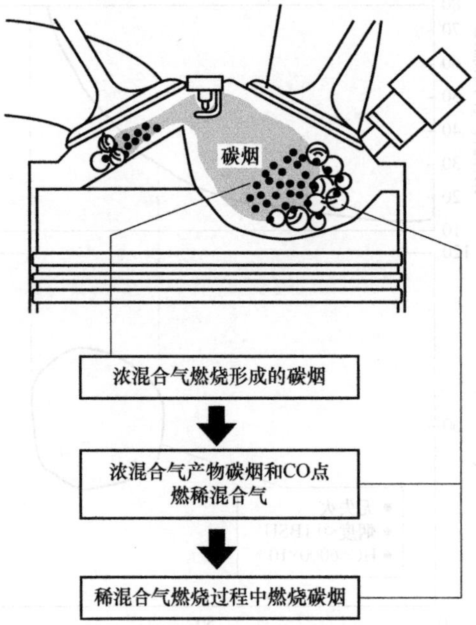

图 6.3-6　分层充气混合气的碳烟形成原理和氧化机理[264]

减少由二次喷射的燃油燃烧生成的碳烟。图 6.3-7 给出了在三种不同发动机负荷工况下第二次喷油量的比例对燃烧持续期、燃油消耗、碳烟和 HC 排放以及 CO 浓度的影响规律。当第二次喷油量比例增加时，混合气分层程度增加，从而导致 CO 浓度增加、燃烧放热率加快。令人惊奇的是，当所有的燃油都在压缩行程喷入时，HC 排放最低，这是由于在进气行程喷入的燃油可能未完全燃烧而排出气缸，因为在燃烧室壁面附近的混合气太稀了。当第二次喷油量比例增加时，发动机小负荷时的燃油经济性得到了改善，但是在大负荷时恶化，这表明负荷增大破坏了混合气的分层结构。通过优化两次喷射定时，可以使排气烟度不增加。

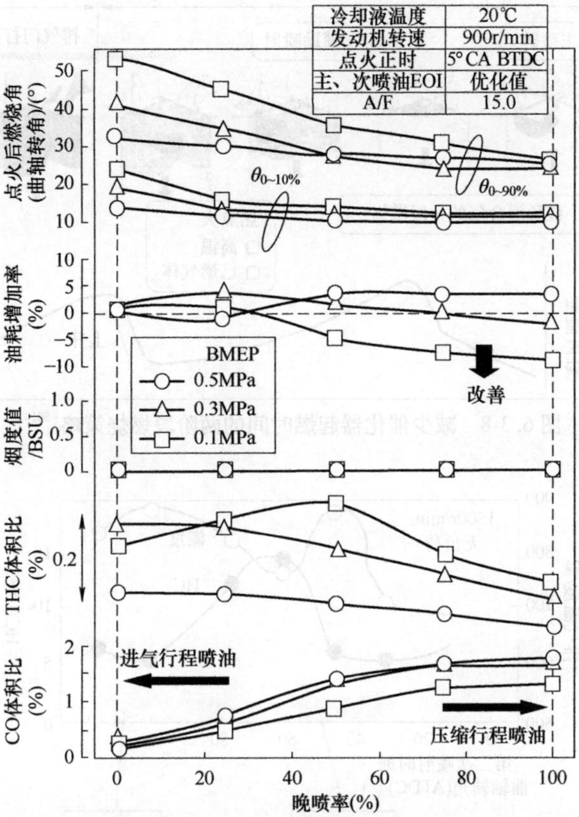

图 6.3-7　三种不同发动机负荷下两阶段混合对燃烧持续期、燃油消耗、碳烟和 HC 排放以及 CO 浓度的影响

注：稀薄分层充气用来减少催化器起燃时间[501]。

6.3.3　后喷策略改善催化器起燃特性

采用两阶段喷射策略也可以用来快速加热稀燃 NO_x 催化器下游的三效催化器[15,266]。如图 6.3-8 所示，分段喷射策略进行发动机冷起动，发动机工作在晚喷稀燃模式。在膨胀行程后期补充喷入一些燃油，能够提高排气温度。当在膨胀行程中较早地喷入补充油量，则液体油滴会产生发光的扩散火焰，而当在膨胀行程中期喷入补充油量，则会发生较慢的预燃反应并推迟着火。图 6.3-9 给出了晚喷时刻对排气温度和相应的 HC 排放的影响规律。如图 6.3-10 所示，这种两阶段喷射只是在发动机开始拖动后 20s 内采用，使催化器起燃时间从原来的 300s 减少到 100s。膨胀行程喷油的策略确实能够显著降低冷起动过程中的 HC 排放。如图 6.2-6 所示，两阶段喷射策略会导致显著的燃油经济性下降，所以这种策略只能在进行充分优劣性评估后才能采用。结合其他策略如分层的略微稀薄混合气模式，可以有效降低油耗而同时满足催化器起燃的要求。

对于实现冷起动过程催化器快速起燃来讲，使用后喷的两阶段喷油策略是二次空气喷射策略的一个强有力的替代策略。图 6.3-11 对后喷（图中的两次喷射）和二次空气喷射在加

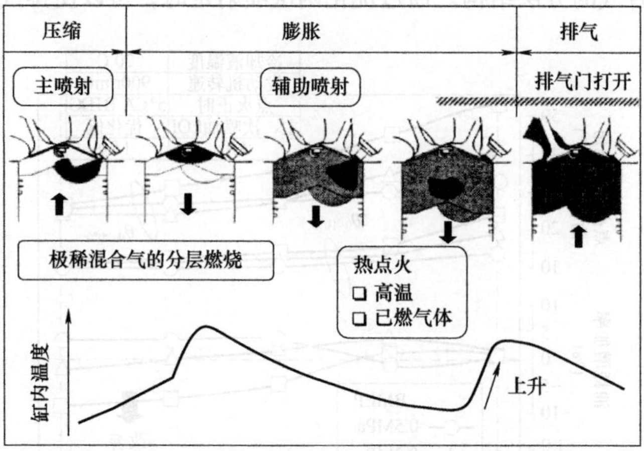

图 6.3-8　减少催化器起燃时间的两阶段燃烧策略[501]

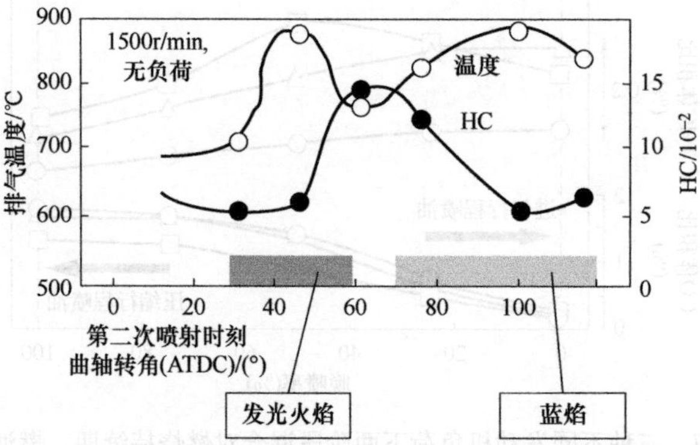

图 6.3-9　两阶段燃烧对排气温度和 HC 排放的影响[342]

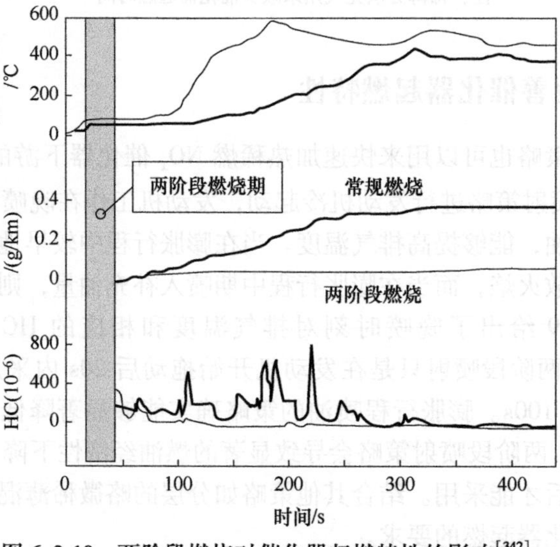

图 6.3-10　两阶段燃烧对催化器起燃特性的影响[342]

快催化器起燃方面做了对比，后喷系统更简单。需要强调的是，采用后喷加快催化器起燃还需要进行不容小觑的系统优化，并且还必须包括进行避免由于非正常的混合和不完全燃烧而产生颗粒物排放的优化[93]。

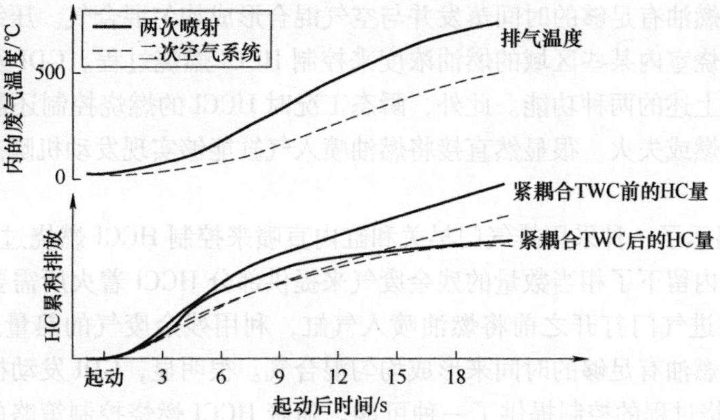

图 6.3-11　两次喷射与二次空气喷射的排气温度和 HC 排放[93] 的比较

6.3.4　后喷用于 NO_x 储存催化器的再生

当进行 NO_x 储存催化器再生时需要排气中缺氧，这点将在 8.3.7 节中详细讨论。对于大部分时间的部分负荷稀燃模式，这是非常困难的，如果喷油量和喷油时刻没有进行精确的优化，那么稀燃时喷入任何的油量都会使转矩产生波动。对于直喷式汽油机，这种精确控制的浓混合气空燃比尖峰可以通过电控系统的精确控制利用膨胀行程内的后喷技术在排气管里产生。通过优化空气流量、喷油率、喷油时刻、EGR 率和点火时刻，NO_x 存储催化器可以在没有任何明显转矩波动的情况下再生。

6.3.5　分段喷射控制均质压燃发动机

直接将燃油喷入气缸并灵活控制喷油时刻，也可以用来控制均质压燃（HCCI）发动机的燃烧过程。HCCI 燃烧就是均匀工质通过压缩而自燃着火的燃烧方式。这种燃烧方式具有同时显著降低 NO_x 和颗粒物的潜力，并具有较高的热效率，而且能够利用不同的燃料实现 HCCI。一定程度上讲，HCCI 发动机同时具有了汽油机和柴油机的优点。与汽油机类似的是燃油和空气混合成均匀混合气，消除了浓混合气扩散燃烧，从而显著降低了颗粒物排放。HCCI 发动机采用与柴油机相同的着火方式，并且火焰由非常稀的混合气形成，因此 HCCI 发动机自燃着火能消除常规的火花点火式发动机所具有的大规模火焰传播。因此，与常规汽油机相比，汽油燃料的 HCCI 发动机的 NO_x 排放非常低。无节气门控制的汽油 HCCI 发动机甚至可能在当量比为 0.3、EGR 率为 45% 的情况下运行且无失火，因此可以同时获得高热效率和非常低的 NO_x 排放。发动机采用 HCCI 成为有吸引力的一项技术，它能够提供像柴油机那样的效率，而且不需要稀燃 NO_x 后处理系统就可以实现很低的 NO_x 排放。

HCCI 燃烧通过控制缸内温度、压力以及着火时刻时混合气的成分，使工质在整个燃烧室同时着火。与传统发动机的主动点火机制相比，如汽油机点火或柴油机喷油，HCCI 燃烧没有单独的着火触发源，因此 HCCI 燃烧控制非常困难。局部工质的温度和空燃比是控制 HCCI 燃烧始点的关键因素。采用直喷技术并通过改变喷油时刻来改变混合气的局部燃油浓度，这将有可能实现对 HCCI 燃烧过程的控制。其混合气的温度可以由燃油蒸发的冷却效果来改变，早喷使燃油有足够的时间蒸发并与空气混合形成均匀混合气。压缩行程晚期的引燃喷射通过增加燃烧室内某些区域的燃油浓度来控制 HCCI 燃烧过程。GDI 发动机的分段喷射技术同时具备了上述的两种功能。此外，瞬态工况时 HCCI 的燃烧控制还需要精确的燃油供给控制来避免爆燃或失火。很显然直接将燃油喷入气缸能够实现发动机瞬态过程中燃油供给的精确控制。

图 6.3-12 显示了一种采用排气门早关和缸内直喷来控制 HCCI 燃烧过程的理念[476]。排气门早关使气缸内留下了相当数量的残余废气来提供部分 HCCI 着火所需要的温度。利用一个 GDI 喷油器在进气门打开之前将燃油喷入气缸，利用残余废气的热量来促进燃油蒸发，同时这样也会使燃油有足够的时间来形成均匀混合气。很明显，GDI 发动机的多次燃油喷射技术为 HCCI 燃烧过程的控制提供了一种可能。随着 HCCI 燃烧控制策略的进展，GDI 发动机可以通过参数标定和匹配将 HCCI 燃烧模式作为其工作模式之一，从而充分发挥这种独特燃烧方式的优势。

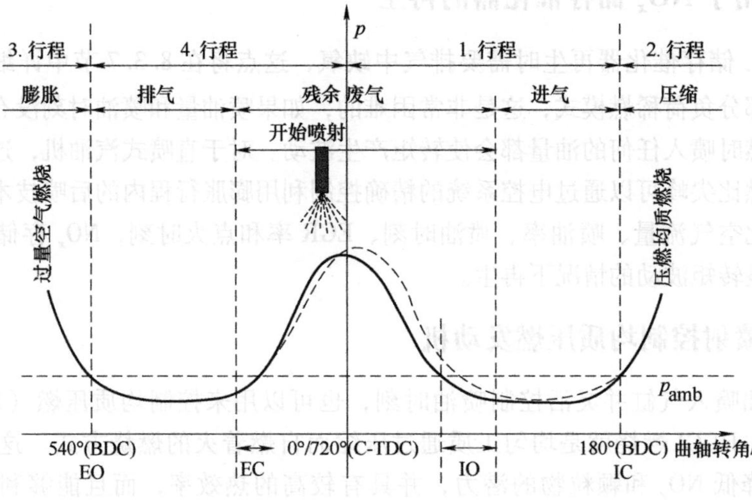

图 6.3-12　一种已被提出通过结合排气门早关和缸内直喷来控制 HCCI 燃烧过程的理念[476]

6.3.6　分段喷射在发动机工作脉谱上的实施

图 6.3-13 给出了分段喷射技术在发动机上能够有效工作的脉谱图。表 6.3-1 总结了在不同负荷下，不同分配比例的分段喷射策略（两次喷射）的对比[261]。对于分层燃烧和均质燃烧两者之间的切换过程，两次喷射能满足转矩匹配的需求，同时使 NO_x 排放最低。试验研究表明两次喷射的分配比例大约在 3∶1（主喷：二次喷射）时最优。在部分负荷稳态工况时采用两次喷射对降低碳烟排放很有好处，采用两次喷射在低转速下的分层燃烧和均质燃烧之间切换时可以大大改善燃油经济性[260,261]。在全负荷时由于扩展了爆燃极限，因此发动机

转矩输出可以增加 5%。在这种工况下，最优的分配比例大约为 3 : 7，但是这取决于发动机本身的设计。对于上述的策略典型的喷油开始时刻（SOI）是第一次喷射在 330°BTDC，第二次喷射在 80°BTDC。当利用两次喷射来快速起燃催化器时，推荐的喷油开始时刻（SOI）是第一次喷射在 80°BTDC，第二次喷射在 50°ATDC。需要指出的是，最优的分配比例取决于实际的催化器加热需求，并随着催化系统的容积和热损失而变化[261]。

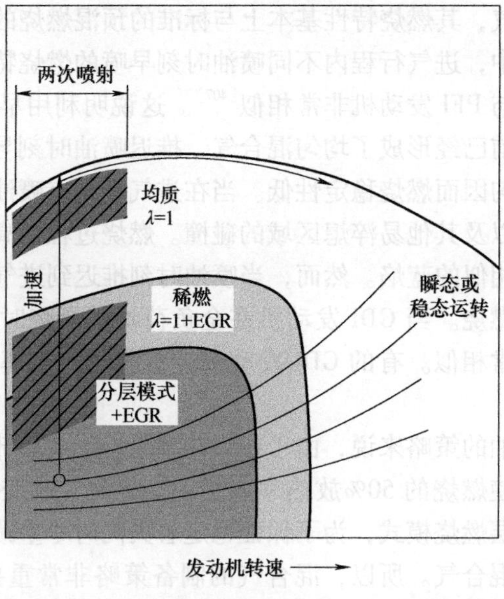

图 6.3-13　可以用来实现分段喷射（两次喷射）策略的发动机运行脉谱图[261]

表 6.3-1　为了优化 GDI 发动机燃烧、排放、性能和操控性的分段喷射策略对比

两次喷射模式	切换两次喷射	部分负荷两次喷射	全负荷两次喷射	催化器加热两次喷射
运行区域	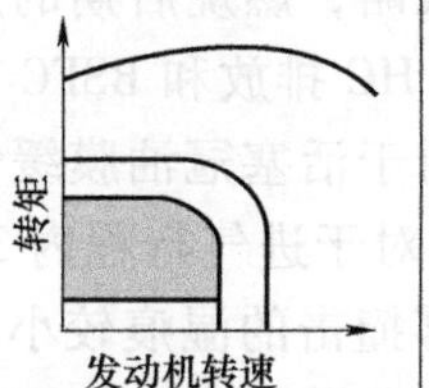	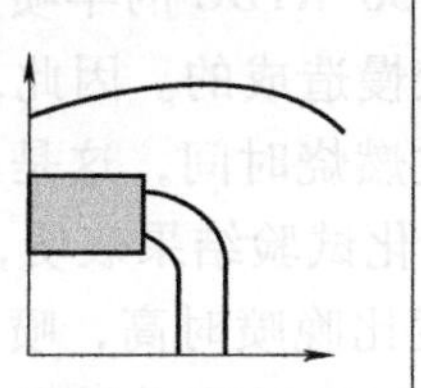	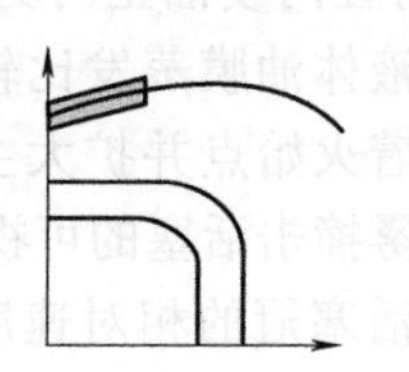	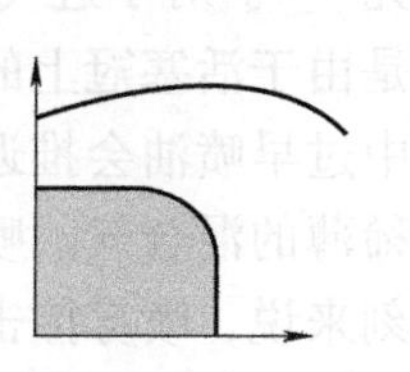
使用原因	优化切换过程中的转矩平稳性，并使 NO_x 最小	减少碳烟排放及油耗	优化爆燃限值，增加转矩输出	主动的催化器温度控制，可消除硫及快速暖机
第 1 和第 2 次典型喷油时刻	300° CA BTDC 80° CA BTDC	330° CA BTDC 80° CA BTDC	330° CA BTDC 80° CA BTDC	80° CA BTDC 50° CA ATDC
分配比率（%）	75	75	30~70 可变	随加热要求可变

注：100 为仅第 1 次喷射；0 为仅第 2 次喷射。

6.4 燃烧特性

6.4.1 均质燃烧

GDI 发动机的燃烧根据采用的控制策略而显著变化[234,321,322,324,331,447]。提前较多的早喷在气缸内形成均匀混合气，其燃烧特性基本上与标准的预混燃烧的 PFI 发动机相同。在 GDI 发动机燃烧特性的研究中，进气行程内不同喷油时刻早喷的燃烧特性表明，采用喷油器中置时其排放和发动机性能与 PFI 发动机非常相似[407]。这说明利用早喷策略由于有相当长的时间来混合，从而在着火前已经形成了均匀混合气。推迟喷油时刻导致 CO 排放上升，这是由于点火时混合气不够均匀因而燃烧稳定性低。当在进气下止点喷油时 HC 排放最低，这是由于减少了燃油与活塞冠以及其他易淬熄区域的碰撞。燃烧过程的高速摄影结果表明，早喷燃烧时产生与 PFI 中燃烧相似的蓝焰。然而，当喷油时刻推迟到进气行程结束时，观察到黄色火焰，说明发生了分层燃烧。当 GDI 发动机在全负荷均质燃烧时，其放热率曲线与 PFI 发动机燃烧放热率曲线非常相似。有的 GDI 发动机全负荷时放热率稍微下降，这表明工质在一定程度上不均匀[108]。

对于在进气行程喷油的策略来说，由于在火花塞附近形成局部浓区，推迟喷油时刻可以改善混合气的着火，并使燃烧的 50%放热率点提前。但是，改变喷油时刻并不能改变燃烧持续期。对于晚喷、分层燃烧模式，为了保证稳定着火同时尽量减少碳烟排放，必须避免在火花塞附近形成过浓的混合气。所以，混合气的制备策略非常重要，每个 GDI 发动机燃烧系统的开发过程都应在很大的工作范围内优化混合气制备策略[13]。对于均质燃烧的早喷可以在很大的定时窗口内喷油，而分层燃烧的晚喷则只有很窄的定时窗口可利用。在较高负荷时，由于浓混合气需要较长的喷油持续期，因此混合气制备对喷油时刻相对不敏感[201-203]。

有人对冷起动时采用理论空燃比均质燃烧模式下早喷策略的燃烧特性进行了研究[408]。对于进气行程内喷油正时为 30°ATDC 的早喷策略，燃烧后期的放热率很慢，这是由于活塞冠上的液体油膜蒸发比较慢造成的。因此，HC 排放和 BSFC 变差。进气行程中过早喷油会推迟着火始点并扩大主燃烧时间，这是由于活塞冠油膜缓慢蒸发而形成了稀薄的混合气。喷雾撞击活塞的可视化试验结果表明，对于进气行程内 30°ATDC 喷油时刻来说，喷雾撞击活塞冠的相对速度比晚喷时高，喷雾撞击的湿痕较小。由于与活塞冠撞击之前的时间较短，因此缸内气流运动对喷雾贯穿距和燃油蒸发的影响是有限的，导致在活塞冠形成较厚重的油膜。对于较晚的喷油时刻，由于活塞已经开始快速离开喷油器，因此相对撞击速度减小而撞击湿痕较大。进而，所形成的油膜较薄，并且由于撞击前的时间较长，使油滴在缸内气流中的蒸发增强。所有这些因素都有利于减少活塞冠部的燃油量。相应的缸内燃烧可视化试验表明，对于进气行程 30°ATDC 喷油来说，整个燃烧室开始时充满蓝焰，此后在燃烧室中心观察到黄色火焰。黄色火焰一直持续到排气行程，这是由活塞表面液体油膜燃烧形成的，这在 5.5.1 节讨论过。进气行程 110° ATDC 喷油时，黄色火焰存在的时间很有限，并且发生在燃烧室的外部空间而不是在燃烧室中心。燃烧室外部的黄色火焰是由于油膜蒸发速度比较慢，因为这些区域气流速度降低了。如果能够将高速气流直接引入到喷雾撞击的区域，油膜蒸发和燃油输运都会加强。

汽油机在大负荷时的节流损失相对较小，这个工况下发动机的效率主要取决于压缩比和燃烧特性；但是，通过提高压缩比和提前点火时刻来提高燃烧效率的方法受到离火花塞较远区域混合气自燃的限制。通过改善燃烧室几何形状、优化活塞、充量冷却、控制残余废气量等措施来改变大负荷时火焰的传播特性，被认为是对PFI发动机和GDI发动机都有效的限制爆燃的方法。改变缸内气流运动来获得对称的火焰传播是一个有效改善燃烧室固有爆燃极限的途径[484]。总而言之，通过控制燃烧过程使之具有快速稳定的燃烧起始阶段、柔和的主燃烧速度、局部均匀并对称的燃烧末期来避免淬熄，可以获得HC、NO_x排放、BSFC以及指示平均有效压力（IMEP）脉动的综合优化。

6.4.2 分层燃烧和均质燃烧的比较

当怠速和低负荷下空气燃油混合气分层时，火花塞间隙的混合气在点火时刻是略浓的，相应的反应速率足以有效维持稳定的着火和燃烧[344-346,376,377]。PFI发动机在怠速工况时由于缸内残余废气量较大，燃烧速度低，燃烧稳定性差。而GDI发动机怠速时其初始燃烧速度与全负荷时一样快[448]。在相同几何结构尺寸条件下，GDI发动机在着火延迟和燃烧持续期上都比PFI发动机具有显著优势[199,207,459]。如图6.4-1所示，火花塞附近的浓区内火焰内核

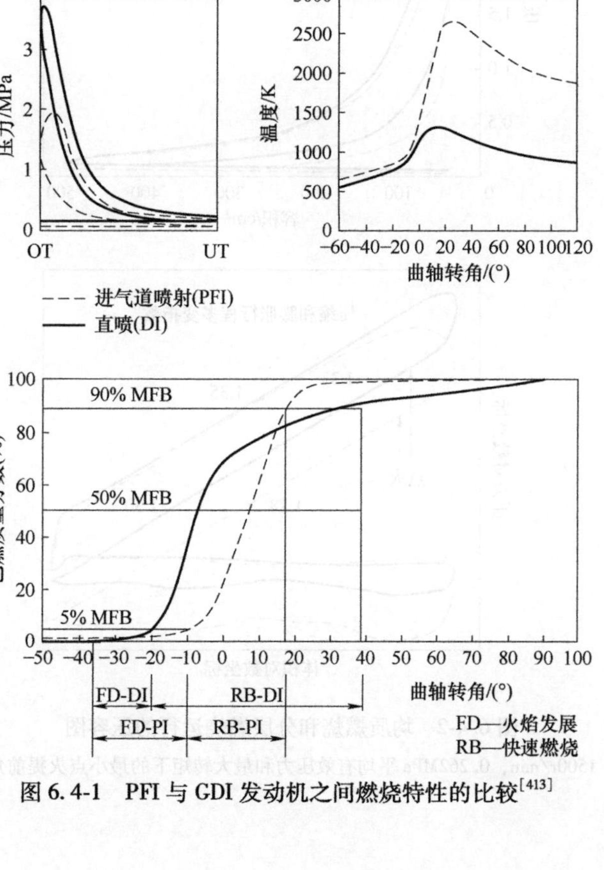

图6.4-1 PFI与GDI发动机之间燃烧特性的比较[413]

快速建立，而在分层充量的外部稀区火焰传播速度下降。在燃烧快结束时燃烧速度显著下降是HC排放增加的原因之一[227]。较高的火焰传播速度允许GDI发动机可以采用比PFI发动机更大的点火时刻延迟，其怠速转速降低时燃烧速度和稳定性都得到提高而不是降低[448]。

图6.4-2所示为一台量产GDI发动机在转速1500r/min和BMEP为0.262MPa条件下时，理论空燃比均质燃烧和分层燃烧 pV 图的对比[51]。两者都被优化为最高转矩的最小提前角（MBT），喷油结束时间（EOI）也根据最佳比功率油耗（BSFC）进行了优化。表6.4-1给出了这两个燃烧过程的一些经典特性[51]。可以看出，在进气歧管绝对压力72kPa，分层燃烧的拖动峰值压力与理论空燃比均质燃烧的峰值着火压力相同。通过图6.4-2的 pV 对数图可知分层燃烧在开始阶段放热更快，从点火后压力立即快速升高以及峰值压力附近曲线斜率都可以证明这一点。相反的，均质燃烧在整个燃烧过程压力曲线都比较平滑，这表明初始燃烧速度较低，整个过程放热率更均匀。

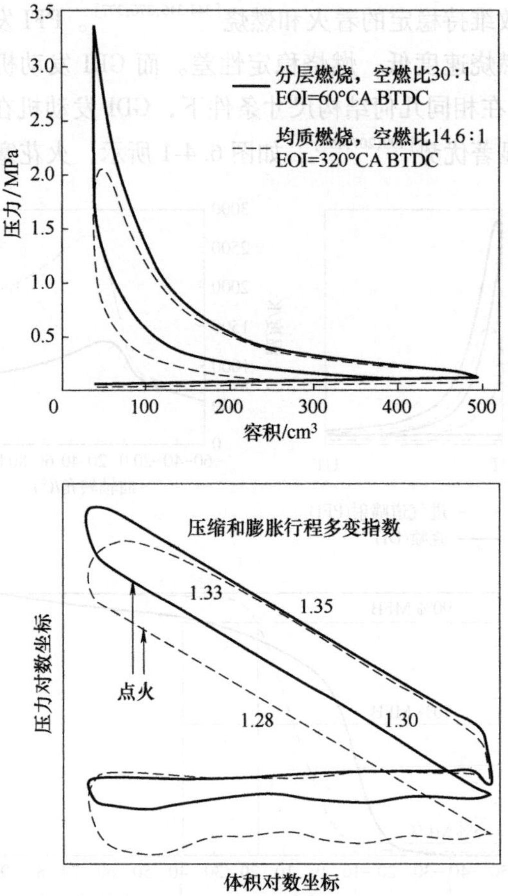

图6.4-2 均质燃烧和分层燃烧运行的压容图

注：1500r/min，0.262MPa平均有效压力和最大转矩下的最小点火提前角[51]。

表 6.4-1　均质和分层混合气燃烧特性对比（1500r/min，BMEP 为 0.262MPa，MBT）

项目	均质模式	分层模式
总体空燃比	14.6：1	30：1
MBT 点火提前角（BTDC）/（°）	20	18
峰值压力曲轴转角（ATDC）/（°）		7
MAP/kPa	42	72
峰值着火压力/MPa	2.05	3.37
峰值拖动压力/MPa	1.16	1.95

图 6.4-3 所示为分层燃烧早期快速燃烧和后期慢速燃烧的燃烧特性。如果分层燃烧的前期和后期都很快，那么将可能进一步降低油耗[51]。分层燃烧的燃烧过程与均质燃烧的燃烧

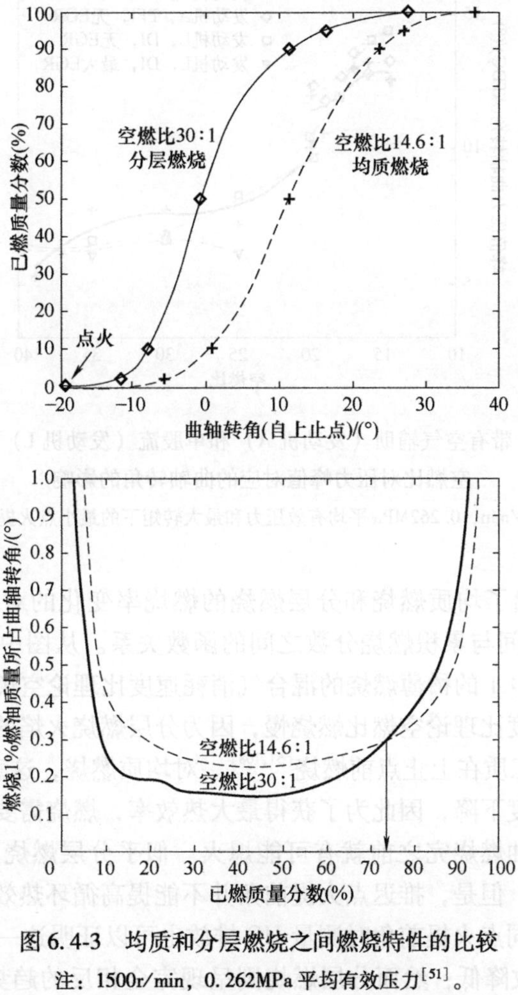

图 6.4-3　均质和分层燃烧之间燃烧特性的比较

注：1500r/min，0.262MPa 平均有效压力[51]。

过程很不相同，整体空燃比为30∶1时分层燃烧早期和中期的燃烧速度比均质燃烧的快。空燃比为30∶1的分层燃烧在点火时刻燃烧室内气体的密度将近为理论空燃比均质燃烧时的两倍，这是由于分层燃烧进气时吸入了两倍多的空气。如果两种燃烧模式下着火时刻火花塞附近的混合气都是理论空燃比混合气，则两者燃烧的火焰速度也将基本一致。但是，由于空燃比为30∶1的混合气密度为理论空燃比混合气的两倍，则火焰传播每单位距离都有将近两倍的混合气放热。这就是为什么分层燃烧0~2%质量燃烧时刻为7.5°，而理论空燃比燃烧为13.3°。这是分层稀薄燃烧的典型特性，与喷油系统（空气辅助式或单流体式）和工作状况（有无EGR）无关。图6.4-4所示阐明了在转速1500r/min、平均有效压力（BMEP）0.262MPa、最大转矩最优点火提前角（MBT）时空燃比对峰值压力相位的影响规律。图中清楚地表明在MBT点火提前角时，随着混合气变稀，峰值压力对应的曲轴转角往上止点移。这个规律在装有空气辅助式喷油系统的发动机（发动机A）或装有单流体式喷油系统的发动机（发动机L）在有、无EGR时都得到了体现。

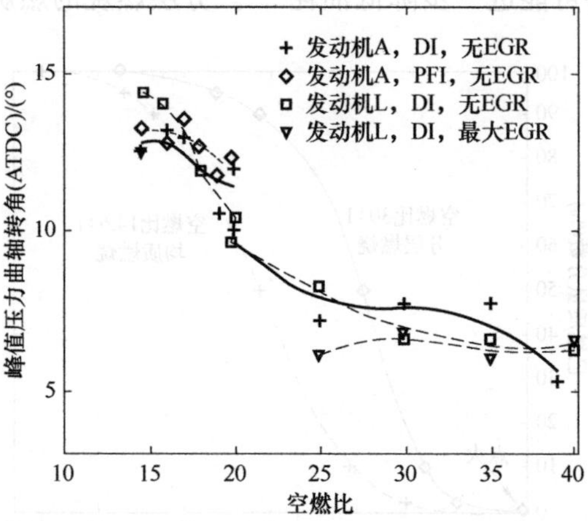

图6.4-4　对于带有空气辅助（发动机A）和单股流（发动机L）燃油喷射系统空燃比对压力峰值对应的曲轴转角的影响

注：1500r/min，0.262MPa平均有效压力和最大转矩下的最小点火提前角[51]。

图6.4-3的下图给出了均质燃烧和分层燃烧的燃烧率变化的对比，图中画出了每燃烧1%质量混合气所需的时间与累积燃烧分数之间的函数关系。从图中可知在燃烧掉3/4总的混合气之前，空燃比30∶1的稀薄燃烧的混合气消耗速度比理论空燃比均质燃烧快。在此质量分数下，分层燃烧速度比理论空燃比燃烧慢，因为分层燃烧火焰的前锋面区域混合气非常稀。如图显示，50%的工质在上止点前燃烧[51,108]。对均质燃烧，这意味着很大的着火提前；然而，燃烧后期燃烧速度下降，因此为了获得最大热效率，燃烧需要提前。如果分层燃烧着火太晚，那么在所有燃油燃烧完之前就有可能熄火。似乎分层燃烧至少应该有少于50%的燃烧发生在上止点之后，但是，推迟点火提前角并不能提高循环热效率，因为燃烧后期的放热率降低了。通过在不同点火提前角时测量HC排放也可以证明这一点。对于PFI发动机来说，点火推迟则HC排放降低；然而分层燃烧则呈现完全相反的趋势。当点火时刻推迟时，燃油空气混合气有更多的时间混合，但损失了部分的分层效果。另外一个可能的负面影响是

由于混合时间长，一部分燃油脱离了混合气团，因此燃烧火焰无法到达这部分燃油，因此导致 HC 排放升高[51]。

图 6.4-5 所示为不同喷油时刻下火焰辐射和火焰发光光谱测量的结果。观察到的典型的预混稀薄或理论空燃比燃烧火焰可以表征早喷燃烧，观察到的火焰发光是由于 OH 基和 CH 基化学发光和 CO—O 重组发射[259]造成的。在试验中并没有观察到由碳烟辐射引起的长波光谱。对于晚喷策略，火焰光谱主要由缸内碳烟颗粒连续的黑体辐射光谱组成，这是典型的分层燃烧特征。当有充足的空气卷吸进燃烧区域时，碳烟辐射就突然减少。图 6.4-6 所示为早喷和晚喷时火焰发光光谱分析的结果[15]。在大负荷工况时，由于在活塞冠部形成了一层油膜，在某些喷油时刻会产生碳烟。当在进气行程早期喷射或采用的喷油器具有较大的喷雾粒径和/或贯穿距时就会发生此类情况。另一个碳烟生成的原因是由于燃油和空气没有足够的时间混合，如大负荷下进气行程晚期喷油时。为减少碳烟生成，活塞冠结构、喷雾锥角和贯穿距、喷油时刻以及缸内气流运动等参数都要进行优化。

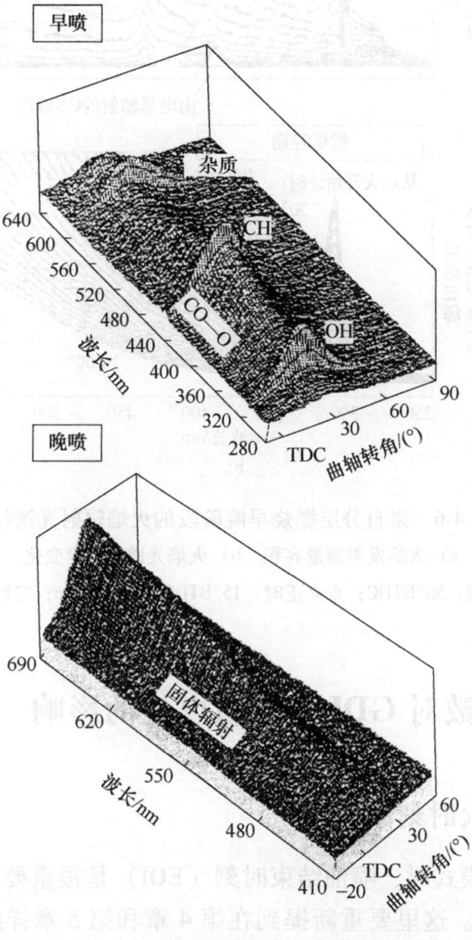

图 6.4-5　对于早喷和晚喷的火焰辐射和可见光谱

注：1500r/min；一台燃油喷射量为 15mm³/s 的 4 缸发动机；1.8L[259]。

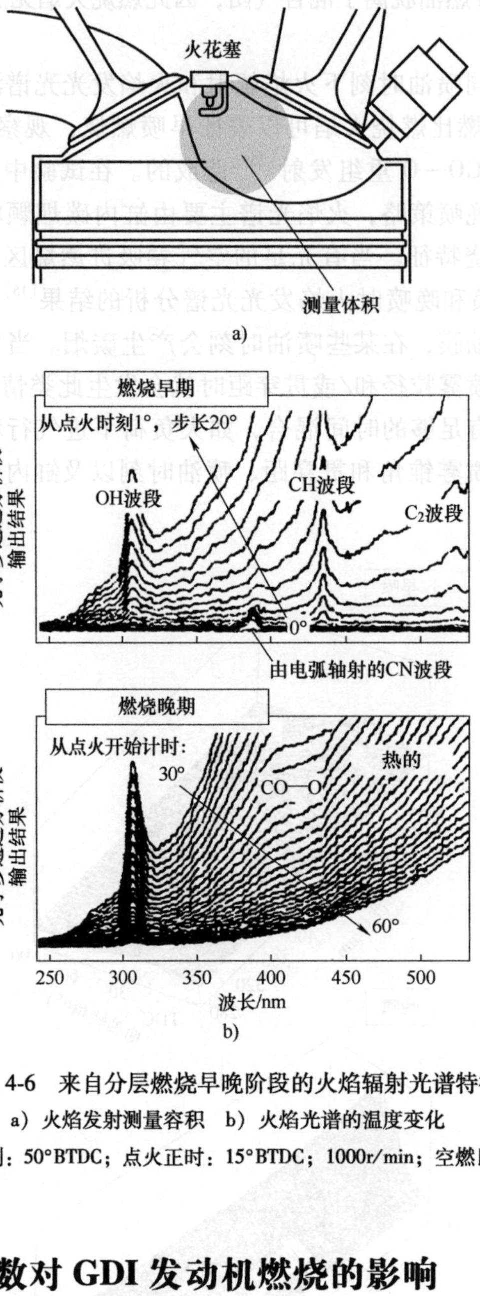

图 6.4-6 来自分层燃烧早晚阶段的火焰辐射光谱特征

a）火焰发射测量容积 b）火焰光谱的温度变化

注：喷油开始时刻：50°BTDC；点火正时：15°BTDC；1000r/min；空燃比：35 : 1[264]。

6.5 运转和设计参数对 GDI 发动机燃烧的影响

6.5.1 喷油时刻和点火时刻的影响

当发动机工作在分层模式时，喷油结束时刻（EOI）是很重要的参数，它标志着最后的燃油进入燃烧室的时刻[91]。这里要重新提到在第 4 章和第 5 章详细讨论过的一个问题，喷油器一般需要 0.35~0.68ms 的时间才能完全关闭，因此在 EOI 指令发出到喷油器完全关闭这段时间里，燃油仍会继续进入燃烧室。在发动机燃烧诊断系统通常记录下逻辑脉宽开始时刻（SLP）和逻辑脉宽结束时刻（ELP），并将它们等同于SOI和EOI，而事实上它们并不相同。推迟EOI通常会加快燃烧起始时间，而提前EOI会减少整个燃烧持续期。提前EOI（以压缩行程57°BTDC为基准）时，50%燃烧放热率点在上止点前，而推迟EOI时，50%燃烧放热率点在上止点后[227]。当EOI推迟时，指示比油耗率（ISFC）得到了改善，然而，由于混合气质量差且燃烧持续期长，HC排放增加。必须合理确定点火时刻和喷油正时，从而精确控制混合气分层。通过在火花塞附近形成浓混合气而整个燃烧室内整体为稀混合气，指示平均有效压力（IMEP）的波动值会有超过60%的降低。其中40%的改善归功于火花塞周围形成了可燃的浓区，剩余的则通过喷射引起的混合气质量改善而获得[25]。

对于逆滚流燃烧系统的GDI发动机分层工质模式，当点火时刻设定在上止点前15°时，喷油时刻推迟的极限是压缩上止点前40°[263]。该发动机通过引导由喷雾撞击活塞冠凹坑壁面后形成的混合气团来形成充量分层。虽然喷油时刻最提前时的燃烧持续期和优化的喷油时刻的燃烧持续期没有显著的差异，但是喷油提前后循环间的燃烧波动很显著。这是由燃油和空气过度混合以及喷雾扩散造成的。分层充量的浓区火焰传播速度比均质燃烧的更快，但是当喷油正时改变后火焰传播速度并没有显著的不同。利用缸内气流来辅助保持喷雾云团处于活塞冠凹坑内，这将有效获得高度分层的充量。

图6.5-1的喷油和点火时刻脉谱说明了逆滚流燃烧系统的GDI发动机通过晚喷实现了稳定燃烧的条件[196]。合理确定EOI和点火时刻之间的间隔是非常重要的，这可以在保证喷雾没有过度扩散的前提下改善燃油雾化和混合。确定这个间隔必须要考虑喷油器关闭延迟和最后离开油嘴的较大油滴的影响。对于此试验发动机，在1500r/min时稳定燃烧区域最宽，EOI和点火时刻之间的间隔可允许在10°~60°曲轴转角范围内。随着转速降低，喷雾撞壁成为混合气制备的更重要影响因素，其结果导致稳定燃烧的工作区域减小。转速升高时，喷雾到达活塞表面所需要的曲轴转角减少，因此必须提前EOI来保持相同的撞壁相位。由于混合气制备的时间减少，稳定燃烧区域变小。随转速继续升高稳定燃烧区域继续缩小，事实上当发动机转速超过3500r/min时就没有稳定燃烧的区域了。

即使将点火时刻提前到最佳点火时刻以前，滚流主导的分层充量GDI发动机的燃烧稳定性[201-203]将得到改善。然而当点火提前角进一步提前时，燃烧稳定性急剧恶化，这是由于没有足够的时间使燃油蒸发并与空气混合。随着点火时刻提前HC排放降低，因而燃油经济性在开始时也得到了改善直到燃烧恶化，由于局部高温导致NO_x排放比较高。减少缸内气流滚流比会改变燃烧相位，使最小HC排放燃烧相位接近最小有效比油耗（BSFC）燃烧相位。对于最小HC排放对应的点火时刻，BSFC能够在相同HC排放水平得到11%的改善，对于最低BSFC对应的点火时刻，HC排放能够在相同BSFC条件下降低34%。一种解释是小的滚流比改变了火花塞附近的空燃比历程，使推迟点火时火花塞附近的着火状况最优。所有燃烧相位下NO_x排放都降低也支持了这种解释，即较低的滚流比改变了火花塞间隙附近的空燃比，从而导致燃烧的峰值温度较低。

喷油时刻是个很重要的参数，甚至当采用空气辅助式喷油系统时仍然如此，虽然这种喷油系统本身就形成空气和燃油的混合气。图6.5-2给出了在0.65MPa净平均有效压力（NMEP）负荷下，总平均有效压力（GMEP）的波动与空气喷射开始时刻之间的函数关系。采用空气辅助式喷油系统的GDI发动机的排放结果如图6.5-3和图6.5-4所示。如图所示，采用空气辅助式喷油系统的GDI发动机能够在较大负荷下实现无节流分层充量工作模式。

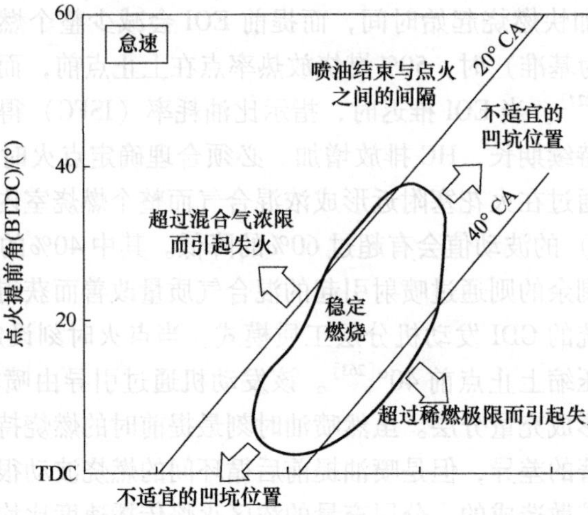

	Q/ (mm³/st)	A/F	EGR (%)
怠速	6	30	30
1500min⁻¹	10	30	50
3000min⁻¹	17	30	20

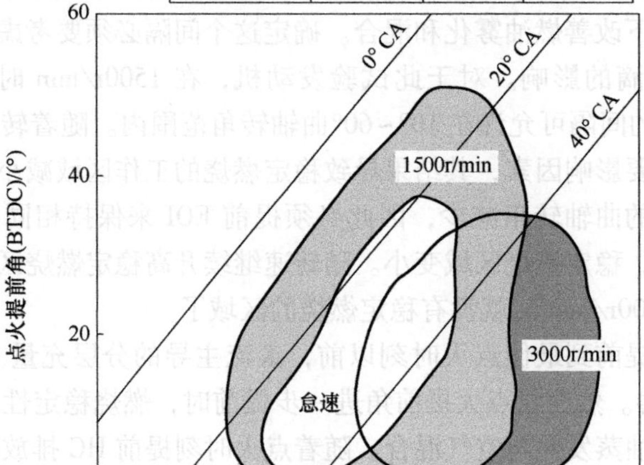

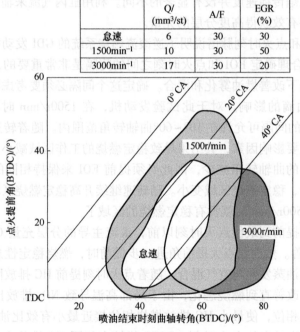

图 6.5-1　带有一个反滚流燃烧系统的 GDI 发动机稳定分层充气燃烧图[196]

在总体空燃比为 23 : 1 时，采用早喷策略的均质燃烧模式具有较大的循环变动。因为加强了局部的充量分层，推迟喷油时刻会使总体稀薄的混合气产生更稳定的燃烧。然而，过度的空气喷射时刻推迟会使 CO 和碳烟排放显著增加，这是因为充量分层程度增加，燃烧开始于更浓的区域。而且，推迟空气喷射开始时刻意味着喷射时缸内压力更高，这将降低燃油雾化所需的压差，从而使喷雾雾化质量变差，如图 6.5-5 所示。喷油时刻推迟时，NO_x 排放降低，表明局部的空燃比比理论空燃比浓，而 HC 降低表明活塞狭隙中的燃油减少，壁面淬熄也减少[508]。

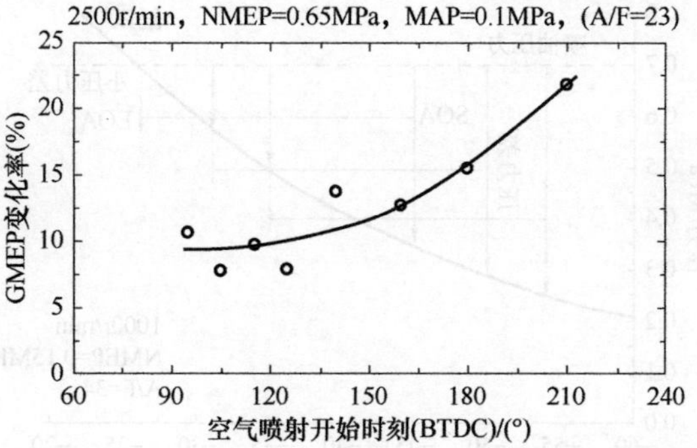

图 6.5-2　在高负荷无节气门条件下空气辅助式直喷燃烧系统的燃烧稳定性[508]

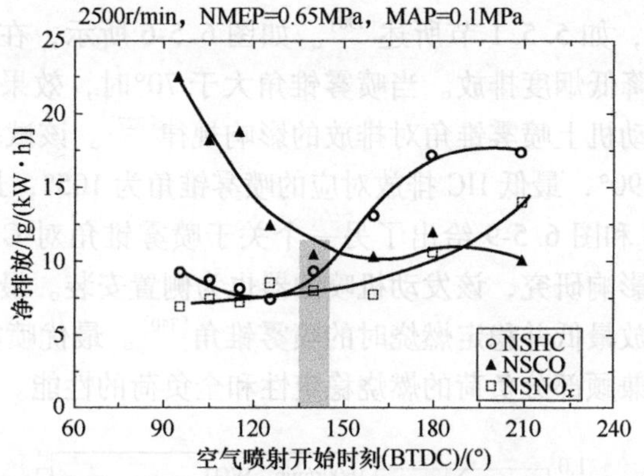

图 6.5-3　在高负荷无节气门条件下空气辅助式直喷燃烧系统的 HC、CO 和 NO_x 排放[508]

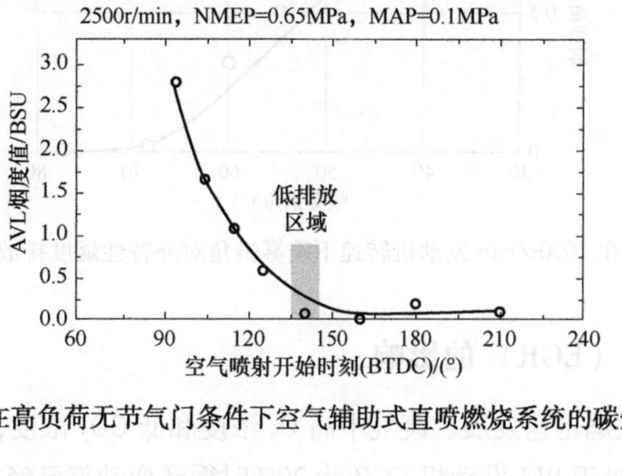

图 6.5-4　在高负荷无节气门条件下空气辅助式直喷燃烧系统的碳烟排放[508]

6.5.2　喷雾锥角的影响

许多研究已经证实有效的喷雾扩散角度（通常定义为喷雾锥角），是影响 GDI 发动机排放和性能的重要参数。关于喷雾锥角的相关内容已经在第 4.6 节详细讨论过了。对于一个喷油器侧置的直喷发动机来讲，已观测到烟度排放与喷雾锥角的强相关性，即其直接与活塞顶

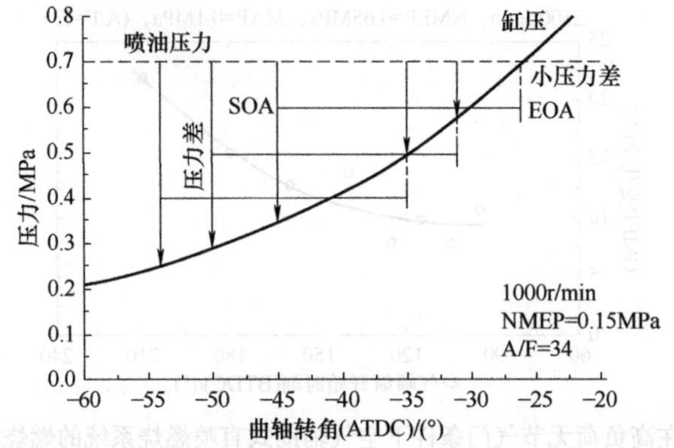

图 6.5-5　空气辅助式直喷燃烧系统有效空气喷射压力偏差随空气喷射正时的变化[508]

部油膜厚度的变化关联，如 5.5.1 节所述[190]。如图 6.5-6 所示，在相同喷油时刻条件下，大的喷雾锥角可以显著降低烟度排放。当喷雾锥角大于 70°时，效果则不明显。图 6.5-7 给出了一台试验用直喷发动机上喷雾锥角对排放的影响规律[227]。该试验系统中，最小指示比油耗对应的喷雾锥角为 90°，最低 HC 排放对应的喷雾锥角为 105°，最低 NO_x 排放对应的喷雾锥角为 75°。图 6.5-8 和图 6.5-9 给出了另一个关于喷雾锥角对 GDI 发动机燃烧稳定性、碳烟排放和转矩输出的影响研究，该发动机喷油器也为侧置安装。最优喷雾锥角是指发动机转矩输出最高、碳烟排放最低并稳定燃烧时的喷雾锥角[340]。最优喷雾锥角取决于燃烧系统的具体几何结构，同时兼顾部分负荷的燃烧稳定性和全负荷的性能。

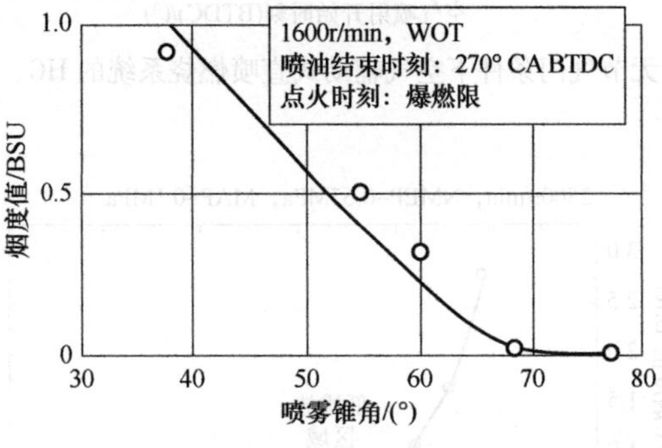

图 6.5-6　在 1600r/min 发动机转速下喷雾锥角对外特性烟度排放的影响[440]

6.5.3　废气再循环（EGR）的影响

分层充量燃烧的火焰迅速发展、废气中高 O_2 浓度和低 CO_2 浓度，是 GDI 发动机允许更高的 EGR 率的原因。对于 PFI 发动机 EGR 为 20%时循环变动就已经很高了，而对于 GDI 发动机来讲当 EGR 率高达 40%时，分层燃烧仍能保证很好的燃烧稳定性[201-203]。对于分层燃烧，EGR 对燃烧持续期只有轻微的影响，而对于 PFI 发动机，着火延迟和燃烧持续期随着 EGR 率升高而明显增大。如图 6.5-10 所示，EGR 确实能够改变燃烧相位并减缓燃烧过程。无 EGR 的 GDI 发动机燃烧相位提前并具有较高的峰值缸压，而 EGR 率为 40%时燃烧推迟，燃油经济性也得到了改善，同时也降低了缸内峰值压力。GDI 发动机在 40%EGR 率时与无

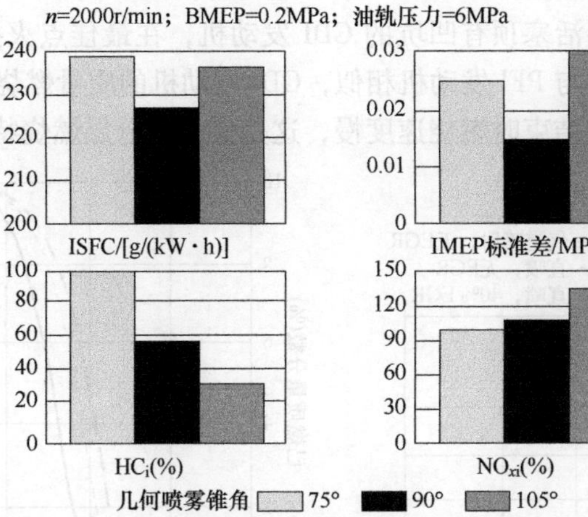

图 6.5-7 喷雾锥角对发动机性能和排放的影响[227]

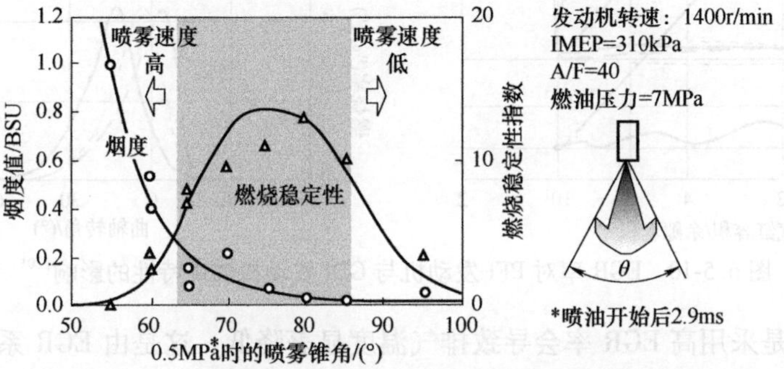

图 6.5-8 喷雾锥角对燃烧稳定性和烟度排放的影响[340]

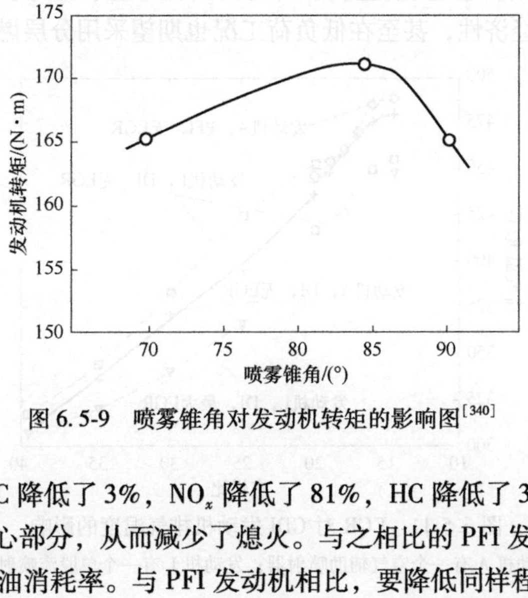

图 6.5-9 喷雾锥角对发动机转矩的影响图[340]

EGR 情况相比，其 BSFC 降低了 3%，NO_x 降低了 81%，HC 降低了 35%。HC 排放得到改善是由于存在浓混合气核心部分，从而减少了熄火。与之相比的 PFI 发动机就不能采用过高的 EGR 率，否则会增加燃油消耗率。与 PFI 发动机相比，要降低同样程度的 NO_x，GDI 发动机需要更多的再循环废气。GDI 发动机的另一个有益的特性是在高 EGR 率时可以更大程度地推迟点火。对一台壁面引导活塞顶有凹坑的 GDI 发动机，在最佳点火提前角、40% EGR 率下进行了测试，其燃烧速率与 PFI 发动机相似，GDI 发动机的质量燃烧率曲线表明在燃烧起始时燃烧速度快，而在燃烧结束时燃烧速度慢，这是典型的分层燃烧特性。

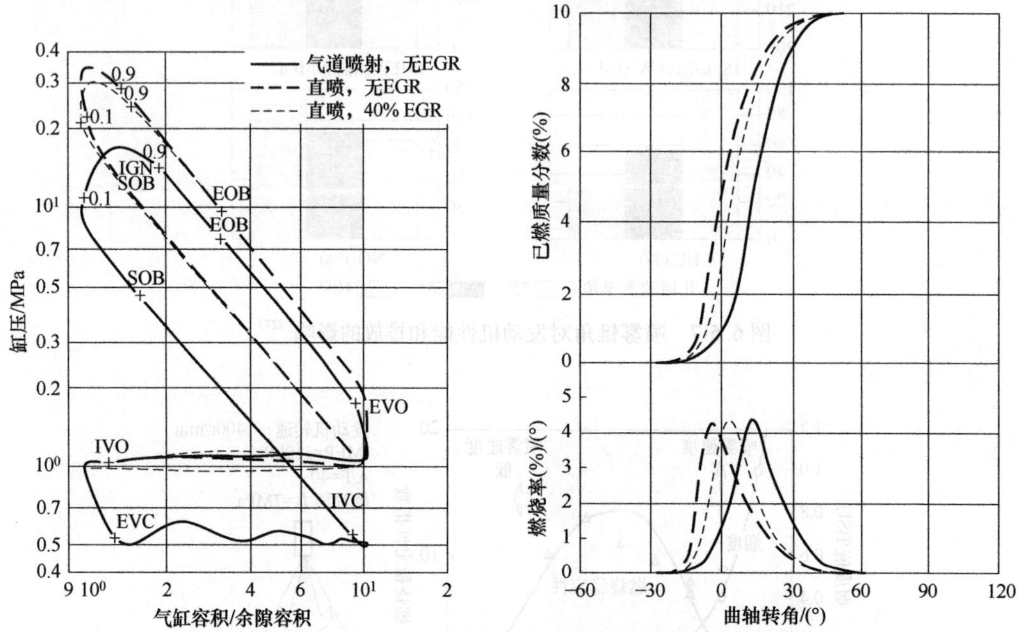

图 6.5-10　EGR 率对 PFI 发动机与 GDI 发动机燃烧特性的影响[201]

需要注意的是采用高 EGR 率会导致排气温度显著降低，这是由 EGR 系统和进气歧管的热损失造成的。图 6.5-11 所示为典型的排气温度变化规律曲线。当发动机在总体空燃比为 30：1、30%EGR 率条件下运行时，相对于理论空燃比且无 EGR 的均质燃烧，其排气温度降低约 100℃。必须注意，排气温度会直接影响到废气后处理系统的效率。发动机排气温度降低意味着为了提高燃油经济性，甚至在低负荷工况也期望采用分层燃烧[51]。

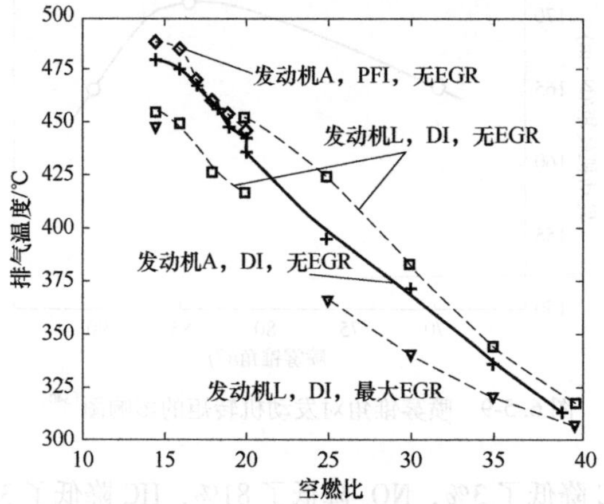

图 6.5-11　EGR 对 GDI 发动机排气温度的影响

注：发动机 A 有一个空气辅助喷射器；发动机 L 有一个单股流喷射器[51]。

6.5.4 抗爆燃性

GDI 发动机与传统的 PFI 发动机相比，另一个优势是其抗爆燃性更好，这主要应归功于缸内充量的冷却效果。由于轻微的充量分层，推迟喷油时刻可以进一步改善抗爆燃性；然而通常并不希望采用推迟喷油来提高抗爆性，因为在进气门关闭后的充量冷却效果不能提高容积效率，而且充量分层会减少空气的利用率。如图 6.5-12 所示，在大负荷工况下，推迟喷油会使爆燃极限的点火提前角持续前移。推迟喷油时刻不但降低了喷雾湿壁程度，而且减少了壁面对工质的加热，这导致在压缩上止点时混合气温度较低，从而使点火提前角前移[9,10]。需要注意的是，推迟喷油减少了混合时间，将增加指示平均有效压力（IMEP）循环间的波动。大负荷时过度地推迟喷油时刻会导致混合不好，也会增加碳烟排放。

应该强调的是，GDI 发动机不存在 PFI 发动机在车辆加速后的几个循环会频繁发生的过渡工况爆燃。图 6.5-13 所示为 GDI 和 PFI 发动机在加速时的爆燃强度[196]，过渡工况爆燃是

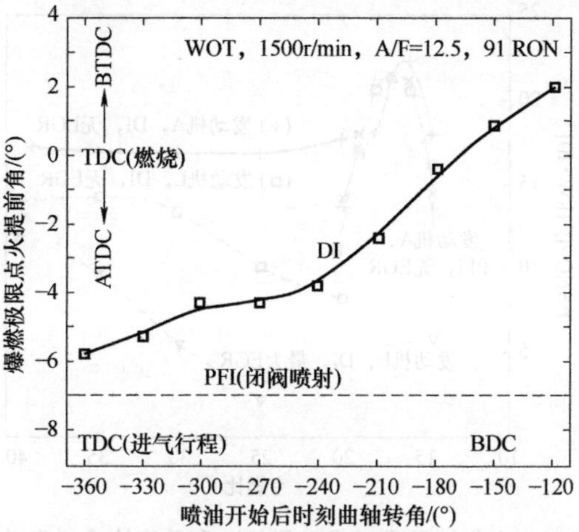

图 6.5-12 GDI 发动机与 PFI 发动机之间爆燃极限点火提前角的比较[10]

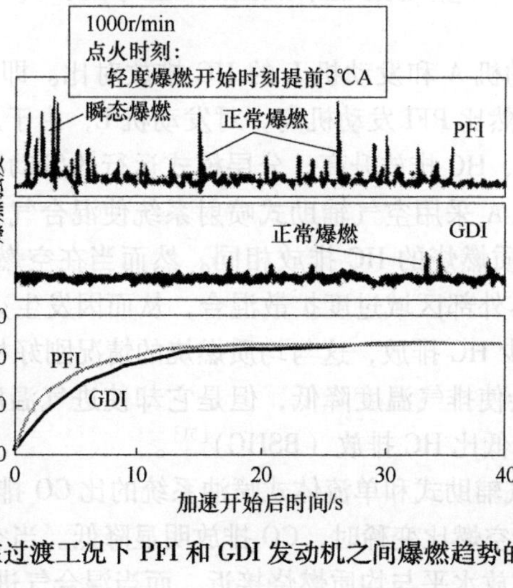

图 6.5-13 在过渡工况下 PFI 和 GDI 发动机之间爆燃趋势的比较[196]

由于加速过程中进气时低沸点、低辛烷值成分进入气缸较多导致的。GDI 发动机中汽油的所有成分都是直接喷入气缸的，因此过渡工况爆燃得到了抑制。

6.5.5 空气辅助式和单流体式 GDI 喷油系统的燃烧特性对比

利用不同的燃油喷射策略和喷油器设计能够实现明显不同的缸内燃油分布，从而产生不同的燃烧特性和排放结果。用两种不同的喷油策略来阐明这个问题，分别是空气辅助式喷射和单流体喷射，这两种喷油系统能够产生不同的燃烧和排放性能。图 6.5-14 所示为空气辅助式（发动机 A）和单流体式（发动机 L）喷油系统各自的 NO_x 排放与空燃比之间的函数关系。发动机 A 在空燃比为 20∶1~40∶1 范围内分层燃烧时，其 NO_x 排放基本不变，且与理论空燃比均质燃烧时的 NO_x 排放水平相当。发动机 L 在空燃比为 30∶1~40∶1 范围内工作时，其 NO_x 排放水平与发动机 A 接近。在空燃比为 20∶1~25∶1 范围内工作时，由于局部较浓使 NO_x 排放水平较低，此外采用 EGR 也使分层燃烧的 NO_x 排放明显降低。

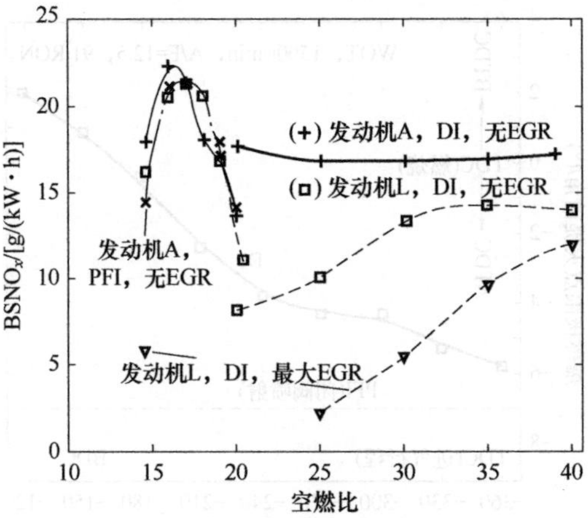

图 6.5-14 空气辅助式（发动机 A）和单流体式（发动机 L）喷油系统的 NO_x 排放与空燃比之间的函数关系

注：1500r/min；0.262MPa BMEP；MBT[51]。

图 6.5-15 所示为发动机 A 和发动机 L 的 HC 排放对比。即使在均质燃烧模式下，GDI 发动机的 HC 排放水平仍然比 PFI 发动机高。对发动机 L，由于压缩比增大，部分导致其膨胀行程中 HC 氧化率降低、HC 排放升高。分层模式运行的发动机 A 的 HC 排放随着空燃比增加而单调增加。发动机 A 采用空气辅助式喷射系统使混合气质量得到改善，在空燃比为 20∶1 时其分层燃烧和均质燃烧的 HC 排放相同。然而当在空燃比为 39∶1 的稀限燃烧时，燃油空气混合加强使喷雾外部区域过度扩散混合，从而因发生火焰熄火而使 HC 排放升高。分层燃烧采用 EGR 将减少 HC 排放，这与均质燃烧的情况刚好相反。虽然由于 EGR 系统和进气歧管热损失，EGR 会使排气温度降低，但是它却使进气温度升高，从而有利于燃油蒸发和混合，因此有利于降低比 HC 排放（BSHC）[51]。

图 6.5-16 所示为空气辅助式和单流体式喷油系统的比 CO 排放特性的对比。对于这两款发动机，当混合气由理论空燃比变稀时，CO 排放明显降低。当空燃比在 16∶1~20∶1 范围内时，发动机 A 的 CO 排放水平与均质燃烧接近，而当混合气进一步变稀，空燃比从 20∶1

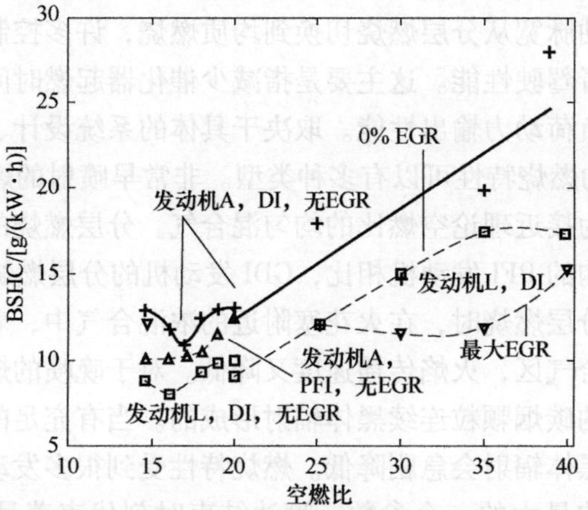

图 6.5-15　空气辅助式（发动机 A）和单流体式（发动机 L）喷油系统的 GDI 发动机的 HC 排放水平

注：1500r/min；0.262MPa BMEP；MBT[51]。

变到 39：1 时，CO 排放升高并最终达到理论空燃比均质燃烧的 CO 排放水平。发动机 L 在从均质燃烧切换到分层燃烧的过程中 CO 排放存在明显的升高，主要是由于过浓燃烧引起。当空燃比在 30：1~40：1 范围内时，CO 排放几乎不变，其数值处于理论空燃比均质燃烧的水平[51]。通过对采用这两种不同喷油/燃烧系统的燃烧和排放特性的对比可以看出，分层燃烧的某些特性是其本身固有的，相对独立于所采用的喷油系统。

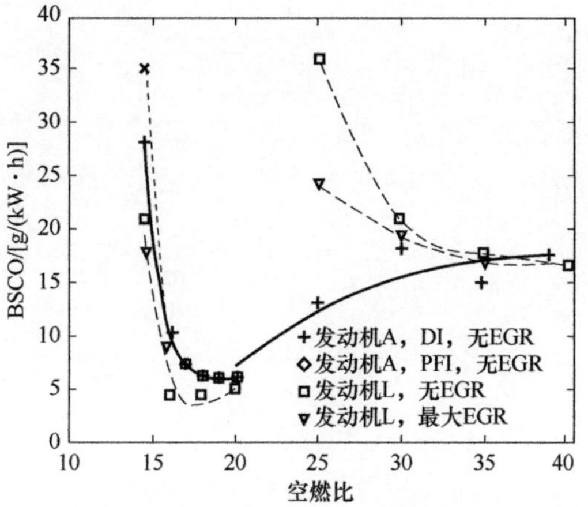

图 6.5-16　空气辅助式（发动机 A）和单流体式（发动机 L）喷油系统的 GDI 发动机的 CO 排放特性对比

注：1500r/min；0.262MPa BMEP；MBT[51]。

6.6　总结

利用计算机控制直喷的喷油正时，并集成控制利用子系统模型、传感器和执行器，从而实现在传统的 PFI 发动机中无法实现的、一定程度的混合气制备和燃烧优化。燃烧模式可以通过改变喷油时刻和喷油脉宽从分层燃烧切换到均质燃烧，许多控制策略中利用分段喷射来优化燃烧和排放性能或者驾驶性能。这主要是指减少催化器起燃时间、实现较小转矩波动的燃烧模式切换或提高全负荷动力输出性能。取决于具体的系统设计、控制策略以及发动机工作状况，GDI 燃烧系统的燃烧特性可以有多种类型。非常早喷射的燃烧特性基本上与 PFI 发动机相似，其燃烧室内为接近理论空燃比的均匀混合气。分层燃烧的燃烧相位与均质燃烧很不相同。与相同几何结构的 PFI 发动机相比，GDI 发动机的分层燃烧在着火延迟和燃烧持续期上都有显著的优势。分层燃烧时，在火花塞附近的浓混合气中，着火起始的火焰核心快速建立；而在外围的稀混合气区，火焰传播速度又降低。对于晚喷的燃烧过程来说，试验中观察到的可见光是由缸内的碳烟颗粒连续黑体辐射形成的。当有充足的空气卷吸进燃烧反应区域时，燃烧后期某时刻黑体辐射会急剧降低。燃烧特性受到很多发动机设计和运转参数的影响，其中喷油正时是影响最大的一个参数。喷油结束时刻代表着最后的燃油进入气缸的时间，对 HC 排放和碳烟排放有显著的影响。喷油结束时刻和点火时刻之间的间隔决定着最后进入气缸的燃油能获得的最大的蒸发和混合时间。因此 EOI 时刻直接、显著地影响燃烧效率、HC 排放和碳烟排放。对于分层燃烧，在固定喷油时刻条件下，推迟点火时刻将为燃油和空气提供更多的混合时间，但同时也提供了更多的时间使喷雾扩散，使燃油离开主要的燃油气团，从而最终导致 HC 排放升高。GDI 硬件系统、传感器和控制系统的迅速发展和优化，将为持续提升 GDI 发动机性能提供新的、有效的工具。

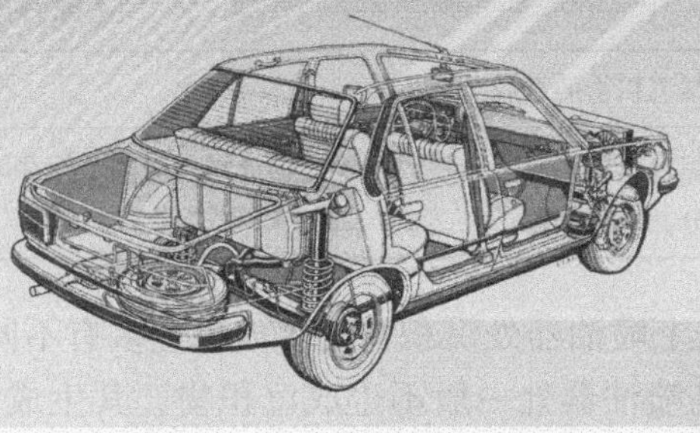

第 7 章

沉积物问题

7.1 引言

多年来，对 PFI 发动机燃烧室和零部件上沉积物的生成已进行了广泛的研究。与 20 世纪 80 年代时相比，通过在燃油和润滑油内加入专门的添加剂，PFI 发动机相关位置的沉积物已大大减少[327]。

人们对现代 PFI 发动机的工作状态相对比较了解，目前的商品燃油和润滑油中所含的添加剂可以控制多种沉积物的生成。例如，控制进气门沉积物（IVD）生成的添加剂在汽油为液态时起作用，它利用喷雾撞击进气门背面来达到清洁进气门的目的；用于控制燃烧室沉积物（CCD）生成的添加剂随燃油迅速扩散，几乎不在燃烧室表面生成沉积物；通过润滑油及其添加剂的设计，其在进、排气门导管和燃烧室表面生成结胶和焦炭的可能性很小。通过不断减少 PFI 发动机内沉积物的生成，人们发现，要研制更好的添加剂，必须对 PFI 发动机内沉积物的生成机理进行深入的研究。表 7.1-1 给出了影响发动机沉积物生成的几个关键因素，各因素的影响大小因具体应用情况而异[145,525]。

表 7.1-1 影响发动机沉积物生成的主要因素

表面温度	影响沉积物生成的最重要因素，而且表面温度不同，沉积物的生成机理也有很大差异
运转条件	发动机连续运转期间和热浸期内沉积物的生成差异很大
氧浓度	氧浓度影响沉积物内部的反应类型，贫氧区易出现燃油或润滑油的碳化反应，而富氧区易出现氧化反应
润滑油和燃油的化学成分	影响沉积物的生成机理和沉积物的成分
燃烧产物	燃烧和部分氧化的产物（如旁通气体、再循环废气）中含有的未燃 HC、颗粒和沉积初生体非常有利于沉积物的生成
添加剂	用于去除和抑制沉积物生成的添加剂会影响沉积物的化学成分。而且添加剂只在一定的温度范围内有效，如果超出这个温度范围，添加剂可能会成为沉积物的来源

（续）

沉积表面的材料成分	沉积区域的材料不同会加快或减缓沉积物的形成
滞留时间	沉积物的生成速度受多种因素的综合作用，包括会形成沉积燃油的滞留时间、沉积表面的温度、燃油和润滑油的化学成分、燃烧产物

近年来的研究表明，GDI 发动机与 PFI 发动机上喷油器处沉积物的生成机理多有不同。例如，对于 PFI 发动机，当发动机连续运转时，在喷油器处一般不生成沉积物，其生成需要有一段热浸期；而对于 GDI 发动机，连续运转过程中喷油器处也会生成沉积物。因此，减少 PFI 和 GDI 发动机喷油器处沉积物生成的方法也不尽相同。另外，沉积物对两种汽油机的危害也有很大差异。PFI 发动机喷油器处的沉积物除了会造成雾化质量变差，更会使燃油流量明显降低；而对于 GDI 发动机，在沉积物累积量足以影响流量之前，其对喷雾几何形状特别是油束对称性的影响，足以使分层模式的燃烧效率严重恶化。图 7.1-1 总结了直喷汽油机出现沉积物的几个主要位置。本章重点讨论沉积物的生成机理及其降低措施。

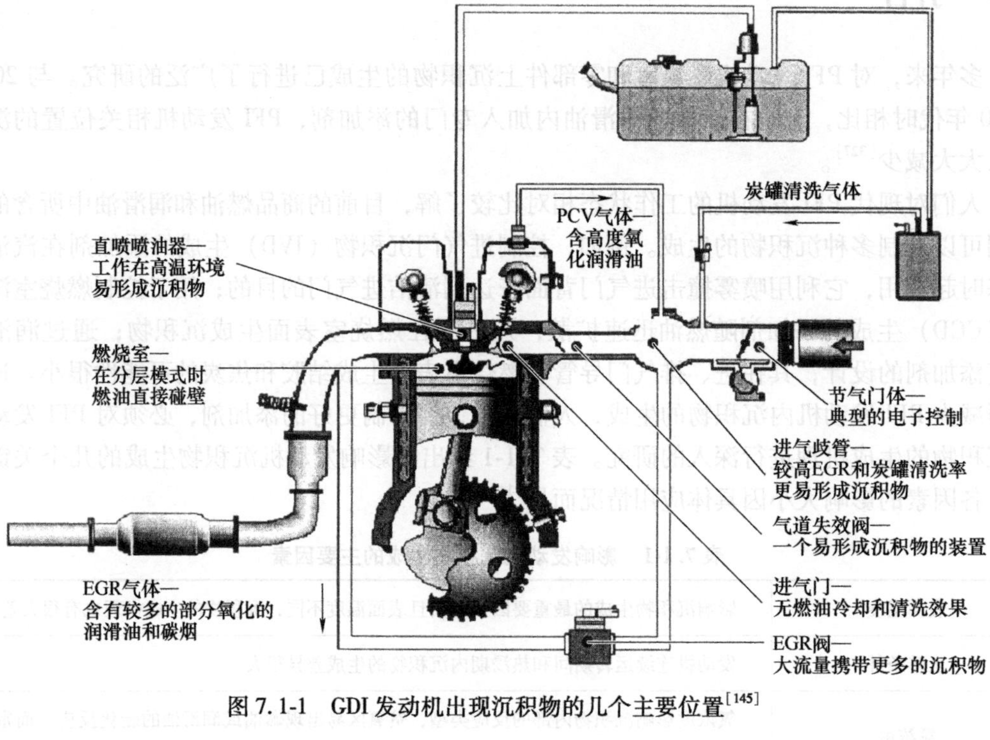

图 7.1-1　GDI 发动机出现沉积物的几个主要位置[145]

7.2　喷油器积炭

沉积物生成是所有 GDI 喷油器设计时必须特别注意的问题，需要投入足够的时间、人力和物力。忽略这个问题将延长研发时间，缩短保养周期。与用于进气道喷射的喷油器相比，缸内直喷所用喷油器的应用环境更加恶劣，若未经仔细优化，直喷喷油器油嘴上生成沉积物的速度将更快。尽管柴油机喷油器比直喷汽油机喷油器的应用环境更加恶劣，但前者喷孔内沉积物的生成速度要低得多。一个重要的原因是燃油成分不同。另外，柴油机的喷油压力为50~160 MPa，而GDI的喷射压力仅为4~13 MPa，不足以用机械的方式改变喷嘴端部由于燃油中的硫化物和碳化物所引起的持续沉积。设计出能阻止沉积物生成的油嘴对GDI发动机的实际应用至关重要。喷油器处沉积物的生成一般有两个来源：①发动机正常运转时生成的碳烟和润滑油；②汽油中所含的石蜡基组分和芳香烃组分；两者在发动机运转过程中和停机后的热浸期都可能生成沉积物。对于PFI发动机，在热浸期内，当油嘴表面温度高于80℃时，油嘴表面残存的燃油逐渐蒸发、氧化，剩下的残留物将不断沉积。但当发动机正常运转时，油嘴不断地被流动的燃油冷却，温度较低，并不形成沉积物。所以，热浸期内油嘴沉积物的生成与时间和油嘴温度有关，先形成黏稠的胶状物，然后逐渐固化，最后形成光亮、坚硬的沉积物。因此，减少热浸期油嘴表面燃油的残留量有利于减少油嘴沉积物的生成，减少燃油滴漏是其中的关键措施之一。可见，热浸期对PFI发动机喷油器处沉积物的生成影响非常大，但与其他运转参数相比，热浸期对GDI喷油器处沉积物生成的影响仍有待深入研究。

7.2.1 喷油器积炭的危害

GDI喷油器处沉积物的危害见表7.2-1。通常，喷油器处沉积物的影响可以分为明显的两种：首先是使燃油雾化质量变差；其次是使喷油器最大静态流量降低，即相同喷射脉宽下的循环喷油量减少。在缸内直喷条件下，油嘴头部内的温度和压力有利于汽油的不同组分发生聚合反应，但生成的蜡态物质使喷油器油道内的碳化残留更加牢固，从而改变了流量标定特性。喷雾特性和燃油流量的变化都将使已经优化的分层燃烧变差。可以推知，当燃烧处于非优化状态时，发动机的排放和驾驶性能都会降低[202]。对大部分GDI喷油器，在沉积物形成早期，虽然喷油器最大流量的降低并不明显，但必将导致喷雾偏移、对称性变差以及油滴尺寸分布变化等。在沉积物堆积使喷油器最大流量仅减少6%时，喷雾形状（特别是喷雾的对称性）早已发生了变化。与PFI发动机相比，直喷汽油机的运转对喷雾特性参数的变化更敏感，因此对喷油器早期沉积物的生成尤其敏感。对直喷汽油机，小负荷时火花塞间隙与喷雾的相对位置十分关键，喷雾形状的改变将在某些运行工况下带来严重的燃烧恶化。利用燃油撞击壁面来控制燃油蒸发的燃烧系统，如壁面引导型燃烧系统，对喷雾特性变化的敏感性较低，因此受喷油器处沉积物生成的影响较小。不同燃烧系统所能容许的喷油器沉积物生成量对比见表7.2-2。特别需要强调的是，沉积物生成使各缸喷油器流量降低的程度并不相同，因此会造成多缸机各缸的空燃比不同，这是喷油器处沉积物生成的一个重要危害。多数发动机管理系统向各缸发出的喷射脉宽信号是相同的，但喷油器处沉积物较多的缸内喷入的燃油较少，喷雾特性也降低。

与新喷油器或清洁喷油器的喷雾相比，来自沉积严重的喷油器的喷雾外形扭曲、不对称。即使喷雾的设计是非对称的，如偏置喷雾或扇形喷雾，沉积物的生成也会改变喷雾的形状和燃烧室内燃油的质量分布。沉积物对喷雾特性的影响与实际应用情况密切相关。对某些喷油器，沉积物对油滴尺寸分布影响很小，而对油滴速度分布的影响较大。对某些喷油器，雾化质量和喷雾外形都会受到沉积物的影响，喷雾横截面会从圆形变为椭圆形。

表 7.2-1　GDI 喷油器处沉积物的危害

喷雾特性	• 喷雾形状和对称性明显恶化 • 雾化水平降低 • 喷雾贯穿特性改变 • 沉积物生成的早期，喷油器流量的降低并不明显，但喷雾偏斜、喷雾锥角、油束对称性显著改变，喷雾粒径分布改变 • 喷雾粒径的变化很小，但油滴的速度分布明显变化
喷油器流量特性	• 降低喷油器的静态流量 • 油束对称性在流量开始降低之前就已发生变化
燃烧过程	• 已经优化的分层过程将变差
空燃比控制	• 增加空燃比的循环变动

表 7.2-2　不同燃烧系统所能容许的喷油器沉积物生成量

喷油器中置	• 由于空间有限，喷油器基座周围冷却水道的布置比较困难 • 油嘴温度一般比喷油器安装在进气门侧时高 10~15℃ • 与喷油器安装在进气门座附近时相比，沉积物的生成速度较快
喷油器进气门侧布置	• 喷油器周围冷却水道的布置比较容易 • 头部受进气气流冷却 • 距离排气门较远，工作温度较低 • 与喷油器中置相比，沉积物生成速度较低
燃烧系统的敏感性	• 窄间距系统如喷雾引导型燃烧系统，对喷油器处沉积物比较敏感 • 宽间距系统如壁面引导型和气流引导型燃烧系统，对喷油器处沉积物的敏感性较低

图 7.2-1 所示为沉积物对 70°涡流式喷油器喷雾特性的影响。图 7.2-1a 所示为一个新喷油器喷雾的形态，可见它形成了一个环形涡流，并具有良好的对称性。在台架上运行 28h 后，该喷油器的喷雾形态见图 7.2-1b。尽管燃油流速并未显著降低，但喷雾对称性已明显变差。初始喷雾贯穿距稍有增加，喷雾叉支明显。对涡流式喷油器，一个或多个喷雾叉支是沉积物出现的可靠证据。图 7.2-1c 比较了这两个喷油器的喷雾粒径分布，除喷雾叉支内 SMD 从 16μm 增加到 21μm 外，其他位置的 SMD 变化不大。大多数 GDI 喷油器内有沉积物生成时，首先表现为喷雾对称性的变化，而后某些位置的 SMD 和 DV90 会增大，初始喷雾形状和贯穿速度也会变化。当沉积物继续增多，喷雾更多位置的雾化质量下降，相同喷射脉宽时的供油量开始稍有降低，或流量不稳定。除非沉积特别严重，采用适当的清洗循环，用喷油器清洗剂或汽油大流量持续喷射，喷油器的流量特性和喷雾对称性仍可以恢复到接近新喷油器的水平。一般喷射 1L 左右的清洗剂或汽油后，SMD 可以恢复到与原设计仅差 1~1.5μm 的程度。

新喷油器和有严重沉积物的相同喷油器的雾化特性详细比较如图 7.2-2 所示。采用 PDA 对有沉积物的喷油器的喷雾特性进行分析表明，喷雾的体积流量、油滴直径和油滴速度分布发生了很大变化。喷油器最大静态体积流量降低 7.5%时，喷雾锥角的变化最大。喷雾的可视化分析表明，新喷油器的最大贯穿距离明显比有沉积物的喷油器的最大贯穿距离大很多。若有沉积物生成，会出现喷雾叉支和不对称。由图 7.2-2c 可见，当采用含有 Mannich 汽油

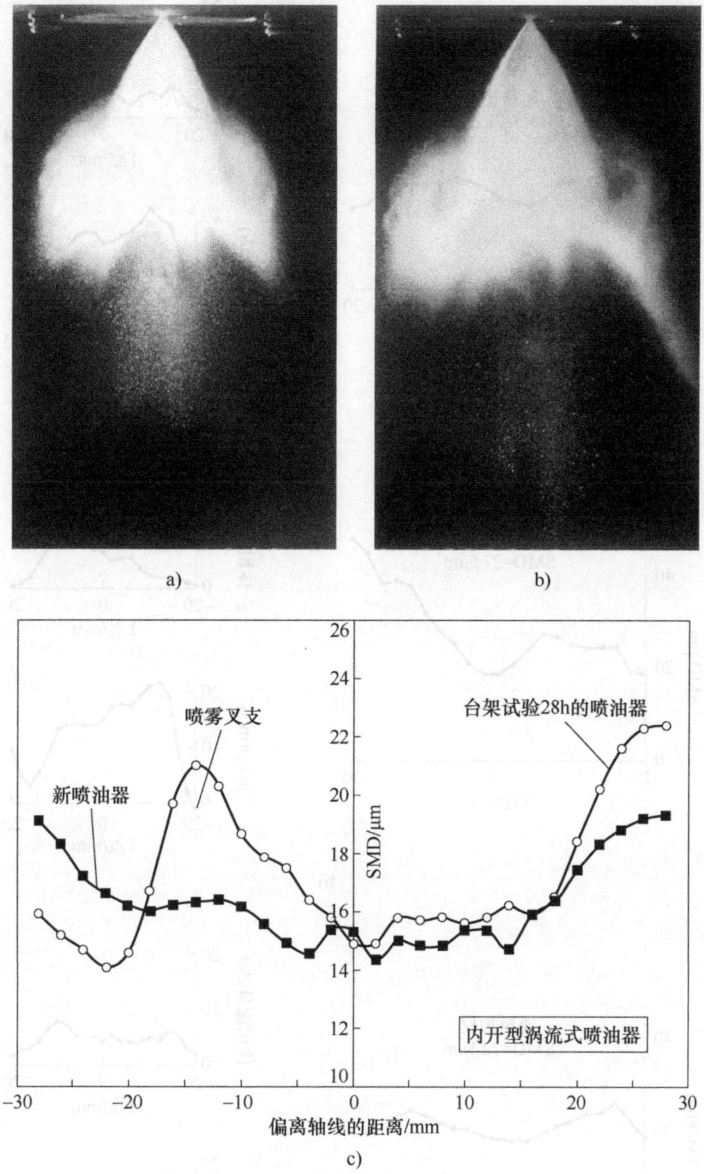

图 7.2-1　喷油器内部沉积物对喷雾特性的影响

a）新喷油器喷雾发展　b）有内部沉积的相同喷油器喷雾发展（发动机在测功机上运行 28h）

c）GDI 喷油器平均液滴直径分布（新的和测功机测试后的）

添加剂的燃油清洗后，上述喷雾变形都可消除[23]。

对于 PFI 发动机，沉积物造成的最大静态流量降低 5%是可以接受的。但对于 GDI 发动机，此比例仅为 2.5%~3%。原因在于，对于 PFI 和 GDI 发动机，如果原喷雾形状是对称的，流量降低几乎都会使喷雾对称性降低，而喷雾对称性对 GDI 燃烧的影响更大。若流量降低超过了 10%，喷雾的 SMD 和 DV90 也会增加；但在流量降低远低于 10%时，就已不能稳定燃烧。在许多实际 GDI 发动机应用中，流量的降低在达到 7%~10%之前，就已经

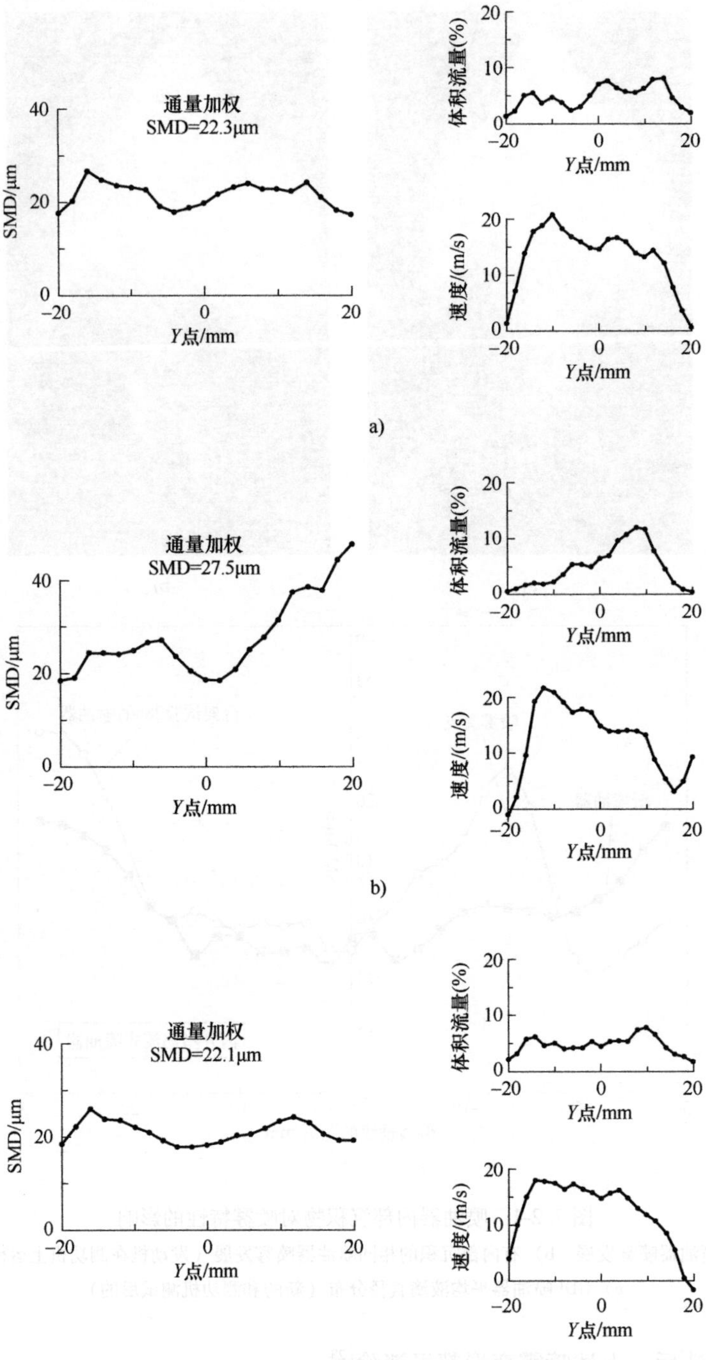

图 7.2-2　新的和有内部沉积物的 GDI 喷油器喷雾特性

a）新喷油器喷雾特性　b）正在使用的有内部沉积物的喷油器喷雾特性

c）有内部沉积物同时有汽油添加剂的喷油器喷雾特性[23]

注：燃油为正庚烷，喷油压力为 5MPa，测试位置为从喷油器出来 30mm 处。

超过了排放或燃烧稳定性的限制边界。值得注意的是，由于GDI发动机的设计和控制系统不同，流量变化对喷雾特性的影响不尽相同，因此给出一个统一的流量限制条件是很困难的。

7.2.2 喷油器处沉积物的生成过程及特性

如图7.2-3和图7.2-4所示，喷油器的内部和外部，或两者同时都可能有沉积物生成。外部的沉积物可能在喷油器分离的导流盘下游端面或针阀下游端面。在喷油器内部，沉积物一般在油道内尺寸很小的区域或涡流流道出口处生成。内部沉积物将使流通面积或流量系数减小，造成流量降低，外部沉积物一般仅使喷雾形状发生变化。GDI喷油器头部表面沉积物的生成速率受几个因素影响：油嘴设计、燃烧室结构、发动机运转工况、燃油和润滑油。在一台单缸GDI发动机台架上进行的研究表明，连续运转2h后，喷油器沉积物生成的影响就显现出来了。在发动机运转的最初8h内，喷油脉宽不变，但燃油流量不断降低。8h后，燃油流量不再明显降低。沉积物最先在喷孔出口处生成，然后逐渐在油嘴内表面出现。内部沉积物在喷油结束后在残留燃料所处的位置生成[242,243]。

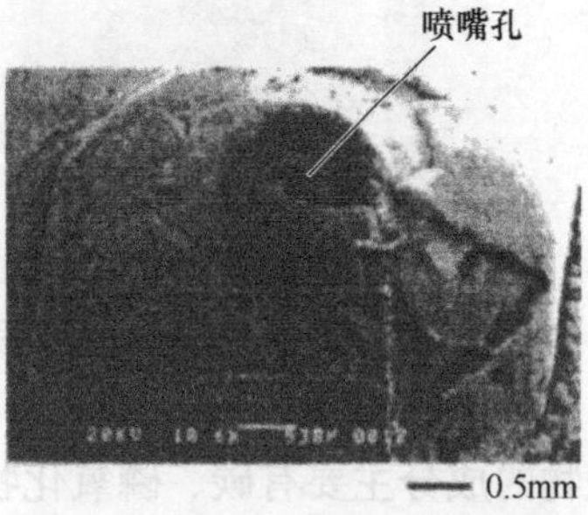

图7.2-3 有沉积物的喷油器在发动机工作30h后的图片[243]

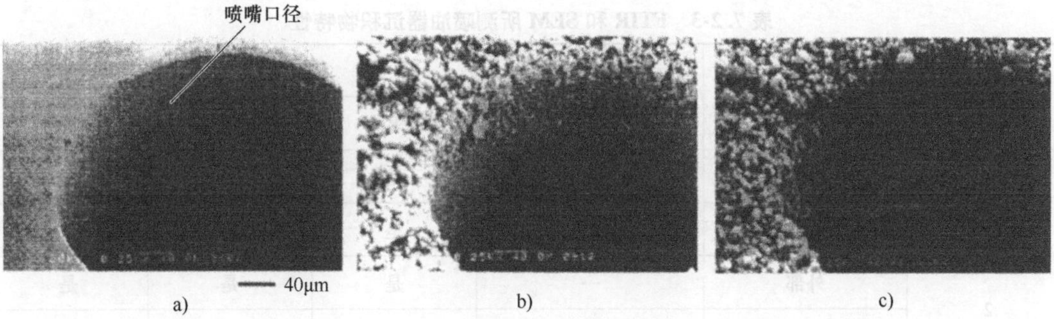

图7.2-4 GDI喷油器的喷孔在不同测试时间下的图片

a）新喷油器 b）测试4h c）测试8h[243]

运行一定时间后的喷孔剖面如图7.2-5所示。很明显，随着时间延长，沉积物的生成量增加，喷孔有效流通面积减小。从沉积物的分布梯度可以看出，沉积物首先出现在直接暴露在高温燃气中的油嘴处，然后逐渐发展到喷油器内表面。需要指出的是，沉积层或“皱褶”，与燃油流动方向垂直。“皱褶”的形态可能与燃油流动的速度矢量有关，但需要进一步的研究证实。

GDI喷油器头部位置出现的沉积物主要可分为两种：很薄、易碎、含硫的涂层，较软、含碳较多的类型。对于后者，沉积物生成速度相当快，但易被常用溶剂和清洁剂去除。在喷油器内部，燃油会被聚合成胶状沉积物。仔细观察发现，喷油器外部的沉积层非常脆，而且会稍微延伸至喷孔出口内部[243]。用电子探针显微分析仪对沉积物成分进行研究显示，典型

图 7.2-5 随沉积物积累时间增加，喷嘴孔径的通透性变化[21]

沉积物的成分主要有碳、磷氧化物、钙。其中，钙的比例很低，来自润滑油。喷油器外部的沉积物和燃烧室表面的沉积物有很多共同点，但也有一些区别。油嘴沉积物的含碳量比柴油机碳烟的含碳量低。而且，喷油器处的沉积物更多的来自燃油，润滑油在其生成过程中的作用较小。相比之下，油嘴内部沉积物的黏附能力很强，更难去除。表 7.2-3 总结了采用傅里叶变换红外光谱仪（FTIR）和扫描电镜法（SEM）分析所得的喷油器沉积物特性，所用燃料的有关参数见图 7.2-6a 中的表格[21]。仅有一个试样中同时含有润滑油的三种代表性元素 Ca、P 和 Zn，说明燃气回流进入油嘴内生成沉积物的作用不是特别显著，也表明喷孔内的燃油能有效地阻止燃气进入喷油器内部。这些沉积物的红外光谱都和所用的燃油相近，进一步证明了喷油器内部的沉积物主要来自燃油。

表 7.2-3 FTIR 和 SEM 所测喷油器沉积物特性

燃油	部位	红外波长	SEM		
			P	Ca	Zn
1	外部	—	是	是	是
	内部	Ox①	是	是	是
2	外部	—	是	是	是
	内部	Ox/1728/Org②	—	—	—
3	外部	—	是	—	—
	内部	Ox/Org	—	—	—
4	外部	—	—	—	—
	内部	Ox/Org	—	是	—
5	外部	—	是	是	—
	内部	Ox/1728	—	是	—
6	外部	—	—	—	—
	内部	Org	—	是	—

（续）

燃油	部位	红外波长	SEM		
			P	Ca	Zn
7	外部	—	是	是	是
	内部	Ox/Org	是	是	—
8	外部	—	—	—	—
	内部	Ox/1729/Org	—	—	—
9	外部	—	是	是	是
	内部	Ox	—	是	—
10	外部	—	是	是	是
	内部	Org	—	是	是
EEE③	外部	—	是	是	是
	内部	Ox	—	—	—

① Ox 表示氧化峰值为 1712/cm 和 1735/cm 左右。

② Org 表示有机酸（Organic Acid）峰值为 1710/cm。

③ EEE 表示 Howell EEE 汽油。

采用图 7.2-6a 中表格内第一种燃油，对四个喷油器进行 6h 的测试，其流量减少率随时间的变化如图 7.2-6b 所示[21]。沉积过程表现出一定的周期性，这可能和沉积物达到了某些量有关，因此沉积物的生成部分地受周期性的内部沉积机理控制[21]。对大部分喷油器和燃油，喷油器处沉积物的生成过程都具有周期循环的特性。显然地，沉积物生成造成的喷油量降低对各缸并不相同，因此容易导致各缸之间的燃烧和排放变动增大。

要解析某具体应用情况下沉积物的生成速度，需要了解 GDI 喷油器对沉积物的抑制特性，但这还不够。如针对 PFI 喷油器一样，如果有一个标准的烤炉，或者采用标准燃料、试验条件和测试工况的发动机台架，要评价某 GDI 喷油器对沉积物生成的抑制特性，就有了理想的评价平台。在标准试验中，沉积物生成量越少，说明某喷油器设计抑制沉积物生成的能力越强。然而，目前还没有标准的评价平台。如果 GDI 发动机要持续快速发展，此状况需尽快解决。而且，此标准必须能代表喷油器的真实运行状况，还需经过实际数据的验证。

特定喷油器设计的抑制沉积物生成的能力或耐用性，当喷油器在燃烧室设计特定结构和所用的燃油不同时会加强或削弱该能力。喷油器头部温度，或者更具体一点，包含所喷燃油的喷油器体下部的平均温度，被普遍认为是影响沉积物生成的最重要因素之一。头部温度受很多设计和运转参数的影响，其中包括头部与进气气流的相对位置，因为进气气流与油嘴间的对流换热能冷却油嘴。头部温度不仅是一个重要变量，在开发过程中，还应尽可能对其进行测量和记录。在停机期间，如果可能，应该拍摄油嘴喷孔区域的扫描电镜图片。有一个针对当前 GDI 开发现状的共识是，需要投入大量精力来研究和降低喷油器沉积物生成。要将 GDI 喷油器处的沉积物生成量降到最低水平，需要对几个重要因素进行控制，见表 7.2-4。

燃油 #	T90/℃	Ole.(烯烃)(%)	S(硫)(10^{-6})
1	160	5	30
2	182	5	30
3	160	20	30
4	182	20	30
5	160	5	150
6	182	5	150
7	160	20	150
8	182	20	150
9	171	12.5	90
10	171	12.5	400
Howell EEE (豪威尔汽油)	160	1.2	20

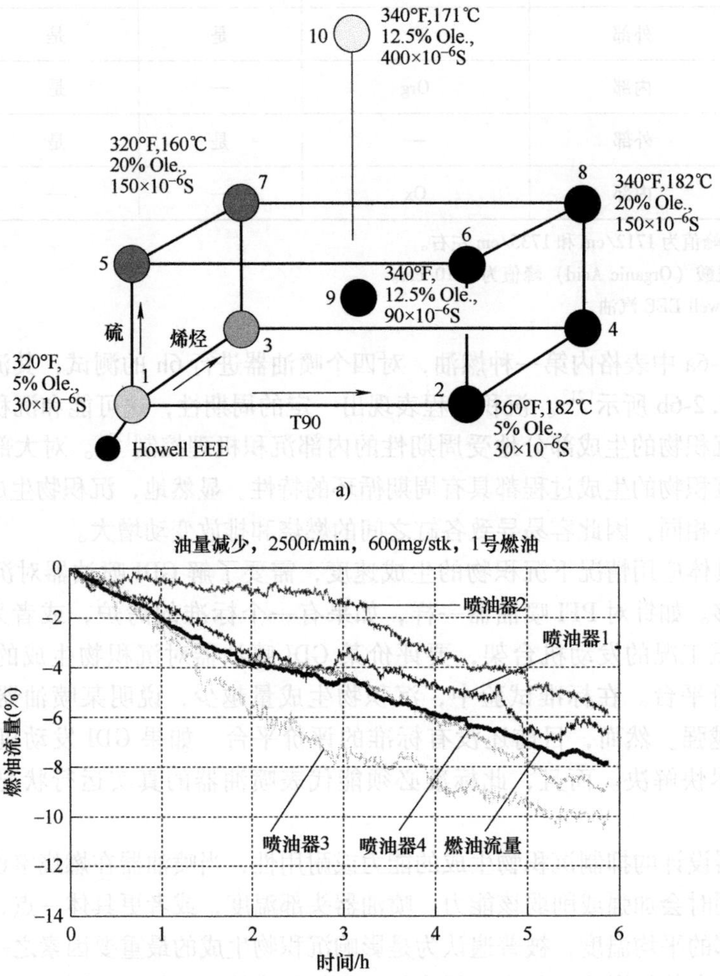

图 7.2-6　对比四个喷油器的燃油组成和燃油流动损失特性

a）测试燃油的物理性质　b）4 个 GDI 喷油器使用 1 号燃油在 6h 测试后喷油器的燃油流动损失特性[21]

表 7.2-4　减少喷油器沉积物生成的重要事项

油嘴温度	• 要尽可能低，不应超过 135℃
喷油器的安装	• 缩小喷油器伸入燃烧室的长度 • 喷油器本体和冷却液通道间的传热路径 • 使油嘴与喷油器安装基座及缸盖间的导热较快 • 加大喷油器安装基座附近冷却通道的分布范围 • 从减少沉积物生成的角度出发，应优先考虑将喷油器安装在进气门侧，而不安装在缸盖中央 • 喷油器的布置应优先考虑燃烧系统的性能，而不是沉积物生成
喷油器设计	• 利用导向盘，使针阀座不直接接触燃气 • 降低油嘴内外表面的粗糙度 • 达到零泄漏 • 避免针阀在针阀座上跳动 • 优化针阀座形状，使其对沉积物生成的影响最小化 • 使喷油器内的大部分燃油更接近油嘴，以期降低油嘴温度 • 针阀落座后喷孔内燃油的状态 • 在油嘴表面进行专门的涂附或电镀，延迟沉积物生成 • 一旦出现沉积物，涂层就将丧失对积炭的抑制作用
油嘴周围的环境	• 发动机整个运转范围内油嘴处的气流速度 • 油嘴处平均气流速度的增加 • 避免雾化油滴重新黏附到油嘴上 • 整个使用过程都达到零滴漏
工作循环	• 确定对沉积物生成影响较大的工作循环，包括热浸期（有待研究证实）
燃料	• 蒸馏温度，特别是 T90 值 • 燃油成分 • 用于抑制沉积物形成的汽油添加剂

7.2.3　喷油器内部积炭的形成机理

图 7.2-7 所示为喷油器内部沉积物的生成示意图。当喷油器头部受高温影响时，油嘴内的燃油会发生热分解，形成沉积物前生体。当油嘴温度低于阈值温度 T90（所用燃油的馏程温度 T90）时，除了少部分会在下次喷油之前蒸发，绝大多数残余燃油仍为液态。下次喷射时，液态燃油的流动也可能将沉积物前生体冲洗掉[240]。然而，当油嘴温度超过所用燃油的蒸馏温度 T90 时，喷油结束后大部分残留燃油将迅速蒸发，剩余的燃油会形成沉积物前生体，黏附在油嘴内表面，致使下次喷射的燃油很难将所有沉积物成核冲洗掉。这样，沉积物逐渐在喷孔和油嘴内表面上堆积。因此，对于喷孔上游存在小空腔的油嘴设计，在两次喷油间隔内保留一些液态燃油是非常重要的，有利于抑制沉积物堆积。然而，这部分燃油会形成初始喷雾或预喷雾，从而降低雾化质量。研究证实，保持油嘴温度低于所用燃油的馏程温度 T90 对减少沉积物的生成和积累十分关键[242,243]。由上述分析可知，直接影响沉积物生成的是燃油分子的温度，它受上游燃油温度、喷油器壁面温度及燃油与喷油器间的传热过程控制。在两次喷油的间隔期内，若某些条件使油嘴里的燃油状态从大部分保持液态转变为几乎完全蒸发，则开始生成沉积物。

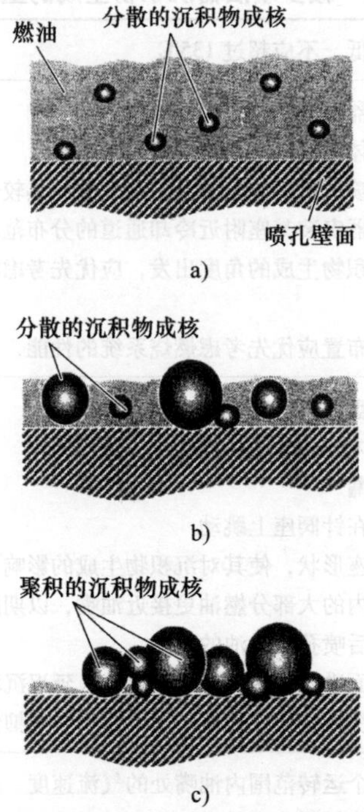

图 7.2-7　喷油器内部沉积物生成示意图

a）喷射时刻的情形　b）喷嘴温度<燃油 90%蒸馏温度　c）喷嘴温度>燃油 90%蒸馏温度

7.2.4　喷油器头部温度对沉积物生成的影响

喷油器头部温度和燃油蒸馏特性对喷油器处沉积物的积聚有重要影响。使用 5 种不同的燃料，头部温度对喷油器流量降低的影响如图 7.2-8 所示。如图 7.2-8b 所示，混合燃料 A-D 的 T90 值相同，燃料 E 的 T90 值相对较高。由图 7.2-8c 中 A-D 的比较可见，当头部温度超过 T90 后，燃油流量随头部温度的升高迅速降低。由于燃料 E 的 T90 值较高，在相同的油嘴温度下，采用燃料 E 时燃油流量的减小较采用燃料 A 低得多[242,243]。燃料特性与沉积物生成的相关性如图 7.2-9 所示。可见，除了 T90 值，燃料的 T50 值和终馏点温度也与沉积物生成关系密切。很明显，采用汽油直喷方式时，头部温度的历程是决定沉积物生成的关键参数。如果头部温度较低，沉积物生成量较少，分布也比较分散。若头部温度较高，生成的沉积物能连续地从油嘴外表面发展到喷孔内腔[21]。

不同发动机运转工况下的头部温度和沉积物引起的燃油流量降低如图 7.2-10 所示[243]。在 4000r/min、中等负荷工况下，燃油流量的降低最大，此时喷嘴头部温度最高，接近 160℃。喷孔内腔内沉积物的形成受很多因素影响，生成机理复杂。通常情况下，液态燃油能冷却油嘴头部，从而抑制油嘴内的沉积物生成。燃油流量越大，冷却能力越强。但燃油流量较大时，发动机负荷和燃烧温度也比较高，喷油器的热负荷也增加，会导致头部温度升高。试验表明，由于这两种情况同时存在，某 GDI 喷油器的最高温度出现在最高发动机转速及中等负荷工况下。

燃烧室的形状也会影响喷油器头部温度，其中油嘴伸入燃烧室部分的长度、喷油器安装

燃油压力	6MPa
喷油正时	180°BTDC
点火正时	25°BTDC
发动机转速	1000r/min

a)

测试燃油	喷嘴温度/℃	空燃比	烟度/BSU	T90/℃
A	165	12	0	150
B	100	12	0	150
C	154	10	1	150
D	155	15	0	150
E	165	12	0	168

b)

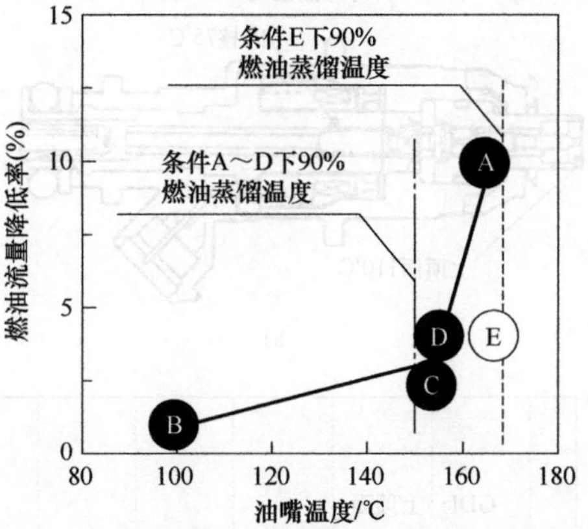

c)

图 7.2-8 喷油器头部温度对沉积物减少的影响[243]

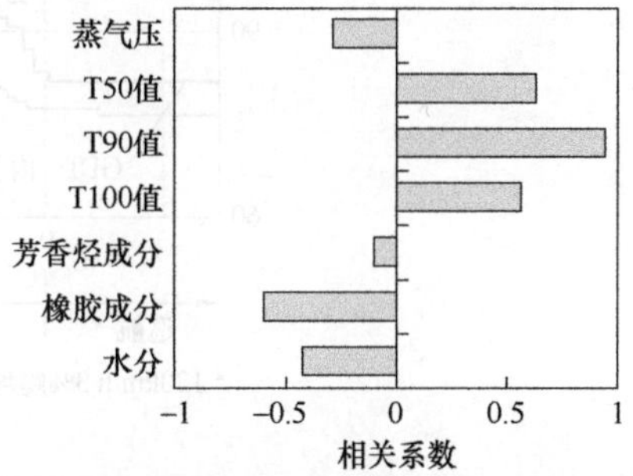

图 7.2-9 沉积物形成与燃油相关性质的关系[243]

基座与冷却水道间的传热路径、油嘴头部位置缸内气体的流速变化都是关键参数。发动机负荷与转速必定影响头部温度，但不同的燃烧室几何参数也会使头部温度升高或降低。采用中央布置时，喷油器承受的热负荷比安装在进气道下方时要高。喷油器靠近进气门远离排气门时，进气气流也能冷却油嘴，头部温度能比中央布置时低 10～15℃。有限元分析和传热计算表明，燃烧室中央壁面上发生的热流密度最高[203]。对一个近似中置的喷油器，其最低温度点处于最接近进气门座的部位。

在连续高速全负荷运行工况及后续的热浸期内，对三菱公司 GDI 燃烧系统的喷油器头部表面温度进行测量，结果如图 7.2-11 所示[196]。可见，当发动机高速全负荷工作时，油嘴温度低于 100℃，喷油器芯部温度为 75℃。进入热浸期后，这两点的温度都会升高到大约 120℃。

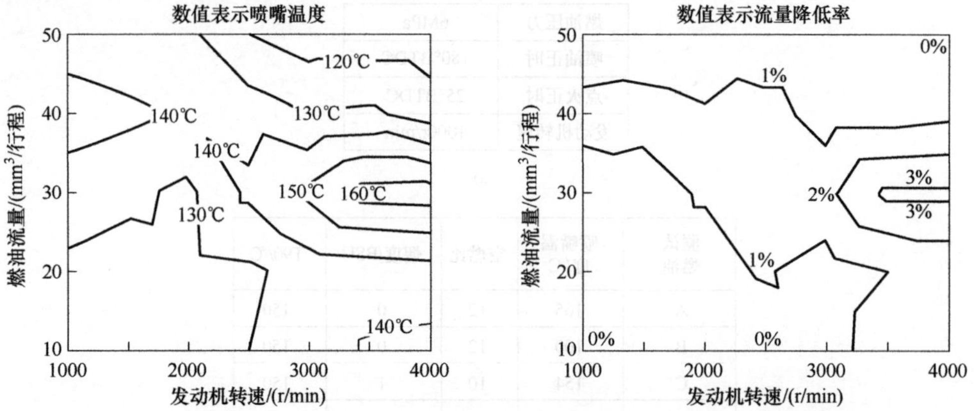

图 7.2-10　喷油器头部温度脉谱图以及喷油器堵塞燃油流动速率降低脉谱图[243]

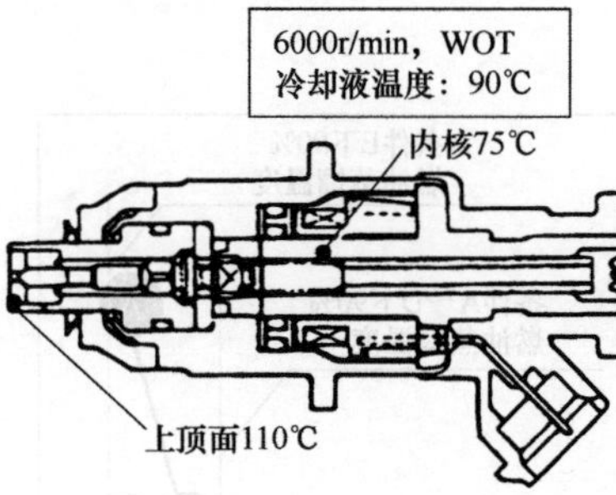

a)

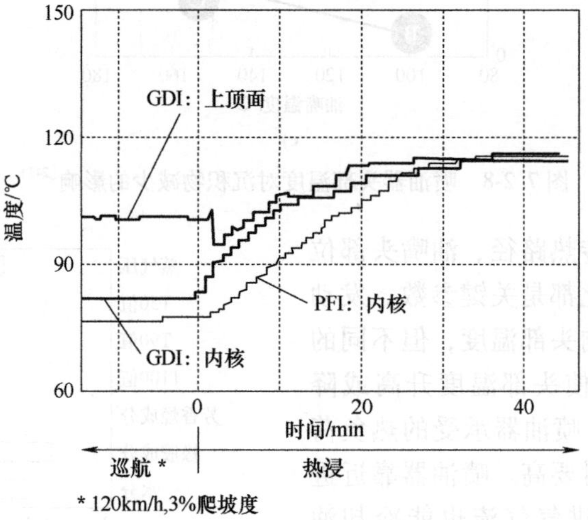

b)

图 7.2-11　三菱 GDI 发动机喷油器头部温度发展时间历程[196]

a）稳态测试　b）热浸测试

在宽广的工况范围内，对三菱 GDI 产品发动机的喷嘴头部温度进行了大量的测量，表 7.2-5 总结了怠速、部分负荷和全负荷下的最大温度以及热浸期内的温度变化[327]。可见，该喷油器头部温度较低，且在宽广的工况范围内都保持在较低的水平。该喷油器对沉积物生成的抑制能力还需通过实测数据来进一步评价，从而更好地建立头部温度和沉积物形成的关系。

表7.2-5 不同运转工况下三菱GDI产品发动机的喷嘴头部温度

发动机运转工况	测量的喷油器头部温度
怠速	85~95℃
2000r/min、部分负荷	110~115℃
节气门全开加速工况（50~80km/h）	110~128℃
最高温度	128℃
热浸期	头部温度不增加

运用分析文献提供的喷嘴头部温度时需要特别注意，热电偶的安装位置和相应特性，以及发动机的运转参数都会影响该温度的测量。根据喷油器和热电偶安装的详细情况，才能判定所测量的是油嘴金属壁面的温度，而不是沉积物的温度值（即使沉积物已开始生成）。而且，在喷油器其他位置，如喷油器体上部，所测得的温度值并不能直接反映喷嘴头部的实际热负荷。因此，在整个开发过程中，都需要仔细定义和监控头部温度。如果热电偶和发动机运行工况不同，直接比较两个燃烧系统的喷嘴头部温度是不恰当的。采用喷油器中置的燃烧系统时，全负荷下的喷嘴头部温度能超过150℃，其沉积物显著生成。通过改进设计使头部温度维持在150℃以下，并涂附特殊的有机材料，使一些原型机早期的喷油器沉积物问题得到了缓解[341]。要避免沉积物生成，一个设计原则就是保证任何时候的油嘴头部温度都不超过135℃。

一个对喷油器油道内沉积物生成的研究表明，壁面温度是决定积炭速度的首要因素，其次是燃油流量，然后是进口的燃油温度。沉积物生成速度的变化取决于热流量或壁面温度是否稳定。若壁面温度低于某阈值，沉积物的生成速度基本不变，一旦壁面温度值超过此阈值，沉积物生成速度急剧升高。这意味着壁面温度不同，控制沉积物生成的机理不同[298]，与在一台原型直喷汽油机上所得试验结果相一致[242,243]。进口燃油温度的影响不像壁面温度那么大，但在壁面温度较高时，它会显著影响沉积物的生成速度。随着进口燃油温度的升高，沉积物生成速度先降低，达到某最小值后，转而升高。

喷嘴表面生成的沉积物可以充当隔热体，能降低来自燃烧气体的传热速率。喷油器头部温度和表面沉积层厚度的关系如图7.2-12所示。可见，沉积层厚度随时间（指在台架上的运行时间）增加，喷嘴头部温度随时间逐渐减小。然而，30h后，头部温度突然急剧升高，同时发现沉积层厚度降低，称为沉积层丢失。表明在暴露于燃气中的喷嘴表面上设置隔热层可有效降低油嘴温度。图7.2-13所示为隔热材料和厚度对头部温度影响的预测结果。材料的导热系数越小或厚度越大，头部温度降低得越多，从而能抑制沉积物的生成趋势[243]。

7.2.5 运转循环对喷油器积炭的影响

对轴针式和导流盘式PFI喷油器，已经有标准的沉积物测试试验，并且已经证明能与PFI发动机实际运行数据相吻合[59,159]。然而，该标准试验对GDI喷油器却并不适用。已经证实，热浸期时间和头部温度历程是影响PFI喷油器沉积物生成的最重要因素，发动机连续运转情况下的沉积物生成速度非常低。而事实证明，GDI发动机在连续运转情况下也会有喷油器沉积物生成，说明GDI喷油器沉积物的生成机理与PFI喷油器的不同。普遍认为，头

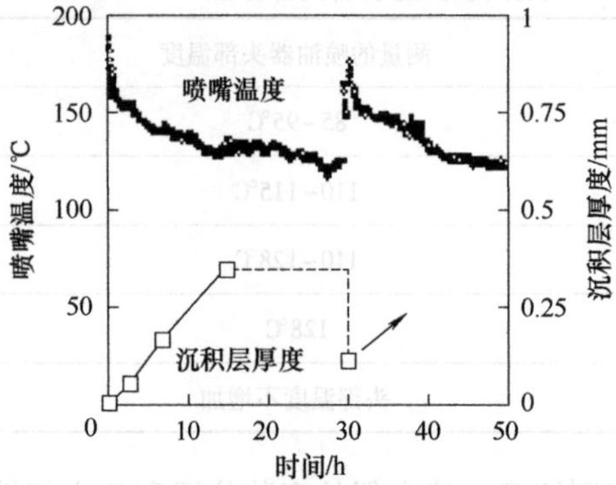

图 7.2-12　喷油器头部温度随沉积物厚度变化[243]

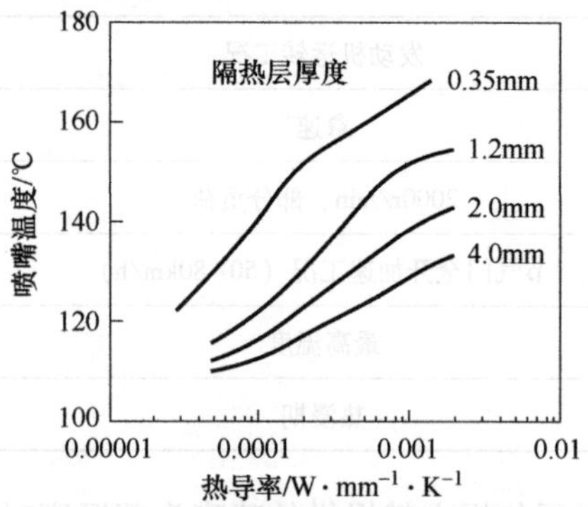

图 7.2-13　绝缘层对喷油器头部温度的影响[243]

部温度对 PFI 和 GDI 喷油器的沉积物生成都有重要影响，但热浸期的周期性和温度历程对两种情况下的沉积物生成影响是不同的。从现有文献看，热浸期周期和温度历程的内在联系仍不清楚，仍是一个重要的研究课题。由于还没有能被广泛认可的标准试验方案，GDI 喷油器的沉积物抑制特性仍只能通过各公司内部的测试来评价。

为比较连续运转工况和热浸期内沉积物的抑制特性，设计了一个瞬态测试循环，如图 7.2-14a 所示，并全程监控头部温度的变化[23]。需要指出的是，这仅是一个推荐的特别的测试循环，它的有效性还未经实际验证。测试循环依次为：①节气门全开，车辆在 15s 内从停机状态加速到 113km/h 并维持 5s；②在 10s 内降到 105km/h，并维持 9min30s；③怠速运行 15s；④节气门开度为 75%，在 15s 内重新加速至 113km/h 并维持 5s；⑤在 10s 内减速至 105km/h，并维持 4min；⑥在 15s 内降至怠速，然后停机，在热浸期维持 30min。测试过程中，4 个喷油器头部温度的变化见图 7.2-14b。

很明显，车辆起动后，4 个喷油器的头部温度开始升高，并在急加速至 113km/h 的过程中，升温迅速。在车辆以 105km/h 巡航时，温度继续升高至最大值（接近 150℃）。当车辆在 15s 内降至怠速时，该温度也迅速降至 115℃。当节气门开度 75%并在 15s 内重新加速至 113km/h 时，温度再次升至 150℃。在接下来降至怠速并停机时，该温度降至 100℃。在 30min 的热浸期内，头部温度将从 100℃降至 75℃。由于不断累积的沉积物会起到隔热的作用，随着测试循环重复次数的增加，测得的最高温度逐渐降低，到第 17 个测试循环，此值已从第 1 个测试循环时的 150℃降至 140℃。可见，GDI 喷油器头部温度的变化历程与用于 PFI 的喷油器有很大差异。对于 PFI 发动机，加速工况下的头部最高温度为 80℃左右，在热浸期内，由于冷却水循环和进气流动停止，头部温度会升高至 120℃左右[23]。可见在热浸期内，GDI 喷油器的温度通常会降低，而 PFI 喷油器的温度却升高。这就是为什么可以认为热浸期对 PFI 喷油器的影响比 GDI 喷油器的影响更大。

有研究表明，发动机负荷和冷却水温度较低时，沉积物生成加快。另外，对一些直喷汽油机的研究发现，与理论空燃比、均质燃烧循环相比，分层燃烧循环产生的喷油器沉积物较多[30]。因此，控制 GDI 喷油器沉积物生成的机理显然十分复杂，仍需进行大量的研究。

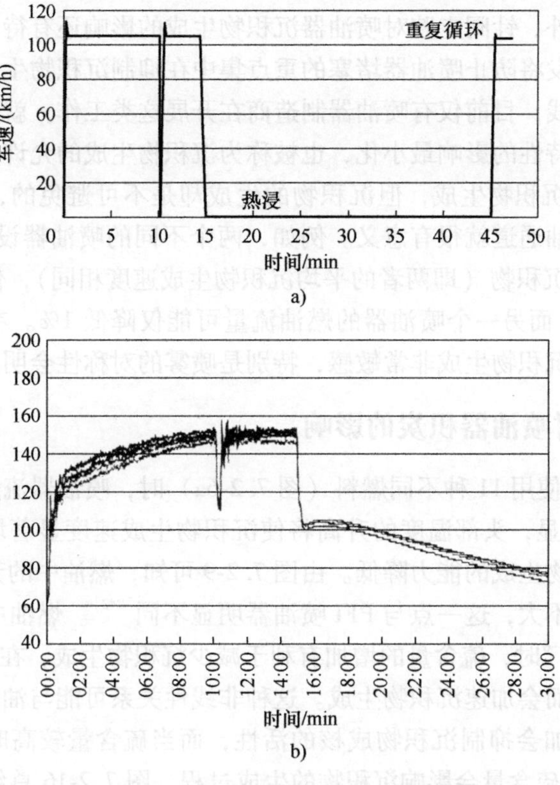

图 7.2-14　瞬态工况下喷油器头部温度发展时间历程

a）瞬态驱动循环沉积物测试　b）4 个喷油器瞬态循环喷油器头部温度发展[23]

7.2.6　喷油器设计对喷油器积炭的影响

喷油器沉积物的生成是非常复杂的过程，燃烧系统的许多设计参数、发动机运转工况和燃油特性都会对其产生影响。因此，分析某单一参数的影响，归纳出沉积物的生成机理是非常困难的。不同文献甚至会得出一些相互矛盾的结论。许多喷油器的设计参数直接影响沉积物的生成速率。本节将分析对沉积物生成影响较大的几个关键因素。它们的实际作用需要根据现场试验的结果来评价和确定。

在喷油器设计上，能起到抑制沉积物生成作用的方法有：设置隔离针阀座和已燃气体的导流盘，使油嘴和喷油器安装基座间的传热更快，增加针阀座周围燃油量，在油嘴表面增加特殊的电镀或绝热层。由于能促进沉积层的机械破碎，尖锐的喷孔出口边缘有利于减少沉积物生成。较短的喷孔长度有利于减少喷油间隔期内喷孔中残留的燃油量。加设油嘴涂层和降低油嘴表面粗糙度能有效地抑制沉积物生成，但仅有这两项措施仍然不够。针阀空腔内表面的抛光和涂层会影响喷油器内部的沉积物生成速率。有研究证实，精密研磨后，针阀空腔内表面上的沉积物生成速度降低，然而，研磨复杂而耗时。另有研究表明，针阀座与喷孔间的缓慢过渡或喷孔内表面的抛光处理都可能增加沉积物生成。一些表面涂层仅能延迟沉积物的生成，但一旦已出现很薄的沉积层，有无涂层几乎没有任何区别。某喷油器抑制沉积物生成的能力，还受其伸入燃烧室部分的结构，以及所用燃油和燃油添加剂的影响。尽管 GDI 喷油器的燃油泄漏（非常低的燃油渗漏率）很少，降低喷油器的燃油泄漏量也是减少沉积物生成的重要方法。另外，针阀空腔对喷油器沉积物生成的影响还有待研究。

大部分研究和开发将防止喷油器堵塞的重点集中在抑制沉积物生成上，但实际上还有另外一条并行的技术路线，目前仅有喷油器制造商在开展这类工作，就是研究如何使沉积物生成对燃油流量和喷雾特性的影响最小化，也被称为沉积物生成的允许量或稳定性。人们希望能减少 GDI 喷油器的沉积物生成，但沉积物的生成却是不可避免的，那么设计出对沉积物生成敏感性较低的燃油通道就很有意义。例如，两个不同的喷油器设计在 100h 的运行时间内都生成了 100μg 的沉积物（即两者的平均沉积物生成速度相同），但其中一个喷油器的燃油流量可能降低 3%，而另一个喷油器的燃油流量可能仅降低 1%。在这方面，已经证明涡流式喷油器对少量的沉积物生成非常敏感，特别是喷雾的对称性会明显变差。

7.2.7 燃油成分对喷油器积炭的影响

图 7.2-15 所示为使用 11 种不同燃料（图 7.2-6a）时，喷油器流量损失率随喷油器头部温度的变化[21]。很明显，头部温度的升高将使沉积物生成速度显著增加。石蜡含量增加将导致喷油器抑制沉积物生成的能力降低。由图 7.2-9 可知，燃油中的芳香烃含量与 GDI 喷油器沉积物的生成关系不大，这一点与 PFI 喷油器明显不同[243]。燃油中硫含量的影响是非线性的，在低于 150×10^{-6}时，硫含量的增加有利于减少沉积物生成，在 $150\times10^{-6}\sim400\times10^{-6}$之间，硫含量的增加反而会加速沉积物生成。这种非线性关系可能与油嘴的表面催化有关，硫含量较低时，它的增加会抑制沉积物成核的活性，而当硫含量较高时，将直接转变为沉积物[21]。通常，燃油中硫含量会影响沉积物的生成过程。图 7.2-16 总结了不同燃油特性对喷油器处沉积物生成的影响。

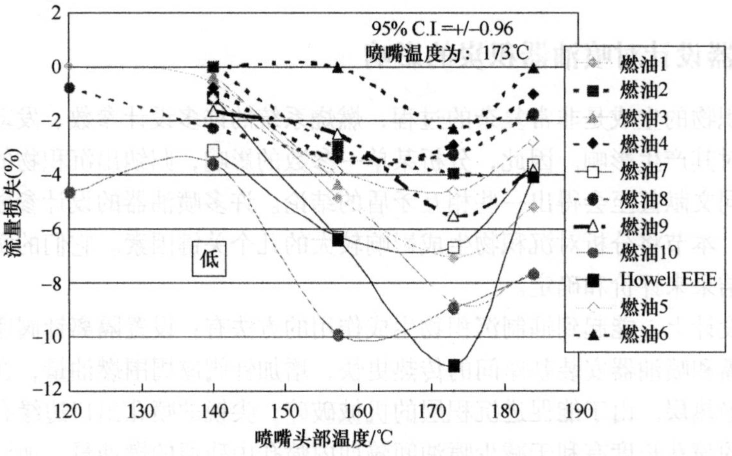

图 7.2-15 喷油器流量损失率随喷油器头部温度的变化[21]

需要指出的是，相当程度上，GDI 的沉积物问题是由于燃油供给系统和燃油内缺乏能有效抑制沉积物生成的添加剂[29,470]，致使目前的 GDI 发动机主要靠将喷油器安装在燃烧室内温度较低的位置来使沉积物生成最小化。欧洲、日本和北美市场上的汽油是不同的，如果 GDI 发动机投放北美市场，汽油中较高的硫含量将会促进沉积物的生成。目前，北美市场上

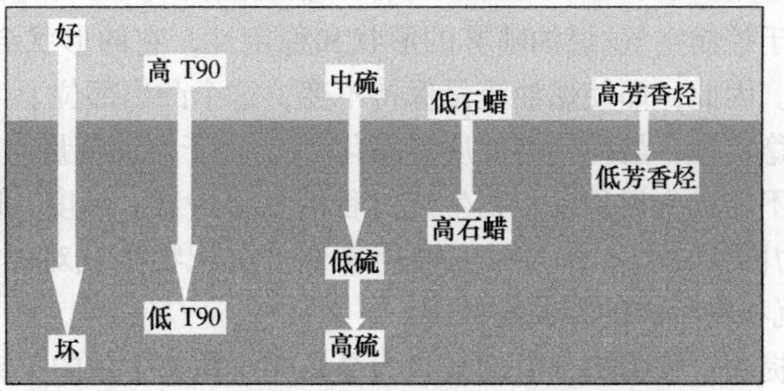

图 7.2-16　燃油特性对喷油器沉积物生成的影响[23]

的汽油添加剂主要是在1984—1993年间开发的，目的在于减少PFI喷油器和进气门处的沉积物生成。在PFI系统开发的早期，喷油器处沉积物的生成也曾是必须解决的重要问题[59,516]。对GDI系统，也同样面临这个问题[28]。需要指出的是，即使针对GDI发动机的添加剂开发出来了，还需详细验证它是否会对现有运行的上亿辆PFI发动机的沉积物生成产生负面影响。

燃油添加剂影响喷油器积炭形成的研究结果如图7.2-17[22]所示。试验过程中，用Howell EEE（图7.2-6a）作为基础燃料，先进行6h的沉积物生成试验，发现燃油流量降低9.25%。而后，将含有曼尼希（Mannich）添加剂的Howell EEE作为燃料，再进行6h的沉积物生成试验，结果发现燃油流量降低值的70%得到了恢复。研究结果表明，要抑制沉积物生成，最好始终使用含有添加剂的燃油，而且添加剂含量不得低于某阈值。在某些情况下，若使用含有添加剂的燃油，开始阶段的沉积物生成速度还会高于不含添加剂的燃油。这说明燃油喷射时，汽油中的去垢剂会在喷孔内表面形成催化层，当此催化层增加到一定厚度时，导致最初的流量降低程度较高。当添加剂的黏附率等于其解析率时，催化层厚度达到某稳定值。试验结果证明，这层添加剂催化层能抑制当地的沉积物生成，当切换成不含添加剂的燃油后一段时间内，这种作用就将消失[22]。

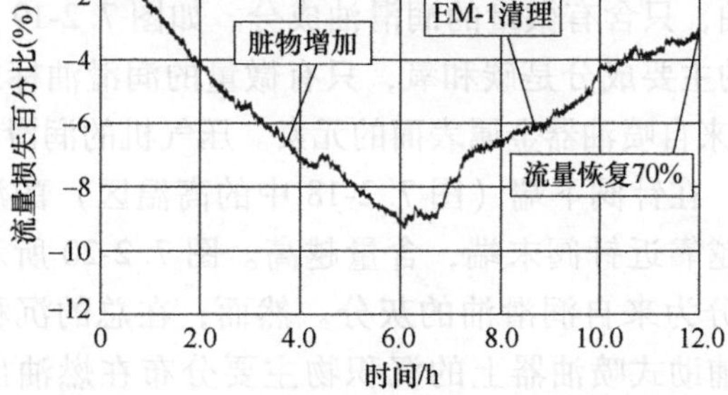

图 7.2-17　汽油添加剂对喷油器沉积物的影响[22]

7.2.8　脉冲加压、空气辅助式GDI喷油器积炭的形成特性

采用空气辅助式喷油器时，燃油先被输送到一个过渡腔内，从而使燃油的流量调节与燃油的直接喷射可以独立控制。因此，喷油器沉积物的生成一般不影响燃油流量。空气辅助式

喷油器实际应用于车用发动机上，外部轴针伸入燃烧室内的最大长度接近 8mm。设计这个凸出轴针的目的在于控制空气/燃油喷雾的形状和稳定性，它的形状会显著影响混合喷雾的形状和燃烧稳定性。因此，即使燃油流量保持不变，这个凸出部位上生成的沉积物也会影响喷雾的形状和燃烧稳定性，最终使燃烧质量恶化[60]。由于燃油流量与沉积物生成关系不大，燃油流量的变化就不能成为评价沉积物生成过程的重要因素。烟度、HC 排放和燃烧稳定性（指示平均有效压力的变动率）作为尺度被用来评价沉积物生成对燃烧质量的影响[60]。其中，HC 和烟度与沉积物生成的相关性较强。

本章前面已经提到，喷嘴头部温度被认为是影响沉积物生成的关键因素。对空气辅助式喷油器，在所有工况下，油嘴沿轴针轴线方向都存在温度梯度。随发动机转速和转矩的升高，此温度梯度逐渐增加。流动燃油的冷却作用和已燃气体的加热作用会达到一个热平衡。图 7.2-18 所示为空气辅助式喷油器上的典型沉积物及其温度分布，可以明显看到一条水平的温度分界线。高于此温度边界的部分只出现一层珠状结点，低于此边界的部分只出现由燃油生成的积炭。这个温度分界线对应的温度范围为 280~300℃，与已报道的源自燃油的燃烧室沉积物生成上限温度相一致。由于分层燃烧时喷嘴头部温度较低，此温度分界线向头部移动。

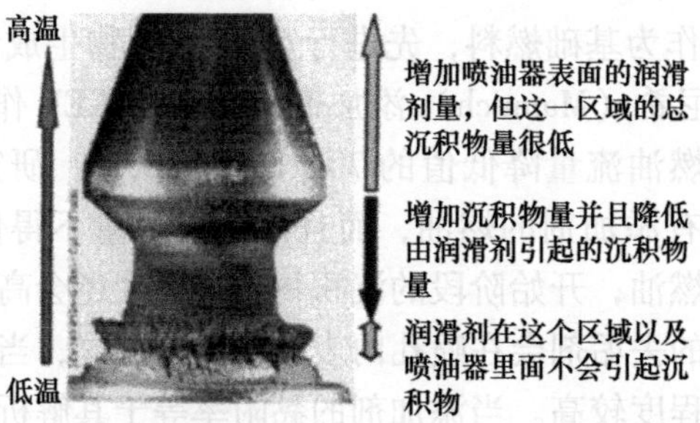
高温
低温
增加喷油器表面的润滑剂量，但这一区域的总沉积物量很低
增加沉积物量并且降低由润滑剂引起的沉积物量
润滑剂在这个区域以及喷油器里面不会引起沉积物

图 7.2-18　空气辅助式 GDI 喷油器头部沉积物及温度分布

注：分层充量模式下运行 15h；发动机转速为 2500r/min[60]。

对空气辅助式喷嘴的划分线周围（燃油出口，图 7.2-18 中的低温区）沉积物的成分分析显示，它主要来自燃油，只含有微量的润滑油成分。如图 7.2-19 所示，在分层燃烧模式下，燃油出口处沉积物的主要成分是碳和氧，只有微量的润滑油标志性元素 Ca、Zn、S 和 P，还能发现 Cr 和 Fe 等来自喷油器金属表面的元素。压气机的润滑油不是喷油器处沉积物生成的重要来源。然而，在针阀下端（图 7.2-18 中的高温区）的沉积物中一定含有润滑油的标志性元素，并且越靠近针阀末端，含量越高。图 7.2-20 所示为针阀高温表面上的球状结点，它的主要成分为来自润滑油的灰分。然而，在总的沉积物中，来自润滑油的比例可忽略不计。空气辅助式喷油器上的沉积物主要分布在燃油出口附近，且几乎全部来自燃油。

关于喷油器沉积物的生成机理，有一种燃烧室沉积物生成机理假设底层表面存在液态物质是沉积物开始出现的先决条件。活性的 HC 成分（活性和极化的沉积物粒子）会从气相空间迁移到这些液态物质中，迁移速度与油嘴表面和燃烧成分间的热电导梯度呈线性关系。在热电导作用下，更多的物质沉积到底层表面温度较低的边缘，逐步形成图 7.2-18 所示的形

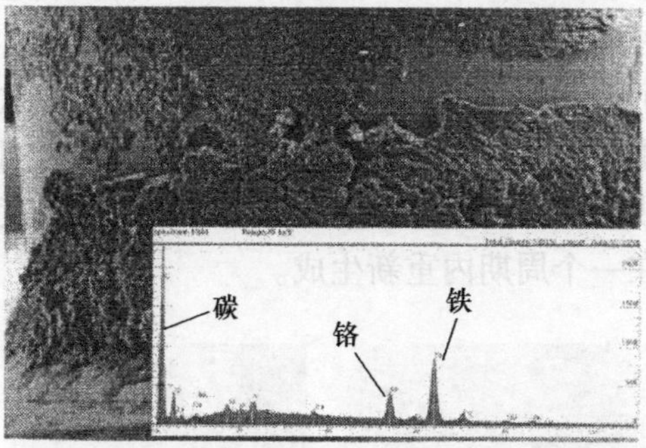
碳
铬
铁

a)

碳
氧
铬
铁

b)

图 7.2-19 不同运行模式下 GDI 空气辅助式喷油器沉积物种类分析

a）均值充量模式下运行 5h b）分层充量模式下运行 15h[60]

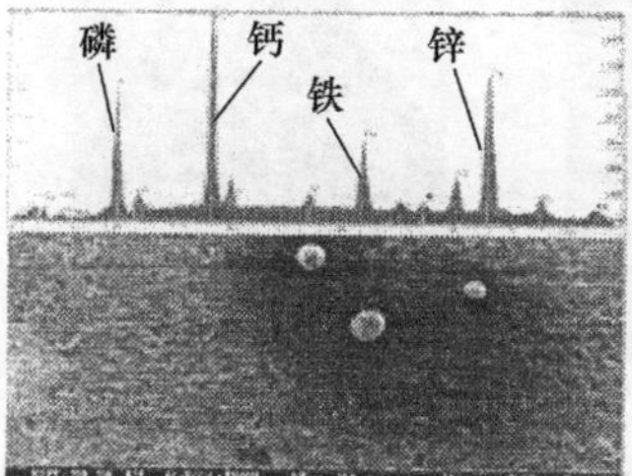
磷
钙
铁
锌
在喷油器表面的高温部分的球状结点是润滑油滴燃烧后的灰分，由无机物组成，包括磷、钙和锌。

图 7.2-20 空气辅助式喷油器头部在高温区沉积物结核种类分析[60]

状。这是空气辅助式喷油器沉积物累积的典型形状。沉积层的厚度随表面温度升高而减小。

与单流体喷油器一样，已经发现空气辅助式喷油器上的沉积物生成受燃油特性的影响也很大。采用优质无铅汽油（F1）和异辛烷（F2）时生成的沉积物对比如图 7.2-21 所示。使用异辛烷时，不管采用均质燃烧还是分层燃烧，实际上都没有沉积物生成。然而，使用商用多组分汽油时，沉积物累积明显。对单流体 GDI 喷油器，燃油的 T90 温度值是影响沉积物生成的最重要因素，T90 值越高，沉积物生成越少。对空气辅助式喷油器，T90 值的影响很小，而且一些试验表明，T90 值的升高还会稍稍促进沉积物生成。燃油中芳香烃含量越高，空气辅助式喷油器上的沉积物生成速度越大。如果石蜡含量较高，空气辅助式喷油器和单流体喷油器沉积物生成的速度都增加。

通过燃烧模式的影响比较发现，采用分层燃烧时沉积物生成速度较高，且生成位置靠近喷油器头部，如图 7.2-21 中燃油 F1 对应的图片。采用均质燃烧时，沉积物生成的特征是在针阀缩口颈部形成尖锐的沉积物凸起，针阀末端几乎无沉积物，这与局部金属壁面的温度是决定沉积物生成位置的最重要因素这一原理相吻合。运行一段时间后，沉积物的生成趋于稳定，与燃烧室沉积物的生成和剥离规律相同，即当沉积层表面温度达到阈值时，一定比例的沉积物会逐渐剥离，然后在一个周期内重新生成。

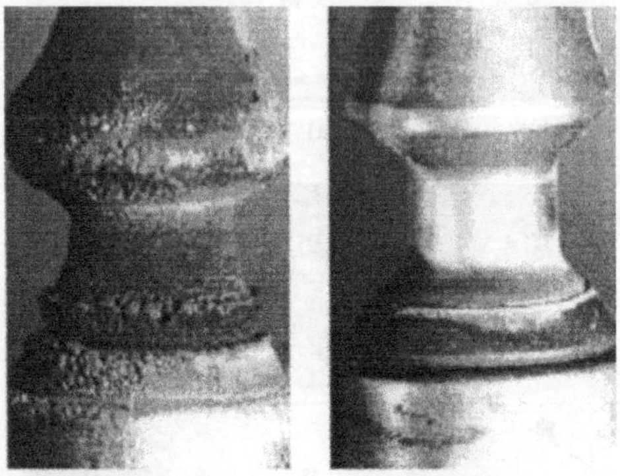

燃油F1　　燃油F2

a)

燃油F1　　燃油F2

b)

图 7.2-21　在两种运行模式下对比两种燃油的喷油器沉积物

a）分层充量模式下在 2500r/min 时运行 15h　b）均质充量模式下发动机在 4000r/min 运行 5h[60]

注：F1 为无铅汽油、F2 为异辛烷。

研究燃油添加剂对 GDI 喷油器积炭的影响表明，可有效控制单流体喷油器结焦的添加剂，仅在分层燃烧模式下能降低空气辅助式喷油器上的沉积物生成。在均质燃烧模式下，使用含有这类添加剂的燃油会加速沉积物生成，出现这种现象的原因还有待进一步研究。但这充分说明单流体喷油器和空气辅助式喷油器上沉积物的生成机理有很大差异。对单流体直喷系统，由于喷孔附近有大量液体燃油，此处的沉积物累积比较缓慢，这种环境为汽油去垢添加剂发挥作用提供了有利条件。空气辅助式喷油器上沉积物的生成机理与燃烧室沉积物的生成有很多相似之处，一般假设燃油添加剂几乎无减少沉积物生成的作用（或者很小），某些情况下添加剂甚至会加速沉积物生成[60]。

7.3 燃烧室沉积物（CCD）

对于 PFI 发动机，已经对 CCD 生成机理及其对发动机性能和排放的影响进行了大量的研究。研究表明，CCD 随运行时间增加，其中含有燃油、润滑油和燃烧产物。燃油和润滑油的化学成分对沉积物的组分和生成速率影响很大。燃烧室壁面的温度也同样是很重要的，实际上，保持燃烧室平均温度超过 350℃时，沉积物生成量最少，甚至会消除沉积物。试验发现，当燃烧室壁面的沉积物逐渐积累到一定厚度后，沉积物的生成和消除达到平衡，使沉积层平均厚度保持不变，而且这些过程受发动机转速和负荷影响很大。在较高的负荷下，采用理论空燃比下的均质燃烧，缸内压力和温度显著升高，使较大的沉积物容易被剥离。然而，采用分层燃烧时，燃烧室壁面温度很低，虽然非常有利于减少散热，提高热效率，但却会加剧沉积物的生成。

过去二十多年的研究都表明，沉积物会改变已燃气体与燃烧室壁面间的传热条件。沉积物会起到隔热的作用，也会在一个循环吸收热量，并在下一个循环传给新鲜充量，即有储存热量作用。燃烧室沉积物也会占用燃烧室容积，使压缩比略微增加。更重要的是，CCD 会吸收和释放未燃燃油，影响发动机排放，由于直喷汽油机内液态燃油碰壁的可能性非常大，这一点显得尤为重要。CCD 吸收和释放的一些物质，通过催化效应会加强爆燃或引起其他化学反应。随着沉积物不断累积，燃烧室壁面的平均散热率降低，容积效率和冷却液带走的热量下降，但火焰传播速度加快。因此，进气充量温度更高，致使充量冷却效果减弱。PFI 发动机内，因使用工况、燃油、燃油添加剂以及发动机尺寸和设计不同，各缸的燃烧室沉积物一般稳定在 1~3g。正常情况下，燃烧室出现沉积物后，对燃料辛烷值要求更高，NO_x 和 HC 排放增加，而容积效率和最大功率减小，车辆加速性能降低[343,350,352]。

与 PFI 发动机一样，CCD 的出现也会使 GDI 发动机对燃料的抗爆性要求更高，使 NO_x 排放增加。然而，对采用壁面引导型燃烧系统的 GDI 发动机，由于燃油将直接喷到活塞顶上，CCD 的存在使燃油吸附问题更加严重。吸附和解析的过程使燃油蒸发延迟，增加 HC 排放，其作用与 PFI 发动机的狭隙 HC 相似。这还会造成火花塞间隙附近的空燃比升高，致使燃烧不稳定，有害排放增加[29]。这就是壁面引导型 GDI 燃烧系统对活塞顶凹坑内沉积物生成很敏感的原因所在[385]。

理解 CCD 的生成机理是非常重要的，因为燃烧室内的沉积物因位置不同而差异很大。活塞的挤流面和凹坑、缸盖挤流面、末端混合气所在区域都非常重要。值得注意的是，燃烧系统不同，沉积物的生成机理差异非常大。现有文献对此研究较少，大部分结论都是针对壁面引导型燃烧系统的。当依据这些结果来分析喷雾引导型或气流引导型燃烧系统时，要考虑到燃烧系统间的差别。

图 7.3-1 所示为燃油类型和发动机运行模式对 GDI 发动机燃烧室沉积层厚度的影响[28]。F1 指不含添加剂的基础燃油，代表欧洲市场上的汽油。在 F1 中加入控制沉积物生成的添加剂，即为燃油 F2。由图 7.3-1 可知，稀薄燃烧时，通常活塞凹坑内的沉积物比缸盖上多且厚度最大。凹坑内喷雾湿痕附近的沉积物由黑色、松软的多孔型碳烟组成。活塞其他部位的沉积物一般较硬[384]。活塞凹坑内的沉积物大部分来自燃油，而凹坑外围的沉积物主要来自润滑油。由于凹坑表面温度较高，此处的沉积物中碳化组分比例较大。

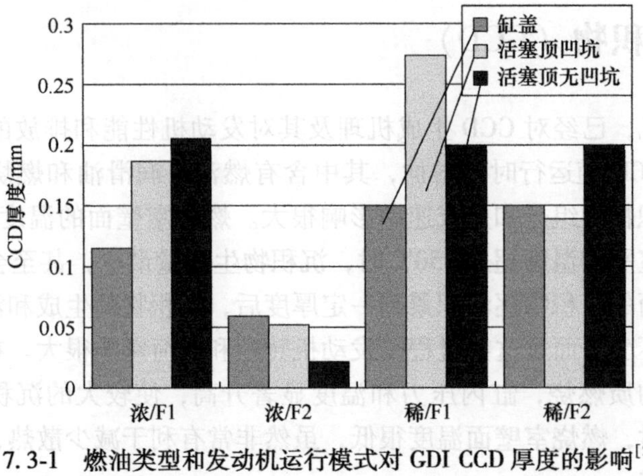

图 7.3-1 燃油类型和发动机运行模式对 GDI CCD 厚度的影响[28]

GDI 燃烧室表面的沉积物成核主要来自燃油中较重的组分和部分氧化的碳氢化合物。润滑油是 CCD 生成及成长的另一个重要来源。测试循环对 CCD 生成影响也很大，如图 7.3-2 所示，稀薄燃烧循环生成的沉积物较多。O1 润滑油是多用途 5W-30 型曲轴箱润滑油，代表日本市场的主流产品。O2 润滑油是 10W-40 部分合成型润滑油，主要用于欧洲市场。测试结果显示，CCD 的质量主要取决于测试累计里程和燃油类型。试验也表明，在相同的发动机运行工况下，采用 GDI 发动机的 CCD 生成量比 PFI 发动机的多[29]，且 GDI 分层燃烧模式比均质燃烧模式下的沉积物生成速率大。实际上，对于 GDI 发动机，在高负荷、均质燃烧时，由于较高燃烧温度和燃烧室表面温度的作用，沉积物生成速度最低。试验发现，当发动机运转在低负荷、分层燃烧时，CCD 生成速率非常快，因此发动机的耐久工作区需要认真选择和评估[343]。采用均质燃烧模式时，沉积物的生成速度随燃油中芳香烃含量的增加而升高，石蜡基组分的影响可忽略不计。在分层燃烧模式下，芳香烃含量的影响更加显著，CCD 的生成与柴油机内的碳烟很相似。燃烧分析表明，由于 CCD 吸附燃油的作用，最初的燃烧速度随沉积物的增多而降低，并使火花塞间隙附近的混合气变稀，降低了混合气的着火能力[352]。

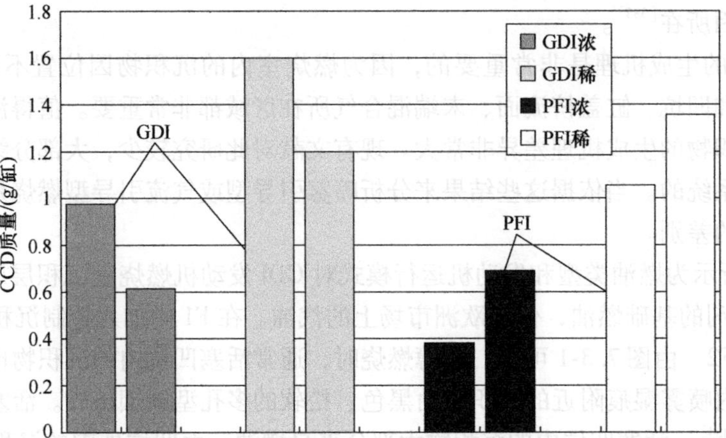

图 7.3-2 发动机在一定的运转工况下燃油种类对 CCD 形成的影响[28]

7.4 进气门沉积物（IVD）

通常，IVD的出现将使PFI发动机排放升高，操纵性能变差，发动机整体性能下降。原因在于，沉积物对燃油的吸附和解析将造成进气流场改变和空燃比偏移。IVD的另一影响是增加气门阀杆的摩擦，极端情况下，如果阀杆和导管的间隙被沉积物完全堵塞，进气门将被锁死，无法工作。另外，沉积物也会造成进气门泄漏。因此，在发动机整个使用期限内，都要采取控制措施使IVD的生成量最小。

对于PFI发动机，IVD主要源自燃油和润滑油。这些通过气门密封面的燃油和润滑油来自许多位置，包括喷油器、曲轴箱强制通风、废气再循环系统和机油泄漏[145]。以上影响因发动机而异。进气门平均表面温度是决定沉积物生成速率的最关键因素。研究普遍认为，由于平均表面温度为230℃时沉积物生成速度最高，对进气门与燃油和润滑油相接触的部分，其平均表面温度必须低于200℃。当平均表面温度超过350℃时，沉积物生成速度显著降低。柴油机进气门阀杆根部附近的温度一般都超过350℃，因此进气门沉积物生成速度非常低。对PFI发动机，燃油直接喷射到进气门阀杆根部附近，能够起到冷却和清洁的作用，从而降低此处沉积物生成的可能性。GDI发动机并无燃油直接喷射到进气门表面，因此起不到冷却和清洁的作用，进气门温度升高，导致生成IVD的可能性增加。

已经发现，PFI发动机IVD的生成与燃油和润滑油的化学成分关系密切。芳香烃、烯烃和石蜡组分容易促进沉积物生成。进气门阀杆处密封面的泄漏对PFI发动机IVD生成的影响非常显著。已氧化的润滑油成分生成沉积物的可能性更大，而含有抗氧化剂的润滑油生成沉积物的可能性降低[145]。

多年来，人们对PFI发动机IVD的生成机理及其对发动机性能、燃油经济性和排放性能的影响进行了大量的研究，而针对GDI发动机IVD的研究较少，且基于PFI发动机所得的研究结果很难适用于GDI发动机。由于进气道内不积存燃油，所以专门设计的用于清洁进气门的添加剂就无法直接起作用，使控制GDI发动机的IVD更加困难。对进气道喷射，IVD吸附和解析燃油的作用使缸内瞬态空燃比很难精确控制。对汽油直喷，只有当IVD已使进气流量降低，或已改变进气门附近空气的流动分布时，才会导致发动机性能降低。图7.4-1所示为沉积严重的GDI进气门图片[29]。自然状态下IVD湿润、有流动性且形状不规则[327]。发动机运行工况不同，IVD的颜色也不同。在低负荷工况，沉积物为松软的黑色碳层。在大负荷工况，沉积物松软、黏稠，且延伸至阀杆的较低位置处[343]。

图7.4-1 GDI进气门沉积物图片[28]

至今的研究数据表明，为控制燃烧室、进气门和排气口表面沉积物，GDI 发动机对燃油和润滑油的要求不同于 PFI 发动机[327]。已经确认，PFI 发动机 IVD 是燃油和润滑油的复杂反应生成的，包括 HC 及其他组分的蒸发和部分氧化。尽管流经进气门表面的润滑油比燃油少得多，但润滑油氧化对 PFI 发动机 IVD 的贡献更大。目前的燃油添加剂能使沉积物活化成液态，从而易于清除。由于 GDI 发动机并无燃油冲刷进气门表面，能有效清除喷油器和燃烧室沉积物的燃油添加剂对减少 IVD 作用不大[28]。研究 GDI 发动机 IVD 时，需要考虑喷油正时的影响。如果喷油时刻较早，气门重叠期内的进气倒流使部分燃油进入进气道内，可能会影响 IVD 的生成或减少其生成量[340]，要确认这个问题仍需进一步的研究来证实。

评估 GDI 发动机 IVD 的生成量时，润滑油是需要特别考虑的重要因素[29]。原因在于，润滑油会通过进气门导管和曲轴箱强制通风系统直接接触进气门，而燃油接触进气门的机会较少。图 7.4-2 所示为 GDI 和 PFI 发动机 IVD 的对比，图中分别采用了两种润滑油和两种运行工况（稀混合气和浓混合气工况）[28]。需要注意的是，燃油 F1 为不含添加剂的基础燃油，其特性接近欧洲市场上的燃油。在 F1 中加入控制沉积物生成的添加剂后，即为 F2。

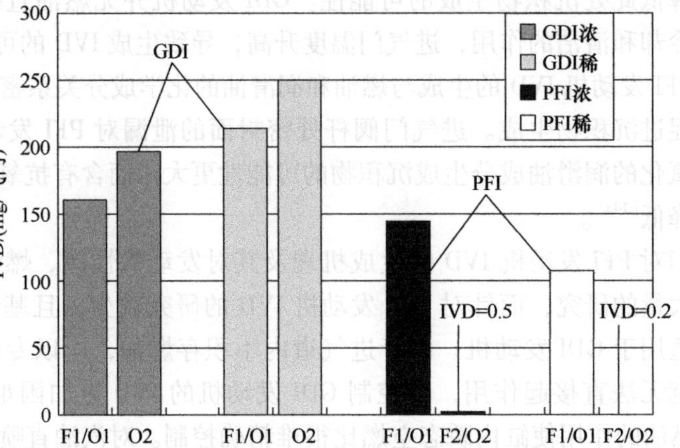

图 7.4-2 GDI 和 PFI 发动机 IVD 对比[28]

观察发现，对于 GDI 发动机，在混合气较稀薄的工况下，沉积物生成较多。在部分试验中发现，IVD 主要累积在发动机的偶数缸，且大多在混合气较稀薄的工况下生成。在这些试验中，曲轴箱强制通风系统只与偶数缸连通，结果发动机 IVD 总量的 90%来自偶数缸，而奇数缸生成的沉积物只占 10%。这证明通过曲轴箱强制通风系统引入的润滑油是 GDI 发动机 IVD 的主要来源。试验还发现，两个进气门上的沉积物生成量并不相同，这可归因于曲轴箱强制通风导致的气流分布的不均匀性。研究也证实，旁通气流越大，沉积物生成速度越快[327,343]。利用电感耦合等离子体（ICP）对沉积严重的进气门上的沉积物进行成分分析表明，其中的 Ca、S 和 P 含量较高，而这些元素主要在润滑油内存在。Ca、S、P 等所占的比例随沉积物增多而增加，而磨掉的金属元素（如 Fe、Al、Cu 等）的含量将减少。这进一步说明了 GDI 发动机的 IVD 和润滑油的关系相当密切。

对 GDI 和 PFI 发动机，沿阀杆渗漏的润滑油是进气门沉积物的另一重要来源，然而，这种渗漏通常只在进气歧管内为负压时发生。为提高燃烧稳定性和减少有害排放，GDI 的节气门开度较大，因此其进气管绝对压力（MAP）比 PFI 发动机要大。因此，GDI 发动机阀杆处的渗漏及其对沉积物生成的影响应该比 PFI 发动机小。GDI 发动机更大的再循环废气量也是促进 IVD 生成的重要因素。因此，IVD 的生成速率是多个因素的综合作用，包括进气门的温度变化、曲轴箱扫气气流的流场、EGR 分布、缸内流场、旁通气流和阀杆处渗漏等。因此，即使是相同的发动机或相同的气缸，其 IVD 质量变化也可能很大。

对来自不同整车厂商的三种不同的 GDI 发动机进行的研究显示，车辆的三类发动机的进气门沉积物的平均质量基本相同[350]，但同一车辆的发动机，不同进气门处的沉积物质量差别很大[343]。进气门某些位置的 IVD 所占比例较大，这已被所有的直喷汽油机试验所证实。对 IVD 进行的独立的热重分析证明，其主要成分来自发动机润滑油。其中一辆 GDI 发动机的车辆，其一半面向发动机后端的气阀 IVD 质量与另一半面向发动机前端的气阀 IVD 相比较大，且 IVD 的主要成分也更具热稳定性。该台发动机向前气阀和向后气阀之间的热状态被认为是导致这一差别的原因，面向前端的呈现较少 IVD 的这些气阀都安装了一个涡流控制阀。使用同一燃料不同发动机气阀的沉积物水平变化与使用不同燃料在一台发动机上所得到的变化处于同一数量级。取决于车辆类型，用于减少发动机喷油器沉积物的后市场燃油添加剂也被发现能减少 10%~50%燃烧室沉积物，在某些车辆上还能减少 8%~29%的进气门沉积物。这也说明进气过程中的燃油喷射使得包含添加剂的燃料可能接触到了进气阀上的沉积物[343]。

最后，值得注意的是，与 PFI 发动机一样，GDI 发动机排气门上的沉积物生成比进气门的沉积物低一个数量级。GDI 和 PFI 发动机排气门沉积物的主要差异是它们的形态不同。PFI 发动机排气门沉积物的特征是灰白色的，而 GDI 发动机排气门沉积物是典型的黑色和碳烟形态。这是由于两种发动机的运转温度不同，PFI 发动机的排温远高于所有燃油和润滑油沉积物的氧化温度，因此排气门上仅剩下很少量的无机的灰分。相比之下，直喷汽油机在分层燃烧模式下运转时，相当于降低了排气门温度。

7.5　其他 GDI 系统部件的沉积物

除了前面提到的部件，其他部件如节气门体、废气再循环系统、气道口开关阀和火花塞上也会出现沉积物。这些部位的沉积物会使发动机性能下降，燃油消耗和排放增加，车辆驾驶性能降低[145]。极端情况下，当沉积物在节气门中积累到一定程度时，会使进气流量大幅降低，而且这无法通过发动机管理系统来补偿，也无法通过燃油添加剂来加以抑制。因此，在开发过程中，必须设计出合适的节气门体，从而抑制此处的沉积物生成。尽量避免节气门体表面与潜在的沉积物来源，如曲轴箱强制通风、炭罐净化、再循环废气接触，可使节气门体上的沉积物生成量最小。对于 GDI 发动机，节气门体尤其是电控节气门的沉积物主要集中在节气门阀盘和围绕直径旋转的部分。对于分层充量工作模式，必须使用电控节气门装置来维持计算机控制，以实现由驾驶人或变速器及牵引控制的电子控制器所需的转矩需求。

通常，当发动机工作时，进气气流的冷却作用将使节气门体温度始终在 100℃以下，所以沉积物只在热浸期内生成。PFI 发动机节气门体沉积物主要来源于进气倒流和进气波动过程中回流的燃油。另外，在炭罐净化期间的燃油蒸气会被扩散到节气门附近，曲轴箱扫气也会进入节气门前后的空间内，这些气体中含有未燃 HC、部分氧化的润滑油和许多燃烧产物，将成为沉积物的来源。曲轴箱扫气中的污染物会大大促进节气门沉积物生成，大量的再循环废气和直喷汽油机相对较高的工作温度也会加速沉积物生成。曲轴箱扫气中轻质的成分将挥发，较重的组分会在节气门体的表面形成黏稠的黏附层。要减轻曲轴箱扫气的危害，需要在进入进气系统之前去除其中生成沉积物的成分，这是比较困难的。有的曲轴箱扫气阀门带有旋风分离器，它能将大量的润滑油、燃油和酸性水收集起来。然而，这种分离器的再生很困难，并对润滑油能吸收燃烧中可消耗和被排出成分的要求很高。采用空气辅助式 GDI 系统时，曲轴箱强制通风可以被引入压气机进口，然后与燃油和空气一起直接喷入燃烧室内，从而避免了曲轴箱强制通风污染进气系统。同样，炭罐内的燃油蒸气也可以经由空压机进入燃烧室，减少进气系统内的沉积物生成[145]。需要指出的是，此时要保证在压气机或其后的气路内不能形成沉积物。

沉积物的另一个来源是 EGR 系统回流至节气门体的废气成分。对于 PFI 发动机，再循环废气对节气门体上沉积物生成的影响已经很清楚了，因此设计时，选择合适的再循环废气引入位置，使其无法流到节气门体处。当节气门部分开启时，节气门阀盘下游存在一个回流区，如果再循环废气在附近引入，会直接向上回流，污染节气门阀的边缘，加速沉积物生成。为控制 GDI 发动机的 NO_x 排放，引入了大量的再循环废气，因此增加了进气系统被部分氧化的燃油和润滑油以及碳烟污染的可能性。这些污染物将导致直喷汽油机节气门体下部沉积物的生成速度高于 PFI 发动机。再循环废气可以通过一个分布式系统在进气门附近引入，但需要统筹考虑 IVD 的生成。

由于直喷汽油机排气中的碳烟和未燃燃油较多，EGR 系统内也会生成沉积物，从而降低再循环废气的流量或污染 EGR 阀。使 EGR 系统保持尽可能高的温度能有效地避免沉积物生成量过多，但 EGR 阀采用的是电动线性驱动器，必须保持较低的温度，防止破坏。另外，再循环废气保持较高的温度会限制其最大质量流量。在引入进气系统之前，对排气进行预处理能减少 EGR 系统内和节气门体上的沉积物生成。如果再循环废气从三效催化器下游引入，排气已被大量氧化。但只有三效催化器下游的排气背压能保证控制 NO_x 生成所需的 EGR 量时，才可能采用此方法。

直喷汽油机进气口处的任何气道口开关控制阀上都可能会有沉积物生成，尤其在当它与沉积物生成物质相接触，且其表面温度适当的情况下，沉积物生成更快。因此，气道口开关阀的设计必须详细优化，从而保证此处无沉积物生成。

最后，GDI 发动机开发过程中，火花塞积炭是另一个需要考虑的重要问题[296]。在发动机所有工况和整个使用寿命周期内，都必须可靠点火。如图 7.5-1 所示，火花塞上的积炭将改变其绝缘体的阻值，降低其点火和放电特性，从而显著改变燃烧稳定性，甚至导致失火。对火花塞表面沉积物的化学分析表明，它主要由 C 组成，也含有 Ca 和 Si[437]。如何抑制火花塞积炭生成，并保持其足够长的使用寿命和高质量的点火能力，人们开展了大量的工作。图 7.5-2 所示为一个新开发的火花塞，与 GDI 常用的火花塞相比，它具有较多优点。与传统电极相比，铱电极点火能力较强，寿命较长。采用高磨损阻抗的铱-铑合金作中央电极，可以使电极非常小，提高燃烧稳定性。新开发的火花塞还有两个侧置辅助电极，能够在中央电极积炭时保证可靠放电，从而保持绝缘能力[155]。

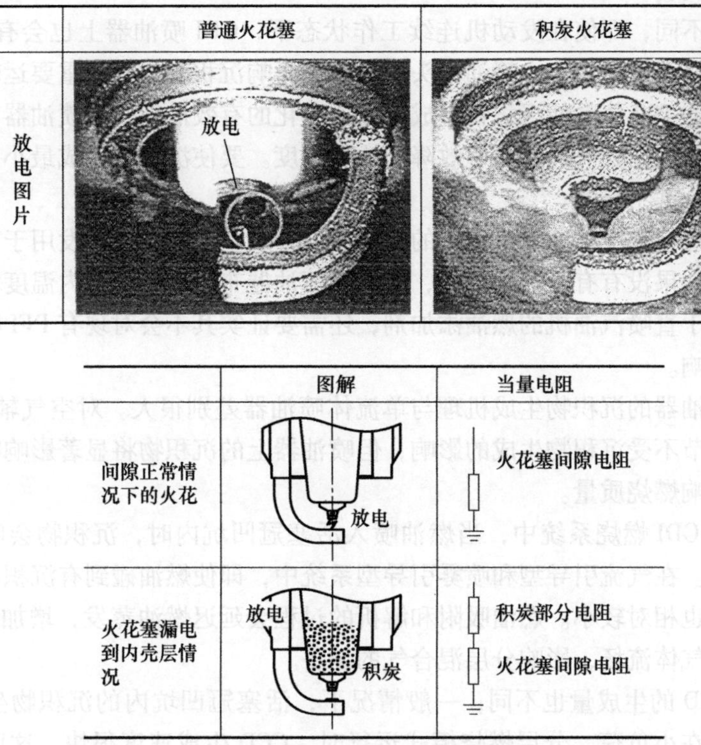

图 7.5-1 正常的和积炭的火花塞以及它们的点火特性对比[437]

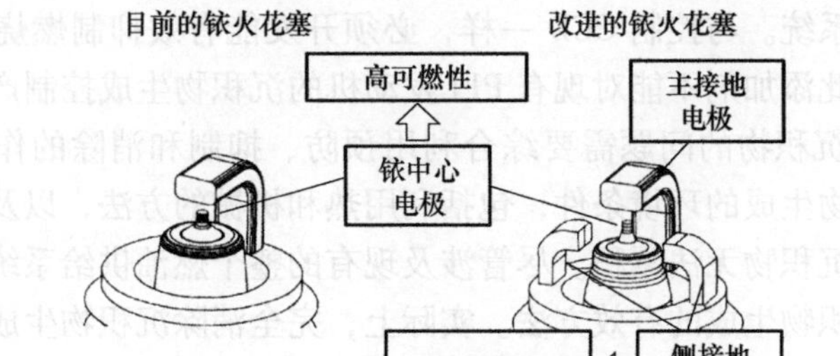

图 7.5-2 现有的火花塞和改进的铱电极火花塞对比[15]

7.6 总结

设计 GDI 燃烧系统时，如何控制沉积物生成非常重要。忽略这个问题将延长研发时间，缩短保养周期。喷油器沉积物生成量增加将降低雾化质量，削弱燃烧系统的灵活性。在所有喷雾特性参数中，喷雾形状最重要，原因在于，在发现沉积物已造成燃油流量明显降低之前，喷雾形状早已发生了变化。这意味着，在燃油流量显著降低之前，喷油器沉积物可导致指示平均有效压力的变动率增大，甚至出现发动机失火。采用喷雾引导型和气流引导型燃烧系统时，这一点尤为突出。如果沉积物已经积累到使燃油流量明显降低的程度，将导致多缸机各缸间的空燃比变动。

与 PFI 喷油器不同，即使在发动机连续工作状态下，GDI 喷油器上也会有沉积物生成，而且生成速度非常快。已经证实，喷油器头部温度是影响沉积物生成的重要运转参数，保持头部温度低于燃油的 T90 值是使沉积物生成速度最小化的有效措施。将喷油器布置在合适的位置，并将喷油器与高温燃气隔离能有效降低油嘴温度。要使沉积物生成最小，仅考虑喷油器的设计和布置是远远不够的。

燃油添加剂对降低 PFI 喷油器沉积物的生成极为有效，人们正在开发用于直喷汽油机的专用燃油添加剂。如果没有有效的添加剂，必须将喷油器布置在燃烧室内温度相对较低的部位。即使开发出用于直喷汽油机的燃油添加剂，还需要证实其不会对现有 PFI 喷油器的沉积物生成产生负面影响。

空气辅助式喷油器的沉积物生成机理与单流体喷油器差别很大。对空气辅助式喷油器，虽然燃油流量的调节不受沉积物生成的影响，但喷油器上的沉积物将显著影响喷雾特性及其稳定性，并最终影响燃烧质量。

在壁面引导型 GDI 燃烧系统中，当燃油喷入活塞冠凹坑内时，沉积物会吸附燃油，对燃烧产生负面影响。在气流引导型和喷雾引导型系统中，即使燃油碰到有沉积物的壁面，沉积物对燃烧的影响也相对较小。燃油吸附和解析的过程会延迟燃油蒸发，增加 HC 排放。这些沉积物也会改变气体流场，影响分层混合气的制备。

位置不同，CCD 的生成量也不同，一般情况下，活塞冠凹坑内的沉积物生成量较缸盖上要多。当发动机在小负荷、分层燃烧模式运行时，CCD 生成速度很快，这已经成了直喷汽油机发展的重要挑战。由于进气道内液态燃油很少，去除 GDI 发动机的 IVD 更加困难。润滑油是影响 IVD 生成的重要因素，这些润滑油主要来自缸盖、沿进气门阀杆下部的泄漏以及曲轴箱强制通风系统。与控制 CCD 一样，必须开发能有效抑制燃烧室和进气门沉积物的燃油添加剂，并且此添加剂不能对现有 PFI 发动机的沉积物生成控制产生负面影响。

解决 GDI 发动机沉积物的问题需要综合利用预防、抑制和消除的作用。设计时，需要提供能有效抑制沉积物生成的环境条件，包括利用热和机械的方法，以及如何连续不断地清洁相关表面，从而使沉积物无法累积。尽管涉及现有的整个燃油供给系统，采用燃油和润滑油添加剂仍是抑制沉积物生成的有效方法。实际上，完全消除沉积物生成是不可能的，因此应该设计出能承受一定量沉积物的方案，从而保证沉积物的生成不对系统的功能产生过大的负面影响。最后，需要找到一个方法（利用热的、机械的或化学的方法）来定期地去除沉积物。对直喷汽油机耐久性设计和评估工程师来说，认真考虑沉积物生成表面的范围和本章提及的沉积物成核源是非常重要的。

要完全了解各个部件上沉积物生成的复杂机理仍需进行大量的研究。然而，不能等到完全了解机理以后再寻找控制沉积物生成的措施。通过详细分析各关键参数及其影响趋势，应该可以为人们理解沉积物问题和研究控制措施提供思路。如果能找到使相关部件上沉积物生成量最小化的措施，可以延长发动机寿命，使整个使用周期内排放性能、燃油经济性、运转和驾驶性能最佳。

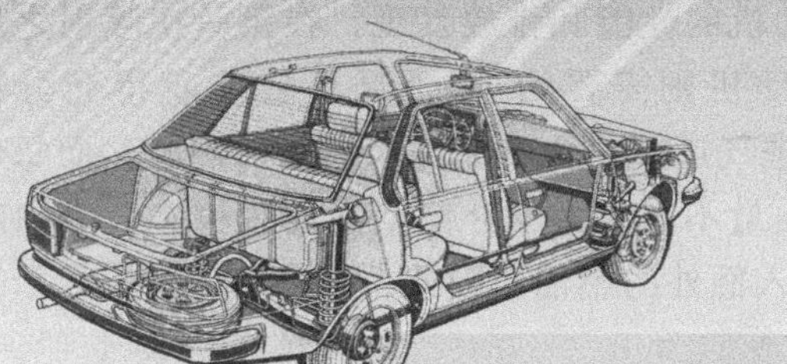

第 8 章

排放：生成机理和降低措施

8.1 引言

燃油直接喷射到气缸内一直被认为是提高车用汽油机热效率，进而改善燃油消耗率的一种很有前景的技术对策。根据工作循环的不同，这种技术在理论上，根据行驶循环的不同，可以改善燃油经济性 20%~25%。但是，目前只有大约一半潜力在所应用的汽油机领域实现。这些明显的不足是由很多因素引起的，主要是由满足日益严格的排放标准要求所需的系统改变引起。从本质上说，许多对改善燃油经济性极为重要的发动机的设计变量和运行参数，如降低节流损失、增加压缩比和扩大分层燃烧的负荷范围，又相应会对排放产生相反的影响。并且，许多减排措施也会不利于降低发动机的比油耗和改善经济性，如 NO_x 存储催化器的再生、为了冷起动过程中提高催化器温度的快速起燃和扩大理论空燃比工作范围的后喷。

很明显，为了满足日益严格的排放法规，对某些潜在燃油经济性的获得就需要折中，也就清楚了 GDI 发动机的理论热力学潜力似乎无法完全实现[58]。为了最大限度地获得理论上的潜能，了解和掌握 GDI 发动机的排放物生成机理就显得极为重要。这对于采取有效的控制措施来抑制排放物生成和开发尾气后处理系统去除有害物都有不可估量的意义。本章主要分析和讨论的内容包括：未燃 HC、NO_x 和微粒的生成机理以及目前控制排放物生成和降低排放物的技术措施。

8.2 HC 排放物

8.2.1 冷起动和瞬态工况的 HC 排放

汽油缸内直喷技术完全消除了进气道壁面的液态油膜，从而减少了 PFI 发动机中燃料的输运延时以及在气道口处由液膜引导燃料进入进气管过程中的流量计量误差。缸内直喷不仅明显增加了流量测量的准确性，而且改善了冷起动和瞬态工况下的发动机响应。

在冷起动条件下，比较 GDI 发动机和 PFI 发动机的性能和排放发现，在第一次喷射之后 GDI 发动机的 IMEP 就快速提高，而 PFI 发动机则需要约 10 个循环才能获得充分燃烧[407]。这主要是因为 PFI 发动机在进气门和进气道壁面会形成越来越厚的油膜，而每个循环进入气缸的燃料量与喷油器实际喷出燃油量不同。为了补偿壁面油膜稳态波动引起的燃料延迟，PFI 发动机在冷起动过程需要喷入额外的燃油。因此，PFI 发动机前几个循环的 HC 排放相当高。

理论上，GDI 发动机可以在理论空燃比或略稀的条件下成功冷起动。因此，在发动机标定过程中可以实质性降低冷起动加浓补偿和加速加浓补偿，从而降低总 HC 排放。因此，四冲程 GDI 发动机在排放方面的一个显著优势是明显降低了冷起动和暖机起动过程中的 HC 排放。实际上，这已经在许多试验研究中得到了证实[9,10,407,408,439]。但是必须指出的是，此排放优势对燃油系统喷射的燃油雾化品质依赖性更强。如第 3 章所述，假如在冷起动过程中，油泵供油压力以及油轨压力不能被迅速地建立起来，相应的喷雾雾化水平与油泵完全准备好的喷射相比会明显变差。这就是目前所有的 GDI 发动机产品只采用一个简单的低压泵来辅助主泵的原因。因此，在冷起动过程中必须增加燃料的浓度，但这可能会导致气缸中存在液膜，类似 PFI 发动机的进气口的情况。这也说明了实现 GDI 理论上的潜力将依赖于喷雾的质量好坏。

直喷样机的试验已经证明在理论空燃比下，GDI 发动机可以在冷起动的第二个循环成功着火。相反，典型的 PFI 则需要在第七个循环才可以着火，并且随后的燃烧也不稳定[9]。GDI 发动机在第一个燃烧循环之后燃烧就相对较好，并且循环变动小。同时，如果稍微加浓，GDI 发动机可能实现在第一个循环着火，说明第一循环喷射时燃烧室内没有残留的燃料蒸气。第二个着火循环的 IMEP 相对较高，因为此循环是第一个也是仅有的一个没有残余废气的燃烧循环。实际上，即使在首个着火循环中燃烧室表面温度是最低的，气缸内含有首循环的残余未燃混合气，而不是残余废气；产生的 IMEP 仍会高于其后的任何一个循环。然而，对于 GDI 发动机，首循环的燃烧不良必然导致 HC 排放升高。氢火焰法检测（FID）HC 排放表明直到第五个循环，HC 排放才达到一个稳定水平，但在 PFI 发动机中，在理论空燃比下直到首次着火后第七个循环 HC 排放才达到稳定。但因为随后的燃烧不稳定，较高的 HC 排放会一直持续多达 35 个循环。

如图 8.2-1 所示，在冷起动测试中对 1.8L 4 缸 GDI 发动机和标准的 PFI 发动机进行了对比。结果表明 GDI 发动机具有良好的瞬态特性和显著降低 HC 排放的特点[439,440]。在空燃比为 14.5：1 时，GDI 发动机达到稳定的 IMEP 需要四个循环。对于 PFI 来说，在空燃比为 13：1 时则需要 12 个循环。在冷却温度为 23℃ 的冷起动条件下，采用进气行程早喷（30°ATDC）和进气行程晚喷（170°ATDC），对 GDI 和 PFI 发动机的排放特性进行了对比[408]。无论对于 PFI 还是 GDI 发动机在进气早喷时的 HC 排放都要高于 GDI 的晚喷情况。冷起动的前几秒钟内，喷油时刻对瞬态 HC 排放影响的数据表明，GDI 发动机的 HC 排放降低，并且在 170°ATDC 喷射时达到最小值，比早喷（30°ATDC）的 HC 排放低 60%。

在 1400r/min 和 BMEP 为 0.15MPa 的工况下，研究了冷却液温度对部分负荷下 HC 排放和油耗的影响。冷却液温度为 20℃时的结果显示，在进气行程将喷射时刻从 30°ATDC 推迟到 110°ATDC 后，稳态的 HC 排放可以降低 50%。在冷却液温度为 80℃时，在进气过程 30°ATDC 喷射时刻，比油耗最低。对于此测试系统，在较低温度工作时为了获得较低的 HC

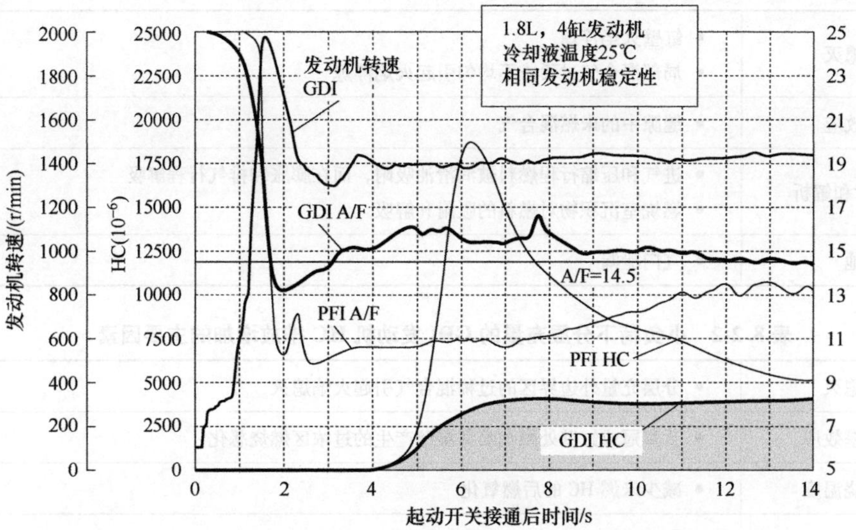

图 8.2-1 GDI 发动和 PFI 发动机冷起动空燃比要求和排放特性的比较[440]

排放，喷射时刻优化为 110°ATDC，而在暖机和稳态工作时，喷射时刻定为进气行程的 30°ATDC。对于此给定的燃烧系统，以上的喷射策略很好地达到了 HC 排放和油耗的平衡。但是，采用 30°ATDC 的早喷会损失部分的充量冷却效果。同时空燃比对冷起动过程影响的结果证实了在同样的起动循环，GDI 可以采用空燃比比 PFI 稀 2 个比率值的混合气起动。

采用优化的喷射时刻和稀燃方式的 GDI 发动机冷起动试验证明，GDI 发动机可以明显降低 HC 和 CO 排放[408]。拖动时此发动机的喷射时刻定为进气行程的终点，而在第一次着火后调整为 110°ATDC。GDI 发动机可以使催化器更加迅速地升温，并且 HC 排放也比 PFI 发动机的低。这是因为在冷起动及运转过程中，直喷引起的更早的着火和精确的空燃比控制使得催化器温度快速升高。对于传统的 PFI 发动机，为了减小由于湿壁引起的燃料输运滞后的影响，需要采取许多的补偿标定。而对于速度和负荷的瞬态特性，这些补偿方法的效果显得极为有限。因此，PFI 发动机在发动机的瞬态工况下会引起催化器效率的波动，从而导致 HC 转化率降低，催化器进口和出口的排气管 HC 排放均出现多个峰值。而 GDI 发动机采取更加精确的空燃比控制可以改善催化器的转化效率，进而降低了 HC 排放。

8.2.2 小负荷下分层燃烧模式下 HC 排放来源

许多年来，有关均质点燃式发动机的 HC 排放的主要来源已经被详细地研究了，其主要的生成机理概括见表 8.2-1[66]。一般来说，分层模式的 HC 排放来源的优先级不同于均质模式。因为可能只有少量的燃油蒸气存于缝隙中和临近壁面，所以狭缝和机油油膜机理显得不再重要。而其他的机理，包括长时间混合过程中的过度混合，空气卷吸和燃油蒸气混合的时间有限导致的混合不足，以及液态 HC 燃料的存在是分层燃烧的 GDI 发动机所特有的现象。相比于均质燃烧方式，伴随稀薄燃烧的较低的缸内温度也会减弱后期的燃烧氧化[385]。对于小负荷下分层燃烧的 GDI 发动机来说，HC 排放增加的主要原因见表 8.2-2。

表 8.2-1　均质充量点燃式发动机运转的 HC 排放主要来源

火焰熄灭	• 缸壁火焰淬熄 • 局部混合气过稀或不均匀引起火焰淬熄
缝隙效应	• 缝隙中的未燃混合气
燃料吸附和解析	• 进气和压缩行程燃料被润滑油吸附，而在膨胀和排气行程解吸 • 燃烧室沉积物对燃料的吸附和解吸
其他	• 气门泄漏

表 8.2-2　小负荷下分层充量的 GDI 发动机 HC 排放增加的主要因素

火焰熄灭	• 分层充量外边界区的过稀混合气引起火焰熄灭
燃料湿壁效应	• 活塞冠或缸壁处燃油喷雾湿壁产生的过浓区燃烧恶化
较低燃烧温度	• 减少未燃 HC 的后燃氧化
较低废气温度	• 显著降低排气道的 HC 氧化率 • 降低催化器的转化效率

对于汽油直喷分层燃烧（DISC）发动机来说，低负荷下分层燃烧的 HC 排放是目前面临的主要困难。对于汽油直接喷射，在分层区域（混合气从浓到稀）的外部边界，由于过稀最终会导致火焰熄灭[439]。结果，在总的充量中将保留相当一部分 HC。因此，火焰前锋面不能从浓混合气（火花塞间隙处）向所有稀混合气区（燃烧室的偏外部分）传递才是引起 GDI 发动机部分负荷 HC 排放的主要因素。实际上，要解决此问题仍需大量研究。另外一个问题可能是在活塞附近的过浓区，主要是由喷雾对活塞冠或者缸壁的湿壁作用所引起。

GDI 的分层燃烧可以明显降低缸内峰值温度。因此，未参与燃烧的 HC 几乎不可能在后燃过程中得到氧化。同时排气温度也较低，因此很难使目前的催化器系统实现高转化效率并达到满意的排放水平。较低的排气温度也阻止了 HC 在排气管氧化，类似于 PFI 发动机在同等负荷下的研究结果[11]。

GDI 发动机和后处理系统的模型研究揭示分层稀燃的排气温度确实要低于催化器起燃所需的温度。随着发动机排出的 HC 升高，催化器放热反应可能加剧，这就引起了催化器载体中部的温度升高并且增加了 HC 的转化效率。所以，随着 HC 供气程度的增加，排气管的 HC 排放将降低。图 8.2-2 所示为在理论空燃比下不同工作时间间隔时，分层燃烧的研究结果。结果明显表明对于分层稀燃方式，为了保持催化器的转化效率，期望发动机排出的 HC 有一定程度的增加，甚至可能是必须增加的[168]。

图 8.2-2 显示了在限制 HC 排放方面的局限性，即使其包含了分层稀薄燃烧燃油经济性的优势。从此图中可以发现，当分层稀燃发动机的 HC 排放量与理论空燃比燃烧的 HC 排放之比小于 2.5 时，冷起动后最少需要 400s 的理论空燃比燃烧才可以满足 EURO3 排放的 HC 排放标准。在这 400s 内，燃油经济性损失超过 25%，这是在假设发动机能在起动后立即工作在分层稀燃状态的前提下得到的。在以理论空燃比起动的过程中，因为开始某段时间内催化器还没有达到起燃温度，所以此过程中发动机产生的所有 HC 排放全部直接转变为排气管

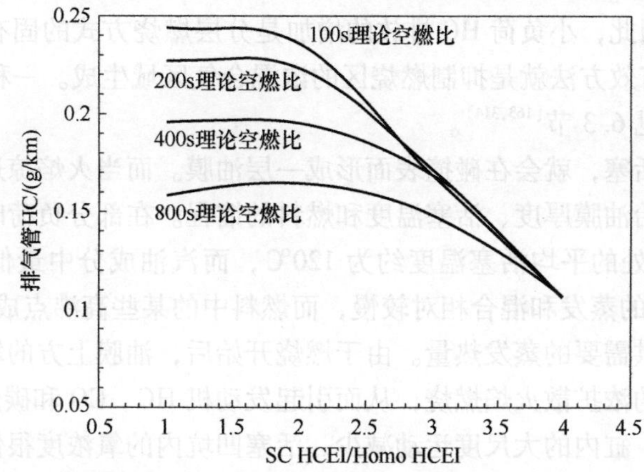

图 8.2-2 分层燃烧模式下尾气中 HC 排放量随发动机 HC 产生量的变化

注：SC HCEI 为分层燃烧模式下 HC 排放指数；Homo HCEI 为均质燃烧模式下的 HC 排放指数[168]。

的 HC 排放。结果会导致循环平均的排气管 HC 排放受到理论空燃比下的发动机排出的 HC 排放的明显影响。对于均质理论空燃比工作的发动机来说，这些结论进一步强调了设置严格的发动机 HC 排放量值的重要性。实际上，理论空燃比工作的发动机排放 HC 限值可能比分层稀燃的发动机 HC 限值显得更加重要[168]。

一般来说，在怠速工况下，汽油直接喷射会引起 HC 排放略微升高，并且在部分负荷也会明显升高。对于较高转速下的部分负荷工况，HC 排放的另一个来源是混合气制备时间减少。由于缺少足够的蒸发时间，在较大液滴的表面可能发生扩散燃烧。另外 GDI 发动机较高的压缩比也会导致更多的未燃燃料在缝隙中存储起来。这对于均质燃烧来说会导致 HC 排放增加，但缝隙效应对于分层燃烧的 GDI 发动机来说不是主要因素[9,85,216,303]。

一些早期的关于 DISC 发动机的 HC 排放研究结果可能仍然适用于目前的 GDI 发动机。文献记载了在 TCCS 燃烧系统中，DISC 模式下小负荷时 HC 排放增加的可能原因[4,113]。在小负荷时，由于喷射燃油的混合和扩散，导致混合气在自燃之前呈现局部过稀的特点。结果，TCCS 系统在许多循环的燃烧效率较低，进而 HC 排放过多。在小负荷时，此系统中供应的是总体过稀的混合气，这就引起了过度混合。由于少量喷油引起的喷嘴的波动性较大，燃料蒸发时间的循环变动成为一个重要的因素。燃烧效率最低的循环是 HC 排放增加的主要来源。

无论是火花塞间隙附近的燃烧火焰核心发展的任何延迟，还是火焰穿过混合气过程中传播速度的延迟都是引起 HC 排放增加的重要因素，并且发动机燃烧过程中，较长的燃烧延迟明显增加 HC 排放[113]。这表明对于分层燃烧的稀混合气来说，燃烧室中燃料的滞留时间应该尽可能的短。因此，燃油喷雾终点的喷雾特性就是决定 HC 排放的一个主要原因。正如第 4 章所述，针阀关闭时所喷的尾部燃油雾化不良，并且蒸发可用的时间也最少。同时，对于一些针阀的设计来说，尾部的喷雾轨迹明显不同于主喷雾。因此，恶化的雾化效果和不同的轨迹就可能引起碳烟和 HC 排放升高。

在分层燃烧时，HC 排放会随着空燃比的增大继续增加[378]。这是因为普遍存在的过稀混合气的区域增加，从而引起不完全燃烧。数值模拟的结果证实在空燃比小于 30∶1 的整个可燃区内，混合气区域随机地分布在火焰当中[180]。结果，火焰不能均匀地通过此区域，从而引起了 HC 增加。因此，小负荷 HC 排放的增加是分层燃烧方式的固有特征。为了降低此类 HC 排放，可能的有效方法就是抑制燃烧区的浓混合气区域生成。一种可以达到此效果的技术是两阶段喷射，见 6.3 节[163,314]。

当燃油喷雾碰到活塞，就会在碰撞表面形成一层油膜。而当火焰掠过的时候，此油膜存在与否主要取决于初始油膜厚度、活塞温度和燃料的馏程。在部分负荷时，GDI 产品发动机活塞凹坑表面下 1mm 处的平均活塞温度约为 120℃，而汽油成分中最低的蒸发温度也需要 180℃。因此壁面油膜的蒸发和混合相对较慢，而燃料中的某些高沸点成分始终保持为液态，直到燃烧过程为其提供需要的蒸发热量。由于燃烧开始后，油膜上方的氧含量相对有限，可能形成油池火焰形式的浓扩散火焰燃烧，从而引起发动机 HC、CO 和碳烟排放升高。

燃烧完全结束后，缸内的大尺度运动减少，活塞凹坑内的氧浓度很低。结果，即使整体的空燃比很稀，在燃烧结束之后蒸发的燃料也不可能得到氧化。对于多组分燃料，较轻的成分先被蒸发，而较重的成分则以液态油膜形式附着于壁面，这可能进一步增加碳烟和 HC 排放[385]。在燃烧室沉积物形成之后，随着燃油喷雾碰壁，吸附于壁面的燃料成分也会增加。因为多孔的沉积物可以吸附和解吸液态和气态的 HC，所以导致燃料的蒸发延迟，其对 HC 的贡献机理与 PFI 的缝隙效应是一致的。所以，对于采用壁面引导型系统，其 HC 排放特性对于活塞凹坑中的沉积物很敏感。

采用 KIVA 程序对分层燃烧的 GDI 发动机的 HC 来源进行了详细的模拟计算[11]。结果表明在较为严重的湿壁时，着火时刻大约有 10%的燃料以液态存在。该预测可能发生于喷油器侧置和中置的燃烧系统，其活塞冠中残存的燃料是 HC 排放的最大来源。假如这些碰壁和凹坑中的燃料在火焰传播到达之前得不到足够的蒸发和混合，活塞之上的这些浓层会产生不完全燃烧。总的 HC 可以达到燃料总量的 3.4%，其中 0.6%来自不完全的火焰传播，2.7%来自湿壁效应，0.1%来自燃油喷射系统和缝隙效应。

对于晚喷、分层燃烧方式，在喷射开始之后，很快在涡流式喷雾内部明显出现燃油蒸气，结果产生了“实心锥状”的蒸气分布，即使在部分中空的燃油喷雾情况下也是如此。喷雾内部的蒸气很浓，沿径向逐渐稀薄，在喷雾的偏外边界存在一层薄的稀混合气（$\Phi<0.5$）。随时间和曲轴转角的增加，由于持续地混合，此稀混合气区域的燃料得以增加。在着火时刻，此过稀区的燃料量可达到总喷射量的 20%，如果得不到完全的燃烧，就会明显造成 HC 排放增加。如果在膨胀行程的缸内温度低于 1000K 时，任何在主火焰区外的未燃稀混合气就会作为 HC 排放排出。即使在活塞表面局部的当量比非常高，然而较低的温度使此区域的 HC 氧化变缓慢。计算表明，火焰可以传播到当量比约为 0.3 的区域，要使当量比为 0.2 的混合气在 1.5ms 内氧化，则缸内温度至少需要 1150K。由于膨胀行程中缸内的压力和温度迅速降低，当量比小于 0.1 的混合气只能部分被氧化，并且反应在 3ms 后迅速终止。

另外，GDI 发动机燃烧室表面的燃料液滴沉积也是 HC 的重要生成机理。由于被喷雾的动量、平均气流流动或者湍流赋予了能量，喷雾中的油滴可能被输运到燃烧室的边界（缸壁、活塞或者缸盖），从而与这些表面接触并形成液态油膜。以这种形式产生的油膜，一部分可以在燃烧和膨胀行程中得以蒸发，进一步被氧化或者从气缸排出形成 HC 排放[385]。

为了确定排气中 HC 排放的可能来源，可以采用 HC 排放浓度跟踪法来分析[385]。

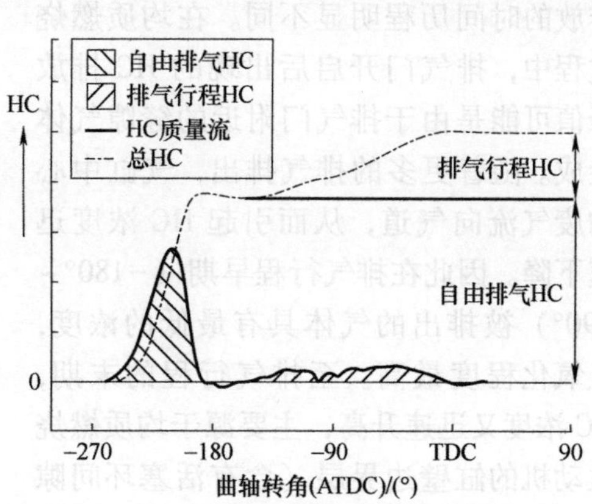

图 8.2-3　在排气行程的不同阶段的 HC 排放量和随时间变化的 HC 排放总量[385]

图 8.2-3 所示为一个计算瞬时 HC 质量流率和积分总量的例子。扫气 HC 是指在排气扫气阶段的 HC 量，而排气行程 HC 代表剩余的 HC 质量流。扫气 HC 理论上包括源于空气卷吸和混合时间有限导致的未混合完全的 HC，但排气行程 HC 大部分来自主燃烧区以外的液滴过度混合和输运。采用这种表示方法，累积 HC 排放量的变化可以表示为喷射时刻的函数，如图 8.2-4 所示。从图中可以明显看出，随着喷射时刻的提前，总 HC 排放中排气行程 HC 的含量增加。这与过度混合是由时间决定的事实相一致。总 HC 和自由排气 HC 也增加，使得下述理论变得可信，即自由排气 HC 的组成来自所有下面三个形成机理的贡献：过度混合、混合不充分和液态燃料的影响。假如以相对的扫气 HC 排放量作为表征混合不充分和液滴与壁面相互作用引起的 HC 排放量的方法，那么其将正比于 CO 排放。图 8.2-5 所示为三种不同燃料的排气 HC 和 CO 排放的关系。相对扫气 HC 是指在下止点前排出的 HC 比例。很明显，对于此试验中挥发性最好的异戊烷来说，由于其更加快速的蒸发和不存在液态油膜，导致其混合不足的成分最少。另外一种表征混合不足量的方式是燃烧过程中后期的燃烧质量分数。可以发现随喷射时刻推迟，混合气制备的可用时间减少，CO 和扫气 HC 增加，这表明了混合不足的影响加剧。

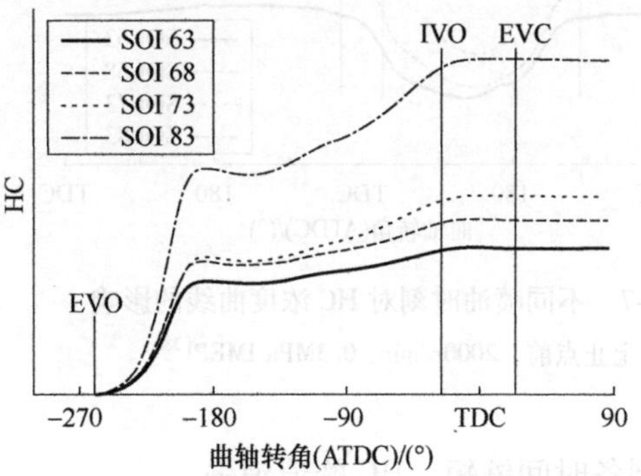

图 8.2-4　随不同喷油时刻变化的 HC 排放总量
注：在上止点之前的压缩行程；2000r/min，0.3MPa。

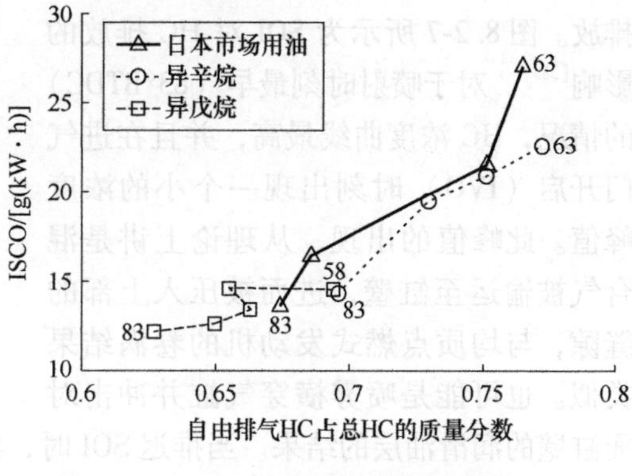

图 8.2-5　指示 CO 排放随不同的喷油时刻下排气 HC 质量分数和三种不同燃油的变化
注：上止点前 58°，63°，83°[385]。

8.2.3　运转参数对 HC 排放的影响

（1）发动机运转模式的影响　图 8.2-6 对均质燃烧和分层燃烧的 HC 浓度进行了对比。这些结果来自一台 GDI 发动机产品（单缸 1.8L）的 250 个连续循环的平均值[385]。测试工况的转速为 2000r/min，IMEP 为 0.3MPa。从图中可明显看出，随发动机工况的改变，HC

排放的时间历程明显不同。在均质燃烧过程中，排气门开启后出现的HC排放峰值可能是由于排气门附近的缝隙气体造成。随着更多的排气排出，气缸中心的废气流向气道，从而引起HC浓度迅速下降。因此在排气行程早期（-180°~-90°）被排出的气体具有最低的浓度，且氧化程度最高。至排气行程的末期，HC浓度又迅速升高，主要源于均质燃烧发动机的缸壁边界层（含有活塞环间隙的未燃HC）的卷涡以及润滑油膜的解吸。而对于分层燃烧的发动机，HC浓度的增加可能是过度混合和淬熄的综合结果。当排气门关闭的时候，气道内的流速降低，HC浓度缓慢下降，直到下一个循环时排气门重新开启。HC浓度的降低来自排气道的缓慢氧化。在排气门关闭之后没有气流通过，所以本质上是不会产生其他的HC排放。

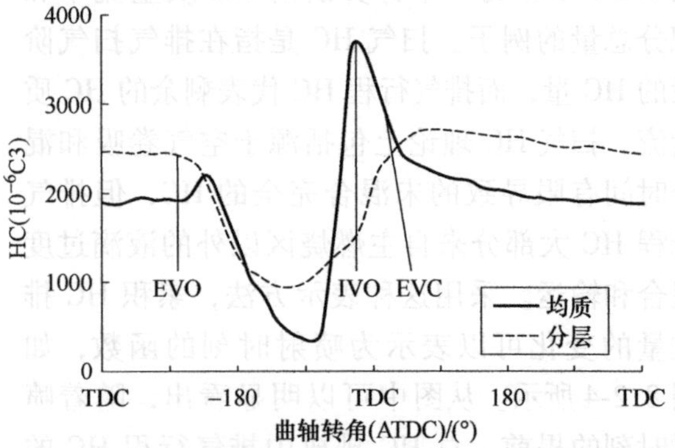

图8.2-6 均质燃烧和分层燃烧HC浓度曲线的比较

注：2000r/min，0.3MPa IMEP[385]。

（2）喷油时刻的影响 一般地，喷射开始时刻（SOI）是表征燃料蒸发和空气卷吸可用时间的参数，而喷射结束时刻（EOI）则与最后喷入的燃料的可用时间有关。其中任一参数都会显著影响HC排放。图8.2-7所示为SOI对HC排放的影响[385]。对于喷射时刻最早（83°BTDC）的情况，HC浓度曲线最高，并且在进气门开启（IVO）时刻出现一个小的浓度峰值。此峰值的出现，从理论上讲是混合气被输运至缸壁，进而被压入上部的缝隙，与均质点燃式发动机的卷涡结果类似。也可能是喷雾横穿气缸并冲击对面缸壁的润滑油层的结果。当推迟SOI时，混合气制备时间缩短，HC峰值消失。

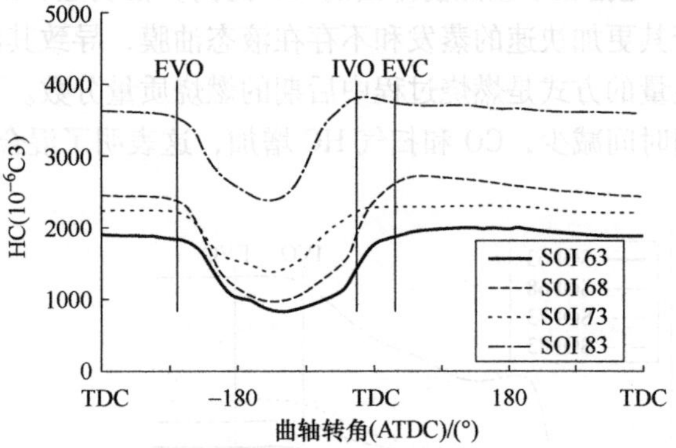

图8.2-7 不同喷油时刻对HC浓度曲线的影响

注：上止点前，2000r/min，0.3MPa IMEP[385]。

（3）EGR的影响 EGR会对GDI发动机的HC排放造成显著影响，但是降低的机理十分复杂。其中包括延长燃烧持续期、推迟燃烧相位和增加后燃的氧化能力，从而导致文献报道中的结果趋势变化较大。采用热的EGR，可以增加进气温度从而有利于降低HC排放。一般分层燃烧比均质燃烧放热提前，但因EGR的引入，存在稀释作用，引起燃烧持续期增加，进而将放热向后延长。但是，因为稀混合气区会被较高浓度的废气进一步稀释，继而导致火焰熄灭，所以EGR的引入不同于节流作用，不会加强火焰传播。

一般来说，在定空燃比条件下，随着EGR率的增加，GDI发动机HC排放增加的规律类似于PFI发动机[201,275]。因为在分层燃烧的GDI发动机中不需要维持恒定的空燃比，引入EGR降低空燃比将有利于降低HC排放；但是，EGR降低HC的效果取决于燃烧系统。随着

EGR率的增加，HC排放和BSFC首先得到改善，这在小负荷工况下特别明显，主要是由于EGR的加热效果[274]和燃烧温度的增加改善了混合气的质量，从而扩展了火焰传播的空燃比极限。当进一步增加EGR率，BSFC和HC排放开始恶化，原因在于引入EGR后导致了可燃极限变窄[11]。EGR对排放和燃烧影响的显著变化，主要是由燃烧系统设计和发动机工况决定的。因此，对于特定的GDI燃烧系统和发动机工况来说，采用较大比例的EGR来降低HC排放的效果需要仔细评估。

(4) 节流的影响 虽然GDI发动机通过在部分负荷下消除节流损失使其具备了明显改善BSFC的潜力，但是研究发现适度的节流在损失一部分燃油经济性的条件下可以改善排放状况[274]。另外，节流和EGR的综合使用可能在燃油经济性以及NO_x和HC排放方面找到折中方案。在不同EGR下，节流对燃油经济性和排放的影响的研究结果发现，在EGR率为20%的情况下，微量的节流就可以降低20%的HC排放，而燃油经济性只有2.5%的损失[274]。而如果采用节流达到降低50% HC排放的效果，则会损失大约8%的燃油经济性。但是在任意空燃比下，不引入EGR而仅采用节流可以达到最低的HC排放。并且，在固定EGR率的情况下，采用节流也不会引起NO_x排放的增加。假如增加节流是为了加浓混合气，那么在固定EGR率的情况下会导致NO_x排放降低，但对燃油经济性不利。对于大多的GDI发动机，无节流时采用EGR，在大约损失2%经济性的前提下，可以降低50%的NO_x排放。有节流时采用EGR，可以降低80%的NO_x排放，但是同时会降低15%的燃油经济性。另一种降低HC排放的措施是限制分层燃烧的程度，使发动机工作在均质、节流的模式。但是，这将违背创造分层发动机的一个主要初衷，即通过显著降低小负荷时的泵气损失来改善燃油经济性。

必须强调的是，节流对发动机HC排放的影响是由特定的燃烧系统决定的。一般来讲，节流发动机可以使火焰延伸到淬熄区。此相对较浓的燃烧也可以增加已燃气体温度，进而促进气缸和排气道内未燃燃料的焰后氧化。所以，节流有利于降低来自淬熄的HC排放。但是，节流会增加喷雾的贯穿率，这可能导致来自活塞冠和缸壁的HC排放量增加。

(5) 燃料组分的影响 据估计GDI发动机HC排放的65%~75%是由试验燃料的单HC组分构成，而对于PFI发动机来说此比例为45%~70%，GDI的HC排放主要为芳香烃和烷烃。增加中等挥发性的燃料成分大约可以降低7%的HC排放，而对于PFI发动机约为5%。增加重质成分的挥发性，可使GDI发动机的HC排放降低6%，但对PFI发动机的HC排放影响不大。这表明GDI发动机对燃料挥发性比PFI发动机敏感，因此可能通过改变燃料的馏程来降低HC排放[383]。对装有空气辅助式喷射系统的GDI样机的HC排放的研究结果表明，个别未燃燃料成分对发动机总HC排放的贡献取决于个别燃油组分的挥发性。随着点火时刻的推迟，废气中高沸点成分的贡献增加，而低沸点成分的贡献降低[217]。未来在此领域的研究可能揭示燃料成分和GDI发动机排放的关系，进而可能进一步降低排放。

通过GDI产品发动机的HC排放种类的研究结果发现，发动机的排放变化与排气HC成分分布的变化密切相关。通过推迟EOI，缸内分层充量增多，烯烃的部分燃烧产物（乙烯、丙稀和正丁烷）对总的HC排放贡献系数增加到2.5，但是未燃石蜡成分（异戊烷和异辛烷）的贡献系数降低为2.0。随着分层充量的增加，相对于石蜡，废气中烯烃成分可使排放中HC形成光化烟雾的比大气反应速率（gO3/gHC）增加25%[216]。这并不是意味HC排放对环境的影响加剧，因为总的HC排放可能降低。但是，排放总的反应性受分层程度和其他运转参数的影响，且明显不同于 PFI 发动机的研究结果。因此，要慎重地采用 PFI 研究的“传统规律”来解释和推理 GDI 发动机的排放趋势。

在单缸 GDI 发动机上进行了石蜡、烯烃、环烷烃、芳香烃、醚和精炼的原油对排放的影响研究。结果证实在分层稀燃的 GDI 发动机中，与其他燃料的燃烧相比，烯烃会导致较短的燃烧持续期、较高的 IMEP、较低的 HC 排放和较高的 NO_x 排放[160]。对石蜡成分的研究表明，燃料的沸点直接影响燃烧持续期和 HC 排放。对芳烃成分的研究结果则显示，在混合气过浓的区域燃烧质量较差，碳烟排放较高。碳烟排放增高可能与过浓区域的芳烃成分的浓度有关。

(6) 缩短催化器起燃时间的影响　众所周知，催化器起燃特性会明显影响冷起动过程中的 HC 排放，而此部分的 HC 排放占发动机整个测试循环 HC 排放的比重很大。正如 6. 2. 4 节和 6. 3. 3 节所述，为了缩短催化器的起燃时间，可采用灵活的喷射策略来优化混合气制备和燃烧过程。其中的一种方法是采用膨胀行程的后喷放热来改善催化器的起燃过程，另一种方法是采用略稀分层策略，在燃烧过程中产生可控数量的过量 CO 和 O_2。催化器中 CO 的氧化可以明显缩短起燃时间，而并用这两种方法可进一步扩大其效果。

8.3　NO_x 排放

8.3.1　分层燃烧 GDI 发动机的 NO_x 排放

随着混合气变稀，传统的稀燃 PFI 发动机在略稀于理论空燃比的混合气区产生最大的 NO_x 排放生成率，在这之后，NO_x 生成率和发动机的 NO_x 排放会持续降低，直至均质、稀燃的极限。此 NO_x 的降低是由于最高燃烧区域的温度降低引起的。但对于分层燃烧的 GDI 发动机，由于在分层充量的核心区域存在理论空燃比或稍浓的混合气，从而导致反应区维持高温。因此，即使稀燃导致了最高的循环热力学温度降低，这些区域的 NO_x 排放仍然很高。前面提到的 NO_x 排放对于空燃比的依赖作用如图 6. 5-14 所示。GDI 发动机通常可以在爆燃极限点稍高的压缩比下工作，这也可能引起 NO_x 排放增加。与同等负荷下的节流工况相比，另一个造成缸内温度较高的因素是，缸内存在更多的被压缩充量。因此，即使 GDI 发动机可以在整体空燃比小于 50 : 1 的条件下工作，但在无 EGR 的情况下，其净 NO_x 排放一般也较高。另外，GDI 发动机在怠速工况下的 NO_x 排放也比 PFI 发动机明显要高，主要是由于局部的理论空燃比燃烧和较高的充量密度引起的剧烈放热，而对于均质燃烧的 PFI 发动机来说，在较低峰值温度时其燃烧相对缓慢。怠速节流导致的较多残余废气也是引起 PFI 发动机 NO_x 降低的一个原因。对于理论空燃比燃烧的 GDI 发动机，采用提前喷射可以使 NO_x 的生成量大约与 PFI 发动机相当，但是推迟喷射时刻可以明显降低 NO_x 排放的峰值。但是，对于空燃比大于 20 : 1 的混合气，推迟喷射后的 NO_x 排放要高于提前喷射的情况。

对于所设计的运转工况为稀薄或超稀薄混合气的 GDI 发动机而言，不幸的是传统的三效催化器不能用来消除 NO_x 排放，因此必须开发缸内和后处理技术来降低 NO_x 排放。很多文献都认同降低稀燃发动机 NO_x 排放的后处理技术是一项具有挑战性的任务。对于 GDI 发动机来说，经常工作在部分负荷、稀燃状态下，根据排放测试循环的规定，将对其总的 NO_x

排放有显著贡献。因此，GDI 发动机的排气管 NO_x 排放能否满足法规要求是 GDI 开发研究人员面临的主要挑战[196]。

8.3.2　控制 NO_x 排放的废气再循环技术

将废气再引入进气的技术被广泛应用于降低缸内的 NO_x 排放。在这项技术当中，废气的主要作用是在燃烧过程中稀释燃料和空气的混合气。EGR 稀释效果直接的作用是降低燃烧的最高温度，进而降低 NO_x 的生成率。分层燃烧的 GDI 发动机的循环废气含有少量的 CO_2 和 H_2O，基本成分接近于热空气。因此，为了增大 NO_x 排放的降低幅度，需要加大 EGR 量。与空气的稀释作用相比，废气中含有比热比较高的 CO_2 和 H_2O 分子，故用废气来稀释会降低被压缩工质的多变指数。所以，与空气的稀释作用相比，EGR 的稀释作用会对热效率造成恶劣影响。并且由于 EGR 会对燃烧稳定性造成影响，所以引入的 EGR 量也是有限的。研究证实采用 EGR 之后，层流火焰速度降低会导致着火延迟期和燃烧持续期增加[274,386]。因此，EGR 技术更适合与其他技术联用[14]。

一般来说，采用 EGR 的 GDI 发动机带来的 NO_x 降低比 PFI 发动机和柴油机要大[262]。由于 GDI 发动机的燃料/空气混合时间比柴油机长，所以 EGR 的效果就更加显著，可以进一步降低 NO_x 排放。在传统的 PFI 发动机中，采用 EGR 稀释混合气后，燃烧变缓或者出现部分燃烧，而在接近燃烧稳定极限值附近时，NO_x 的降低不再有效。对于分层燃烧的 GDI 发动机，理想情况下，在火花塞间隙内存在理论空燃比或者稍浓的混合气。并且，EGR 的加热效果也有助于改善混合气的制备。因此稳定燃烧需要的 EGR 量相比均质燃烧要高很多。但是，由于 EGR 会降低燃烧质量，所以在明显降低 NO_x 排放的同时，还要兼顾 HC 排放恶化和油耗的问题。

作为一个典型的 EGR 降低 NO_x 排放的应用例子，图 8.3-1 所示为三菱 GDI 发动机产品的试验结果。与均质 PFI 发动机的 NO_x 排放相比，采用 EGR 的 GDI 发动机的 NO_x 排放的降低幅度超过 90%，同时可以改善 BSFC。对于此商用的 GDI 燃烧系统，在小负荷 30% EGR 的情况下，最高的火焰温度降低约 200K。图 8.3-2 所示为在丰田第一代的 D-4 发动机上，EGR 对稀燃极限和 NO_x 排放的影响。在进气不节流的情况下，空燃比达到 55∶1 仍可维持稳定燃烧。当不采用 EGR 时，在混合气的空燃比从 55∶1 到 22∶1 的加浓过程中，发动机的 NO_x 排放随之增加。在分层燃烧状态下，随着 EGR 率的明显增加，其 NO_x 排放也随之下降直到燃烧变得不再稳定。在小负荷时，当 EGR 率达到 40% 时，发动机仍可稳定燃烧，而此时的 NO_x 排放与未加 EGR 的工况相比可以降低 90%，同时与传统的 PFI 发动机相比燃油经济性也有 35% 的改善。

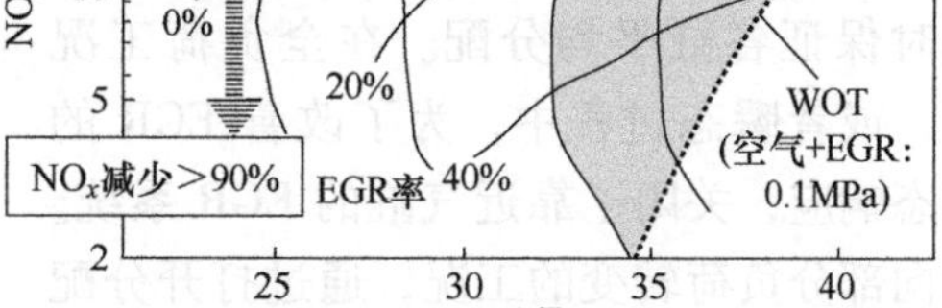

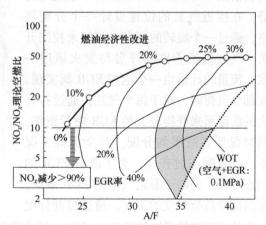

图 8.3-1　三菱 GDI 发动机在不同 EGR 率情况下 NO_x 排放和燃油经济性随空燃比的变化

注：2000r/min；燃料流率为 15mm³/工作行程；4 缸机；1.8L[259]。

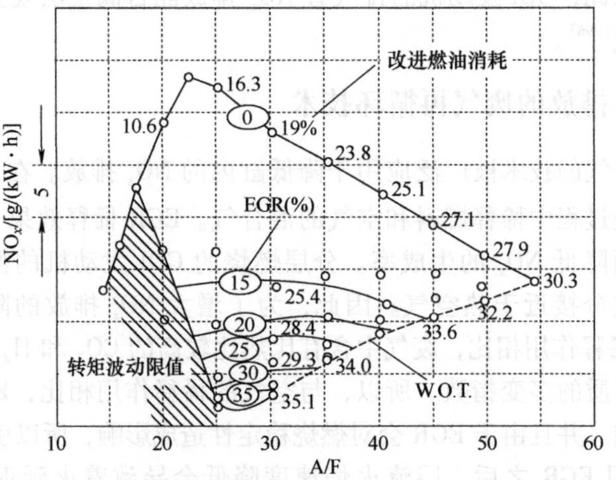

图 8.3-2　丰田第一代 D-4 发动机在不同 EGR 率情况下 NO_x 排放和燃油经济性随空燃比的变化

注：1200r/min；燃料流率为 $12mm^3$/工作行程；4 缸机；2.0L[156]。

GDI 发动机采用 EGR 后，为其提供合适的 EGR 量是设计中面临的一个挑战，因为在比传统 PFI 发动机更低的压差条件下，必须对 GDI 发动机相对较高的 EGR 质量流率进行计量，同时均匀地分配给各缸[374,469]。大量 EGR 的引入需要合适的进气管真空度，从而会带来一部分的泵气损失，而 GDI 是期望降低泵气损失的。并且在发动机瞬态过程，如 GDI 的模式转换过程中，引入合适的 EGR 量就很困难，否则又会对汽车操控性或者 NO_x 排放造成影响。

例如，可变 EGR 的分配系统可以避开目前图 8.3-3 所示[481]的 EGR 系统的劣势。在接近气缸的位置设计一个分配气室，通过一个旋转的圆盘式阀门来控制开关。气缸供给管路的开启与发火顺序一致，流量的计量由一个电控 EGR 阀实现。在部分负荷时，对于每个气缸，通过打开大的横截面来获得较大的 EGR 质量流率，同时保证各缸平均分配。在全负荷工况下，或者瞬态过程中，为了改善 EGR 的动态响应，关闭了靠近气缸的 EGR 系统。在向部分负荷转变的工况，通过打开分配气室从而开启靠近缸盖的 EGR 系统。因为进气歧管只有一小部分受到热废气的影响，所以引入空气的温度增加不如传统的中央供给设计方案。

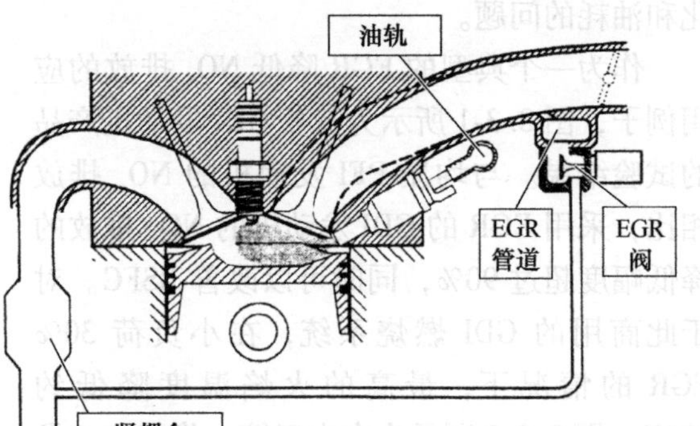

图 8.3-3　可变 EGR 分配系统图示[481]

除此之外，也可以考虑采用其他的控制方法，如采用单独的 EGR 管道阀或将 EGR 直接引入气缸[259]。但是，EGR 阀的位置和方向会对缸内的 EGR 分布造成明显影响，同时再循环废气引起的缸内附加流动会进一步影响燃料的分层，所以在采用此方法时须仔细评估其影响。另外 EGR 阀或管道的密封及其在缸盖附近的安装限制也是影响直接 EGR 技术应用的重要因素。

8.3.3 稀燃 NO_x 后处理系统的需求

即使 EGR 被广泛用在点燃式发动机上来降低 NO_x 排放，普遍的观点仍然认为 GDI 发动机的成功是与稀燃 NO_x 的后处理装置的研发息息相关的[187,188]，因为 EGR 不能在整个的发动机转速/负荷脉谱上都降低 NO_x 来满足排放法规。例如，在 US. FTP 排放测试循环下，为了获得最大的燃油经济性，分层的 GDI 发动机在稳定的稀限下以稀薄且均匀混合气的燃烧模式运行相当长的时间。在此情况下，无法采用大量的 EGR，否则会对燃烧稳定性造成明显影响。并且，要限制 NO_x 排放至较低水平，脉谱图上分层燃烧的区间将显著变窄，从而降低了对燃油经济性的改善。因此，在优化和扩展分层燃烧范围方面，稀燃 NO_x 的后处理技术肯定将成为备受青睐的方案，并会在该重要技术领域开展许多研发工作[431]。几种稀燃 NO_x 后处理器系统的主要特性及其比较结果见表 8.3-1。需要指出的是，为了适合更多的应用，将来任何的排气后处理系统及其相关的控制系统必须满足以下的三个主要要求：

1）严格遵守排放法规。
2）燃油经济性损失最小。
3）操纵稳定性无明显恶化。

表 8.3-1　几种稀燃 NO_x 后处理技术的主要特性比较

稀燃 NO_x 催化器	• 在有氧条件下，利用稀有金属和沸石催化未燃 HC 与 NO_x，从而降低 NO_x • 燃烧产生的 HC 或原始燃料可作为还原剂 • 最大的转化效率：30%~50% • 工作温度区间窄（对于 Pt 系统 180~300℃） • 需要与其他的催化器联用以覆盖整个发动机工作温度区间 • 实际应用不复杂 • 对硫污染具有很高的抵抗性 • 水对稀有金属催化器会有轻微的抑制作用 • NO_x 转化为 N_2O（温室气体的一种）的效率高 • 不能用在冷起动催化器的下游 • 高温生成硫酸盐
NO_x 存储催化器	• 稀燃情况下具有很高的 NO_x 转化效率（>90%） • 最高还原作用的工作温度区间：200~550℃ • 存储 NO_x 不需要 HC。可用燃料作为催化剂，而不需要其他的催化剂 • 无二次排放 • 完整的三效催化器功能 • 采用冷起动催化器和底板下的 NO_x 存储器方案，以降低冷起动排放 • 浓混合气下再生，导致系统控制复杂、燃油经济性损失较大、HC 泄漏和微粒排放 • 燃料和润滑油含硫导致快速中毒，仅可使用低硫汽油和润滑油 • 需要脱硫，可能导致 SO_2 和/或 H_2S 排放，损失燃油经济性 • HC/NO_x 排放比很关键，较高的 HC 引起性能恶化 • 在高 NO_x 转化效率时，CO 和 HC 转化率降低 • 老化稳定性和生命周期耐久性需进一步改善

（续）

尿素为还原剂的选择性催化还原系统（SCR）	• 高的 NO_x 还原潜力（>70%） • 工作温度区间：200~550℃ • 无燃油经济性损失 • 高抗硫性 • 需要其他还原剂 • 尿素罐和喷射系统增加系统复杂程度并需要额外的布置空间 • 保持高 NO_x 转化效率需要精确计量排气中的尿素量，但要阻止氨作为二次排放的泄漏 • 尿素供给系统复杂，优化尿素喷射 • 在寒冷气候下氨水溶液的凝结 • 车载存储一定量的尿素，加注间隔固定 • 解决尿素的加注站
低温等离子催化器	• 在宽的工作温度区间（150~500℃）内具有较高的 NO_x 转化效率（>70%） • 高抗硫性 • 排气系统的 HC 是有利的 • 须考虑二次排放 • 燃油经济性损失、系统复杂性和稳定性是研发考虑的重点

值得注意的是，对于理论空燃比下的均质 GDI 发动机，除了催化器体积稍大和载重增加之外，后处理系统大部分可以与传统的 PFI 发动机相似。这是消除由于增加 GDI 发动机压缩比和混合气均匀性略差而导致其 HC 排放增加的必要措施。

8.3.4 稀燃 NO_x 催化器

稀燃 NO_x 催化器，也叫选择性还原催化器或者 De-NO_x 催化器，利用发动机产生的 HC 还原 NO 排放。如图 8.3-4 所示，稀燃 NO_x 催化器相比于 NO_x 存储（NO_x 捕捉）催化器的最大优势体现在：对高硫燃料的稳定转化效率和长期工作的稳定性。而存储式催化器则对燃料的含硫量很敏感，其特性将在 8.3.11 节讨论。而与采用尿素为还原剂的选择性催化还原系统（SCR），即需要在排气系统外部加还原剂相比，采用 HC 为还原剂的稀燃 NO_x 催化器，其理想的还原 NO_x 的 HC 有两种来源：发动机排出的 HC 和后燃期的燃料喷射补给。在此情况下，就不再需要外部的还原剂了。

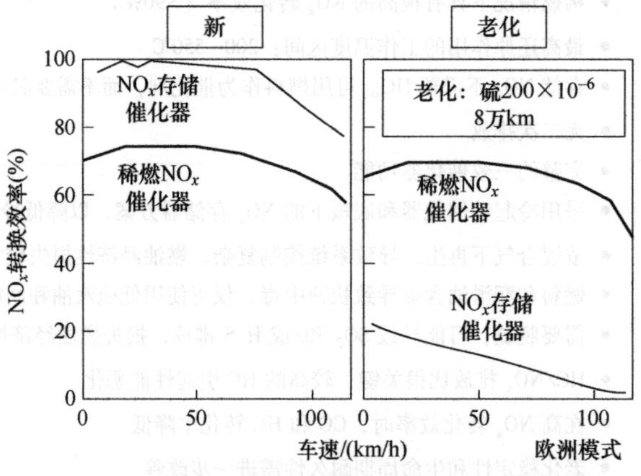

图 8.3-4 稀燃 NO_x 催化器和 NO_x 存储催化器关于硫中毒的比较[342]

根据HC的来源，系统可以设计成被动式系统，其使用来自发动机自然排放的且已经在尾气中的HC；也可以设计成主动式系统，即HC是主动供用的。对于主动式系统，HC可能来自膨胀行程末期喷入缸内的燃料或者直接喷入排气中的燃料。很明显，喷入排气中的燃料需要附加燃料供给系统，从而使系统复杂化。因为其燃烧的HC排放较低，主动式系统已经应用于柴油机中了。采用此类主动式系统的任何燃料都会引起燃油经济性的损失。但值得注意的是，燃料HC成分的链长度和化学分类也对稀燃 NO_x 催化器的最终转化效率起到非常重要的作用。

图8.3-5所示为被动式稀燃 NO_x 催化器的系统布置简图[444]。对于此类排气后处理系统，为了获得足够的 NO_x 排放转化效率，较高的 HC/NO_x 比是必需的。因为如果期望降低NO，那么在氧气和NO之间就会存在对还原剂HC的竞争。HC不会单独和 NO_x 反应，但在稀燃氧浓度很高的情况下，则会被氧化掉很大一部分。这就是此类催化器在使用时的一个根本问题，与冷起动和暖机工况下冷起动催化器内的HC转化效率有关。假如催化器位于稀燃 NO_x 催化器的上游，那么在冷起动过程中可以保证高的HC转化效率，会引起下游稀燃 NO_x 催化器中 HC/NO_x 比显著下降，进而在常用的稀燃发动机工作温度下，NO_x 的转化效率会明显降低。这就是冷起动催化器不能与稀燃 NO_x 并用的原因。另一方面，假如稀燃 NO_x 催化器固定在近排气管位置，由于催化器过热会导致转化效率明显降低，这主要是由其狭窄的工作温度区间决定的。因此，为了避免热破坏，稀燃 NO_x 催化器必须安装在车辆底板下三效催化器的上游处。但这也不是一个可行的解决办法，因为在冷起动过程中HC排放的转化率很低。

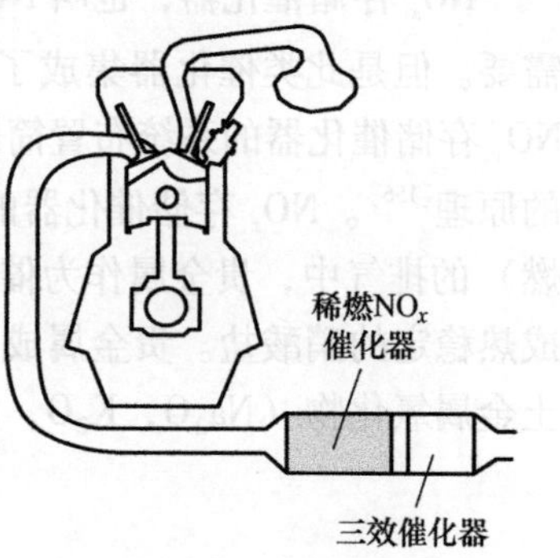

图8.3-5 稀燃 NO_x 催化器的布置图[444]

为了满足未来的排放标准，由于稀燃 NO_x 催化器存在冷起动过程中HC转化和稀燃过程中 NO_x 转化的矛盾，所以开发此类催化器的潜力不大[163]。图8.3-6所示为此类催化器 NO_x 体积转化效率随催化器进口温度的变化图。可以看出，最大的转化效率几乎不超过45%，

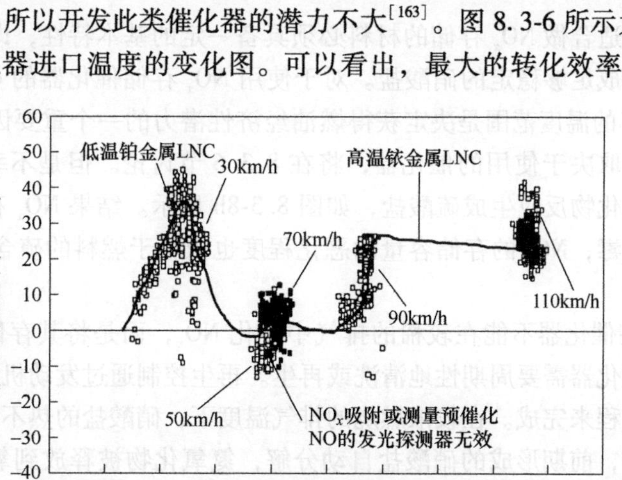

图8.3-6 催化器进口温度对稀燃 NO_x 催化器的 NO_x 体积转化效率的影响[276]

并且工作温度区间很窄。同时此温度区间随使用的催化器的不同而不同，Pt 型催化器的温度区间为 180~300℃，而 Ir 型则为 280~550℃[276]。所以此类催化器的明显局限就是狭窄工作温度区间内较低的转化效率。而对于直喷汽油机来说，其只能工作于有限的稀燃情况下，从而限制了 DI 燃油经济性潜能的发挥[137]。另外，此类催化器在降低 NO 的同时还可能产生 N_2O 和 NO_2 排放。

8.3.5 NO_x 存储催化器的工作原理

NO_x 存储催化器，也叫 NO_x 捕集器或者 NO_x 吸收器，满足所有传统三效催化器技术的需要。但是此类催化器集成了其他的部件和功能，可以实现稀燃情况下氮氧化物的存储。NO_x 存储催化器的系统布置简图如图 8.3-7 所示[444]。图 8.3-8a 所示为此类催化器 NO_x 还原的原理[156]。NO_x 存储催化器的特点是具有贵金属成分和基本的 NO_x 存储介质。在富氧（稀燃）的排气中，贵金属作为催化剂将 NO 和 O_2 转化为 NO_2，同时存储介质吸收 NO_x 并且形成热稳定的硝酸盐。贵金属成分一般选用Pt、Rh 元素，而 NO_x 存储介质选用碱金属或者碱土金属氧化物（Na_2O，K_2O，Cs_2O，Rb_2O，SrO，BaO）。

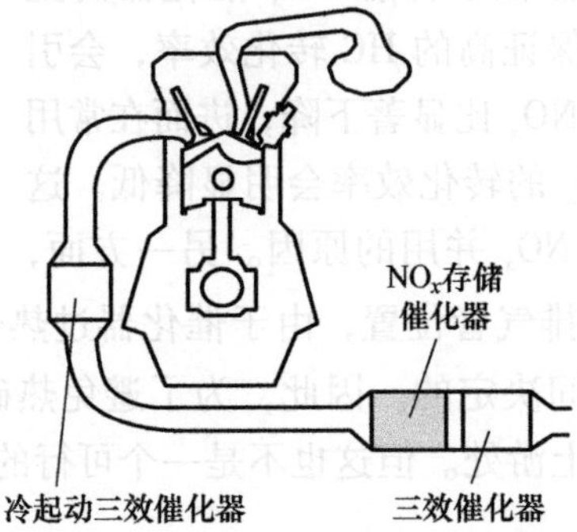

图 8.3-7　NO_x 存储催化器的系统布置简图[444]

从原理上讲，适合做 NO_x 存储的材料必须具备一定的基本特性，即在 GDI 发动机提供的温度范围内可形成足够稳定的硝酸盐。对于使用 NO_x 存储催化器的 GDI 发动机来说，催化器有效吸收 NO_x 的温度范围是决定获得燃油经济性潜力的一个重要因素。如图 8.3-8c 所示，温度范围主要取决于使用的催化器，将在 8.3.6 节讨论。但是不幸的是可以存储 NO_x 的材料很容易与硫化物反应生成硫酸盐，如图 8.3-8b 所示。结果 NO_x 存储单元就会由于燃料中的硫而引起中毒，NO_x 的存储容量的恶化程度也依赖于燃料的硫含量，将在 8.3.11 节中论述。

由于 NO_x 存储催化器不能在较稀的排气中转化 NO_x，而是将其存储起来。为了保持较高的存储容量，催化器需要周期性地清洗或再生。再生控制通过发动机的控制系统某段程序实现的短暂加浓过程来完成。在较浓燃烧的排气温度下，硝酸盐的热不稳定性使再生成为可能。在再生过程中，前期形成的硝酸盐自动分解，氮氧化物被释放到氧浓度低（浓燃）的排气中，然后被转化为氮元素。主要的反应是过量的还原剂 CO、H_2 和 HC 与氮氧化物之间的反应，在某种程度上与三效催化器的机理类似。很明显采用存储催化器作为排气后处理器时，需要发动机管理系统提供所需的间歇工况用于再生。与 PFI 发动机的传统三效催化器相

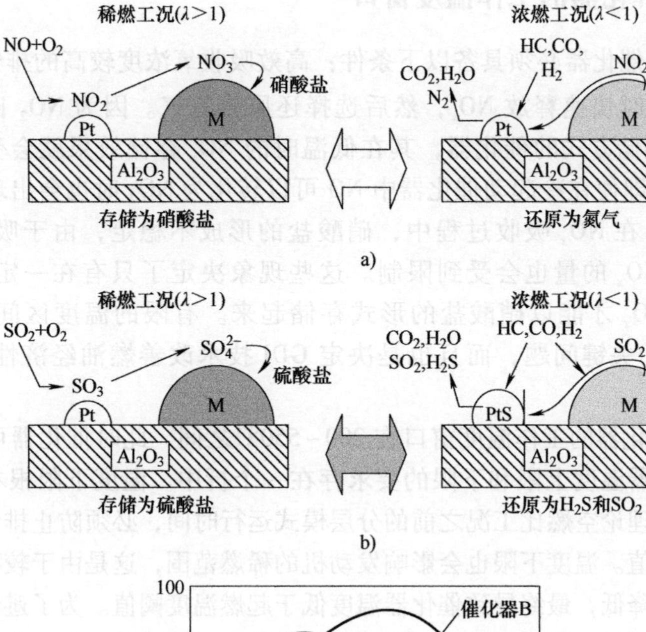

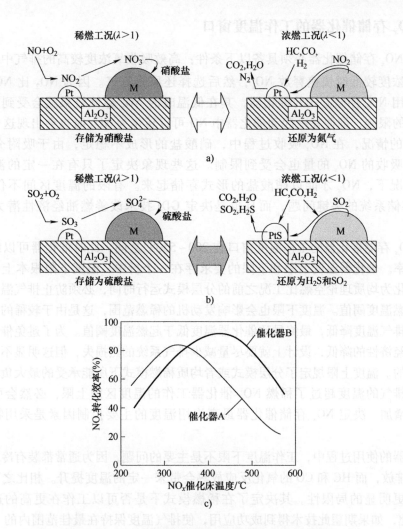

图 8.3-8 NO$_x$ 存储催化器的工作原理和工作温度窗口

a）NO$_x$ 储存和降低过程[156] b）硫中毒和脱硫过程 c）两种不同类型催化器的工作温度窗口[194]

比，稀燃 NO$_x$ 存储催化技术需要高度地与动力总成系统整合在一起。动力总成管理系统必须满足表 8.3-2 给出的条件。

表 8.3-2 NO$_x$ 存储催化器对发动机管理系统的需求

确定存储的 NO$_x$ 质量	• 依赖于诸多关键参数：发动机排放、存储时间（持续时间）、排气流量和温度、过量空气系数
催化器再生过程的起动	• 依赖于存储的 NO$_x$ 量、排气温度和排气流量 • 确定再生持续期和需要的空燃比
操控性	• 为了保持车辆的操控性，在再生工况的变化过程中，应保证相同的功率输出
系统监控和补偿	• 根据系统寿命和其他工作效率的变化计算新的再生参数

8.3.6 NO_x 存储催化器的工作温度窗口

有效的 NO_x 存储催化器必须具备以下条件：高效吸收氧浓度较高的排气中的 NO_x，并且在排气氧浓度较低时快速释放 NO_x，然后选择还原为氮气。因为 NO_2 比 NO 的吸收率高，对于采用 NO_x 存储方式的催化器，其在低温时的 NO_x 存储效果就会受到 NO 转化为 NO_2 的效率的限制，即使在冷起动催化器中 NO 可以转化为 NO_2 时也会出现这个问题。对于高温稀燃的情况，在 NO_x 吸收过程中，硝酸盐的形成不稳定，由于吸附介质中硝酸盐的形成，吸收的 NO_x 的量也会受到限制。这些现象决定了只有在一定的温度区间内和富氧的情况下，NO_x 才能以硝酸盐的形式存储起来。有限的温度区间不仅成为应用稀燃 NO_x 存储系统的关键问题，而且也是决定 GDI 技术改善燃油经济性潜力的一个主要因素。

目前 NO_x 存储催化器的工作温度窗口在 200～550℃之间，此时催化器可以维持相对较高的转化效率。催化器温度上限和下限的要求存在一个折中。温度下限根本上会限制 GDI 发动机在转化为均质理论空燃比工况之前的分层模式运行时间，必须防止排气温度低于三效催化器的起燃温度阈值。温度下限也会影响发动机的稀燃范围，这是由于较稀的混合气会引起发动机的排气温度降低，最终导致催化器温度低于起燃温度阈值。为了避免催化器温度低引起的燃油经济性的降低，设计上就要尽量减少排气系统的热损失，但这明显不是高温稀燃工况所希望的。温度上限规定了分层模式或者均质稀燃模式下所能承受的最大负荷。在更高的负荷下，排气的温度超过了稀燃 NO_x 催化器工作的温度区间上限，必然会引起排气管 NO_x 排放的增加。决定 NO_x 存储催化器最高许用温度的主要控制因素是采用特有的设计方案[194,329]。

在催化器的使用过程中，工作温度下限不是主要的问题，因为通常都装有冷起动催化器来去除 HC 排放，而 HC 和 CO 的氧化反应放热会带来一定的温度提升。相比之下，工作温度上限具有更明显的局限性。其决定了在稀燃模式下是否可以工作在更高的速度和负荷下[480]。因此，如果期望此技术得到成功应用，使排气温度保持在最佳范围内的 NO_x 存储催化器的热管理就显得极为关键。

为了使排气温度达到 NO_x 存储催化器的最佳工作温度范围，进行了许多控制方法的研究。例如，为了对催化器进行快速准确的温度控制，开发了发动机管理系统控制的自动冷却循环，但是系统的复杂性及其装配难度都显得十分高[306]。另外尝试采用改变排气门正时来自动调节排气的温度，但是截至目前，由于系统的复杂性此技术一直未得到商用。另外可以采取的方法是针对增压发动机的可变涡轮增压器（VGT），其可以带来两方面的好处。众所周知，VGT 从排气中吸收能量驱动压缩机，通过改变增压器进口的叶片位置来改变吸收的排气能量。这样，通过电控的方法就可以实现增压 GDI 发动机后处理系统的排气温度处在最佳的工作范围内。这可以将排气温度保持在最大限度来获得 NO_x 存储催化器的转化效率[57]。由于高温区的 NO_x 排放仅与均质稀燃脉谱图上很小的区域密切相关，因此通过采用三效催化器，将此负荷和速度范围重新标定为理论空燃比和高 EGR 运转模式，可以显著降低 NO_x 排放[480]。

为了更好地利用 NO_x 存储催化器的工作温度范围，同时降低高温负荷，大众的直喷系统采用了两套排气冷却措施。图 8.3-9 所示是此排气系统的结构示意图[214]。首先利用空气导管将汽车前方、位于缓冲器下面的冷空气直接引向排气歧管附近的催化器模块。第二步将位于冷起动催化器和 NO_x 存储催化器之间的排气系统分为单独的三条管道，这样通过增加排气系统的表面积就可以有效地向周围的空气传热。据报道此类型的排气热交换器只会引起排气背压微升。

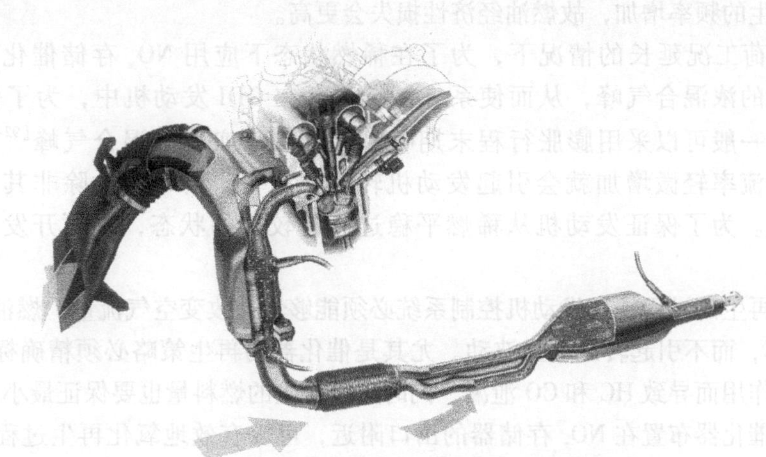

图 8.3-9　大众 FSI 发动机的排气系统结构示意图[214]

为了保持足够的 NO_x 存储效率，NO_x 催化器温度较高时必须禁止发动机采用稀燃模式。在发动机速度和负荷快速下降的情况下，必须推迟稀燃模式，直到 NO_x 存储催化器温度降低，需要的时间间隔与转化器的热惯性有关。为了获得车辆的最大燃油经济性，此时间间隔应该尽可能的短。实际中，NO_x 催化器的载体热损失主要来自于对排气传热，而依靠催化器壳体表面的对流产生的热传递则明显要小得多。因此，假定开始载体温度恒定，在迅速减速过程中，为了达到新的较低的载体温度所需的时间主要取决于进气温度，而此温度的提高可通过改变转化器的位置或者标定发动机实现。标定值的改变可以降低给气温度和给气 HC、CO 的浓度，进而降低三效催化器的放热反应。

值得注意的是 NO_x 存储催化器在高速工况下，会受到高温的限制；实际上，如果在排气温度高于 750℃的扩展工况下工作，就会引起 NO_x 存储能力发生永久破坏[93]。NO_x 控制需要综合以下几方面才能实现：吸收、存储、解吸和还原反应以及保证较大的有效表面积参与反应。因此在长时间的高温工作后，存储介质仍必须保留足够的贵金属和吸附剂分散度。高温（>800℃）富氧会促使生成动态的铂氧化物，铂微粒的烧结率增加，进而导致催化剂失效。如果采用 NO_x 存储催化器，则需要仔细评估和限制其在高温富氧工况下使用，如发动机全负荷断油工况[137]。

8.3.7　NO_x 存储催化器的再生问题

NO_x 存储催化器可以将 NO_x 转化为硝酸盐类并存储，然后在排气缺氧情况下，将 NO_x 重新释放到排气中。为了保持高的存储效率，在排气缺氧的状态下，催化器必须间断性地得到“清洗”或再生。NO_x 存储催化器的特性是随着 NO_x 的存储量增加，其 NO_x 吸收率下降，因而在存储过程中，会发现排气管的排放量持续增加。因此，为了获得最大的存储能力，存储介质必须得到再生[478]。所需的再生频率取决于 NO_x 排放加载水平，而这又依赖于发动机排放的 NO_x 水平和催化器的特性。催化器的不完全再生会导致 NO_x 排放泄漏，但是不必要的催化器再生又会引起燃油经济性损失。与连续稀燃状态下的燃油经济性相比，由 NO_x 存储催化器再生引起的燃油经济性损失在 0.5%~3% 范围内。由于在高速和高负荷稀燃工况下，催化器再生的频率增加，故燃油经济性损失会更高。

在部分负荷工况延长的情况下，为了在稀燃状态下应用 NO_x 存储催化器，必须精确控制排气中的浓混合气峰，从而使系统复杂化。在 GDI 发动机中，为了使 NO_x 存储催化器再生，一般可以采用膨胀行程末期喷射的方法来实现浓混合气峰[92-94]。在稀燃状态下，燃油流率轻微增加就会引起发动机转矩和功率瞬时增加，除非其能得到合适的判断及控制。为了保证发动机从稀燃平稳过渡到较浓的状态，必须开发和优化控制策略。

在催化器再生的过程中，发动机控制系统必须能够快速改变空气流量、燃油流量、点火时刻和 EGR 率，而不引起转矩明显波动。尤其是催化器的再生策略必须精确标定，以防止由于过度再生作用而导致 HC 和 CO 泄漏，同时用于再生的燃料量也要保证最小。如图 8.3-7 所示，将三效催化器布置在 NO_x 存储器的出口附近，可以有效地氧化再生过程中产生的多余的 HC 和 CO。图 8.3-10 所示为在一台装有 NO_x 存储催化器的 GDI 发动机产品上，稳态工况下再生频率和燃油喷射量对燃油经济性的影响[276]。从图中可以看出，过高的再生频率会导致明显的燃油经济性损失。较高再生频率下较浓的再生气体会将分层燃烧所带来的燃油经济性优势完全消除。正如 8.3.12 节所述，采用 NO_x 传感器可以有助于优化 NO_x 存储催化器的再生过程。

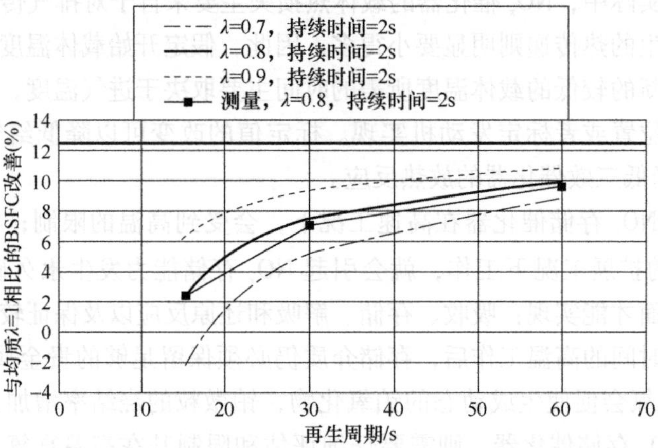

图 8.3-10　装有 NO_x 存储催化器的 GDI 发动机稳态工况再生频率和燃油喷射量对燃油经济性的影响图[276]

在 GDI 发动机产品的均质稀燃过程中，为了对 NO_x 催化器进行再生，需要的浓混合气峰值时间间隔为 50s。为了维持恒定的发动机输出转矩，需要同步控制燃油脉宽和点火时刻（推迟）。对于分层模式，浓混合气峰通过一系列复杂的系统控制命令实现，其中不仅包括小脉宽喷射和推迟点火控制，而且需要对喷射时刻、SCV 和 EGR 阀的位置和开度进行微调。

对于此发动机而言，在无EGR或NO_x存储催化器情况下，在日本的10~15工况测试循环下，其NO_x排放达到了1.85g/km。在仅采用EGR的情况下，NO_x降低到0.60g/km，即降低67%。在采用稳定的NO_x存储催化器之后，NO_x排放进一步降低到0.10g/km。最后，用于催化器再生而引入的浓混合气则会引起2.0%的燃油经济性损失[156]。

GDI发动机的分层燃烧或均质稀燃受到NO_x排放和随后的NO_x存储催化器再生频率的限制。图8.3-11所示为在一台2.0L的GDI发动机上，随着负荷的变化，NO_x质量排放和相应的再生时间间隔的变化图[483]。再生时间间隔基于以下假设：NO_x存储能力为2g，再生时间为3s。NO_x存储催化器的高温区温度假定为520℃，并且允许在温度区间的偏上限区域存储能力可以下降。如图所示，当IMEP超过0.7MPa，催化器所需的再生时间急剧上升，此时该发动机可能工作在稀燃上限。

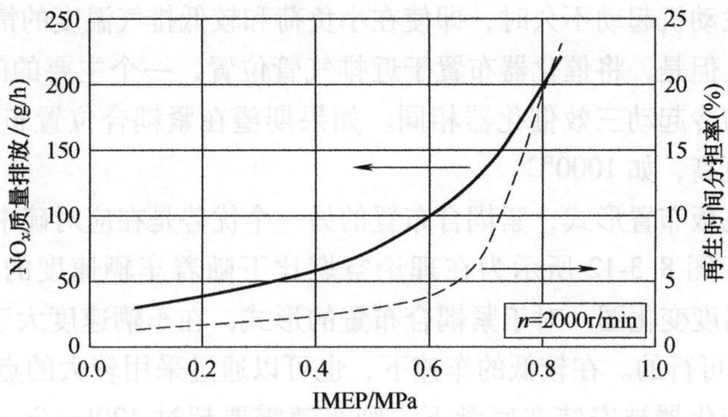

图8.3-11 一台排量2.0L的发动机的NO_x排放质量和相应的再生时间间隔随着负荷的变化[483]

随车辆巡航速度增加，稀燃会导致发动机的NO_x排放增加，因此需要更高的再生频率。与车辆低速时再生的NO_x排放相比，在高速工况下的再生，可以引起明显的NO_x排放排出。当再生过程开始的时候，催化器的NO_x释放率初始很高，但是迅速消失。主要是因为在初始的时候，从发动机来的还原剂质量不足以有效地氧化高速时催化器快速释放的NO_x，故引起NO_x排放的增加[156,306,483]。

在理论空燃比下，车辆持续加速会生成大量的NO_x排放，主要是由于催化器内存储的NO_x释放的缘故。在从稀混合气向理论空燃比混合气过渡的车辆加速过程中，排气中的氧浓度明显降低，引起催化器内存储的NO_x出现不稳定状态。故而导致存储的NO_x释放出来，引起排气管中的NO_x排放短暂升高，同时降低NO_x催化器的效率。在此瞬态过程中，采用如下的发动机控制策略就可以降低NO_x排放：在加速过程中，使发动机在比理论空燃比略稀的条件下工作，并推迟点火，同时进行催化器的再生[43,156,306]。

8.3.8 NO_x存储催化器的布置比较：紧耦合和底板下

NO_x存储催化器在稀燃状态下进行存储工作时，不需要任何选择性还原剂，这点不同于8.3.4节提到的基于HC的选择性还原催化器。因此，采用如图8.3-7所示的排气后处理装置的布置形式：冷起动催化器和底板下布置的NO_x存储催化器相结合，就可以有效地避免前面提到的基于 HC 的稀燃 NO_x 催化器的设计问题[136]。冷起动催化器可以在起动后有效地控制发动机的 HC 排放，但是也必须能够承受大负荷均质燃烧时的高温环境。

位于底板下的 NO_x 存储催化器系统的相对位置需要满足存储部分的温度在工作温度之内（约为 200~550℃）。通过指定系统位置可以防止高速时催化器的温度超过其工作温度的上限，从而 GDI 发动机的稀薄燃烧就可以在相对较高的负荷实现。但在冷起动过程中，NO_x 催化器的起燃将被推迟，这样在测试循环的起始部分就不能采用分层燃烧模式。很明显针对这两种需求要寻求折中方案。为了尽量在测试循环的高速工况获得稀薄燃烧带来的最大燃油经济性，则在测试循环的初期就不得不牺牲一部分燃油经济性。

另一种选择是将 NO_x 存储催化器安装在发动机附近。采用这种方案，催化器内部和吸附介质内的铂接触面会将 NO 氧化为 NO_2，同时 NO_x 催化器可以比位于底板下的方案得到更加快速的起燃。在发动机起动不久时，即使在小负荷和较低排气温度的情况下，催化器都能以较高的效率工作。但是，将催化器布置于近排气管位置，一个主要的问题是热耐久极限，其所处的温度环境与冷起动三效催化器相同。如果期望在紧耦合位置布置，则 NO_x 存储催化器的老化温度应更高，如 1000℃。

相比于催化器底板布置形式，紧耦合布置的另一个优势是在应对硫中毒的问题上可以扩展脱硫处理的能力。图 8.3-12 所示为在理论空燃比下随着车辆速度的增加，预测的稳态 NO_x 存储催化器的温度变化图。对于紧耦合布置的形式，在车辆速度大于 80km/h 时，实现脱硫所需的 650℃是可行的。在较低的车速下，也可以通过采用较大的点火推迟来进行脱硫处理。相反，如果催化器被安装在底盘下，则车速需要超过 120km/h 才可能脱硫。并且，由于紧耦合布置升温更快（图 8.3-13），在测试循环的初期即可采用稀薄燃烧，从而明显改善燃油经济性[168]。总之，NO_x 存储催化器的布置方式比较灵活。图 8.3-7 所示的布置方式被广泛地采用，但需要特殊的控制策略来改善底板式催化器的起燃特性。存储催化器的最优位置主要取决于排放和燃油经济性的开发目标、测试循环、标定策略和特殊的排气管路布置形式。

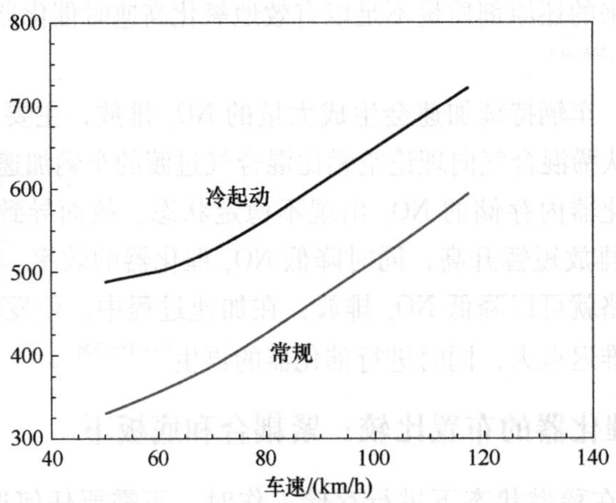

图 8.3-12　稳态工况下预测的 NO_x 存储催化器的温度随车速的变化

注：化学当量比下的紧耦合布置和底盘布置[168]。

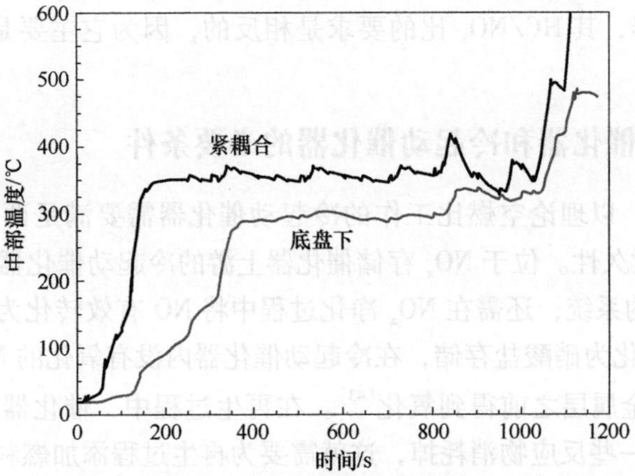

图 8.3-13　预测的 NO_x 存储催化器的温度随时间的变化

注：紧耦合布置和底盘布置[168]。

8.3.9　HC/NO_x 比对 NO_x 存储能力的影响

众所周知，与传统的 PFI 发动机相比，GDI 发动机在分层模式下工作会产生相对较高的 HC 排放，并且 GDI 的后处理系统须对 HC 的氧化非常有效。因为在 NO_x 的吸收过程中，第一步是 NO 的氧化，因此，增加 HC/NO_x 比会降低吸收介质的 NO_x 存储能力，进而恶化 NO_x 排放，尽管在分层模式下较高的 HC 排放会有利于催化器温度的提升。本质的原因是在装有 NO_x 存储催化器和冷起动三效催化器条件下，未燃 HC 会与 NO 争夺催化剂。这就阻碍了 NO 氧化为 NO_2，而此过程却是随后 NO_x 吸附的必要条件，因此要求发动机排气的 HC/NO_x 比要尽可能的小。另外，为了在起动和分层燃烧时使催化器获得较高的 NO_x 还原效率，位于前端的催化器需要具备高效的 HC 转化能力。

图 8.3-14 所示为一台 NO_x 存储催化器存储能力和 HC/NO_x 比的关系，从中可以明显看出，HC/NO_x 比显著影响 NO_x 的存储容量[43]。随着 HC/NO_x 比的降低，由于在吸附器内 HC 和 NO 的氧化反应对催化器的竞争效应消失，NO_x 的存储能力得到改善。与 GDI 后处理系统降低整体的排放能力相比，这又强调了较低机外 HC 排放的重要性。如果排气中的 HC 浓度

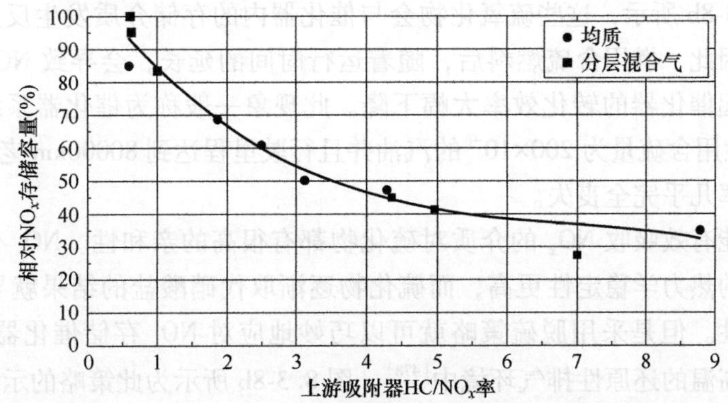

图 8.3-14　HC/NO_x 比值对 NO_x 存储催化器 NO_x 存储能力的影响[43]

更高，必须增加催化器的稀有金属含量，来改善 HC 转化效率和 NO_x 的存储能力。对于基于 HC 的选择催化还原器，其 HC/NO_x 比的要求是相反的，因为它主要是用足够高浓度的 HC 来作为还原剂。

8.3.10 NO_x 存储催化器和冷起动催化器的必要条件

在 PFI 发动机中，以理论空燃比工作的冷起动催化器需要满足两个条件：起动时低温 HC 的氧化和高温的耐久性。位于 NO_x 存储催化器上游的冷起动催化器也要具备以上两个条件，如图 8.3-7 所示的系统，还需在 NO_x 净化过程中将 NO 有效转化为 NO_2。为了保证所有的 NO_x 都被很好地转化为硝酸盐存储，在冷起动催化器内没有氧化的 NO 排放，务必在到达 NO_x 吸收介质的稀有金属层之前得到氧化[43]。在再生过程中，催化器里前期存储的氧需要将浓混合气峰产生的一些反应物消耗掉，这就需要为再生过程添加燃料。因此，必须降低催化器的储氧能力，使再生过程需要时间尽可能的短，从而将燃油经济性的损失降到最低。另外使富含 HC 的排气尽可能无延迟地到达 NO_x 存储催化器也很重要，这样可以保证存储的 NO_x 快速解吸并反应。据报道，针对 NO_x 存储催化器应用的冷起动催化器已经开发出来了，其储氧能力不及传统三效催化器的 25%，并且可以达到需要的氧化能力和热耐久性[306]。NO_x 存储催化器具有两个功能，其一是具备一定的氧存储能力，类似三效催化器一样稳定的工作。其二是在稀薄燃烧时存储 NO_x 和转化 HC、CO。因此，在理论空燃比工作时，为了提供足够的三效催化器活性，储氧介质也必须整合到 NO_x 存储催化器中。或者在无储氧能力的 NO_x 存储催化器的下游单独连接一个三效催化器。

对于 GDI 发动机的后处理系统来说，另一重要的问题是检测单独的冷起动催化器的功能。通过测量放热反应可以获得冷起动催化器的效率，如果催化器的进口温度未知，可采用模型来计算该进口温度。热电偶用于监控冷起动催化器的下游温度，并将测量的温度与工作催化器模型计算所得温度进行对比。此温度也可用作 NO_x 存储催化器的再生和温度控制的反馈信号。因此，从冷起动催化器到 NO_x 存储催化器入口的系统热模型就显得十分必要[93]。NO_x 存储催化器的诊断将在 8.3.12 节详细论述。

8.3.11 NO_x 存储催化器的硫中毒及其脱硫处理

NO_x 存储催化器系统的主要问题在于 NO_x 存储介质对燃烧排放的硫氧化物（SO_x）具有亲和性。如图 8.3-8b 所示，这些硫氧化物会与催化器内的存储介质发生反应，形成非常稳定的硫酸盐类。因此，燃用含硫燃料后，随着运行时间的延长，会导致 NO_x 的存储能力稳步下降，从而引起催化器的转化效率大幅下降。此现象一般称为催化器系统的硫中毒。如图 8.3-4 所示，燃用含硫量为 200×10^{-6}的汽油并且行驶里程达到 80000km 老化后，NO_x 存储催化器的转化效率几乎完全丧失。

一般来说，能有效吸收 NO_x 的介质对硫化物都有很高的亲和性。NO_x 催化器中形成的硫酸盐比硝酸盐的热力学稳定性更高，而硫化物逐渐取代硝酸盐的结果就导致 NO_x 存储催化器完全失去活性。但是采用脱硫策略就可以巧妙地应对 NO_x 存储催化器的硫中毒现象，即催化器工作在高温的还原性排气环境中[478]，图 8.3-8b 所示为此策略的示意图，目前仅可能会增加燃油的消耗[136]。除非汽油中的硫含量降低到很低的水平，如 5×10^{-6}或者更低，否

则脱硫处理将是 NO_x 存储催化器应用的一个主要需求。NO_x 存储催化器系统脱硫处理的主要问题表现在以下三点：

1）存储介质吸收的硫是否能完全去除？

2）考虑到附加的燃油消耗和操控性，如何获得满意的折中方案？

3）是否存在 H_2S 气体过量等其他问题？

即使硫酸盐可以在更高的排气温度下分解，但是此温度区间必须能在实际的运行条件下实现，并且还必须小于 NO_x 催化器热破坏的极限温度。一般地，在富含 HC 的环境中，温度高于650℃之后，催化器中的硫酸盐才能分解。NO_x 存储催化器开发的主要目标是保证通过脱硫处理将催化器中的硫完全去除，从而保证不会出现由于许多重复循环的部分脱硫处理引起的累积的且不可恢复的硫中毒现象。任何脱硫处理都需要进一步考虑不能产生 H_2S 排放，H_2S 具有令人厌烦的刺激性气味。脱硫处理的一项研究表明，采用 HC 浓度高的排气可以将接近60%的硫转化为 H_2S，这是人们所不期望的结果[136]。脱硫策略通过采用禁止调制的空燃比来大幅降低 H_2S 生成。略浓于理论空燃比的空燃比可以有效地抑制 H_2S 形成。从这点考虑，在较浓的空燃比下，老化的存储催化器比未老化的催化器受 H_2S 生成的影响要小[137]。因此，浓稀排气的周期性振荡可以避免出现过浓排气，这样就可以在脱硫过程中完全抑制 H_2S 生成。甚至非常短时间的浓混合气工作足以将部分的硫从催化器中去除，以至于在选择的车辆运转工况下，“自然”或者自发地进行脱硫处理。除了这种在中等部分负荷下的自发过程，还必须预测到车辆会很大程度上工作在部分负荷范围内。因此，如果燃料中的硫超过了限值，不可避免地需要主动式的脱硫策略。

推迟点火结合浓混合气峰的策略可以提供脱硫处理需要的条件，即提高排气温度和还原性排气。但是此方法一般会引起明显的燃油经济性损失，其幅度取决于燃料的硫含量。采用浓混合气峰的策略，在部分负荷下的初始化脱硫处理也会增加一部分燃油消耗。并且，在催化器的寿命内始终存在一个问题，不可去除的硫的浓度会逐渐增加，进而引起持续少量的 NO_x 转化效率降低。因此，降低燃料的硫含量将有利于 GDI 后处理技术的应用[478]。

对 NO_x 存储催化器在 GDI 产品发动机上的工作特性研究表明，在城市工况下会发生催化器的硫中毒现象。此现象是在稀燃状态下产生的，此时 NO_x 催化器上游的排气温度在250~500℃之间。对于高速公路工况，NO_x 催化器的进口温度区间为350~650℃。根据输出转矩的需要，稀混合气、当量比混合气和浓混合气的状态都会存在。当采用稀混合气时，NO_x 催化器发生硫中毒；但是采用浓混合气时，此时的进口温度超过600℃，会引起 NO_x 催化器的脱硫处理，进而有利于 NO_x 的存储。对于高速公路工况，由于 NO_x 存储催化器的进口温度低于650℃，故不会发生热损坏。高速路上更加粗暴的驾驶可能使催化器进口处的排气温度达到650~770℃，但在全负荷下，温度会超过800℃。在这些条件下的混合气不是处在理论空燃比就是偏浓的状态下。因此，高速公路工况为 NO_x 存储催化器的脱硫处理提供了优越的条件。但是，在这些高温和可能存在断油的条件下，由于动态铂氧化物的形成加剧，导致催化器的受热老化成为一个主要的问题。从而加快了铂颗粒的烧结，相应地降低了催化剂效率[137]。

如图8.3-15所示，在北美和欧洲，标准汽油中硫含量增加阻碍了 NO_x 存储催化器的广泛应用，因为吸收少量的硫就可以严重抑制 NO_x 存储的活性。在欧洲和美国市场上，汽油的硫含量几乎比日本市场的高出几倍到 10 倍，所以对于汽车工程师来说为这些市场开发 GDI 发动机的部件就显得相当困难。要满足欧洲和北美严格的 NO_x 排放法规，对于 GDI 发动机的燃烧和后处理系统来说，要么将汽油的硫含量降低到一定水平，要么开发具有长时间抑制硫中毒的更加有效的 NO_x 存储催化器[341,431]。

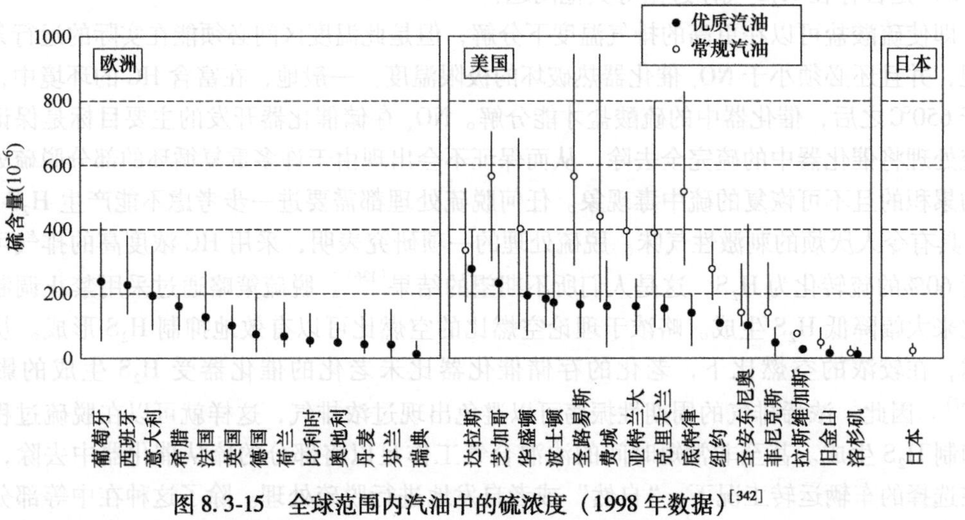

图 8.3-15　全球范围内汽油中的硫浓度（1998 年数据）[342]

为了避免 NO_x 存储催化器中毒，市售汽油的硫含量必须低于 8×10^{-6}，这样就不再需要单独的脱硫处理了。如果汽油的含硫量高并且排放法规严格的话，GDI 在燃油经济性方面的优势就很难达到，因为 NO_x 存储催化器需要频繁地再生[93]。图 8.3-15 的数据公布于 1998 年，目前全世界都在努力降低燃料的硫含量。但是值得注意的是，对于硫质量含量在 10×10^{-6} ~ 30×10^{-6} 的情况，催化器如果长时间的工作，那么 NO_x 的存储介质也会因为硫的存在而达到饱和，从而明显恶化 NO_x 的转化效率。因此，在不讨论未来的汽油硫含量的前提下，只要燃料的硫含量超过 8×10^{-6}，由于硫中毒引发的 NO_x 催化器的再生就必不可少。这就需要在满足排放法规的前提下，存储催化器具备令人满意的使用寿命。

8.3.12　NO_x 存储催化器诊断

一旦 NO_x 存储催化器的转化效率显著降低，就必须在无任何还原剂泄漏的前提下，开始 NO_x 还原过程，然后中止该过程。尤其对于可能老化或者部分硫中毒的催化器来说，控制过程必须在动态过程中达到最高的精确度，但同时要保证在最低燃油消耗和可获得最佳操纵性的前提下完成。理论上，前面提到的控制过程可以基于 NO_x 催化器下游的阶跃响应式氧传感器或者 NO_x 传感器实现。

（1）采用氧传感器的诊断控制　主 NO_x 存储催化器的诊断控制可以通过使用氧传感器的阶跃响应实现。采用许多选定的稀/浓混合气循环，对 NO_x 催化器进行持续还原，直到氧传感器检测到从稀到浓的变化信号，表明过度还原引起还原剂泄漏。从总的还原时间来看，如果已知 λ 值和吸入空气的质量，就可能得到总的 NO_x 和 O_2 的存储容量。对于已知的催化剂涂层，可以获得 NO_x 存储能力和总的被测存储能力的关系式，该关系式是基于催化器内 NO_x 和 O_2 存储介质的老化程度一致的前提得到的。这样就可能发现由于硫中毒和/或热损坏

引起的任何 NO_x 存储介质的变化。引入辅助的模型来分析 NO_x 存储状态，可确定 NO_x 排放是否已经超过阈值。如果到达此阈值比模型计算的早，可以确认 NO_x 存储容量发生了变化。通过对信号的适当处理，此方法可以获得当前存储容量的可靠信息。在计算得到的总存储容量急剧降低的情况下，必须起动脱硫处理。如果在进行了几次脱硫再生之后，仍然无法完全恢复存储能力，那么催化器可能出现了不可复原的老化现象[93,261]。

图 8.3-16 所示为一种推荐的诊断控制系统，采用在排气中引入 3 个氧传感器，不仅可以实现发动机工作过程的优化而且可以对冷起动催化器（前催化器）和主催化器进行诊断。具有开关特性的氧传感器被安装在主催化器的下游，用来检测 NO_x 和 O_2 的存储容量。同时可以标定位于冷起动催化器上游的宽域氧传感器，此宽域氧传感器用来控制均质稀燃需要的 λ 值。监控使用的转矩值是由发动机空气流量和稀燃的氧传感器信号决定的。宽域氧传感器的作用很多，还可作为炭罐清洗系统的一部分来确定再循环废气中的新鲜空气量，以及监测 NO_x 的存储容量。

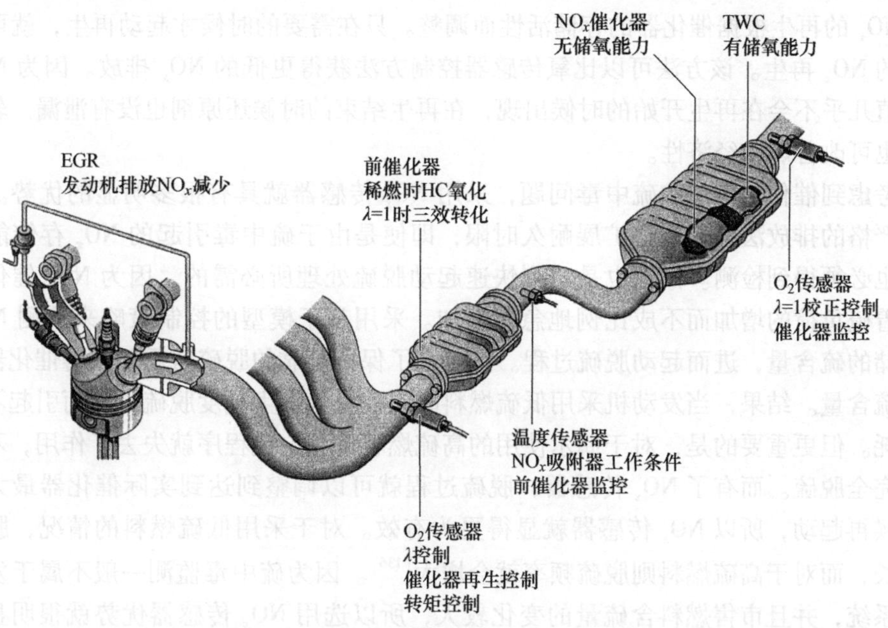

图 8.3-16　推荐的在排气系统中使用三个传感器的 NO_x 存储催化器诊断控制系统[261]

图 8.3-17 所示为基于模型的 NO_x 存储催化器的控制系统工作原理图。通过采集排气温度信号和发动机空气流量信号，基于模型可以计算得到 NO_x 催化器的温度。NO_x 的质量流量由模型的另一部分计算，需要的参数包括发动机转速、燃油量和 EGR 率。根据 NO_x 质量流量和新鲜空气的进气流量就可以算出存储催化器的负荷。在催化器再生过程中，NO_x 负荷的降低是由“催化器再生”子程序计算得到的。因此，实际的 NO_x 存储水平和剩余的存储容量就得到了。基于 λ 信号，使用催化器存储或者催化器释放算法。假如存储容量低于某阈值，在某特定空燃比下要求起动再生过程。采用从分层模式到均质模式切换或者从均质模式到分层模式的切换来初始化再生过程。NO_x 催化器的存储容量模型决定了催化器存储控制的质量[261]。值得注意的是，当采用 λ 传感器来监控 NO_x 还原过程时，为了避免 NO_x 的泄漏，存储的 NO_x 质量相对较少，再生过程起动的频率更高。

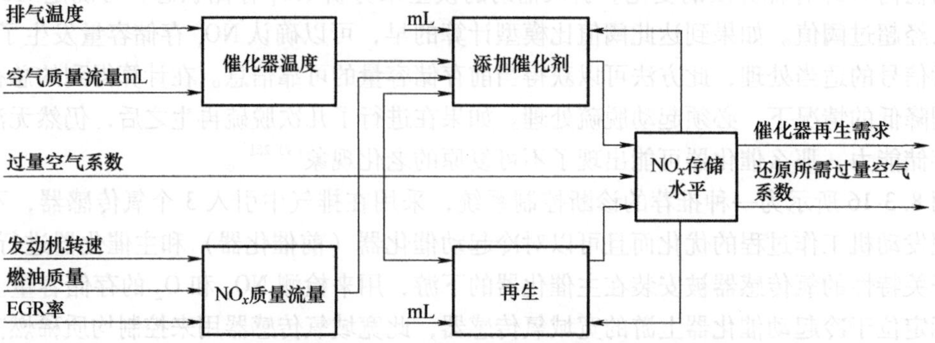

图 8.3-17 基于模型的 NO_x 存储催化器的控制系统工作原理图[261]

（2）采用 NO_x 传感器的诊断控制 NO_x 存储状态可用 NO_x 传感器直接监控。不考虑存储的 NO_x 质量和发动机的工作参数，当 NO_x 达到饱和点时就起动再生过程。在每一个浓/稀循环，NO_x 的再生根据催化器的存储活性而调整。只在需要的时候才起动再生，就可以避免不必要的 NO_x 再生。该方法可以比氧传感器控制方法获得更低的 NO_x 排放。因为 NO_x 解吸的最大值几乎不会在再生开始的时候出现，在再生结束的时候还原剂也没有泄漏。较低的再生频率也可改善燃油经济性。

当考虑到催化器寿命和硫中毒问题，采用 NO_x 传感器就具有很多明显的优势。为了满足未来严格的排放法规要求和扩展耐久时限，即使是由于硫中毒引起的 NO_x 存储能力的微小恶化也必须得到检测。而这也是达到快速起动脱硫处理所必需的，因为 NO_x 催化器的失效性随着硫负荷的增加而不成比例地急剧增加。采用基于模型的控制策略来检测 NO_x 催化器内存储的硫含量，进而起动脱硫过程。但是为了保证可靠的脱硫就需要获得催化器内允许的最大硫含量。结果，当发动机采用低硫燃料时，就可能发生过度脱硫，从而引起不必要的燃油消耗。但更重要的是，对于偶尔使用的高硫燃料情况，此程序就失去了作用，不能保证必要的完全脱硫。而有了 NO_x 传感器，脱硫过程就可以调整到达到实际催化器最大存储容量的时候再起动，所以 NO_x 传感器就显得更为有效。对于采用低硫燃料的情况，脱硫间隔相对延长，而对于高硫燃料则脱硫频率就会增大[136]。因为硫中毒监测一般不属于发动机控制管理系统，并且市售燃料含硫量的变化较大，所以选用 NO_x 传感器优势就很明显。存储催化器下游的 NO_x 排放量可以直接测量，可以在任何需要的工况下起动解吸过程，而不会产生不必要的燃油消耗[43]。NO_x 传感器和诊断系统也已经被商用于汽油缸内直喷的汽车[214]。

与采用氧传感器的控制方法相比，采用 NO_x 传感器来控制 NO_x 存储催化器的再生具有很明显的优势。在稀燃状态下，氧传感器与 NO_x 传感器相比，其阶跃响应不能提供相应的信号。只有在 NO_x 和 O_2 存储介质被完全清洗后，才能引起传感器跳变，此时的信号才有意义。并且 NO_x 传感器的信号还可以用来检测催化器的硫中毒程度，假如计算得到的存储容量小于定义的下限值，就可以起动 NO_x 存储催化器的再生。

8.3.13 基于尿素的 SCR 系统

采用氨气（NH_3）或者尿素［$(NH_2)_2CO$］来还原 NO_x 的选择性催化还原系统已经开发

并应用于商用的柴油机车，但主要使用的还原剂还是尿素。图 8.3-18 所示是推荐的 SCR 系统的示意图[132]。从尿素的喷口向后，该系统被分为三个不同的催化器：水解催化器（H），SCR 催化器（S）和氧化催化器（O）。尿素均匀喷入水解催化器中，尿素和水反应选择性地转化为氨气和 CO_2。在 SCR 催化器上，氨气与排气中的 NO_x 反应生成 N_2。氧化催化器是避免瞬态工况下的 NH_3 泄漏。

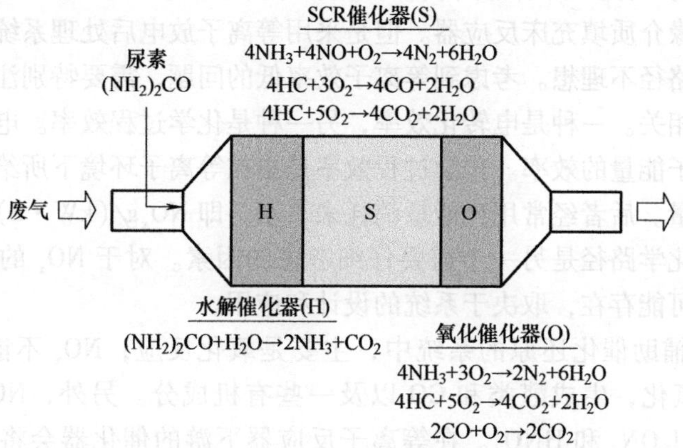

图 8.3-18 推荐的 SCR 系统的示意图[132]

SCR 技术应用于稀燃汽油机是有一定希望的。但是考虑到热稳定性的问题，将钒催化器应用于稀燃直喷汽油机上还是存在不足。如表 8.3-1 所列，应用此技术的难题是建立供给系统来保证尿素的补给，但是这就需要在车上附加单独的尿素储罐。因为 SCR 技术的基础是为排气添加还原剂，所以其也属于主动式系统，这也是与采用排气中的 HC 作为还原剂的被动式系统的主要区别。此类稀燃 NO_x 催化器的特点是对燃料的硫含量不敏感。但此方法的明显不足之处是需要随车附加还原剂。一些研究也报道考虑使用固态的还原剂，这样只需要在平时的维护期来补充还原剂[43]。针对发动机的所有工况，为排气引入尿素的策略仍没有最终得到商用。实际上，这种降低 NO_x 排放的技术最适合固定式发动机，其转换效率高达 90%。对于 SCR 技术，为了避免由于还原剂不足或过量引起 NO_x 或氨泄漏，必须监测 NO 的水平。

8.3.14 低温等离子体后处理器系统

另一种新兴的后处理技术是低温（后燃）等离子系统，有望应用在 GDI 发动机上，其可以同时转化 NO_x、HC 和 CO。低温等离子通过电子的激发过程，从而诱导一系列化学反应，结果生成丰富的活性基团和激发态的分子。一般认为主要的化学作用不是离子反应的直接结果，而是电子碰撞分裂出的不同活性基团化学反应的结果。目前等离子后处理技术采用对排气加高电压，形成的低温等离子体具有很高的反应活性，但是温度很低。30J/L 的能量（足够车用 NO_x 催化器的需要）对排气温度的提升不高于 10℃。

无论发动机刚刚冷起动还是已经处于工作温度下，即使在碰撞为主的区域，低温等离子体过程中产生的电子都可以有效地影响化学作用。即使燃料中含有硫等杂质，也不会对其工作特性产生影响。迄今为止，需要声明的是，已经发现系统中的激活电场不会对部件造成磨损，也就是不会发生火花塞电极上的烧蚀现象。

目前大量的研究已经介入到采用一些等离子技术来降低排放，也有许多产生等离子的技术，其中的一些方法也已经用于降低合成气流中的 NO_x。另一些研究表明，在过量氧气存在的条件下，采用等离子装置可能将 NO 氧化为 NO_2。在某些应用中，低温等离子体已经耦合 SCR 催化器来改善整体的 NO_x 降低率[175]。

有 4 种低温等离子体技术可用于降低稀燃排气中的 NO_x：电晕放电、表面等离子放电、介质阻挡放电及绝缘介质填充床反应器。但是采用等离子放电后处理系统存在两个问题：等离子效率低和化学路径不理想。考虑到等离子效率低的问题，需要特别注意的是有两种效率与这种等离子技术相关。一种是电转化效率，另一种是化学过程效率。电转化效率是指电能转化为等离子中电子能量的效率。化学过程效率是指在等离子环境下所给定的能量值可去除或分解的污染物数量。后者经常用比能量消耗来表示，即 NO_xg/(kW·h)。在开发低温等离子后处理系统时，化学路径是另一个需要仔细考虑的因素。对于 NO_x 的分解来说，氧化和还原反应的路径都可能存在，取决于系统的设计和应用。

在采用等离子辅助催化还原的系统中，主要是氧化反应；NO_x 不能被还原为 N_2。相反，HC 则被部分氧化，生成醛类和 CO 以及一些有机成分。另外，NO 被氧化为 NO_2 和其他小分子，如 CH_3ON_2 和 HNO_3。在等离子反应器下游的催化器会将部分氧化的 HC 和 NO_2 还原成 N_2，以及少量的 N_2O。HC 的存在对选择性部分氧化 NO 至 NO_2 非常重要。HC 有利于降低对等离子能量的需求，并大量减少酸的形成，所以一定范围内的 HC/NO_x 比可以获得和维持最优的氧化过程。另外，当等离子中存在 HC 时，O 基团更易于与 HC 反应，而不是与 SO_2 反应。因此，SO_2 通过等离子时硫酸盐转化效率低，故此类催化器具有低的硫敏感性。

很明显，低温等离子体的排放后处理方法是一种独特的、有意思的替代或补充技术。其具备克服许多传统催化器固有局限性的潜力，诸如低硫敏感性、可逆性和催化器起燃。在目前的形势下，通过放电技术的气态补救办法不具备所需的能量效率和稳定的工作特性，所以还不能实际替代目前的减排技术；但是结合表面化学放电技术可能具备这方面的潜力。通过扩大的工作温度区间来改善 NO_x 的转化效率和系统的稳定性，同时降低所需的功率是未来发展此技术的目标。

8.4 颗粒排放

8.4.1 发动机颗粒排放的常规特性

一般来说，颗粒物（PM）定义为在排气中以固态（灰、碳）和液态存在的所有物质，但不包括游离态的水。发动机颗粒物主要包括燃烧生成的固态碳颗粒，通常指碳烟，其是凝并和分裂作用的结果，和吸附在颗粒表面的一些有机成分。碳颗粒吸附和凝聚有机成分，包括未燃 HC 和氧化的 HC。凝聚的物质包括无机成分，如 SO_2、NO_2 和硫酸。

图 8.4-1 所示为发动机排气气溶胶的粒径分布图，其中包含的颗粒粒径位于从几纳米到几微米的区间内[140,244]。随着发动机类型和工况的变化，粒径分布曲线的形状和峰值存在显著的差异。根据粒径具有的物理意义，完整的尺寸范围被分为三部分。在文献内被用来描述

颗粒粒径分布的三个模态（或叫状态）是指核态、聚集态和粗糙态。

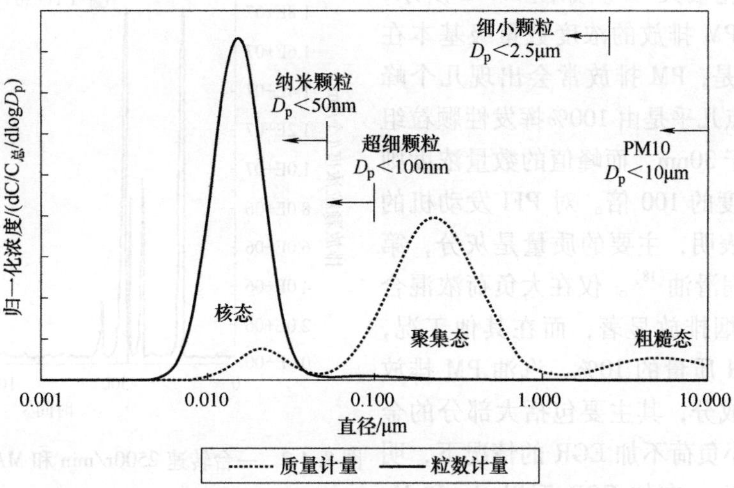

图 8.4-1 发动机排放颗粒物的粒径质量分布和粒径数量分布图

注：D_p 为颗粒直径[140]。

第一模态是核态，主要由等效直径小于 50nm 的颗粒组成。此部分的颗粒主要在燃烧和稀释过程中，通过均质和非均质的结晶机理形成。此部分通常含有最多的颗粒数量，并主导颗粒的数量粒径分布，但是对颗粒的质量粒径分布影响不大。

第二模态是聚集态，主要包括等效直径在 50～1000nm 范围的颗粒。此范围内的颗粒一般是通过核态颗粒的集聚形成的，同时可能包含一层凝结或吸附的有机物质。聚集态的颗粒一般对总的数量粒径分布的贡献适中，但是通常会明显影响质量粒径分布。

第三模态，也就是最后一个尺度范围——粗糙态，主要包括等效直径大于 1000nm 的颗粒。这些颗粒一般不是燃烧过程的直接产物，通常来自气门和燃烧室壁面的沉积物。这些沉积物偶尔离开固态表面进入排气系统就形成了颗粒排放。粗态颗粒的数量浓度一般较低，但是在某些情况下，可能影响质量粒径分布。

在某种程度上，每个模态的重要性依特定的颗粒排放法规而不同。美国 EPA 已经用质量来限值 PM 排放，并且 PM_{10}是指包括所有等效直径小于 10μm 的颗粒。EPA 新的“细小颗粒”，或者叫 $PM_{2.5}$标准是指包括所有等效直径小于 2.5μm 的颗粒。这表明更小的颗粒越来越受到人们的关注，而这也反映了颗粒排放的发展方向。对于柴油机的颗粒，只有那些尺度大于 100nm 的颗粒可能会对 PM_{10}和 $PM_{2.5}$的平均值产生影响，而在不考虑数量密度的前提下，核态的颗粒几乎不会对质量的粒径分布产生影响[244]。

8.4.2 PFI 发动机的颗粒物排放

很多年以来，汽油机都不需要满足柴油机那样的颗粒物排放法规。主要原因是汽油机产生的颗粒物排放在数量级上只有柴油机的 1%。这是目前柴油机颗粒物法规进展的基本情况[18]。当前的研究表明，目前的汽油 SI 发动机在瞬态工况下，其排放的纳米颗粒会增加，而在稳态工况下的颗粒物数量排放比现代柴油机低几个数量级[139,140]。当 PFI 发动机工作在高负荷、瞬态和冷起动工况下，其颗粒物的数量排放也有显著提高。

与柴油机的PM排放不同，PFI发动机的颗粒物排放变化很大[139]。如图8.4-2所示，典型的发动机PM排放的浓度数量级基本在10^5个/cm^3；但是，PM排放常会出现几个峰值。这些峰值点几乎是由100%挥发性颗粒组成，其粒径小于30nm，而峰值的数量浓度则超过了基准浓度的100倍。对PFI发动机的颗粒成分分析表明，主要的质量是灰分，第二多的是未燃润滑油[18]。仅在大负荷浓混合气的情况下碳烟排放显著，而在其他工况，碳烟不足总PM质量的10%。汽油PM排放中的大量灰分成分，其主要包括大部分的金属成分，即在小负荷不加EGR的情况下，明显出现Ca和Na；在加EGR后以Cu和Mg为主。

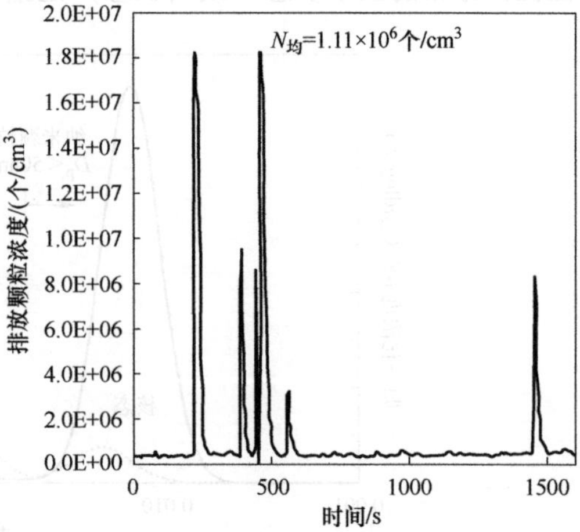

图8.4-2　一台转速2500r/min和MAP 55kPa的PFI发动机排放的颗粒物数量随时间变化[139]

8.4.3　GDI发动机的颗粒排放

研究表明，GDI发动机作为汽车动力装置应用的进化，所排放的颗粒数量比传统的PFI发动机的更多，尤其在分层燃烧工况下。依赖于燃烧系统的优化程度，GDI样机的碳烟排放可以达到1.2个波许烟度(BSU)[183,190,340]。如图8.4-3所示，对美国FTP测试循环下的三种发动机的颗粒物排放进行了比较：目前的PFI发动机、GDI发动机产品和1995年欧洲IDI柴油机[299]，颗粒的质量通过滤纸法测量。从图中可以看出，GDI发动机的颗粒物排放介于柴油机和PFI发动机之间。GDI发动机车辆的PM质量排放数量级在10mg/mile。相比之下，相同功率测柴油车的颗粒质量排放数量级在100mg/mile。而与现代PFI发动机的1~3mg/mile的PM排放相比，目前GDI发动机的PM排放还是相对高些，但比美国FTP循环的80mg/mile标准仍低很多。在解释这个比较关系时，需要注意的是PFI和GDI发动机虽然都经过了开发优化，但是没有单独针对减小PM排放进行改进。

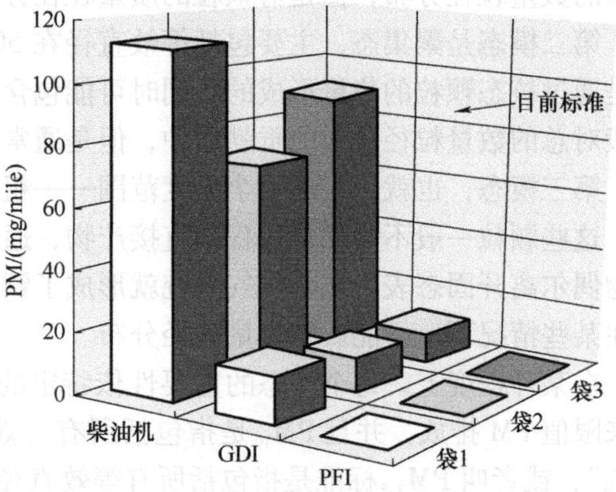

图8.4-3　目前的PFI发动机、GDI发动机和一台1995年的欧洲IDI柴油机在美国FTP测试工况下颗粒物排放的比较[299]

GDI产品发动机转鼓试验的颗粒物排放结果表明，平均的数量浓度的数量级为10^8个/cm^3，数量几何平均直径在68~88nm之间[141]。相比之下，现代PFI发动机的平均颗粒数量排放浓度的范围从小负荷的10^5个/cm^3到大负荷的10^7个/cm^3[139,140]。对于老式的PFI发动机来说，在高速公路工况下，颗粒数量排放浓度超过 10^8 个/cm^3。根据测试的工况，GDI 发动机颗粒排放的数量几何平均直径大于 PFI 发动机的值。虽然相对较大的平均直径尺度倾向于增加 GDI 发动机的颗粒质量排放，但也表明纳米小颗粒的相对比重减小。

图 8.4-4 所示为在不同工况下，一台 4 缸 4 气门 1.83L 的 GDI 产品发动机的颗粒排放的研究结果。从图中可以看出，在分层模式下的颗粒数量排放比均质模式下高 10~40 倍[299]。颗粒排放主要取决于喷射时刻，并且随着喷射时刻的推迟，颗粒的数量和体积浓度显著增加。从试验结果可以明显看出，分层模式对整体的 GDI 发动机的颗粒排放会产生重要影响。在此模式下，工况点的微小改变都会引起颗粒排放显著变化。从理论上讲，颗粒物主要来自于两种形式的浓混合气燃烧：局部过浓混合气燃烧和未完全挥发的液态油滴的扩散燃烧。众所周知，喷射时刻延迟的液滴燃烧是 PM 排放的重要来源。对于均质燃烧，PM 质量排放与燃料喷射时刻无关，但是随着喷射时刻的提前，PM 数量浓度单调递减。

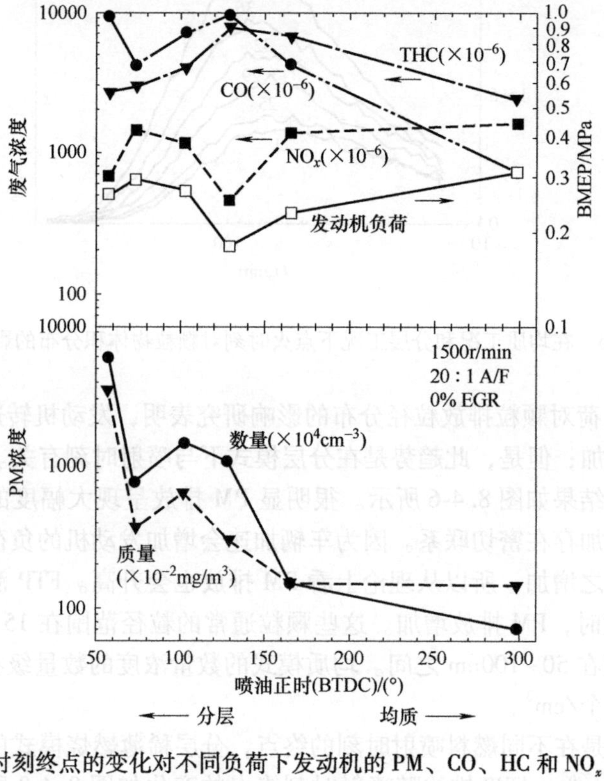

图 8.4-4 喷油时刻终点的变化对不同负荷下发动机的 PM、CO、HC 和 NO_x 排放的影响[299]

图 8.4-5 所示为均质模式和分层模式下，点火时刻对 GDI 发动机颗粒物体积分布的影响。对于两种模式来说，点火时刻提前会使颗粒数量浓度和颗粒平均粒径增加。均质模式下的颗粒粒径分布曲线呈对称形状，同时当点火时刻从 21°BTDC 提前到 40°BTDC 的时候，分布曲线的峰值点从 70nm 轻微移动到 85nm。这些趋势线表明随着点火提前，核态颗粒增多，可能的成因是更高温度下具有更高的结晶和凝结速率。而且，点火提前将导致排气温度降低，故焰后氧化率降低。所有这些因素的综合作用导致了颗粒数量和平均直径的增加。而对于均质燃烧，颗粒排放随负荷的变化趋势与 PFI 发动机的测试结果类似。

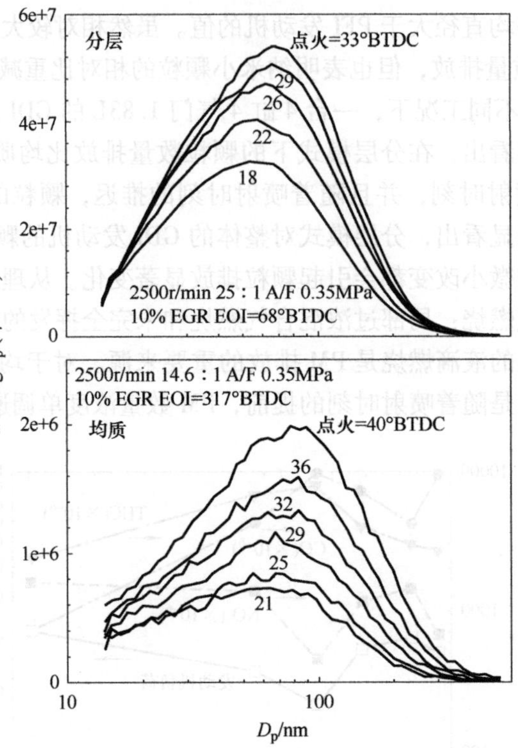

图 8.4-5　在均质工况和分层工况下点火时刻对颗粒物体积分布的影响[299]

发动机转速和负荷对颗粒排放粒径分布的影响研究表明，发动机转速和负荷增加，一般会引起 PM 排放的增加；但是，此趋势是在分层模式下与喷射时刻有关。模拟 FTP 测试循环的转鼓试验 PM 排放结果如图 8.4-6 所示。很明显 PM 排放呈现大幅度的波动，同时车辆的加速与 PM 排放的增加存在密切联系。因为车辆加速会增加发动机的负荷，此时排气流量和排气的 PM 浓度也随之增加，所以从理论上看 PM 排放也会升高。FTP 测试循环中，从均质模式向分层模式过渡时，PM 排放增加。这些颗粒通常的粒径范围在 15~600nm 之间，而大部分颗粒的粒径范围在 50~100nm 之间。均质模式的数量浓度的数量级在 10^6 个/cm^3，而分层模式则达到了 10^7 个/cm^3。

图 8.4-7 所示的是在不同燃料喷射时刻的终点，分层稀薄燃烧模式的颗粒粒径和发动机烟度排放的测量结果[276]，烟度排放随喷射时刻终点的变化如图 8.4-8 所示。颗粒的粒径明显呈现双峰分布：一个峰值粒径小于 80nm，另一个峰值粒径大于 100nm。随着喷射时刻的推迟，代表第一个峰值的颗粒粒径和数量均减小，但是第二个峰值的颗粒粒径和数量都增大。第一个峰包含的颗粒主要由均匀的 HC 结晶组成，但是第二峰则由吸附的 HC 组成。当燃料喷射时刻推迟，大量的碳烟生成，从而增加了 HC 的吸附并减弱了结晶的形成。故总的颗粒数量是降低的，而碳烟却是增加的。同时结果发现在 80~500nm 范围内的颗粒数量和碳烟之间呈现正的线性关系，而在 10~80nm 范围内则呈现负的线性关系。并且负线性关系也存在于 10~500nm 范围内的碳烟和颗粒数量之间。这表明当碳烟浓度很低的时候，颗粒数量可能最高，同时非常低的碳烟排放也并不一定意味着低的颗粒数量排放。喷射时刻和颗粒数

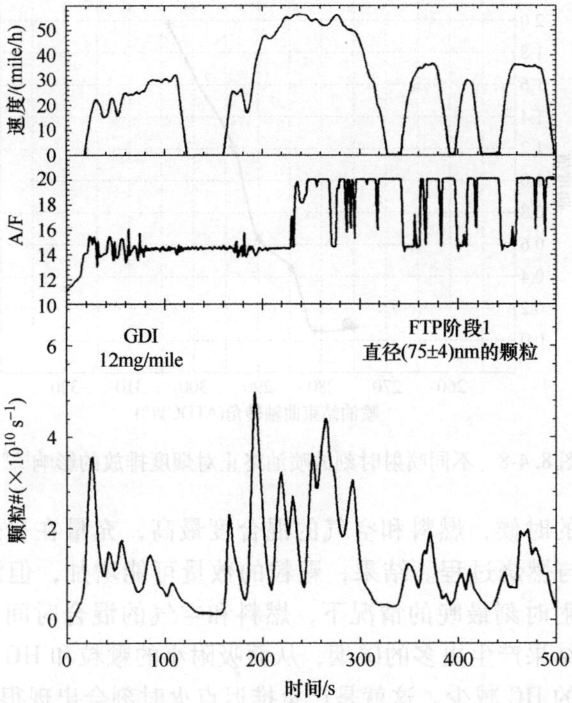

图 8.4-6 GDI 发动机在美国 FTP 测试循环第一阶段的颗粒物排放瞬态特性[299]

量浓度之间的关系可能促使改进喷射策略，如为降低颗粒数量浓度可采用分阶段喷射。另外，希望在掌握颗粒数量和碳烟的内在联系的基础上，研发出特殊的喷射策略来降低碳烟排放。

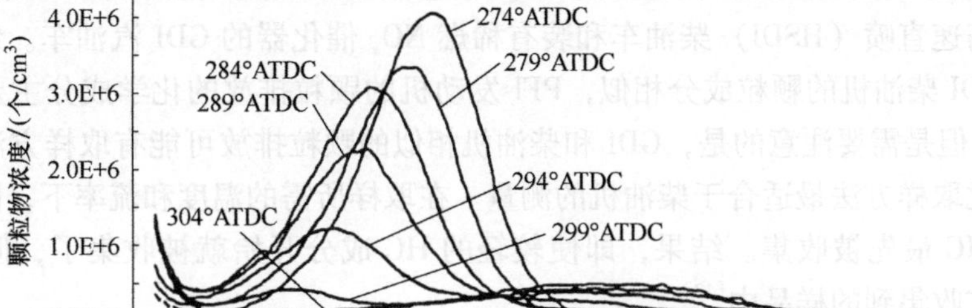

图 8.4-7 分层燃烧模式下不同喷射时刻终点对排放颗粒物粒径的影响[276]

通过对不同喷射时刻的燃烧过程和稀释风道内的颗粒形成的研究分析，并且根据粒径分布的两个形态的化学成分可以对前面提到的颗粒/碳烟之间的关系进行部分的解释。近来的研究表明，在微型稀释风道的稀释率下，如果碳烟的浓度很低，那么风道内 HC 的均质结晶就会形成纳米颗粒[244]。结晶是通过颗粒吸附和解吸 HC 的机理实现的。与图 8.4-7 所示的第一峰相近粒径的颗粒主要是由未燃的 HC 组成的，其在稀释风道的下游形成结晶。

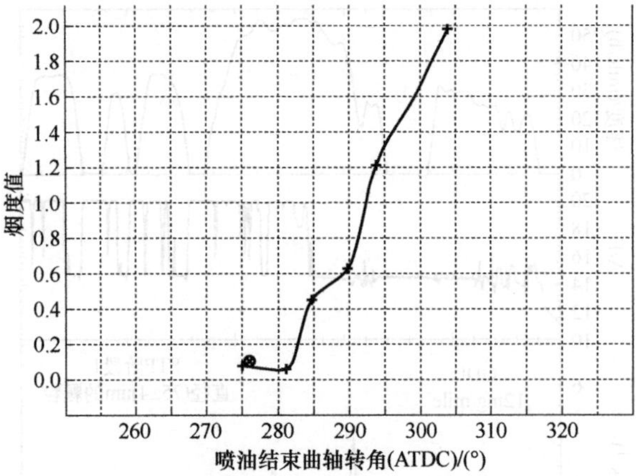

图 8. 4-8　不同喷射时刻的喷油终止对烟度排放的影响[276]

当喷射时刻提前的时候，燃料和空气的混合度最高，充量在自燃前扩散，这可能引起一些 HC 燃料未参与燃烧过程。结果，颗粒的数量可能增加，但测得的碳烟排放却很低。相比之下，在喷射时刻最晚的情况下，燃料和空气的混合时间不足，这就会导致扩散燃烧的程度增加。结果产生更多的碳烟，从而吸附小的颗粒和 HC 燃料，继而引起小颗粒数量和可用于成核的 HC 减少。这就是严重推迟点火时刻会出现很低颗粒数量排放的原因。但是，这些颗粒都是大的碳颗粒，对烟度排放的贡献显著。因此，如果大量的成核燃料液滴和 HC 被燃烧过程生成的碳颗粒吸附，相应条件下颗粒的数量排放就会很低，这与喷射时刻终点在进气行程的 304°ATDC（膨胀行程的 56°BTDC）的情况相一致。优化的喷射时刻应该在进气行程的 286°ATDC 附近，此时可在随后的燃烧过程中生成需要的最少碳烟量[12]。

对三种车辆的颗粒排放进行测量分析，其中包括带有三效催化器的 PFI 汽油车、装有氧化催化器的高速直喷（HSDI）柴油车和装有稀燃 NO_x 催化器的 GDI 汽油车。结果表明 GDI 发动机和 HSDI 柴油机的颗粒成分相似，PFI 发动机的颗粒排放的化学成分主要是由挥发性的 HC 组成。但是需要注意的是，GDI 和柴油机相似的颗粒排放可能有取样方法部分造成的假象，因为此取样方法最适合于柴油机的测量。在取样所需的温度和流率下，固态物质和蒸气压力低的 HC 最先被收集。结果，即使较轻的 HC 成分开始就被收集了，但其也可能蒸发，从而不在收集到的样品中[12]。

燃料添加剂对颗粒排放的影响的研究结果表明，添加剂的存在不会对 GDI 发动机的颗粒排放产生严重的、一致的影响。聚醚胺这种常用的汽油添加剂，与未加添加剂的燃料相比，可以略微降低颗粒数量浓度。相反，聚烯烃胺则会显著增加 100nm 以上的颗粒排放，此时的车速为 15km/h 和 30km/h[142]。

8.4.4　单流体和空气辅助式喷射系统的 GDI 发动机颗粒排放比较

图 8. 4-9 所示为颗粒粒径分布与点火时刻的关系，试验发动机是单缸四气门装备空气辅助式燃油喷射系统的 GDI 发动机。在此研究中，为了保证火花塞和喷油器同时采取中置布置，此 0. 31L 的试验发动机装配有屋脊型燃烧室[300]。活塞冠部有凹坑，压缩比为 11. 4 : 1。

结果显示颗粒粒径分布明显呈标准的双峰分布，峰值分别位于25nm和100nm附近。许多GDI发动机的颗粒研究结果都呈现双峰分布。在小粒径25nm模式下的颗粒不是碳烟颗粒，而是在排气冷却时，未燃的喷油器清洗剂（聚醚胺）形成的结晶。由于粒径较小，这些气溶胶对烟度测量和颗粒质量的贡献不大。但是在大于100nm模式下的颗粒则主要是碳烟。当点火时刻从20°BTDC提前到32°BTDC，检测到的颗粒数量排放增加了5倍；但是，与数量增长相对应的颗粒直径的变化基本可以忽略。

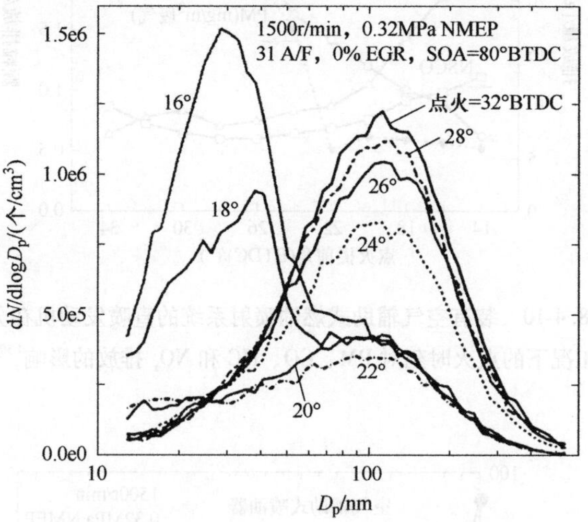

图8.4-9　装有空气辅助式燃油喷射系统的直喷发动机在分层工况下的点火时刻对颗粒物粒径分布的影响[300]

图8.4-10所示为颗粒的质量排放图，同时也包括其他的排放物种类，试验的发动机同前。从图8.4-9中可以预测，当点火时刻从14°BTDC提前到34°BTDC，颗粒质量排放增加近5倍[300]。此趋势完全与HC排放相反，HC排放减少量与点火提前量基本一致。在此测试范围内，CO排放对点火时刻相对不敏感，而NO_x排放则随着点火时刻的提前线性增加。假设颗粒质量和数量排放的增加是由以下两个因素引起的：成核加剧和较低的排气温度引起的循环后期的氧化不足，则此时的PM变化趋势不可能是由于温度变化引起的。事实上，对于测试的点火时刻区间，排气温度变化很小。颗粒排放增加的可能原因在于：分层模式下点火时刻提前导致混合时间减少。

图8.4-11所示的是随着喷射时刻的改变，装备单流体燃油系统和空气辅助式燃油系统的GDI发动机的颗粒质量排放的比较图，两款发动机的工况类似[300]。需要注意的是，显示的喷射时刻代表的是空气辅助式燃油系统的空气起始喷射时刻，对应于单流体燃料系统则是喷射结束时刻。由于燃烧系统设计不同，结果只能定性分析颗粒排放随不同燃油喷射系统的变化趋势。很明显两种不同的燃油喷射系统的颗粒排放存在一些相似性。

对于两种喷射系统，颗粒排放对喷射时刻和缸内的动态混合十分敏感，尤其是在分层模式下。在分层度最高的燃烧条件下，两种系统的颗粒排放都可以达到50mg/m³。但是对于早喷模式，单流体喷射系统可以使颗粒排放稳定地降至1mg/m³。相比之下，空气辅助式喷射

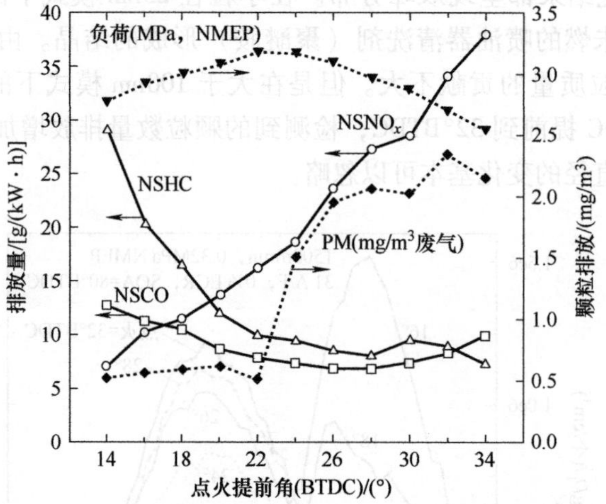

图 8.4-10　装有空气辅助式燃油喷射系统的直喷发动机在分层工况下的点火时刻对 PM、CO、HC 和 NO_x 排放的影响[300]

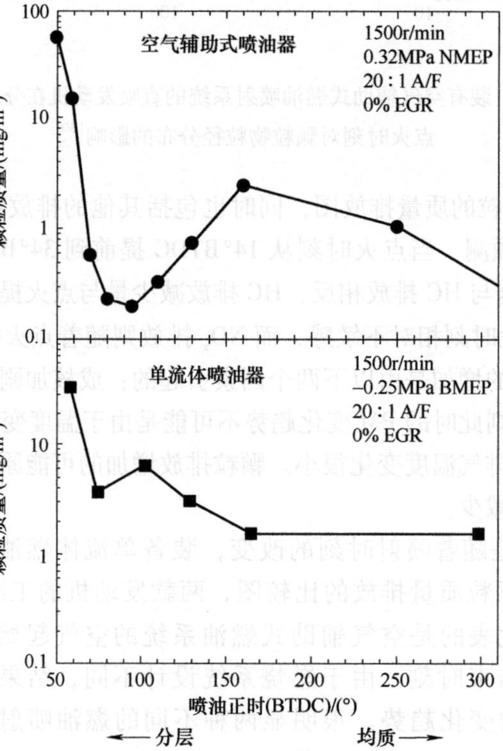

图 8.4-11　装备单流体燃油系统和空气辅助式燃油系统的 GDI 发动机颗粒排放质量随喷射时刻改变的对比[300]

系统的颗粒排放在均质模式下就可以达到此水平，如果喷射时刻提前得更多，则排放更低。此差异表明单流体喷射系统比空气辅助式喷射系统具有更高的早喷分层残余量。对于空气辅助式喷射系统，存在一个分层模式的喷射时刻窗口，在此范围内颗粒排放很低，但是对于单流体喷射系统却不存在。这可能使得空气辅助式、分层 GDI 发动机在降低颗粒排放上具有一定的优势。

8.5　总结

满足未来的排放法规要求是直喷汽油机研发人员面临的一个重要挑战。大部分系统设计和发动机运行参数都是相互作用的，因此任何对部件和策略的改动都必须仔细评估，以保证燃油经济性和排放的折中。燃料和空气混合不足及过度混合是两个全过程变量，其对发动机的 HC 排放起决定作用。另一个全过程变量是控制液态燃油的分布和随后的蒸发，这就意味着应避免燃料与燃烧室的碰壁现象发生。

混合不足或者过度混合的程度以及燃料分布的控制是由许多严格的发动机设计要求和工作参数决定的，如喷油器喷雾参数、喷雾方位、喷射时刻、EGR 水平和节流程度。设计人员则主要利用这些已知的参数进一步优化系统设计，从而获得更低的发动机 HC 和 NO_x 排放。

许多可选的技术可以用来控制排气管的 NO_x 排放，如稀燃 NO_x 催化器、NO_x 存储催化器和低温等离子后处理系统，并且稀燃 NO_x 催化器和 NO_x 存储催化器已得到了商用。但仍存在的疑问是，基于 HC 的稀燃 NO_x 催化器的转化效率是否会超过 40%；虽然这在轻型车上采用此类催化器是可以实现的。NO_x 存储催化器由于转化效率高而成为理想的解决方案，但是其有限的工作温度区间，尤其是高温限值，限制了 GDI 发动机的整体燃油经济性的优势。另外，硫中毒和相应的脱硫处理过程都是此技术广泛应用的主要难题，尤其是在商用的汽油硫含量大于 10×10^{-6}的情况下。降低北美和欧洲的汽油硫含量是扩大 NO_x 存储催化器应用的最直接的方法，因此其可以称为 GDI 技术的重要促进要素。如果此技术得以应用，那么开发有效的 NO_x 存储再生系统和控制策略就显得相当重要，同时还需要满足在保持满意的车辆操纵性的前提下，使燃油经济性损失达到最小。低温等离子系统可以避开传统热催化器的固有局限，但是在这种系统取代热催化系统并商用之前，还需要进行很多的研发工作。

试验研究发现 GDI 发动机的颗粒质量排放和数量排放介于柴油机和 PFI 发动机之间。在开发 GDI 发动机时，分层模式的颗粒排放是主要考虑的问题，因此降低 GDI 发动机的颗粒排放是一个重要的研究领域。对于均匀和分层模式所特有的颗粒形成过程需要更加深入的研究，同时需要开展模型研究和工况精确控制的试验研究。对这方面知识的掌握有助于对引起颗粒排放的过程进行预测、控制和优化，进而可以显著降低 GDI 发动机的颗粒排放。

尽管分层燃烧的 GDI 发动机的 HC 排放比目前的均质燃烧 PFI 发动机高 2 倍多。但是通过对分层系统的进一步适当的改进，达到 EURO3 和 EURO4 是可能的。经过稀燃标定的分层燃烧的发动机可能满足 LEV/ULEV 的 NO_x 排放要求。但是要满足 LEV Ⅱ的排放标准，还需要进一步改进燃烧、发动机控制和后处理系统，而这需要克服许多技术难题。

未来GDI排气后处理系统的发展必然会引入新的方法和概念，但主要的方向是加强系统的设计和整合。这就不仅仅包括新型的和改进的涂层和结构，而且包括增强型的传感器和控制系统模型。涂层的改进主要是为了达到优化快速起燃、改善转化效率、改善老化特性和增强抗硫性。为了最大程度获得GDI技术的燃油经济性优势，降低燃料的硫含量非常关键。

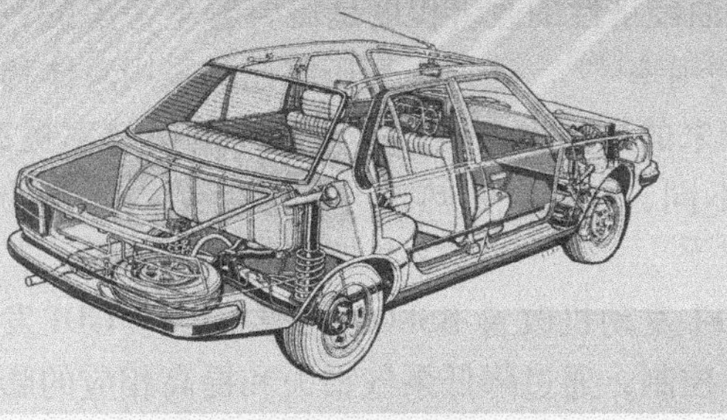

第 9 章

燃油经济性：潜力与挑战

9.1 引言

直喷四冲程火花点火发动机有多方面的巨大潜力是显而易见的。然而，要成功实现其产品化并显著提升燃油经济性，需要完善的排放控制策略、硬件和控制算法，来实现瞬态工况下排放水平满足要求并具有良好的驾驶性能[261,276]。经验证明，为了达到 EURO Ⅳ、U. S. ULEV、SULEV 等日益严格的排放标准，不得不牺牲一部分热力学计算得到的直喷汽油机潜在的燃油经济性。对于 GDI 发动机，整车厂商所考虑的关键问题是，对于一个特别的发动机系统从燃油经济性上得到的利润是否足以抵消额外的硬件和复杂系统的开支。另外一个非常重要且有意义的考虑是，这一燃油经济性利润需要一直和日益复杂的 PFI 发动机进行比较。因此，这是一个不断变化的目标。

与当今最好的、理论空燃比加 EGR 系统的 PFI 发动机相比，现今 GDI 产品的实际优点仍然没有达到早期的预想。进一步优化主要集中在排放、部分负荷节流、催化器再生、瞬态 EMS 功能优化以及摩擦最小化等方面。在比油耗（BSFC）和测试循环排放之间的优选方案以及系统复杂性的提升，才是决定 GDI 发动机设计产品可行性的主要因素。随着世界上排放标准的日趋严格，从 GDI 发动机上实际得到的燃油经济性利益将受到排放的制约，也将更大程度地依赖后处理系统的能力和可用的燃油质量[165,168,204,268,269,316]。

提高燃油经济性的其他选择是将 GDI 技术和其他提高燃油效率技术相结合，如增压、发动机怠速停机、无级变速器以及混合动力技术。截至目前，这些策略还没有完全采用，但是在未来一定会被大量应用。GDI 发动机结合这些策略中的一种或几种，每种策略的优点都可得到提升。本章的主题即是 GDI 发动机的潜力和挑战，即 GDI 与其他技术结合的可能性。

9.2 燃油经济性的潜力和限制

9.2.1 提高燃油经济性的因素

目前车用四冲程汽油机的一个策略性目标是在满足污染物排放水平和发动机耐久性要求

的前提下，实质性地改善油耗[359,360,389]。整车燃油经济性的改善程度是需要着重考虑的，它将影响 SI 发动机相对于小型高速柴油机的市场利用率[361]。通过提高压缩比和采用总体稀混合气控制负荷，从而减少由于节流和壁面传热带来的热损失，使 GDI 发动机的热效率提高。使用充量分层的 GDI 发动机，根据测试循环的不同，在换气、热传导和几何结构优化的前提下，其部分负荷下的节油潜力可达 20%~25%[227]。

表 9.2-1 总结了 GDI 发动机相对于传统的 PFI 发动机改善 BSFC 的主要因素。GDI 发动机可以在无节流或节流非常小的条件下实现负荷控制，通过降低泵气损失和提高相应的膨胀功，显著提高燃油经济性[402]。实际上，热力学分析表明，对于通过采用总体为稀混合气但是混合气分层的部分负荷下运行的 GDI 系统来说，泵气功的减少是提高燃油经济性的主要因素，如图 1.2-3 所示。另外，热损失降低和比热比增加也在一定程度上提高了燃油经济性[51,259]。在部分负荷、分层燃烧模式下，靠近气缸壁的气体温度较低，因此，有效温差较少，与壁面的热传递降低[448,449]。正如 5.3.1 小节中对充量冷却的讨论，喷油提前可以降低发动机对辛烷值的要求[9,10]，GDI 发动机受爆燃限制的压缩比则可以提高。众所周知，高压缩比对于提高发动机燃油经济性效果显著。另外，燃油直接喷射入气缸可以有效地在发动机减速时切断供油，有效保证了提高燃油经济性。

表 9.2-1　GDI 相对于 PFI 发动机改善比油耗（BSFC）的主要影响因素

泵气损失	在非节流部分负荷运行时采用总体上的稀薄混合气，从而减少了泵气损失
缸内充量冷却	由于进气时采用缸内喷射，增强了进气充量的冷却
压缩比	由于压缩终了的气体温度更低，提高了爆燃限制的压缩比
比热比	稀薄混合气更高的比热比使循环效率提高
热损失	分层充量燃烧减少了缸壁和燃烧室的热损失
断油	车辆减速断油

对于采用 GDI 技术的发动机/汽车系统，许多正面的和负面的因素都会影响净燃油经济性的提高。然而，如果没有发动机和/或汽车的基础资料可用于比较，很难解释直喷技术的各方面和提高燃油经济性的联系。表 9.2-2[51] 列出了和传统 PFI 发动机比较，分层充量 GDI 燃烧系统中影响燃油经济性潜力的负面因素。

表 9.2-2　影响分层充量 GDI 发动机燃油经济性潜力的负面因素

排放	排放限制可能不允许发动机在最优的 BSFC 点运行
油耗	高压泵和/或空气辅助喷射的空压机会增加油耗
燃烧室设计	高压缩比加上更复杂的活塞结构使分层充量燃烧系统面容比更高

图 9.2-1 所示为在 2000r/min、0.2MPa BMEP 下计算得到的发动机能量的平衡图。在该计算中，发动机输出功率和摩擦损失为常数，而当量比变化。发动机以均质模式运行时过量空气系数 λ 的范围从 1.0~1.3，以分层模式运行时 λ 范围从 1.6~3.4，可通过改变节流量来实现。计算发现，尽管总的进气量增加，分层模式运行时排气能量和壁面热传导分别减少了 10.8%和 12.5%，油耗将降低 23%。热效率的显著提高并不能单纯用热

力学进气循环的非节流来解释。图9.2-2和图9.2-3所示为相同工况点上各部分能量平衡的变化。可以看出，GDI在这一工况点上的热力学优势主要是由于泵气作用减少95%、传热作用减少42%以及排气能量减少26%而产生的。还可以看出，在λ=1.3的均质稀薄燃烧时，由于减少了30%的泵气损失、8%的壁面热损失和6%的排气能量，使整体热效率增加了5%[227]。

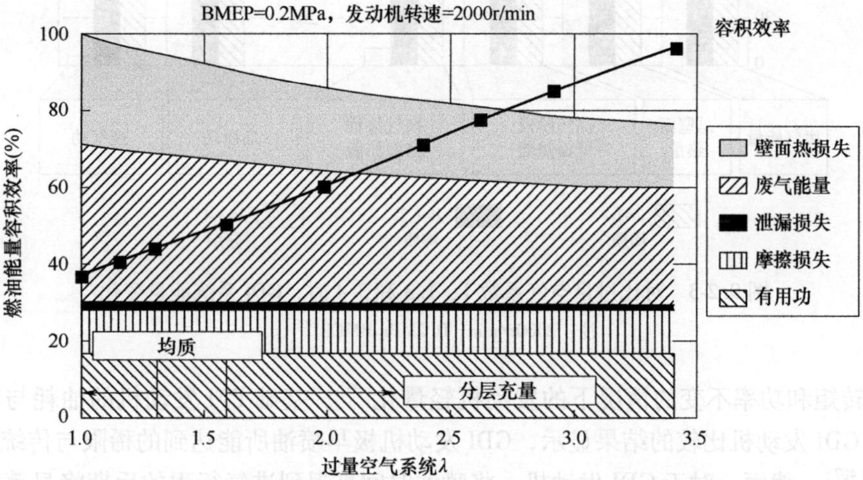

图9.2-1 在不同程度的分层条件下，预测的GDI系统的能量平衡图

注：2000r/min；0.2MPa BMEP[227]。

	废气能量	壁面总热量	气体交换阶段的壁面热量	高压阶段的壁面热量	高压	气体交换	总效率
λ=1	基准		基准	基准	基准	基准	基准
λ=1.3	−6%	−8%	−19%	−4%	−6%	−30%	5%
λ=3.4	−26%	−42%	−92%	−23%	−20%	−95%	23%

图9.2-2 不同过量空气系数下，GDI系统各部分能量变化

注：2000r/min；0.2MPa BMEP[227]。

通常，分层稀薄燃烧、均质稀薄燃烧、高EGR下理论空燃比燃烧以及均质浓混合气燃烧这四种模式只能在恰当的速度和负荷下应用。分析表明，分层充量模式要求发动机转速不大于3000r/min，由于增加发动机转速意味着减少混合气制备时间，从而降低发动机负荷上限。发动机负荷超过分层充量模式的负荷限制范围时，可以通过高EGR率的均质稀薄燃烧模式加以实现。高EGR率下理论空燃比燃烧也是可行的方法之一，此时三效催化器可显著降低排放[480]。

有报道称，对于均质理论空燃比GDI运行模式，在无须稀燃NO_x催化器的情况下，发动机BSFC可以改善7%~10%。其中，1.5%~2%归功于更高的压缩比，1.5%~2%归功于更高的EGR，1%~2%是由于暖机过程和瞬态过程中空燃比控制的改善，另外3%~4%归功于

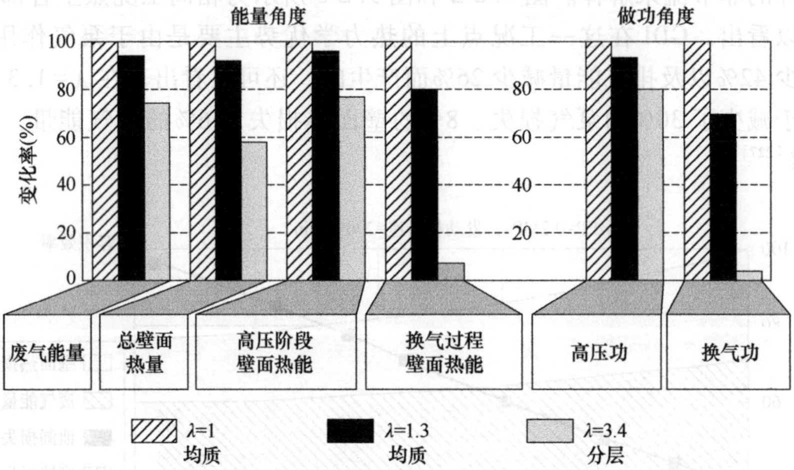

图 9.2-3 对比过量空气系数 1、1.3 和 3.4 时，GDI 系统能量变化

注：2000r/min；0.2MPa BMEP[227]。

保持原有转矩和功率不变的情况下的发动机轻量化[20]。基础 PFI 发动机的油耗与早喷均质模式下的 GDI 发动机比较的结果显示，GDI 发动机极早喷油所能达到的稀限与传统的 PFI 发动机相同[407]。然而，对于 GDI 发动机，将喷油时间推迟到进气行程的后期将显著扩大稀燃极限。使用稀的空燃比将会改善发动机的 BSFC，但是当空燃比大于 20∶1 时这一影响将不明显。当空燃比为 25∶1 时，发动机的 BSFC 最低，比理论空燃比时提高 13%[407]。

与基础 PFI 发动机相比，即使在分层模式下，燃油经济性的提高随发动机负荷的变化而显著改变。理论上，在部分负荷采用汽油直喷可以提高 20%～25%的燃油经济性，在怠速状态则可提高 35%[108,378,439,484]。图 9.2-4a 所示为三菱 GDI 发动机在 2000r/min、晚喷下测得的燃油经济性改善情况[196,259]。在发动机转速为 2000r/min，总空燃比为 40∶1，但是无 EGR 的情况下，改善燃油经济性的主要因素如图 9.2-4b 所示。

其他研究表明，当运行在空燃比为 25∶1 的条件下时，传统的 PFI 发动机在稀燃情况下的燃油经济性可以比无 EGR、均质理论空燃比运行时提高 10%～12%[274]。在总空燃比为 40∶1 时，分层充量 GDI 发动机的燃油经济性可以比传统发动机提高 25%。EGR 率是决定燃油经济性提高水平的重要因素，因为有 EGR 情况下，放热率的减少不仅有利于抑制 NO_x 排放，也有利于提高燃油经济性。

即使在非节流的情况下，在小负荷下采用热 EGR 也可以略微提高燃油经济性，因为热 EGR 可以加强混合。另外，大量的热 EGR 增加了充量温度，从而改善了混合物形成，进而在适当的 EGR 时减少 HC 排放，提高燃烧效率。对于排气后处理来说，最重要的是通过 EGR 减少了进气流量，并改变了排气温度[480]。然而，在中等负荷下应用 EGR 对发动机油耗的影响很小，在高负荷下则会降低燃油经济性。

油耗和排放特性之间最好的折中就是系统在部分负荷时采用最大的 EGR，并将总空燃比限制在 30∶1 以内[200,201]。对于梅赛德斯-奔驰的 GDI 原型燃烧系统，发动机运行条件为 2000r/min 和 0.2MPa BMEP 时，非节流情况的油耗比均质理论空燃比节流情况下的油耗降低了 23%。这不仅是由于减少了节流损失，还因为这样降低了循环最高温度[227]。

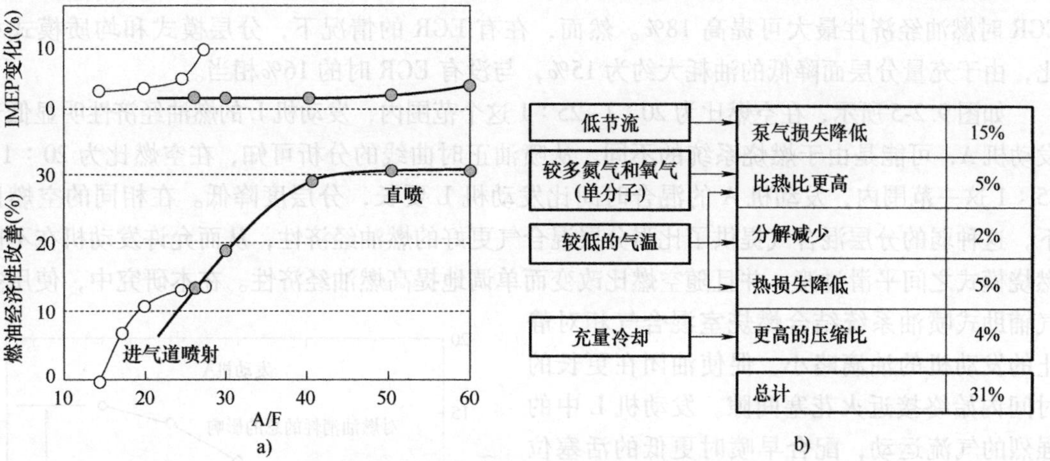

图 9.2-4　三菱发动机燃油经济性的改善

a）GDI 与 PFI 发动机燃油经济性改善的对比　b）逐条列记对于燃油经济性改善的重要因素

注：2000r/min；喷油量为 $15mm^3/s$；GDI 模式下的空燃比为 40：1；

PFI 发动机的压缩比为 10.5：1；GDI 发动机压缩比为 12：1[259]。

9.2.2　单流体和空气辅助式 GDI 燃烧系统的燃油经济性比较

对于给定的 GDI 系统，实现一个灵活的燃烧系统设计，该系统可以在高度充量分层状态下运行，并提供最优的放热率，是实现最大的燃油经济性的关键。显然，燃烧系统不同，其燃烧特性和排放物形成过程差异显著。图 9.2-5 所示两款不同 GDI 发动机 BSFC 改善情况的比较，一款采用空气辅助式喷射系统（发动机 A），另一款采用单流体高压喷射系统（发动机 L）。所示的改善情况是和理论空燃比且无 EGR 时的直喷发动机相比的结果。两款发动机的数据都是在 1500r/min、0.262MPa BMEP 条件下得到的。空燃比为 20：1 以下采用均质模式运行，从 20：1~40：1 则是分层充量运行的结果。

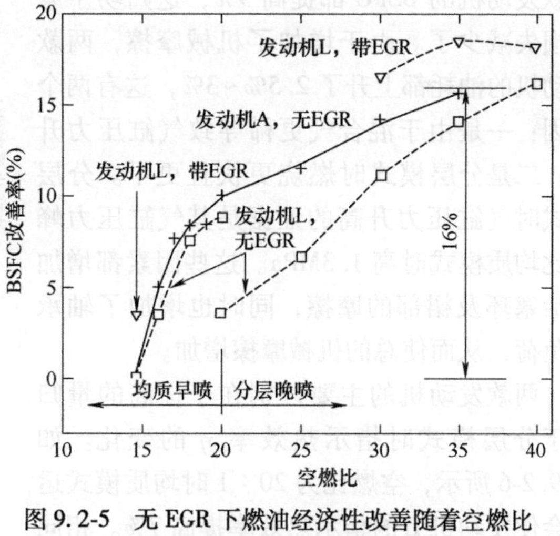

图 9.2-5　无 EGR 下燃油经济性改善随着空燃比相对化学当量比工况的变化

注：发动机转速为 1500r/min，BMEP 为 0.262MPa；MBT 点火时刻及为最佳 BSFC 优化的 EOI；发动机 A 为空气辅助式燃油喷射系统；发动机 L 为单流体，高喷射压力系统[51]。

显然，两款发动机在均质稀燃模式下的结果相似，在空燃比为 20：1 时油耗降低 9%~10%。无 EGR 时的分层模式运行时油耗降低约 16%。对于发动机 A（使用空气辅助式喷油系统），在空燃比为 35：1 时分层模式的油耗达到最小，而发动机 L（使用单流体喷油系统）在空燃比为 40：1 时油耗最低。由于节流量小，两款发动机的

BSFC 改善程度都受到燃烧稳定性的限制。和没有 EGR 时的基础数据比较，发动机 L 在有 EGR 时燃油经济性最大可提高 18%。然而，在有 EGR 的情况下，分层模式和均质模式相比，由于充量分层而降低的油耗大约为 15%，与没有 EGR 时的 16%相当。

如图 9.2-5 所示，在空燃比为 20∶1~25∶1 这个范围内，发动机 L 的燃油经济性明显低于发动机 A，可能是由于燃烧系统的不同。从喷油正时曲线的分析可知，在空燃比为 20∶1~25∶1 这一范围内，发动机 A 的混合时间比发动机 L 要长，分层度降低。在相同的空燃比下，这种弱的分层混合气提供了比强分层混合气更好的燃油经济性，从而允许发动机在不同燃烧模式之间平滑过渡，并且随空燃比改变而单调地提高燃油经济性。在本研究中，使用空气辅助式喷油系统结合燃烧室混合气相对静止的发动机的油滴略小，促使油团在更长的时间内始终接近火花塞间隙。发动机 L 中的强烈的气流运动，配合早喷时更低的活塞位置，无法在火花塞间隙附近提供稳定的可燃混合物。这就是为什么在空燃比为 20∶1 时，发动机 L 从均质模式向分层模式过渡时表现出 5%的油耗不连续性。

降低油耗的因素包括降低机械摩擦、减少泵气损失和提高指示热效率。图 9.2-6 所示的是这些因素对降低净油耗的效果，可以看出，当在空燃比为 35∶1 的条件下运行时，两款发动机的 BSFC 都提高 9%，这归功于泵气损失减少了。由于增加了机械摩擦，两款发动机的油耗都上升了 2.5%~3%，这有两个原因：一是由于混合气更稀导致气缸压力升高；二是分层模式时燃烧更快且更早。分层模式时气缸压力升高的证据是其气缸压力峰值比均质模式时高 1.3MPa。这些因素都增加了活塞环及裙部的摩擦，同时也增加了轴承的负荷，从而使总的机械摩擦增加。

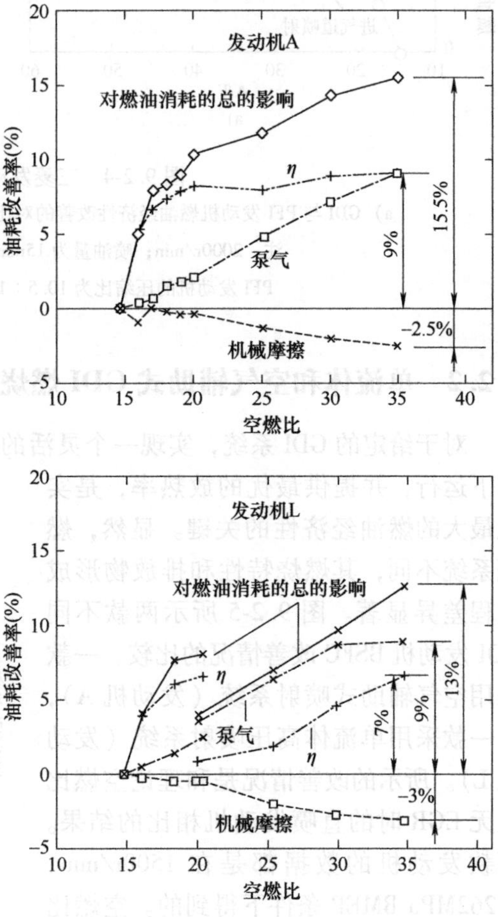

图 9.2-6　GDI 燃油经济性改善因素

注：1500r/min 和 0.262MPa BMEP 无 EGR；发动机 A 为空气辅助喷油系统；发动机 L 为单流体高喷射压力系统[51]。

两款发动机的主要区别在于提高的量归因于分层模式时指示热效率 η 的变化。如图 9.2-6 所示，空燃比为 20∶1 时均质模式运行会使发动机 L 的指示热效率提高 7%。相同空燃比下，分层模式运行时仅提高 1%，而当空燃比稀释到 35∶1 时，指示热效率可提高 7%。与之相对应的，当空燃比为 20∶1 时，分层模式和均质模式都会使发动机 A 的指示热效率提高 8%。然而，进一步稀释到空燃比为 35∶1 时，油耗仅进一步降低 1%。

基于 Otto 油-气循环分析可知，当空燃比从 20∶1 变为 35∶1 时，指示热效率可提高

5%。然而，发动机 A 的指示热效率在空燃比在 20：1~35：1 这个范围内几乎不变，这 5% 的损失归因于分层模式。这是因为：

1）燃烧相位较预混合燃烧更提前。

2）CO 和 H_2 浓度相对较高，说明燃烧效率更低。

3）着火时火花塞间隙附近的局部空燃比较浓，接近理论空燃比。

最后一项导致比热比降低，并且在燃烧初期加速分解，使存储的相关能量在膨胀行程后期以显焓的形式部分回收。尽管发动机 L 的指示热效率在空燃比从 20：1 变化到 35：1 这个过程中持续提高，由于局部浓混合气燃烧，在空燃比为 20：1 和 25：1 其指示热效率却提高不大[51]。

9.2.3　燃油经济性与排放之间的折中

GDI 发动机期望的燃油经济性优势主要来自于非节流运行时的热力学潜力。GDI 产品确实可以提高燃油经济性，但同时也受到排放要求的制约。无论是在欧洲、北美还是其他地区，未来的排放标准要求燃烧系统、发动机运行策略和尾气后处理系统之间协调发展。如果加入排放、驾驶性能、制造性能等制约因素，产品真正的燃油经济性将会远远低于预期值。因此可以说，GDI 产品发动机可能永远无法实现其热力学潜力[482]。大多数车用 GDI 产品受严格的排放标准限制，无法实现其潜在的燃油经济性利益，这也是最主要的优化限制。和排放有关的折中主要依赖于具体的燃烧过程、EGR 策略、采用的排放后处理方法、可用的燃油以及特殊的排放测试循环。

（1）轻度节流（lightly throttling）　GDI 技术提高汽车燃油经济性的潜力主要取决于发动机在没有节流的情况下以分层充量模式运行的能力。然而，在发动机稳定运转过程中，在保持一个能使催化器有效工作的温度的前提下，实现稳定的超稀薄燃烧是非常困难的。因此，稀薄燃烧运行拓展的周期将受到排气温度降低的限制。为了延长稀薄燃烧运行周期，或许真的需要应用一定程度的进气歧管的真空度来保持排气温度在催化器有效工作温度以上[214]，这一限制使得发动机车辆排放小组（MVEG 属欧洲委员会）测试循环的燃油经济性降低了 3%~6%。在最小的部分负荷时，也需要一定程度的节流来使燃烧稳定性保持在一个可接受的水平。轻度的节流已经证实可有效控制 HC 排放，如在 20%的 EGR 率下，通过轻度的节流可以减少 HC 排放达 20%，这也导致燃油经济性降低 3%[201,202,203]。接近非节流运行或许对某些燃烧系统调整是可行的，它使燃烧开发更容易和将来改进稀燃 NO_x 后处理催化系统相结合。

设计用于分层模式下的 GDI 发动机，必须也能在需要均质模式的冷起动和大负荷工况下运行。在这种运行工况下，采用一定程度的节流是非常有利的。节流的应用同样有利于发动机各种运行模式间的平滑过渡。另外，用于减少 NO_x 的大比例 EGR 和炭罐清洗也要求一定的进气管真空度。在 EMS 控制下采用一定程度的节流能使其迅速实现，但会降低 1%的燃油经济性。而且传统的真空助力制动系统也需要一定的真空度，这也可以通过节流实现，而不需要车载真空泵。对节能的需要差异随发动机负荷的变化情况如图 9.2-7[482] 所示。需要说明的是，因为发动机一半的燃油经济性优势来源于减少泵气损失[259]，所以尽管在 GDI 运行系统中采用节流有利于降低排放及控制，但其运用总是应该被详细评估[274]。

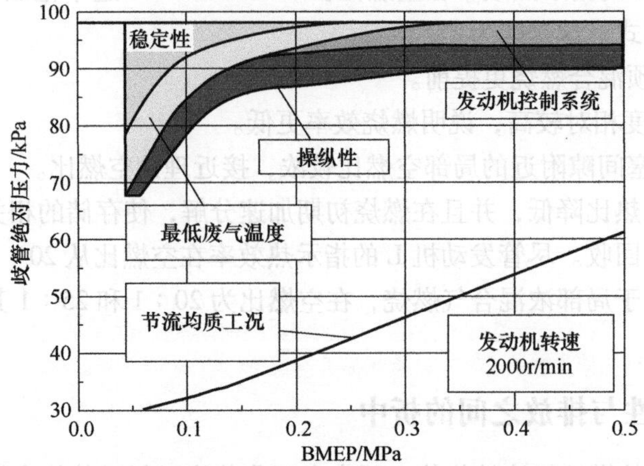

图 9.2-7　分层充气发动机的节气门需求与节气门控制的均质充气比较[482]

利用双区模型对 GDI 发动机在运行条件范围的油耗情况进行分析后发现，燃油经济性可以增加 20%[180]。这一结果是在 GDI 发动机整个运行范围都采用分层燃烧模式的情况下得到的，与之对应的是使用三效催化器的 PFI 发动机。然而，这对后处理来说是不实际的。催化器的有效运行温度是一个很重要的参数，要将催化器的进口温度保持在临界值以上，就不可能采用总体的超稀薄混合气。分析同时发现，受排放要求限制，发动机分层燃烧模式的运行范围非常窄，会使预计的燃油经济性收益降低至 10%。显然，催化器技术需要更进一步提高，这样才能使高度分层燃烧的潜在优势全部发挥出来。

由于带有节流的小负荷运行过程主要受泵气损失影响，其燃油经济性的提高程度主要由燃烧系统在更高稀释比下运行的能力决定。为产生最高的总指示热效率，当前的 GDI 燃烧系统通常采用一个 30∶1～40∶1 的最优稀释比。然而，非节流运行时，在低于 0.2MPa BMEP 的负荷下，可以采用 80∶1 或更稀的稀释比。因此，要求持续开发和优化的区域就是极小负荷下的部分负荷运行工况。这些区域优化的目标就是，在高稀释比无遏制损失的条件下，获得增强分层控制的目的。然而，正如前面提到的，进一步改善油耗将导致产生的排气温度更低。稀燃、低节流运行引起的极低的排气温度，给保持催化温度和转化效率提出了一个大难题。需要强调的是，提高直喷燃烧系统在更高的稀释比下运行的能力来提高燃油经济性，其应用是受到限制的。由于使用这一水平的稀释比会使排气温度降低，因此此方法可能不可行。表 9.2-3 总结了 GDI 发动机使用轻度节流的主要原因。

表 9.2-3　GDI 发动机采用轻度节流的主要原因

燃烧稳定性	在非常低的负荷时保持燃烧稳定性
排气温度	保持最低的排气温度阈值
排放	实现减少 HC 排放的运行策略
驾驶性能	在小负荷时保持驾驶性能
其他负荷运行工况	满足冷起动和大负荷运行时的要求

（续）

EGR	确保大 EGR 率
负荷变化	保持负荷变化平滑
EMS 要求	满足发动机管理系统对 EGR 系统和真空助力制动系统的要求

（2）稀燃 NO_x 后处理系统运行温度窗口　正如第 8 章所讨论，每一个排放后处理系统都有其最优的运行温度窗口，在此范围内其转化效率最高。稀燃 NO_x 后处理系统的最低温度限值决定了 GDI 发动机可用的最高稀释比，以保持催化器温度和理想的转化效率。尽管燃烧运行系统可以承受更高的稀释比，但是使发动机在比这一稀释比阈值更稀的空燃比条件下运行是不现实的。相反，稀燃 NO_x 后处理系统的最高温度限值决定了发动机以分层模式或均质稀燃模式运行的最大负荷。在高于这一负荷限制的条件下以稀燃模式运行会直接导致 NO_x 排放大大增加。另外，分层模式运行的最大负荷也受到碳烟排放水平的限制。因此，对作为燃油经济性主要来源的分层模式或均质稀燃模式而言，稀燃 NO_x 后处理系统的温度限值大大限制了其应用的负荷范围。因此，稀燃 NO_x 后处理系统的性能改善及其运行范围的拓展是开发 GDI 技术全部燃油经济性潜力的关键。

（3）NO_x 存储催化器再生和燃油经济性的关系　NO_x 存储催化器需要周期性的再生或净化，可以通过短时间的浓混合气峰值来实现，这直接导致燃油经济性损失，这一点在当发动机以分层稀燃或均质稀燃模式运行在高速大负荷工况下时尤为明显。对于中等、部分负荷运行条件，分层模式运行区域更多地受到 NO_x 存储式催化器再生要求的限制，而非燃烧系统的限制。排气温度和发动机 NO_x 排放随着发动机转速和负荷的增加而显著升高。在相同的发动机运行区域，NO_x 存储能力下降，从而需要更高的再生频率，这对发动机的燃油经济性会产生负面的影响。在某个工况点，再生频率对稀燃运行的限制将比燃烧系统本身更严格。由于这个原因均质稀燃模式也受到限制，从而切换至高 EGR、理论空燃比运行，可以有效利用三效催化器。尽管这一切换产生了额外的 1.5%的燃油经济性损失，但是发动机 NO_x 排放在相同的测试条件下可以降低近 50%[482]。即使仅在较低的负荷范围内使用稀燃模式，根据排放指标的不同，NO_x 存储催化器再生所带来的燃油经济性损失仅为 0.5%～1.5%。正如第 8 章中所讨论，再生策略的优化以及为紧耦合催化器开发和实施小型的储氧催化器，是最小化燃油经济性损失的重要措施。

9.2.4　未来燃油经济性提高的机遇

前面的章节强调了在预期的理论燃油经济性提高 20%～25%和目前达到的 10%～12%之间存在的巨大差距。已经有人对燃油经济性降低的原因做了详细的分析，分析采用的是 1998 年的真实的 GDI 特性参数和 1996 年 GDI 首次提出时的预期值。这一分析的目的主要是为了找到试验值与理论预期值之间产生巨大差距的原因。每一项及其对这 10%～15%的燃油经济性下降的相应贡献都在表 9.2-4 中进行了总结[482]。很明显，限制燃油经济性提高的主要因素是在设计及实际运转情况对于排放的让步。尽管发动机机械摩擦是原因之一，但对于 GDI 发动机还有进一步降低的潜力。有一点很重要，因为 GDI 发动机随发动机负荷变化，BSFC 的梯度比较低，而且比 PFI 发动机对摩擦更敏感。这也强调了减少暖机时间和最小化电功消耗的重要性，因为它们会增加运转时的摩擦负荷[483]。直喷高压油泵比 PFI 用低压叶片泵需要更强的动力才能得以运行，从而增加了发动机的固有负载。

表 9.2-4　各因素对 GDI 发动机燃油经济性实际情况与理论预测的差值的贡献

排放限制	7%～10%
燃烧	2%～4.5%
机械摩擦	2%～4%
发动机管理	1.5%～2%
驾驶性	1%～2%
耐久性	1%～1.5%

PFI 发动机随着负荷的变化具有很高的比油耗梯度，因此指示负荷的增加则可部分补偿发动机摩擦所引起的占比上升。非节流的分层充量发动机的比油耗梯度非常小，因此摩擦的增加将直接导致油耗上升。如与无 EGR 的均质、理论空燃比 PFI 发动机相比，带 EGR 的分层充量非节流 GDI 发动机的 ISFC 降低了 22%，而 BSFC 仅降低 19%。ISFC 与 BSFC 降低的差距归因于 GDI 分层模式时气缸压力水平更高，使发动机摩擦增加。表 9.2-5 总结了非节流运行时，导致摩擦增加的因素。为了有效地减少非节流或轻微节流运行时 GDI 发动机的机械摩擦损失和附件负载，表 9.2-5 中列出的所有因素都必须认真评估及优化[481]。

表 9.2-5　GDI 发动机无节流运行时使摩擦增加的因素

高压油泵驱动负荷
更高的气缸压力
更早的燃烧相位
活塞质量增加和活塞质量分布不适合
发动机缓慢暖机导致摩擦增加

通常讲，分层模式运行效率较高，但其暖机比较慢，发动机冷却液和机油温度比 PFI 发动机暖机过程时升高的更慢。如图 9.2-8 所示，一些 GDI 发动机的机油温度可能在整个排放测试循环中持续低于目标值，机油温度低直接导致摩擦增加。GDI 发动机的这种低机油温度、高摩擦敏感性的特性使燃油经济性降低 1%～2%[482]。有一些方法，如增加机油和冷却液的热交换器，可以有效地使摩擦的增加程度降至最小。优化过的暖机策略对 GDI 发动机比对 PFI 发动机更有效。

正如前面讨论的，与理论热力学潜能有关的燃油经济性不足可以解释成受许多小的个别因素影响。类似的，未来可能的改善也可以分成各个正向的增量来考虑。由于每一种方法的作用都非常小，实际上，可能接近于试验误差，所以对这些方法的试验评估相当困难。这样，各因素对改善燃油经济性的个体贡献量都是通过模拟分析得到的。表 9.2-6 从短期和长期两方面列出了对未来燃油经济性改善可能有帮助的潜能[482]。

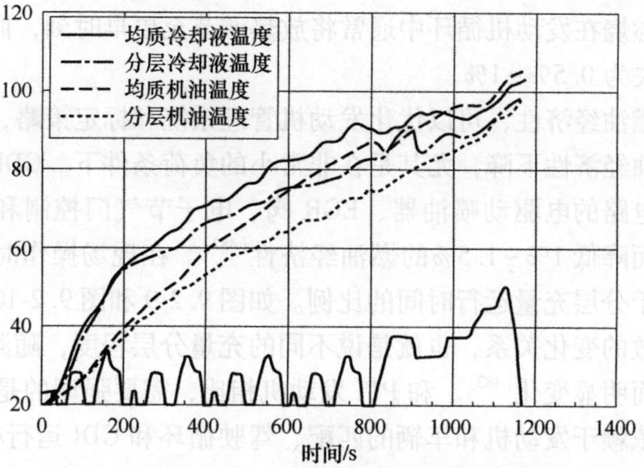

图9.2-8 分层充气和均质充气下机油和冷却液暖机特性的比较[482]

表9.2-6 增强燃油经济性潜力的项目清单

项目	短期	长期
排放	2.5%	4.0%
燃烧改善	0.5%	1.0%
摩擦减少	1.0%	1.5%
EMS增强	0.5%	0.5%
驾驶性能标定	0.5%	1.0%
误差	0.5%	1.0%

未来燃油经济性改善的潜力主要存在于和排放有关的方法上，这种改善通常是基于稀燃 NO_x 后处理技术的成功开发和使用而预测的。如果稀燃 NO_x 后处理系统运行温度窗口可以拓宽，中等、部分负荷则可采用均质稀燃模式，从而使燃油经济性提高1%~1.5%。开发并优化具有少量储氧能力的紧耦合催化器，可优化 NO_x 存储催化器的净化过程，带来0.5%的燃油经济性收益。进而，增强低排气温度下后处理系统的能力可以降低节流要求，并使燃油经济性提高1%~1.5%，其中0.5%~1%可归因于HC排放的减少和可用EGR率的提高。直接或间接减少发动机摩擦，如使用基于供油量要求的高压供油系统、更高效的高压油泵、更低的油轨压力以及更快的发动机机油及冷却液暖机时间，可以使燃油经济性提高1%~1.5%。更精确的废气再循环计量控制系统不仅可以提高燃烧效率，还可以降低发动机 NO_x 排放以及减少 NO_x 存储催化器的 NO_x 再生频率，可使燃油经济性再提高0.5%~1%。考虑所有这些可以改善燃油经济性的因素，有理由相信在短期内使燃油经济性提高4%~5%是可能的。从这方面考虑，影响GDI应用范围拓展的重要因素是低硫燃料可用性或耐硫稀燃 NO_x 催化器的开发时间表[482]。

在GDI发动机产品的早期开发过程中，绝大多数的注意力都放在壁面引导型燃烧系统中，因为这类系统比较灵活。然而，和喷雾引导型系统相比，这种系统略微更少的分层潜力使燃油经济性提高潜力降低至少 1%~2%[482]。对于 HC 排放的减少和燃烧稳定性的提高这两方面，分层充量燃烧在发动机循环中通常将放热调节至更早时刻，而非热力学最优，从而会使燃油经济性损失为 0.5%~1%。

为进一步提高燃油经济性，可以优化发动机管理系统和标定策略，改善驾驶性能。电能消耗的增加导致燃油经济性下降，尤其是在非常小的负荷条件下。GDI 技术所需的一些执行器，如具有功率级电路的电驱动喷油器、EGR 阀、电子节气门控制和 SCV，所有这些都会增加电能消耗，从而降低 1%~1.5%的燃油经济性[482]。在现场操作时，车辆的燃油经济性改善情况完全依赖于分层充量运行时间的比例。如图 9.2-9 和图 9.2-10 所示，整体能量分布状态随过量空气系数的变化关系，也就是说不同的充量分层程度，随测试循环、车辆标定以及系统组件的不同而明显变化[482]。和 PFI 发动机相比，需要强调的是对于 GDI 发动机的车辆燃油经济性极其依赖于发动机和车辆的匹配、驾驶循环和 GDI 运行模式的转换[481]。使用一个复杂的、基于转矩的发动机控制系统可以大大提高燃油经济性。通过避免和驾驶人的输入信号直接耦合，在保持可接受的车辆驾驶性能的同时，可以拓展瞬态工况下分层燃烧模式的运行时间[109,110]。

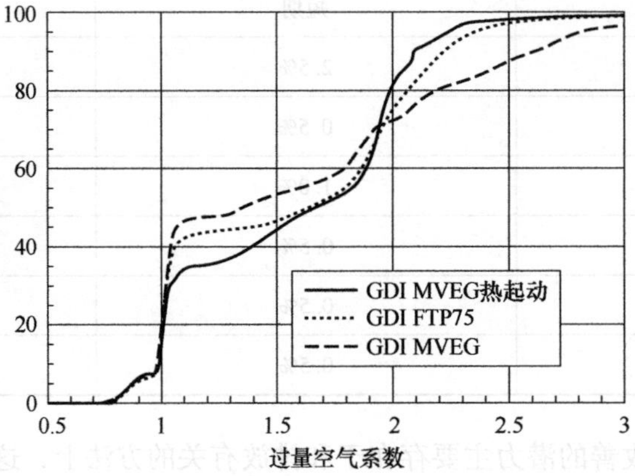

图 9.2-9 不同测试循环下，整体能量分布与原型 GDI 发动机过量空气系统的函数[482]

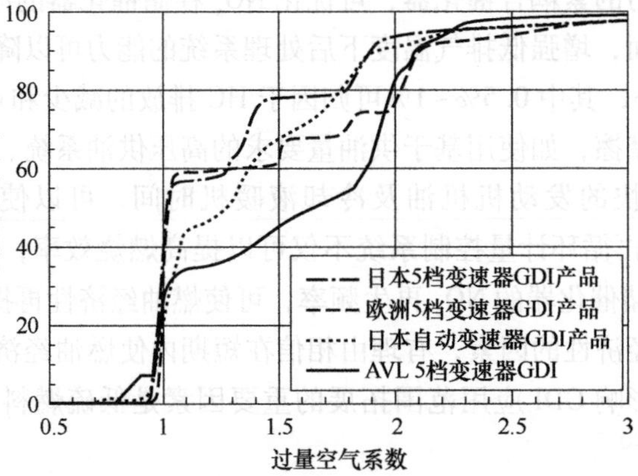

图 9.2-10 整体能量分布与在不同 MVEG 热机测试循环下的不同 GDI 汽车的空燃比的函数[482]

9.3　GDI与其他技术相结合

在当前直喷技术的发展中，很大一部分是从制造方面考虑，对现有的PFI发动机进行最低程度的改造。这样虽然可以很好地改善燃油经济性，但并不能发挥GDI技术的全部潜力。显然，GDI可以结合其他高燃油效率技术，如增压、怠速断油、CVT及HEV，并可以改善这些技术的一些不足之处。而且，GDI发动机的基本优点，如好的瞬态响应、出众的发动机起动性能、精确的转矩控制、缸内充量冷却、灵活的燃油控制、优良的抗爆燃性能以及更短的废气涡轮增压滞后时间，都可以很好地和其他技术相结合，发挥显著的优点。因此，GDI发动机的另一个优势在于其可以有效地结合其他技术，实现更低的油耗量。通过将GDI技术的优点与新的动力传动系统策略、辅助的电动设备以及性能增强技术相结合，在改善瞬态响应和驾驶性能的同时，燃油经济性可以提高25%[483]。

9.3.1　增压GDI发动机

(1) 增压GDI与自然吸气GDI　众所周知，进气压力增压结合发动机轻量化技术可以有效提高燃油经济性。在此情况下，通过把一部分负荷分布移到发动机高效区可以提高燃油经济性。然而，已经证明轻量化的理论潜力过去很难在实际工况中实现，只有一小部分轻量化发动机能够达到全部的燃油经济性潜力。装有轻量化、增压发动机的车辆的驾驶性能绝大多数都优于大排量、自然吸气式PFI发动机。传统PFI发动机的增压有很多缺点，如因为爆燃而降低中低范围的转矩、因为爆燃限制的较低压缩比而使在高负荷下油耗增加以及采用废气涡轮增压时在初始加速阶段废气涡轮增压器滞后。表9.3-1列出了GDI发动机的固有优点，其可以克服增压发动机某些缺点。

表9.3-1　GDI发动机固有的、可克服增压发动机缺点的优势

缸内充量冷却	进气可以明显冷却，可以改善发动机的抗爆燃性能；或者与基础PFI发动机相比，可以选择采用更高的压缩比
喷油正时灵活性	多阶段喷油策略可以作为控制爆燃的有效方法，因而可以采用相同或更高的压缩比；可使低转速和中转速范围的转矩更大
分层充量运转	由于空气容量增加，可以将分层模式扩展到更高的负荷，发动机可以在更大范围的转速下以超稀薄混合气运行
涡轮增压器滞后减少	由于发动机进气流量更大，即使在稀燃和部分负荷下，非常高速运转的涡轮增压器滞后时间减少

增压发动机的关键要素是增加辛烷值要求。通常来讲，为了避免发动机爆燃，必须减小增压发动机的几何压缩比，从而降低发动机的热效率。然而，在相同或更高的压缩比条件下，GDI发动机可以在更高的增压水平下运行。这是由于缸内充量冷却和更短的油气混合物滞留时间可以使辛烷值要求降低。需要说明的是，通过燃油晚喷实现的缸内充量冷却同样可以用来改善爆燃限制特性，但同时也会增加了碳烟排放。在废气涡轮增压技术方面，必须说明的另外一个关键的特性参数是瞬态响应时间特性。与涡轮增压PFI发动机相比，由于涡轮能更快地响应负荷要求，涡轮增压GDI发动机的瞬态特性显著改善。图9.3-1所示为在均质

节流和分层非节流两种运行模式下，在负荷变化的阶跃中涡轮加速及导致转矩增加的区别。

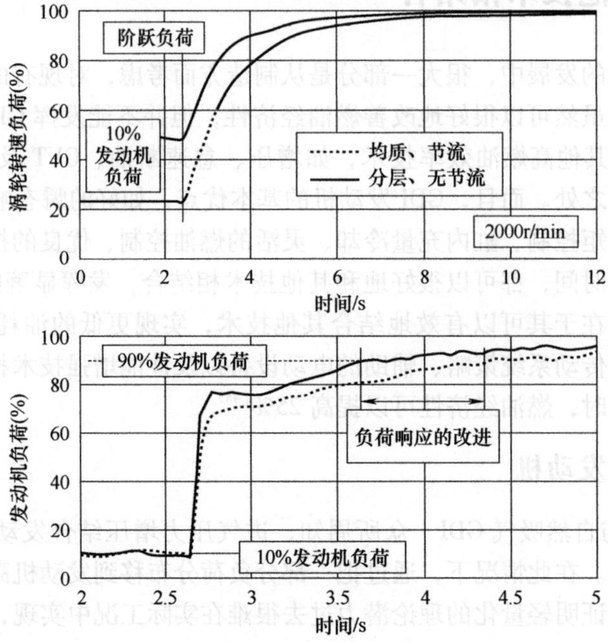

图 9.3-1　比较均质节气门与分层非节气门运转模式在部分负荷下的瞬态响应[483]

由于分层充量模式需要更大的空气流量，自然吸气 GDI 发动机的燃油经济性通常是在低速小负荷工况下最高。通过增压可以增加进气流量，从而扩大分层充量的运行范围，提高燃油经济性[57]。涡流或滚流进气道设计导致容积效率减小，其带来的缺点也可以通过增压来克服。和相同转矩的自然吸气发动机相比，增压 GDI 发动机也可有减小摩擦损失等优势。图 9.3-2 所示为某增压 GDI 发动机运行脉谱的案例。表 9.3-2 列出了增压 GDI 发动机设计中的主要事项。

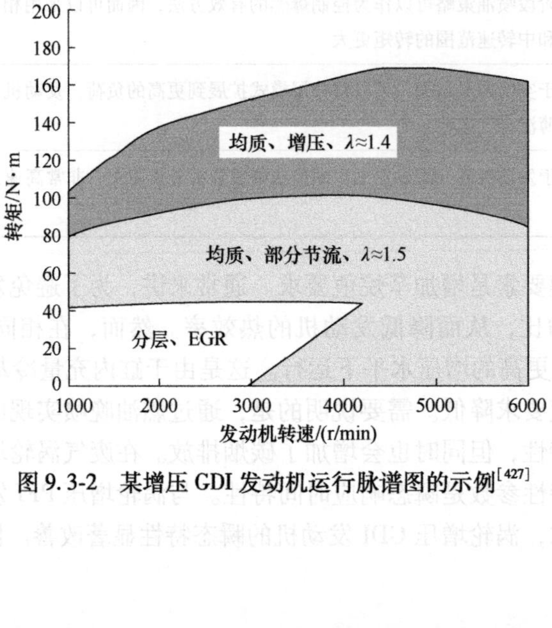

图 9.3-2　某增压 GDI 发动机运行脉谱图的示例[427]

表 9.3-2 GDI 发动机增压的关键设计思想

分层模式运行范围	确定增压后将发动机分层燃烧模式运行区域的扩展范围
燃油经济性优势	量化分层燃烧范围扩大带来的燃油经济性优势
EGR 能力	评估整个分层充量运行区域内 EGR 流量范围
最大压缩比	评估增压后可采用的最大压缩比
最大功率	决定增压后的最大功率
负荷响应	评估发动机负荷响应可以改善的程度

（2）增压实现发动机小型化　前面章节中提到过，在保持车辆性能不变的前提下，增压可以有效减小发动机尺寸从而改善燃油经济性。另一方面，小型化使发动机的负荷分布移动到更高的负荷区，GDI 在该区域内改善燃油经济性的作用有限。因此，小型化后，分层充量、部分负荷运行模式对于整体燃油经济性的改善重要性降低了。所以要想充分利用增压的优点，在中等负荷时提供一个优良的燃油经济性水平对于 GDI 发动机来说是非常重要的。一个可行的方法是，将该运行脉谱部分作为分层充量运行范围的扩充部分。图 9.3-3 所示为在相同最大转矩条件下自然吸气发动机和小型化、废气涡轮增压发动机之间运行脉谱的比较。

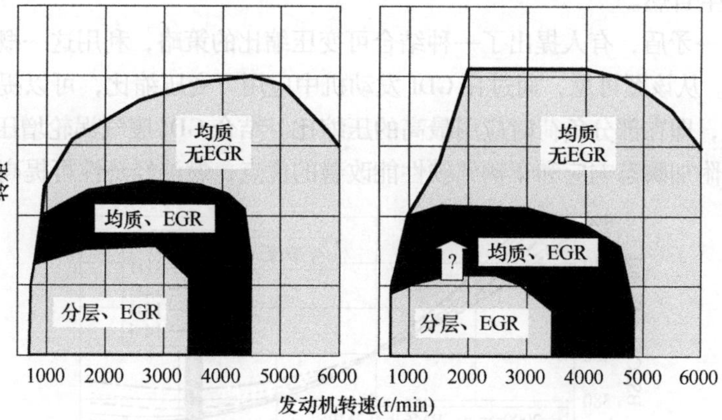

图 9.3-3 自然吸气及小型化增压 GDI 发动机工作脉谱的比较
a）自然吸气发动机 b）小型化增压 GDI 发动机[483]

对增压 GDI 发动机的研究表明，额外的进气确实可以将分层充量运行范围扩大到更大的负荷和更高的转速，事实上，可以达到 3000r/min 及 0.8MPa IMEP。为了实现最低的 ISFC，必须将分层充量燃烧的放热率标定到热力学最优。这通常很难，因为喷油和点火正时通常都会被提前，为了实现较好的混合气制备和 HC 排放。对于废气涡轮增压的分层燃烧模式，尽管额外的空气使总体空燃比更大，但是发动机背压增加会导致燃油经济性降低。为了实现可接受的 HC 排放水平，废气涡轮增压 GDI 发动机的喷油正时通常比自然吸气 GDI 发动机更加提前，在更早的曲轴转角处燃烧掉 50%质量分数（MFB）的燃油，使传热增加，也会使油耗更高[254]。

在大型车辆中，对 GDI 发动机进行增压能够显著提高其动力性，从而增强整车性能，或改善燃油经济性。对增压 GDI 发动机的分析表明，对于中型车辆，单纯地扩大分层燃烧的范围并不能显著地改善其燃油经济性，因为对所有的循环，分层充量模式所占的时间分数并没有显著增加。而且，在速度更快、负荷更大的条件下，分层充量对泵气损失的减少影响很小。然而，相对于自然吸气 GDI 系统，由于可变几何涡轮（VGT）可以提供额外的灵活性，在燃油经济性和 NO_x 排放方面有所改善。如对于小排量中型运动型多用途汽车，通过增压和充气分层可以使其燃油经济性显著提高[57]。

另一个改善中等部分负荷燃油效率的方法就是通过提高均质运行（包括：带 EGR 的理论空燃比下均质燃烧模式，带或不带 EGR 的均质稀燃模式）时的压缩比。只要通过稀燃运行模式和（或）高 EGR 稀释能够使均质模式实现最大程度的非节流，上述方法就可以实现。图 9.3-4 所示为在节流、均质模式运行和非节流分层模式运行条件下，几何压缩比对部分负荷 BSFC 的影响。通过使用较高的压缩比，节流均质模式运行的效率显著提高，50% MFB 出现在大约 9°ATDC 的位置。相反，非节流分层燃烧模式运行时，50%MFB 出现在大约 1°ATDC 的位置。这说明当压缩比提高到 14：1 时，中部负荷的燃油效率接近最优水平。

相反，在小负荷、分层燃烧模式时，须降低压缩比来减少发动机摩擦，且在全负荷时为抑制发动机爆燃也需要降低压缩比。这样，GDI 发动机的压缩比在部分负荷运行时可以高达 15：1[378]；然而，对于目前可用的汽油来说，在大负荷下，当发动机运行在压缩比高于 12：1 时就会发生自燃。

为了解决这一矛盾，有人提出了一种结合可变压缩比的策略，利用这一概念的运行脉谱图如图 9.3-5 所示。从该图可见，通过在 GDI 发动机中应用可变压缩比，可以提供一个相对复杂的优化运转模式，即在部分负荷时应用最高的压缩比。结合 GDI 废气涡轮增压和可变有效压缩比的概念，以及附加瞬态响应和车辆驾驶性能改善的优点，燃油经济性可提高 28%。

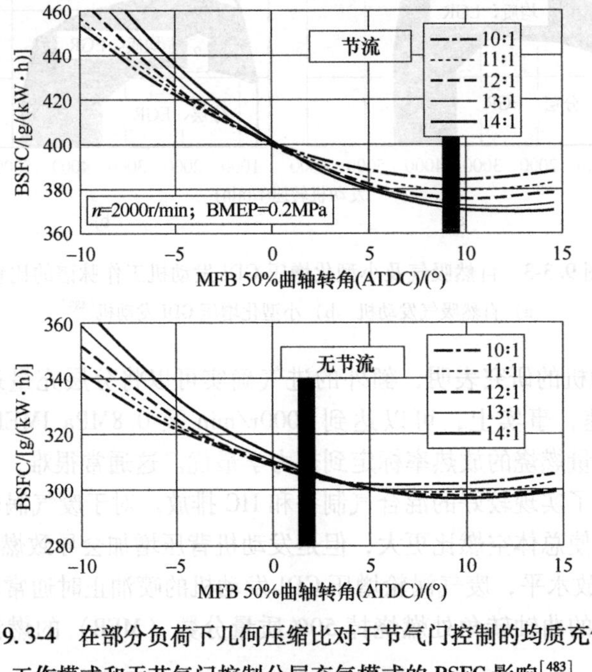

图 9.3-4 在部分负荷下几何压缩比对于节气门控制的均质充气工作模式和无节气门控制分层充气模式的 BSFC 影响[483]

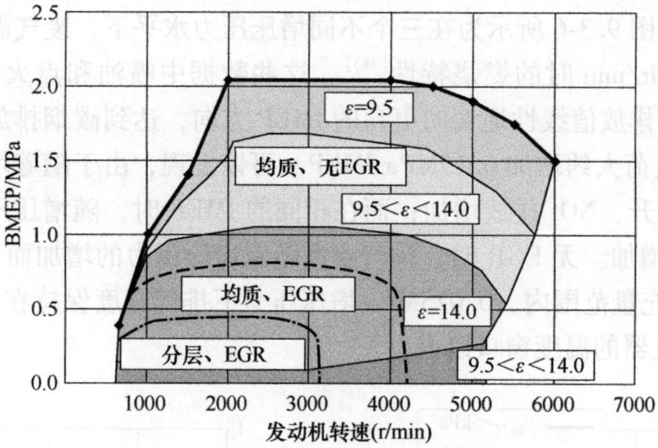

图 9.3-5 采用可变压缩比技术的运转脉谱[483]

9.3.2 废气涡轮增压与机械增压 GDI 发动机

相对大的 EGR 率是分层充量 GDI 运行模式的特质，在整个发动机运行范围内提供给增压 GDI 发动机正确的 EGR 量并不是一项简单的任务。歧管平均压力的升高降低了排气和进气歧管之间的压差。当使用 VGT 废气涡轮增压器时，尽管必须小心设计系统来避免降低涡轮特性，排气歧管内的压力仍可以调节到允许合适的 EGR 率的程度。然而，当使用机械增压器时，进气歧管内的压力可能高于排气歧管。因此，通过传统的 EGR 阀来引入 EGR 可能很难实现，EGR 必须通过辅助 EGR 泵或其他方式，如可变配气正时来实现，通常会增加系统复杂性及附加载荷。这样，在 EGR 系统设计中，废气涡轮增压器比机械增压器更具优势。

正如在第 8 章中讨论的，设计 VGT 的目的就是从排气中汲取能量用来运行压缩机，这时涡轮后的温度比排气歧管中的温度低。涡轮进气叶片的位置不同，汲取的能量就不同。因此，可以调节进入后处理系统的尾气温度，使之处于稀燃 NO_x 后处理系统的温度窗口范围内，从而保持较高的运行效率。相反，机械增压就不能实现这一功效[57]。应该注意的是，废气涡轮增压不利于改善催化器的起燃特性，此时应考虑如冷起动时废气旁通等其他方法。

为了在分层燃烧模式下获得足够高的空燃比，必须提高大负荷时的增压水平。和自然吸气、分层充量运行相比，使用机械增压器在部分负荷时提供额外的增压压力的压缩功会降低燃油经济性。比较而言，使用废气涡轮增压只会引起排气背压上升，而没有压缩功引起的效率降低[254]。涡轮增压器还会给安装提供便利条件。综合以上的原因，用涡轮增压代替机械增压对于增压 GDI 发动机来说是一个较好的选择。

9.3.3 增压 GDI 发动机的燃烧与排放特性

当 IMEP 在 0.55MPa 以内时，对于自然吸气发动机来说分层充量运行是很好的模式。当 IMEP 处于更高的水平时，带或不带 EGR 的均质稀燃模式下的燃油经济性优势消失。IMEP 处于限值时，不带 EGR 时过量空气系数为 1.7，带 EGR 时过量空气系数为 1.45。进一步加浓，分层充量燃烧的效率会下降，碳烟和 CO 排放通常会增加。此 IMEP 限值依赖于特定 GDI 发动机的容积效率。有了这些限制，只有在压缩机可以在部分负荷时提供足够的增压压力的条件下，废气涡轮增压发动机分层燃烧的运行范围才能扩大。

基于以上考虑，图 9.3-6 所示为在三个不同增压压力水平下，废气涡轮增压 GDI 发动机在发动机转速为 2000r/min 时的燃烧特性[483]，这些数据中喷油和点火正时都经过了优化。提高增压压力，碳烟排放值线性地偏向更高的 IMEP 方向，达到碳烟排放临界限值的废气涡轮增压 GDI 发动机负荷大约增加 0.15MPa IMEP。可以发现，由于随着增压压力的增大，充气密度和火焰温度上升，NO_x 排放增加；而在相同的 IMEP 时，随增压压力的增大，引起相对的稀释，HC 排放增加。无 EGR 时，排气温度随着增压压力的增加而下降。在 IMEP 小于 0.8MPa 的整个分层充量范围内，0.025MPa 增压压力下排气温度保持在 550℃以下，正处于典型的 NO_x 存储催化器的温度窗口以内。

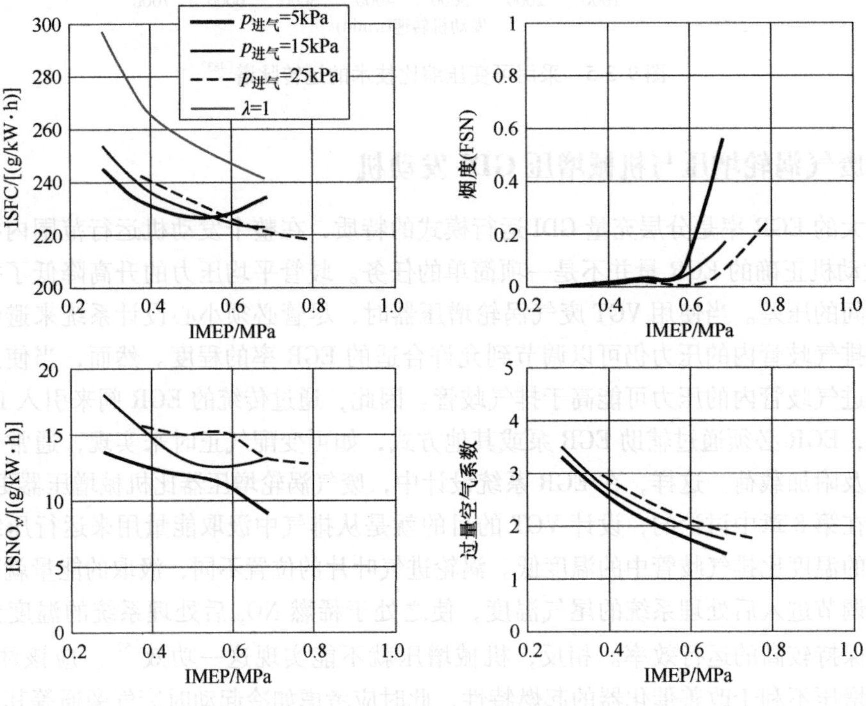

图 9.3-6　废气涡轮增压 GDI 发动机三阶段增压压力下的燃烧排放特性

注：发动机转速为 2000 r/min[483]。

废气涡轮增压 GDI 发动机的油耗具有一些有意思的特性，如随着增压压力的增大，燃油经济性下降；并且由于更稀薄的燃烧，在小负荷时会产生更高的 HC 排放。在中等部分负荷下，分层充量运行确实可以改善油耗。在自然吸气发动机最低油耗的运行工况区域，分层充量燃烧所带来的燃油经济性改善非常有限。

图 9.3-7 所示为废气涡轮增压 GDI 发动机在 0.025MPa 增压压力下的燃烧特性比较，其条件分别为：无 EGR、最低 ISFC 与相应的 EGR、最低 NO_x 排放与相应的 EGR。显然，在 IMEP 低于 0.7MPa 的负荷范围内，有 EGR 的油耗低于无 EGR 的情况。而且基于碳烟排放限制的分层充量运行负荷可以扩展到 0.75MPa IMEP。带 EGR 运行时的排气温度升高了 50℃，但仍低于 NO_x 存储催化器的临界温度 550℃。总之，废气涡轮增压确实可以适度地将分层充量运行范围扩大到更高的 IMEP 水平（约 0.7MPa），其限制主要来自于 NO_x 质量排

放，其次来自于碳烟排放。

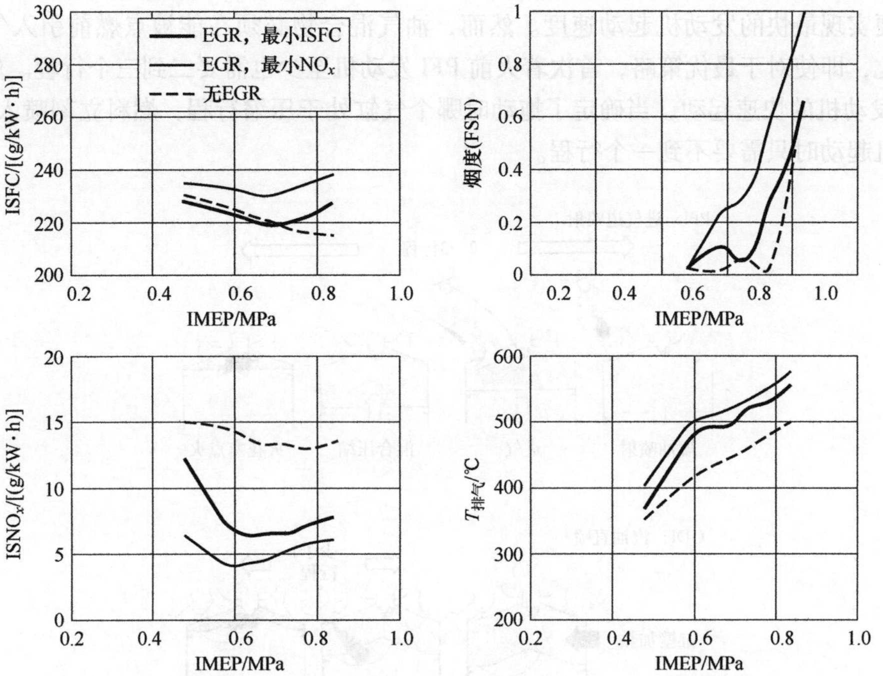

图 9.3-7　涡轮增压 GDI 发动机 0.025MPa 增压压力下的燃烧及排放特性

注：无 EGR、最小 ISFC 标定的 EGR 和最小 NO_x 排放标定的 EGR[483]。

9.3.4　发动机怠速停机策略

对于任意一台发动机，长期以来人们已经认识到在怠速时关闭发动机的策略是减小道路车辆油耗的有效手段。另外，关闭发动机也可以使催化器温度在更长的时间段内保持在起燃温度值以上。如图 9.3-8 所示，与发动机停机时的冷却速度相比，当发动机由中等负荷过渡到小负荷并保持怠速运行时，催化器的冷却速度更快[451]。然而，怠速停机策略对于 PFI 发动机是不实际的，因为 PFI 发动机重新起动和稳定燃烧需要过多的发动机循环。与之相对的是，GDI 发动机将燃油直接喷入气缸中，着火及稳定燃烧所要求的循环数明显减少[215,451]。

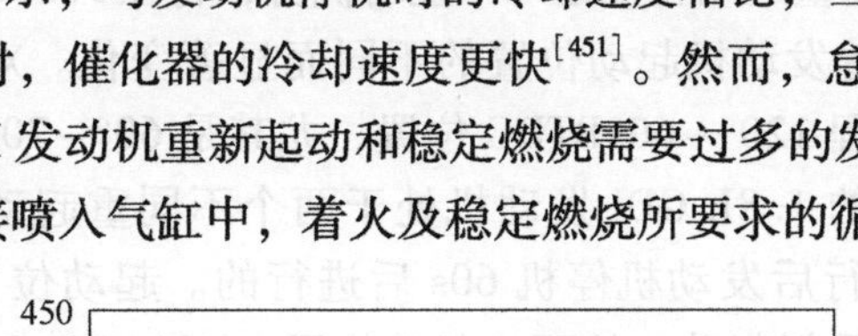

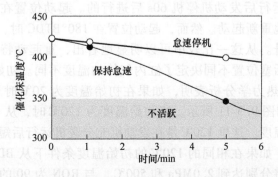

图 9.3-8　发动机怠速和发动机停机下催化器温度的比较[451]

图 9.3-9 所示为 PFI 和 GDI 发动机起动过程的比较[451]。对于优化的传统 PFI 发动机起动过程，首先要确定拖动时哪个气缸处于排气行程，然后将燃油喷射到这个气缸的进气道中，以便实现最快的发动机起动速度。然而，油气混合物必须在能被点燃前引入气缸并压缩。因此，即使对于最优策略，首次着火前 PFI 发动机至少也需要二到三个行程。然而，对于 GDI 发动机的快速起动，当确定了拖动时哪个气缸处于压缩行程，燃料立刻喷入该气缸，则发动机起动时只需要不到一个行程。

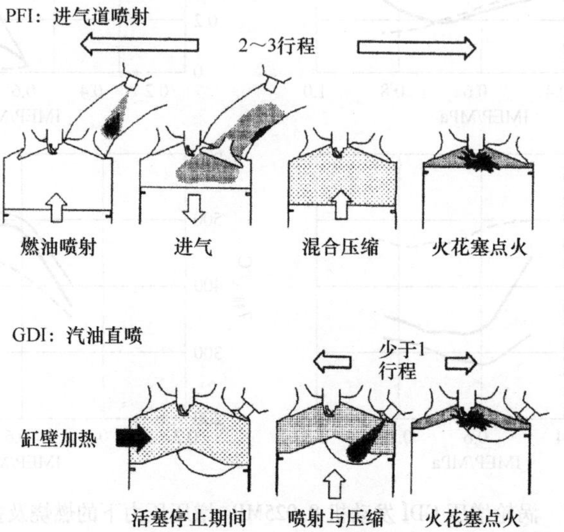

图 9.3-9　PFI 发动机和 GDI 发动机拖动和起动过程的比较[451]

由于在发动机停机过程中气缸壁的壁面传热会导致残余气体温度升高，轻微的压缩就足以为在近压缩上止点时的火花点火准备可燃混合气，这一策略可以使 GDI 发动机在少于一个行程的时间内实现首次着火。因此，在重起动时的转矩延迟仅为传统 PFI 发动机的 1/10~1/5。GDI 首次燃烧过程的快速实现是怠速停机策略可行性的关键因素。如果 GDI 发动机用于混合动力中，这一快速重起动特性是一个显著优势，将在 9.3.6 节中讨论。

GDI 重起动特性随着发动机起动位置的不同而显著变化。对于一个直列四缸发动机，某活塞通常停在压缩行程 120°~60°BTDC 位置，尤其是 60°~70°BTDC 的位置。图 9.3-10 所示是压缩比为 12 : 1 的 1.8L GDI 发动机处于两个不同重起动位置时的燃烧特性比较，测试是在小负荷稳态运行后发动机停机 60s 后进行的。起动位置在 65°BTDC 时，在 1/6 转内发动机可以轻易地重新起动。然而，起动位置在 180°BTDC 时，在火花点火前出现自燃，导致缸压急剧上升。从这一比较中可以明显地看出，重起动特性和起动时活塞位置密切相关，这是因为活塞位置不同决定了缸内气体的温度不同。初始气缸压力为 0.1MPa 和多变指数为 1.30 的热力学分析表明，如果在初始温度为 20℃时从 BDC 开始压缩，压缩温度可达 320℃，如图 9.3-11 所示。当初始温度为 120℃时，从 65°BTDC 开始压缩也可以达到相同的压缩温度。这里 120℃是在发动机充分暖机运行后短暂停机时根据燃烧室壁面温度估计得到的。如果在相同的 120℃的初始温度条件下从 BDC 开始压缩，则上止点时缸内压力和温度将分别达到 2.0MPa 和 500℃，与 RON 为 90 的常规汽油的自燃条件相当[451]。

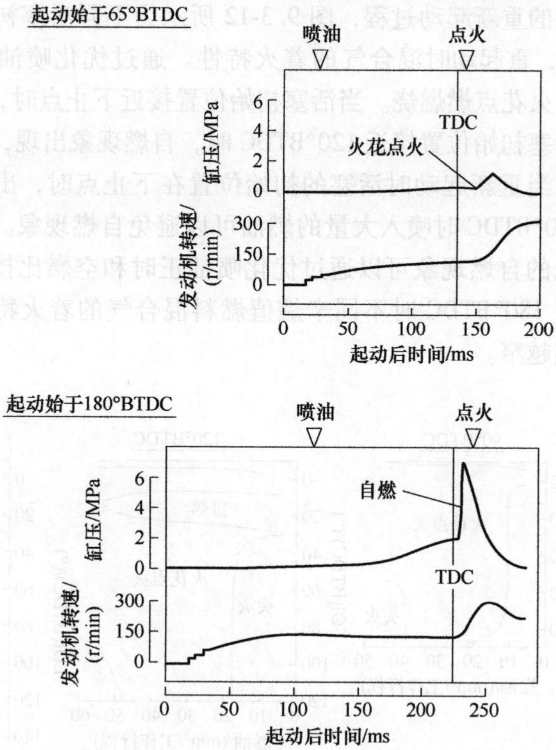

图 9.3-10　重起动从两个起始位置分别为 65°BTDC 和 180°BTDC 的燃烧特性的比较

注：1.8L GDI 发动机压缩比为 12∶1[451]。

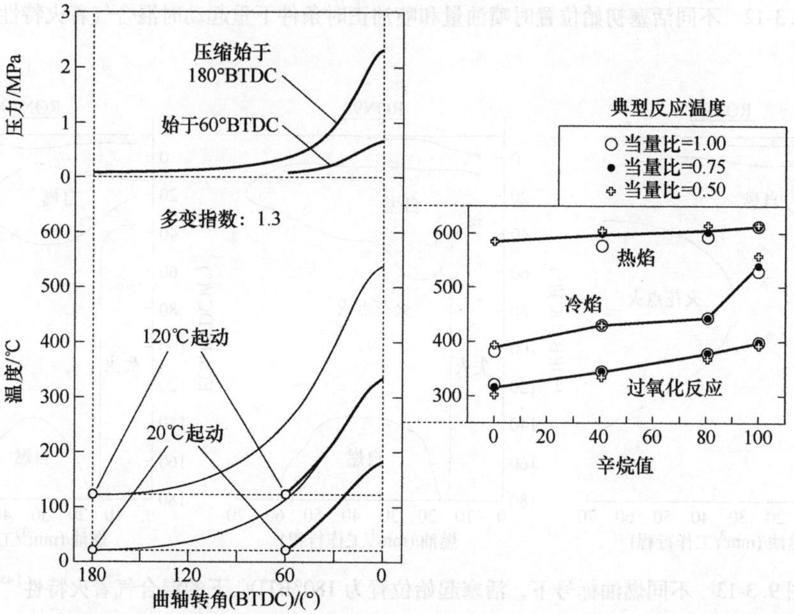

图 9.3-11　重新起动在不同起始位置和温度下的缸内空气温度和压力历程的热力学分析

注：起始缸内温度为 0.1MPa；多变指数为 1.3[451]。

为了便于理解复杂的重新起动过程，图 9. 3-12 所示为不同活塞初始位置时喷油量和喷油正时（EOI）条件下，重起动时混合气的着火特性。通过优化喷油正时可以在当量比为 0. 5~2. 0 时实现正常的火花点燃燃烧。当活塞初始位置接近下止点时，可以达到明显更高的缸内温度和压力。当活塞初始位置接近 120°BTDC 时，自燃现象出现，但是仅出现在喷油正时严重滞后的情况下。当重新起动时活塞的初始位置在下止点时，出现了大范围的自燃现象；然而在 EOI 接近 80°BTDC 时喷入大量的燃油可以避免自燃现象。显然，在发动机怠速停机后重新起动时出现的自燃现象可以通过优化喷油正时和空燃比控制来避免。图 9. 3-13 所示为活塞初始位置为 180°BTDC 时不同辛烷值燃料混合气的着火特性。汽油的辛烷值越高，重起动的自燃范围越窄。

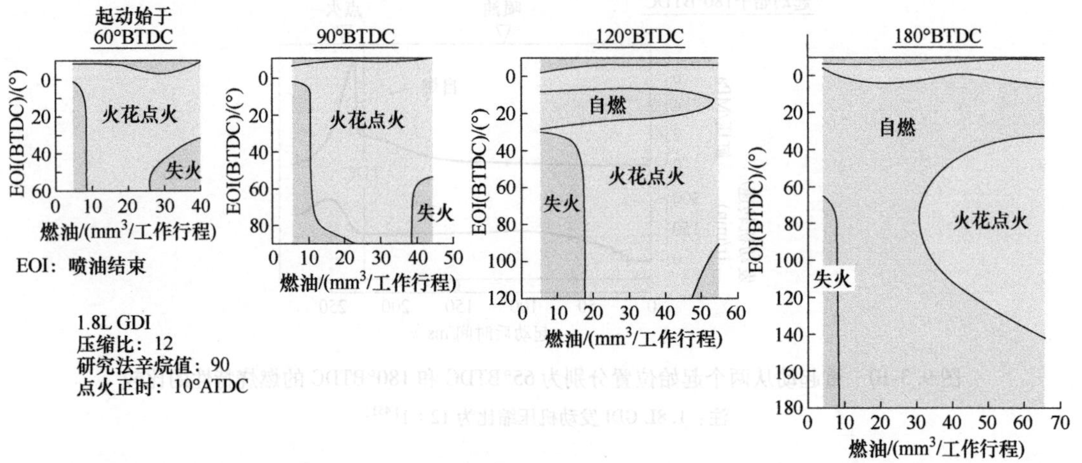

图 9. 3-12　不同活塞初始位置时喷油量和喷油正时条件下重起动时混合气着火特性[451]

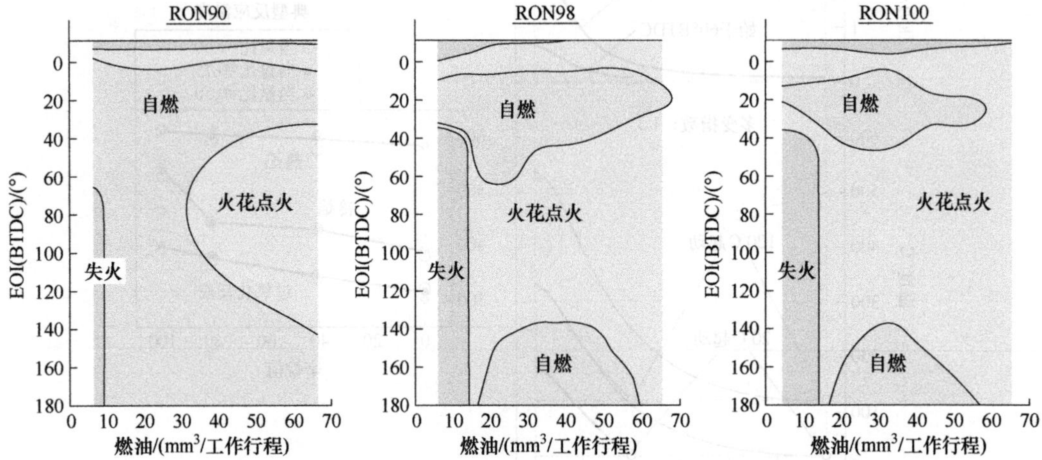

图 9. 3-13　不同燃油标号下，活塞起始位置为 180°BTDC 下的混合气着火特性[451]

需要说明的是，尽管分析提到了起动时活塞处于下止点的情况，实际这种情况出现的概率很小。因此，在 GDI 发动机重新起动开始时，首次着火的气缸并不会发生自燃。然而，对于第二缸即重新起动时处于进气行程的那个气缸，上述分析对理解其燃烧特性来说很重要。图 9. 3-14 显示了第二缸重新起动位置在 260°BTDC 和 360°BTDC 时的燃烧特性。重新起动位置在 260°BTDC 时，大量的残余气体被截留在气缸内，在发动机停机的那段时间内自由对流会对这部分气体进行加热。因此，在压缩行程结束时缸内温度很高。和在第一个着火气缸中观察到的相似，当第二个气缸的初始位置处在进气行程中间时会出现大范围的自燃。相反，当第二缸的活塞处于进气行程上止点或 360°BTDC 时，高温残余气体大大减少，气缸内的初始气体将被大量的进气充分稀释及冷却。这样，压缩行程结束时的温度会低于自燃温度。第三和第四着火气缸的燃烧特性与之类似。基于表 9. 3-3 中所列的原因，必须认真考虑并避免在第二个着火气缸内可能会产生的重新起动自燃[451]。

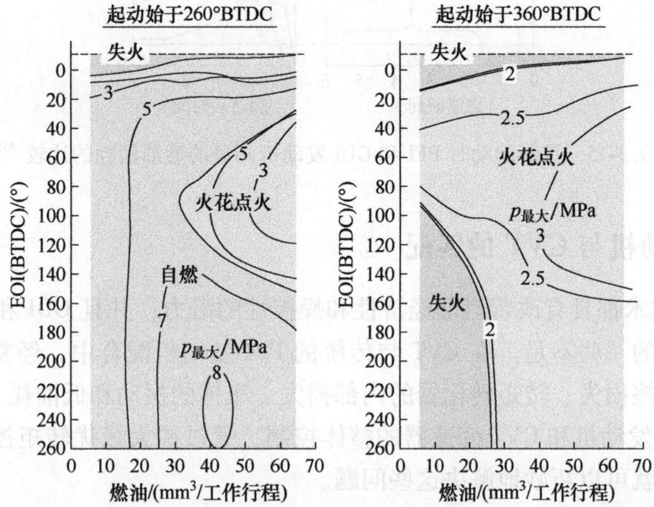

图 9. 3-14 在两个活塞位置 260°BTDC 和 360°BTDC，不同喷油量和 EOI 喷油时刻下第二缸重新起动燃烧特性[451]

表 9. 3-3 重新起动过程中避免在第二个着火气缸内发生自燃的原因

发动机振动	伴随自燃的等容燃烧会引起明显的发动机振动。推迟点火时刻可以控制此高压燃烧
发动机减速	缸压的过早上升可能引起发动机转速显著降低。在极端情况下，可能产生反转
已燃气体倒流回喷油器	在燃烧压力高的情况下，可能引起缸内气体倒流回内开式喷油器。较高的燃油压力会阻止此情况发生。但在发动机起动的过程中，油轨压力仍较低
燃烧噪声	产生很高且扰人的噪声

除了需要复杂的燃烧控制，重新起动时还有能量要求，这可能会超过怠速停机本身所能节省的能量。图 9. 3-15 所示为在 PFI 与 GDI 发动机重新起动过程中测得的油耗比较[451]。对于传统的 PFI 发动机，重新起动一次所需要的能量和发动机怠速 5. 5s 所需的能量相当。这样，如果怠速停机的时间少于 5. 5s，燃油经济性就会出现负增长。然而，对于 GDI 发动机，由于其起动时间短，重新起动快，再加上精确的稀燃转矩控制，重新起动时的能量消耗会大大减少。重新起动产生的油耗仅与发动机怠速 0. 4s 时相当。显然，对于 GDI 发动机来说怠速停机可以改善其燃油经济性。将这一策略用于装有 1. 1L GDI 发动机的车辆上，进行日本

10~15工况测试，结果显示除了GDI本身的优势，燃油经济性还可以获得10%的改善[451]。在手动变速器车辆中可采用怠速停机策略而无须多余的硬件。相比之下，对于采用自动变速器或者CVT的GDI车辆来说，快速提高变速器油压的装置则可能是必备的。

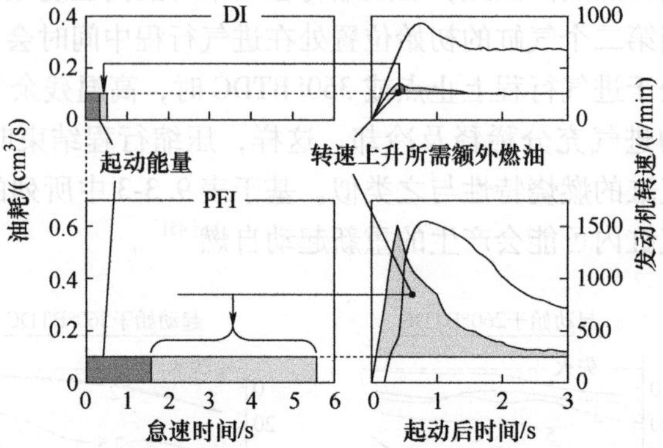

图9.3-15　重新起动时PFI和GDI发动机测量的燃油消耗的比较[451]

9.3.5　GDI发动机与CVT的匹配

GDI和CVT技术都具有改善燃油经济性和操控性的潜力，并且GDI和CVT的结合使用还有助于弥补各自的一些不足。在CVT与传统的PFI发动机配合中，经常会出现以下一些问题：传送带的摩擦损失、转矩转化器的内部损失、车体的振动和低油耗工作点变速器匹配不理想。采用GDI发动机和CVT变速器的整体控制，通过扩大最优转矩控制范围和GDI发动机本身的低油耗就可以巧妙地解决这些问题。

由于CVT采用传动带传动，故需要对带轮施加一定的力来防止打滑。但是，传统PFI发动机的转矩控制比较困难，并且施加较高的带轮压力就会引起摩擦损失的增加。GDI发动机精确的转矩控制则可以对带轮始终施加合适的力，从而获得较好的燃油经济性。如将带轮系统的液压力从1.2MPa降到0.7MPa后，在整个车速范围内可以获得5%~7%的油耗改善[251]。对于传统的变速器，当需要高的发动机输出时，发动机的工作点就会移到高转矩区。这就要求GDI发动机工作在均质状态下，从而导致油耗高于最优点。如果带有CVT，发动机就可以在此工况点下工作：略微增加发动机转矩且明显增加发动机的转速，从而可以满足与以上相同的要求。因此，可以扩展分层模式的极限点，从而改善燃油经济性。当发动机的转速达到1500r/min，GDI发动机的油耗特性最佳，明显改善了整个系统的油耗。

总之，GDI/CVT动力总成具有显著增强发动机脉谱工况点和车辆负荷与速度之间匹配的潜力，同时也具有高精度的转矩控制优势。与单独从GDI或CVT获得的燃油经济性和操控性能相比，对二者的集成控制可以显著增强系统此方面的能力。

9.3.6　GDI发动机在混合动力系统上的应用

混合动力系统可以提供更高的效率和较低的油耗。但是，多种驱动路径、电动机/发电机单元和高容量的电池模块使得此技术非常复杂。采用PFI发动机的混合动力系统，一般会出现起动转矩不足、在发动机重新起动和稳定时停顿的问题。另外，在水平路面行驶时，可回收的能量有限，这就意味着发电机必须频繁地工作来获得需要的动力输出，会引起燃油经济性的损失。相比之下，采用 GDI 发动机的混合动力系统，对发电机单元和电池容量的需求则小一些，因此就获得了表 9.3-4 所列的诸多优势。从而，可以采用比通常更小的发电机和电池来改善车辆的初始加速。这是因为 GDI 发动机的重起动所需的电能非常少，并且起动迅速以至于在刚起动后的几个循环内就可以获得所需要的发动机转矩[17]。

表 9.3-4　采用 GDI 发动机的混合动力系统的主要优点

优越的重起动特性	只需要电机短时间工作的优越重起动特性，随后发动机的转矩输出即可以辅助加速
小转矩的精确控制	对于 GDI 发动机，即使最少的汽油喷射量也可以形成有效的燃烧。那么在发动机停机和重起动时，这可能提供更加精确的转矩和转矩变化控制
优越的低负荷油耗	即使在制动能回收不足的情况下，GDI 发动机优越的小负荷油耗水平也可以提高燃油经济性

9.4　总结

本章对采用 GDI 发动机改善车辆燃油经济性的理论潜力进行了论述。但是，实际中由于采用排放控制策略，燃油经济性的获得需要综合考虑。因此，理论上燃油经济性的改善可以达到 20%~25%，而实际商用的发动机和车辆只能实现大约一半。降低燃油经济性优势的主要因素有：排放限制、进气节流的使用和燃烧与控制系统的局限性，限制发动机在高效区工作。在考虑系统性能优化的前提下，组成整个燃烧系统的各个部件必须仔细评估。这些优化后的部件必须与整个 GDI 发动机系统的设计与优化相整合。未来在这些领域可能出现的改进方案将转变为各自的燃油经济性改善。对这些措施进行试验评价相当困难，因为从单个部件获得的益处可能很小，事实上可能接近测量的误差，但是这些部件整体的影响却是非常明显的。

其他的运行约束，如需要的轻微节流、窄的稀燃 NO_x 后处理系统工作温度区间、NO_x 存储催化器的再生都会显著降低燃油经济性。即使对于相同的 GDI 发动机，车辆的燃油经济性主要取决于发动机/车辆的匹配、工作循环和工作模式的转换。为了满足未来的排放法规要求，燃烧系统、发动机运转策略和排气后处理系统需要协同开发。另一个有前景的方向是将 GDI 技术与其他技术联合应用，如增压、怠速停机、CVT 和 HEV。这些技术的结合不仅可以改善 GDI 的工作特性，而且可以消除它们本身的一些不足。这样 GDI 技术的很大一部分潜力得以释放，如快速的瞬态响应、优越的发动机起动特性、精确的转矩控制、缸内充量冷却、灵活的燃料供给控制、增强的抗爆燃能力和降低增压器的延迟时间等。基于所有这些潜力的发挥，GDI 技术在燃油经济性方面会得到进一步的显著改善。

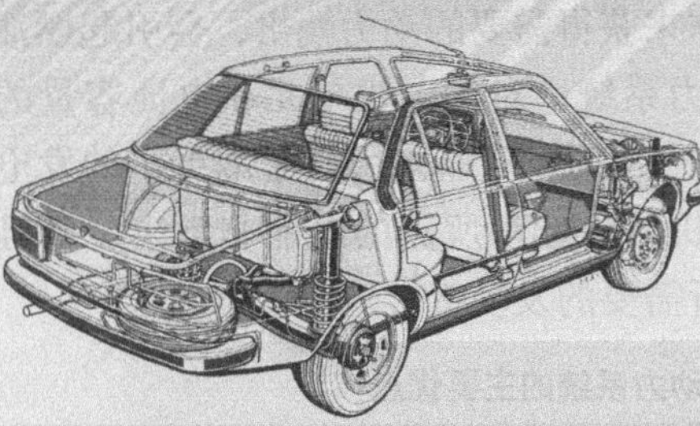

第10章

汽油缸内直喷系统产品与原型机

10.1 早期DISC发动机开发

由于在整个发动机运行脉谱中在固定的火花塞电极间隙之间组织可燃混合气是十分困难的，所以单点、固定点火位置的GDI发动机对混合气制备过程的要求非常严格。这也是为什么大多数燃烧控制策略都是针对可燃混合气的制备与位置的。分层混合气的位置、形状和充量分布的可重复性对于GDI燃烧系统的燃油经济性至关重要。理论上，稳定的分层可以直接通过一个分隔型燃烧室来实现，其主、副燃烧室可以将混合气严格地分开。这项基础技术的一个典型应用是本田混合涡流燃烧室（CVCC）发动机[76]，虽然在技术上这并非GDI发动机，但其燃烧系统的确是以分层混合气运行的。

CVCC的燃烧策略如图10.1-1所示，利用二次混合气制备系统将浓混合气通过一个辅助进气门提供给含有火花塞的预燃室，稀混合气则由主供油系统提供给主燃烧室。在预燃室内燃烧开始之后，正在燃烧的浓混合气通过一个孔进入主燃烧室，同时卷吸并点燃主燃烧室内的稀混合气。这个发动机因此开创了射流火焰点火技术，拓宽了传统点燃式发动机的工作极限，使其在对于传统点火系统过稀的空燃比的混合气下也能工作。射流火焰点火的一个主要缺点是预燃室和主燃室壁之间的热损失和节流损失降低了发动机的燃烧效率。此外，该系统只能在总混合气较稀时工作，因此限制了固定排量下的最大输出功率。

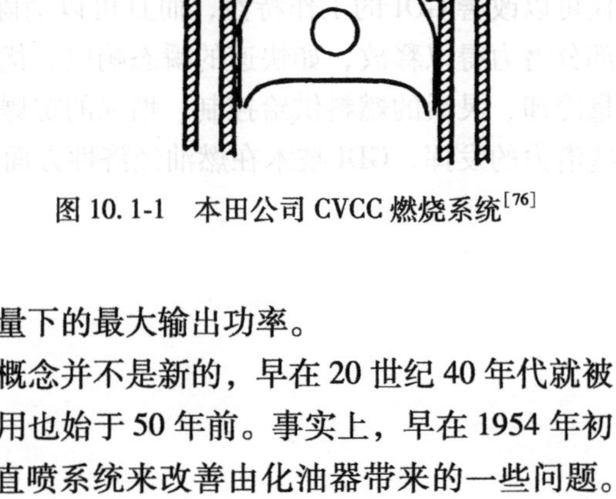

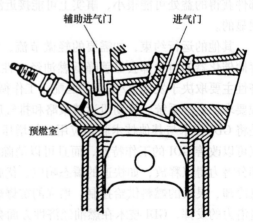

图10.1-1 本田公司CVCC燃烧系统[76]

将汽油直接喷入点燃式发动机的燃烧室这一概念并不是新的，早在20世纪40年代就被广泛运用在径流式飞机发动机上，在汽车上的应用也始于50年前。事实上，早在1954年初的奔驰300SL发动机[391]（图10.1-2）就运用了直喷系统来改善由化油器带来的一些问题。

作为最早 GDI 发动机的成员之一[197]，其在进气行程进行缸内喷射来获得均匀可燃混合气。

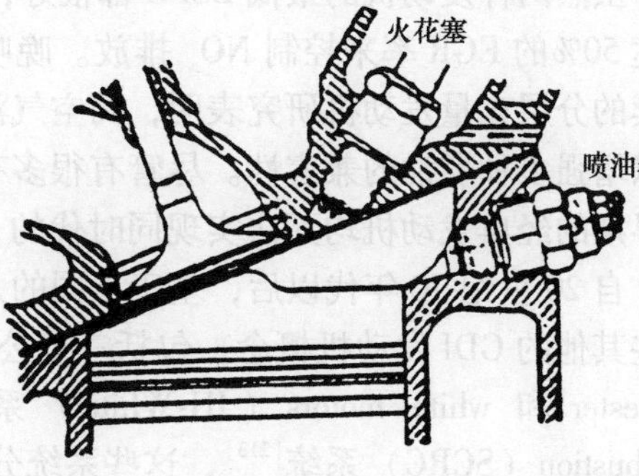

图 10.1-2　奔驰公司 300SL GDI 燃烧系统[391]

1960~1978 年间，开发了众多 DISC 系统来研究充量分层的潜力。许多设计利用喷射-壁面的相互作用和油膜蒸发在开放型燃烧室内控制燃料分布，实现充量分层。MAN-FM 系统是此类分层燃烧系统的经典案例[307,453]，如图 10.1-3 所示。大量研究结果表明，MAN-FM 系统表现出壁面热损失增加以及 HC、碳烟排放增加等缺点。同时，由于其属于 CVCC 分隔型燃烧室，只能工作在分层模式下。尽管 MAN-FM 发动机可以提高压缩比，但与均质、理论空燃比的传统 PFI 发动机相比，其输出比功率仍然很有限。

1970~1979 年间开发了另一些 GDI 发动机，其喷油器和火花塞间隙距离很近。著名的福特 PROCO[401] 和德士古 TCCS[8] 系统将点火源布置在燃油喷雾的外围，这两个系统的燃烧原理如图 10.1-4 和图 10.1-5 所示。中央布置的喷油器可提供中空式燃油喷雾，喷雾的稳定性可由大的涡流比（PROCO 系统）或切向喷入活塞凹坑的窄的喷射所引发的大涡流运动（TCCS）提供。在这两种情况下，点火稳定性主要由喷射和点火共同在空间和时间上保证。与 TCCS 系统相比，采用涡流稳定中央混合气的 PROCO 系统的点火延时可略微延长，然而，当横向流动速度较大时会出现不理想的混合气点火条件。TCCS 系统可被视为完全分层燃烧系统的经典代表，而 PROCO 燃烧系统的设计初衷是为了和运用高 EGR 率的预混合发动机的有效输出功进行匹配。PROCO 分层充量发动机采用喷油压力为 2MPa 的喷射系统，并在压缩行程早期喷油，而 TCCS 发动机利用的是类似于高压柴油的喷射系统。

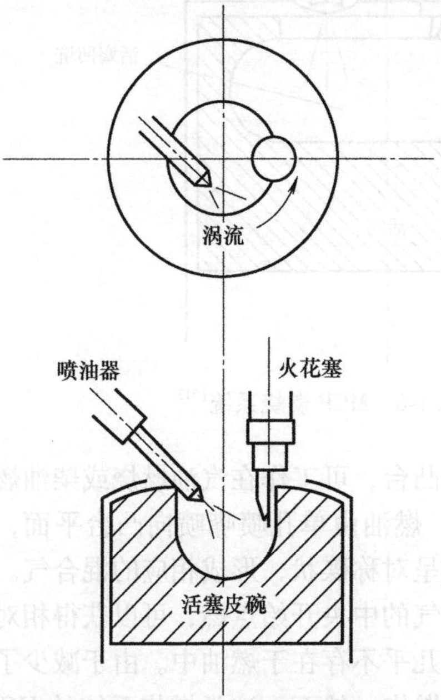

图 10.1-3　MAN-FM 燃烧系统[307]

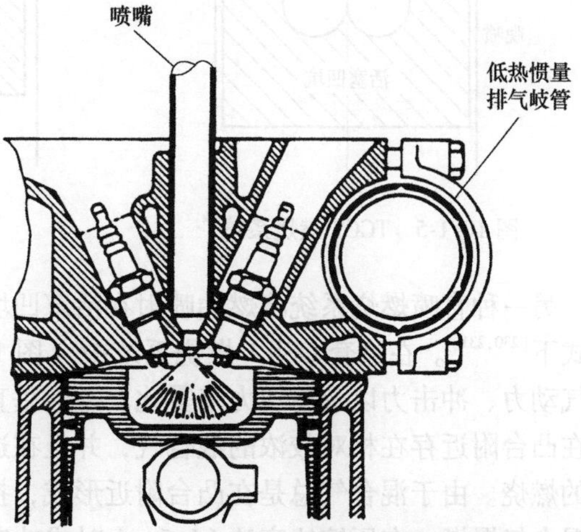

图 10.1-4　福特公司 PROCO 燃烧系统[401]

虽然两种发动机的最低 BSFC 都很好，但小负荷时的 HC 排放控制非常困难，一般通过高达 50%的 EGR 率来控制 NO_x 排放。晚喷 TCCS 系统的功率输出还受到碳烟排放的限制。后续的分层充量发动机研究表明，高空气涡流有助于获得符合要求的混合气，高能量点火源可以增强多种燃油的兼容性。尽管有很多有效措施可以减少自燃并提高空气利用率，但是这些早期的经典发动机均无法实现同时代的 PFI 发动机的有效功率输出。

自 20 世纪 70 年代以后，基于不同的几何形状组合、喷雾和火花塞间隙的排列，提出了一些其他的 GDI 发动机概念，包括三菱公司的 Combustion Process（MCP）[313]、international harvester 和 white motors（IH-White）系统[44]以及 curtiss-wright stratified charge rotary combustion（SCRC）系统[213]，这些系统分别如图 10.1-6，图 10.1-7、图 10.1-8 所示。

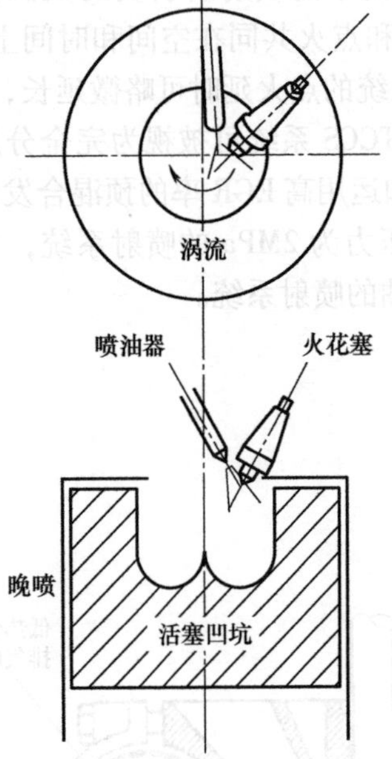

图 10.1-5　TCCS 燃烧系统[8]

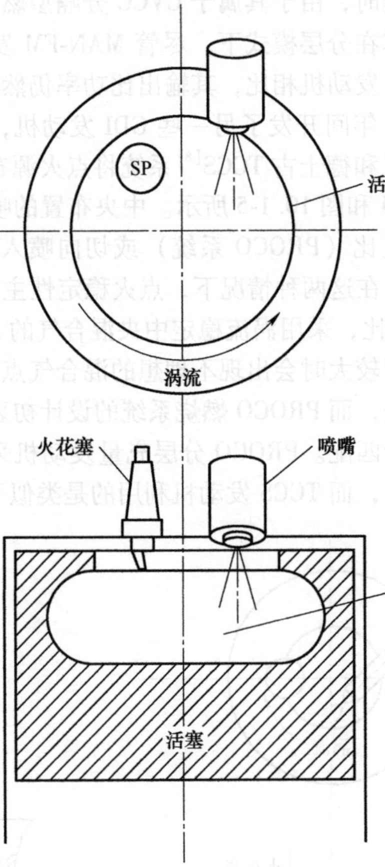

图 10.1-6　MCP 燃烧系统[313]

另一种直喷燃烧系统将燃油喷射在活塞凹坑的中央凸台，可工作在汽油燃烧或柴油燃烧模式下[230,231]。在这套 OSKA 燃烧系统中（图 10.1-9），燃油由单孔喷嘴喷向凸台平面，通过气动力、冲击力以及剪切力来雾化。燃油垂直偏转并呈对称碟状，形成相应的混合气。由于在凸台附近存在相对较浓的混合气，并且在这些混合气的中央开始点燃，可以获得相对稳定的燃烧。由于混合气总是在凸台附近形成，挤流区域几乎不存在于燃油中。由于减少了终燃混合气爆燃，在压缩比高达 14.5∶1 时成功实现汽油燃烧。然而，这类燃烧系统的 HC 排放非常高，这可能是因为撞击引起的雾化不良造成的，这正是在开发过程中的难点所在[229]。

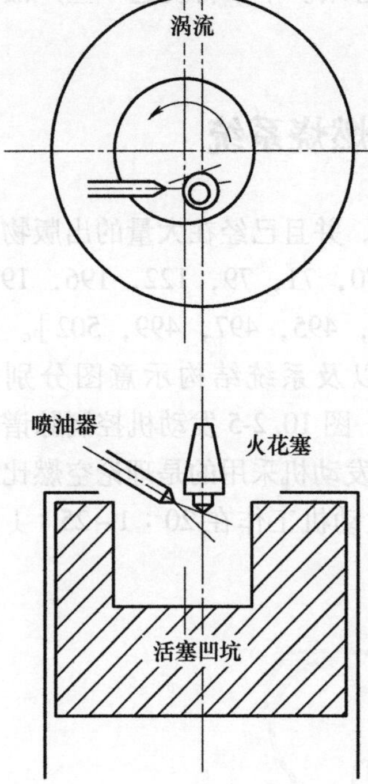

图 10.1-7　IH-White 燃烧系统[44]

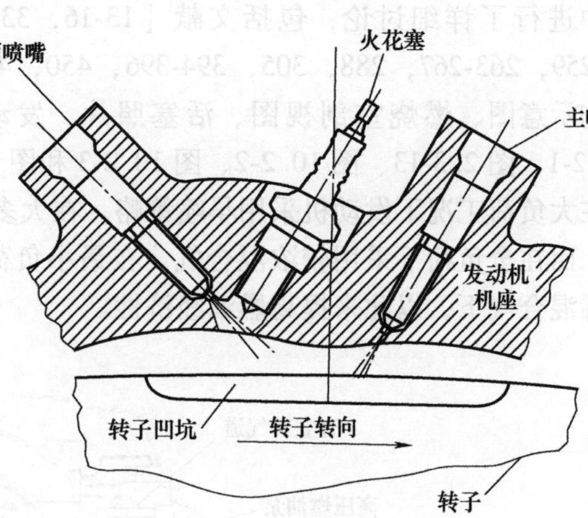

图 10.1-8　SCRC 燃烧系统[213]

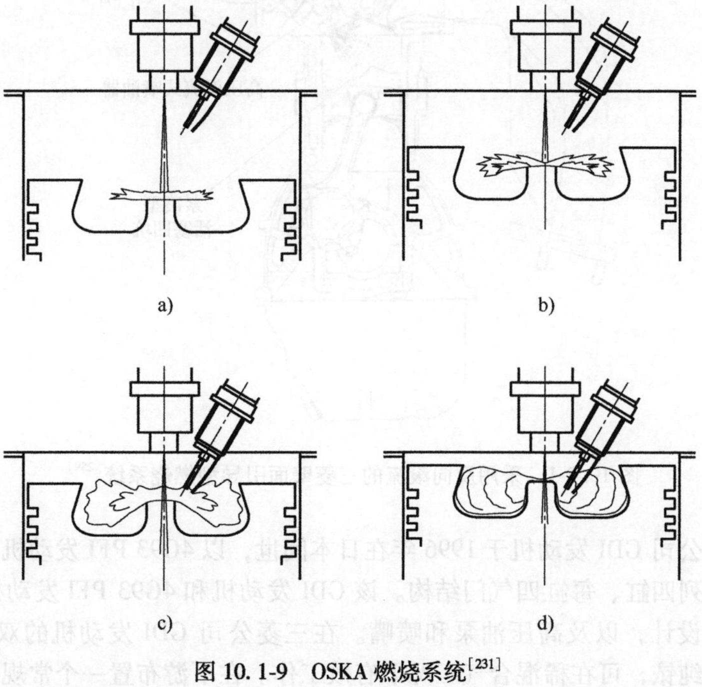

图 10.1-9　OSKA 燃烧系统[231]

自1990年以来，汽车企业、燃油系统生产商和科研机构提出了一些创造性的GDI发动机混合气制备和燃烧控制策略，其中一些已经在日本和欧洲市场上投产。近期的GDI发动机以及相关的燃烧控制策略的一些要点已在表1.3-2中进行了总结。本章将挑选一些产品和原型机，对其结构和运转特性进行详细讨论。

10.2 三菱公司基于逆滚流的壁面引导型GDI燃烧系统

三菱公司的GDI燃烧系统，简称GDI，是一种领先的产品，并且已经在大量的出版物及文献中进行了详细讨论，包括文献［13-16，33，34，37，70，71，79，122，196，197，221，259，263-267，288，305，394-396，450，468，490-492，495，497，499，502］。燃烧结构示意图、燃烧室剖视图、活塞照片、发动机剖视图以及系统结构示意图分别如图10.2-1、图2.3-13、图10.2-2、图10.2-3和图10.2-4所示。图10.2-5发动机控制脉谱表明，在大负荷工况下发动机采用早喷策略。在大多数工况下，发动机采用的是理论空燃比混合气，而在全负荷下采用较浓混合气。在最小负荷工况下，发动机工作在20∶1~25∶1的均质稀混合气下，以此来提高燃油经济性。

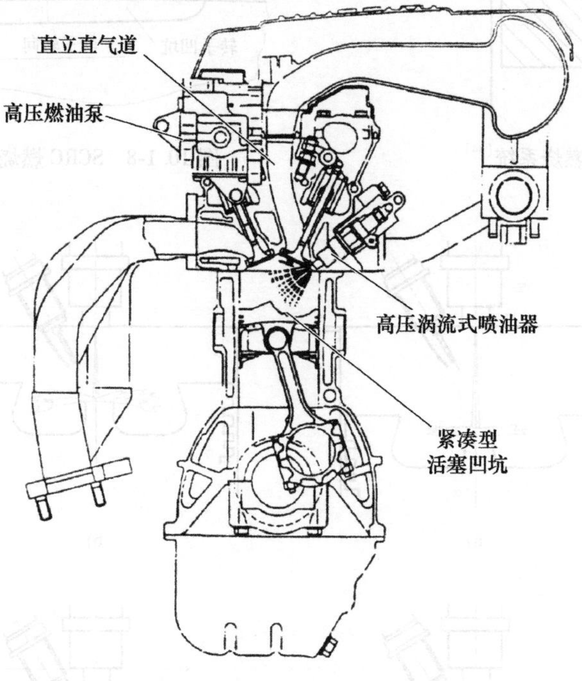

图10.2-1 采用反向滚流的三菱壁面引导型燃烧系统[259]

第一台三菱公司GDI发动机于1996年在日本问世，以4G93 PFI发动机为基础，采用双顶置凸轮轴、直列四缸、每缸四气门结构。该GDI发动机和4G93 PFI发动机的主要区别在于气缸盖和活塞设计，以及高压油泵和喷嘴。在三菱公司GDI发动机的双级催化系统中，第一级催化剂为纯铱，可在稀混合气工况下有效工作。在下游布置一个常规铂催化器，以便在其他工况下催化尾气流。

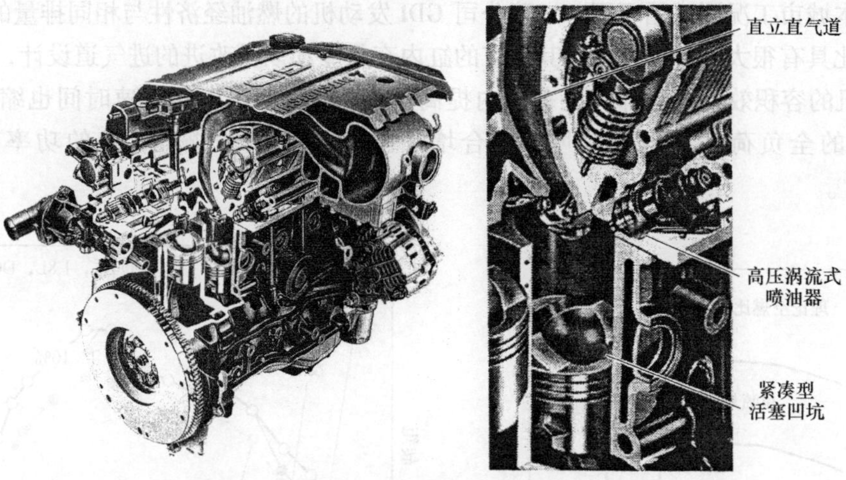

图 10.2-2　三菱 GDI 燃烧系统剖面图[37,342]

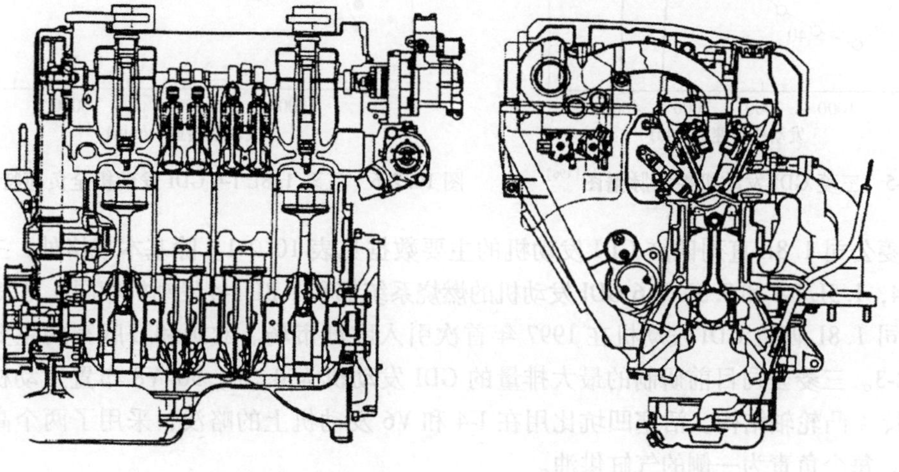

图 10.2-3　三菱 1.8L I-4 GDI 发动机剖面图[196]

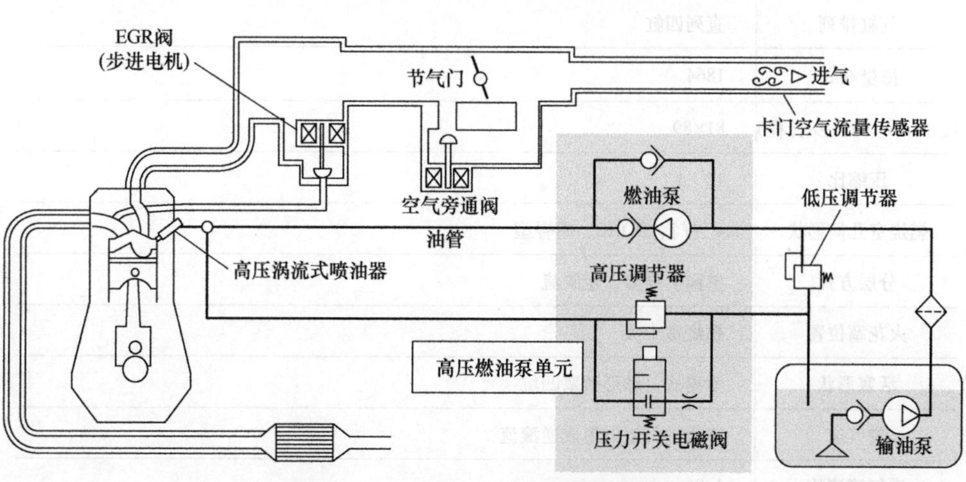

图 10.2-4　三菱 GDI 发动机原理图[196]

在日本城市工况测试循环下，三菱公司 GDI 发动机的燃油经济性与相同排量的传统 PFI 发动机相比具有很大的提高。由于其固有的缸内充量冷却以及改进的进气道设计，三菱公司 GDI 发动机的容积效率在全部工况范围内提高了 5%，0～100km/h 加速时间也缩短了 5%。图 10.2-6 的全负荷性能数据表明，结合增加至 12：1 的压缩比，总的功率输出提高了 10%[197]。

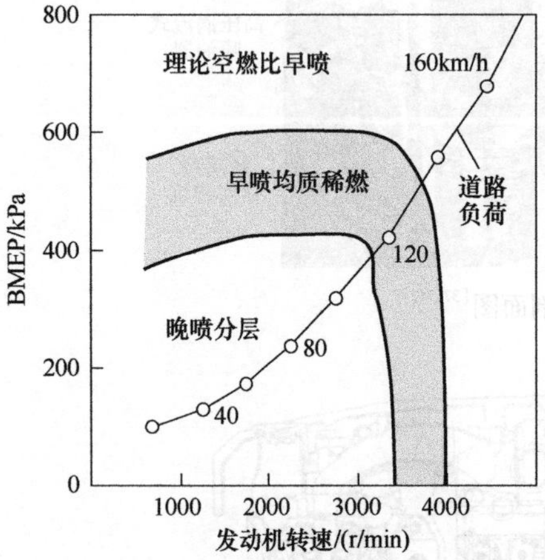

图 10.2-5　三菱 GDI 发动机控制脉谱图[196]

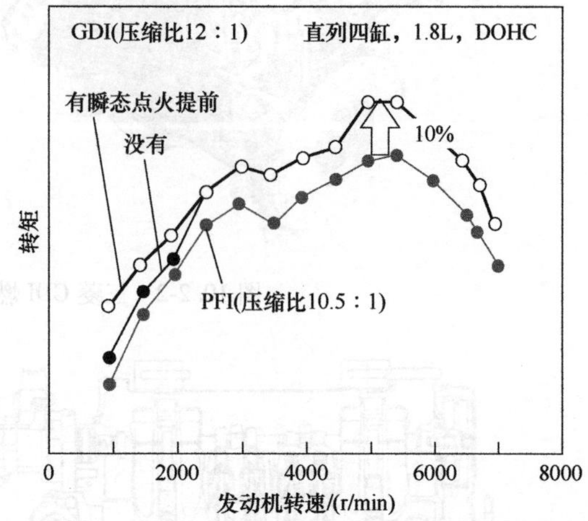

图 10.2-6　三菱 1.8L I-4 GDI 发动机全负荷特性图[196]

三菱公司 1.8L 直列四缸 GDI 发动机的主要数据见表 10.2-1。除基本规格外，三菱公司 1.1L I-4，1.5L I-4 和 3.5L V-6 GDI 发动机的燃烧系统都和 1.8L I-4 发动机相同，见表 10.2-2。三菱公司 1.8L 四缸 GDI 发动机在 1997 年首次引入欧洲市场。欧版和日版车的主要差别见表 10.2-3。三菱公司目前研制的最大排量的 GDI 发动机为 4.5L，90°V8 布置发动机，使用 32 气门、4 凸轮轴结构。活塞凹坑比用在 I-4 和 V6 发动机上的略浅，采用了两个高压单柱塞油泵，每个负责为一侧的气缸供油。

表 10.2-1　三菱公司 1.8L 直列四缸 GDI 发动机规格

气缸排列	直列四缸
排量/cm^3	1864
尺寸/mm（缸径×行程）	81×89
压缩比	12：1
燃烧室几何形状	4 气门、DOHC、屋脊型
分层方式	壁面引导型，逆滚流
火花塞位置	燃烧室中央
活塞形状	紧凑式，球形活塞凹坑
进气道	竖直进气道以形成逆滚流
进气滚流比	1.8

（续）

喷嘴位置	进气道下方，两进气门之间
喷油器类型	具有切向槽的高压涡流式喷嘴
燃油压力/MPa	5
喷雾特性	空锥喷雾
点火系统	60mJ 能量，窄电极间隙铂金属火花塞
NO_x 控制	由步进电动机控制的电子 EGR 阀最高可达 30%EGR 率；稀 NO_x 催化器
部分负荷工况	晚喷、分层模式，总空燃比最高达 40：1
全负荷工况	早喷、均质模式
负荷转换	利用节气门和电控旁通阀进行气流控制，实现不同工作模式之间的平稳转换
燃油要求	研究法辛烷值：92
怠速转速/（r/min）	600
功率/kW	112（6500r/min）
转矩/（N·m）	128（5000r/min）

表 10.2-2　三款三菱公司 GDI 发动机规格：1.1L 直列四缸，1.5L 直列四缸，3.5L V 型六缸

排量/cm^3	1094	1468	3496
气缸排列	直列四缸	直列四缸	V 型六缸
尺寸/mm（缸径×行程）	66×80	75.5×82	93×85.5
压缩比	不详	11：1	10.4：1
火花塞	不详	不详	深入燃烧室内
进气系统	不详	不详	可变长度进气系统，以改善中低速转矩
燃料要求	普通	普通	普通（推荐优质）
功率/kW	54（6000r/min）	不详	180.2（5500r/min）
转矩/（N·m）	100（4000r/min）	不详	343.1（2500r/min）
建议	配备怠速停机系统	无	无

表 10.2-3　三菱公司 1.8L 直列四缸 GDI 发动机日版和欧版的主要区别

压缩比	欧版将压缩比从 12：1 提升至 12.5：1
喷雾目标	欧版的喷油器布置更为垂直，以便将燃油喷至活塞凹坑中心，减小了喷油目标随喷射正时的变化，用以在较为宽广的工作窗口中形成稳定的可燃混合气
标定差别	日版发动机致力于在怠速时节省最多的燃油，而欧版发动机致力于优化高速公路上的燃油经济性

（续）

模式转换点	欧版由稀燃 40：1 至正常的 14.5：1 的转换点由 2000r/min 增加至 3000r/min。稀燃工况下汽车的高速公路巡航速度提升至 120~130km/h
进气系统	进气歧管的长度由 265mm 增加至 400mm，以提高欧版发动机低转速的转矩特性
转矩策略	欧版发动机加入了两阶段喷油策略，也称为两阶段混合，来提高低速转矩同时抑制爆燃。在此策略下，一部分燃油在进气行程中被喷入，其余燃油在压缩行程中喷入
催化器起燃策略	欧版发动机加入了另一种两阶段喷油策略，也称为两阶段燃烧，使其有利于冷起动过程中催化器的快速起燃。一部分燃油在进气行程喷入缸内实现正常燃烧，其余部分在膨胀行程喷入，产生热量来使催化器温度迅速提升

10.3 丰田燃烧系统

10.3.1 丰田第一代基于涡流的壁面引导型 D-4 燃烧系统

丰田第一代直喷燃烧系统，即 D-4 系统，在很多出版物以及论文中都详细描述过，包括文献［35，37，156，212，225，232，233，302-304，341，354，387，429，430，446，448，449，462，463，489，492，493，496］，其主要部件和分层概念如图 10.3-1、图 10.3-2 和图 2.3-14 所示。如图 2.3-14 所示，该系统采用了独特的活塞凹坑形状。如图 10.3-1 所示，a 区位于火花塞的上游，为混合气形成区。较大的 b 区被设计成燃烧空间，可有效促进快速混合。涡流方向宽度增加在混合气被点然后可促进火焰传播。渐开线形状 c 被设计来将蒸发的燃油引向火花塞。进气系统由一个独立的螺旋气道和一个独立的直气道组成。一个电控蝶阀式 SCV 安装在直进气道的上游，可提供的进气涡流比最大为 2.1。螺旋进气道利用一个智能可变气门正时（VVT-i）凸轮轴相位系统，这些阀门由直流电动机驱动，其开启角度可以根据发动机工况进行控制。

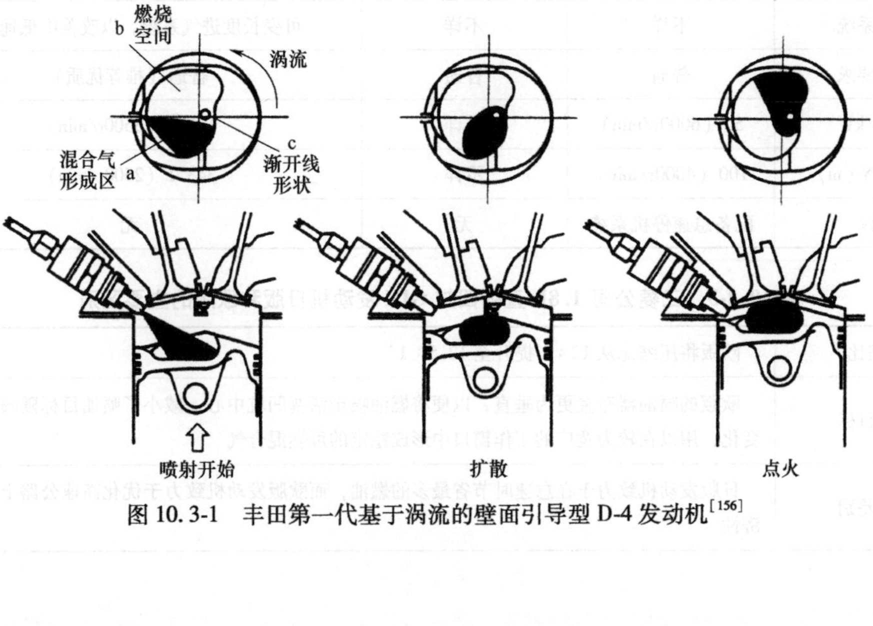

图 10.3-1 丰田第一代基于涡流的壁面引导型 D-4 发动机[156]

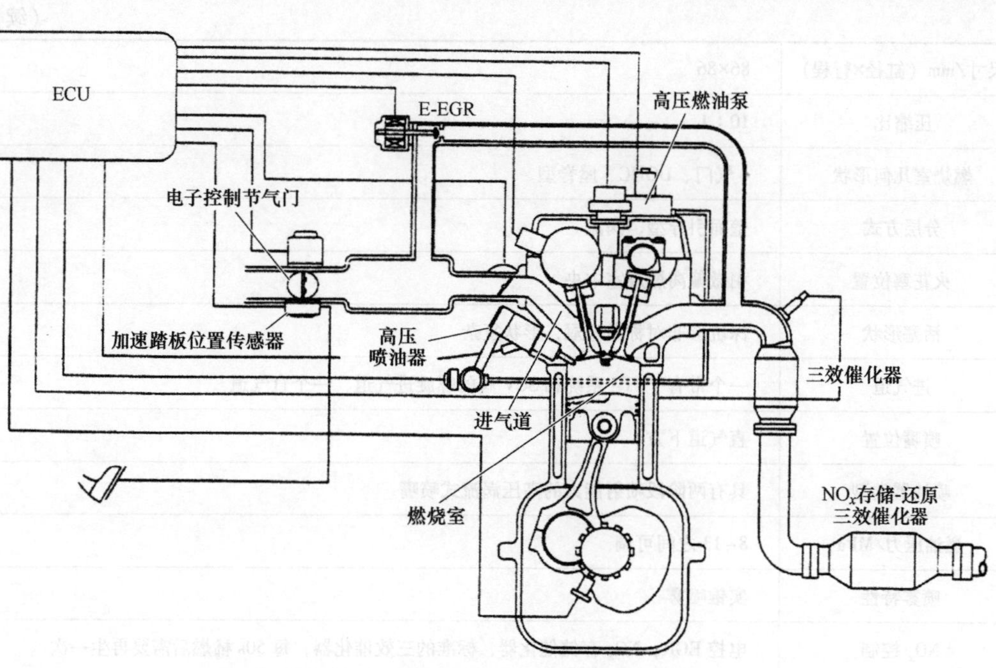

图 10.3-2　丰田第一代 D-4 发动机系统[156]

图 10.3-3 所示为 SCV 阀的工作图。小负荷时 SCV 是关闭的，迫使进气通过螺旋进气道进入气缸，从而生成涡流。高度雾化的燃油在压缩行程后期被喷入涡流场，缸内流场将浓混合气送到燃烧室中心的火花塞附近，同时一部分燃油分散在燃烧室的空气中，形成分层的混合气。大负荷下 SCV 打开，进气进入气缸时的压力损失更低。在进气行程喷射燃油，进而形成均匀混合气。D-4 系统的主要特征见表 10.3-1。

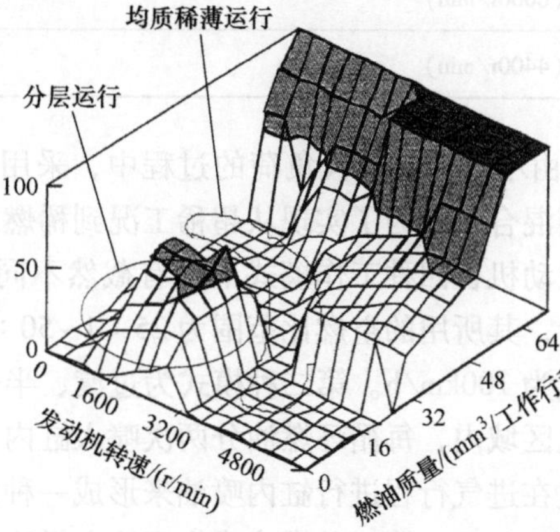

图 10.3-3　丰田公司第一代 D-4 发动机 SCV 控制脉谱图[156]

表 10.3-1　丰田第一代 2.0L D-4 发动机规格

气缸排列	直列四缸
排量/cm^3	1998

（续）

尺寸/mm（缸径×行程）	86×86
压缩比	10：1
燃烧室几何形状	4气门、DOHC、屋脊型
分层方式	壁面引导型，涡流
火花塞位置	稍微偏离燃烧室中央
活塞形状	深坑形非对称活塞冠，形状复杂
进气道	一个带有VVT-i系统和SCV阀的螺旋进气道，一个直气道
喷嘴位置	直气道下方
喷油器类型	具有两阶段喷射能力的高压涡流式喷嘴
燃油压力/MPa	8~13之间可调
喷雾特性	实锥喷雾
NO_x 控制	电控EGR；NO_x 存储催化器，标准的三效催化器；每50s稀燃后需要再生一次
工作模式	分层、半分层、稀燃、理论空燃比
部分负荷工况	晚喷、分层模式，总体空燃比最高达50：1
全负荷工况	早喷、均质模式
负荷转换	分层和均质模式之间，采用两阶段喷射和电控节气门系统
燃油要求	研究法辛烷值：91
功率/kW	107（6000r/min）
转矩/（N·m）	196（4400r/min）

如前图6.3-1所示，在由小负荷转为大负荷的过程中，采用了特殊的两阶段喷油过程。这一过程产生了较弱的分层混合气，为了实现从超稀工况到稀燃或理论空燃比工况的转矩平滑过渡。丰田第一代D-4发动机在四种工作模式下拥有截然不同的四种混合气策略和/或分布。第一种模式为分层充量，其所用的空燃比范围为25：1~50：1。发动机在此极稀薄范围工作在小负荷下，最高时速为100km/h。第二种模式为过渡、半分层区域，其所用的空燃比范围为20：1~30：1。在此区域内，每循环燃油分两次喷入缸内，一次在进气行程，一次在压缩行程。第三种模式通过在进气行程进行缸内喷油来形成一种均质燃烧模式，其所用的稀混合气空燃比范围为15：1~23：1。第四种模式成为理论空燃比功率区域，和第三种工况很相似，只是空燃比范围是从12：1~15：1。共轨燃油压力因设计而异，可利用控制系统在8~13MPa范围内调节，以便优化喷射速率并拓宽喷油器的动态工作范围。在辅助节气门体处安装一个额外的喷油器来改善冷起动性能。

丰田第一代D-4发动机还采用了一个ETC系统，来减小不同工作模式转换时转矩的急剧变化，因而提高了操纵性能。VVT-i用来在低到中转速时增大转矩，在高速时增大功率。

这套系统最大可以将进气门的开启或闭合时间调整 20° CA。低负荷时，进气门提前开启，加大了进排气门的叠开时间，形成了内部 EGR，并在减小对外部 EGR 依赖的同时提高了总的 EGR 率。所以，VVT-i 系统也起到了减小 NO_x 排放的功效。在 VVT-i 系统和增加到 10：1 的压缩比的共同作用下，D-4 发动机在低至中转速范围内比相同排量的传统 PFI 发动机转矩可增加 10%。怠速时，节气门处的进气歧管真空度由传统 PFI 发动机的 67kPa，减小约一半至 30kPa。在稳定车速为 40km/h 时，进气歧管内压力仅为 11kPa，和 PFI 发动机 WOT 工况时进气歧管的压力相当。

第一代 D-4 发动机，官方称为 3S-FSE，和传统的 3S-FE 发动机尺寸相同。它采用双顶置凸轮轴、每缸四气门直列四缸结构，最早安装在日本的 Corona Premio 紧凑型轿车上。紧挨着排气歧管在其下游布置有两个 0. 5L 的小催化转化装置。这两个催化器作用是保持废气的温度以便在底板布置的 1. 3L 的催化转化装置正常工作。D-4 发动机还采用了一个 NO_x 存储转化器。这个基于铝床载体的催化器用 Rh 来储存和释放，用 Pt 来还原，在稀燃工况下可有效地储存 NO_x。储存起来的 NO_x 在稀燃过程中每隔 50s 通过短暂的理论空燃比工况来进行再生转化。所需的再生阶段时间小于 1s，总燃油经济性下降约 2%。在日本测试循环下，这套催化系统可以减小 95%的 NO_x 排放。

10. 3. 2 丰田第二代壁面引导型 D-4 燃烧系统

1999 年丰田公司将第二代 D-4 燃烧系统投放市场[193,222,223,249,250,335,336,406,435,443,452,500]。如前图 2. 3-10 所示，这种直喷式汽油机采用槽式喷嘴实现了中高贯穿度的高分散、扇形燃油喷雾，在压缩行程后半程被喷入贝壳形活塞凹坑来实现分层燃烧。燃油喷雾喷向活塞凹坑的底面，并被引导至火花塞位置。一部分喷雾由于撞壁形成了矩形的湿痕，其余的喷雾又被引导致火花塞电极。由燃油喷射引起的充量运动的速度矢量沿贝壳形活塞凹坑被引导向火花塞间隙，并在竖直平面内形成滚流，在火花塞间隙附近形成了球状混合气团[223,250]。通过匹配喷雾特性、活塞顶设计以及燃油喷射时刻，实现了对混合气分层程度的控制。

压缩行程末期燃烧室内的燃油空气混合过程的 CFD 分析结果如图 10. 3-4 所示[250]。计算得出的混合气浓度和速度的轮廓清晰可见，很明显喷雾首先撞击活塞凹坑的底部，然后才沿着活塞顶和缸壁向火花塞运动。虽然扇形喷雾相对于涡流喷雾在自由行程中对周围空气的卷吸较少，但通过喷雾与凹坑的相互作用可以增加空气卷吸。在此相互作用过程中，剪切流会在喷雾的外围形成一个大漩涡，进而引起很大的空气扰动。当漩涡和喷雾一起运动时，细小的燃油液滴和蒸发的燃油会比大液滴受到更大程度的卷吸，会使喷雾的厚度逐渐增加。随后，喷雾到达活塞凹坑的远端。当活塞在压缩行程临近上止点时，气缸内排气门一侧的挤流开始影响燃油的分布。

活塞凹坑的出口唇沿被设计成引导燃油喷雾运动到活塞顶中心的形状，这样就在很大的发动机负荷及转速范围内可以在火花塞放电时在其周围形成椭圆形的混合气团。研究表明，对于一个较大的活塞凹坑容积，在放热后期沿活塞凹坑主轴方向的火焰传播速度比理想情况要低（图 10. 3-5）。为了提高燃烧后期的放热率，设计了沿活塞顶主轴方向容积减少的活塞顶，燃烧过程因此得到了明显的改善，尤其表现在 IMEP 的波动方面。

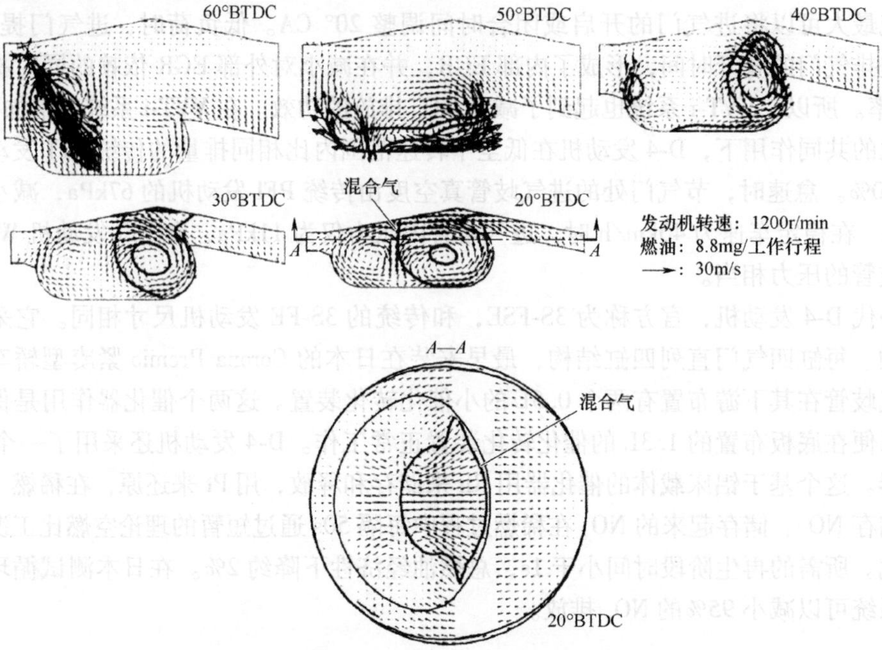

图 10.3-4　丰田第二代 D-4 发动机的混合气形成过程

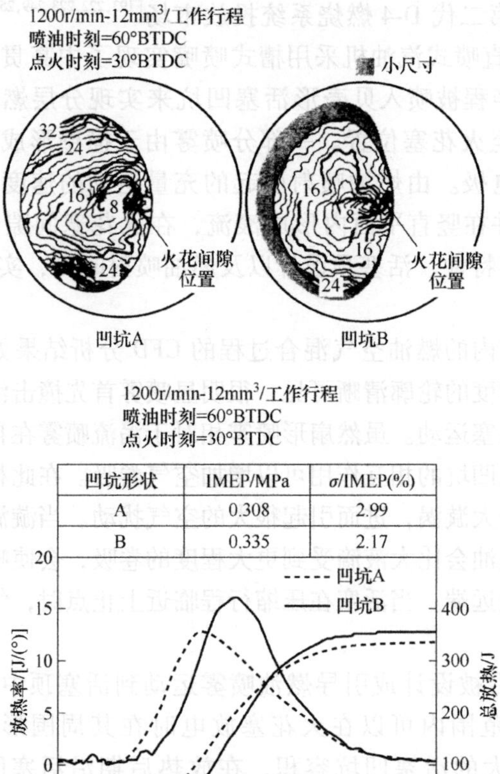

凹坑形状	IMEP/MPa	σ/IMEP(%)
A	0.308	2.99
B	0.335	2.17

图 10.3-5　丰田第二代 D-4 发动机两种活塞头部形状对燃烧特性的影响[223]

图 10.3-6 所示为改进的丰田直喷发动机示意图[223]，也被叫作新燃烧过程（NCP）。新的 3.0L D-4 发动机的主要参数见表 10.3-2。最新的 D-4 发动机有三种工作模式：①在冷起动、大负荷或 NO_x 还原时，工作在空燃比为 12 : 1 ~ 15 : 1 的均质燃烧模式；②中负荷下工作在空燃比为 15 : 1 ~ 30 : 1 的弱分层燃烧模式；③小负荷下工作在空燃比为 17 : 1 ~ 50 : 1 的分层充量稀燃或超稀燃烧模式。与第一代 D-4 燃烧系统相比，一个主要的改变是取消了螺旋进气道，使该燃烧系统既可以达到优秀的均质燃烧，又可以在无须可变气流控制系统的条件下在很大的范围内实现分层充量燃烧。燃烧系统不需要如滚流或涡流的特殊进气运动，所以在提高全负荷性能的同时可以使用简化的进气道形状。图 10.3-7 所示为两种系统 WOT 工况下转矩特性的比较，可以看出，新系统的转矩提高是很明显的[223]。

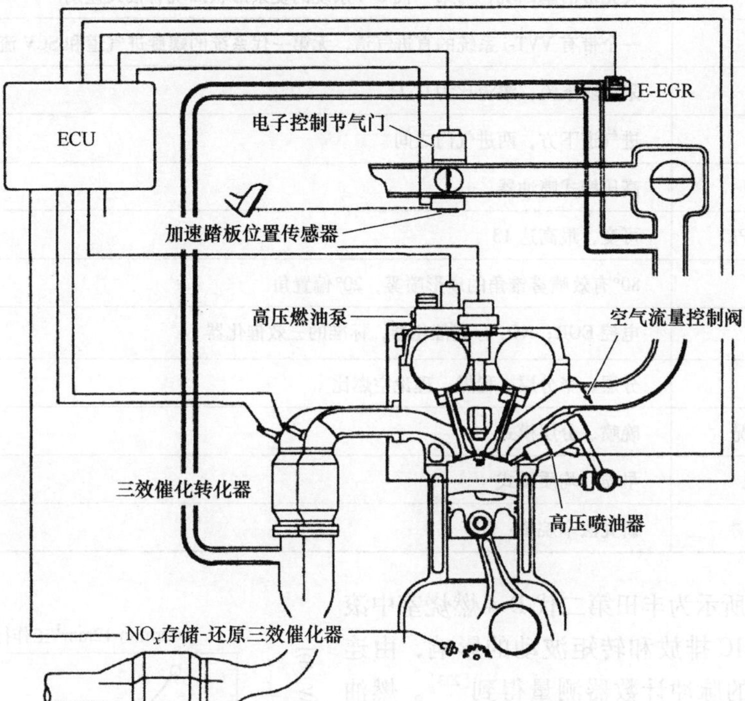

图 10.3-6　丰田第二代 D-4 发动机系统[223]

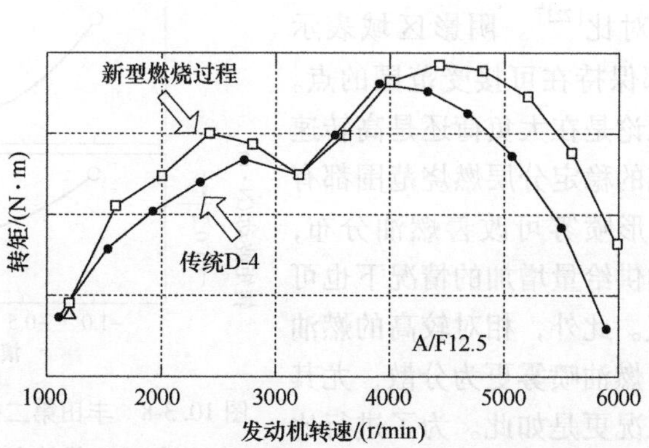

图 10.3-7　丰田公司第一代和第二代 D-4 发动机全负荷转矩特性对比[223]

表 10.3-2 丰田第二代 3.0L 直列六缸 D-4 发动机规格

气缸排列	直列六缸
排量/cm^3	2997
尺寸/mm（缸径×行程）	86×86
压缩比	11.3：1
燃烧室几何形状	4气门、DOHC、屋脊型
分层方式	壁面引导型，无气流
火花塞位置	燃烧室中央
活塞形状	贝壳形活塞凹坑，与第一代 D-4 系统的复杂形状凹坑有很大差别
进气道	一个带有 VVT-i 系统的直进气道，无第一代系统的螺旋进气道和 SCV 流量控制阀
气流	采用弱滚流，滚流比为 0.2
喷嘴位置	进气道下方，两进气门之间
喷油器类型	高压槽式喷油器
燃油压力/MPa	可变，最高达 13
喷雾特性	80°有效喷雾锥角的扇形喷雾，20°偏置角
NO_x 控制	电控 EGR；NO_x 存储催化器，标准的三效催化器
工作模式	分层、半分层、稀燃、理论空燃比
部分负荷工况	晚喷、分层模式
全负荷工况	早喷、均质模式
燃油要求	研究法辛烷值：100

图 10.3-8 所示为丰田第二代 D-4 燃烧室中滚流比对油耗、HC 排放和转矩波动的影响，由连续气流中利用的脉冲计数器测量得到[223]。燃油消耗率、HC 排放和转矩波动在滚流比较低时达到最佳。图 10.3-9 所示为这两类 D-4 系统在分层燃烧工作模式的直接对比[223]。阴影区域表示 NO_x 排放和转矩波动都保持在可接受范围的点。与第一代系统相比，无论是在大负荷还是高转速工况下，新的燃烧系统的稳定分层燃烧范围都有所提高。20°偏置的扇形喷雾可改善燃油分布，使得即便在大负荷燃油供给量增加的情况下也可以避免出现过浓混合气。此外，相对较高的燃油喷雾速率和贯穿距使得燃油喷雾更为分散，尤其对于高缸压和高转速工况更是如此。为了进行比较，图 10.3-10 给出了丰田第一代、丰田第二代

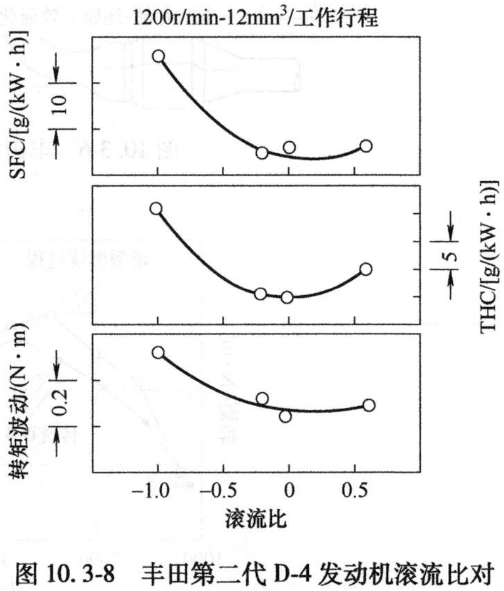

图 10.3-8 丰田第二代 D-4 发动机滚流比对油耗、HC 排放和转矩波动的影响[223]

以及作为基准的 PFI 发动机的燃烧特性曲线[250]。在三款发动机中，第二代 D-4 燃烧系统的燃烧速率是最快的。

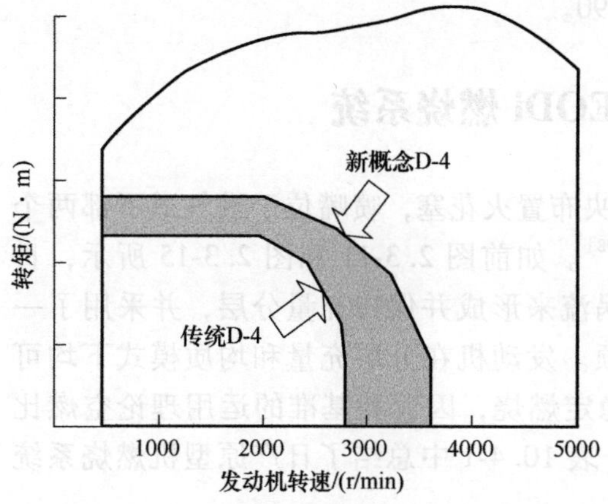

图 10.3-9　丰田第一代和第二代 D-4 发动机分层充气燃烧运行区间比较[443]

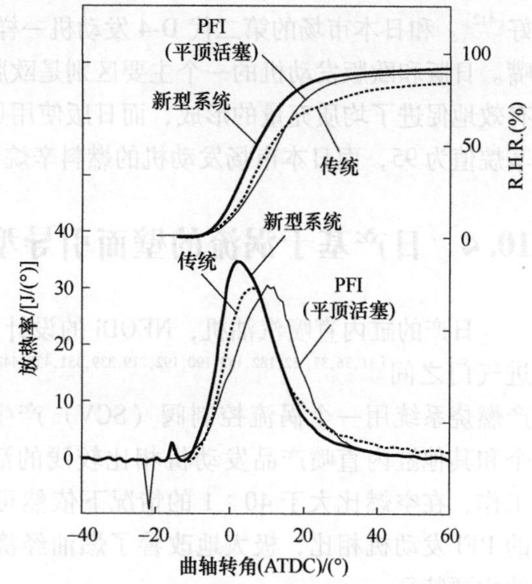

图 10.3-10　丰田第一代 D-4（传统）、第二代 D-4（新系统）和基准 PFI 发动机燃烧特性的比较[250]

值得注意的是，在最新的 D-4 发动机的一个进气道内仍然采用蝶形流量控制阀，其目的并不是为了辅助分层，而是为了改善冷起动燃烧。这个流量控制阀由一个由发动机真空度驱动的膜片控制，而早期的 D-4 发动机用电控 SCV[500]。新的流量控制阀在冷态、均质燃烧工况下关闭，此时燃油在进气行程喷入缸内。从单个进气管进气所产生的紊流可以改善此模式下的燃烧。扇形喷雾的喷油器用一个 O 形环和三个备用环来确保密封完善，并有一个简单的立管管卡来保护。相对的，第一代 D-4 发动机的喷油器是装在一个铜座内，并通过旋转拧进气缸盖。另一种新的发动机 IAZ-FSE 2.0L 也由上述的新 D-4 发动机改良而成，其规格见表 10.3-3。

表 10.3-3　丰田第二代 2.0L 直列四缸 D-4 发动机规格

气缸排列	直列四缸
排量/cm³	1998
尺寸/mm（缸径×行程）	86×86
压缩比	9.8∶1
燃烧室几何形状	4 气门、DOHC、屋脊型
进气系统	带有 VVT-i 系统，可连续改变进气门正时，最大为 43° CA
燃油要求	普通
功率/kW	113（6000r/min）
转矩/（N·m）	200（4000r/min）

丰田最新投入欧洲市场的缸内直喷汽油机运用理论空燃比充量燃烧理念，压缩比由日版的9.8提高到了11，并使用VVT-i系统大大增加了内部EGR。与之前的PFI基准发动机相比，这款缸内直喷发动机在全转速范围内的输出转矩均有所提高，同时燃油经济性也较好[412]。和日本市场的第二代D-4发动机一样，这款发动机也采用了垂直气道和扇形喷雾喷嘴。日版和欧版发动机的一个主要区别是欧版的发动机所采用的燃烧室为浅平的活塞顶，更有效地促进了均质充量的形成，而日版使用贝壳形活塞凹坑。欧洲市场车型推荐混合燃料的辛烷值为95，而日本市场发动机的燃料辛烷值为90。

10.4 日产基于涡流的壁面引导型NEODi燃烧系统

日产的缸内直喷汽油机，NEODi的设计为中央布置火花塞，喷嘴位于进气道下部两个进气门之间[31,36,37,52,182,183,190,192,219,339,351,438,442,445,498]。如前图2.3-11和图2.3-15所示，日产燃烧系统用一个涡流控制阀（SCV）产生的涡流来形成并保持充量分层，并采用了一个和其他缸内直喷产品发动机相比较浅的活塞顶。发动机在分层充量和均质模式下均可工作，在空燃比大于40：1的情况下依然可以稳定燃烧，因而和基准的运用理论空燃比的PFI发动机相比，极大地改善了燃油经济性。表10.4-1中总结了日产原型机燃烧系统的主要特征。

表10.4-1 日产直喷原型机规格

气缸排列	直列四缸
排量/cm^3	1838
尺寸/mm（缸径×行程）	82.5×86.0
压缩比	10.5：1
燃烧室几何形状	4气门、DOHC、屋脊型
分层方式	壁面引导型，涡流
火花塞位置	燃烧室中央
活塞形状	浅平，曲面活塞顶
进气道	传统进气道设计，通过遮挡进气门上半段得到逆滚流
喷嘴位置	进气道下方，两进气门之间，与水平面呈36°角
喷油器类型	高压涡流式喷油器
燃油压力/MPa	10
喷雾特性	空锥喷雾，喷雾锥角为70°，SMD为20μm
部分负荷工况	晚喷、分层模式，总体空燃比最高达40：1
全负荷工况	早喷、均质模式

日本市场的 Nissan Leopard 车上的最新 3.0L V6 NEODi 发动机规格见表 10.4-2，该表同时给出了 1.8L I-4 直喷汽油机的主要参数。产品发动机的活塞冠配有一个浅盘式凹坑，可以最大限度地减少其对缸内流场的影响。活塞凹坑的设计是为了在均质模式下燃烧能有效地进行。这种设计与深坑型的活塞冠设计相反，后者会影响发动机的全负荷工作。

表 10.4-2　日产 NEODi 产品发动机规格

发动机描述	直列四缸产品	V 型六缸产品
气缸排列	I-4	V6
排量/cm^3	1769	2987
尺寸/mm（缸径×行程）	80×88	93×73.3
压缩比	10.5 : 1	11 : 1
燃烧室几何形状	4 气门、DOHC、屋脊型	4 气门、DOHC、屋脊型
分层方式	壁面引导型，涡流	壁面引导型，涡流
火花塞位置	燃烧室中央	燃烧室中央
活塞形状	浅盘形活塞冠	浅盘形活塞冠
进气道	由 SCV 控制的进气道	由 SCV 控制的进气道
喷嘴位置	进气道下方，两进气门之间	进气道下方，两进气门之间
喷油器类型	定形喷雾（撒网式）喷油器	定形喷雾（撒网式）喷油器
燃油压力/MPa	0.3~7.0	7~9
部分负荷工况	晚喷	晚喷
全负荷工况	早喷	早喷
功率/kW	不详	171.5（6400r/min）
转矩/(N·m)	不详	294（4000r/min）
备注	装有 CVT	无

虽然浅盘式凹坑对于缸内流场的影响已经趋于最小，但在超稀薄燃烧的情况下，缸内混合气的控制还是会因为它的影响而变得困难。人们开发了定形喷雾（撒网式）喷嘴来使喷雾形状和这种凹坑进行很好的配合，而且已经被应用于此燃烧系统中。撒网式喷雾可以使活塞冠浅盘中的燃油分布更均匀。

10.5　雷诺喷雾引导型 IDE 燃烧系统

图 2.3-6 所示为雷诺喷雾引导型燃烧系统示意图，该系统又被称为 IDE（Injection Direct Essence）系统，其火花塞和喷嘴的位置都非常接近燃烧室的中心。可以看到活塞顶设计了一个很深的凹坑来容纳喷雾，从而尽可能减少了燃油和壁面发生碰撞。这一燃烧系统主要是

为欧洲市场而开发的，其规格见表 10.5-1[47,138,399]。为了能够充分利用三效催化器后处理系统，此发动机仅工作在均质、理论空燃比充量模式下。在 0~60%负荷下，该发动机均可使用最高达 25%的 EGR 率，可显著减少节流损失。

表 10.5-1　雷诺喷雾引导型 IDE 发动机规格

气缸排列	直列四缸
排量/cm³	2000
压缩比	11.5∶1
燃烧室几何形状	4 气门、DOHC、屋脊型
分层方式	喷雾引导型
火花塞位置	近似中置
活塞形状	深坑型活塞冠
气流	滚流
喷嘴位置	垂直、近似中置
喷油器类型	单流体高压涡流式喷油器
燃油压力/MPa	压力的设计范围为 4~10； 大部分工况下使用 8.5
喷雾特性	空锥喷雾，喷雾锥角 40°
EGR	在 0~60%负荷下采用 EGR（最高为 25%）
工作模式	均质、理论空燃比模式
后处理装置	标准的三效催化器
功率/kW	103（5500r/min）
最大转矩/(N·m)	200

10.6　亚当-欧宝壁面引导型 ECOTEC DIRECT 燃烧系统

亚当-欧宝壁面引导直喷式燃烧系统，又称为 ECOTEC DIRECT 系统，其火花塞布置在燃烧室的中心，喷油嘴布置在进气道下方、两个进气门之间。一个稀燃 NO_x 存储催化器被整合在后处理装置中，并采用一个温度传感器来监测 NO_x 存储催化器的进口温度。ECOTEC DIRECT 系统的主要特性见表 10.6-1[393]。

表 10.6-1　亚当-欧宝 ECOTEC DIRECT 直喷发动机规格

气缸排列	直列四缸
排量/cm³	2200

（续）

尺寸/mm（缸径×行程）	86×94.6
压缩比	11.5：1
燃烧室几何形状	4 气门、DOHC、屋脊型
分层方式	壁面引导型
火花塞位置	中置
活塞形状	浅坑型
喷油器类型	高压涡流式喷油器
喷嘴位置	进气道下方，两进气门之间
燃油压力/MPa	8
部分负荷工况	晚喷、分层模式
全负荷工况	早喷、均质模式
后处理装置	三效催化器+温度传感器+NO_x 存储催化器；两个氧传感器，在三效催化器前和 NO_x 存储催化器后各一个

10.7　奥迪壁面引导燃烧系统

图 10.7-1 所示是奥迪 1.2L 三缸汽油直喷原型机的剖视图[45]。这个发动机采用了一个垂直的直进气道来形成逆滚流，辅助产生充量分层。在该燃烧系统中，喷油嘴位于进气道下方，此设计有益于喷嘴头部的冷却。该燃烧系统的规格见表 10.7-1[32,45]。

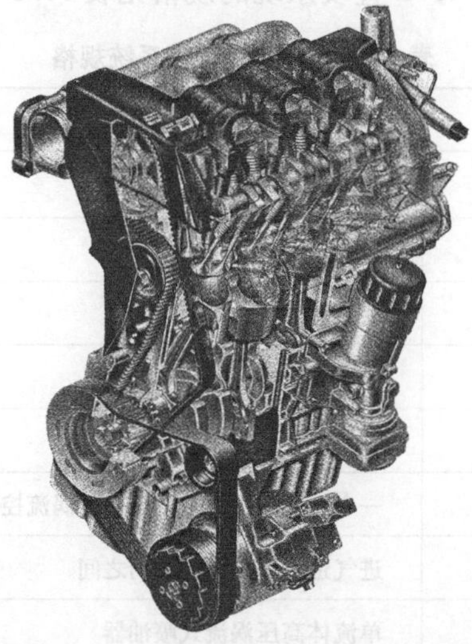

图 10.7-1　奥迪 1.2L I-3 DI 发动机剖面图[45]

表 10.7-1　奥迪 1.2L 直列三缸直喷发动机规格

气缸排列	直列三缸
燃烧室几何形状	5 气门（3 进 2 排）、屋脊型燃烧室
分层方式	壁面引导型、滚流
火花塞位置	中置
活塞形状	紧凑型球型凹坑
进气道	垂直的直气道
喷嘴位置	进气道下方，两进气门之间
燃油压力/MPa	10
部分负荷工况	晚喷、分层模式
全负荷工况	早喷、均质模式
功率/kW	55（5500r/min）
转矩/(N·m)	115（3000r/min）

10.8　AVL 燃烧系统

10.8.1　AVL 基于涡流的壁面引导型燃烧系统

AVL 基于涡流的壁面引导型直喷燃烧系统示意图如图 10.8-1 所示[481]。这种燃烧系统设计基于这样一个概念：混合气由壁面引导至中置的火花塞处，通过最优化的燃油喷射正时，减少喷雾和壁面的碰撞程度[108-112,479-481]。一个浅的非对称的活塞冠配上径向气流进入方式，来引导涡流进入活塞凹坑[482]。AVL 直喷系统的规格见表 10.8-1。

表 10.8-1　AVL 直喷系统规格

气缸排列	直列四缸
排量/cm^3	2000
燃烧室几何形状	4 气门、DOHC、屋脊型
分层方式	壁面引导型、涡流
火花塞位置	中间布置
活塞形状	浅坑型非对称活塞冠
进气道	一个直立的进气道、一个带涡流控制的切向进气道
喷嘴位置	进气道下方，两进气门之间
喷油器	单流体高压涡流式喷油器

（续）

部分负荷工况	晚喷、分层模式
全负荷工况	早喷、均质模式

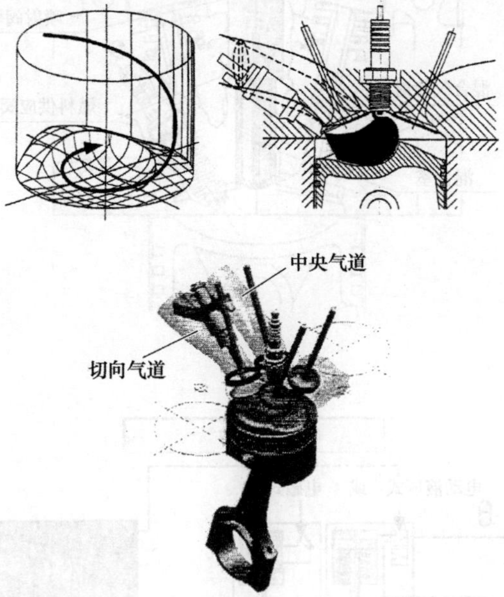

图 10.8-1　AVL 基于涡流的壁面引导型燃烧系统[481]

10.8.2　AVL 混合气喷射 DMI 燃烧系统

汽油直喷燃烧系统通常要兼顾两点，一是最短混合气形成时间的需求，二是限制喷射和燃烧之间的时间来保证充量分层。要真正地满足这对矛盾的需求，则需要 GDI 系统具有高度的灵活性。基于上述考虑，AVL 提出了直接混合喷射（DMI）概念，用来结合燃油的空气辅助喷射和燃料预蒸发的优点，并无须额外的气压源[108]。

图 10.8-2 所示[108]是 DMI 系统和几个基于 DMI 技术的混合气制备策略的示意图。图 10.8-3 所示[108]是 DMI 系统在不同工况下的时序图。DMI 阀系，采用一个标准的电子控制提升阀，用来控制混合气的喷射和预混室的再充气。该系统的一个关键特性是 DMI 阀能够通过回收一部分气缸内的前一循环的充量，来恢复所需的喷射压力。为了避免在预混室内发生燃烧，DMI 阀在火花塞点火的时刻关闭，混合气可以在点火前的任意时刻喷入主燃烧室。在 DMI 阀关闭以后，液体燃料被喷入预混室，随后蒸发，为下一循环的喷射做准备。

燃油的预蒸发可以显著提高混合气制备的质量，并且相对于常规 GDI 喷射系统来说，DMI 系统可以明显减少燃油蒸发对发动机曲轴转角间隔的需求。燃油计量及喷入预混室的过程可以通过一个定排量的方法利用较低的燃油喷射压力实现。燃油的喷射压力仅仅要求大于预混室的最大压力，因为喷射过程中并不需要很高的雾化率。然而，较小的压差会降低喷入气缸的燃油速率。还有一些混合气分层充量控制策略的优点，如预混室和主燃烧室之间相对较小的压差，以及同液滴蒸发相比，燃油蒸气的动量较小，均导致混合气速度和贯穿度减小。

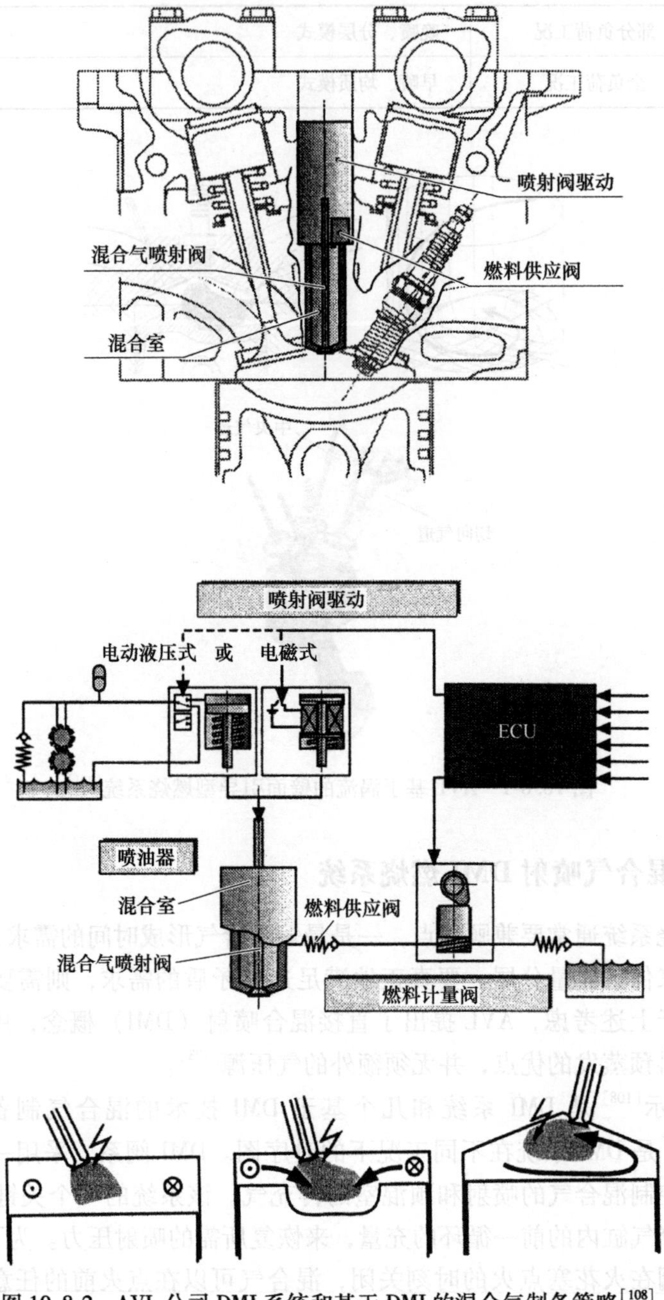

图 10.8-2 AVL 公司 DMI 系统和基于 DMI 的混合气制备策略[108]

应该强调的是，DMI 系统中还存在几个问题需要进一步研发。由于主燃室和预燃烧室的压差不大，导致并非所有蒸发的燃油完全喷入主燃室。这个燃油喷射量的错误通常被称为燃油挂滞，并且常与预混室喷射有关。在发动机高转速或者冷起动工况下，预混室内的燃油可能蒸发不充分，导致一部分预混室内壁浸湿，这些条件都会导致燃油喷射量的计量错误。并且，在发动机瞬态工况下，从上一循环中采样得到的预混室的压力，可能不适合当前循环的计量。这些问题极可能会导致发动机瞬态工况下的 HC 排放升高。

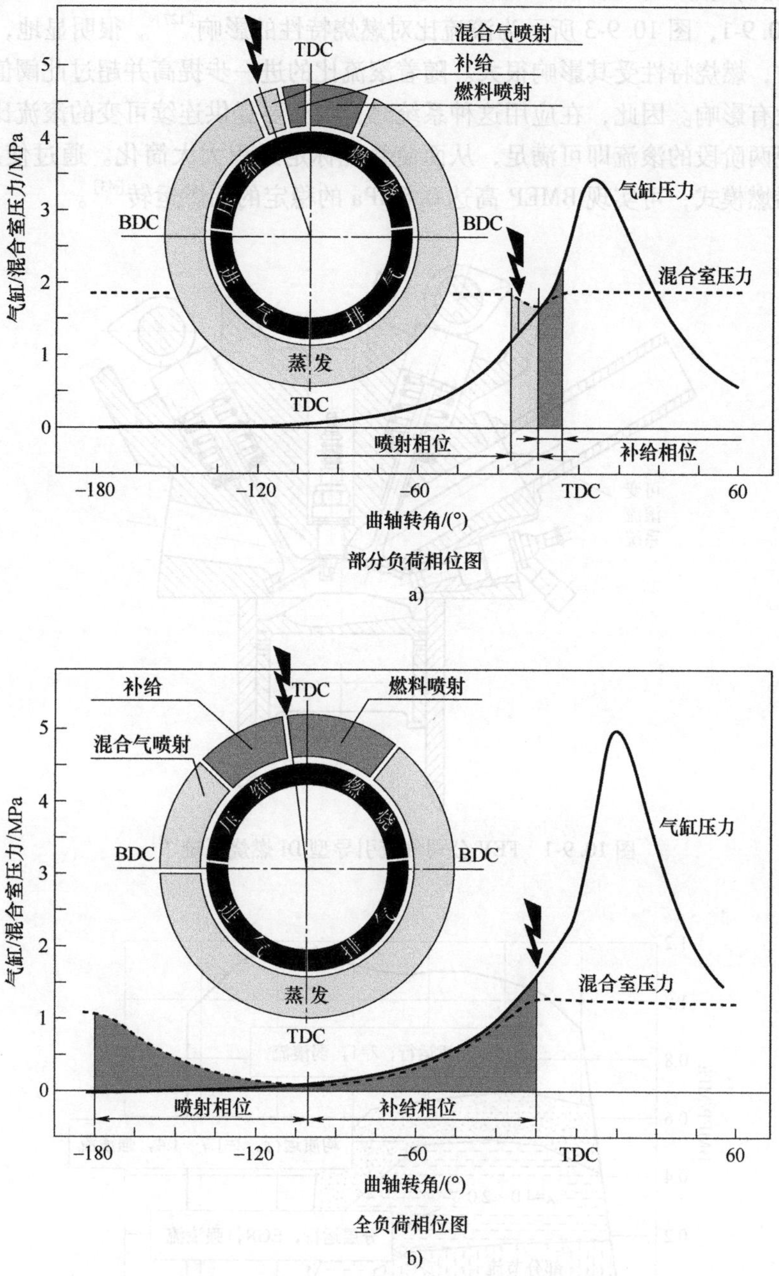

图 10.8-3　不同运行条件下 DMI 概念的时序图

a）晚喷　b）早喷[108]

10.9　FEV 气流引导型燃烧系统

在 FEV 气流引导型直喷燃烧系统中，通过可动的控制阀来形成一股很强的滚流[42,43,127]，并将其用于形成分层的充量[143,178]，如前图 2.3-24 中所示。图 10.9-1 所示是该燃烧室的示意图，相关的发动机控制脉谱如图 10.9-2 所示。FEV 气流引导型燃烧系统的主要特性见表 10.9-1，图 10.9-3 所示为滚流比对燃烧特性的影响[127]。很明显地，当滚流比在某阈值以下时，燃烧特性受其影响很大。随着滚流比的进一步提高并超过此阈值后，则对燃烧特性基本没有影响。因此，在应用这种系统时，没必要提供连续可变的滚流比，采用简单的控制阀实现两阶段的滚流即可满足，从而使系统标定过程大大简化。通过使用这种系统，并辅以均质稀燃模式，可实现 BMEP 高达 0.6MPa 的稳定的稀燃运转[43]。

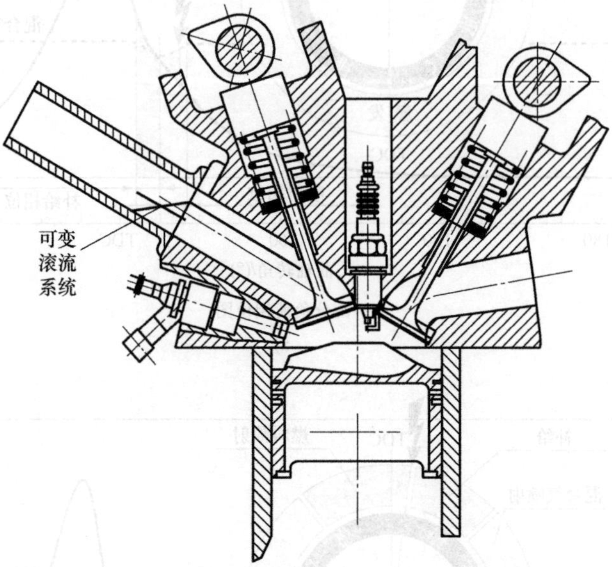

图 10.9-1　FEV 公司气流引导型 DI 燃烧系统[42]

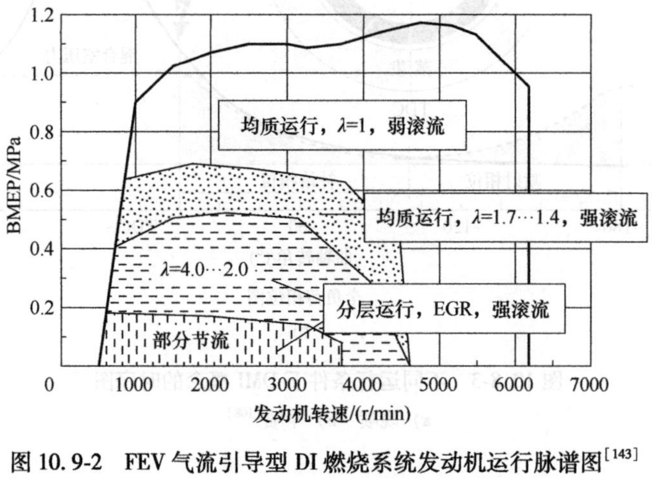

图 10.9-2　FEV 气流引导型 DI 燃烧系统发动机运行脉谱图[143]

表 10.9-1　FEV 气流引导型直喷燃烧系统参数

燃烧室几何形状	4 气门、DOHC、屋脊型
分层方式	气流引导型、滚流

（续）

火花塞位置	中置
活塞形状	浅坑型
气流	可变滚流
喷嘴位置	进气道下方，侧置式
部分负荷工况	晚喷、分层模式
全负荷工况	早喷、均质模式

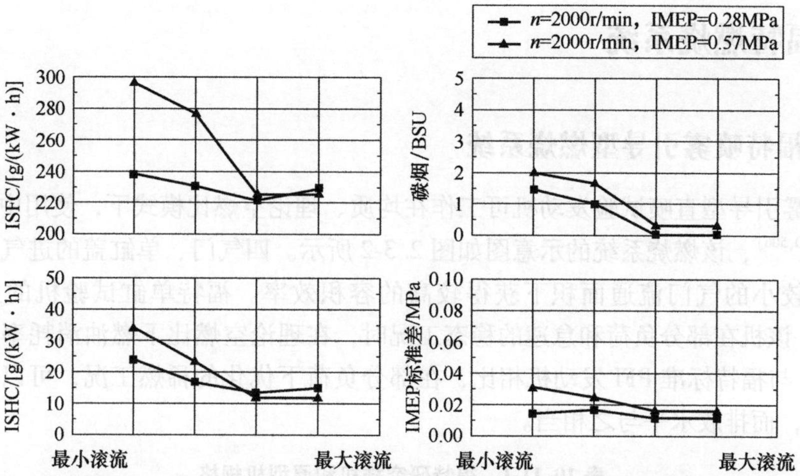

图 10.9-3　FEV 气流引导型 DI 燃烧系统滚流率对燃烧特性的影响[127]

10.10　菲亚特燃烧系统

菲亚特直喷发动机原型机规格见表 10.10-1[19,20]。菲亚特直喷燃烧系统的喷嘴和火花塞都布置在燃烧室的中央。该 2.0L、直列四缸发动机仅可工作在均质模式下。对采用中置和侧置喷油器的均质、理论空燃比燃烧系统进行对比，发现对于喷油器中置的燃烧室来说，均质化程度更好。另外，喷油器中置的燃烧系统往往能减少碳烟排放，并能提供更高的峰值转矩[20]。相反的，喷油器侧置的燃烧系统在高速工况下通常有较好的容积效率。因此部分负荷时喷油器中置的燃烧室在 HC 排放方面有较好的表现，虽然这个差别可能不大。由于最大转矩受到均质化时间的限制，发动机最大容积效率和最大转矩所对应的起喷时刻是不同的[19]。对菲亚特直喷燃烧系统而言，达到最大转矩的燃油喷射时刻应该比实现最大容积效率的喷油时刻提前 20°~30°CA。

表 10.10-1　菲亚特原型直喷燃烧系统规格

气缸排列	直列四缸
排量/cm^3	1995

（续）

燃烧室几何形状	4气门、DOHC、屋脊型
压缩比	12：1
火花塞位置	中置
进气道	中等滚流、可变截面进气道
喷嘴位置	进气道下方，两进气门之间
工作模式	仅工作在均质模式

10.11 福特燃烧系统

10.11.1 福特喷雾引导型燃烧系统

福特喷雾引导型直喷试验发动机可工作在均质、理论空燃比模式下，使用中置式喷油器和火花塞[9,10,506]，该燃烧系统的示意图如图2.3-2所示。四气门、单缸盖的进气道优化设计使其能够在较小的气门流通面积下获得较高的容积效率。福特单缸试验机的主要参数见表10.11-1。该机在部分负荷和怠速的稳态工况时，在理论空燃比下燃油消耗率可分别改善5%和10%。与福特标准PFI发动机相比，在部分负荷下优化的稀燃工况，可以使燃油消耗率减小12%，而排放水平与之相当。

表10.11-1 福特研究样机和原型机规格

发动机描述	研究样机	原型机
气缸排列	单缸	直列三缸
排量/cm^3	575	1125
尺寸/mm（缸径×行程）	90.2×90.0	79.0×76.5
压缩比	11.5：1	11.5：1
燃烧室几何形状	4气门、DOHC、屋脊型	4气门、DOHC、屋脊型
分层方式	喷雾引导型	壁面引导型，涡流
火花塞位置	近似中置	近似中置
活塞形状	平顶	中间凹坑
进气道和气流	无涡流、有少许滚流	带涡流控制阀的分离式进气道
喷嘴位置	垂直、近似中置	进气侧布置
喷油器类型	高压涡流式喷油器	高压涡流式喷油器
燃油压力/MPa	5.0	12.0
喷雾特性	不详	空锥喷雾，喷雾锥角35°

（续）

发动机描述	研究样机	原型机
点火系统	不详	线圈置火花塞顶型多次放电点火；高能量；三电极全露出火花塞
后处理系统	无	三效催化器（0.6L）及稀燃 NO_x 存储催化器（1.6L）
工作模式	仅采用早喷、均质模式	早喷、均质模式；晚喷、分层模式
燃油要求	研究法辛烷值：91	研究法辛烷值：95

10.11.2 福特涡流、壁面引导型燃烧系统

福特公司基于涡流的壁面引导型直列三缸直喷原型机的主要规格见表 10.11-1，该燃烧系统采用火花塞中置和喷嘴布置在进气道一侧的结构，稀燃 NO_x 存储催化器被应用在排气后处理系统中。为了使排放降低到最低，在欧洲驾驶循环（NEDC）的前 65s 采用理论空燃比、推迟点火及增加怠速转速的催化器暖机策略。电子节气门控制使得该策略可以在发动机的所有工况下（怠速、巡航、加速）都能被使用，而不影响汽车的驾驶性能。为了提高发动机在暖机阶段的燃烧稳定性，在进气道中使用了一个涡流控制阀，并利用多次放电的线圈点火来防止失火。虽然在 NEDC 循环的前期也可以采用稀燃，但是在 65~150s 之间，发动机工作在均质模式并且使用 MBT 点火时刻，可实现最优的排放和燃油效率。测试循环前期的稀燃模式不利于发动机暖机，并会降低燃油效率，因为其机油温度低，增加了机械摩擦损失。这一阶段的运转也为稀燃 NO_x 催化器载体的热稳定提供了时间，从而可以提高稀燃工况下的 NO_x 储存效率。

发动机控制系统采用一种算法来估算任意给定工况下发动机排放的 NO_x 总量和稀燃 NO_x 存储催化器的能力。当发动机控制系统检测到稀燃 NO_x 存储催化器达到其最大存储容量时，则发出 NO_x 再生还原指令。一个排气氧传感器被用于再生持续时间的反馈控制，最终使排气中的 HC 和 CO 量最小。为了减小稀燃 NO_x 存储催化器的再生时间，在紧耦合三效催化器中采用一个低储氧型催化器的方案，减小了再生过程中三效催化器中 CO 的非预期转化。

在减速时使用断油策略。切断燃油供给使排气系统中的氧浓度升高，有利于催化器中 NO_x 存储的稳定，使减速工况下排气管中的 NO_x 含量很低，即使 NO_x 存储催化器的效率不高。对福特公司基于涡流的壁面引导型系统来说，在 1500r/min、0.262MPa BMEP 的负荷下，燃油经济性可以提高近 18.5%。其中有 9%的贡献来自于泵气损失的减小，12%来自于高的热效率，−2.5%来自于机械摩擦损失的增加。这些数据的测量是在标定优化并使燃油经济性、排放、耐久性以及发动机运转稳定性之间达到合理平衡的条件下获得的。

10.12 本田喷雾引导型燃烧系统

本田喷雾引导型直喷燃烧系统的喷油器和火花塞都布置在燃烧室的中央，倾斜的火花塞布置在喷嘴的附近。此发动机是为混合动力汽车而设计的，使用 VTEC 技术在缸内产生涡

流。本田 1.0L、三缸原型直喷发动机燃烧系统示意图如图 10.12-1[494] 所示，其规格见表 10.12-1。在此设计中，发动机采用一个电动机/发电机在加速工况下提供辅助动力。这种结构使得该发动机能提供给汽车优越的驾驶性能，甚至高于 1.5L 的 PFI 发动机。

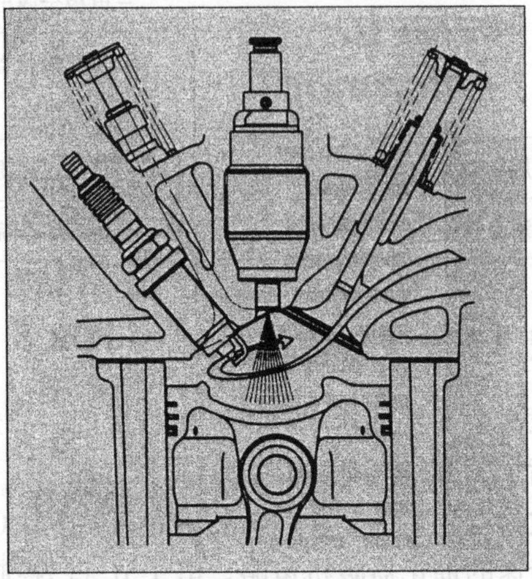

图 10.12-1　本田直喷发动机燃烧系统[494]

表 10.12-1　本田壁面引导型直喷发动机规格

气缸排列	直列三缸
排量/cm^3	1000
燃烧室几何形状	4 气门、DOHC、屋脊型
分层方式	喷雾引导型、涡流
火花塞位置	倾斜布置在喷嘴附近
活塞形状	浅坑型
气流	涡流
喷嘴位置	中置
部分负荷工况	晚喷、分层模式
全负荷工况	早喷、均质模式

10.13　五十铃燃烧系统

五十铃直喷燃烧系统是基于一个单缸、4 气门、屋脊型燃烧室的 PFI 发动机开发的[407]。该系统的主要特性见表 10.13-1。该原型试验机的喷油器可以采用中置式或进气侧布置式，并对这两种喷油器布置位置时的发动机性能进行了比较。研究表明，与基准 PFI 发动机相比，喷油器侧置式结构将导致 HC 排放及油耗增加。原因是燃油与排气门附近的缸壁碰撞，导致一部分燃油吸附在油膜上。而对喷油器中置的结构，在进气行程早期喷油的运转工况下，排放及发动机的性能均与 PFI 发动机较为相似。基于以上试验评估，五十铃 V6 直喷样机采用中央布置的喷油器形式[408]。

表 10.13-1　五十铃直喷燃烧系统规格

气缸排列	单缸和 V 型六缸
排量/cm^3	528（每缸）
尺寸/mm（缸径×行程）	93.4×77.0
压缩比	10.7 : 1
燃烧室几何形状	4 气门、DOHC、屋脊型
火花塞位置	近似中置
活塞形状	平顶
进气道	标准，滚流比 0.63，涡流率 0.0
喷嘴位置	垂直、近似中置
喷油器类型	单流体高压涡流式喷油器
燃油压力/MPa	5
喷雾锥角/(°)	55
工作模式	仅工作在早喷、均质模式

10.14　马自达基于涡流的壁面引导型燃烧系统

马自达公司基于涡流的壁面引导型 GDI 燃烧系统采用中、高涡流比，该燃烧系统的具体细节在如图 10.14-1 所示[503]，具体规格见表 10.14-1。在屋脊型燃烧室中，设计的进气门更加倾斜，为喷油器的安装提供了更多的空间。带气流控制的独立进气道用来在进气行程产生缸内的涡流。

表 10.14-1　马自达公司基于涡流的壁面引导型直喷发动机规格

气缸排列	直列四缸
排量/cm^3	1992
尺寸/mm（缸径×行程）	83×92
压缩比	11 : 1
燃烧室几何形状	4 气门、DOHC、屋脊型、进气门略微倾斜
分层方式	壁面引导型，涡流
火花塞位置	中置
活塞形状	浅坑型

(续)

进气道	独立气道、带遮板产生涡流
喷嘴位置	进气侧布置、倾斜角 36°
喷油器类型	单流体高压涡流式喷油器
燃油压力/MPa	7
喷雾特性	空锥喷雾，喷雾锥角 60°，7MPa 喷射压力下 SMD 为 20μm
部分负荷工况	晚喷、分层模式
全负荷工况	早喷、均质模式

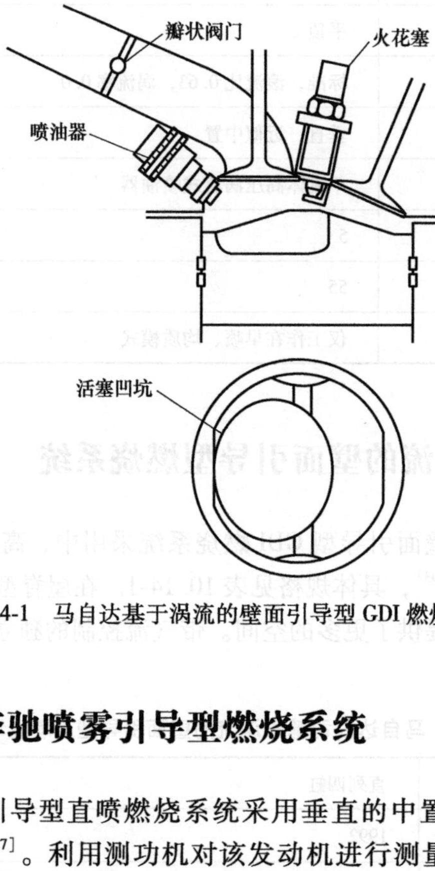

图 10.14-1　马自达基于涡流的壁面引导型 GDI 燃烧系统[503]

10.15　梅赛德斯-奔驰喷雾引导型燃烧系统

梅赛德斯-奔驰喷雾引导型直喷燃烧系统采用垂直的中置喷油器，该燃烧室和控制脉谱如图 10.15-1 所示[227]。利用测功机对该发动机进行测量，其燃油喷射压力范围为 4~12MPa，结果显示，燃油消耗率、HC 排放和平均有效压力的变化率在喷射压力为 8MPa 时达到最小；但是 NO_x 排放在此压力下并非最优。燃烧持续时间在 8MPa 时最短，其中有 50%的热量是在压缩行程上止点前释放的。与普通的 PFI 发动机相比，该套系统可以改善燃油经济性，并且 NO_x 排放减小了大约 35%；然而 HC 的排放却显著提高。在 IMEP 为 0.2~0.5MPa 下，在 2000r/min 时 ISFC 最小。由于降低了充量的均匀性，燃油经济性在低转速或高转速下均有所升高。梅赛德斯-奔驰喷雾引导型燃烧系统的规格见表 10.15-1。

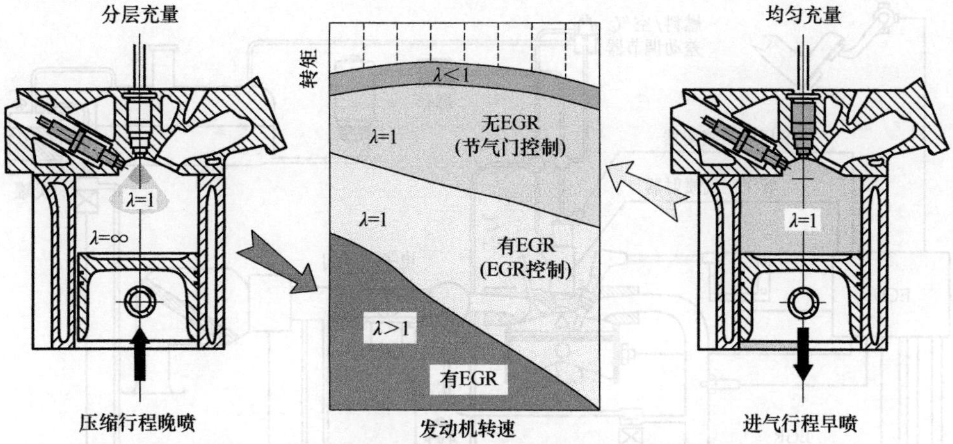

图 10.15-1　梅赛德斯-奔驰喷雾引导型 GDI 燃烧系统[227]

表 10.15-1　梅赛德斯-奔驰单缸直喷试验机规格

气缸排列	单缸
排量/cm^3	538.5
尺寸/mm（缸径×行程）	89×86.6
压缩比	10.5∶1
燃烧室几何形状	4 气门、屋脊型、燃烧室主体部分由活塞凹坑组成
分层方式	喷雾引导型
火花塞位置	进气门之间、靠近喷嘴头部
活塞形状	深坑型、位于活塞中心轴线
喷嘴位置	垂直、中置
燃油压力/MPa	测试压力 4~12
喷雾特性	喷雾锥角 75°、90°、105°
部分负荷工况	晚喷、分层模式
大负荷工况	早喷、均质模式

10.16　采用脉冲压力空气辅助式燃油喷射系统的欧比特燃烧系统

欧比特空气辅助式燃油喷射系统被应用于二冲程和车用四冲程直喷发动机上[54,176,177,255,337,338,426,508]，脉冲加压空气辅助（PPAA）式喷射系统在第 3 章和第 4 章已详细讨论过。空气辅助式燃油系统结合喷雾与燃烧室形状精确匹配，辅以晚喷可实现很好的分层效果，在较大的工况范围内都能使发动机稳定燃烧。欧比特喷雾引导型直喷发动机燃烧系统的示意图如图 10.16-1 所示[176]，具体的规格见表 10.16-1。

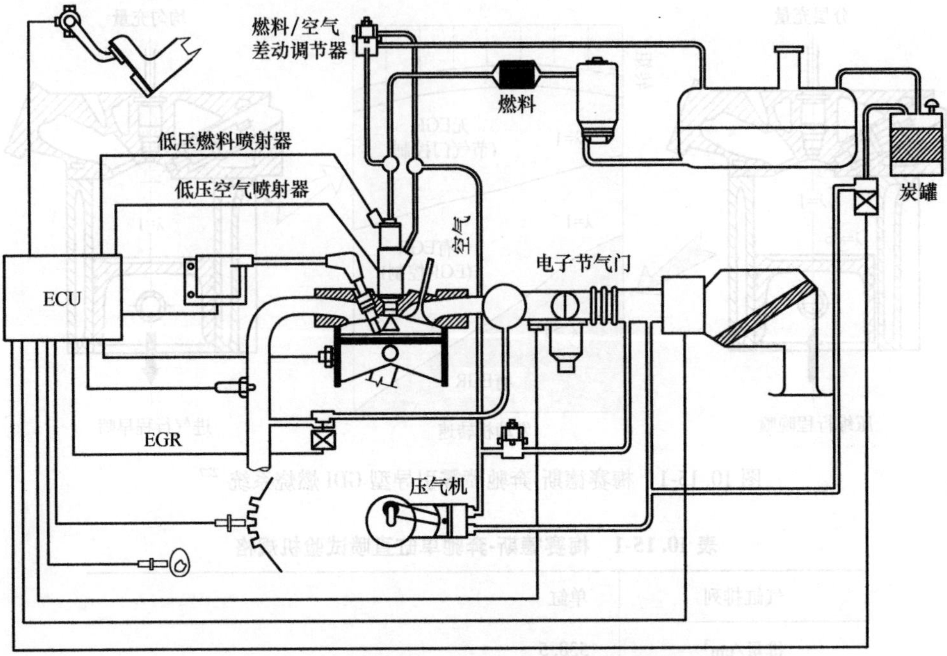

图 10.16-1　欧比特喷雾引导型直喷发动机燃烧系统[177]

表 10.16-1　欧比特喷雾引导型直喷发动机规格

气缸排列	直列四缸
排量/cm^3	2000
尺寸/mm（缸径×行程）	80.6×88
压缩比	10.4∶1
燃烧室几何形状	4 气门、DOHC、屋脊型
分层方式	喷雾引导型、滚流
火花塞位置	近似中置
气流	低滚流、无涡流
喷嘴位置	近似中置
喷油器类型	脉冲压力空气辅助式
喷雾特性	窄角（25°~30°）实锥喷雾，SMD 为 17μm
燃油压力/MPa	燃油压力：0.72 空气压力：0.65
部分负荷工况	晚喷、分层模式
全负荷工况	早喷、均质模式

10.17　标致公司逆滚流壁面引导型直喷燃烧系统

标致公司的汽油直喷发动机，又称 HPi，采用的是基于逆滚流的壁面引导型燃烧系统[126,135,363]，其示意图如图 10.17-1 所示[363]。采用一个垂直的直气道形成逆滚流运动，配合活塞顶部的球型、紧凑型凹坑，用于引导混合气并维持充量分层。采用稀燃 NO_x 存储催化器来减少发动机稀燃工况下排气管的 NO_x 排放。在城市道路工况下发动机转速到 3500r/min 以下，或在高速公路循环时的适当转速下，均可以采用分层充量模式。在高转速工况下发动机运行在理论空燃比下的均质燃烧模式。标致公司的直喷燃烧系统规格见表 10.17-1。

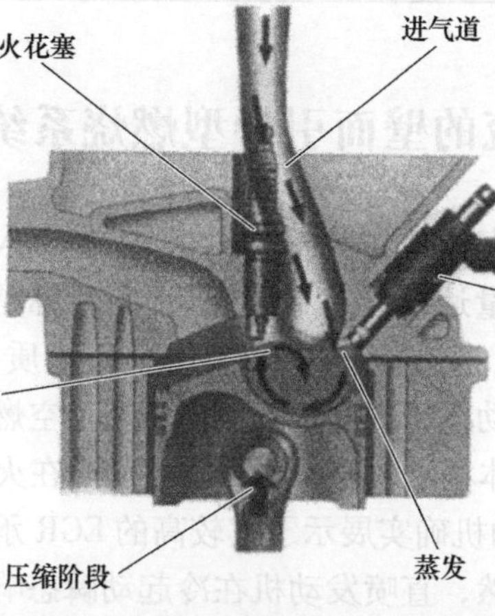

图 10.17-1　标致基于逆滚流的喷雾引导型 HPi 燃烧系统[363]

表 10.17-1　标致逆滚流壁面引导型 HPi 发动机规格

气缸排列	直列四缸
排量/cm^3	1998
压缩比	11.4∶1
燃烧室几何形状	4 气门、DOHC、屋脊型
分层方式	壁面引导型、逆滚流
火花塞位置	中置
活塞形状	紧凑型球型凹坑
进气道	垂直的直气道以生成逆滚流
喷嘴位置	进气道下方，两进气门之间
喷油器类型	高压涡流式喷油器
喷雾锥角/(°)	70

（续）

燃油压力/MPa	3~10之间可变 怠速：7 全负荷：10 过渡工况：3
NO_x 控制	NO_x 存储催化器
部分负荷工况	晚喷、分层模式
全负荷工况	早喷、均质模式
功率/kW	103（6000r/min）
转矩/(N · m)	170（2000r/min）

10.18 里卡多基于滚流的壁面引导型燃烧系统

最初的里卡多壁面引导型直喷燃烧系统，采用顶端进气入口的缸盖，用来研究直喷发动机早喷均质模式下的燃烧和充量运动[273]。最初的项目目标是利用 TWC 来改善直喷发动机的冷起动排放和瞬态响应性能，并且记录直喷发动机在均质、理论空燃比燃烧时的性能参数。结果，里卡多汽油直喷发动机在部分负荷下使用理论空燃比的 HC 排放量和 PFI 发动机非常接近，NO_x 排放水平也大体相当，表明这两款发动机在火花塞间隙处的空燃比相近。与 PFI 基准发动机相比，GDI 发动机确实展示了其较高的 EGR 承受率，这归功于燃料直接喷入气缸引起湍流强度的增强。显然，直喷发动机在冷起动瞬态响应和冷起动 HC 排放方面有更大的优越性，另外理论空燃比工况运行时燃油经济性比 PFI 发动机提高近 6%。

后期的里卡多燃烧系统使用顶端进气入口和曲面活塞顶相配合，如图 10.18-1 所示，此设计是为了使发动机能工作在早喷和晚喷模式下[199-202]。在分层运转模式下，通过使用较低喷射速率的窄角喷雾，配合其进气顶端进入的方式，可使 HC 排放量和 IMEP 的变化率最小。系统的燃烧特性对于燃料喷射量的敏感性要超过对于喷雾锥角的敏感性。对一个固定的喷射压力而言，使用喷射速率较低（静态流量小）的喷油器通常来说会使喷雾的贯穿速率下降，从而减少喷雾与活塞冠和缸壁的碰撞，其正是 HC 排放的主要来源。此系统的一个限制是喷油器的静态流量必须能满足额定功率的需求，这就意味着在最高转速和最大负荷下需提供一个较长的喷射脉宽。

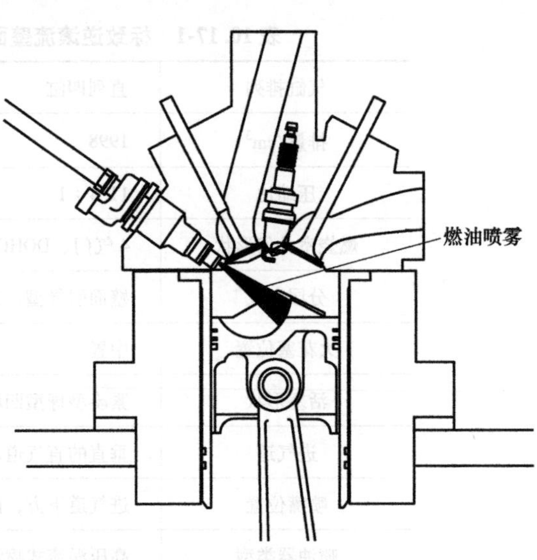

图 10.18-1　里卡多公司基于滚流的壁面引导型 DI 燃烧系统[201]

从发动机的转速-负荷脉谱（图 10.18-2）上可以看出，在额定负荷的 50%时，该直喷发动机工作在均质燃烧模式。当负荷超过 70%时，采用理论空燃比或稍浓的混合气以早喷模式运转。分层模式只在燃油油耗较高的工况下使用。在全负荷的 20%~70%范围内时，发动机无节流运转；在小于全负荷 20%的情况下使用轻微的节流，来控制 HC 排放。该直喷燃烧系统的典型特征见表 10.18-1。

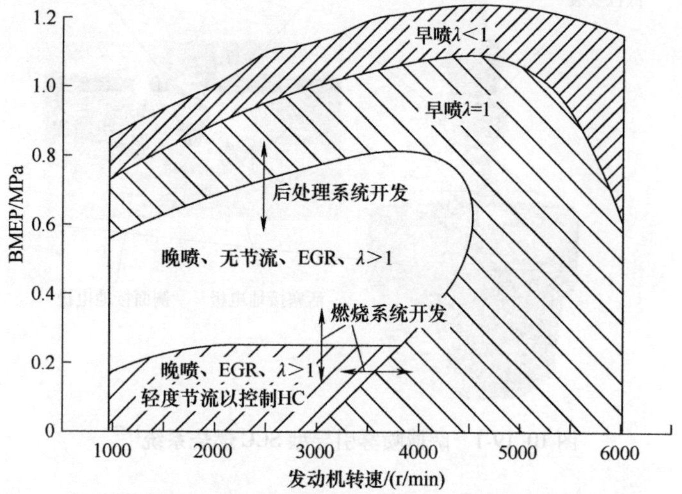

图 10.18-2　里卡多基于滚流的壁面引导型 DI 燃烧系统运行脉谱图[201]

表 10.18-1　里卡多基于滚流的壁面引导型单缸直喷发动机规格

气缸排列	单缸
排量/cm³	325
尺寸/mm（缸径×行程）	74×75.5
压缩比	12.7∶1
燃烧室几何形状	4 气门、屋脊型
分层方式	壁面引导型、逆滚流
火花塞位置	中置
活塞形状	曲面活塞顶
进气道	顶端气道入口以产生逆滚流
喷嘴位置	进气道之下，两进气门之间
部分负荷工况	晚喷、分层模式
全负荷工况	早喷、均质模式

10.19　萨博喷雾引导型燃烧控制系统

萨博燃烧控制系统（SCC）结合了汽油直喷技术、可变配气正时（VVT）技术和可变火花塞间隙[54,353,379]，其示意图如图 10.19-1 所示，相关规格见表 10.19-1。采用理论空燃比混合气来充分利用普通三效催化器。脉冲压力空气辅助式喷油器和火花塞被集成在一起，称为火花塞喷油器（SPI）。燃料通过压缩空气喷入气缸。在燃料被点燃之前，一个简短的强空气被引入缸内并产生湍流，辅助燃烧并缩短燃烧持续时间。进、排气门均采用 VVT 技术，来源于废气的缸内气体成分最大可达 70%，具体数值与发动机的运转工况有关。

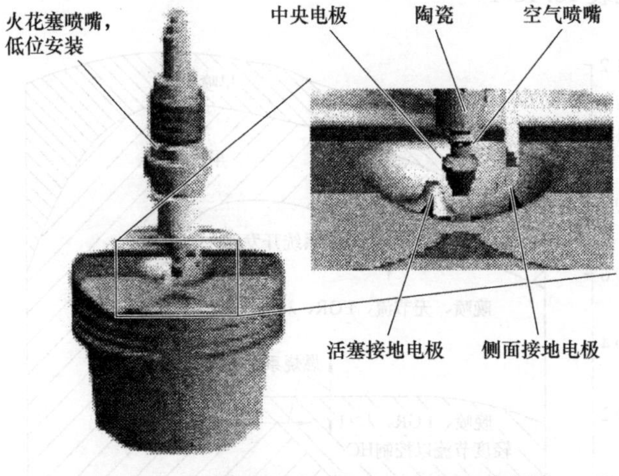

图 10.19-1　萨博喷雾引导型 SCC 燃烧系统[353]

表 10.19-1　萨博喷雾引导型 SCC 燃烧系统规格

分层方式	喷雾引导型
火花塞和喷嘴	集成于一个单元
喷嘴位置	中置
火花塞间隙	1~4mm 可变
进、排气系统	进排气均采用可变气门正时
燃油系统	脉冲压力空气辅助式
运转模式	均质、理论空燃比模式
后处理系统	三效催化转化器

火花塞间隙在 1~4mm 之间可变。火花由 SPI 的中央电极向固定距离为 4mm 的地极或活塞顶形成的地极放电产生。可变的火花塞间隙和增强的点火能量（80mJ）可以点燃被废气高度稀释的混合气。在小负荷下，火花塞电弧从中央电极到固定地极之间的有效间隙为 4mm。在大负荷下，点火发生较晚，并且燃烧室内气体密度太高，火花电弧无法通过 4mm 间隙。此时活塞顶上的一个针状凸起被用来代替负极，使电极间隙减小，电压达到有效击穿电压后发生点火。

10.20　斯巴鲁喷雾引导型燃烧系统

斯巴鲁喷雾引导型直喷燃烧系统采用一个位于燃烧室中央的高压喷油器，燃料垂直喷入气缸。火花塞倾斜的布置在发动机进气道一侧的进气门之间。在这种结构下，燃料喷雾不会碰撞到火花塞电极上[505]。斯巴鲁直喷发动机规格见表 10. 20-1。

表 10. 20-1　斯巴鲁喷雾引导型单缸直喷发动机规格

气缸排列	单缸
排量/cm^3	554
尺寸/mm（缸径×行程）	97×75
压缩比	9.7 : 1
燃烧室几何形状	4 气门、屋脊型
分层方式	喷雾引导型
火花塞位置	位于进气门之间
活塞形状	曲面活塞顶
进气道	常规直滚流气道，滚流比 0.7
喷嘴位置	中置
喷油器类型	单流体高压涡流式喷油器
燃油压力/MPa	7

10. 21　大众基于滚流的壁面引导型 FSI 燃烧系统

图 2. 3-12 中所示为大众公司基于滚流的壁面引导型直喷燃烧系统，又称为 FSI（燃料分层喷射），火花塞位于燃烧室中央，喷油器位于进气道下方、进气门之间，进气道内装有一个可变滚流产生装置。该直喷发动机的主要特征见表 10. 21-1[49,136,214,256,400]。如前图 8. 3-9 所示，通过一个紧耦合催化器与紧凑型进气歧管相连来提高起燃性能。宽域氧传感器位于紧耦合催化器的上游，因此从任意排气口出来的废气均可被检测到。紧耦合催化器下游布置一个温度传感器用来测量废气和催化器温度，并作为一个精确参数输入到控制系统中的催化器模型中。

表 10. 21-1　大众基于滚流的壁面引导型 FSI 发动机规格

气缸排列	直列四缸
排量/cm^3	1390
压缩比	12 : 1
燃烧室几何形状	4 气门、屋脊型
分层方式	壁面引导型、滚流
火花塞位置	中置
活塞形状	双浅坑型

（续）

进气道	可变滚流
喷嘴位置	进气道之下，两进气门之间
喷油器类型	单流体高压涡流式喷油器
部分负荷工况	晚喷、分层模式
全负荷工况	早喷、均质模式
后处理系统	三效催化器+温度传感器+NO_x 存储催化器+NO_x 传感器
功率/kW	77（6200r/min）（日本工业标准 JIS）
转矩/(N·m)	130（4250r/min）

NO_x 存储催化器位于汽车底板下，类似三效催化器通常所布置的位置那样。NO_x 存储催化器下游有一个 NO_x 传感器，用来监测催化器并为控制系统提供反馈信号，并用来优化排气再生过程。如 8.3.6 节中所述，该系统还采用了两套冷空气和废气分离的排气冷却装置，可以更好地适应催化器的工作温度区间并减小高温负荷。据报道，这种废气热交换装置仅略微增加排气背压。

10.22 总结

本章详细讨论了近期开发及在文献上发表的 GDI 系统及其关键控制策略。从全世界范围内的科技文献可以明显看出，试验发动机、原型样机以及一定程度上的汽车产品发动机的燃油经济性、发动机性能和排放参数均有很大幅度的提高。某些特定的技术问题以及油耗、HC、NO_x、颗粒物排放和燃油喷雾之间的折中解决方案都已被阐述及讨论。明确地强调了一些现实的考虑，这是充分发挥 GDI 发动机的全部潜力并使之成为未来主要车用动力所必须解决的。这些关键的问题被归纳在表 10.22-1 中。

表 10.22-1 设计和研发缸内直喷发动机时需要考虑的实际问题

燃料经济性	与当代 PFI 发动机相比，分层 GDI 发动机在 BSFC 方面的收益能否补偿其系统设计的复杂性
系统复杂性和可靠性	考虑直喷发动机的设计需要在综合考虑多阶段喷射、可变涡流和滚流的控制以及可变的燃油喷射压力的情况下，可行的 GDI 产品发动机能否达到其系统复杂性和系统可靠性之间的平衡
排放	是否能满足近期将要执行的美国、欧洲和日本的排放标准，包括耐久性的要求
沉积物	在较宽的燃油质量及组分范围内，不同部件的沉积物生成是否能够达到最小，是否可以实现合理的维修周期
驾驶性	控制系统策略和算法的开发、应用是否能实现晚喷分层模式与早喷均质模式之间的平滑过渡，是否可以达到当前顺序喷射 PFI 系统相当的驾驶性
分类	和仅工作在均质模式下的直喷发动机相比，分层模式的优点是否能够抵消其复杂性和增加的开发时间

为了确定各种缸内直喷结构所能达到的最优性能，仍有许多研究工作需要进行。汽车工业界内关于缸内直喷系统已经积累了很多的开发经验，汽车工程师们也将对其进行分析和研究。在运转脉谱的各种运行模式下对直喷发动机的排放和 BSFC 的数据进行了评估，并将之与其他直喷系统及控制策略进行了比较和分析。另外，关于利用滚流和涡流的喷雾引导型、壁面引导型和气流引导型控制策略的优点也进行了研究。

直喷发动机的喷油器、油泵和调压器领域是快速发展的领域之一。每个季度的发展，使得旧的系统及其控制策略和各种限制被淘汰，并且给燃烧系统的发展提供了一些新的技术选择。这些新的硬件具有更强的能力和更完善的参数，将允许更大程度地利用各燃烧系统的优势。尽管关于试验机和原型机的优点已经发表过很多文章了，在系统优化方面依然还有大量的研发工作要做，只有这样才能获得产品发动机的具体参数。可以很确切地说，在本章里讨论的燃烧室结构，经改进后将和最新的硬件和控制技术相结合，成为未来直喷发动机设计的基本选择。

参考文献

[1] Abraham, J., "Entrainment characteristics of sprays for diesel and DISI applications," SAE Technical Paper No. 981934 (1998).

[2] Ader, B. et al., "Simulation of mixture preparation," *Proceedings of the 3rd International FIRE User Meeting*, June 16-17, 1997 (1997).

[3] Alain, F. et al., "In-cylinder flow investigation in a gasoline direct injection four valve engine: bowl shape piston effects on swirl and tumble motions," 1998 FISITA Technical Paper No. F98T049 (1998).

[4] Alger, T. et al., "Fuel-spray dynamics and fuel vapor concentration near the spark plug in a direct-injected 4-valve SI engine," SAE Technical Paper No. 1999-01-0497 (1999).

[5] Alger, T. et al., "Effects of swirl and tumble on in-cylinder fuel distribution in a central injected DISI engine," SAE Technical Paper No. 2000-01-0533 (2000a).

[6] Alger, T. et al., "The effects of in-cylinder flow fields and injection timing on time-resolved hydrocarbon emissions in a 4-valve, DISI engine," SAE Technical Paper No. 2000-01-1905 (2000b).

[7] Allen, J. et al., "Comparison of the spray characteristics of alternative GDI fuel injection systems under atmospheric and elevated pressure operation," JSAE Technical Paper No. 9935086 (1999).

[8] Alperstein, M. et al., "Texaco's stratified charge engine—multifuel, efficient, clean, and practical," SAE Technical Paper No. 740563 (1974).

[9] Anderson, R. et al., "A new direct injection spark ignition (DISI) combustion system for low emissions," FISITA-96 Technical Paper No. P0201 (1996a).

[10] Anderson. R. et al., "Understanding the thermodynamics of direct injection spark ignition (DISI) combustion systems: an analytical and experimental investigation," SAE Technical Paper No. 962018 (1996b).

[11] Anderson, R. et al., "Challenges of stratified charge combustion," *Direkteinspritung im Ottomotor*, Haus Der Technik E. V., 45117 Essen, March 12-13. 1997 (1997).

[12] Andersson, J et al., "Particle and sulfur species as key issues in gasoline direct injection exhaust," JSAE Technical Paper No. 9935842 (1999).

[13] Ando, H., "Combustion control technologies for direct-injection gasoline engines," *Proceedings of the 73rd JSME Annual Meeting* (V) (in Japanese), No. WS 11- (4), pp. 319-320 (1996a).

[14] Ando, H., "Combustion control technologies for gasoline engines," *IMechE. Seminar on Lean Burn Combustion Engines*, S433, December 3-4, 1996 (1996b).

[15] Ando, H., "Mitsubishi GDI engine strategies to meet the European requirements," *Proceedings of AVL Conference on Engine and Environment*, Vol. No. 2, pp. 55-77 (1997).

[16] Ando, H. et al., "Combustion control for Mitsubishi GDI engine," *Proceedings of the 2nd International Workshop on Advanced Spray Combustion*, Nov. 24-26, 1998, Hiroshima, Japan, Paper No. IWASC9820, pp. 225-235 (1998a).

[17] Ando, H., "Key words for the future vehicle powertrain," *SAE-Japan Automobile Technology* (in Japanese), Vol. 54, No. 7, Paper No. 20004337, pp. 7-9 (2000).

[18] Andrews, G. et al., "The composition of spark ignition engine steady state particulate emissions," SAE Technical Paper No. 1999-01-1143 (1999).

[19] Andriesse, D. et al., "Experimental investigation on fuel injection systems for gasoline DI engines," *Direkteinspritung im Ottomotor*, Haus Der Technik E. V., 45117 Essen, March 12-13, 1997 (1997a).

[20] Andriesse, D. et al., "Assessment of stoichiometric GDI engine technology," *Proceedings of AVL Engine and Environment Conference*, pp. 93-109 (1997b).

[21] Aradi, A. et al., "The effect of fuel composition and engine operating parameters on injector deposits in a high-pressure direct injection gasoline (DIG) research engine," SAE Technical Paper No. 1999-01-3690 (1999).

[22] Aradi, A. et al., "A study of fuel additives for direct injection gasoline (DIG) injector deposit control," SAE Technical Paper No. 2000-01-2020 (2000a).

[23] Aradi, A. et al., "The effect of fuel composition, engine operating parameters and additive content on injector deposits in a high-pressure direct injection gasoline (DIG) research engine," *Proceedings of Aachen Colloquium—Automobile and Engine Technology*, pp. 187-211 (2000b).

[24] Araneo, L. et al., "Effects of fuel temperature and ambient pressure on a GDI swirled injector spray," SAE Technical Paper No. 2000-01-1901 (2000).

[25] Arcoumanis, C. et al., "Optimizing local charge stratification in a lean-burn spark ignition engine," *IMechE*, Vol. 211, Part D, pp. 145-154 (1997).

[26] Arcoumanis, C. et al., "Modeling of pressure-swirl atomizer for gasoline direct-injection engines," SAE Technical Paper No. 1999-01-0500 (1999).

[27] Arcoumanis C. et al., "Pressure-swirl atomizers for DISI engines: further modeling and experiments," SAE Technical Paper No. 2000-01-1044 (2000).

[28] Arters, D. et al., "A comparison of gasoline direct injection and port fuel injection vehicles; Part I—fuel system deposits and vehicle performance," SAE Technical Paper No. 1999-01-1498 (1999a).

[29] Arters, D. et al., "A comparison of gasoline direct injection and port fuel injection vehicles; Part II—lubricant oil performance and engine wear," SAE Technical Paper No. 1999-01-1499 (1999b).

[30] Arters, D. et al., "The effect on vehicle performance of injector deposits in a direct injection gasoline engine," SAE Technical Paper No. 2000-01-2021 (2000).

[31] Ashizawa, T. et al., "Development of a new in-line 4-cylinder direct-injection gasoline engine," *Proceedings of the JSAE Fall Convention* (in Japanese), No. 71-98, Paper No. 9838237, pp. 5-8 (1998).

[32] AUDI, *Audi Frankfurt Autoshow*, September 1997 (1997).

[33] Auer, G., "Mitsubishi re-engineers GDI engine for Europe," *Automotive News Europe*, May 12, 1997.

[34] AUTOMOTIVE ENGINEER, "Healthy future of GDI predicted by Mitsubishi," *Automotive Engineer*, No. 12, p. 6 (1997a).

[35] AUTOMOTIVE ENGINEER, "Toyota's D4 direct injection gasoline engine." *Automotive Engineer*, No. 12, pp. 60-61 (1997b).

[36] AUTOMOTIVE ENGINEER, "Nissan develops new direct injection engines," *Automotive Engineer*, VoI. 22. No. 9. p. 6 (1997c).

[37] AUTOMOTIVE ENGINEERING "Getting more direct," *Automotive Engineering*. No. 12. pp. 81-85 (1997).

[38] Baby, X. et al., "Investigation of the in-cylinder tumble motion in a multi-valve engine: effect of the piston shape." SAE Technical Paper No. 971643 (1997).

[39] Bae, C. et al., "Fuel-spray characteristics of high pressure gasoline direct injection in flowing fields," *Proceedings of the 4th JSME-KSME Thermal Engineering Conference*, October 1-6, 2000 (2000).

[40] Balles, E. et al., "Fuel injection characteristics and combustion behavior of a direct-injection stratified-charge engine," SAE Technical Paper No. 841379 (1984).

[41] Baranescu, G., "Some characteristics of spark assisted direct injection engine," SAE Technical Paper No. 830589 (1983).

[42] Baumgarten, H. et al., "Vehicle application of a 4-cylinder tumble DISI engine," SAE Technical Paper No. 2001-01-0735 (2001).

[43] Baumgarten, H. et al., "Development of a charge motion controlled combustion system for DI SI-engines and its vehicle application for EU-4 emission regulations," SAE Technical Paper No. 2000-01-0257 (2000).

[44] Bechtold, R., "Performance, emissions, and fuel consumption of the White L-163-S stratified-charge engine using various fuels," SAE Technical Paper No. 780641 (1978).

[45] Birch, S., "Advances at Audi," *Automotive Engineering*, No. 11, p. 30 (1997).

[46] Birch, S., "Gasoline direct-injection develop ments," *Automotive Engineering*, p. 88, No. 2 (1998).

[47] Birch, S., "Direct gasoline injection from Renault," *Automotive Engineering*, 7, pp. 28-29, (1999).

[48] Bladon, S., "Carisma GDI vs. Rover 420 DI," *Diesel Car & 4x4*, No. 1, pp. 36-42 (1998).

[49] Block, B. et al., "Luminosity and laser-induced incandenscence investigations on a DI gasoline engine," SAE Technical Paper No. 2000-01-2903 (2000).

[50] Boulouchos, K., "Strategies for future combustion systems—homogeneous or stratified charge?," SAE Technical Paper No. 2000-01-0650 (2000).

[51] Brehob, D. et al., "Stratified-charge engine fuel economy and emission characteristics," SAE Technical Paper No. 982704 (1998).

[52] Brooks, B., "Nissan to direct-inject VQ engines," *Ward's Engine and Vehicle Technology Update*, August 15, 1997 (1997).

[53] Brooks, B., "DI gasoline engine problems outlined." *Ward's Engine and Vehicle Technology Update*, February I, 1998, p. 2 (1998).

[54] Brooks, B., "Saab shows advanced DGI combustion system," *Ward's Engine and Vehicle Technology Update*, October 15, 2000, pp. 1-2 (2000).

[55] Buchheim, R. et al., "Ecological and economical aspects of future passenger car powertrains," FISITA Technical Paper No. P1404 (1996).

[56] Buchholz, K., "Chrysler updates two-stroke engine progress," *Automotive Engineering*, No. 1, p. 84 (1997).

[57] Buckland, J. et al., "Technology assessment of boosted direct injection stratified charge gasoline engines." SAE Technical Paper No. 2000-01-0249 (2000).

[58] Burk, P. et al., "Future aftertreatment strategies for gasoline lean burn engines," *Proceedings of AVL Engine and Environment Conference*, pp. 219-231 (1997).

[59] Caracciolo, F. et al., "An engine dynamometer test for evaluating port fuel injector plugging," SAE Technical Paper No. 872111 (1987).

[60] Carlisle, H. et al., "The effect of fuel composition and additive content on injector deposits and performance of an air-assisted direct injection spark ignition (DISI) research engine," SAE Technical Paper No. 2001-01-2030 (2001).

[61] Casarella, M., "Emission formation mechanisms in a two-stroke direct-injection engine," SAE Technical Paper No. 982697 (1998).

[62] Castagne, M. et al., "Advanced tools for analysis of gasoline direct injection engines," SAE Technical Paper No. 2000-01-1903 (2000).

[63] Cathcart, G. et al., "Fundamental characteristics of an air-assisted direct injection combustion system as applied to 4 stroke automotive gasoline engines," SAE Technical Paper No. 2000-01-0256 (2000).

[64] Chaouche, A. et al., "NSDI-3: a small bore GDI engine," SAE Technical Paper No. 1999-01-0172 (1999).

[65] Chehroudi, B., "Gasoline direct injection (GDI)," *Powertrain International*, No. 2, pp. 6-7 (1999).

[66] Cheng, W. et al., "An overview of hydrocarbon emissions mechanisms in spark-ignition engines," SAE Technical Paper No. 9832708 (1993).

[67] Chinn, J. et al., "Computational analysis of swirl atomizer internal flow," *Proceedings of ICLASS – 97*

(1997).
[68] Cho, N. et al., "Effect of in-cylinder air motion on fuel spray characteristics in a gasoline direct injection engines," SAE Technical Paper No. 1999-01-0177 (1999).
[69] Choi, K. et al., "A research on fuel spray and air flow fields for spark-ignited direct injection engine using laser image technology," SAE Technical Paper No. 1999-01-0503 (1999).
[70] Cole, R. et al., "Exhaust emissions of a vehicle with a gasoline direct-injection engine," SAE Technical Paper No. 982605 (1998).
[71] Cole, R. et al., "Gaseous and particulate emissions from a vehicle with a spark-ignition directinjection engine," SAE Technical Paper No. 1999-01-1282 (1999).
[72] Cousin, J. et al., "Transient flows in high pressure swirl injectors," SAE Technical Paper No. 980499 (1998).
[73] Daisho, Y. et al., "A fundamental study on charge stratification," *Proceedings of COMODIA-85*, pp. 423-432 (1985).
[74] Das, S. et al., "A study of air-assisted fuel injection into a cylinder," SAE Technical Paper No. 941876 (1994).
[75] Das, S. et al., "A new approach for linking experimental data to spray modeling for an outwardly opening direct injection gasoline (DI-G) injector," *Proceedings of the 18th ICLASS*, Pasadena, USA (2000).
[76] Date, T. et al., "Research and development of the Honda CVCC engine," SAE Technical Paper No. 740605 (1974).
[77] Davy, M. et al., "Effects of injection timing on liquid-phase fuel distributions in a centrally-injected four-valve direct-injection spark-ignition engine," SAE Technical Paper No. 982699 (1998).
[78] Davy, M. et al., "Effects of fuel composition on mixture formation in a firing direct-injection sparkignition (DISI) engine: an experimental study using Mie-scattering and planar laser-induced fluorescence (PLIF) techniques," SAE Technical Paper No. 2000-01-1904 (2000).
[79] Demmler, A., "Smallest GDI engine," *Automotive Engineering*, No. 3, p. 40 (1999).
[80] Deschamps, B. et al., "Combined catalytic hot wires probe and fuel-air-ratio-laser induced-exciplex fluorescence air/fuel ratio measurements at the spark location prior to ignition in a stratified GDI engine," SAE Technical Paper No. 1999-01-3536 (1999).
[81] Diwakar, R. et al., "Liquid and vapor fuel distributions from an air-assist injector—an experimental and computational study," SAE Technical Paper No. 920422 (1992).
[82] Dodge, L., "Fuel preparation requirements for direct-injected spark ignition engines," *Proceedings of ILASS-America*, pp. 120-124 (1996a).
[83] Dodge, L., "Fuel preparation requirements for direct-injected spark ignition engines," SAE Technical Paper No. 962015 (1996b).
[84] Douaud, A., "Tomorrow's efficient and clean engines and fuels," FISITA Technical Paper No. K0006 (1996).
[85] Drake, M. et al., "Crevice flow and combustion visualization in a direct-injection spark-ignition engine using laser imaging techniques," SAE Technical Paper No. 952454 (1995).
[86] Duclos, J. et al., "3D modeling of intake, injection and combustion in a DI-SI engine under homogeneous and stratified operating conditions," *Proceedings of the 4th International Symposium COMODIA 98*, pp. 335-340 (1998).
[87] Duggal, V. et al., "Review of multi-fuel engine concepts and numerical modeling of in-cylinder flow processes in direct injection engines," SAE Technical Paper No. 840005 (1984).

[88] Durest, P. et al., "The air assisted direct injection ELEVATE automotive engine combustion system," SAE Technical Paper No. 2000-01-1899 (2000).

[89] Duret, P., "The fields of application of IAPAC compressed air assisted DI fuel injection," *Modern Injection Systems for Direct Injection in Spark-Plug and Diesel Engines*, *ESSEN-HAUS DER TECHNIK*, September 23-24, 1997 (1997).

[90] Duret, P. et al., "A new two-stroke engine with compressed-air assisted fuel injection for high efficiency low emissions applications," SAE Technical Paper No. 881076 (1988).

[91] Edward, R. et al., "Influence of fuel injection timing over the performances of a direct injection spark ignition engine," SAE Technical Paper No. 1999-01-0174 (1999).

[92] Eichlseder, H. et al., "Gasoline direct injection—chances and risks considering future emission scenarios," *Aachen Colloquium—Automobile and Engine Technology*. pp. 749-772 (1999).

[93] Eichlseder, H. et al., "Gasoline direct injection—a promising engine concept for future demands," SAE Technical Paper No. 2000-01-0248 (2000a).

[94] Eichlseder, H. et al., "Challenges to fulfill EU IV emission standards with gasoline-DI," *International Wiener Motor Symposium*, Vol. 1, pp. 105-134 (2000b).

[95] Ekenberg, M. et al., "Fuel distribution in an air-assisted direct injected spark ignition engine with central injection and spark plug measured with laser induced fluorescence," SAE Technical Paper No. 2000-01-1898 (2000).

[96] El-Emam, S. H. et al., "Performance of a stratified charge spark-ignition engine with an injection of different fuels," *Proceedings of the 4th International Symposium COMODIA 98*, pp. 329-334 (1998).

[97] Ellzey, J. et al., "Simulation of stratified charge combustion," SAE Technical Paper No. 981454 (1998).

[98] Emerson, J. et al., "Structure of sprays from fuel injectors part III: the Ford air-assisted fuel injector," SAE Technical Paper No. 900478 (1990).

[99] Enright, B. et al., "A critical review of spark ignited diesel combustion," SAE Technical Paper No. 881317 (1988).

[100] Evers, L., "Characterization of the transient spray from a high pressure swirl injector," SAE Technical Paper No. 940188 (1994).

[101] Fan, L. et al., "Comparison of computed spray in a direct-injection spark-ignited engine with planar images," SAE Technical Paper No. 972883 (1997).

[102] Fan, L. et al., "Intake flow simulation and com parison with PTV measurements," SAE Technical Paper No. 1999-01-0176 (1999).

[103] Fansler, T. et al., "Swirl, squish and turbulence in stratified-charge engines: laser-velocimetry measurements and implications for combustion," SAE Technical Paper No. 870371 (1987).

[104] Fansler, T. et al., "Fuel distribution in a firing direct-injection spark-ignition engine using laser-induced fluorescence imaging," SAE Technical Paper No. 950110 (1995).

[105] Farrell, P. et al., "Intake air velocity measurements for a motored direct injection spark ignited engine," SAE Technical Paper No. 1999-01-0499 (1999).

[106] Faure, M. et al., "Application of LDA and PIV techniques to the validation of a CFD Model of a direct injection gasoline engine," SAE Technical Paper No. 982705 (1998).

[107] Felton, P., "Laser diagnostics for direct-injection gasoline engines," *IMechE. Seminar of Lean Burn Combustion Engines*, S433, December 3-4, 1996 (1996).

[108] Fraidl, G. et al., "Gasoline direct injection: actual trends and future strategies for injection and combustion systems," SAE Technical Paper No. 960465 (1996).

[109] Fraidl, G. et al., "Gasoline direct injection-an integrated systems approach," *Proceedings of AVL Engine and Environment Conference*, pp. 255-278 (1997a).

[110] Fraidl, G. et al., "Straight to the point," *Engine Technology International*, November 1997, pp. 30-34 (1997b).

[111] Fraidl, G. et al., "Gasoline DI engines: the complete system approach by interaction of advanced development tool," SAE Technical Paper No. 980492 (1998).

[112] Fraidl, G et al., "Gasoline engine concepts related to specific vehicle classes," *International Wiener Motor Symposium*, Vol. 1, pp. 85-104 (2000).

[113] Frank, R. et al., "Combustion characterization in a direct-injection stratified-charge engine and implications on hydrocarbon emissions," SAE Technical Paper No. 892058 (1989).

[114] Frank, R. et al., "The importance of injection system characteristics on hydrocarbon emissions from a direct-injection stratified-charge engine," SAE Technical Paper No. 900609 (1990a).

[115] Frank, R. et al., "The effect of fuel characteristics on combustion in a spark-ignited direct-injection engine," SAE Technical Paper No. 902063 (1990b).

[116] Frank, R. et al., "The effect of piston temperature on hydrocarbon emissions from a spark-ignited direct-injection engine," SAE Technical Paper No. 910558 (1991).

[117] Fry, M. et al., "Direct injection of gasoline—practical considerations," SAE Technical Paper No. 1999-01-0171 (1999).

[118] Fujieda M. et al., "Influence of the spray pattern on combustion characteristics of the direct injection SI engine," *Proceedings of ILASS-Japan* (in Japanese), pp. 173-177 (1995).

[119] Fujikawa, T. et al., "Quantitative 2-D fuel distribution measurements in a direct-injection gasoline engine using laser-induced fluorescence technique," *Proceedings of the 4th International Symposium COMODIA 98*, pp. 317-322 (1998).

[120] Fujimoto, H. et al., "Study on the oil dilution of a DI gasoline engine—1st report: dilution on the cylinder wall," *Proceedings of the JSAE Spring Convention* (in Japanese), Paper No. 9934014 (1999).

[121] Fukui, H. et al., "The effect of octane number on stratified charge combustion of direct injection stratified charge engine," JSAE Technical Paper (in Japanese), No. 9934186 (1999).

[122] Fukushima, C., "Mitsubishi clears California NOx requirement with new version of GDI engine, plans U. S. launch," *The Japan Automotive Digest*, Vol. III, No. 37 (1997).

[123] Furuno, S. et al., "The effects of inclination angle of swirl axis on turbulence characteristics in a 4-valve lean burn engine with SCV," SAE Technical Paper No. 902139 (1990).

[124] Gajdeczko, B. et al., "Application of two-color particle image velocimetry to a firing production direct-injection stratified-charge engine," SAE Technical Paper No. 1999-01-1111 (1999).

[125] Gastaldi, P. et al., "Development of new methods for investigating gasoline direct injection engines," *Aachen Colloquium—Automobile and Engine Technology*, pp. 775-791 (1999).

[126] Gavine, A., "Do or DI?" *Engine Technology International*, No. 3, pp. 48-49 (2000).

[127] Geiger, J. et al., "Direet injection engines—combustion and design," SAE Technical Paper No. 1999-01-0170 (1999).

[128] Georjon, T. et al., "Characteristics of mixture formation and combustion in a spray-guided concept gasoline direct injection engine: an experimental and numerical approach," SAE Technical Paper No. 2000-01-0534 (2000).

[129] Ghandhi, J. et al., "Investigation of the fuel distribution in a two-stroke engine with an air-assisted injector," SAE Technical Paper No. 940394 (1994).

[130] Ghandhi, J. et al., "Fuel distribution effects on the combustion of a direct-injection stratified-charge engine," SAE Technical Paper No. 950460 (1995).

[131] Ghandhi, J. at al., "Mixture preparation effects on ignition and combustion in a direct-injection spark-ignition engine," SAE Technical Paper No. 962013 (1996).

[132] Gieshoff, J., "Improved SCR systems for heavy duty applications," SAE Technical Paper No. 2000-01-0189 (2000).

[133] Giovanetti, A et al., "Analysis of hydrocarbon emission mechanisms in a direct injection spark-ignition engine," SAE Technical Paper No. 830587 (1983).

[134] Glaspie, C. et al., "Application of design and development techniques for direct injection spark ignition engines," SAE Technical Paper No. 1999-01-0506 (1999).

[135] Glover, M., "PSA shows: direction for injection," *Automotive Engineer*, July/August 2000, pp. 76-77 (2000).

[136] Gluck, K. et al., "Cleaning the exhaust gas of Volkswagen FSI engines," MTZ Worldwide, No. 6, pp. 19-23 (2000).

[137] Gobel, U. et al., "Durability aspects of NOx storage catalysts for direct injection gasoline vehicles," *Proceedings of Direkteinspritzung im Ottomotor II*, pp. 427-456 (1999).

[138] Goppelt, G., "Der neue ottomotor mit direkteinspritzung von Renault," *MTZ*, No. 9, pp. 530-533 (1999).

[139] Graskow, B. et al., "Characterization of exhaust particulate emissions from a spark ignition engine," SAE Technical Paper No. 980528 (1998).

[140] Graskow, B. et al., "Particle emissions from two PFI spark ignition engines," SAE Technical Paper No. 1999-01-1144 (1999a).

[141] Graskow, B. et al., "Particle emissions from a DI spark ignition engine," SAE Technical Paper No. 1999-01-1145 (1999b).

[142] Graskow, B. et al., "Influence of fuel additives and dilution conditions on the formation and emission of exhaust particulate matter from a direct injection spark ignition engine," SAE Technical Paper No. 2001-01-2018 (2001).

[143] Grigo, M. et al., "Charge motion controlled combustion system for direct injection SI engines," *Proceedings of Global Powertrain Conference on Advanced Engine Design and Performance*, pp. 66-75 (1998).

[144] Grimaldi, C. et al., "Analysis method for the spray characteristics of a GDI system with high pressure modulation," SAE Technical Paper No. 2000-01-1043 (2000).

[145] Guthrie, P. et al., "A review of fuel, intake and combustion system deposit issues relevant to 4-stroke gasoline direct fuel injection engines," SAE Technical Paper No. 2001-01-1202 (2001).

[146] Habchi, C. et al., "Multidimensional modeling of gasoline spray impingement and liquid film heat transfer and boiling on heated surfaces," *Proceedings of the 18th ICLASS*, Pasadena, USA (2000).

[147] Hall, D. et al., "Measurement of the number and size disrtibution of particles emitted from a gasoline direct injection vehicle," SAE Technical Paper No, 1999-01-3530 (1999).

[148] Hall, M. et al., "In-cylinder flow and fuel transport in a 4-valve GDI engine: diagnostics and measurements," *Proceedings of Direkteinspritzung im Ottomotor*, pp. 132-146 (1998).

[149] Han, Z et al., "Modeling the effects of intake flow structures on fuel/air mixing in a direct-injected spark ignition engine," SAE Technical Paper No. 961192 (1996).

[150] Han, Z. et al., "Effects of injection timing on ait/fuel mixing in a direct-injection spark-ignition engine," SAE Technical Paper No. 970625 (1997a).

[151] Han, Z. et al., "Multi-dimensional modeling of spray atomization and air/fuel mixing in a direct-injection spark-ignition engine characteristics," SAE Technical Paper No. 970884 (1997b).

[152] Han, Z et al., "Multidimentional modeling of DI gasoline engine sprays," *Proceedings of ILASS-America*, pp. 75-79 (1997c).

[153] Han, Z. et al., "Internal structure of vaporizing pressure-swirl fuel sprays," *Proceedings of ICLASS-97*, pp. 474-481 (1997d).

[154] Han, Z. et al., "Modeling atomization processes of pressure-swirl hollow-cone fuel sprays," *Atomization and Sprays*, Vol. 7, pp 663-684 (1997e).

[155] Hanashi, K. et al., "Development of new concept iridium plug," SAE Technical Paper No. 2001-01-1201 (2001).

[156] Harada, J. et al., "Development of a direct injection gasoline engine," SAE Technical Paper No. 970540 (1997).

[157] Harrington, D., "Interactions of direct injection fuel sprays with in-cylinder air motions," *SAE Transactions*, Vol. 93, (1984a).

[158] Harrington, D. , "Analysis of spray penetration and velocity dissipation for non-steady fuel injection," *ASME Technical Paper* 04-DGP-13 (1984b).

[159] Harrington, D. et al., "Deposit-induced fuel flow reduction in multiport fuel injectors." SAE Technical Paper No. 892123 (1989).

[160] Hashimoto, K. et al., "Effects of fuel properties on the combustion and emission of direct-injection gasoline engine," SAE Technical Paper No. 2000-01-0253 (2000).

[161] Haslett, R et al., "Stratified charge engines," SAE Technical Paper No. 760755 (1976).

[162] Hatakeyama, S. et al., "A study of lean burn of a 4 stroke gasoline engine by the aid of low pressure air assisted in-cylinder injection (part II)," SAE Technical Paper No. 1999-01-3689 (1999).

[163] Hattori, H. et al., "Fundamental study on DISC engine with two-stage fuel injection," *JSME International J.*, Series B., Vol. 38, No. 1, pp. 129-135 (1995).

[164] Heisler H., *Advanced engine technology*, SAE (1995).

[165] Heitland, H. et al., "Can the best fuel economy of today's engines still be improved?," SAE Technical Paper No. 981912 (1998).

[166] Henriot, S. et al., "NSDI-3, a small bore GDI engine," SAE Technical Paper No. 1999-01-0172 (1999).

[167] Hentschel, W. at al., "Investigation of spray formation of DI gasoline hollow-cone injectors inside a pressure chamber and a glass ring engine by multiple optical techniques," SAE Technical Paper No. 1999-01-3660 (1999).

[168] Hepburn, J. et al., "Engine and aftertreatment modeling for gasoline direct injection," *SAE Technical Paper* No. 982596 (1998).

[169] Heywood, J., *Internal combustion engine fundamentals*, McGraw-Hill, (1988).

[170] Hiroyasu, H., "Experimental and theoretical studies on the structure of fuel sprays in diesel engines," *Proceedings of ICLASS-91*, Keynote Lecture, pp: 17-32 (1991).

[171] Hochgreb, S. et al., "The effect of fuel volatility on early spray development from high-pressure swirl injectors," *Proceedings of Direkteinspritzung im Ottomotor*, pp. 107-116 (1998).

[172] Hoffman, J. et al., "Spray photographs and preliminary spray mass flux distribution measurements of a pulsed pressure atomizer," *Proceedings of ILASS-America*, pp. 288-291 (1996).

[173] Hoffman, J. et al., "Comparison between air-assisted and single-fluid pressure atomizers for direct-injection SI engines via spatial and temporal mass flux measurements," SAE Technical Paper No. 970630 (1997).

[174] Hoffman, J. et al., "Mass-related properties of various atomizers for direct-injection SI engines," SAE Technical Paper No. 980500 (1998).

[175] Hoard, J. et al., "Plasma-catalysis for diesel exhaust treatment: current state of the art," *SAE Tchnical Paper*, No. 2001-01-0185 (2001).

[176] Houston, R. et al., "Application of Orbital's low pressure, air-assisted fuel system to automotive direct injection 4-stroke engines," *Modern Injection Systems for Direct Injection in Spark-Plug and Diesel Engines, ESSEN-HAUS DER TECHNIK*, September 23-24, 1997 (1997).

[177] Houston, R. et al., "Combustion and emissions characteristics of Orbital's combustion process applied to a multicylinder automotive direct injected 4 stroke engine," SAE Technical Paper No. 980153 (1998).

[178] Hupperich, P. et al., "Direct injection gasoline engines—combustion and design," SAE Technical Paper No. 1999-01-0170 (1999).

[179] Iida, Y., "The current status and future trend of DISC engines," *Preprint of JSME Seminar* (in Japanese), No. 920-48, pp. 72-76 (1992).

[180] Iiyama, A. et al., "Current status and future perspective of DISC engine," *Proceedings of JSAE* (in Japanese) No. 9431030, pp. 23-29 (1994).

[181] Iiyama, A, "Direct injection gasoline engines," *Technical Seminar at Wayne State University*, February 26, 1996 (1996).

[182] Iiyama, A. et al., "Attainment of high power with low fuel consumption and exhaust emissions in a direct-injection gasoline engine," *1998 FISITA Technical Paper* No. F98T048 (1998a).

[183] Iiyama, A. et al., "Realization of high power and low fuel consumption with low exhaust emissions in a direct-injection gasoline engine," *Proceedings of GPC'98, Advanced Engine Design & Performance*, pp. 76-88 (1998b).

[184] Ikeda, Y. et al., "Spray formation of air-assist injection for two-stroke engine," SAE Technical Paper No. 950271 (1995).

[185] Ikeda, Y. et al., "Size-classified droplet dynamics and its slip velocity variation of air-assist injector spray," SAE Technical Paper No. 970632 (1997a).

[186] Ikeda, Y. et al., "Cycle-resolved PDA measurement of size-classified spray structure of air-assist injector," SAE Technical Paper No. 970631 (1997b).

[187] Ikeda, Y. et al., "Development of NOx storage-reduction 3-way catalyst for D-4 engines," *Proceedings of the 1998 JSAE Fall Meeting* (in Japanese), No. 101-98, Paper No. 9839597, pp. 9-12 (1998).

[188] Ikeda, Y. et al., "Development of NOx storage-reduction 3-way catalyst for D-4 engines," SAE Technical Paper No. 1999-01-1279 (1999).

[189] Inagaki, H. et al., "Influence of cylinder wet in a direct injection gasoline engine on piston ring lubrication," *Proceedings of JSAE* (in Japanese), No. 20005449 (2000).

[190] Iriya, Y. et al., "Engine performance and the effects of fuel spray characteristics on direct injection S. I. engines," *Proceedings of JSAE Fall Convention* (in Japanese), Paper No. 9638031 (1996).

[191] Ismailov, M. et al., "Laser-based techniques employed on gasoline swirl injector," *Proceedings of the 4th International Symposium COMODIA 98*, pp. 499-504 (1998).

[192] Ito, Y. et al., "Study on improvement of torque response by direct injection gasoline engine and its application," *Proceedings of the JSAE Fall Convention*, No. 71-98. Paper No. 9838246, pp. 9-12 (1998).

[193] Ito, Y. et al., "A new concept of direct injection gasoline engine—Part 6: development of a 3.0 liter in-line-6-cylinder engine," JSAE Technical Paper (in Japanese), No. 20005190 (2000).

[194] Iwachido, K. et al., "Development of the NOx adsorber catalyst for use with high-temperature condition,"

SAE Technical Paper No. 2001-01-1298 (2001).

[195] Iwakiri, Y. et al., "Effectiveness and issues of various measurement techniques used in evaluating spray characteristics in a direct-injection gasoline engine," JSAE Technical Paper No. 9935095 (1999).

[196] Iwamoto, Y. et al., "Development of gasoline direct injection engine," SAE Technical Paper No. 970541 (1997a).

[197] Iwamoto, Y. et al., "Development of gasoline direct injection engine," *Proceedings of JSAE Spring Convention* (in Japanese), No. 971, pp. 297-300 (1997b).

[198] Iwata, M. *et al.*, "The spray characteristics and engine performance of EFI injector," *Proceedings of the Technical Conference of JSAE* (in Japanese), No. 861, pp. 29-32 (1986).

[199] Jackson, N. et al., "A direct injection stratified charge gasoline combustion system for future European passenger cars," *IMechE. Seminar on Lean Burn Combustion Engines*, S433, December 3-4, 1996 (1996a).

[200] Jackson, N. et al., "Gasoline combustion and gas exchange technologies for the 3 litre/100 km car—competition for the diesel engine," *International Symposium on Powertrain Technologies for a 3-Litre Car*, pp. 45-56 (1996b).

[201] Jackson, N. et al., "Stratified and homogeneous charge operation for the direct injection gasoline engine-high power with low fuel consumption and emissions," SAE Technical Paper No. 970543 (1997a).

[202] Jackson, N. et al., "A gasoline direct injection (GDI) powered vehicle concept with 3 litre/100 km fuel economy and EC stage 4 emission capability," *Proceedings of the EAEC 6th European Congress*, Italy, July 2-4, 1997 (1997b).

[203] Jackson, N. et al., "Research and development of advanced direct injection gasoline engines," *Proceedings of the 18th Vienna Motor Symposium*, April 24-25, 1997 (1997c).

[204] Jackson, N. et al., "A gasoline direct injection (GDI) powered vehicle concept with 3 litre/100 km fuel economy and EC stage 4 emission capability," *Paper presented at the EAEC 6th European Congress "Lightweight & Small Cars—the Answer to Future Needs*," July 2-4, 1997, Italy (1997d).

[205] Jang, C. et al., "Spray characteristics of an intermittent air-assisted fuel injector," *Proceedings of ICLASS'97*, Vol. 1, pp. 553-560 (1997).

[206] Jang, C. et al. "Performance of prototype high pressure swirl injector nozzles for gasoline direct injection," SAE Technical Paper No. 1999-01-3654 (1999).

[207] Jeong, K. et al., "Initial flame development under fuel stratified conditions," SAE Technical Paper No. 981429 (1998).

[208] Jewett, D., "Direct injection boosts mileage, maintains muscle," *Automotive News*, March, 1997, p. 21 (1997a).

[209] Jewett, D., "Engines run leaner and burn fuel more completely," *Automotive News*, March, 1997, p. 21 (1997b).

[210] Joh, M. et al., "Numerical prediction of stratified charge distribution in a gasoline direct-injection engine—parametric studies," SAE Technical Paper No. 1999-01-0178 (1999).

[211] Johnson, D. et al., "Electronic direct fuel injection system applied to an 1100cc two-stroke personal watercraft engine," SAE Technical Paper No. 980756 (1998).

[212] Johnson, B. et al., "Effects of fuel parameters on FTP emissions of a 1998 Toyota with a direct injection spark ignition engine," SAE Technical Paper No. 2000-01-1907 (2000).

[213] Jones, C., "A progress report on Curtiss-Wright's rotary stratified charge engine development," SAE Technical Paper No. 740126 (1974).

[214] Jost, K. et al., "Fuel-stratified injection from VW," *Automotive Engineering*, No. 1, pp. 63-65 (2001).

[215] Kaihara, K. et al., "Development of automatic idling stop and start system utilizing a direct-injection gasoline engine," *SAE-Japan Automo bile Technology* (in Japanese), No. 20004395, Vol. 54, No. 9, pp. 49-55 (2000).

[216] Kaiser, E. et al., "Engine out emissions from a direct-injection spark-ignition (DISI) engine," SAE Technical Paper No. 1999-01-1529 (1999).

[217] Kaiser, E. et al., "Exhaust emissions from a direct-injected spark-ignition (DISI) engine equipped with an air-forced fuel injector," SAE Technical Paper No. 2000-01-0254 (2000).

[218] Kakuhou, A. et al., "LIF visualization of in-cylinder mixture formation in a direct-injection SI engine," *Proceedings of the 4th International Symposium COMODIA 98*, pp. 305-310 (1998).

[219] Kakuhou, A., "Characteristics of mixture formation in a direct-injection SI engine with optimized in-cylinder swirl air motion," SAE Technical Paper No. 1999-01-0505 (1999).

[220] Kalghatgi, G., "Deposits in gasoline engines—a literature review," SAE Technical Paper No. 902105 (1990).

[221] Kamura, H. et al., "Development of in-cylinder gasoline direct injection engine," *Automobile Technology* (in Japanese), Vol. 50, No. 12, pp. 90-95 (1996).

[222] Kanda, M. et al., "A new concept of direct injection SI gasoline engine—Part 2: combustion method and the application," JSAE Technical Paper (in Japanese), No. 9939604 (1999).

[223] Kanda, M. et al., "Application of a new combustion concept to direct injection gasoline engine," SAE Technical Paper No. 2000-01-0531 (2000).

[224] Kaneko, Y., *Studies of the gasoline direct injection engine*, Sankaido (in Japanese), 2000.

[225] Kano, M. et al., "Analysis of mixture formation of direct injection gasoline engine," *Proceedings of JSAE Fall Convention* (in Japanese), No. 976, pp. 9-12 (1997).

[226] Kano, M. et al., "Analysis of mixture formation of direct injection gasoline engine," SAE Technical Paper No. 980157 (1998).

[227] Karl, G. et al., "Analysis of a direct injected gasoline engine," SAE Technical Paper No. 970624 (1997).

[228] Kataoka, M. et al., "Measurement of fuel distribution in cavity of DI-SI engine by using of LIF," JSAE Technical Paper (in Japanese), No. 9939640 (1999).

[229] Kato, S., "DISC engine technologies," *JSME Seminar* (in Japanese), No. 890-65, pp. 71-81 (1989).

[230] Kato, S. et al., "New mixture formation technology of direct fuel injection stratified combustion SI engine (OSKA)," SAE Technical Paper No. 871689 (1987).

[231] Kato, S. et al., "Direct fuel injection stratified charge engine by impingement of fuel jet (OSKA)—performance and combustion characteristics," SAE Technical Paper No. 900608 (1990).

[232] Kato, S. et al., "Piston temperature measuring technology using electromagnetic induction (measurement of gasoline direct injection engine)," *Proceedings of the 16th Internal Combustion Engine Symposium* (in Japanese), pp. 325-330 (2000).

[233] Kawamura, K. et al., "Development of instrument for measurement of air-fuel ratio in vicinity of spark plug—applications to DI gasoline engine," *Proceedings of the 14th Japan Internal Combustion Engine Symposium* (in Japanese), pp. 133-138 (1997).

[234] Kech, J. et al., "Analyses of the combustion process in a direct injection gasoline engine," *Proceedings of the 4th International Symposium COMODIA 98*, pp. 287-292 (1998).

[235] Keller, P. et al., "CFD analysis of the effect of injection parameters on combustion performance for a stoichiometric direct injection spark ignition engine," *International Wiener Motor Symposium*, Vol. 1, pp. 253-275 (2000).

[236] Kenny, R. et al., "Application of direct air-assisted fuel injection to a SI cross-scavenged two-stroke engine,"

SAE Technical Paper No. 932396 (1993).

[237] Kenney, T., "Partitioning emissions tasks across engine and aftertreatment systems," SAE Technical Paper No. 1999-01-3475 (1999).

[238] Kihara, Y. et al., "Numerical analysis for mixture formation of a fuel-direct injection engine," JSAE Technical Paper (in Japanese), No. 9939631 (1999).

[239] Kim, C. et al., "Aldehyde and unburned fuel emission measurements from a methanol-fueled Texaco stratified charge engine," SAE Technical Paper No. 852120 (1985).

[240] Kim, C. et al., "Deposit formation on a metal surface in oxidized gasolines," SAE Technical Paper No. 872112 (1987).

[241] Kim, K. et al., "Spray characteristics of an airassisted fuel injector for two-stroke direct-injection gasoline engines," *Atomization and Sprays*, Vol. 4, pp. 501-521 (1994).

[242] Kinoshita, M. et al., "Study of nozzle deposit formation mechanism for direct injection gasoline engines," *Proceedings of JSAE Fall Convention* (in Japanese), No. 976, pp. 21-24 (1997).

[243] Kinoshita, M. et al., "A method for suppressing formation of deposits on fuel injector for direct injection gasoline engine," SAE Technical Paper No. 1999-01-3656 (1999).

[244] Kittleson, D., "Engines and nanoparticles: a review," *J. Aerosol Sci*, Vol. 29, No. 5/6, pp. 575-588 (1998).

[245] Klenk, R. et al., "Investigations on a GDI-engine with airguided combustion system," *Aachen Colloquium—Automobile and Engine Technology*, pp. 817-830 (1999).

[246] Koga, N. et al., "An experimental study on fuel behavior during cold start period of a direct injection spark ignition engine," SAE Technical Paper No. 2001-01-0969 (2001).

[247] Koike, M. et al., "Vaporization of high pressure gasoline spray," *Proceedings of JSAE Spring Convention* (in Japanese), No. 971, pp. 325-328 (1997).

[248] Koike, M. et al., "Influences of fuel vaporization on mixture preparation of a DI gasoline engine, *Proceedings of the 1998 JSAE Spring Convention* (in Japanese), No. 982, Paper No. 9832378, pp. 103-106 (1998).

[249] Koike, M. et al., "A new concept of direct injection SI gasoline engine—Part 1: mixture preparation method," JSAE Technical Paper (in Japanese), No. 9939596 (1999).

[250] Koike, M. et al., "Research and development of a new direct injection gasoline engine," SAE Technical Paper No. 2000-01-0530 (2000).

[251] Kondo, K. et al., "Development of new power train consisting of direct injection engine and CVT," *J. of Automobile Technology* (in Japanese), Vol. 54, No. 9, pp. 18-23 (2000).

[252] Kono, S. et al., "A study of spray direction against swirl in D. I. engines," *Proceedings of COMODIA-90*, pp. 269-274 (1990).

[253] Kou, Y. and Itohga, H., *Gasoline direct injection*, Sankaido (in Japanese), 2000.

[254] Kramer, F. et al., "Effect of compression ratio on the combustion of a pressure charged gasoline direct injection engine," SAE Technical Paper No. 2000-01-0250 (2000).

[255] Krebs, S. et al., "A cooperative approach to air-assisted direct gasoline injection," *Proceedings of GPC'98, Advanced Engine Design & Performance*, pp. 89-102 (1998).

[256] Krebs, R. et al., "FSI-gasoline direct injection engine for the Volkswagen Lupo," *International Wiener Motor Symposium*, Vol. 1, pp. 180-205 (2000).

[257] Kubo, M. et al., "Technique for analyzing swirl injectors of direct-injection gasoline engines," SAE Technical Paper No. 2001-01-0964 (2001).

[258] Kuder, J. et al., "Optimizing parameters for gasoline direct injection engines," *MTZ Worldwide*, No. 6, pp. 8-11 (2000).

[259] Kume, T. et al., "Combustion control technologies for direct injection SI engine," SAE Technical Paper No. 960600 (1996).

[260] Kusell, M. et al., "Motronic MED7 for gasoline direct injection: system architecture and diagnosis," *Aachen Colloquium—Automobile and Engine Technology*, pp. 831-851 (1999a).

[261] Kusell, M. et al., "Motronic MED7 for gasoline direct injection engines: control strategies and calibration procedures," SAE Technical Paper No. 1999-01-1284 (1999b).

[262] Kuwahara, K. et al., "A study of combustion characteristics in a direct injection gasoline engine by high-speed spectroscopic measurement," *Proceedings of the Internal Combustion Engine Symposium—Japan* (in Japanese), pp. 145-150 (1996).

[263] Kuwahara, K. et al., "Mixture preparation and flame propagation in gasoline direct-injection engine," *Proceedings of the 14th Japan Internal Combustion Engine Symposium* (in Japanese), pp. 115-120 (1997).

[264] Kuwahara, K. et al., "Mixing control strategy for engine performance improvement in a gasoline direct injection engine," SAE Technical Paper No. 980158 (1998a).

[265] Kuwahara, K. et al., "Control of mixing and combustion for Mitsubishi GDI engine," *Proceedings of the 1998 JSAE Spring Convention*, No. 984, Paper No. 9833791, pp. 35-38 (1998b).

[266] Kuwahara, K. et al., "Two-stage combustion for quick catalyst warm-up in gasoline direct injection engine," *Proceedings of the 4th International Symposium COMODIA 98*, pp. 293-298 (1998c).

[267] Kuwahara, K. et al., "Intake-port design for Mitsubishi GDI engine to realize distinctive in-cylinder flow and high charge coefficient," SAE Technical Paper No. 2000-01-2018 (2000).

[268] Kwon, Y. et al., "The effect of fuel sulfur content on the exhaust emissions from a lean burn gasoline direct injection vehicle marketed in Europe," SAE Technical Paper No. 1999-01-3585 (1999).

[269] Kwon, Y. et al., "Emissions response of a European specification direct-injection gasoline vehicle to a fuels matrix incorporating independent variations in both compositional and distillation parameters," SAE Technical Paper No. 1999-01-3663 (1999).

[270] Lacher, S. et al., "In-cylinder mixing rate measurements," SAE Technical Paper No. 1999-01-1110 (1999).

[271] Laforgia, D. et al., "Structure of sprays from fuel injectors—part II, the Ford DFI-3 fuel injector," SAE Technical Paper No. 890313 (1989).

[272] Lai, M. et al., "Characteristics of direct injection gasoline spray wall impingement at elevated temperature conditions," *Proceedings of the 12th Annual Conference on Liquid Atomization and Spray Systems*, May 1999 (1999).

[273] Lake, T. et al., "Preliminary investigation of solenoid activated in-cylinder injection in stoichiometric S. I. engine," SAE Technical Paper No. 940483 (1994).

[274] Lake, T. et al., "Simulation and development experience of a stratified charge gasoline direct injection engine," SAE Technical Paper No. 962014 (1996).

[275] Lake, T. et al., "Comparison of direct injection gasoline combustion systems," SAE Technical Paper No. 980154 (1998).

[276] Lake, T. et al., "Development of the control and aftertreatment system for a Euro IV G-Di vehicle," SAE Technical Paper No. 1999-01-1281 (1999a).

[277] Lake, T. et al., "Development of the control and aftertreatment system for a GDI engine," *MTZ Worldwide*, No. 12, pp. 2-5 (1999b).

[278] Ledoyen, S. et al., "Experimental investigation on the characteristics and on the reproducibility of the flow issuing from a high-pressure direct-injection nozzle," SAE Technical Paper No. 1999-01-3655 (1999).

[279] Leduc, P. et al., "Gasoline direct injection: a suitable standard for the (very) near future," *Proceedings of*

Direkteinspritzung im Ottomotor, pp. 38-51 (1998).
[280] Lee, C. et al., "Initial comparisons of computed and measured hollow-cone sprays in an engine," SAE Technical Paper No. 940398 (1994).
[281] Lee, C. et al., "Experimental measurements of the thickness of a deposited film from spray/wall interaction," *Proceedings of ILASS-America Anmual Conference*, Dearborn, Michigan (2001).
[282] Lee, S. et al., "A comparison of fuel distribution and combustion during engine cold start for direct and port fuel injection systems," SAE Technical Paper No. 1999-01-1490 (1999).
[283] Lee, S. et al., "Engine cold-start testing," *Automotive Engineering*, No. 3 (2000a).
[284] Lee, S. et al., "Effects of swirl and tumble on mixture preparation during cold start of a gasoline direct-injection engine," SAE Technical Paper No. 2000-01-1900 (2000b).
[285] Lefebvre, A., *Atomization and sprays*, Hemisphere Publishing Corporation (1989).
[286] Lenz, U. et al., "Air-fuel ratio control for direct injecting combustion engines using neutral networks," SAE Technical Paper No. 981060 (1998).
[287] Lewis, J. M., "UPS multifuel stratified charge engine development program—field test," SAE Technical Paper No. 860067 (1986).
[288] Lewis A., Mitsubishi GDI, *Diesel Car & 4x4*. No. 12, pp. 20-21 (1997).
[289] Li, G. et al., "Modeling fuel preparation and stratified combustion in a gasoline direct injection engine," SAE Technical Paper No. 1999-01-0175 (1999).
[290] Li, J. et al., "Preliminary investigation of a diffusing oriented spray stratified combustion system for DI gasoline engines," SAE Technical Paper No. 980150 (1998).
[291] Li, J. et al., "Further experiments on the effects of in-cylinder wall wetting on HC emissions from direct injection gasoline engines," SAE Technical Paper No. 1999-01-3661 (1999).
[292] Li, J. et al., "Flow simulation of a direct-injection gasoline diaphragm fuel pump with structural interactions," SAE Technical Paper No. 2000-01-1047 (2000).
[293] Li, S. et al., "Spray characterization of high pressure gasoline fuel injectors with swirl and nonswirl nozzles," SAE Technical Paper No. 981935 (1998).
[294] Lindgren, R. et al., "Modeling gasoline spray-wall interaction," SAE Technical Paper No. 2000-01-2808 (2000).
[295] Lippert, A. et al., "Modeling of multicomponent fuels using continuous distributions with application to droplet evaporation and sprays," SAE Technical Paper No. 972882 (1997).
[296] Lykowski, J., "Spark plug technology for gasoline direct injection GDI engines," SAE Technical Paper No. 980497 (1998).
[297] Maclnnes, J. et al., "Computation of the Spray from an Air-Assisted Fuel Injector," SAE Technical Paper No. 902079 (1990).
[298] Mao, C., "Investigation of carbon formation inside fuel injector systems," *Proceedings of ILASS-America'98*, pp. 344-348 (1998).
[299] Maricq, M. et al., "Particulate emissions from a direct-injection spark-ignition (DISI) engine," SAE Technical Paper No. 1999-01-1530 (1999).
[300] Maricq, M. et al., "Sooting tendencies in an air-forced direct injection spark-ignition (DISI) engine," SAE Technical Paper No. 2000-01-0255 (2000).
[301] Martin, J., "Fuel/air mixture preparation in SI engines," *Proceedings of 1995 KSEA International Technical Conference*, PART I: Automotive Technology, pp. 155-161 (1995).
[302] Matsushita, S. et al., "Mixture formation process and combustion process of direct injection S. I. engine,"

Proceedings of JSAE (in Japanese), No. 965, Oct. 10, 1996, pp. 101-104 (1996).

[303] Matthews, R. et al., "Effects of load on emissions and NOx trap/catalyst efficiency for a direct injection spark ignition engine," SAE Technical Paper No. 1999-01-1528 (1999).

[304] Matthews, R. et al., "Effect of fuel parameters on emissions from a direct injection spark ignition engine during constant speed, variable load tests," SAE Technical Paper No. 2000-01-1909 (2000).

[305] Mccann, K., "MMC ready with first DI gasoline engine," *WARD's Engine and Vehicle Tech nology Update*, Vol. 21, No. 11, June 1, 1995, pp. 1-2 (1995).

[306] Menne, R. et al., "Meeting future emission standards with the new Ford direct injection gasoline engine," *International Wiener Motor Symposium*, Vol. 1, pp. 206-230 (2000).

[307] Meurer, S. et al., "Development and operational results of the MAN FM combustion system," SAE Technical Paper No. 690255 (1969).

[308] Meyer, J. et al., "Spray visualization of air-assisted fuel injection nozzles for direct injection SI-engines," SAE Technical Paper No. 970623 (1997a).

[309] Meyer, J. et al., "Study and visualization of the fuel distribution in a stratified spark ignition engine with EGR using laser-induced fluorescence," SAE Technical Paper No. 970868 (1997b).

[310] Miok, J. et al., "Numerical prediction of charge distribution in a lean burn direct-injection spark-ignition engine," SAE Technical Paper No. 970626 (1997).

[311] Mitchell, E. et al., "A stratified charge multifuel military engine—a progress report," SAE Technical Paper No. 720051 (1972).

[312] Miyajima, A. et al., "A study on fuel spray pattern control of fuel injector of gasoline direct injection engines," SAE Technical Paper No. 2000-01-1045 (2000).

[313] Miyake, M., "Developing a new stratified-charge combustion system with fuel injection for reducing exhaust emissions in small farm and industrial engines," SAE Technical Paper No. 720196 (1972).

[314] Miyamoto, N. et al., "Combustion and emissions in a new concept DI stratified charge engine with two-stage fuel injection," SAE Technical Paper No. 940675 (1994).

[315] Miyamoto, T. et al., "Structure of sprays from an air-assist hollow-cone injector," SAE Technical Paper No. 960771 (1996).

[316] Morello, L. et al., "Global approach to the fuel economy improvement in passenger cars," *International Symposium on Powertrain Technologies for a 3-Litre-Car*, pp. 33-43 (1996).

[317] Mori, K. et al., "Numerical analysis of gas-exchange process in a two cycle gasoline direct injection engine," JSAE Technical Paper (in Japanese), No. 9939613 (1999).

[318] Moriyoshi, Y. et al., "Proposition of a stratified charge system by using in-cylinder gas motion," SAE Technical Paper No. 962425 (1996).

[319] Moriyoshi, Y. et al., "Control of flow field during compression stroke by that of intake flow," *Proceedings of the Japan 13th Internal Combustion Engine Symposium* (in Japanese), pp. 299-304 (1997a).

[320] Moriyoshi, Y. et al., "Combustion characteristics of a direct injection gasoline engine with enhanced gas motion," *Proceedings of JSAE Spring Convention* (in Japanese), No. 971, pp. 341-344 (1997b).

[321] Moriyoshi, Y. et al., "Analysis of flame propagation phenomenon in simplified stratified charge conditions," *Proceedings of JSAE Fall Convention* (in Japanese), No. 976, pp. 17-20 (1997c).

[322] Moriyoshi, Y. et al., "Combustion analysis of a direct injection gasoline engine from theoretical and experimental viewpoints," *Proceedings of the 14th Japan Internal Combustion Engine Symposium* (in Japanese), pp. 127-132 (1997d).

[323] Moriyoshi, Y. et al., "Evaluation of a concept for DI combustion using enhanced gas motion," SAE Technical

Paper No. 980152 (1998a).

[324] Moriyoshi, Y. et al., "Analysis of stratified charge combustion in an idealized chamber," *Proceedings of the 1998 JSAE Spring Convention*, No. 984, Paper No. 9831018, pp. 31-34 (1998b).

[325] Moriyoshi, Y. et al., "Combustion control of gasoline DI engine using enhanced gas motion," *Proceedings of the 4th International Symposium COMODIA 98*, pp. 299-304 (1998c).

[326] Moriyoshi, Y. et al., "Analysis of mixture formation process with a swirl-type injector," SAE Technical Paper No. 2000-01-2057 (2000).

[327] Morris, S. W., "The evaluation of performance enhancing fluids and the development of measurement and evaluation techniques in the Mitsubishi GDI engine," SAE Technical Paper No. 1999-01-1496 (1999).

[328] Moser, W. et al., "Gasoline direct injection-a new challenge for future engine management systems," *MTZ Worldwide*, Vol. 58, No. 9, pp. 1-5 (1997).

[329] Muller, W. et al., "Durability aspects of NOx absorption catalysts for direct injection gasoline vehicles with regard to European application," SAE Technical Paper No. 1999-01-1285 (1999).

[330] Mundorff, F. et al., "Direct injection—development trends for gasoline and diesel engines," *Proceedings of JSAE Spring Convention*, No. 971, pp. 301-304 (1997).

[331] Nagashima, M. et al., "Combustion analysis of a direct injection stratified charge gasoline engine," JSAE Technical Paper (in Japanese), No. 9939622 (1999).

[332] Naitoh, K. et al., "Synthesized spheroid particle (SSP) method for calculating spray phenomena in direct-injection SI engines," SAE Technical Paper No. 962017 (1996).

[333] Naitoh, K. et al., "Numerical simulation of the fuel mixing process in a direct-injection gasoline engine," *Proceedings of the 14th Japan Internal Combustion Engine Symposium* (in Japanese), pp. 139-143 (1997).

[334] Naitoh, K. et al., "Numerical simulation of the fuel mixing process in a direct-injection gasoline engine," SAE Technical Paper No. 981440 (1998).

[335] Nakanishi, K. et al., "Application of a new combustion concept to direct injection gasoline engine," *International Wiener Motor Symposium*, Vol. 1, pp. 59-84 (2000).

[336] Nakashima, T. et al., "A new concept of direct injection gasoline engine—Part 4: a study of stratified charge combustion characteristics by radical luminescence measurement," JSAE Technical Paper (in Japanese), No. 20005141 (2000).

[337] Newmann, R., "Being direct," *Engine Technology International*, November 1977, pp. 66-70 (1997).

[338] Newmann, R. et al., "Air to the DI engine," *Engine Technology International*, pp. 32-37 (1999).

[339] Noda, T. et al., "Effects of fuel and air mixing on WOT output in direct injection gasoline engine," *Proceedings of JSAE Fall Convention* (in Japanese), No. 976, pp. 1-4 (1997).

[340] Nogi, T. et al., "Stability improvement of direct fuel injection engine under lean combustion operation," SAE Technical Paper No. 982703 (1998).

[341] Nohira, H. et al., "Development of Toyota's direct injection gasoline engine," *Proceedings of AVL Engine and Environment Conference*, pp. 239-249 (1997).

[342] Noma, K. et al., "Optimized gasoline direct injection engine for the European market," *SAE Technical Paper*, No. 980150 (1998).

[343] Ohkubo, H. et al., "Deposit formation and control in direct injection spark ignition engines," JSAE Technical Paper (in Japanese), No. 20005030 (2000).

[344] Ohm, I. et al., "Initial flame development under fuel stratified conditions," SAE Technical Paper No. 981429 (1998).

[345] Ohm, I. et al., "Fuel stratification process in the cylinder of an axially stratified engine," SAE Technical

Paper No. 2000-01-2842 (2000a).
[346] Ohm, I. et al., "Mechanism of axial stratification and its effect in an SI engine," SAE Technical Paper No. 2000-01-2843 (2000b).
[347] Ohsuga, M. et al., "Mixture preparation for direct-injection SI engines," SAE Technical Paper No. 970542 (1997).
[348] Ohyama, Y. et al., "Effects of fuel/air mixture preparation on fuel consumption and exhaust emission in a spark ignition engine," IMechE Paper, No. 925023, C389/232, pp. 59-64 (1992).
[349] Ohyama, Y. et al., "Mixture formation in gasoline direct injection engine," *Proceedings of Direkteinspritzung im Ottomotor*, pp. 79-106 (1998).
[350] Okabe, N. et al., "Study on deposits of direct injection gasoline engine," JSAE Technical Paper (in Japanese), No. 9934177 (1999).
[351] Okada, Y. et al., "Development of high-pressure fueling system for a direct-injection gasoline engine," SAE Technical Paper No. 981458 (1998).
[352] Okamoto, K. et al., "Study on combustion chamber deposits from direct injection gasoline engine," JSAE Technical Paper (in Japanese), No. 20005111 (2000).
[353] Olofsson, E. et al., "A high dilution stoichiometric combustion concept using a wide variable spark gap and in-cylinder air injection in order to meet future CO_2 requirements and worldwide emissions regulations," SAE Technical Paper No. 2001-01-0246 (2001).
[354] Ortmann, R. et al., "Methods and analysis of fuel injeciton, mixture preparation and charge stratification in different direct injected SI engines," SAE Technical Paper No. 2001-01-0970 (2001).
[355] Park, J. et al., "Characteristics of direct injection gasoline spray wall impingement at elevated temperature conditions," SAE Technical Paper No. 1999-01-3662 (1999).
[356] Park, Y. K. et al., "Spray characteristics of a gasoline direct swirl injector," *Proceedings of the 18th ICLASS*, Pasadena, USA (2000).
[357] Parrish, S. et al., "Transient spray characteristics of a direct-injection spark-ignited fuel injector," SAE Technical Paper No. 970629 (1997).
[358] Parrish, S. et al., "Intake flow effects on fuel sprays for direct-injection spark-ignited engines," *Proceedings of the 4th International Symposium COMODIA 98*, pp. 311-316 (1998).
[359] Piccone, A. et al., "Strategies for fuel economy improvement of gasoline powertrains." *International Symposium on Powertrain Technologies for a 3-Litre-Car*, pp. 77-93 (1996).
[360] Piock, W. et al., "Future gasoline engine concepts based on direct injection technology," *Proceedings of the 1998 JSAE Spring Convention*, No. 984, Paper No. 9831009, pp. 27-30 (1998).
[361] Pischinger, F. et al., "Future trends in automotive engine technology," *FISITA Technical Paper* No. P1303 (1996).
[362] Plackmann, J. et al., "The effects of mixture stratification on combustion in a constant-volume combustion vessel," SAE Technical Paper No. 980159 (1998).
[363] Ponticel P., "High-pressure fuel injection by PSA," *Automotive Engineering*, No. 11, pp. 71-72 (2000).
[364] Pontoppidan, M. et al., "Direct fuel-injection—a study of injector requirements for different mixture preparation concepts," SAE Technical Paper No. 970628 (1997).
[365] Pontoppidan, M. et al., "Improvements of GDI-injector optimization tools for enhanced SI-engine combustion chamber layout," SAE Technical Paper No. 980494 (1998).
[366] Pontoppidan, M. et al., "Experimental and numerical approach to injection and ignition optimization of lean GDI-combustion behavior," SAE Technical Paper No. 1999-01-0173 (1999).

[367] Pontoppidan, M. et al., "Enhanced mixture preparation approach for lean stratified SI-combustion by a combined use of GDI and electronically controlled valve-timing," SAE Technical Paper No. 2000-01-0532 (2000).

[368] Preussner, C. et al., "Gasoline direct injection, a new challenge for future gasoline control systems—part 2: injector and mixture formation," *MTZ*, Vol. 58, No. 10 (1997).

[369] Preussner, C. et al., "GDI: interaction between mixture preparation, combustion system and injector performance," SAE Technical Paper No. 980498 (1998).

[370] Ranini, A. et al., "Turbocharging a gasoline direct injection engine," SAE Technical Paper No. 2001-01-0736 (2001).

[371] Ren, W. M. et al., "Geometrical effects on flow characteristics of a gasoline high pressure swirl injector," SAE Technical Paper No. 971641 (1997).

[372] Ren, W. et al., "Computation of the hollow cone spray from a pressure-swirl injector," *Proceedings of ILASS-America'98*, pp. 115-119 (1998a).

[373] Ren, W. et al., "Computations of hollow-cone sprays from a pressure swirl injector," *SAE Technical Paper* No. 982610 (1998b).

[374] Reuter, W. et al., "Innovative EGR systems for direct-injection gasoline engines," *Aachen Colloquium—Automobile and Engine Technology*, pp. 793-814 (1999).

[375] Richter, M. et al., "Investigation of the fuel distribution and the in-cylinder flow field in a stratified charge engine using laser techniques and comparison with CFD-modeling," SAE Technical Paper No. 1999-01-3540 (1999).

[376] Risi, A. et al., "A study of H_2, CH_4, C_2H_6 mixing and combustion in a direct-injection stratified-charge engine," SAE Technical Paper No. 971710 (1997).

[377] Robeck, C. et al., "Simulation of stratified charge combustion," SAE Technical Paper No. 981454 (1998).

[378] Ronald, B. et al., "Direct fuel injection—a necessary step of development of the SI engine," *FISITA Technical Paper* No. P1613 (1996).

[379] SAAB, Paris motor show, September 2000 (2000).

[380] Sagawa, T. et al., "Study on the oil dilution of a DI gasoline engine—2nd report: dilution in the oil pan," *Proceedings of the JSAE Spring Convention* (in Japanese), Paper No. 9934023 (1999).

[381] Saito, A. et al., "Improvement of fuel atomization electronic fuel injector by air flow," *Proceedings of ICLASS-88*, pp. 263-270 (1988).

[382] Salters, D. et al., "Fuel spray characterization within an optically accessed gasoline direct injection engine using a CCD imaging system, SAE Technical Paper No. 961149 (1996).

[383] Sandquist, H. et al., "Influence of fuel volatility on emissions and combustion in a direct injection spark ignition engine," SAE Technical Paper No. 982701 (1998).

[384] Sandquist, H. et al., "Comparison of homogeneous and stratified charge operation in a direct injection spark ignition engine," JSAE Technical Paper No. 9935509 (1999).

[385] Sandquist, H. et al., "Sources of hydrocarbon emissions from a direct injection stratified charge spark ignition engine," SAE Technical Paper No. 2000-01-1906 (2000).

[386] Sasaki, S. et al., "Effects of EGR on direct injection gasoline combustion," *Proceedings of JSAE Spring Convention* (in Japanese), No. 971, pp. 333-336 (1997).

[387] Sawada, O., "Automotive gasoline direct injection," *JSME Seminar* (in Japanese), No. 97-88, pp. 57-64 (1997).

[388] Schapertons, H. et al., "VW's gasoline direct injection (GDI) research engine," SAE Technical Paper

No. 910054 (1991).
[389] Schdidt, G. et al., "Comparison of direct injection petrol and diesel engines with regard to fuel efficiency," 1998 FISITA Technical Paper No. F98T053 (1998).
[390] Schechter, M. et al., "Air-forced fuel injection system for 2-stroke D. I. gasoline engine," SAE Technical Paper No. 910664 (1991).
[391] Scherenberg, H., "Ruckbliik uber 25 Jahre Benzin-Einspritzung in Deutchland," *MTZ*, 16, (1955).
[392] Schmidt, D. et al., "Pressure-swirl atomization in the near field," SAE Technical Paper No. 1999-01-0496 (1999).
[393] Scholten, I. et al., "2. 2 L ECOTEC DIRECT from Opel—gasoline direct injection," *International Wiener Motor Symposium*, Vol. 1, pp. 231-252 (2000).
[394] Schreffler, R., "MMC, Japanese work to expand gasoline DI tech," *Ward's Engine and Vehicle Technology Update*, February 1, 1998, pp. 2-3 (1998a).
[395] Schreffler, R., "Mitsubishi says GDI is LEV-ready," *Ward's Engine and Vehicle Technology Update*, February 15, 1998, p. 2 (1998b).
[396] Schreffler, R., "Mitsubishi seeks help in expanding GDI range," *Ward's Engine and Vehicle Technology Update*, March 1, 1999, p. 5 (1999).
[397] Schutte, M. et al., "Spatially resolved air-fuel ratio and residual gas measurements by spontaneous Raman scattering in a firing direct injection gasoline engine," SAE Technical Paper No. 2000-01-1795 (2000).
[398] Scott, D., "Euro gasoline engines follow DI trend," *Ward's Engine and Vehicle Technology Update*, Vol. 24, No. 7, pp. 1-2 (1998).
[399] Scott, D., "Renault first Euro automaker with gasoline direct injection," *WARD's Auto World*, 5, p. 138 (1999a).
[400] Scott, D., "VW's first DGI engine handles leanburn," *WARD's Auto World*, October 1, 1999, p. 1 (1999b).
[401] Scussei, A. et al., "The Ford PROCO engine update," SAE Technical Paper No. 780699 (1978).
[402] Seiffert, U., "The automobile in the next century," FISITA Technical Paper No. K0011 (1996).
[403] Selim, M. et al., "Application of CFD to the matching of in-cylinder fuel injection and air motion in a four stroke gasoline engine," SAE Technical Paper No. 971601 (1997).
[404] Sendyka, B., "A description of the shape of an air-fuel mixture and determination of the injection advance angles related to the spark discharges in a gasoline direct-injection engine," SAE Technical Paper No. 980496 (1998).
[405] Shelby, M. et al., "Early spray development in gasoline direct-injected spark ignition engines," SAE Technical Paper No. 980160 (1998).
[406] Shimizu, R. et al., "A new concept of direct injection gasoline engine—the third report: visualization of fuel mixture distribution using LIF technique," JSAE Technical Paper (in Japanese), No. 20005250 (2000).
[407] Shimotani, K. et al., "Characteristics of gasoline in-cylinder direct injection engine," *Proceedings of the Internal Combustion Engine Symposium—Japan* (in Japanese), pp. 289-294 (1995).
[408] Shimotani, K. et al., "Characteristics of exhaust emission on gasoline in-cylinder direct injection engine," *Proceedings of the Internal Combustion Engine Symposium—Japan* (in Japanese), pp. 115-120 (1996).
[409] Sick, V. et al., "Experimental Investigation of Droplet Size Distributions in a Fan Spray," *Proceedings of ILASS-America 2001 Annual Conference* (2001).
[410] Simko. A. et al., "Exhaust emissions control by the Ford Programmed combustion process—PROCO," SAE Technical Paper No. 720052 (1972).
[411] Solomon, A., Anderson, R., Najt, P., and Zhao, F. (editors), "Direct fuel injection for gasoline engines,"

Progress in Technology Series (*PT-80*), SAE, 2000.

[412] Sonoda. Y. et al., "Development of a new direct injection gasoline engine system for European market," *Proceedings of Aachen Colloquium-Automobile and Engine Technology*, pp. 873-885 (2000).

[413] Spicher, U. et al., "Gasoline direct injection (GDI) engines—development potentialities," SAE Technical Paper No. 1999-01-2938 (1999).

[414] Spiegel, L. et al., "Mixture formation and combustion in a spark ignition engine with direct fuel injection," SAE Technical Paper No. 920521 (1992).

[415] Stan, C. et al., "Fluid dynamic modeling of gasoline direct injection for compact combustion chambers," SAE Technical Paper No. 980755 (1998).

[416] Stan, C. et al., "Car hybrid propulsion strategy using an ultra-light GDI two stroke engines," SAE Technical Paper No. 1999-01-2940 (1999a).

[417] Stan, C. et al., "Concept for modeling and optimization of the mixture formation using gasoline direct injection in compact high speed engines," SAE Technical Paper No. 1999-01-2935 (1999b).

[418] Stan, C. et al.," Development, modeling and engine adaptation of a gasoline direct injection system for scooter engines," SAE Technical Paper No. 1999-01-3313 (1999c).

[419] Stan, C. et al., "Concept of interactive development of a GDI system with high-pressure modulation," SAE Technical Paper No. 2000-01-1042 (2000a).

[420] Stan, C. et al., "Direct injection of variable gasoline/methanol mixtures: a future potential of SI engines," SAE Technical Paper No. 2000-01-2904 (2000b).

[421] Stan, C. (editor), *Direct injection systems for spark ignition and compression ignition engines*, SAE, 2000.

[422] Stanglmaier, R. et al., "Fuel-spray/charge motion interaction within the cylinder of a direct-injection, 4-valve, SI engine," SAE Technical Paper No. 980155 (1998).

[423] Stanglmaier, R. et al., "The effect of in-cylinder wall wetting location on the HC emissions from SI engines," SAE Technical Paper No. 1999-01-0502 (1999).

[424] Stevens, E. et al., "Piston wetting in an optical DISI engine: fuel films, pool fires, and soot generation," SAE Technical Paper No. 2001-01-1203 (2001).

[425] Stocker, H. et al., "Gasoline direct injection and engine management—challenge and implementation," *Proceedings of AVL Engine and Environment Conference*, pp. 111-133 (1997).

[426] Stocker, H. et al., "Application of air-assisted direct injection to automotive 4-stroke engines—the 'total system approach'," *Aachen Colloquium Automobile & Engine Technology*, October 5-7, 1998, pp. 711-729 (1998).

[427] Stokes, J. et al., "A gasoline engine concept with improved fuel economy—the lean boost system," SAE Technical Paper No. 2000-01-2902 (2000).

[428] Stone, R., *Introduction to internal combustion engines*, SAE, 2000.

[429] Stovell, C. et al., "Emissions and fuel economy of 1998 Toyota with a direct injection spark ignition engine," SAE Technical Paper No. 1999-01-1527 (1999).

[430] Stovell, C. et al., "Effect of fuel parameters on speciated hydrocarbon emissions from a direct injection spark ignition engine," SAE Technical Paper No. 2000-01-1908 (2000).

[431] Strehlau, W. et al., "Lean NOx catalysis for gasoline fueled European cars," *Automotive Engineering*, No. 2, pp. 133-135 (1997).

[432] Stutzenberger, H. et al., "Gasoline direct injection for SI engines—development status and outlook, VDI," *The 17th International Vienna Engine Symposium*, April 25-26, 1997 (1997).

[433] Su, J. et al., "Towards quantitative characterization of transient fuel sprays using planar laser induced fluo-

rescence imaging." *Proceedings of ILASS-America'98*, pp. 106-110 (1998).

[434] Sugimoto, T. et al., "Toyota air-mix type two-hole injector for 4-valve engines," SAE Technical Paper No. 912351 (1991).

[435] Sugimoto, T. et al., "A new concept of direct injection gasoline engine—Part 5: development of a slit nozzle injector," JSAE Technical Paper (in Japanese), No. 20005191 (2000).

[436] Sugiyama, M. et al., "Oil dilution reduction study with direct injection S. I. engine," *Proceedings of JSAE Spring Convention* (in Japanese), No. 972, pp. 173-176 (1997).

[437] Suzuki, T. et al., "Combustion monitoring by use of the spark plug for DI engine," SAE Technical Paper No. 2001-01-0994 (2001).

[438] Takagi, Y., "The role of mixture formation in improving fuel economy and reducing emissions of automotive S. I. engines," FISITA Technical Paper No. P0109 (1996a).

[439] Takagi, Y., "Combustion characteristics and research topics of in-cylinder direct-injection gasoline engines," *Proceedings of the 73rd JSME Annual Meeting* (V) (in Japanese), No. WS 11-(3), pp. 317-318 (1996b).

[440] Takagi, Y. et al., "Simultaneous attainment of low fuel consumption, high power output and low exhaust emissions in direct injection S. I. engines," SAE Technical Paper No. 980149 (1998).

[441] Takagi, Y., "Simultaneous attainment of improved fuel consumption, output power and emissions with direct injection SI engines," *Japan Automobile Technology* (in Japanese), Vol. 52, No. 1, No. 9830460, pp. 64-71 (1998a).

[442] Takagi, Y., "Challenges to overcome limitations in S. I. engines by featuring high pressure direct injection," *Proceedings of the 2nd International Workshop on Advanced Spray Combustion*, Nov. 24-26, 1998, Hiroshima, Japan, Paper No. IWASC9819, pp. 214-224 (1998b).

[443] Takeda, K. et al., "Slit nozzle injector for a new concept of direct injection SI gasoline engine," SAE Technical Paper No. 2000-01-1902 (2000).

[444] Tatschl R. et al., "PDF modeling of stratified-charge SI engine combustion," SAE Technical Paper No. 98 1464 (1998a).

[445] Tatsuta, H. et al., "Mixture formation and combustion performance in a new direct-injection SI V-6 engine," SAE Technical Paper No. 981435 (1998).

[446] Tomoda, T. et al., "Development of direct injection gasoline engine—study of stratified mixture formation," SAE Technical Paper No. 970539 (1997).

[447] Topfer, G. et al., "Optical investigation of knocking location on S. I. -engines with direct injection," SAE Technical Paper No. 2000-01-0252 (2000).

[448] TOYOTA, "Direct-injection 4-stroke gasoline engine." *TOYOTA Press Information'96*, August, 1996 (1996).

[449] TOYOTA, "Toyota's D-4 direct-injection gasoline engine," *Frankfurt Autoshow*, September 1997 (1997).

[450] Treece J., "Mitsubishi develops cleaner-burning engine—gasoline direct-injection unit slated for U. S. in '99," *Automotive News*, February 23. 1998 (1998).

[451] Ueda, K. et al., "Idling stop system coupled with quick start features of gasoline direct injection," SAE Technical Paper No. 2001-01-0545 (2001).

[452] Ueda, S. et al., "Development of a new injector in gasoline direct injection systems," SAE Technical Paper No. 2000-01-1046 (2000).

[453] Urlaub, A. et al., "High-speed, multifuel engine: L9204 FMV," SAE Technical Paper No. 740122 (1974).

[454] VanDerWege, B. et al., "The effect of fuel volatility on sprays from high-pressure swirl injectors," *Paper for*

the 27th Symposium (International) on Combustion, No. 2E08, University of Colorado at Boulder, August 2-7, 1998 (1998a).

[455] VanDerWege, B. et al., "The effect of fuel volatility on sprays from high-pressure swirl injectors," *Proceedings of the 4th International Symposium COMODIA 98*, pp. 505-510 (1998b).

[456] VanDerWege, B. et al., "Effects of fuel volatility and operating conditions on fuel sprays in DISI engines: (1) imaging investigation," SAE Technical Paper No. 2000-01-0535 (2000a).

[457] VanDerWege, B. et al., "Effects of fucl volatility and operating conditions on fuel sprays in DISI engines: (2) PDPA investigation," SAE Technical Paper No. 2000-01-0535 (2000b).

[458] VanDerWege, B., "The effects of fuel volatility and operating conditions on sprays from pressure-swirl fuel injectors," PhD Thesis, MIT (1999).

[459] Van Nieuwstadt, M. et al., "Heat release regressions for GDI engines," SAE Technical Paper No. 2000-01-0956 (2000).

[460] Varble, D. et al., "Design, modeling and development of a unique gasoline direct injection fuel system," *ISATA 98VR028*, Dusseldorf, Germany (1998a).

[461] Varble, D. et al., "Development of a unique out wardly-opening direct injection gasoline injector for stratified-charge combustion," *Aachen Colloquium Automobile & Engine Technology*, October 5-7, 1998 (1998b).

[462] Visnic, B., "Toyota moving cautiously with D-4 engine," *Ward's Engine and Vehicle Technology Update*, June 1, 1997 (1997).

[463] Wagner, V. et al., "Fuel distribution and mixture formation inside a direct injection SI engine in vestigated by 2D Mie and LIEF techniques," SAE Technical Paper No. 1999-01-3659 (1999).

[464] Wang, J. et al., "Application of low-pressure air-assisted fuel injection system on two-stroke motorcycle," SAE Technical Paper No. 911253 (1991).

[465] Wang, W. et al., "Spray measurement and visualization of gasoline injection for 2-stroke engine," SAE Technical Paper No. 930496 (1993).

[466] Warburton, A., "GDI head-to-head interview," *Automotive Engineer*, No. 3, pp. 18-19 (1998).

[467] Warburton, A. et al., "GD-I: tools and techniques," *Engine Technology International*, pp. 39-42 (1999).

[468] WARD, "Mitsubishi to go all-out with GDI engines," *Ward's Engine and Vehicle Technology Update*, August 19, 1997.

[469] WARD, "EEGR valve may help reduce NOx," *Ward's Engine and Vehicle Technology Update*, February 15, 1998, p. 8 (1998).

[470] Warnecke, W. et al., "Requirements for automotive fluids for gasoline direct injection engines," *International Wiener Motor Symposium*, Vol. 1, pp. 162-179 (2000).

[471] Weimar, H. et al., "Optical investigations on a Mitsubishi GDI-engine in the driving mode," SAE Technical Paper No. 1999-01-0504 (1999).

[472] Wensing, M. et al., "Spray formation of high pressure gasoline injectors investigated by two-dimensional Mie and LIEF techniques," SAE Technical Paper No. 1999-01-0498 (1999).

[473] Whitaker, P. et al., "Comparison of top-entry and side-entry direct injection gasoline combustion systems," *International Conference "Combustion Engines and Hybrid Vehicles," IMechE*, London, April 28-30, 1998 (1998).

[474] Wicker, R. et al., "SIDI fuel spray structure investigation using flow visualization and digital particle image velocimetry," SAE Technical Paper No. 1999-01-3535 (1999).

[475] Wigley, G. et al., "Droplet velocity and size fields in the near nozzle region of a dual fluid gasoline direct injector," *Proceedings of the 18th ICLASS*, Pasadena, USA (2000).

[476] Willand, J. et al., "The knocking syndrome—its cure and its potential," SAE Technical Paper No. 982483 (1998).

[477] Williams, P. et al., "Effects of injection timing on the exhaust emissions of a centrally-injected four-valve direct-injection spark-ignition engine," SAE Technical Paper No. 982700 (1998).

[478] Winkler, K. et al., "The development of an emission aftertreatment system for gasoline direct injection passenger cars," 1998 FISITA Technical Paper No. F98T218 (1998).

[479] Wirth, M. et al., "Actual trends and future strategies for gasoline direct injection," *IMechE. Seminar of Lean Burn Combustion Engines*, S433, December 3-4, 1996 (1996).

[480] Wirth, M. et al., "Direct gasoline injection engine concepts for future emission regulations," *Proceedings of GPC'98, Advanced Engine Design & Performance*, pp. 103-112 (1998a).

[481] Wirth, M. et al., "Gasoline DI engines: the complete system approach by interaction of advanced development tools," SAE Technical Paper No. 980492 (1998b).

[482] Wirth, M. et al., "Gasoline DI engines in Europe: achievements and future concepts for fuel economy and emissions," *ARO/ERC Engine Symposium*, pp. 227-241 (1999).

[483] Wirth, M. et al., "Turbocharging the DI gasoline engine," SAE Technical Paper No. 2000-01-0251 (2000).

[484] Wojik, K. et al., "Engine and vehicle concepts for low consumption and low-emission passenger cars," FISITA Technical Paper No. P1302 (1996).

[485] Wood, C., "Unthrottled open-chamber stratified charge engines," SAE Technical Paper No. 780341 (1978).

[486] Worth, D. et al., "A new approach to meet future European emissions standards with Orbital direct injection gasoline engine," SAE Technical Paper No. 2000-01-2913 (2000).

[487] Xu, M. et al., "CFD-aided development of spray for an outwardly opening direct injection gasoline engine," SAE Technical Paper No. 980493 (1998a).

[488] Xu, M. et al., "Recent Advances in direct injection gasoline injector technology and fuel preparation strategy," *Proceedings of the 2nd International Workshop on Advanced Spray Combustion*, Nov. 24-26, 1998, Hiroshima, Japan, Paper No. IWASC9818, pp. 201-213 (1998b).

[489] Yamada, T., "Trends of S. I. engine technologies in Japan," FISITA-96 Technical Paper No. P0204 (1996).

[490] Yamaguchi, J., "Mitsubishi DI gasoline engine prototype," *Automotive Engineering*, pp. 25-29, September 1995 (1995).

[491] Yamaguchi, J., "Mitsubishi Galant sedan and Legnum wagon," *Automotive Engineering*, pp. 26-29, November, 1996 (1996a).

[492] Yamaguchi, J., "Toyota readies direct-injection gasoline engine for production," *Automotive Engineering*, pp. 74-76, November, 1996 (1996b).

[493] Yamaguchi, J., "Direct-injection gasoline engine for Toyota," *Automotive Engineering*, pp. 29-31, No. 5 (1997a).

[494] Yamaguchi, J., "Honda integrated motor assist to attain the world's top fuel efficiency," *Automotive Engineering*, No. 12, pp. 49-50 (1997b).

[495] Yamaguchi, J., "Mitsubishi extends gasoline direct-injection to V6," *Automotive Engineering*, August 1997, pp. 77-81 (1997c).

[496] Yamaguchi, J., "Direct-injection gasoline engine for Toyota," *Automotive Engineering*, May 1997, pp. 29-31 (1997d).

[497] Yamaguchi, J., "Mitsubishi extends gasoline direct-injection to V6," *Automotive Engineering*, No. 8,

pp. 77-81 (1997e).

[498] Yamaguchi, J., "Nissan direct-injection gasoline V6," *Automotive Engineering*, No. 1, pp. 91-93 (1998a).

[499] Yamaguchi, J., Mitsubishi prototype GDI V8," *Automotive Engineering*, No. 1, pp. 93-94 (1998b).

[500] Yamaguchi, J., "Opa—Toyota's new age vehicle," *Automotive Engineering*, No. 9, pp. 23-34 (2000).

[501] Yamamoto, S. et al., "Mixing control and combustion in gasoline direct injection engines for reducing cold-start emissions," SAE Technical Paper No. 2001-01-0550 (2001).

[502] Yamamoto, S. et al., "Analysis of the characteristics of the spray for GDI engine," *Proceedings of JSAE Spring Convention* (in Japanese), No. 971, pp. 329-332 (1997).

[503] Yamashita, H. et al., "Mixture formation of direct gasoline injection engine—in cylinder gas sampling using fast response ionization detector," *Proceedings of JASE Fall Convention* (in Japanese), No. 976, pp. 5-8 (1997).

[504] Yamauchi, T. et al., "Computation of the hollowcone sprays from high-pressure swirl injector from a gasoline direct-injection SI engine," SAE Technical Paper No. 962016 (1996).

[505] Yamauchi, T. et al., "Numerical analysis of stratified mixture formation in direct injection gasoline engines," *Proceedings of Direkteinspritzung im Ottomotor*, pp. 166-185 (1998).

[506] Yang, J. et al., "Use of split fuel injection to increase full-load torque output of a direct-injection SI engine," SAE Technical Paper No. 980495 (1998a).

[507] Yang, J. et al., "Simulation of the effect of wakes behind fuel droplets on fuel vapor diffusion in direct-injection SI engines," *Proceedings of the 4th International Symposium COMODIA 98*, pp. 323-328 (1998b).

[508] Yang, J. et al., "Study of a stratified-charge DISI engine with an air-forced fuel injection system," SAE Technical Paper No. 2000-01-2901 (2000).

[509] Yasuoka, M. et al., "A study of a torque control algorithm for direct injection gasoline engine," *Proceedings of the 14th Japan Internal Combustion Engine Symposium* (in Japanese), pp. 121-125 (1997).

[510] Yoo, J. et al., "Visualization of direct-injection gasoline spray structure inside a motoring engine," *Proceedings of ILASS-America'98*, pp. 101-105 (1998a).

[511] Yoo, J. et al., "Visualization of direct-injection gasoline spray and wall-impingement inside a motoring engine," SAE Technical Paper No. 982702 (1998b).

[512] Zeng, Y. et al., "Modeling of spray vaporization and air-fuel mixing in gasoline direct-injection engines," SAE Technical Paper No. 2000-01-0537 (2000).

[513] Zhang, H. et al., "Integration of the smart NOx-sensor in the exhaust line of a gasoline high pressure direct injection system," *International Wiener Motor Symposium*, Vol. 2, pp. 288-310 (2000).

[514] Zhao, F. et al., "Quantitative imaging of the fuel concentration in a SI engine with laser Rayleigh scattering." SAE Technical Paper No. 932641 (1993).

[515] Zhao, F. et al., "PLIF measurements of the cyclic variation of mixture concentration in a SI engine," SAE Technical Paper No. 940988 (1994).

[516] Zhao, F. et al., "The spray characteristics of automotive port fuel injection—a critical review," SAE Technical Paper No. 950506 (1995a).

[517] Zhao, F. et al., "The spray characteristics of dual-stream port fuel injectors for applications to 4-valve gasoline engines," SAE Technical Paper No. 952487 (1995b).

[518] Zhao, F. et al., "Spray characteristics of direct-injection gasoline engines," *Proceedings of ILASS-America*, pp. 150-154 (1996a).

[519] Zhao, F. et al., "Spray dynamics of high pressure fuel injectors for DI gasoline engines," SAE Technical Paper No. 961925 (1996b).

[520] Zhao, F. et al., "The spray structure of air-shrouded dual-stream port fuel injectors with different air mixing mechanisms," *Proceedings of the 1996 Spring Technical Conference of the ASME Internal Combustion Engine Division*, ICE-Vol. 26-2, pp. 21-29 (1996c).

[521] Zhao, F. et al., "A review of mixture preparation and combustion control strategies for spark-ignited direct-injection gasoline engines," SAE Technical Paper No. 970627 (1997a).

[522] Zhao, F. et al., "In-cylinder spray/wall interactions of a gasoline direct-injection engine," *Proceedings of ILASS-America* (1997b).

[523] Zhao, F. et al., "Characteristics of gasoline direct-injection sprays," *Proceedings of ILASS-America* (1997c).

[524] Zhao, F. et al., "Characterization of direct-injection gasoline sprays under different ambient and fuel injection conditions," *Proceedings of ICLASS-97* (1997d).

[525] Zhao, F et al., "Injector deposit issues with gasoline direct injection engines," *Proceedings of the 2001 ILASS-Americas Annual Conference* (2001).